Der Philipper-Brief ausgelegt und die Geschichte seiner Auslegung

Bernhard Weiss

Nabu Public Domain Reprints:

You are holding a reproduction of an original work published before 1923 that is in the public domain in the United States of America, and possibly other countries. You may freely copy and distribute this work as no entity (individual or corporate) has a copyright on the body of the work. This book may contain prior copyright references, and library stamps (as most of these works were scanned from library copies). These have been scanned and retained as part of the historical artifact.

This book may have occasional imperfections such as missing or blurred pages, poor pictures, errant marks, etc. that were either part of the original artifact, or were introduced by the scanning process. We believe this work is culturally important, and despite the imperfections, have elected to bring it back into print as part of our continuing commitment to the preservation of printed works worldwide. We appreciate your understanding of the imperfections in the preservation process, and hope you enjoy this valuable book.

Der

Philipper-Brief

ausgelegt

und

die Geschichte seiner Auslegung

kritisch dargestellt

von

Dr. Bernhard Weiß,
außerordentl. Professor der Theologie zu Königsberg.

Berlin.
Verlag von Wilhelm Hertz.
(Bessersche Buchhandlung.)
1859.

Seinem theuren Lehrer,

Dr. J. A. Dorner,

Consistorialrath und Professor zu Göttingen,

in

dankbarer Liebe und Verehrung

der Verfasser.

(Anstatt Vorrede.)

Hochwürdiger Herr!
Hochverehrter Herr und Freund!

Es bedarf dessen nicht, daß ich mich und Sie an die Zeit erinnere, wo Sie, an unserer Albertina lehrend, von Schülern umgeben, die mit seltener Liebe und Verehrung an Ihnen hingen, auch meinen wissenschaftlichen Studien den ersten kräftigen Antrieb und eine bleibende Richtung gaben. Hat sich doch das Andenken jener Tage mir immer wieder erneut, so oft ich an irgend einem Wendepunkte meines Lebens mit seinen Freuden und mit seinen Fragen zu Ihnen gekommen bin und immer auf's Neue die alte herzliche Theilnahme des väterlichen Freundes bei Ihnen gefunden habe. Auch heute komme ich zu Ihnen, aber nicht mehr wie sonst, um zu empfangen; sondern um aus dankerfülltem Herzen das Einzige zu geben, was unser einer zu geben im Stande ist. Es ist eine Frucht meiner Studien, die ich Ihnen bringe, und sie gehört Ihnen mit doppeltem Rechte, weil ich es ja zum guten Theile auch Ihrer treuen Aufmunterung verdanke, daß ich zu der Lebensbahn geführt und in ihr erhalten bin, auf welcher mir diese Frucht gereift ist. So nehmen Sie denn dieselbe mit der Güte und Nachsicht hin, die Sie mir stets erwiesen und lassen Sie, was der Gabe an Werth gebricht, durch des Gebers Wunsch ersetzen, der damit nicht die alte Schuld des Dankes tilgen, sondern nur ein Zeichen gründen will, wie unauslöschlich sie bei ihm angeschrieben steht.

Gestatten Sie, hochverehrter Herr, daß ich mich gegen Sie über das ausspreche, was ich über die Wahl meines Gegenstandes und die

Art seiner Behandlung vorauszuschicken habe. Es spricht sich soviel freier vom Herzen fort, wenn man statt der unbekannten Größe seines künftigen Leserkreises ein bekanntes, liebes Freundesangesicht vor sich hat, auf dem man die Geneigtheit zu hören auch da noch liest, wo man sich genöthigt sieht, an das Recht der Subjectivität zu appelliren, das doch zuletzt nur die Liebe anerkennt. Sie werden es begreiflich finden, daß mir, dessen akademische Thätigkeit sich zunächst auf das Gebiet der neutestamentlichen Exegese gewiesen sieht, es Bedürfniß war, eine Probe der Art, wie ich auf diesem Gebiete arbeite, einem größeren Kreise vorzulegen. Daß es gerade der Philipperbrief war, den ich erwählte, dafür könnte ich mancherlei Gründe anführen, die verhältnißmäßig geringe Zahl seiner neueren Bearbeitungen, wie die verhältnißmäßig große Zahl der wichtigen dogmatischen loci, die er enthält; zuletzt aber gehört das innere Erlebniß, wie einem solch ein Gegenstand lieb und werth wird und sich einem immer unabweislicher als seine specielle Aufgabe aufdrängt, einem Gebiete an, das keine Rechtfertigung mehr zuläßt und keiner bedarf. Lieber hätten Sie mich vielleicht auf dem Gebiete der biblischen Theologie weiter arbeiten gesehen, deren doppelt wichtige Aufgabe es ist, das geschichtliche Verständniß des apostolischen Zeitalters zu fördern und für den systematischen Ausbau der Glaubenslehre die Bausteine zurechtzulegen. Allein Ihrem kundigen Auge wird es nicht entgehen, daß diese exegetische Arbeit in der That unmittelbar herausgewachsen ist aus umfassenderen, fast abgeschlossenen Studien über den paulinischen Lehrbegriff, dessen gerade sonst weniger beachtete Seiten hier wiederholt in Betracht kamen und zu eingehender Beleuchtung aufforderten. Möge Ihnen das ein Zeichen sein, daß ich der einst mit jugendlicher Begeisterung ergriffenen Aufgabe unausgesetzt treu bleibe und klar den Weg vor mir sehe, den ich zu wandeln habe, wenn mir Gott Kraft und Gnade schenkt, die wissenschaftliche Laufbahn weiter verfolgen zu können.

Es bedarf Ihnen gegenüber der Widerlegung jener bald befriedigten Anschauungsweise nicht, die da meint, daß des Schreibens und Commentirens über „die längst ausgelegte heilige Schrift" nachgerade genug sei. Ich habe dieselbe noch immer reich genug gefunden, um Jedem, der ernstlich in ihr forscht, noch irgend einen neuen Gewinn aus ihrem

VII

Schatze darzubieten. Bald war es das tiefere Eindringen in den Gedankenzusammenhang, das mich lockte, bald die umfassendere Eingliederung des Gefundenen in den Zusammenhang des apostolischen Lehrganzen; bald war es die lebendigere und richtigere Erfassung der Verhältnisse, aus denen heraus der Brief geschrieben ward, bald die sorgfältigere Würdigung des Einzelsten in Wort und Ausdruck. Hier und da, besonders in der Auffassung des dritten Capitels, sah ich mich genöthigt, die breite Heerstraße der Auslegung zu verlassen. Ich bin mir der Gefahren, die dabei drohen, wohl bewußt und will mich gern überführen lassen, daß ich auf dem Wege, den ich einschlug, noch vielfältig geirrt habe, vorausgesetzt, daß man die Bedenken, welche mich trieben, von den gangbaren Auffassungen abzugehen, ernstlich prüft und widerlegt oder mit größerem Geschick auf dem von mir angedeuteten Wege zu dem Ziele gelangt, das apostolische Wort aus den Bedingungen heraus, unter welchen es gesprochen, zu verstehen und auszulegen.

Der Form nach hat mein Buch in mancher Beziehung ein anderes Ansehen, als man es sonst an Commentaren zu sehen gewohnt ist. Zunächst habe ich in den einzelnen Abschnitten der eigentlichen Erklärung derselben das Resultat meiner Auslegung in der Form einer Paraphrase vorangeschickt. Ich verstehe darunter nicht eine wortreiche Umschreibung des im Original kurz und treffend Gesagten, sondern eine Erläuterung des Einzelnen aus dem Zusammenhange des Ganzen und aus dem sonsther bekannten Gedankenkreise des Schriftstellers, welche gleichsam versucht, das starre einzelne Wort wieder aufzulösen in den freien Gedankenfluß hinein, aus dem heraus es gesprochen ist. Eine solche Paraphrase scheint mir der beste Prüfstein zu sein für die richtige Erklärung des Einzelnen, bei der man sonst so leicht unter dem Streit und Widerstreit der Meinungen, unter grammaticalischen und lexicalischen Erörterungen, und unter dogmatischen Erwägungen den Blick verliert für die lebendige, individuelle Gedankenwelt, aus der es entsprungen ist. Umgekehrt kann dieselbe ihre Rechtfertigung nur finden in der Erklärung des Einzelnen; dem sorgsamen Leser wird es nicht entgehen, daß, so breit und abschweifend sie vielleicht manchmal scheint, dennoch jedes Wort in ihr auf's Sorgfältigste abgewogen ist, und sich auf irgend ein Problem bezieht, dessen Lösung in der Auslegung zu geben versucht ist, oder auf irgend eine Parallelstelle, deren Herbeiziehung in ihr gerechtfertigt.

Die vorangeschickte Uebersetzung macht keinen Anspruch auf irgend einen selbstständigen Werth. Es ist unsere alte, liebe, unvergleichliche Luther'sche Uebersetzung, geändert nur da, wo nach der Auffassung des Auslegers dieselbe ausdrücklich dem Sinne des Originals widersprach oder wo sie sich doch mit schonender, kaum bemerkbarer Hand demselben genauer anpassen ließ. Und selbst darauf ist oft verzichtet, wo der Verfasser sich nicht getraute, die stereotyp gewordene Form des Luther'schen Lapidarstils anzutasten und wo die Paraphrase leicht Gelegenheit bot, das nach meiner Ansicht Genauere oder Richtigere an ihre Stelle zu setzen. — Alle lediglich kritische, grammatische oder lexicalische Erörterungen, sowie die Besprechung des schlechthin Nebensächlichen habe ich in die Noten verwiesen. Die Schwierigkeit einer solchen Scheidung ist mir nicht verborgen, und ich kenne die Stellen wohl, wo die Anforderungen der praxis multiplex stärker waren als alle Theorie oder wenigstens stärker als das Geschick des Verfassers in ihrer Anwendung. Allein ich habe die Durchführung derselben darum doch nicht aufgegeben, es widerstrebt mir nun einmal durchaus, die Entwickelung der lebensvollen apostolischen Gedanken durch das Geräusch des todten wissenschaftlichen Handwerkszeuges zu unterbrechen. So blieb mir für die Auslegung selbst nichts übrig, als, ausgehend von der Gedankenverknüpfung jedes einzelnen Verses mit dem vorigen, die einzelnen Hauptmomente, um welche sich das Verständniß desselben dreht, nach einander einer näheren Besprechung zu unterwerfen und so den Gedankengehalt desselben allmählig sich selber entwickeln zu lassen. Es ist schon wiederholt auf die Vorzüge dieser reproductiven Methode vor der gewöhnlichen glossatorischen hingewiesen und ich glaube, daß dieselben erst durch die Ausscheidung des eigentlich gelehrten Unterbaus in ihr volles Licht treten können.

Auch in der Aufzählung und Kritik der abweichenden Ansichten glaubte ich ein etwas anderes Verfahren als das gewöhnliche befolgen zu müssen. Nothwendig scheint mir dieselbe eigentlich nur so weit, als sie zur Abwägung der zunächst sich darbietenden Möglichkeiten in der Auffassung des Einzelnen und zur Rechtfertigung der eigenen Erklärung dient. Will man in weiterem Umfange von den exegetischen Vorarbeiten auf seinem Gebiete Rechenschaft geben — und dieser Pflicht glaubte ich als Neuling auf diesem Arbeitsfelde mich bei der einmal herrschenden Sitte nicht entziehen zu können —, so liegt die Gefahr nahe, einen bunten Collectaneenkram ohne rechte Methode und ohne wissenschaftliches Interesse zusammenzuhäufen. So entstand in mir der Gedanke, ein geschichtliches Bild zu geben von der ganzen exegetischen Arbeit, die sich im Laufe der Jahrhunderte um unser Buch angesammelt hat. Dazu gehörte nicht, daß schlechterdings jeder Ausleger benutzt werden mußte — was ohnehin dem Einzelnen bei seinen beschränkten Hülfsquellen unmöglich ist —, sondern nur, daß man, wo nicht mit leichter Mühe Vollständigkeit zu erzielen war, aus jeder Zeit etliche und namentlich die fleißigsten Sammler und Beurtheiler fremder Ansichten zu Rathe zog, um sich dessen zu versichern, daß man wenigstens keine Ansicht, die irgend je sich einige Geltung verschafft hat, übergangen habe und daß man durch Nennung wo nicht aller benutzten, so doch womöglich der frühesten und der wichtigsten Repräsentanten jeder Auslegung ungefähr die Verbreitung derselben in jedem Zeitraume anschaulich zu machen suchte. Wohl aber gehörte dazu, daß man die zu Rathe gezogenen Auslegungen wirklich vollständig ausbeutete, auch wo es sich um scheinbar unwichtigere Punkte handelt oder wo sie selbst über die nächste Pflicht des Auslegers hinaus abschweifen; daß man durch die Art der Anführung so viel als möglich einen Blick in die eigenthümliche Weise jedes Einzelnen thun ließ und vor Allem, daß man nicht nur bei jedem einzelnen Wort oder jeder Streitfrage ihre Abweichungen notirte, sondern daß man, dem Faden der Hauptmomente folgend, von denen die Auffassung der einzelnen Verse abhängt, überall möglichst zusammenhängend die Gesammtauffassung der verschiedenen Ausleger zur Darstellung brachte. Der Kürze wegen sowie wegen des Flusses der Darstellung habe ich freilich, abgesehen von einzelnen charakteristischen Schlagworten, die Ausleger selten direct citirt, überall aber habe ich — auch wo es nicht durch Anführungszeichen markirt ist — meine Anführung ihrer Ansichten in ihre eignen Worte zu kleiden versucht und selbst bei der Gruppirung analoger Auffassungen gern jedem seine specielle Ausprägung derselben gelassen. Indem ich so von den griechischen Auslegern bis auf die neueste Zeit herab, die als Anfangs= und Endpunkte besonders eingehend gewürdigt werden mußten, bei jedem neuen Gedankenmoment die Geschichte der Auslegung verfolgte, erhielt ich Gelegenheit, durch kritische Winke, die ich oft wieder in die Worte meiner Vorgänger kleiden konnte, das Unrichtige auszuscheiden und meine eigene Auffassung allmählich sich selbst begründen zu lassen. Nach ähnlichen Grundsätzen ist die Einleitung gearbeitet.

Ich habe das Bild einer solchen Behandlung der Exegese lange mit mir umhergetragen und nun mein Gedanke zum ersten Male verwirklicht vor mir steht, fühle ich es auch in diesem Punkte tief, wie weit das Erreichte hinter dem Erstrebten zurückgeblieben ist. Es ist mir oft die Gestaltung des massenhaften Materials nicht nach Wunsch gelungen, aber ich tröste mich damit, daß die Schätze geistvoller und lehrkräftiger Schriftforschung, die ich ausgebeutet, auch wo sie das Richtige nicht traf, vielfache Anregung zu eigener Anwendung des Schriftwortes und zu selbstständiger Vertiefung in dasselbe geben, und auch in ihren Verirrungen das Spiegelbild der wechselnden Gestalten, die durch die Geschichte der Kirche schreiten, sowie der mannigfachen Geister und Richtungen, die in ihr ringen, vorüberführen. Auch wird, wie ich hoffe, meine Art der Behandlung es dem Leser, dem meine eigene Auffassung nicht zusagt, erleichtern, unter denen meiner Vorgänger zu wählen. Wen die vielen Namenchiffren in den Parenthesen und die Anführungen einzelner augenscheinlich verkehrter Auffassungen stören, und wer da meint, daß es die Nennung der besonders hervorragenden Exegeten und die Berücksichtigung der wichtigeren Abweichungen auch gethan haben würde, der möge erwägen, wie schwer in solchen Dingen Auswahl ohne Willkühr und Selbstbeschränkung ohne stete Unbefriedigtheit ist; zuletzt ist die auf das meist wiederholte Durcharbeiten der genannten Ausleger verwandte Mühe nicht dessen Schaden, der die ihn störenden Parenthesen ungelesen überfliegt.

Doch schon zu lange rede ich über Dinge, die nur der Erfolg rechtfertigen kann und bei denen die Entwickelung der verfolgten Intentionen nur immer greller die Mängel ihrer Durchführung bloßlegen könnte. Sie, hochverehrter Herr, werden auch in diesem Punkte das Streben des jüngeren Freundes verstehen, der — wie ich nicht leugnen kann —, unbefriedigt von der gangbaren Behandlungsweise, sich seinen eigenen Weg sucht auf die Gefahr hin, zu irren und Lehrgeld zahlen zu müssen. Es sollte mich freuen, wenn auch in ihm Ihr Urtheil mir nicht ganz seine Billigung versagte; doch weiß ich ja, daß Sie Form und Sache wohl zu unterscheiden pflegen.

Und damit überreiche ich Ihnen dies Buch, die Frucht schöner, stiller, erquicklicher Studien, und empfehle es Ihrer nachsichtigen Beurtheilung. Mir ist die Arbeit an diesem apostolischen Sendschreiben von der wahren Christenfreude eine rechte Herzensfreude gewesen in einer innerlich vielbewegten Zeit und ihr stetes Fortschreiten unter vielfachen Hinderungen durch andere, zum Theil immer noch meiner akademischen Thätigkeit sehr fremdartige Arbeiten eine Bürgschaft von oben her für den Beruf, den ich nun einmal aus tiefster Seele wünsche in ausschließlichem Sinne den meinen nennen zu können. Aber der Schriftsteller arbeitet ja nicht zu seiner eigenen Erquickung und der am wenigsten, dem es vergönnt ist an der Quelle des Lebenswassers zu schöpfen, welche für Alle fließt. Es ist eine Frucht des Segens für Viele, die er sucht mit seiner Arbeit; werde ich sie finden mit der meinigen? Fast möchte mir bange werden; denn ich fühle es wohl, wie seltsam mein friedliches Buch sich ausnimmt in dieser streitgerüsteten Zeit. Es kann nicht und es will nicht Waffen tragen zu dem Kampfe, der um die Heiligthümer der evangelischen Kirche und Wissenschaft gefochten wird, weil es von einem kommt, der sich selbst noch nicht genug gerüstet fühlt und der aus inneren wie äußeren Gründen mehr das Weh dieses Kampfes schmerzhaft fühlt, als die siegverheißende, fröhliche Lust zum Kampfe. Es wendet sich an die, welche noch in der goldenen Zeit freien, ungehemmten Studienlebens stehen, und an die, welche, ausruhend von den Mühen des praktischen Amtes oder von dem Getümmel des ihnen befohlenen Streites, Erquickung suchen an dem frischen Born deutscher Theologie. Wird es im Stande sein, trotz seiner Mängel ihnen etwas zu bieten, das der Arbeit werth war?

Aber ich darf nicht fragen. Der heutige Tag ruft es uns laut zu, daß die Kirche des Wortes nicht träge werden darf in der im lebendigen Glauben wahrhaft frei gewordenen Erforschung des göttlichen Wortes und daß, wo solche Forschung gepflegt wird unter Arbeit und Gebet, ein Segen davon ausgehen muß in der Kraft dessen, dem es gleich ist durch Großes oder durch Geringes zu segnen. Mit diesem Vertrauen übergebe ich meine Arbeit getrost der Oeffentlichkeit, — und Ihnen zunächst, damit das Band zwischen uns auf's Neue sich stärke, und damit Sie dem Manne bleiben, was Sie dem Jünglinge waren. Gott segne Sie!

Königsberg i. Pr.,
am Reformationsfeste 1858.

Dr. B. Weiß.

Inhalt.

	Seite
Einleitung	1— 28
Zuschrift und Gruß (Cap. I, 1. 2)	31— 38
I. Danksagung und Fürbitte (I, 3—11)	39— 72
1. Die dankbare Freude des Apostels an der Gemeinde (I, 3—6)	39— 52
2. Die Liebe des Apostels zu der Gemeinde (I, 7. 8)	52— 61
3. Die Fürbitte des Apostels für die Gemeinde (I, 9—11)	62— 72
II. Nachrichten aus der Gefangenschaft (I, 12—26)	73—116
1. Von der Lage des Evangeliums in Rom (I, 12—18)	73— 91
a) Die Förderung des Evangeliums durch die Gefangenschaft des Apostels (I, 12—14)	73— 79
b) Die lautere und unlautere Predigt von Christo (I, 15—18)	80— 91
2. Von der persönlichen Lage des Apostels zu Rom (I, 19—26)	91—116
a) Die freudvolle Gewißheit des Apostels über seinen Ausgang (I, 19. 20)	91— 99
b) Die Getheiltheit des Apostels zwischen Leben und Tod (I, 21—24)	99—111
c) Die Hoffnung des Apostels auf Befreiung (I, 25. 26)	111—116
III. Ermahnungen für die Zeit der Abwesenheit (I, 27—II, 18)	117—188
1. Ermahnung zur Standhaftigkeit nach außen (I, 27—30)	117—128
2. Ermahnung zur Eintracht nach innen (II, 1—11)	129—164
a) Die Ermahnung des Apostels (II, 1—4)	129—141
b) Das Beispiel Christi (II, 5—8)	142—156
c) Christi Erhöhung (II, 9—11)	157—164
3. Zusammenfassende Schlußermahnung (II, 12—18)	164—188
a) Warnung vor hochmüthiger Sicherheit und kleinmüthiger Verzagtheit (II, 12—14)	164—175
b) Das Ziel der Ermahnung für die Gemeinde und den Apostel (II, 15—18)	176—188

XIV Inhalt.

IV. Die Sendung des Timotheus und die Rückkehr des Epaphroditus (II, 19—30) . . . . . . 189—213
1. Von der Sendung des Timotheus (II, 19—24) . . . 189—199
2. Von der Rücksendung des Epaphroditus (II, 25—30) . . . 200—213

V. Das Leben in der Gemeinschaft mit Christo (III, 1—IV, 1) . . . . 214—295
1. Der Grund des Christenlebens in der Freude am Herrn (III, 1—11) 214—257
   a) Christus der Grund der wahren Freude (III, 1—3) . . . 214—227
   b) Bewährung an des Apostels Bruch mit seiner Vergangenheit (III, 4—7) . . . . 227—239
   c) Bewährung an des Apostels gegenwärtiger Gesinnung (III, 8—11) 240—257
2. Das Vorwärtsstreben des Christen nach immer vollkommnerer Aneignung des Herrn (III, 12—16) . . . . . 257—274
3. Das Ziel des Christenwandels in der Hoffnung auf den Herrn (III, 17—21) . . . . 275—292
4. Das Schlußwort (IV, 1) . . . . 293—295

VI. Schlußermahnungen (IV, 2—9) . . . . . 296—320
1. Eine Privatangelegenheit (IV, 2. 3) . . . . . . 296—302
2. Abschluß des Hauptthemas (IV, 4—7) . . . . . 303—314
3. Die Summa der sittlichen Ermahnung (IV, 8. 9) . . . 314—320

VII. Danksagung für das Geschenk der Philipper (IV, 10—20) . . . . 321—350
1. Des Apostels persönliche Stellung zu der Gabe (IV, 10—13) . . 321—331
2. Anerkennung der ihm erwiesenen Wohlthat (IV, 14—16) . . . 331—340
3. Der Segen der Gabe für die Philipper (IV, 17—20) . . . 340—350

Brieflicher Schluß (IV, 21—23) . . . . 351—355
Erklärung der Abkürzungen 355. 356

Der

Philipper-Brief

ausgelegt

und

die Geschichte seiner Auslegung

kritisch dargestellt.

Einleitung.

Wenn wir den Spuren des Philipperbriefs bei den Vätern vor Irenäus nachgehen, so müssen wir uns stets den damaligen Stand der Benutzung und Werthschätzung apostolischer Schriften überhaupt gegenwärtig erhalten, um nicht falsche Schlüsse in Betreff der Verbürgung seiner Echtheit zu ziehen. Es ist bekannt, daß bei den apostolischen Vätern überhaupt nur zwei neutestamentliche Briefe namentlich erwähnt werden, und auch diese nur da, wo die an ihre Adressaten gerichtete Paränese eine natürliche Gelegenheit bot, der früheren apostolischen Ansprachen zu Lob oder Tadel der Gemeinde zu gedenken. So erinnert der römische Clemens die corinthische Gemeinde an die von Paulus ihr gegebenen Ermahnungen, und ähnlich gedenkt Polycarp in seinem Briefe an die Philipper des paulinischen Philipperbriefs[1]). Erhellt hieraus die Kenntniß des Verfassers von demselben zur Genüge, so lehrt uns das recht, wie wenig Werth wir darauf zu legen haben, wenn nun nirgends bei Polycarp in ähnlicher Weise Stellen aus dem

---

[1]) Die Frage, ob Polycarp Cap. 3 von einem oder mehreren Briefen Pauli an die Philipper rede, ist im Interesse der Auslegung von Phil. 3, 1 vielfach besprochen worden (vgl. Meyer in seinem unten genannten Comm. S. 84. Anm.), läßt sich aber mit Sicherheit kaum entscheiden. Denn wenn allerdings Pol. auch Cap. 13 den Plural und Singular von ἐπιστολή unterscheidet, so hat das ja dort eben seine bestimmte Veranlassung in dem Gegensatz des einen Briefs zu einer Mehrheit von Briefen und schließt nicht aus, daß in anderm Zusammenhange der Plural auch von Einem Briefe gebraucht werden kann, wenn dies einmal sonst gebräuchlich war. Von der andern Seite mag man zugeben, daß die nur in der lat. Version erhaltene Stelle des Cap. 11 sich zum Beweise für das Vorhandensein nur eines Briefes wenig empfiehlt; denn, obwohl die Auslegung von Myr. augenscheinlich gekünstelt ist, so bleibt es doch schwer, der schlecht übersetzten oder verderbten Stelle einen einfachen und sachgemäßen Sinn zu entlocken. Aber liegt denn überhaupt so viel an der Auffassung jener Stelle? Oder könnte Pol. nicht so gut, wie die späteren Ausleger, aus 3, 1 das Vorhandensein mehrerer Briefe nur erschlossen haben? — Was die Echtheit des Briefes des Pol. anlangt, so ist dieselbe allerdings noch nicht über jeden Zweifel erhoben worden und jedenfalls der Verdacht von Interpolationen nicht ohne Weiteres abzuweisen; aber gerade die Bedenken, welche Ritschl (die Entstehung der altkathol. Kirche. Bonn 1857. Anhang) gegen Cap. 3 erhoben hat, scheinen mir zu einer Anzweiflung desselben nicht auszureichen. — Zu den genannten zwei Briefen käme noch der Epheserbrief, dessen Ignatius ad Ephes. 12 zu erwähnen scheint; allein gerade diese Stelle findet sich in der ursprünglichen syrischen Recension nicht, wenn dieselbe auch zweifellos Bekanntschaft mit dem Epheserbriefe voraussetzt.

Philipperbriefe in seine Rede verflochten werden, wie aus den vier großen paulinischen Briefen. Was man sonst oft von Anklängen an denselben aufgeführt hat, scheint mir ganz unsicher und der Erwähnung nicht werth; am ehesten dürften die inimici crucis (Cap. 12) an die ἐχθροὶ τοῦ σταυροῦ (3, 18) erinnern.

Bei dem echten Ignatius ist von unserm Briefe keine Spur zu finden, aber er theilt dies Schicksal ja mit allen paulinischen Briefen bis auf den Epheserbrief; selbst in den Interpolationen ist nur noch die Benutzung des ersten Corintherbriefs mit Sicherheit nachzuweisen; in dem μηδὲν κατ' ἐριθείαν (ad Philad. 8) kann ich keine Anspielung auf Phil. 2, 3 sehen. Am ehesten vermißt man deutliche Zeichen der Bekanntschaft mit unserm Briefe bei dem römischen Clemens. Doch darf man nicht vergessen, daß auch hier z. B. zwar der erste Corintherbrief genannt und Cap. 37 u. 49 offenbar nachgebildet wird, von dem zweiten aber sowie vom Galaterbriefe auch nicht die mindeste Spur sich findet und daß vom Römerbriefe, aus welchem Cap. 35 zweifellos eine Stelle des ersten Cap. nachgeahmt wird, aus den eigentlich dogmatischen Hauptabschnitten gar nichts herübergenommen ist. Wir sehen daraus, wie zufällig und wie fragmentarisch diese Art der Benutzung bei den apostol. Vätern, wie wenig beweisend sie für die Kenntniß, geschweige denn für das Vorhandensein unsrer Briefe ist. Dennoch möchte ich nicht leugnen, daß sich Spuren von der Kenntniß unsers Briefes bei Clemens finden, wenn man nur keine wörtliche und umfassendere Benutzung verlangt, dergleichen sich gerade bei Clem. nirgends findet. Allerdings nemlich ist die Art, in der Christus Cap. 16 als Muster der Demuth eingeführt wird, nicht der bekannten Philipperbriefstelle nachgebildet, allein der Gedanke, daß Christus, ob er wohl in Stolz und Hoffahrt kommen konnte, dennoch in Demuth kam, indem er gleichsam eine doppelte Möglichkeit vor Christum hinstellt, erinnert doch an den eigenthümlichsten Grundgedanken jener Stelle so sehr, daß bei der völligen Unselbstständigkeit, die Clem. sonst in der Entwicklung seiner christologischen Vorstellungen zeigt, die Voraussetzung einer Entlehnung aus Paulus sehr nahe liegt. Sehr auffallend ferner erinnert die Stelle Cap. 47, wonach Paulus ἐν ἀρχῇ τοῦ εὐαγγελίου an die Corinther schrieb, an Phil. 4, 15. Von noch größerer Bedeutung aber ist, daß Clem., während er sonst immer die Gemeindevorsteher πρεσβύτεροι nennt (vgl. Cap. 1. 21. 47. 54. 57), an der Stelle, wo er von der apostolischen Einsetzung derselben redet (Cap. 42), auf einmal den Titel ἐπίσκοποι καὶ διάκονοι gebraucht (vgl. Cap. 44). Da im ganzen N. T. nur Phil. 1, 1 die Gemeindebeamten in dieser Art zusammen benannt werden, so liegt der Gedanke sehr nahe, daß Clem. aus dieser Stelle jene Benennung als die so zu sagen officielle, apostolische entlehnt hat, während er sonst dem in seinem Kreise üblichen andern Sprachgebrauche folgt. Ja, es könnte zweifelhaft erscheinen, ob die doch jedenfalls zu sehr verallgemeinerte Angabe des Clem. überhaupt einen festern historischen Grund gehabt habe, als jene im Philipperbriefe vorliegende Thatsache.

Bei Barnabas und Hermas ist überhaupt von paulin. Briefen keine Spur zu finden; der sehr spärlichen Benutzung andrer paulin. Briefe bei den Apologeten steht die von Phil. 3, 20 im Briefe an Diognet (Cap. 5: ἐν οὐρανῷ πολιτεύονται. Vgl. Cap. 10) um nichts nach, und Theophilus von Antiochien hat in der Erklärung einer evangel. Perikope, die uns Hieronymus ad Algas. quaest. 6 mittheilt, die Stelle Phil. 3, 8 offenbar benutzt. In den Brief der Gemeinden zu Lyon und Vienne (Euseb. hist. eccl. 5, 2) ist die Stelle Phil. 2, 6 verbotenus verflochten. Marcion hatte den Philipperbrief als zehnten in seiner Sammlung der paulinischen Briefe. Es giebt also die Bezeugung unsers Briefes immerhin der der zweifellos echten nichts nach, und seit Irenäus und Clem. v. Aler. ist er nicht nur in der alten Kirche ein überall gekanntes und recipirtes Homologumenon, sondern es ist auch nirgends gegen ihn ein Zweifel aufgetaucht.

Schon die patristischen Ausleger[1]) wissen uns über die Gründung der Gemeinde zu Philippi und ihre nähern Verhältnisse[2])

---

[1]) Von den patristischen Auslegern ist Alles benutzt worden, was uns aufbehalten ist: die 15 Homilien des Joh. Chrysostomus (Chr.) zum Philipperbriefe nach Montfaucon. Paris 1734. tom. XI, sammt seinen Epitomatoren Oecumenius, Bischof von Tricca (Oec.), aus dem auch die von ihm beigebrachten Erklärungen des Photius (Phot.) benutzt sind (Opp. Lut. Paris. 1631. tom. II), u. Theophylact, Bisch. von Achrida (vgl. Thph. in d. Pli. epistolas comm. ed. Lindsell. Lond. 1636); der Commentar des Theodoret von Cyros (Thdt.) nach der Nösseltschen Ausgabe (Hal 1771. tom. III.). Endlich ist neuerdings in dem von J. B. Pitra in seinem spicilegium Solesmense edirten latein. Commentar zu den kleinen paulin. Briefen eine Uebersetzung des bis auf einige Bruchstücke verlorenen Commentars des Theodorus von Mopsveste (Th. v. M.) erkannt worden. Ich folge der dankenswerthen Herstellung des Textes von J. L. Jacobi in zwei Hallenser Programmen von 1855 u. 56. Der Urtert zu manchen Stellen findet sich theils mit, theils ohne Nennung des Namens in der Catena in Sancti Pli epistolas ad Gal., Eph., Phil., Col., Thess. ed. Cramer. Oxon. 1842, woraus auch die dort mitgetheilten Erklärungen des Severianus benutzt sind. Endlich ist noch verglichen Euthallus, prolegomena in ep. Pauli bei Zacagni, collectanea monumentorum veterum. Rom. 1698. I. S. 525 und 642 ff. (Enth.). — Von den Lateinern ist benutzt der Commentar des Pelagius (Plg.) in den Werken des Hieronymus (ed. Martian. Paris 1706. tom. V), und des falschen Ambrosius (Ambr.) in den Werken des Ambr. (Opp. Paris. 1661. tom. III). Die Erklärungen Augustins (Aug.) sind entlehnt aus den Excerpten bei Beda Venerabilis (in der Baseler Ausgabe tom. V).

[2]) Philippi, eine feste Stadt in Macedonien, an der thracischen Grenze, nordöstlich von Amphipolis gelegen, war durch den ältern Philippus aus einem Flecken, Krenides, erbaut. Octavian hatte eine Colonie von Rom dorthin geführt und ihr das jus italicum geschenkt, daher die Stadt Act. 16, 12 eine κολωνεία genannt wird. Vgl. Winer, Biblisches Realwörterbuch 3. Aufl. Leipzig 1847. 48. Aus der Angabe Act. 16, 13, wonach Paulus am Sabbath nicht die Synagoge, sondern die προσευχή aufsucht, folgt ebenso gewiß, daß die Juden in Phil. keine Synagoge hatten, wie es nach 17, 1 das Natürlichste ist, anzunehmen, daß sie, sowie die in Amphipolis und Apollonia sich zu der Synagoge in Thessalonich hielten. Offenbar war also die Judenschaft in Phil. nur gering.

nichts Andres zu sagen, als was sie aus der Apostelgesch. und aus unserm Briefe selbst entnehmen. Jene nun erzählt Cap. 16, 12—40, daß der Apostel Paulus auf seiner zweiten Missionsreise in Begleitung des Silas, Timotheus und wahrscheinlich auch des Lucas von Neapolis nach Philippi kam und dort etliche Tage verweilte. Er suchte seiner Gewohnheit gemäß am Sabbathe den außerhalb der Stadt an einem Flusse gelegenen Betplatz der Juden auf und eine auswärtige Proselytin, eine Purpurhändlerin aus Thyatira, ward die Erstlingsfrucht seiner dortigen Predigt. Nachdem sie mit ihren Hausgenossen getauft war, mußte der Apostel auf ihr Andringen in ihrem Hause seine Wohnung nehmen. Einige Tage hatte er so ungehindert in Phil. sein Wesen getrieben, als die Austreibung des bösen Geistes aus einer Wahrsagerin die Herren derselben, welche sie zum Gelderwerb so lange gemißbraucht hatten, veranlaßte, ihn vor die Duumvirn zu schleppen, die, von dem tumultuirenden Pöbel gedrängt, ihn und Silas mit Ruthen schlagen und ohne Untersuchung in strengen Gewahrsam werfen ließen. Nachdem in der Nacht ein Erdbeben ihre Ketten gelöst und ihnen die Thüren geöffnet hatte, der Kerkermeister aber, dadurch betroffen, auf sein Verlangen nach kurzer Heilsverkündigung sammt den Seinen getauft war, sandten die Duumvirn am Morgen ihm den Befehl, die beiden Gefangenen zu entlassen. Paulus und Silas aber, in ihrem Rechte als römische Bürger schwer verletzt, forderten Genugthuung und verließen erst, nachdem sie von den Duumvirn selbst aus dem Gefängnisse geführt waren, auf ihren Wunsch die Stadt; doch nicht ohne zuvor bei ihrer Gastfreundin eingekehrt zu sein und die dort versammelten Brüder, durch deren Bekehrung in den vergangenen Tagen der Grund zur Gemeinde gelegt war, noch einmal ermahnt zu haben[1]). Auf der dritten Missionsreise kam der Apostel sowohl bei der Hinreise nach Corinth, als bei der Rückreise durch Macedonien, und gewiß verweilte er wenigstens bei letzterer einige Zeit in Phil., von wo ja die Freunde nach Troas vorausreisten (Act. 20, 1. 4—6). Doch wird uns weder über die Beschaffenheit der dortigen Gemeinde, noch über das Verhältniß des Apostels zu ihr irgend eine Andeutung gegeben.

Dagegen charakterisiren die griechischen Ausleger auf Grund unsers Briefes bereits ganz richtig die philippische Gemeinde als eine, welche dem Apostel ihre Liebe bereits vielfach durch Sendung von Unter-

---

[1]) Die Geschichtlichkeit dieser Vorgänge hat Baur (Paulus, der Apostel Jesu Christi. Stuttg. 1845. S. 151 ff.) in Abrede gestellt, indem er sie für eine tendenziöse Nachbildung der Act. 5 u. 12 erzählten Rettungswunder erklärt, bei der von factischer Realität gar nicht die Rede sein könne. Ebenso hält Zeller (Die Apostelgeschichte, nach ihrem Inhalt u. Ursprung krit. untersucht. Stuttg. 1854. S. 251—58) es für unmöglich, aus der „Kette von Unwahrscheinlichkeiten", die diese Erzählung enthält, herauszufinden, was und wie viel Thatsächliches derselben zu Grunde liegt. Er ist geneigt, anzunehmen, daß dieselbe nach Analogie von Act. 12 aus 1 Thess. 2, 2 herausgesponnen sei. Es ist aber hier nicht der Ort, auf diese durchweg von dogmatischen und kritischen Voraussetzungen geleitete Kritik näher einzugehen.

stützungen bewiesen hatte und welche in Glauben und Leben zu keinem Tadel Anlaß gab, sondern nur zu ehrenvollem Lobe und liebevoller Ermunterung. Wird sie zugleich vor judaistischen Irrlehrern gewarnt, so geschieht dies nur, weil diese hier wie überall sich einzuschleichen versuchten (Th. v. M., Euth.); die lateinischen Väter sprechen es ausdrücklich aus, daß sie im Glauben treu geblieben war und die falschen Apostel nicht aufgenommen hatte (vgl. auch Hieron. in der Vorr. seines Comm. zum Brief an Philem.). Es hängt damit zusammen, daß Chr. noch als einzige Veranlassung des Briefes die Sendung der Liebesgabe durch Epaphr. nennt und als nächsten Zweck die Beruhigung der Leser über sein Schicksal. Doch stellen schon Th. v M., Thdt. u. Euth. daneben die Bekämpfung des judaistischen Irrthums, und ersterer findet außerdem die Hauptveranlassung des Briefes in dem ehrgeizigen Wetteifer unter den Tugendhaftesten der Gemeinde, den auch Ambr. aus den Ermahnungen des Cap. 2 erschloß. Strabo, im Lobe der Gemeinde und in der Bestimmung der Veranlassung des Briefes mit Chr. übereinstimmend, giebt als Zweck desselben an die doppelte Verwahrung vor den Gefahren der Verfolgung und der Irrlehre (vgl. Dion.)[1].

Auch nach Luther hat Paulus die Philipper nur zu loben und zu ermahnen, daß sie bleiben und fortfahren im rechten Glauben und zunehmen in der Liebe, auch die Darstellung der bösen Prediger und der glaublosen Gerechtigkeit, so durch die falschen Apostel gelehrt und gehalten wird, hat noch keinen Anlaß in den Gemeindeverhältnissen (vgl. Bgh.) Nach Calvin rühmt der Apostel ihre Standhaftigkeit gegen die Pseudapostel, hält es aber doch schon auf Grund der durch Epaphrodit gebrachten Nachrichten für nothwendig, sie gegen dieselben bei Zeiten zu sichern. Diesem Zwecke dient nicht nur die Ermahnung zur Eintracht, welche der Irrlehre die Thüre verschließt, wie die Spaltung sie ihr öffnet; sondern auch die Sendung des Timoth. und die Beruhigung über sein Schicksal, wodurch die Irrlehrer sie zu schrecken versuchten (vgl. Bull.). Nach Aret. ist ebenfalls die Warnung vor den falschen Lehrern zunächst nur noch eine Vorsichtsmaßregel, allein die domestica dissidia sind, ebenso wie bei Th. v. M., bereits die erste Veranlassung des Briefes, woneben dann noch die Gefahren der Verfolgung genannt werden, die Danksagung aber erst in die letzte Stelle tritt (vgl.

---

[1] Zur Charakterisirung der mittelalterlichen Exegese ist fortgehends verglichen die Glossa ordinaria von Walafried Strabo (Strb.), die Glossa interlinearia von Anselm von Laon (Ansl.) und die Postille des Nicolaus von Lyra (Lyr.) und zwar nach der Biblia sacra c. glossa interl., ordin. et postilla Nic. Lyr. Venet. 1588. tom. VI So abhängig der erste von den lat. Vätern ist, so findet sich doch bei den beiden letztern manche selbstständige Bemerkung und namentlich bei Ansl. viele treffende Winke über den Gedankenzusammenhang. Dazu ist aus dem Anfange des Mittelalters noch benutzt Haymo v. Halberstadt, in divi Pauli epistolas omnes interpretatio nach einer Ausgabe von 1528 ohne Druckort (Haym), und aus dem Ende Dionysius Carthusianus, in omnes Pli epist. comment. Colon. 1532 (Dion.). Die Vulgata (Vlg.) citire ich nach der Fleck'schen Duodez-Ausgabe von 1840.

Crocius, der aber nach Chr. noch die Beruhigung der Leser obenan stellt, und sie, wie auch Art., aus dem bei Clv. schon erwähnten Motiv herleitet)[1].

Allein schon Grt. schränkte die Treue der Philipper gegen die überlieferte paulinische Lehre auf die Mehrzahl der Gemeindeglieder ein, und je mehr man in der Exegese dogmatisirte, um so mehr verlor man den Blick für den überwiegend persönlichen Charakter des Briefes und sah überall lehrhafte oder polemische Tendenzen (vgl. besonders Croc.). Konnte doch einem Cal. das ganze corpus doctrinae in unserm Briefe abgehandelt scheinen und schon Cast. es versuchen, die Idee der exinanitio Christi als das Grundthema aufzufassen, das sich durch den ganzen Brief hindurchzieht. Corn. ließ den Apostel nicht nur gegen die Judaisten, sondern auch gegen die Anhänger des Cerinth und Simon Magus, Hammond gegen Gnostiker überhaupt polemisiren. Demnach mußte auch das Bild, das man sich von den Zuständen der Gemeinde machte, ein wesentlich anderes werden. Zunächst dachte man sich dieselbe aus Heiden- und Judenchristen gemischt und bezog die Polemik des Apostels auf den judenchristlichen Theil der Gemeinde, der nach 2, 3 ff. mit dem heidenchristlichen im Streite lag (Schttg., Wlf.). Nach Sbl. sind die Lehrer der Gemeinde selbst durch Streitigkeiten besonders über die Christologie entzweit, und die Gemeindeglieder nicht nur durch Judaisten, sondern auch durch Anhänger der heidnischen Philosophenschulen gefährdet, so daß als Hauptzweck des Briefes erscheint, die Philipper zu trösten, die nicht nur wegen der namentlich aus dem drohenden Tode des Apostels sich ergebenden äußeren Gefahr, sondern auch wegen der inneren Zerrüttungen mit bekümmertem Gemüthe an die Zukunft des Christenthums dachten. In diesem Punkte folgt er wohl namentlich Salomo van Till, der nicht ohne Scharfsinn aus diesem Zwecke den ganzen Inhalt des Briefs zu erklären und zu disponiren versuchte. Mehr im Sinne der älteren Ausleger urtheilen Bmg., der übrigens wie v. Till und Sbl. auf Grund der S. 3. Anm. 2 erörterten Thatsache annimmt, daß die Gemeinde überwiegend aus

---

[1]) Die Vorrede Luthers zum Philipperbriefe siehe bei Rheinwald, a. a. O., S. 56. Die Luthersche Bibel-Uebersetzung ist nach der Textesrecension von Th. Schneider (Der Brief an die Philipper in berichtigter Luth. Uebersetzung. Praktisch erläutert von Dr. A. Neander. Berlin 1849) benutzt (Lth.). Einzelnes aus seinen Erklärungen siehe bei Calov. Außerdem ist vergl. Joh. Bugenhagen, annotationes in decem epist. Pli. Norimb. 1524 (Bgh.). Joh. Calvin ist benutzt nach J. Calv. in omnes Ni. Ti. epist. commentarii. ed. II. Vol. II. Hal. 1834 (Clv.), außerdem Th. Beza, Novum Testamentum. Genev. 1782 (Bz.) u. Joh. Piscator, Analysis logica sex epist. Pauli. Herborn. 1593 (Pisc.). — Von den Schweizern sind hie und da verglichen Heinr. Bullinger, Comment. in omnes apost. epist. Tigur. 1537 (Bll.) und fortgehends Bened. Aretius, Comment. in Epist. Pauli. Morg. 1580 (Art.). — Außerdem sind aus den Critici sacri (London 1660. tom. VII) entlehnt die Bemerkungen von Laurent. Valla (Vll.), Erasmus v. Rotterdam (Ers.), Franciscus Vatablus (Vtb.), Sebastian Castalio (Cast.), Isidorus Clarius (Clr.), Nicolaus Zegerus (Zgr.). Die übrigen der dort Excerpirten kommen selten in Betracht.

Heidenchristen bestand, J. D. Michaelis, der nur unter den jüdischen Verführern eine eigene neupharisäische Secte des Judas Galiläus versteht, und Haenlein, der ähnlich wie Th. v. M., Art. die innere Uneinigkeit nicht nur durch eine Verschiedenheit ihrer christlichen Geistesbildung, sondern auch durch den Stolz einzelner Christen auf besondere Religionstalente und Kirchenämter hervorgerufen denkt. Mit seinerm Scharfblicke fand Bng. die Summe des ganzen Briefs in dem gaudeo, gaudete und meinte, man könne ihn die epist. de gaudio nennen[1]).

Inzwischen war noch ein anderer Punkt controvers geworden, nämlich Zeit und Ort der Abfassung unseres Briefes. Die patristischen Exegeten hatten an der schon in der Unterschrift bei Euth. ausgesprochenen Tradition festgehalten, daß der Brief aus der römischen Gefangenschaft geschrieben sei, nur daß ihn Chr. Thdt. vor, Thph. und, wie es scheint, schon Th. v. M. nach der 2. Tim. 4, 16 erwähnten Apologie in der zweiten Gefangenschaft abgefaßt sein lassen. Später folgten die katholischen Ausleger (Est., Corn.) der Angabe des Hier. (a. a. O.), wonach der Brief mit denen an die Epheser und Colosser gleichzeitig sein soll; die reformirten Isagogen (Heid. und v. Till), welchen Wlf. beipflichtet, setzten ihn an den Anfang der Gefangenschaft und noch vor diese Briefe; bald aber wurde mit wenigen Ausnahmen die Ansicht herrschend, daß er später als diese Briefe, gegen das Ende der ersten Gefangenschaft geschrieben sei. Man verweist dafür mit Recht auf das Aufsehen, das die Gefangenschaft des Apostels in Rom gemacht hatte, auf das, was der Apostel über die Folgen derselben für die evangelische Verkündigung mittheilt, auf die bevorstehende Entscheidung des Prozesses, auf das mehr als wahrscheinliche Fehlen des Lucas in der Umgebung des Apostels (vgl. Sdl., Bmg.,

---

[1]) Aus dem 17. Jahrhundert sind benutzt von den katholischen Exegeten Guill. Estius, Comment. in omnes epist. Pli epist. Colon. 1631 (Est.) u. Cornelius a Lapide, Comm. in omnes divi Pli epist. Antw. 1679 (Corn.), von den luther. Abr. Calov (Cal.) nach seiner Biblia Ni Ti illustrata. Frcf. 1676. tom. II; von den reformirten Joh. Crocius (Croc.) nach seinem Comment. epistolarum sti Pli. Frcf. 1653. tom. I. Außerdem Hugo Grotius, Annotationes in N. T. ed. Windheim. Erl. et Lips. 1757. tom. 2 (Grot.) und hie und da auch Joh. Schlichting, Comm. posth. in plur. Ni Ti libros und Joh. Coccejus nach seinen Opp. Frcf. 1689. Die Ansicht Hammonds ist entlehnt aus seinem Nov. Test. cum paraphr. et annot. Amst. 1628. Aus dem 18. Jahrhundert sind verglichen J. Alb. Bengel's Gnomon Ni Ti, nach der ed. III v. 1773 neu herausgegeben Berlin 1855 (Bng.), Chr. Wolf's curae philologicae et criticae Ed. II. Hamb. 1738. tom. III (Wlf.), zuweilen auch Schöttgen's horae hebr. et talmud. Dresd. et Lips. 1733 (Schtt.). Durchgehends aber sind benutzt Chr. Tim. Seidel, Erklärung des Briefes des Apostels Paulus an die Philipper. Halle u. Helmstädt 1737 (Sdl.), und S. J. Baumgarten, Auslegung der Briefe Pauli an die Gal., Eph., Phil. etc. Herausg. v. Semler. Halle 1767 (Bmg.). Die erwähnten Einleitungsschriften sind: Heidegger, Enchiridion biblicum. Tigur. 1681 (Heid.), Salomo van Till, Opus analyticum. Traj. ad Rh. 1730. tom. II S. 612, J. D. Michaelis, Einleitung in die göttl. Schriften des N. B. Göttingen 1788. Thl. II § 205. 6 (Mich.), Aler. Hänlein, Handbuch der Einleitung II. 2. Cap. 12. Erlangen 1800 (Hän.).

Mich.). Aber auch über den Ort der Gefangenschaft, auf welchen die Andeutungen des Briefes hinweisen, entstanden Zweifel. Zwar die Meinung Oeder's, daß derselbe unmittelbar nach der Gründung der Gemeinde in Corinth verfaßt sei, hätte die ausführliche Widerlegung kaum verdient, die ihr Wls. angedeihen ließ; aber auch die von H. E. G. Paulus in einem Jenenser Osterprogramm von 1799 aufgestellte Vermuthung, daß der Brief aus der Gefangenschaft des Apostels in Caesarea datire, gab für jetzt nur der Polemik der Commentatoren und Isagogen Stoff.

Storr gebührt das Verdienst, die einmal in die Gemeinde selbst versetzte judaistische Parteiung in der Form einer bestimmt abgerundeten Hypothese anschaulich gemacht und exegetisch durchgeführt zu haben, wobei freilich sein unermüdliches Haschen nach Beziehungen auf diese Verhältnisse den Leser bis zum Ueberdruß ermüdet. Nach ihm hatten also die pharisäisch gesinnten Irrlehrer Eingang in der Gemeinde gefunden, allein zu der Zeit, als man den Epaphr. absandte, waren die Verführten bereits wieder soweit von ihren Verirrungen zurückgekommen, daß sie sich mit den Uebrigen dazu vereinigten, dem Apostel einen Beweis ihrer Liebe zu geben. Sie hatten aber doch noch eine nachdrückliche Warnung vor den Grundsätzen der jüdisch gesinnten Irrlehrer nöthig und es blieb ein Gegensatz zwischen den schwächern und stärkern Gliedern der Gemeinde, den der Apostel in seinen Ermahnungen 2, 3 ff. 3, 15—17 berücksichtigt (vgl. Fl.). Diese Hypothese wurde nun von Eichhorn weiter ausgesponnen, bei dem eine mit höherer religiöser Aufklärung sich brüstende Partei den schwächeren, mit jüdischen Vorurtheilen behafteten Brüdern gegenübersteht, dagegen von Heinrichs und Berthold bestritten, von denen ersterer namentlich weder dogmatische noch sittliche Verirrungen in der Gemeinde finden will. Ja, nicht einmal das Vorhandensein judenchristlicher Irrlehrer meint er annehmen zu dürfen, der Apostel könne auch vor einer eventuellen Gefahr warnen und die Gegner, die er im Blicke hat, waren ihm aus seinem sonstigen Wirkungskreise bekannt genug und auch in seiner römischen Umgebung aufgetreten. Hnr. ist nämlich nicht abgeneigt, gegen die seit den patristischen Zeiten feste exegetische Tradition, unter den dem Apostel feindlichen Predigern des Evangeliums in Rom Judaisten zu verstehen, wozu schon Bng. Sdl., Bmg., Mich., Haen. und Storr, den auf diesem Punkte sein sonst so treuer Nachfolger Fl. bekämpft, den Weg gebahnt hatten, wenn er daneben auch noch an solche denkt, die mit philosophischer Beredtsamkeit prunkten. Allein die einmal gangbar gewordene Unterscheidung zwischen stärkeren und schwächeren Gliedern in der Gemeinde hat auch Hnr. beibehalten und daraus die neue Hypothese geschmiedet, wonach unser Brief in zwei Schreiben zerfällt, von denen das eine (3, 1—4, 20) ausschließlich an die vertrauteren Freunde des Apostels, die $\delta\upsilon\nu\alpha\tau o\iota$ oder $\tau\varepsilon\lambda\varepsilon\iota o\tau\varepsilon\rho o\iota$ gerichtet ist. Diese, auf eine ganz unhaltbare Erklärung von 3, 1 und auf Voraussetzungen, die dem Geiste des Apostels durchaus fremd sind, gebaute Hypothese, die Dr. Paulus noch etwas zu modificiren versucht hat, verdient aber endlich sammt den Zweifeln Schraders gegen den Abschnitt 3, 1—4, 9 der Vergessenheit übergeben zu werden. Schon Bertholdt hat sie bekämpft, aber, selbst ein Kind jener hypothesensüchtigen Zeit, hat er uns mit zwei neuen, um nichts besseren beschenkt, mit der Einführung sadducäisch gesinnter Christenthumslehrer in die Stelle 3, 17—21 und mit einem aramäischen Urterte, den Timotheus übersetzt haben soll. Einen entschiedenen Vertheidiger dagegen hat jene Hypothese von zwei Parteien in Rheinwald gefunden, der sie noch schärfer zugespitzt und exegetisch durchgeführt hat, so daß nun geradezu die Nachricht von dem eingerissenen Zwiespalt zwischen den beiden Parteien die Hauptveranlassung des Briefes war, und die selbst von Eichh. noch an die Spitze gestellte Danksagung eine ganz untergeordnete. Der Apostel ist tief bewegt durch die Schilderung, die ihm Epaphr. von den Gemeindezuständen gegeben hat; dem Bande, das die Gemeinde unter sich selbst und mit dem Apostel zusammenhielt, drohte eine gänzliche Auflösung; die Ermahnung zur Einheit und Einigkeit im Herrn wird der Mittelpunkt des Briefes und darnach der ganze Gedankengang desselben bemessen. Auch in den römischen Gegnern des Apostels sieht Rhw. Judaisten. In milderer Form, doch ohne wesentliche Verbesserung findet sich dieselbe Grundanschauung bei Feilmoser, Schott und Neander. Mehr als alle diese Hypothesen führten zu einer richtigeren Auffassung des Briefes die Bemerkungen, die hie und da über den besonders warmen, herzlichen, mehr freundschaftlichen Ton gemacht wurden, wodurch sich unser Brief von andern unterscheidet (vgl. a. E., Haenl., Hnr.).[1]

---

[1] Hand in Hand mit der im Texte besprochenen Hypothesenwillkühr geht die sprachliche Willkühr, die mit ihren grammatischen, zu Redefiguren gestempelten Quiproquo's im Stande war, aus Allem Alles zu machen. Es sind das die beiden Ausartungen, in welche die gramm.-histor. Interpretation gerieth, als sie sich unter der Herrschaft des Rationalismus der früheren, allerdings einseitig dogmatisirenden Exegese entgegensetzte. Schon bei Sbl. und Bmg. fühlt man trotz aller Orthodoxie oft genug den Einfluß dieser Periode; und wenn Strr, Fl. u. Rhw. auch in ihrer dogm. Stellung darüber hinaus sind, so doch nicht in ihrer von dorther mitgebrachten Methode. Von den eigentlichen Vertretern der rational. Exegese habe ich benutzt: Rosenmüller's Scholia in N. T. Ed. III. Nornmbrg 1790. tom. IV (Rsm.), der freilich wenig selbstständig, fast ganz auf Hug. Grot.'s Schultern steht, F. A. W. Krause, der Brief an die Phil. u. Thess. Ff. 1790 (Kr.), Am Ende, Pli ap. epist. ad Philippenses. Viteb. 1798 (a. E.), und Heinrichs (Hnr.), von dem die Bearbeitung des Philipperbriefs in Koppe's Nov. Test. herrührt (Vol. VII. Pars 2. Gotting. 1803). G. Chr. Storr's interpret. epist. Paul ad Phil. findet sich in seinen Opusc. acad ad interpr. libr. sacr. Tubing. 1796 Vol. I (Strr.), J. F v. Flatt's Vorlesungen über die Briefe Pauli an die Phil., Col, Thess. ic. sind nach seinem Tode herausgegeben von Ch. Fr. Kling. Tübingen 1829 (Fl). Rheinwald (Rhw.) bildet in mancher Beziehung den Uebergang zu der neueren Exegese (Comm. über den Brief Pli an die Philipper. Berlin 1827). Die sonst citirten Schriften sind: Eichhorn, Einleitung in das N. T. Band III, 1. Leipzig 1812. § 243—45, Bert-

Epochemachend für die richtige Auffassung der Gemeindeverhältnisse war die Specialuntersuchung, welcher Schinz dieselben unterzog (1833). Er hat unwiderleglich dargethan, daß der Brief das Dasein einer judenchristlichen Partei in Philippi entschieden ausschließt, und die Wirksamkeit judaistischer Lehrer in keiner Weise bezeugt, er geht nur darin zu weit, daß er zur Erklärung dieser Thatsache die Gemeinde ausschließlich aus Heidenchristen, höchstens zugleich aus ehemaligen Proselyten bestehen läßt, was weder nothwendig noch nachweislich ist. Geht auf diesem Punkte also Schz. noch über die Auffassung der Griechen hinaus, so stimmt er darin ganz mit Th. v. M. überein, daß er die Ermahnungen des zweiten Capitels gegen die sittlichen Mängel der Gemeinde gerichtet denkt, gegen sittlichen Hochmuth, gegen das eitle Rühmen der eigenen und das eifersüchtige Schmälern der fremden Verdienste und Vorzüge, gegen liebloses und selbstsüchtiges Wesen; und hält mit Clv. dieses für die schwache Seite der Gemeinde, auf der Paulus für die Zukunft ein Eindringen der Irrlehre besorgte. Man sieht, der Versuch, die Entstehung des Briefes wesentlich aus den durch die Verirrungen der Gemeinde hervorgerufenen Bedürfnissen zu erklären, ist noch nicht aufgegeben, nur daß man dieselben auf der sittlichen Seite und nicht auf der Seite der Lehre sucht. Und dieses ist der schwache Punkt auch der neueren Auffassung. Man mischt da in das Bild der Gemeindezustände immer wieder einen Zug hinein, der wenig zu dem Lobe stimmt, welches ihnen anderweitig der Apostel spendet, und verschiebt so nur für einen Theil des Briefes und oft auch für die Gesammtauffassung desselben den richtigen Gesichtspunkt. Ob dazu die Ermahnungen des 2. Capitels nöthigen, darüber kann nur die Specialeregese entscheiden.

Zwar hat noch Matth., wenn auch in etwas gemilderter Form, an der Rhw.'schen Ansicht von einer verderblichen Entzweiung der Juden- und Heidenchristen festgehalten, deren Ueberwindung der Hauptzweck des Briefes sei, allein selbst B.-Cr. und Guericke, welche sich der Annahme von Schinz nicht anschließen wollten, haben doch dem Briefe seinen persönlichen, freundschaftlichen Charakter als eines Dankschreibens für die Liebesgabe der innig befreundeten Gemeinde wieder vindicirt. Die übrigen neueren Ausleger aber, wie v. Hng., de W., Myr., Wies., Ew., sowie die Isagogiker Credner, Neudecker, Reuß haben, abgesehen von der einseitigen Auffassung der Zusammensetzung der Gemeinde, im Wesentlichen die Ansicht von Schz. adoptirt[1]). Damit erst ist der

---

holdt, Histor. krit. Einl. in sämmtl. kanonische u. apokryph. Schrft. des A. u. N. T. Thl. VI. Erlang. 1819. § 730—35, Schott, Isagoge hist. crit. Jen. 1830. § 68 bis 70, Feilmoser, Einl. in die Büch. des neuen Bundes. Tübing. 1830, Neander, Gesch. der Pflanzung und Leitung ꝛc. 4. Aufl. Hamburg 1847. Bd. I. S. 526. 7.

[1]) Von den neueren Eregeten sind benutzt: Matthies, Erklärung des Briefs Pauli an die Philipper. Grfsw. 1835 (Mtth.), van Hengel, Comm. perpetuus in epist. Pli ad Phil. Lugd. Bat. 1838 (v. Heng.), Hoelemann, Comment. in epist.

Weg gebahnt, den Brief seinem eigentlichsten Wesen nach als einen rein persönlichen, als einen Ausfluß des Gemüths, als ein Wort der innigsten Liebe an die engverbundenen Freunde zu fassen (vgl. Myr.). Und so ist man dahin gekommen, auch die Einheit des Briefes nicht in irgend einem polemischen Zwecke, sondern in einem Grundgefühl zu finden, das durch denselben hindurchgeht und durch ihn angeregt werden soll. Was schon van Till, freilich in mehr negativer Weise und nicht überall von richtigen Voraussetzungen aus, darzuthun versuchte, daß der Brief ein Trostschreiben für die um die Zukunft des Christenthums besorgten Phil. sei, was Beng. andeutete, indem er unsern Brief als eine epistola de gaudio bezeichnete, das haben B.-Cr. S. 8. 9, Wies. S. 8., Guer. S. 358., Ew. S. 433 mehr oder weniger klar ausgesprochen. Es ist die Freude nicht nur die Grundstimmung des ganzen Briefes (1, 4. 18. 2, 2. 17. 28. 4, 1. 10), sondern sein überall durchblickender Zweck ist die Erhebung der Philipper zu der wahren Christenfreude (1, 12. 25. 26. 29. 2, 18. 23. 24. 28. 3, 1. 4, 4. 18. 19). Die Verfolgung dieses Liebeszwecks ist sein Dank für die Freude, die sie ihm durch ihre Liebesgabe bereitet haben. Dagegen spricht nicht, wie Reuß meint, „die schon tief gewurzelte Ahnung, daß es zu Ende eile", denn so weit diese aufleuchtet, stimmt sie ja den Apostel selbst nur zu triumphirender Freude und treibt ihn an, seine Leser zu einer gleichen Auffassung seines eventuellen Todes anzuleiten; von einem „fast elegischen Gepräge" aber zu reden (Myr.), dürfte doch eine schwere Verkennung des todesmuthigen Streiters Christi sein.

Noch einmal wurde die Frage nach Ort und Zeit der Abfassung unseres Briefes zur Discussion gebracht und in eingehenderer Weise

---

d. Pli ad Phil. Lips. 1839 (Hoel.) — leider nur theilweise, da er mir nicht stetig zur Hand war —, Baumgarten-Crusius, Commentar über die Briefe Pli an die Philipper und Tess., herausgeb. v. Schauer. Jena 1848 (B.-Cr.), in seinen exeget. Schriften, Band III. Thl. 2., de Wette, Kurze Erklärung der Briefe an die Col., Phlm., Eph. u. Phil. 2. Auflage. Leipzig 1847, in seinem kurzgefaßten exegetischen Handbuche zum N. T. Band II. Thl. 4. (de W.), Meyer, Kritisch-exeget. Handbuch über den Brief an die Phil. Gött. 1847, in seinem kritisch-exeget. Commentar über das N. T. Abth. 9. 1. (Myr.), Wiesinger, Die Briefe des Apostels Paulus an die Phll., an Tit., Tim., Philem. Königsb. 1850, in Olshausen's bibl. Commentar über sämmtl. Schriften des N. T. Bd. V. (Wies.), Ewald, Die Sendschreiben des Apostels Paulus. Göttingen 1857 (Ew.). — A. Rilliet, Comm. sur l'épître de l'ap. P. aux Philipp. Gen. 1841 und Corn. Mueller, Comm. de locis quibusd. ep. P. ad Phil. Hamb. 1843, habe ich nicht erhalten können. Die erwähnten Einleitungsschriften sind: W. H. Schinz, Die christliche Gemeinde zu Phil. Zürich 1833 (Schz.), A. Credner, Einl. in das N. T. Halle 1836. § 158—162, G. Neudecker, Lehrb. der histor.-kritisch. Einleitung des N. T. Leipzig 1840. § 90—93, Reuß, Geschichte der heiligen Schriften des N. T. Braunschweig 1853. § 131—33, F. Guericke, Gesammtgeschichte des N. T. Leipzig 1854. § 23. VI. Zum Folgenden vgl. noch Boettger, Beiträge zur hist.-krit. Einl. in die paulin. Briefe. 1837. Heft 2. § 27—33, und Thiersch, Die Kirche im apostol. Zeitalter und die Entstehung der neutestam. Schriften. Frkf. u. Erl. 1852. S. 175—77.

die Abfassung desselben in Caesarea zu begründen versucht durch Böttger. Nach ihm ist Paulus in Rom überhaupt nur drei bis fünf Tage gefangen gewesen, und schon darum können alle Briefe, welche aus einer längeren Gefangenschaft datiren, nur aus Caesarea sein. Aber auch die Data unseres Briefes sollen entschieden auf diese Stadt hinweisen, wo Paulus in dem ehemaligen Prätorium des Herodes (Act. 23, 35), das natürlich seit dem Jahre 44 eine οἰκία Καίσαρος geworden war, gefangen saß. Was diese Voraussetzung anlangt, so hat schon Neander a. a. O. S. 498 Anm. gezeigt, wie sich dieselbe mit der Darstellung der Apostelgeschichte schlechterdings nicht vereinigen und aus dem römischen Rechtsgebrauch nicht beweisen läßt. Im Uebrigen hat B. höchstens erwiesen, daß der Brief in Caesarea geschrieben sein könnte. Allein die Art, wie Paulus in unserem Briefe der nahenden Entscheidung über Leben und Tod entgegensieht, stimmt nicht zu Caesarea, wo er dieselbe doch im schlimmsten Falle immer noch durch eine Appellation an den Kaiser hinausschieben konnte und die Uebereinstimmung der in unserem Brief vorausgesetzten Freiheit des Verkehrs und der evangelischen Verkündigung, die der Gefangene hatte, mit den Angaben der Apostelgeschichte (28, 16. 23. 30. 31) spricht entschieden für Rom, wohin denn auch alle Neueren den Brief verlegen. Nur Thiersch ist ihm beigetreten, ohne einen Grund dafür anzugeben. In seiner römischen Umgebung finden de W., Myr., Ew. nach dem Vorgange der oben erwähnten Aelteren Judaisten, wogegen sich B.-Cr., v. Hng., Wies. mit Recht erklärt haben, wie die Exegese aus 1, 15—18 zu zeigen haben wird. Wie wir uns die hier erwähnten, in ihren Motiven unlautern, in ihrer Lehre einen Verkündiger des Evangeliums zu denken haben und aus welchen geschichtlichen Verhältnissen sich das Auftreten derselben erklärt, wird ebenfalls erst aus der Erklärung des Einzelnen erhellen können.

Erst seit Baur ist endlich auch der Blick auf die Frage nach der Echtheit unseres Briefes gelenkt worden. Derselbe geht davon aus, daß sich der Philipperbrief, wie die an die Epheser und Colosser im Kreise gnostischer Ideen und Ausdrücke bewegt und zwar so, daß er sie nicht sowohl bestreitet, als sich vielmehr an sie anschließt und sie mit den nöthigen Modificationen sich aneignet. Dieses Ineinanderfließen gnostischer und kirchlicher Vorstellungen soll einer Zeit angehören, in welcher die Gnosis noch nicht die specifische Erscheinung war, die sie in der Folge wurde, sondern aus den in der Zeit überhaupt vorhandenen Elementen sich erst entwickelte. Es war die Zeit der erst erwachenden, durch gemeinsame Zeitideen angeregten christlichen Speculation, durch welche das christliche Bewußtsein selbst erst seinen bestimmten dogmatischen Inhalt erhielt. Allein die Nachweisung dieses Sachverhaltes, der für sich genügen soll, unserem Briefe seine Stelle in der nachapostolischen Zeit anzuweisen, beschränkt sich lediglich auf die christologische Stelle 2, 5—11 und verwickelt sich in den Widerspruch, daß, während der Brief der Zeit der erst erwachenden gnostischen Speculation angehören soll, die Spuren derselben nur in Anklängen an ganz individuelle Lehrbildungen der beiden ausgeprägtesten Systeme gefunden werden. Es soll nämlich V. 6 nur zu erklären sein durch eine Bezugnahme auf die Geschichte der valentinianischen Sophia, V. 7 soll sich gnostischer Doketismus zeigen, V. 10 an die marcionitische Idee der Höllenfahrt erinnern. Aber der erste Versuch Baur's diese Verwandtschaft darzuthun, war überhaupt so flüchtig und widerspruchsvoll, daß es seinen Gegnern Brückner und Lünemann leicht wurde darzuthun, wie derselbe theils auf falscher Auslegung der paulinischen Stelle, theils auf unrichtiger Fassung gnostischer Begriffe beruhe und die vermeinte Congruenz eine so sichtlich erzwungene, daß Ernesti mit Recht sagen konnte, es könne das Eine immer nur dann aus dem Gnosticismus erklärt werden, wenn das Andere daraus nicht erklärt werde. Durch den letzteren Angriff insbesondere hat sich Baur veranlaßt gesehen, seine Erklärung der betreffenden Stelle schärfer zu bestimmen und näher zu begründen; hier wird nun bereits das aus V. 10 entnommene Argument ganz fallen gelassen, das in V. 7 liegende nur noch flüchtig erwähnt und dahin moderirt, daß, wenn auch der Schriftsteller selbst an nichts Doketisches dabei dachte, er sich doch unwillführlich an die Darstellungsweise der Gnosis anzuschließen scheine, das entscheidende Hauptgewicht aber fällt auf den V. 6. Die Art, wie, um Christi demuthsvolle Selbstverleugnung in das rechte Licht zu setzen, die Möglichkeit eines Raubes von seiner Seite gesetzt und in ihrer Wirklichkeit verneint wird, soll nur erklärlich sein, wenn dem Verfasser eine bekannte Lehrweise oder Geschichtsdarstellung vorlag, auf welche er anspielte. Da nun gegen Ernesti mit Recht dargethan wird, wie die Geschichtserzählung der Genesis von dem Falle der ersten Menschen dazu nicht geeignet sei, so bleibt nichts übrig, als daß der Verfasser jene bekannte That des gnostischen Aeon vor Augen gehabt, und was dort im speculativen Sinne gemeint war, moralisch gewandt hat. Ernesti ist die Antwort darauf nicht schuldig geblieben, und wenn wir auch dem, was er zur Rettung seiner Erklärung der Stelle gesagt hat, nicht beipflichten können, so hat er doch die Unhaltbarkeit der Baur'schen schlagend genug dargethan. Die Specialexegese wird den Beweis führen, daß die Stelle sich aus sich selbst und den Prämissen der paulinischen Christologie hinreichend erklärt, und in Betreff der Baur'schen Exegese genügt es daran zu erinnern, daß, wenn — wie er selbst sagt — das, was in der speculativen Weltanschauung der gnostischen Systeme seinen guten Sinn hat, „von Christo in sittlichem Sinne gesagt, widersinnig lautet", die Anspielung an jene gnostische Lehrweise wenigstens um nichts besser erklärt, wie der Verfasser dazu kam, ein solches „widersinniges" Benehmen Christi erst noch zu negiren. Und doch hängt an der vermeinten Unumgänglichkeit dieser Erklärung zuletzt einzig und allein die Nachweisung des gnostischen Ideenkreises, der unserem Briefe seine Stelle im nach-apostolischen Zeitalter anweisen soll[1]).

Was aber den Brief ferner als eine Nachbildung der echten paulinischen erkennen lassen soll, das ist eine Reihe von Ausstellungen, die Baur gegen seinen schriftstellerischen Charakter erhebt. Er findet in ihm monotone Wiederholungen, Mangel an tiefer eingreifendem Zusammenhang, Gedankenarmuth, er vermißt eine motivirte Veranlassung, einen bestimmter ausgesprochenen Zweck, einen Grundgedanken. Der Polemik fehlt es an Frische und Natürlichkeit, an der Objectivität der gegebenen Verhältnisse, starke Ausdrücke sollen ihr die fehlende Farbe geben. Die Absichtlichkeit, mit welcher der Apostel von sich, von seiner Person, seinem früheren und jetzigen Leben redet, und doch nur allbekanntes, kleinliches, interesseloses vorbringt, erweckt Verdacht; das Meiste ist schwache, leblose Nachbildung von Stellen aus dem Corintherbrief, anderes — und zwar nicht ohne Mißverständniß — aus demselben herausgesponnen. Lünemann und Brückner haben sich die Mühe genommen, allen diesen Ausstellungen Schritt für Schritt nachzugehen, um ihre Nichtigkeit aufzudecken. Baur giebt in seiner Entgegnung zu, daß sich jeder kritischen Bemerkung etwas entgegensetzen läßt, meint aber, der Totaleindruck solcher apologetischen Erörterungen sei doch immer nicht die reine Gewißheit von dem paulinischen Ursprung des Briefes. Gewiß nicht — für einen, der mit der Voraussetzung seiner Unechtheit herangeht; für einen aber, der nirgends einen durchgreifenden Verdachtsgrund gegen diese gutbezeugte Urkunde des christlichen Alterthums hat, genügt es freilich, wenn jede einzelne jener Bemängelungen in ihrer Nichtigkeit aufgedeckt wird. Br. hält aber nicht nur, ohne auf die gemachten Gegenbemerkungen einzugehen, an seinen Ausstellungen fest, er hat deren bei weiterer Betrachtung des Briefes noch viel mehr gefunden. Kein Brief enthält so viele Stellen, in welchen es irgend einen Anstoß giebt, so viele unklare, lose zusammenhängende, in Wiederholungen und allgemeinen Wahrheiten be-

---

[1]) Die hier besprochenen Verhandlungen nehmen ihren Ausgang von Baur, Paulus, der Apostel Jesu Christi. Stuttgart 1845. S. 458—75. Gegen ihn traten auf: Pauli ad Philippensens epistola. Contra F. Chr. Baurium defendit G. C. A. Lünemann. Goetting. 1847 u. B. B. Brueckner, epistola ad Philippenses Paulo auctori vindicata contra Baurium. Lips. 1848. Speciell gegen seine Erklärung von Phil. 2, 6 f. richtete sich Ernesti in seiner Abhandlung über Phil. 2, 6 f., aus einer Anspielung auf Gen. 2, 3 erläutert, in den theol. Studien und Kritiken. 1848. Hft. 4. S. 858—924. Auf alle drei Angriffe antwortete Bauer in einem Aufsatze „Zur neutestamentlichen Kritik" in den Theologischen Jahrbüchern von Baur u. Zeller. 1849. Hft. 4. S. 500—533 und gegen ihn wieder Ernesti in den Studien und Kritiken von 1851. Heft 3. S. 595—630. Vgl. auch Meyer in seinem Comm. S. 61—63. Wenn Baur a. a. O. S. 475 sich auch an der Erwähnung der ἐπίσκοποι καὶ διάκονοι 1, 1 stößt, so erhellt wenigstens aus seinem zusammenfassenden Werke „das Christenthum u. die christl. Kirche der drei ersten Jahrhunderte. Tübingen 1853" S. 240. 41, daß er darin wenigstens kein Merkmal einer spätern Zeit findet. Vgl. auch das daselbst über den Philipperbrief Gesagte S. 109.

stehende Sätze. Er geht noch einmal den ganzen Brief durch und findet immer aufs Neue überall Gedankenarmuth, Zusammmenhangslosigkeit, Mangel an geschichtlicher Motivirung, nichts neues, bedeutendes, concretes, originelles, überall nur einen matten, farblosen Reflex der andern Briefe. Er leugnet nicht, daß sich manches erklären und rechtfertigen läßt, „da aber der paulinische Ursprung überhaupt bezweifelt werden muß", so hat seine Auffassung gleichfalls ihre Wahrscheinlichkeit; er giebt zu, daß das von Epaphrodit überbrachte Geldgeschenk ein genügender Erklärungsgrund für unsern Brief sei, „wenn derselbe sich nur sonst als paulinisch ausweisen würde." Ob aber der paulinische Ursprung überhaupt bezweifelt werden muß, warum der so gut wie jeder andere als paulinisch beglaubigte Brief sich nicht als solcher ausweist, das ist ja eben erst das zu Beweisende, was freilich Br. stets voraussetzt, weil ihm die Unechtheit von vornherein feststeht. Wo er von den Anklängen an den zweiten Corintherbrief spricht, sagt er selbst: „es erklärt sich dies von selbst daraus, daß in keinem anderen Briefe die Persönlichkeit des Apostels in ihrer subjectiven Beziehung zu den Lesern so unmittelbar hervortritt, wie in jenem Briefe. Wollte also der Verfasser den Apostel einen so subjectiv gehaltenen Brief schreiben lassen, wie unser Brief ist, so mußte er ganz besonders 2. Cor. vor Augen haben." Aber erklärt sich das Phänomen nicht eben so gut, wenn der Apostel selbst einen eben so subjectiv gehaltenen Brief schrieb, wie jener es war? Und zuletzt muß Br. selbst gestehen, daß in den von ihm so besonders als analog hervorgehobenen Abschnitten „so vieles ganz anders lautet, daß die Sendung des einen wie der andern **ganz anders motivirt wird**"! —

Ueberhaupt aber ist der Kritiker trotz aller Selbstgewißheit, mit der diese Angriffe auftreten, sich doch der Schwäche und Subjectivität derselben wohl bewußt, er beruft sich den geltend gemachten Gegengründen gegenüber nur immer wieder auf den allgemeinen Eindruck, den ganzen Charakter der Stellen, den Augenschein; er will daher schließlich auch nur, daß seine Angriffe ein Antrieb zu weiteren Forschungen würden. Und „was auch das Resultat derselben sein mag, das stellt sich immer klarer heraus, welcher noch nicht genug erkannter, unendlich großer Abstand zwischen den unwidersprechlich echten Briefen des Apostels und den gleichfalls seinen Namen tragenden kleineren in Hinsicht der Gedanken und des Ausdrucks, der Composition und der geschichtlichen Motivirung stattfindet." Wir können dies unbedenklich zugeben, glauben aber, der Grund dafür liegt zu sehr auf der Hand, als daß man das Verschiedenartige auch verschiedenen Zeiten und Personen zutheilen müßte. Jene auch für Baur unwidersprechlich echten Briefe sind eben die großen Lehr- und Streitbriefe des Apostels voll Polemik, Dialektik, Argumentation und concret veranlaßter Paränese. Dagegen tragen die kleineren Briefe, und unter ihnen keiner stärker als der Philipperbrief, einen mehr persönlich-freundschaftlichen, höchstens allgemein didaktischen und paränetischen Charakter. Es ist ganz richtig, was Baur in seinem Paulus S. 500 über diesen Unterschied sagt, daß es nicht sowohl die Begründung und Entwickelung eines erst festzustellenden allgemeinen Princips ist, durch welches das christliche Bewußtsein und Leben erst bestimmt werden soll, als vielmehr nur die Anwendung des Inhalts der christlichen Lehre auf das praktische Leben und die verschiedenen Verhältnisse desselben, was diese kleineren Briefe bezwecken. Aber wie sollten sie deshalb unpaulinisch sein? Ist es nicht eben eine ganz unbegründete Voraussetzung, daß es keine paulinischen Gemeinden gab, in denen jene allgemeine Principien im Wesentlichen feststanden und keiner neuen Begründung oder Vertheidigung gegen Mißverstand oder reactionäres Parteitreiben bedurften? Und mußte nicht eben dadurch Gedanke und Ausdruck, Composition und geschichtliche Motivirung in den an sie gerichteten Briefen sich ganz anders gestalten? Gewiß ist manches übertrieben und erst durch den Kritiker hineingetragen, was Baur über die fast künstlerisch-einheitliche Conception, über die methodische Entwickelung und dialektische Bewegung in den vier großen Briefen sagt, gewiß ist auch in ihnen manches in Betreff der geschichtlichen Verhältnisse dunkler und zweifelhafter als es ihm erscheint; aber selbst zugestanden, daß sie sich hierin vor den kleineren auszeichnen, so ist doch nichts natürlicher, als daß man einen Freundesbrief anders schreibt, als einen, worin man für die heiligsten Güter kämpfen muß, als daß eine durch Kampf und krankhafte Symptome erregte Situation schärfere Conturen trägt, als eine friedliche, gesunde, in den einfachsten, natürlichsten Verhältnissen sich abzeichnende. Oder soll man einen Apostel Paulus, dessen schriftstellerischen Charakter doch auch diese Kritik sehr hoch stellt, nicht für fähig halten, auch in solchen veränderten Verhältnissen ein für sie passendes und darum andersartiges Wort zu reden, ohne daß man meint, man müsse deshalb „das Wesen des Apostels selbst in zwei verschiedene Hälften theilen"? So lange die Baur'sche Kritik nicht diese allgemeinen Prämissen zugiebt, ist und bleibt allerdings jedes Streiten über die einzelnen, von ihr erhobenen Anstände ein unfruchtbares Bemühen. Sie construirt sich das Bild ihres Paulus aus einem willkührlich verengten Kreise der von ihm überlieferten Schriften und argumentirt gegen die Uebrigen aus dem einseitigen Bilde, das sie eben nur durch Ausschließung dieser Urkunden gewonnen hat.

Es ist auch in der That die richtige Stellung nicht, wenn wir den Philipperbrief wie einen Angeklagten Schritt für Schritt gegen die wider ihn erhobenen Beschuldigungen vertheidigen wollten. Daß es auch bei ihm in Ausdruck, Gedankengang und in Betreff der vorausgesetzten Verhältnisse Schwierigkeiten, Dunkelheiten, vielleicht kaum ganz lösbare Räthsel giebt, wer könnte es leugnen; aber wo gäbe es einen unter jenen vielgepriesenen vier „echten Briefen", der nicht in jedem Capitel solche cruces interpretum aufzuweisen hätte? Uns will es scheinen, als ob eine von der kritischen Controverse einstweilen ganz absehende Exegese, die sich in die Erklärung jedes einzelnen Ausdrucks, wie des fortlaufenden Zusammenhangs, in das Verständniß der Composition und die Aufhellung der sie bedingenden Verhältnisse mit Treue und möglichster Unbefangenheit vertieft, einem befriedigenden Abschluß derselben mehr dient, als die schlagfertige, stets polemisirende oder apologisirende. Es muß sich ja dann eben von selbst ergeben, ob alles so unklar und unmotivirt, so matt und gedankenarm, so zusammenhangslos und einheitlos ist, wie diese Kritik es darstellt. Und wenn der Einzelne auch nicht den Anspruch machen darf, dem Schwanken der Exegese und Isagogik, welches manches an diesen Vorwürfen verschuldet, ein Ziel zu setzen, so darf er doch hoffen, mitzuarbeiten, daß dieses Ziel erreicht werde. — Zu dem, was so von Baur gegen den schriftstellerischen Charakter des Briefes überhaupt eingewandt ist, gehört auch das, was er in der erwähnten Entgegnung über den Sprachgebrauch desselben im engeren Sinne beigebracht hat, weil es nach seiner Meinung den Nachahmer verräth theils durch Entfernung von der sonstigen paulinischen Phraseologie, theils durch zu engen Anschluß an dieselbe. Man könnte dem gegenüber auf das verweisen, was Brückner fleißig zur Nachweisung des paulinischen Charakters der Diction gesammelt hat, wenn nicht eben jene beiden Vorwürfe sich gegenseitig aufhöben. Denn was kann man anders als Kriterium paulinischer Sprache verlangen, als bei der Festhaltung des „specifisch-paulinischen" die Freiheit der Bewegung, welche jede sklavische Nachbildung ausschließt? Jeder aber, der mit der reichen, lebendigen, mannichfaltigen Lehrsprache des Apostel Paulus bekannt ist, wird eingestehen, wie schwer es ist, im einzelnen Falle über den paulinischen Charakter eines Ausdrucks zu entscheiden. Auch hier wird vor allem erst die Voraussetzung beseitigt werden müssen, welche nur nach vier, in gewissem Sinne eine gemeinsame Eigenthümlichkeit tragenden Briefen, und zwar auch bei ihnen nicht nach voller Berücksichtigung aller ihrer Theile, sich ein einseitiges Bild von paulinischer Diction macht; dann aber wird es immer noch dabei bleiben, daß dieses Moment für die Kritik ein sehr sekundäres ist, das — wo nicht die allerklarsten Beweise vorliegen — nie für sich allein entscheiden kann. Wirklich fruchtbar endlich wird diese Untersuchung immer nur da geführt werden können, wo auf die Uebereinstimmung und Mannichfaltigkeit der Diction aller verschiedenen Briefe zugleich das Augenmerk gerichtet wird, und eine solche hat in einem Einzelcommentar keinen Raum. Wir haben es uns daher lediglich zur Aufgabe gemacht, uns bei der Erklärung durchweg nur an die paulinische Lehrsprache zu halten, und glauben durch die Lösung derselben den besten Beweis geführt zu haben, daß unsern Brief seine Sprache nicht als einen Fremdling unter den andern verräth.

Etwas anderes wäre es, wenn die Lehrweise unseres Briefes sich wirklich als unpaulinisch erwiese. Ueber diesen Punkt hat Baur nur geringe Andeutungen gegeben. Wenn 3, 2. 3 die Christen als die wahre περιτομή, die Juden als die falsche oder die κατατομή bezeichnet werden, so scheint ihm dieser qualitative Unterschied durch die quantitative Steigerung sehr schief ausgedrückt und nur herbeigezogen, um den Apostel von seiner Person reden zu lassen; auch die δικαιοσύνη ἐν νόμῳ (3, 6) sei unpaulinisch. Auf diese Punkte ist Plank näher eingegangen. Er sieht in unserm Briefe eine Richtung des späteren Judenchristenthums, welches an den Paulinismus anzuknüpfen versucht, aber damit nur zeigt, wie fremd derselbe ihm seinem wahren Wesen nach ist. Dies erhelle namentlich aus der Polemik gegen das Judenthum im 3. Capitel. Während Paulus den Gegensatz der äußerlichen und innerlichen Beschneidung auf das subjectiv-menschliche Verhältniß zum Gesetz beziehe und mit dem anthropologischen Gegensatz von πνεῦμα und γράμμα identificire, soll hier die Beschneidung nach ihrem objectiven Wesen angegriffen und ihr nicht das subjective πνεῦμα, sondern der objectiv geistige Charakter des christlichen Lebens entgegengesetzt sein. Während Paulus daher keine wahre δικαιοσύνη ἐν νόμῳ zulasse, werde hier eine solche für möglich erklärt und nur dem objectivbeschränkten Charakter des mosaischen Gesetzes der objectiv-göttliche Inhalt des Christenthums durch das ὑπερέχον τῆς γνώσεως Χριστοῦ V. 8 entgegengesetzt. Soweit diese Ausstellungen auf einer nicht ganz correkten Auslegung und namentlich auf der freilich sehr verbreiteten Herbeiziehung nicht ganz passender Parallelstellen beruhen, wird die Exegese dieselben erledigen. Hier muß aber darauf hingewiesen werden, daß jene Auffassung von dem lediglich subjectiven Verhältnisse des Apostels zum νόμος eine durchaus einseitige ist. Denn auch in seinen unbezweifelten Briefen ist ja unserm Apostel die Beschneidung sammt der ganzen Gesetzesökonomie ihrem objectiven Wesen nach nur ein transitorisches (Gal. 3, 19), pädagogisches (3, 24) zu den στοιχεῖα τοῦ κόσμου gerechnetes (4, 9) Institut; nur ein καταργούμενον mit vergehender und darum relativer, beschränkter Herrlichkeit (2 Cor. 3, 11), nur die überwindungsfähige und -bedürftige Vorstufe der Gnadenökonomie (Röm. 5, 20. 21), die ihrerseits in sich erst das Vollkommene, das Bleibende, das Absolute trägt. Und wie damit zu seiner Zeit und in seinem Maße sehr wohl die Bedeutung und Werthschätzung der Beschneidung sich verträgt (Röm. 3, 1. 4, 11), so erscheint dieselbe ja auch hier als ein ehemals wirkliches Gut (Phil. 3, 4. 7), und nur in ihrer über die Grenze ihrer göttlich gesetzten Dauer und Bedeutung hinaus gesteigerten Werthschätzung als das Zerrbild der wahren Beschneidung, das in der That nicht schief, sondern höchst treffend durch den Begriff der eben so maß- als zwecklosen κατατομή bezeichnet wird. Daß aber Paulus für den vorchristlichen Standpunkt eine in der Erfüllung des Gesetzes wurzelnde Gerechtigkeit kennt, spricht er doch klar genug (Röm. 2, 13. 10, 5) aus, und wenn dieselbe in Gottes Augen keiner leistet und darum keiner aus des Gesetzes Werken gerecht werden kann (Gal. 3, 10. 11. Röm. 3, 20), so sagt ja Paulus auch hier nur, daß er auf seinem pharisäischen Standpunkte nicht nur im Eifer um das Gesetz, sondern auch in der Befolgung des Gesetzes das Aeußerste geleistet habe, was man auf seinem Standpunkte verlangte und verlangen konnte. Es sollte doch schon das offene Bekenntniß des V. 9 zur Rechtfertigung durch den Glauben diese Worte vor jedem Mißverständniß schützen.

Aber dies ist freilich eben der zweite Punkt, auf welchen Baur in seinem neuesten Werke hingewiesen hat, um den Standpunkt unseres Briefes als unpaulinisch zu charakterisiren. Es werde zwar die paulinische Rechtfertigung durch den Glauben im Gegensatz gegen die Gerechtigkeit aus dem Gesetze scheinbar sehr nachdrücklich hervorgehoben, es geschehe aber nur auf äußerliche Weise. Es sei nicht mehr das Interesse, den Glauben im Gegensatz gegen die Werke überhaupt als das Princip der Rechtfertigung festzustellen. Letzteres ist, wie schon oben bemerkt, zweifellos richtig; aber es erklärt sich eben daraus, daß der Apostel in Philippi keine Angriffe auf dies Princip zu bekämpfen hat, sondern nur den Gegensatz seines jetzigen Glaubenslebens zu seinem früheren Gesetzestreiben charakterisiren will, und damit hängt denn auch das einfach zusammen, daß er hier „von der Glaubensgerechtigkeit in dieser rein subjectiven, persönlichen Beziehung auf sich selbst spricht", was Baur ihm schon früher zum Vorwurfe gemacht hatte. Daß es aber darum dem Ausdrucke der Rechtfertigungslehre nicht an der sonstigen Schärfe und Bestimmtheit der paulinischen Begriffe fehlt, wie Plank namentlich wegen des fehlenden Gegensatzes von $\pi\iota\sigma\tau\iota\varsigma$ und $\varepsilon\rho\gamma\alpha$ behauptet, wird die Exegese leicht zeigen können. Am ausführlichsten ist Koestlin auf diesen Punkt eingegangen. Er hält unsern Brief, umgekehrt wie Plank, für das Werk eines Pauliners, der die Person des Apostels gegen die Angriffe des Ebjonitismus zu vertheidigen sucht, freilich auf Kosten seiner Rechtfertigungslehre, die seine Anhänger selbst nicht verstanden und die er bei ihrer Vertheidigung gegen den Vorwurf eines praktischen Quietismus (3, 12—16) gänzlich umbildet. Wie nämlich im ganzen Briefe die Forderung der Werke, der Tugend zur Hauptsache gemacht werde — obwohl freilich in den angeführten Stellen von den Werken gar nicht die Rede ist, wie denn das Wort in jenem technischen Sinne der Antithese gegen den Glauben nie in unserm Briefe vorkommt und in der wichtigsten paränetischen Stelle der Glaube nachdrücklich genug voransteht (1, 27. 29. Vgl. 1, 25. 2, 17) —, so verstehe der Verfasser unter dem rechtfertigenden Glauben die fides formata, die unio mystica (3, 10). Die Rechtfertigung von Seiten Gottes erfolge um den Preis des Sichaufgebens an die Glaubens- und Lebensgemeinschaft mit Christo im Gegensatze nicht zur Selbst- und Werkgerechtigkeit, sondern zu der Gerechtigkeit, die im äußern Gesetzesdienst und dem Besitze der nationalen Vorzüge gesucht wird. Nicht durch einen einmaligen Act des Glaubens sei der Mensch gerecht, sondern durch den Proceß der ethischen Verähnlichung mit Christo besonders in seinem Leiden werde er gerecht, in der Auferstehung Christi habe er nur die Möglichkeit der eigenen Auferstehung, die erst durch jenen ethischen Proceß wirklich erworben und verdient werde. Paulinisch sei daran nur noch, daß man diese Gerechtigkeit aus Gott habe, sofern man von Christo ergriffen sei; aber das praktische Princip des Judenthums, die ethische Werkthätigkeit sei damit, obwohl verinnerlicht, anerkannt, und daher auch 3, 3 das Christenthum als das wahre Judenthum bezeichnet.

Daß nun letztere Bezeichnung nichts Unpaulinisches sei, bedarf wohl nach Gal. 6, 16. Röm. 11, 17—24. 1 Cor. 10, 18 keines Beweises. Daß die oben geschilderte Vermengung der in Folge des Glaubens sofort eintretenden Rechtfertigung mit der allmählig sich entwickelnden Vollendung der Lebens- und Leidensgemeinschaft mit Christo in unsere Stelle hineingetragen sei, wird aus der richtigen Exegese derselben leicht erhellen; woher aber unsere Stelle nicht eine Polemik gegen judaistische Werkgerechtigkeit, die sich in's Christenthum einschleichen will, sondern einfach den Gegensatz des christlichen Standpunktes gegen den vorchristlichen enthält, haben wir oben gezeigt. Es bleibt nur übrig, anzuerkennen, daß das Hervorheben der ethisch-werkthätigen Seite des Christenthums neben der dogmatisch-soteriologischen an sich nicht unpaulinisch sei. Und hier gestehen wir gern zu, daß in den Darstellungen des paulinischen Lehrbegriffs noch vielfach jene erste Seite zu wenig zu ihrem Rechte gekommen, und damit der kritischen Schule, welche ihr Bild des Paulinismus einseitig nach der durch die Polemik gegen eine falsche Werkgerechtigkeit bestimmten Seite zeichnet, ein gewisser Vorschub geleistet ist. Und doch liegen auch in den von ihr unbezweifelten Briefen die genügenden Data vor, um dieselbe so weit darzustellen, daß es in's Auge springt, wie die allerdings überwiegend dieser praktisch-ethischen Seite zugewendeten Briefe, zu denen, wie wir oben zugestanden, unser Philipperbrief gehört, damit nicht auf den Boden einer neuen dogmatischen Anschauung treten. Hiermit hängt aber noch ein Vorwurf zusammen, den Baur in der späteren, näheren Ausführung seiner Bedenken gegen den Philipperbrief besonders stark hervorgehoben hat. Ich will nicht all der einzelnen Fragen gedenken, die er über Einzelnes in der allerdings nicht leichten Stelle 3, 10—12 erhoben hat, die Exegese wird sie erledigen müssen. Allein der Kritiker urgirt vor allem, daß die Ungewißheit, die Paulus 3, 11 in Betreff seiner Auferstehung ausspricht, mit der sonstigen Selbstgewißheit seines Glaubensbewußtseins im Widerspruch stehe, und daß das Zugeständniß, es noch nicht ergriffen zu haben, eine affectirte Demuthsäußerung sei, welche die wahre Demuth des Apostels, die stets mit dem Bewußtsein der überschwenglichen Gnade Gottes gepaart sei, nie ausgesprochen haben würde. Er sieht hier nur eine unklare Vermengung der Begriffe von ethischer und physischer Vollendung und ein Zeichen des laren, die Gegensätze neutralisirenden, nicht auf die Spitze stellenden Tones, in dem der ganze Brief geschrieben ist.

Wir müssen es der Specialexegese überlassen, den Sinn, in welchem die in Anspruch genommenen Aussagen des Apostels contextgemäß zu nehmen sind, näher zu entwickeln; wir dürfen aber schon hier eine allgemeinere Bemerkung machen, die mit dem eben Besprochenen eng zusammenhängt. Das Christenleben sieht sich anders an, je nachdem man dasselbe von der Höhe des Glaubensbewußtseins aus in seinem idealen Lichte betrachtet, oder dasselbe durch die einzelnen Phasen seiner irdischen Entwicklung auf dem Wege zur himmlischen Vollendung verfolgt. Von jenem Gesichtspunkte aus sind die Christen bereits geheiligt (1 Cor 6, 11), sie haben Christum angezogen (Gal. 3, 27), der alte Mensch ist mit Christo gekreuzigt (Röm. 6, 6), sie sind eine neue Creatur geworden in der Lebensgemeinschaft mit Christo (2 Cor. 5, 17), sie leben nicht mehr im Fleische, sondern im Geiste (Röm. 8, 9), weil sie ihr Fleisch gekreuzigt haben (Gal. 5, 24), und stehen fest in der Gnade Gottes, welche die Bürgschaft für alles zukünftige Heil ist (Röm. 5, 2). Von diesem Gesichtspunkte aus dagegen haben sie unabläßig noch zu arbeiten an ihrer Heiligung (2 Cor. 7, 1), sie müssen ermahnt werden, Christum anzuziehen (Röm. 13, 14) und erneuert zu werden (Röm. 12, 2), damit Christus in ihnen eine Gestalt gewinne (Gal. 4, 19); es kämpft in ihnen noch das Fleisch mit dem Geiste (Gal. 5, 17) und sie müssen stets aufs Neue erinnert werden, daß sie dem Fleische nicht mehr verpflichtet sind (Röm. 8, 12), und gewarnt werden, daß sie die Gnade Gottes nicht vergeblich empfangen haben (2 Cor. 6, 1), weil man ja nach Gal. 5, 4 auch aus der Gnade fallen kann. Diese Reihe scheinbarer Antinomieen, die sich noch sehr vermehren ließe, zeigt uns, daß auch der Paulus der Baur'schen Schule diese Duplicität der Anschauung vom Christenleben sehr wohl kennt; und daß, so gewiß es für Glauben und Nichtglauben, für Todtsein in Sünden und Gerechtfertigtsein, für Feind Gottes und Gottes Kind geworden sein bei ihm nur ein Entweder-oder giebt; für das praktische Christenleben in jedem Momente seiner Entwicklung das Neue da ist und doch wieder noch nicht da ist, weil es eben seiner Natur nach ein Werden, ein beständiger Proceß ist. Und da die selige Vollendung des Christen auf Grund jener einmal vollbrachten That der Rechtfertigung von der, wie auch immer durch die Sünde gehemmten, doch nicht abgerissenen Entwicklung dieses Processes abhängig bleibt, so giebt es auch für jedes Christenleben neben dem sieghaften Glaubensbewußtsein von der göttlichen Gnade das demüthige Bewußtsein der eigenen Schwachheit, die das Ziel nicht nur als unerreicht, sondern seine Erreichung als für die Zukunft nie absolut gesichert erscheinen läßt. So enthält also das, was Br. oben als Widerspruch auffaßte, nach dem klaren Zeugniß der von ihm anerkannten Schriften des Apostels nichts, was nicht in jener seiner auch sonst vorliegenden doppelten Anschauung vom Christenleben begründet wäre, und wenn in unserem Briefe vielleicht mehr die eine Seite der Auffassung hervortritt, so liegt das eben wieder darin, daß derselbe sich nicht als eigentlicher Lehrbrief mit der ideellen, dogmatischen Darstellung des Christenlebens befaßt, sondern seinem persönlich-subjectiven Charakter gemäß sich in die Unmittelbarkeit des im praktischen Leben Erfahrenen hineinstellt. Daß dabei die andere Seite nicht fehlt, zeigt schon ein Blick auf 1, 19. 20. Gewiß nicht sehr glücklich aber hat Br., um die Differenz unseres Briefes von den echten anschaulich zu machen, der in Anspruch genommenen Stelle die andere 1 Cor. 9, 26. 27 gegenübergestellt, wo doch der Apostel mit seinem Laufen und Ringen ebenso nach einem noch nicht ergriffenen Ziele trachtet und ausdrücklich es thut, μήπως αυτός αδόκιμος γένωμαι, was doch die Möglichkeit eines Verfehlens desselben in nicht geringerem Grade zugiebt wie das εἴπως καταντήσω in unserer Stelle. Von der anderen Seite hat der Apostel die seines Zieles sich bewußte Sicherheit seines Laufes Phil. 3, 14 nicht minder lebendig geschildert, als 1 Cor. 9, 26[1]).

Der Baur'schen Kritik konnte es aber nicht genügen, rein negativ die Spuren des Unpaulinischen und zu der apostolischen Zeit nicht passenden in unserem Briefe aufgewiesen zu haben, sie mußte der von ihr mit Recht stets aufgestellten Forderung gemäß dazu fortschreiten, die Composition unseres Briefes nun auch ihrerseits positiv aus der Zeit und der besonderen Tendenz des Verfassers zu erklären. Und hier müssen wir es anerkennen, daß Baur einer der ersten gewesen ist, welcher einen richtigen Blick in die innere Oekonomie desselben gethan hat, indem er das innige Gefühl der Freude als die Grundstimmung bezeichnet, die sich in dem ganzen Briefe ausspricht. „Was auch der Verfasser den Apostel zum Gegenstand seines Schreibens machen läßt, es wird allem Einzelnen immer wieder eine Beziehung auf das in dem Apostel überwiegende Gefühl der Freude gegeben, das immer wieder

---

[1]) Die zuletzt besprochenen Angriffe finden sich theils in den drei in vor. Anm. citirten Schriften von Baur, theils in den beiden Aufsätzen von Planck, Judenchristenthum und Urchristenthum in den Theol. Jahrb. v. 1847. Hft. 4. S. 481. 82, und Koestlin, Zur Geschichte des Urchristenthums, ebendaselbst. Jahrg. 1850. Hft. 2. S. 263—65. Etwas gegen dieselben gerichtetes ist mir nicht bekannt geworden. Zum Folgenden vergleiche noch Schwegler, Das nachapostolische Zeitalter in den Hauptmomenten seiner Entwickelung. Tübingen 1846. Bd. II. S. 133—35 (vergl. Bd. I. S. 168. 69. 298) und den Aufsatz von Volckmar, Ueber Clemens von Rom und die nächste Folgezeit mit besonderer Beziehung auf den Philipperbrief in den Theol. Jahrb. von 1856. Hft. 3. S. 309—16. Manche Gegenbemerkungen gegen Baur, weniger gegen Schwegler, finden sich noch in den Commentaren von Meyer und Wiesinger, sowie in den Einleitungen von Reuß und Guericke, einiges auch bei Neander a. a. O. Es mag hier noch erwähnt werden, daß innerhalb der Tübinger Schule selbst Hilgenfeld den Philipperbrief für eine echte Schrift des Apostels erklärt hat, ohne sich freilich näher über seine Gründe auszusprechen. Vgl. Das Urchristenthum in den Hauptwendepunkten seines Entwickelungsganges. Jena 1855. S. 54.

der Refrain jedes einzelnen Abschnittes ist. Vor ihm mußte alles, was die damalige Lage des Apostels für ihn Drückendes, Beengendes, seine Aussicht auf eine weitere Wirksamkeit für die Sache des Evangeliums Trübendes haben mochte, sehr in den Hintergrund zurücktreten." Auch in der Vertheidigung seines ersten Angriffs kommt Baur immer wieder auf diesen „Grundton und Grundgedanken" des Briefes, der in dem stets wiederkehrenden χαιρετε ausgesprochen ist, zurück, und es bleibt nur unbegreiflich, wie Hand in Hand damit immer wieder die Klage und Anklage gegen unseren Brief geht, es fehle demselben an einer das Ganze verbindenden Idee, an einem leitenden „Grundgedanken". Denn wenn sich Baur an der daneben hergehenden Getheiltheit seines Gemüths zwischen Leben und Tod stößt, so ist ihm bereits von Brückner mit Recht nachgewiesen, wie viel unwahrscheinlicher es ist, daß ein späterer Schriftsteller, der das Ende des Apostels kannte, ihm solche Hoffnungen auf Befreiung in den Mund gelegt haben sollte, als daß der wahre Paulus mit seiner sieghaften Glaubensfreudigkeit sich wirklich über den noch zweifelhaften, wenn auch nicht hoffnungslosen Ausgang seines Geschickes erhob. Und daß er mit derselben, nur den Einen großen Zweck seines Lebens ins Auge fassenden Freudigkeit sich über den ihm in seiner Umgebung entgegentretenden Neid und aus unlauteren Motiven fließenden Predigteifer hinwegsetzt, kann man nur unnatürlich finden, wenn man die offenbar contertwidrige Auffassung dieser Widersacher, von der wir oben sprachen, theilt. Es bleibt also zwischen uns und Baur nur noch die Frage übrig, ob diese durch den ganzen Brief hindurchklingende Grundstimmung der Freude eine natürliche, aus dem innersten Glaubensleben des wahren Paulus hervorquellende ist, oder eine fingirte, die sich durch ihre künstliche, tendenziöse und geschichtswidrige Motivirung als eine erdichtete verräth. Es läßt sich freilich von vornherein schwer absehen, wie ein Tendenzschriftsteller auf den Gedanken gekommen sein sollte, ein Gefühl wie das der Freude zur Grundlage seiner ganzen Composition zu machen; doch meint Br. die eigentliche Tendenz desselben darin erkannt zu haben, „daß das Ansehen des Apostels durch das ganze Bild, in welchem hier seine großartige Persönlichkeit vor uns steht, in sein helles Licht gesetzt werden soll, durch alles zusammen, was der Verf. über seine so erfolgreiche Verkündigung des Evangeliums in Rom, das nicht genug anzuerkennende Märtyrerthum seiner so lang andauernden römischen Gefangenschaft, seine theilnehmenden, liebevollen Gesinnungen gegen die christlichen Gemeinden, seinen ganz nur auf Christum gerichteten und in ihm lebenden Sinn zu sagen hatte." Ist freilich dieser Zweck auch nur einigermaßen erreicht — und nur dann ist er doch für die Kritik noch erkennbar — so begreift sich wieder nicht, wie dann unser Brief so durchaus matt und farblos, so wenig paulinisch sein soll, da doch das in ihm gefundene Bild eben das Bild des geschichtlichen Paulus ist und also mit vollem Rechte darauf Anspruch machen kann, von diesem selber gezeichnet zu sein. Aber allerdings, wenn sich das Motiv der hier geschilderten Freude als ein ungeschichtliches verräth, so ist damit selbstverständlich auch über jenes Bild das Urtheil gesprochen.

Baur nun versucht durch eine immerhin scharfsinnige Combination der Stellen 1, 12. 13. 4, 3. 22 herauszubringen, daß die Grundstimmung der Freude, welche den Brief durchzieht, wesentlich beruht auf der durch die Erwähnung des römischen Clemens bezeugten Theilnahme des kaiserlichen Hauses an der Sache des Evangeliums und der damit gegebenen Förderung desselben. Auf diese Combination der Clemenssage, die an den unter Domitian hingerichteten Verwandten des kaiserlichen Hauses, Flavius Clemens, anknüpft, mit der Gefangenschaft des Apostels zu Rom bringt den schon darum so viel später lebenden Verfasser der praefectus praetorio aus Act. 28, 16 und die enge Verbindung des Prätoriums mit dem kaiserlichen Hause. Indem nun aber dieser echte Petrusjünger der Clemenssage zum Mitarbeiter des Apostel Paulus gemacht wird, tritt die die beiden Hauptapostel mit einander verknüpfende conciliatorische Tendenz des Verfassers hervor, die sich eben in jener großartigen Zeichnung des Bildes von dem gefangenen Apostel vollzieht. Ueber die innere Wahrscheinlichkeit und Natürlichkeit dieser Combination mag gestritten werden, für uns ist dieselbe einfach darum unhaltbar, weil sie keinen eregetischen Halt in unserem Brief findet. Wenn der Verf. 4, 22 besonders dringlich von denen aus des Kaisers Hause grüßt — ohne dieselben irgend wie näher zu bezeichnen — so setzt er sie und ihre Bekehrung bei den Lesern als bekannt voraus; und wenn er nun 1, 12. 13 die im Prätorium und darüber hinaus erwachende Theilnahme für das Christenthum den Lesern als etwas ganz Neues mittheilt ($\gamma\iota\nu\omega\sigma\kappa\epsilon\iota\nu$ $\dot{\upsilon}\mu\tilde{\alpha}\varsigma$ $\beta o\acute{\upsilon}\lambda o\mu\alpha\iota$), so kann im Sinne unseres Verfassers wenigstens nicht das Christenthum jener den Lesern bekannten Leute die Exposition dieses ihnen noch neuen Erfolges sein, und damit ist der Nerv der ganzen Combination zerschnitten. Daß aber vollends der 4, 3 genannte Clemens mit denen aus des Kaisers Hause (4, 22) combinirt wird, hat im Briefe nicht die mindeste Berechtigung, ja trotz der geringschätzigen Art, wie Baur auf die Bemühungen Lünem. und Brückners herabsieht, diesem Clemens, der wie nichts im Briefe seinen festen und sicheren Ort haben soll, seinen Wohnsitz in Philippi zu vindiciren, bleibt es dabei, daß nach der einfachsten Wortverbindung dieser Clemens mit den philippischen Frauen und seinen übrigen Mitarbeitern daselbst dem Evangelio gedient hat, also doch wohl selbst ein Philipper war. Wenigstens läßt sich ohne diese Annahme nicht verstehen, wie Paulus sonst die Verhältnisse, unter welchen jene Frauen mit diesem Clemens zusammen für das Evangelium gekämpft haben, ohne weiteres als den Lesern bekannt voraussetzen kann. Und was ist selbst mit jener contertwidrigen Combination gewonnen? Obwohl der Verfasser mit keiner Silbe andeutet, daß er den kaiserlichen Verwandten, den von der Sage verherrlichten Märtyrer, den Schüler des Petrus meint, obwohl er nur indirect und ganz gelegentlich ihn unter seinen Mitarbeitern nennt, so soll doch darin eine absichtliche Umstempelung des Petriners zum Pauliner und in dieser die Tendenz unseres ganzen Briefes liegen, so wenig auch das, was Br. selbst über den „Grundgedanken" desselben gesagt hat, nun eigentlich mit dieser Tendenz zusammenhängt. Unter solchen Umständen wird es nicht unbillig erscheinen zu urtheilen, daß der Versuch Br's., die Entstehung unseres Briefes aus nachapostolischer Tendenzschriftstellerei zu erklären, durchaus ohne zureichenden Erfolg geblieben ist. Halten wir uns an das einzig Thatsächliche, das der Verfasser dann zur Motivirung seines Briefes wirklich erfunden hätte, an die Angabe über die Fortschritte des Evangeliums in Rom (1, 12. 13), so steht es wenigstens Br. schlecht genug an, dieselbe zu bezweifeln als „anders woher nicht bestätigt", da er ja gerade von einem paulinischen Briefe irgend „etwas Neues von Bedeutung, das nicht anders woher schon bekannt ist", verlangt und in merkwürdigem Selbstwiderspruch eben darauf eine Anklage gegen unseren Brief gründet.

Einen Schritt weiter zur Lösung der Aufgabe hat Schwegler gethan, der ebenfalls unsern Brief für eine von paulinischer Seite ausgegangene conciliatorische Schrift hält. Er faßt vor allem die römischen Verhältnisse in's Auge. Wie schon Heinr. und noch neuerdings Reuß nicht nur die 1, 15—18 erwähnten Gegenstrebungen als von judaistischer Seite kommend erklärten, sondern auch geradezu die vermeintliche Polemik des dritten Capitels auf diese römischen Judaisten bezogen, so sieht nun auch Schwegler in allem diesem eine Charakteristik der römischen Verhältnisse, die zwar schon der Vergangenheit angehören, die aber der spätere Verfasser aus richtiger Ueberlieferung kennt. Aehnlich auch Koestlin, der aber doch neben der Situation, wo in Rom noch Feindschaft gegen Paulus herrscht, den Schriftsteller wenigstens auch auf die zu seiner Zeit d. h. unter Domitian geänderte Situation, wo diese Feindschaft nicht mehr vorhanden war, hinweisen läßt. Schwegler dagegen kann nicht Worte genug finden, um die bittere, herbe, gereizte, tief schmerzliche Stimmung zu schildern, welche der Philipperbrief athme und die leidenschaftlichen, bösartigen Angriffe, in deren Mitte er den Apostel hineinstellt. Wir wollen nicht erwähnen, wie wenig diese Auffassung unseres Briefes mit der stimmt, welche doch selbst Br. zugesteht, wonach die Grundstimmung desselben die der ungetrübten Freude ist, wie wenig das Hervorziehen dieser alten Geschichten und die lebendige Veranschaulichung dieser unerquicklichen Parteikämpfe mit ihrer auf beiden Seiten gleich unreinen Leidenschaftlichkeit zu der conciliatorischen Tendenz des Schreibens paßt, die ihm allein seine Stellung in der von dem Kritiker construirten Entwickelungsreihe des nachapostolischen Schriftthums angewiesen hat. Schwegler verzichtet wunderlicher Weise selbst darauf, das schriftstellerische Motiv zur Abfassung des Briefes in bestimmten Parteiverhältnissen der damaligen Kirche zu finden, weil er viel zu wenig tendenziös, viel zu sehr nur Erguß eines subjectiven Gefühls, einer inneren Gemüthsstimmung sei, wobei es nur unerklärt bleibt, wie der Verfasser dazu kam, diese seine zwecklosen Gefühlsergüsse dem Apostel Paulus in den Mund zu legen. Aber der conciliatorische Nebenzweck soll doch wenigstens unverkennbar hervortreten in der Erhebung des Petriner Clemens zum Mitarbeiter des Apostel Paulus. Und da die bloße Erwähnung des Clemens an einer doch scheinbar so ganz unverfänglichen Stelle offenbar gar zu wenig für eine solche Tendenz spricht, so thut Schwegler nun den Schritt, der allein dieselbe denkbar machen kann, er leugnet, daß die Stelle so unverfänglich sei, wie sie sich zunächst giebt. Was bei Baur noch eine flüchtig hingeworfene Vermuthung war, ist bei ihm bereits zur Thatsache geworden. Die Stelle 4, 2. 3 handelt nicht von zwei streitenden Frauen und einem ungenannten Mitarbeiter des Apostel, sondern von der judenchristlichen und heidenchristlichen Partei, die zur Eintracht ermahnt werden unter Anrufung des Apostels Petrus, der, nicht wie in den Homilien mit schlimmer Nebenbedeutung für Paulus, sondern in gutem Sinne (daher $\gamma\nu\eta\sigma\iota\varepsilon$) der $\sigma\acute{\upsilon}\zeta\upsilon\gamma o\varsigma$ des Paulus ist. — An dem Faden dieser Hypothese hat nun Volckmar emsig weitergesponnen. Euodia ist so viel als Orthodia und bezeichnet die judenchristliche Partei als die, welche sich allein für rechtgläubig hält. Syntyche, consors, bezeichnet die mit ihr eben so viel von Juden und Heiden leidende, heidenchristliche Mitschwester. Die Namen sind ähnlich gebildet wie die Namen Nicolaos und Balaam in der Apokalypse. Der versöhnende Pauliner will die vorhandene Spannung der Parteien durch das Gefühl der gemeinsamen Freude im Herrn und des gemeinsamen Leidens und Ringens um des Herrn willen heben, will das Gefühl der noch immer kalten und widerwilligen Gemeinde für den großen Heidenapostel, der gerade in Rom so viel gewirkt und gelitten für das Evangelium, erwärmen und so die Häupter der beiden Parteien, die sich nun in demselben Kreise gegenseitig anerkennen, zu einer apostolischen $\sigma\upsilon\zeta\upsilon\gamma\iota\alpha$ sich ergänzen lassen. Der römische Clemens, der nach Volckmar übrigens ursprünglich kein Petriner, sondern ein vermittelnder Pauliner war und als solcher schon eine conciliatorische Bedeutung hat, — obwohl er bereits gegen die aus dem übrigen Contexte der Stelle erhobenen Momente sehr zurücktritt, — steht schon als Märtyrer in dem Buche des Lebens, da er ja unter Domitian hingerichtet ist; aber durch ihn ist das kaiserliche Haus, die Familie der Flavier, eine bleibende Stätte für das Evangelium geworden, wie gelegentlich aus den römischen Martyrologien gezeigt wird. Der Brief ist gleichsam von Paulus dem Verfasser in die Feder diktirt, der Geist des großen Heidenapostel spricht in ihm zu der immer noch nicht versöhnten Gemeinde Christi in den Zeiten der Leiden nach Clemens Märtyrertod. Der Brief gilt der ganzen Christenheit, vorzüglich aber der römischen Gemeinde, und er ist nur nach Philippi als der-

ἀπαρχή des Occidents adreſſirt, weil man doch nicht einen zweiten Römerbrief ſchreiben konnte! —

Bis zu dieſem phantaſtiſchen Gewebe mußte alſo die Kritik fortſchreiten, um von dem Baur'ſchen Grundgedanken aus die Entſtehung unſeres Briefes begreiflich zu machen. Von Widerlegung kann dabei natürlich nicht die Rede ſein. Wer es zu ſeiner Erklärung eines hiſtoriſchen Documents für nothwendig hält, aus zwei philippiſchen Frauen zwei Parteien der ganzen Kirche, aus Philippi Rom, aus dem gefangenen Apoſtel Paulus den Geiſt des Märtyrers zu machen, darf wenigſtens nicht verlangen, daß man ihn exegetiſch widerlege. Und ſo ſehr er ſich ſpöttiſch über die eines Apoſtel unwürdige Aufgabe ereifert, einen ſpeciellen Weiberzank über Kinder oder Männer zu ſchlichten, er wird zugeben müſſen, daß man lieber unerklärt laſſen ſollte, was man nur mit Mitteln erklären zu können meint, die erſt die volle Willkür der Phantaſie an die Stelle der einfachen Würdigung des zur Erklärung vorliegenden Thatbeſtandes ſetzen. Wir unſererſeits ſehen damit den Verſuch der Tübinger Schule, den Brief von ihren Prämiſſen aus zu erklären, als rettungslos geſcheitert an. Ihm gegenüber verſuchen wir, was ſich uns als Reſultat der Exegeſe und der bisher gepflogenen einleitenden Unterſuchungen ergeben hat, hier zur vorläufigen Orientirung kurz zuſammen zu ſtellen. Die nähere Begründung muß natürlich der Specialexegeſe überlaſſen bleiben.

Der Philipperbrief verſetzt uns in die ſpätere Zeit der römiſchen Gefangenſchaft des Apoſtel Paulus. Seine Banden hatten nur dazu beigetragen, die Sache des Evangeliums in der Welthauptſtadt zu fördern (1, 12), und ſelbſt in des Kaiſers Hauſe zählte es Anhänger (4, 22). Ermuthigt durch ſolchen Erfolg, hatten ſich die chriſtlichen Brüder daſelbſt nur um ſo eifriger und furchtloſer der Verkündigung des Evangeliums angenommen (1, 14. 16). Zwar war dem Apoſtel auch Neid und Eiferſucht entgegengetreten, aber auch dieſes mußte nur dazu dienen, zur Predigt von Chriſto anzufeuern (1, 15. 17) und ſeine Freude zu erhöhen (1, 18). Paulus erwartete die baldige Entſcheidung über ſein Schickſal (2, 23), auf Befreiung hoffend (1, 25. 26. 2, 24), aber auch muthig und todesfroh dem eventuellen Märtyrerthum in's Auge ſehend (1, 20—24. 2, 17). An irdiſchen Gütern litt er oft Mangel, aber er war es gewohnt und fühlte es nicht (4, 11—13). Da kam von der Gemeinde zu Philippi, mit der er von Anfang an (1, 5) im liebevollſten Verkehr geſtanden (4, 1) und die ihn bereits oft unterſtützt hatte (4, 15. 16), eine neue, unverhoffte Sendung (4, 10) durch Epaphrodit (2, 25. 4, 18), der nach dem Wunſche der Gemeinde ihm auch perſönlich in ſeinen Banden Dienſte leiſten ſollte und ſelbſt durch eine gefährliche Krankheit sich nicht hatte abhalten lassen, diesen Auftrag nach Kräften zu vollführen (2, 27. 30). Er brachte dem Apostel die freudige Botschaft, daß die Gemeinde, obwohl unter äußerer Bedrängniß (1, 28. 30), feststehe im Glauben (1, 7), sich eifrig beweise wie bisher für die Ausbreitung des Evangelii (1, 5) und in allen Stücken der Lehre des Apostels gehorsam sei (2, 12). Doch hatte sie bange Besorgniß erfüllt um das Schicksal ihres theuren Lehrers und um die so eng damit verbundene Sache des Evangeliums (1, 12), sie fürchtete für das Leben ihres treuen Abgesandten (2, 26—28) und sah wohl selbst nicht ohne Bangigkeit der zunehmenden äußern Bedrängniß in's Auge (1, 28—30).

Da entschloß sich der Apostel, der geliebten Gemeinde seinen Dank für das übersandte Geschenk dadurch abzustatten, daß er an seinem Theile alle diese Besorgnisse zu zerstreuen und sie zu derselben hohen Glaubensfreudigkeit zu erheben versuchte, die ihn erfüllte. Nach der dankerfüllten, liebevollen Fürbitte für das fernere geistliche Wachsthum der Gemeinde (1, 1—11) legte er ihr dar, wie erfreulich es um die Sache des Evangeliums in Rom stehe (1, 12—18) und wie hoffnungsvoll er der Entscheidung über sein persönliches Schicksal entgegensehe, was sie auch bringe, Leben oder Tod (1, 19—26). In ihrer Hand liege es, durch Feststehen im Glaubenskampfe nach außen (1, 27—30) und in der in der Demuth wurzelnden Eintracht nach innen (2, 1—11) nicht nur ihr eigenes Seelenheil zu fördern (2, 12—15), sondern auch seine Freude zu erhöhen und zu theilen (2, 16—18). Daß es also geschehe, darüber wolle er sich, ehe es ihm vergönnt sei, selbst zu ihnen zu kommen, wie er hoffe, sobald als möglich durch Timotheus zu seiner eigenen Erquickung Nachricht verschaffen (2, 19—24), nachdem er durch sofortige Rücksendung des Epaphrodit sie über das Schicksal desselben beruhigt habe (2, 25—30). Weil aber doch die bleibende Christenfreude nicht von diesen oder jenen äußeren Umständen abhängt, so lehrt er sie den wahren Grund und das rechte Ziel derselben an seinem eigenen Beispiel und dem Widerspiel der Ungläubigen erkennen (3, 1—4, 1) und schließt, nachdem er in zarter Weise eine specielle Angelegenheit in der Gemeinde berührt (4, 2. 3), mit wiederholter Ermahnung zu der rechten Christenfreude (4, 4—9), mit der Danksagung für das übersandte Geschenk (4, 10—20) und mit den üblichen Grüßen und Segenswünschen (4, 21—23).

Der Brief Pauli an die Philipper.

Zuschrift und Gruß.

(Cap. I, 1. 2)

Paulus und Timotheus, Knechte Jesu Christi, allen Heiligen in Christo Jesu zu Philippi sammt den Bischöfen und Dienern: Gnade sei Euch und Heil von Gott unserm Vater und dem Herrn Jesu Christo!

[V. 1.] In Form einer bloßen Adresse macht der Apostel die Einleitung zu dem Segenswunsche, welcher den Brief eröffnet. Indem er aber zugleich dem Timotheus, welcher seit der Gründung der philippischen Gemeinde mit derselben bekannt war und wie kein anderer in der Umgebung des Apostels an ihrem Ergehen den aufrichtigsten Antheil nahm, gestattet, an diesem Eingangsgruße sich zu betheiligen, führt er denselben in der Adresse neben sich auf. Den Apostelnamen legt er sich nicht bei, weil der treuen und anhänglichen Gemeinde gegenüber sein apostolisches Ansehen weder geltend zu machen noch zu befestigen war, dagegen befaßt er sich mit dem Timotheus unter den allgemeineren Namen der Knechte Jesu Christi, welcher, allen von Christo mit irgend einem Amte Beauftragten gemeinsam, sie nur in dieser ihrer dienstlichen Abhängigkeit von Christo von den übrigen Christen unterscheidet.

Adressirt ist nun der Gruß ausdrücklich an alle Christen zu Philippi, womit der Apostel schon hier, nicht ohne absichtlichen Nachdruck, andeutet, wie das, was er im Briefe von der Treue und dem guten Stande der ganzen Gemeinde zu sagen hat, von allen ihren Gliedern in gleicher Weise gilt. Näher aber bezeichnet er seine christlichen Leser alle als Heilige in Christo, d. h. als Gott geweiht in der Taufe und geheiligt in der Lebensgemeinschaft mit Christo, die durch den in der Taufe empfangenen heiligen Geist vermittelt ist.

Neben den Christen im Allgemeinen hebt er in der Adresse noch besonders die Beamten der Gemeinde heraus, wahrscheinlich, weil durch die Vermittelung derselben dem Apostel die Gabe übersandt war, welche unseren Brief zunächst veranlaßte. Als solche aber erscheinen hier noch die mit den Presbytern identischen Bischöfe als Gemeindevorsteher, und die Diakonen, welche das Helferamt in der Gemeinde haben.

[V. 2.] Nun folgt der solenne apostolische Segenswunsch selbst. Der Apostel wünscht, daß den Lesern Gnade zu Theil werde, d. h. die göttliche Liebeswirksamkeit, welche der Grund alles Heils ist für Seele und Leib, für Zeit und Ewigkeit, und in Folge dessen dieses Heil selbst im weitesten Umfange. Als die Quelle aber, aus der ihnen dasselbe zufließen soll, bezeichnet er zunächst Gott, der überhaupt der letzte Grund und Urquell aller Güter ist und das speciell für die Leser sein wird, sofern er sie als Christen zu seinen Kindern gemacht hat und ihr Vater geworden ist. Daneben stellt er aber Jesum Christum, den zum Himmel erhöhten Herrn, der, wie er der Mittler alles Heiles ist, so insbesondere als der Herr seiner Gemeinde derselben zu allem gewünschten Heile verhelfen wird und muß.

V. 1.

Schon Th. v. M. giebt als den Grund, weshalb Paulus den Timotheus in der Adresse miterwähnt, seine genaue Bekanntschaft mit den Philippern an. Er war nach Act. 16 im Geleite des Apostels gewesen, als dieser die dortige Gemeinde gründete (vergl. Phil. 2, 22), und nach Act. 19, 22 als sein Abgesandter nach Macedonien gegangen. Aus 2, 20 in unserem Briefe aber erhellt, daß er in der gegenwärtigen Umgebung des Apostels der Einzige war, dessen Interesse für die Gemeinde eine solche Betheiligung an dem apostolischen Segenswunsche motiviren konnte. Da der Wunsch, in diesen Eingangsgruß eingeschlossen zu werden, demnach von Tim. selber ausgegangen sein muß, so dürfen wir den Grund davon weder in der Liebe des Apostels (Art.) noch der Philipper (Grot.) zu ihm suchen, und können auch kein besonderes Zeichen von Demuth und Freundschaft des Apostels darin sehen, wie nach einigen älteren Auslegern bei Croc. noch de W. thut. Ganz undenkbar ist aber, daß Paulus durch die Erwähnung seines Schülers und Gehülfen seinen eigenen Ermahnungen einen größeren Nachdruck (Haym. Pisc.) oder gar einen amtlichen, officiellen Charakter (Corn. Müller bei Myr.) sollte geben wollen, welcher schon dem ganz persönlich gehaltenen Briefe gar nicht eignen kann.

Ebenso wenig dürfen wir umgekehrt annehmen, daß er damit dem Tim. habe eine Empfehlung geben und eine größere Autorität für die nach Cap. 2 ihm aufgetragene Sendung verschaffen wollen (vergl. Strb. u. Lyr., Cal. u. Bmg., und ähnlich noch unter den Neueren v. Hng. u. Myr.), da dieser sowohl wegen seines Verhältnisses zu den Philippern als wegen des sehr einfachen Zweckes jener Sendung einer solchen in keiner Weise bedurfte. Daß Paulus den Brief dem Tim. dictirt hat (Röm., Fl.), ist nicht zu erweisen und würde seine Erwähnung gar nicht motiviren, da ja z. B. Tertius, welchem er den Römerbrief dictirte (Röm. 16, 22), in der Adresse desselben nicht genannt wird. — Die richtige Auffassung hängt aber wesentlich von der Entscheidung der Vorfrage ab, über die wir schon in der mittelalterlichen Exegese verschiedene Voraussetzungen finden, ob Timotheus durch diese Miterwähnung in der Adresse als Mitbriefsteller (Haym.) oder blos als Theilnehmer an dem apostolischen Gruße (Lyr.) bezeichnet wird. Erst Est. wirft sich ausdrücklich diese Frage auf, und entscheidet mit Recht für letzteres. Denn Paulus redet durch den ganzen Brief in der ersten Person Singularis und spricht theilweise von so persönlichen Dingen, daß eine Mitautorschaft des Tim. dabei gar nicht denkbar ist, während von ihm 2, 19 vielmehr als von einer dritten Person die Rede ist (vergl. a. E. u. v. Heng.). Mit Unrecht haben daher nach Sdl., Bmg. noch mehrere Neuere (Mtth., de W.) an der ersten Alternative festgehalten, deren Unhaltbarkeit am besten die von Myr. u. Wies. als nothwendig erkannten Einschränkungen zeigen. Es ist nicht anders in den Briefen an die Corinther und Thessalonicher, an die Colosser und Philemon, wo Paulus Einzelne, noch im Galaterbrief, wo er alle seine Begleiter an dem Eingangsgruße betheiligt.

Damit, daß er den Timotheus neben sich stellt, war freilich noch nicht gegeben, daß Paulus seinen Aposteltitel weglassen mußte und eine allgemeinere Amtsbezeichnung wählen, wie Est. und noch Höl. behaupten; denn in den Briefen an die Corinther und Colosser bezeichnet er sich als Apostel, obwohl er den Tim. neben sich nennt. Der Grund, daß er den Philippern nichts in apostolischer Vollmacht zu befehlen (Chr.) und seine dort in keiner Weise angefochtene Autorität geltend zu machen keine Veranlassung hatte (Ambr.), ist von alten und neuen Auslegern als richtig anerkannt und darf weder mit einem casu accidit (Heinr.) beseitigt, noch mit einer Berufung auf den freundschaftlichen Charakter des Briefes (Bng., B.-Cr.) vertauscht werden. Die beste Bestätigung dafür ist das gleiche Fehlen des Aposteltitels in den Thessalonicherbriefen, in denen Paulus an eine Gemeinde schreibt, von welcher er ähnliches rühmen kann, wie von der unsrigen (vergl. 1 Thess. 2, 19. 20 mit Phil. 4, 1). In der gemeinschaftlichen Bezeichnung als Knechte Jesu Christi findet freilich Chr. nur eine Andeutung des allgemeinen Christenstandes; daher Strb. hier die Betrachtungen Aug.'s über den doppelten Knechtstand anzieht; allein schon Pelg. sieht darin richtig den allgemeinen Begriff, unter den sich der des Apostels als Species unterordnet, und so als allgemeinere Bezeichnung des amtlichen Abhängigkeitsverhältnisses von Christo nehmen es Est. Croc. und alle Neuere. Mit Recht; denn für den Christenstand im Allgemeinen ist dem Apostel gerade das Aufgehobensein des Knechtsverhältnisses in die Freiheit des mündigen Gotteskindes charakteristisch (Röm. 8, 15. Gal. 4, 1—6), und nur in ganz bestimmter Veranlassung durch den Zusammenhang, wie sie Eph. 6, 6. 1 Cor. 7, 22 sich bietet, kann er alle Christen als Knechte bezeichnen. Vergl. meinen petrinischen Lehrbegriff. Berlin 1855. S. 165.

Wenn Chr. in der Bezeichnung der Christen als Heilige in Christo einen Gegensatz findet gegen die Heiligkeit, die ja auch im A. T. den Juden beigelegt wird (vergl. Corn. u. Croc.), so ist ein solcher freilich so wenig beabsichtigt, wie der von Bmg. geltend gemachte gegen eine nur ceremonielle; allein es ist doch damit richtig auf den alttestamentlichen Ursprung jenes Begriffs der Heiligkeit hingewiesen. Dem entsprechend muß derselbe allerdings zunächst als Aussonderung von allem Profanen (v. Hng.) und als Gottgeweihtheit (Myr.) bestimmt werden. Aber darum darf man nicht mit letzterem Ausleger dabei stehen bleiben; vielmehr ist es klar, daß Paulus auch diesen überkommenen Begriff, wie so viele andere, dogmatisch vertieft und reicher ausgeprägt hat, indem er die Heiligkeit ebenso durch die Gemeinschaft mit Christo (4, 21. 1 Cor. 1, 2), wie mit dem heiligen Geiste (Röm. 15, 16. 1 Cor. 6, 11) vermittelt denkt, was ja beides sachlich auf dasselbe hinauskommt, da die Lebensgemeinschaft mit Christo eben in der Theilnahme an seinem Geiste besteht (Röm. 8, 9—11). Eine Weihe an Gott aber, welche durch die Theilnahme am göttlichen Geiste vermittelt ist, kann nur eine auch in sittlichem Sinne den Menschen heiligende sein, nur daß darunter nicht die sittliche Vollendung verstanden werden darf, sondern nur der principielle Anfang eines von dem Geiste Gottes durchdrungenen Lebens. Paulus sagt zwar nirgends ausdrücklich, daß diese Weihe an Gott in der Taufe vollzogen wird; wenn wir aber sehen, daß ebensowohl die Lebensgemeinschaft mit Christo (Röm. 6, 3. 4. 1 Cor. 12, 13. Gal. 3, 27. Col. 2, 12) wie die Geisteswirkung im Menschen (Tit. 3, 5) als in und mit der Taufe beginnend gesetzt wird, so kann darüber wohl kein Zweifel sein, daß Thdt. mit Recht sagt, die Heiligen seien die der Taufe gewürdigten. Dabei waltet aber bei unserem Apostel freilich die Voraussetzung, daß nur wahrhaft Gläubige getauft seien; denn nur diese können ja den heiligen Geist empfangen (Gal. 3, 2) und dadurch in Lebensgemeinschaft mit Christo treten, und gewiß nicht in paulin. Sinne meinen die Katholiken (Est., Corn.), die Christen hießen Heilige lediglich wegen ihrer durch die Taufe vermittelten Zugehörigkeit zu der heiligen Kirche, obwohl sie selbst nicht heilig seien. Aber ebenso wenig kann man mit Sdl. sagen, der Apostel wolle mit dem Prädicat ἅγιοι alle ausschließen, die nicht wahrhaft heilig seien, da dasselbe ja sein stehendes Ehrenprädicat für alle Christen ist. — Ist endlich jene principielle Heiligung in der Taufe vollzogen und durch die Geistesmittheilung vermittelt, welche uns ihrerseits in die Lebensgemeinschaft mit Christo versetzt, so kann auch das ἐν Χριστῷ nur auf diese und nicht auf das objective Begründetsein der Sündenvergebung in Christo (Myr) gehen[1]), die wohl die Vorbedingung der Weihe an Gott, aber keineswegs ein Moment in dieser selbst ist. Dieser Begriff der subjectiven Lebensgemeinschaft mit Christo, innerhalb derer sich die Heiligung vollzieht, ist denn auch von den übrigen neueren Auslegern seit Rhw., der aber die subjective Heiligung mit der objectiven Sündenvergebung vermengt, geltend gemacht worden. — Auf das πᾶσιν machte schon Bmg. aufmerksam. An sich würde es im Grußße keine große Bedeutung haben, da es auch in den Adressen an die Römer und Corinther vorkommt und in den Schlußsegenswünschen stehend ist, wo es sich denn leicht daraus erklärt, daß der Apostel den angewünschten Segen gleichsam jedem Einzelnen recht zueignen möchte, damit niemand ohne denselben bleibe. Allein hier erhält es doch dadurch eine höhere Bedeutung, daß in dem folgenden Eingange des Briefes der Apostel wiederholt seine Freude an (1, 4) seine Liebe und Fürsorge für die Gemeinde (1, 7. 8), sowie ihre Theilnahme für ihn (1, 7) mit gleich offenbarem Nachdruck von ihnen allen aussagt. Dieser Bedeutung wird es nicht entsprechen, wenn man sich auf den Affect der Liebe beruft (Myr.), welche der Apostel der ganzen, ungetheilten Gemeinde zuwende (Wies.), vielmehr werden wir mit Schinz (S. 23) darin ein ausdrückliches Zeugniß finden müssen, daß die ganze Gemeinde auf dem rechten Wege war und darum sich Paulus mit besonderem Nachdruck an alle Einzelnen wenden konnte. Ganz das Gegentheil hiervon wäre eine tendenziöse Hinweisung auf den unnachweislichen Gegensatz derer, die sich gegen ihn freigebig erwiesen und die es nicht gethan (v. Hng.) oder auf einen vermeinten Zwist innerhalb der Gemeinde (de W.).

Die Frage, warum Paulus in unserm Briefe allein neben den

---

[1]) Von diesen beiden Bedeutungen des ἐν Χριστῷ kann nach dem Wortlaut und Sprachgebrauch des Apostels allein die Rede sein. Wenn es Thdt. u. Ambr. vom Bleiben im christlichen Wandel und Glauben verstehen, so ist dabei ebenso willkührlich für Christus der christliche Glaube substituirt, wie die Katholiken dafür die christliche Kirche (Corn.) und die Rationalisten (Hur.) die christliche Lehre setzen, an eine sprachgemäße Fassung des ἐν ist gar nicht gedacht. Neben die Auffassung des Thdt. stellt aber schon Anf. diejenige, wonach ἐν Χρ. die Vermittelung durch Christum bezeichnen soll (operante Christo) und danach ist bis auf die neuere Zeit die Erklärung durch per Christum gangbar geblieben, die ebenso sprachlich wie sachlich ungenau ist. Das Richtige hat im Interesse seiner falschen Erklärung von der Kirche schon Corn. (inserti in Christo), Coccejus dagegen mit einer sehr richtigen Entwickelung von dem Begriffe des paulin. ἐν Χριστῷ εἶναι, und Bmg., der es nur fälschlich mehr von der Glaubensgemeinschaft mit Christo nimmt. Nach Strr. freilich, der das ἐν für bloßes Dativzeichen hält, bezeichnet die ganze Formel nur die Christo Geweihten.

Christen im Allgemeinen noch die Beamten der Gemeinde insbesondere nennt, beantwortet Chr. dahin, daß diese an den Apostel geschrieben und ihm die Gabe durch Epaphrodit übersandt hatten. Deshalb darf man freilich nicht mit ihm den ganzen Brief als an sie allein gerichtet ansehen, was auf der falschen Lesart συνεπισκόποις beruht (vgl. Thph.), oder die Sendung als von ihnen allein ausgehend denken (v. Heng), wogegen die Art spricht, wie sich Paulus 4, 10 ff. bei der ganzen Gemeinde bedankt; allein da die Collecte für ihn sicher nicht ohne Betheiligung der Beamten zu Stande gekommen (Fl., Hoel., Myr.) und doch wohl von ihnen persönlich durch ihren Collegen Epaphrodit (Strr.) oder mittelst eines Begleitschreibens (Ew.) Namens der Gemeinde überreicht war, so bleibt dies immer die einfachste Erklärung, die dann auch jedes Bedenken darüber hebt, daß es in unserm Briefe allein geschieht. Dagegen entspricht es der Erwähnung der Beamten im Eingangsgruße nicht, zu meinen, daß Paulus eine einzelne seiner Ermahnungen, wie die zur Demuth (Th. v. M.), ausdrücklich auf sie beziehen (Sdl., Hnr.) oder in alle sie mit einschließen wolle (Strb.) und die seit Lyr. verbreitetste Ansicht, daß er um ihrer hervorragenden Stellung willen sie neben der ganzen Gemeinde besonders hervorhebt (vgl. Calv., Pisc., Est.), erklärt an sich nicht, warum er das gerade nur in unserm Briefe allein thut. Man muß dann immer noch speciellere Vermuthungen zu Hülfe nehmen, wie: daß der Apostel ihre und namentlich des Epaphr. Autorität den Irrlehrern (Strr.) oder der falschen Selbstüberhebung Einzelner gegenüber (Wies.) habe heben und auf die nothwendige Einheit der Gemeinde mit ihren Beamten hinweisen wollen (Rhw.); oder voraussetzen, daß die Beamten gerade in Philippi durch rühmlichen Eifer die Aufmerksamkeit auf sich gezogen hätten (Mtth.). Allein diese Vermuthungen alle sind theils unbegründbar, theils geradezu den aus unserem Briefe erhellenden geordneten, tadellosen Gemeindezuständen widersprechend. — Daß der Apostel erst von der Erwähnung der Christen im Allgemeinen zu der Hervorhebung der Beamten im Besondern fortgeht, ist so sehr selbstverständliche, logische Anordnung (Est., Bmg.), daß weder Corn. nöthig gehabt hätte, zur Wahrung hierarchischer Ansprüche an den Hirten zu erinnern, der der Heerde folgt, oder an das Volk, das bei Prozessionen dem Clerus vorangeht, noch Strb. Recht hatte, darin eine Ermahnung zur Demuth zu finden. Eben so ungehörig folgerten umgekehrt Protestanten, wie Croc. und Bng., daraus, daß die Bischöfe um der Gemeinde willen da seien und diese höher als sie stehe, und dennoch hält noch Meyer den Ausdruck für charakteristisch antihierarchisch.

Die griechischen Ausleger erkennen mit Verweisung auf Tit. 1, 5. 7. Act. 20, 17. 28 die Ausdehnung des Bischoftitels auf die Presbyter an, nur mit dem Unterschiede, daß Th. v. M. daraus richtig folgert, die Gemeinde müsse noch keinen Bischof im späteren Sinne gehabt haben, während Thdt. den Epaphrodit für ihren Bischof hält, wie Grot. für den princeps presbyterii, woraus ihm denn Cal. den

Vorwurf des papizare macht. Allein schon Ambr. konnte über die Pluralität der Bischöfe nicht hinweg und entschloß sich zu dem verzweifelten Versuche, das σύν zum Subjecte zu ziehen und den Apostel sammt den bei ihm in Rom versammelten Bischöfen den Gruß aussprechen zu lassen, während Est. den Brief zugleich an die benachbarten Städte mit ihren Bischöfen gerichtet sein läßt. Andere Katholiken beruhigten sich dabei, daß der Titel die dem ganzen höheren Clerus gemeinsame Würde bezeichne (Dion., Corn.). Daß die Bezeichnung der Gemeindevorsteher (1 Thess. 5, 12. Röm. 12, 8. Vgl. Eph. 4, 11) als ἐπίσκοποι auf ihre Amtsfunction hinweise, erhellt aus 1 Tim. 3, 1; die Beschränkung des Lehramts auf sie, wie sie sich auch bei protestantischen Auslegern findet (Bgh., Pisc.), ist bei der durch den ersten Corintherbrief bezeugten Lehrfreiheit und bei der Erwähnung der διδάσκαλοι neben den Vorstehern (Röm. 12, 78. 1 Cor. 12, 28. Eph. 4, 11. Vgl. auch 1 Tim. 5, 17) ein offenbarer Anachronismus. — Wenn daneben noch διάκονοι genannt werden, so geschieht das freilich nicht in dem Sinne, in welchem Paulus jedes Amt an der Gemeinde (Eph. 4, 12) als eine διακονία bezeichnet (Chr.), sondern zur Bezeichnung eines besonderen Helferamtes neben dem Vorsteheramt in der Gemeinde, auf dessen Functionen die διακονία Röm. 12, 7 und die ἀντιλήψεις 1 Cor. 12, 28 hinweisen. Besondere Träger dieses Amtes erscheinen nur noch Röm. 16, 1 und 1 Tim. 3, 8. 12, da das Act. 6 creirte Amt wenigstens nicht diesen Titel führt. Der Umfang desselben läßt sich, da das N. T. hierüber schweigt, nur aus der späteren Kirchenordnung beurtheilen unter der Voraussetzung, daß die später sogenannten Diakonen im Wesentlichen mit den apostolischen identisch sind.

V. 2.

Zur Erklärung des fast in der ganzen neutestamentlichen Briefliteratur stehend gewordenen Eingangsgrußes darf wohl daran erinnert werden, daß die Anwünschung der χάρις an das profane χαίρειν anknüpft, wie die Hinzufügung der εἰρήνη an die jüdische Grußformel, die, in welcher Form auch immer, doch jedenfalls das שלום enthielt (Matth. 10, 13). Das schließt nicht aus, daß die χάρις in ihrem specifisch christlichen, ja in ihrem paulinischen Sinne zu verstehen ist, in welchem sie die unverdiente göttliche Liebeswirkung bezeichnet, welche der Quell und das Princip alles christlichen Heils ist (vgl. Croc. und Cal.: gratia dei, fons omnium bonorum). Gerade das aber ist das Eigenthümliche in der paulinischen Fassung der χάρις, daß er darunter nicht eine ruhende göttliche Eigenschaft, wie die benevolentia dei (Art.), die Huld Gottes (Myr.) versteht — wozu schon der beigefügte Dativ gar nicht recht passen will — sondern die im Heilswerke sich bethätigende, wirksame (Mtth.); und eben so wenig nur ein einzelnes Stück dieser Heilswirksamkeit, wie etwa die remissio peccatorum (Anſ.). — Dagegen verbietet die unverkennbare Anlehnung an die jüdiſche Grußformel, unter der εἰρήνη die Eintracht zu verſtehen, wie ſie im Gebrauch der göttlichen Gnadengaben vor Selbſtüberhebung bewahrt (Thph.), oder den Frieden mit Gott, welcher nach dem pauliniſchen Lehrzuſammenhange die erſte Frucht der Rechtfertigung iſt (Röm. 5, 1), wie nicht nur die älteren Ausleger (Anſ.), ſondern im Weſentlichen noch Rhw., Matth., Hoel. thun. Schon Lyr. ſuchte zu einer umfaſſenderen Bedeutung zu kommen, beſchränkte die εἰρήνη aber auf das jenſeitige Heil; dagegen nehmen es ſchon Piſc., Croc., Cal. richtig von allem leiblichen und geiſtlichen, zeitlichen und ewigen Heile, wie es aus der Quelle der göttlichen Gnade fließt (vgl. v. Heng.). — Das Verhältniß, in welches Gott und Chriſtus beide als Urheber zu dieſem Heile geſtellt werden, giebt ſchon Lyr. ganz richtig an: Gott iſt der dator omnium bonorum, Chriſtus der mediator (vgl. Art.). Gott erſcheint dabei in ſeiner ſpecifiſch chriſtlichen Beſtimmtheit als unſer Vater, der er in Folge unſerer Adoption geworden iſt (Eſt.), und Chriſtus mit dem ſolennen Ehrenprädicat, das ihn bei Paulus ſtets als den zu göttlicher Herrſchaft und Herrlichkeit (Art.) erhöhten bezeichnet. Der Standpunkt für beide Bezeichnungen iſt in dem gegenwärtigen Chriſtenſtande genommen; die göttliche Liebeswirkſamkeit begann allerdings, als wir noch nicht ſeine Kinder, ſonder Sünder und damit Feinde Gottes waren (Röm. 5, 8. 10), ebenſo begann das Heilsmittlerthum Chriſti, als er noch Menſch war und ſich zum Löſegeld gab (1 Tim. 2, 5. 6); aber für den Standpunkt der Leſer kann Gnade und Heil nur noch von Gott, der bereits ihr Vater geworden iſt und von Chriſto als dem zum Himmel erhöhten Herrn, der auch der Herr der Gemeinde iſt, ausgehen, und iſt gerade in dieſer Beſtimmtheit von beiden ſicher zu erwarten (vgl. Hoel.)[1].

---

[1] Die Conſtruction von V. 1. 2 iſt ſchon von v. Hng. richtig erläutert. In V. 1 iſt das χαίρειν λέγει (gewöhnlicher nur das λέγει, vgl. Act. 15, 23. Jac. 1, 1) weggelaſſen, ſo daß der urſprüngliche briefliche Eingangsgruß auf eine bloße Adreſſe reducirt iſt und das χαίρειν nicht mehr ergänzt werden darf, wie noch Strr. will; V. 2 aber einen grammatiſch ſelbſtſtändigen Segenswunſch enthält, der eben die profane Grußformel erſetzt. Zu ergänzen iſt in demſelben natürlich nur εἴη, oder ἔστω, das eben in Verbindung mit dem Dativ den Begriff des Zutheilwerdens enthält; alles andere wäre Willkühr. — Dafür, daß der Genitiv κυρίου von ἀπό und nicht von πατρός abhängt, entſcheidet bei der ſtereotypen Form des Grußes endgültig Gal. 1, 3. 2 Tim. 1, 2. Tit. 1, 4.

I. Danksagung und Fürbitte.
(Cap. I, 3—11.)

1. Die dankbare Freude des Apostels an der Gemeinde.
(Cap. I, 3—6.)

Ich danke meinem Gott bei aller Erinnerung an Euch, indem ich allezeit in allem meinem Gebete für Euch alle das Gebet mit Freuden thue wegen Eurer Theilnahme für das Evangelium vom ersten Tage an bisher, eben darauf vertrauend, daß, der in Euch angefangen hat ein gutes Werk, es auch vollführen wird bis auf den Tag Jesu Christi.

[V. 3.] Der Apostel beginnt seinen Brief mit der solennen Danksagung für den blühenden Zustand der philippischen Gemeinde. Es ist die beim Beginne seines Schreibens ihm besonders lebhaft auftauchende freudvolle Erinnerung an sie, welche sich ihm seinem tiefreligiösen Sinne gemäß sofort zum Danke gegen den Urheber solcher Freude gestaltet und das Aussprechen solchen Dankes ist nur ein thatsächlicher Beweis für das, was er in diesem Eingange schreibt, daß er bei aller seiner Erinnerung an die Gemeinde Gott danksage. — Diese Danksagung ist, wie auch sonst, an Gott gerichtet. Mit der specifisch christlichen Erkenntniß, daß alles Heil und aller geistlicher Segen durch Christum vermittelt ist, geht überall bei dem Apostel Hand in Hand das ursprünglich religiöse Bewußtsein, daß Gott der letzte Urquell alles Guten ist. Er nennt ihn aber seinen Gott, weil derselbe seinerseits zu ihm in ein Liebes- und Gemeinschaftsverhältniß getreten ist, als dessen Ausfluß Paulus alle ihm speciell widerfahrene Gnade weiß und also auch die Freude, die ihm an der philippischen Gemeinde zu Theil geworden. — Wenn er nun Gott bei aller Erinnerung an sie Dank sagt, so ist damit gegeben, daß ihr gesammter Zustand nach allen verschiedenen Seiten, die er bei dieser

Erinnerung sich ins Gedächtniß rufen konnte, ein durchaus erfreulicher war und in keiner Beziehung sein Andenken an sie trübte.

[V. 4.] Der Apostel giebt aber noch näher an, was es für eine Erinnerung an die Gemeinde sei, bei der er Gott Dank sagt, um dabei noch deutlicher hervortreten zu lassen, was ihn zu solchem Danke bestimmt. Er gedenkt ihrer allezeit in allem seinem Gebete; so oft er vor seinen Gott hintritt, trägt er diese Gemeinde, wie ja auch alle anderen, fürbittend auf seinem väterlichen Herzen, und er kann für sie alle, welche die Glieder der Gemeinde bilden, in gleicher Weise bitten, weil kein Theil der Gemeinde dem anderen nachstand, sondern die Erinnerung an sie ihm eine allseitig befriedigende war. Der Grund aber, weshalb er bei solchem fürbittenden Gedenken an die Gemeinde immer zugleich Gott Dank sagt, ist — wie mit klangvollem Nachdruck hervorgehoben wird — der, daß er allezeit in allem seinem Gebete für sie alle mit Freuden beten kann und so von selbst, indem er für sie sein Gebet verrichtet, die Freudigkeit, mit der er es thut, sich allezeit als Danksagung aussprechen muß. Zum ersten Male schlägt der Apostel hier den hellen Ton der Freude an, der so charakteristisch den ganzen Brief durchklingt.

[V. 5.] Aber es ist noch nicht gesagt, was ihm solche Freudigkeit zum Gebete giebt und ihn darum so dankbar stimmt, und wenn wir auch schon nach dem Bisherigen voraussetzen müssen, daß es der gesammte Zustand der Gemeinde sei, so entspricht es doch einer dankbaren Freude, sich dessen bewußt zu werden und es auszusprechen, was im besonderen Falle das besonders Erfreuliche sei. Es ist dies aber ein Zwiefaches, und der Apostel spricht es aus, indem er einen Blick in die Vergangenheit und einen in die Zukunft der Gemeinde hineinwirft. In der Vergangenheit stellt sich ihm Eines besonders als der Ausdruck ihres gesegneten Zustandes dar, gleichsam als die Blüthe des gesammten Gemeindelebens, das ist ihre Theilnahme für die Sache der evangelischen Verkündigung, ihr Missionseifer. Wir wissen nicht, in welcher Weise die Gemeinde denselben kundgegeben hat, gewiß aber war es ein Eifer für die Verbreitung des echten paulinischen Evangeliums, wenn der Apostel sich dessen freuen konnte, und somit ein Zeugniß ihres unverfälschten Glaubenslebens, das zugleich in solchem Liebeseifer seine Gesundheit und Kraft bewährte. Hieran hatte der Apostel vom ersten Tage der Gemeindegründung an seine Freude gehabt, wie ja schon jene Lydia, welche die

Erstlingsfrucht seiner Predigt ward, wirklich vom ersten Tage an großen Eifer für die Sache der evangelischen Verkündigung bewies, und diese Freude war ihm immer aufs Neue zu Theil geworden bis auf den gegenwärtigen Augenblick, wo ja so eben die von der Gemeinde übersandte Unterstützung ihm einen neuen Beweis dieses Eifers gegeben hatte.

[V. 6.] Allein seine Gebetsfreudigkeit konnte doch keine ungetrübte sein, so lange etwa noch Besorgnisse für die Zukunft sich in dieselbe mischten. Nun aber thut er sein Gebet erst recht mit Freuden, da er in fester Zuversicht betet, eben darauf vertrauend, daß die natürlich stets für sie erflehte Heilsvollendung seiner Gemeinde in alle Zukunft nicht entgehen könne. Er gründet diese Zuversicht darauf, daß er in dem bisherigen Gedeihen der Gemeinde ein gutes Werk sieht, das Gott selber in den Herzen der Philipper angefangen hat und vertraut nun darauf, daß derselbe Gott das begonnene Werk auch hinausführen werde, indem er die Gemeinde bis zum Tage der Wiederkunft Jesu Christi, dessen Eintritt der Apostel der urchristlichen Erwartung gemäß noch in diesem Menschenalter erwartet, in ihrem Christenleben so weit vollendet, daß sie bei der dann eintretenden endgültigen Entscheidung ihres ewigen Heiles gewiß sein kann. Die Zuversicht des Apostels kann aber eben darum eine so feste sein, weil Gott allein es ist, der alles zum Heile nothwendige im Menschen wirkt vom ersten Anfange bis zur Vollendung, und weil nach aller bisherigen Erfahrung, vielleicht auch nach der ausdrücklichen Bürgschaft, welche die Kennzeichen der göttlichen Erwählung dem Apostel gaben, die Besorgniß, daß die Philipper ihrerseits das fortschreitende Heilswerk an ihnen hindern und zerstören könnten, bei ihm nicht aufkommen konnte.

V. 3.

Die Ausleger suchen in dieser Danksagung, die fast in keinem Briefe fehlt, oft zu viel Absichtlichkeit und fremdartige Tendenz. Bald soll der Apostel durch das Lob der Vergangenheit zum Fortschreiten für die Zukunft ermahnen (Clv.) oder durch die Beweisung seiner Dankbarkeit zur Dankbarkeit (Croc.), bald dadurch die bekümmerten Gemüther der Leser aufrichten (Sdl.), bald durch die Beweisung seiner Liebe um ihre Liebe werben (Art.). Je mehr dies angesehen wird als in der Absicht geschehen, um seinem Briefe Eingang zu verschaffen (Bmg.), um so mehr wird die Danksagung zu einer bloßen captatio benevolentiae (Heinr., vgl. schon Croc.) und um so greller tritt der Widerspruch hervor, daß eine Aeußerung religiöser Dankbarkeit nicht unmittelbarer Ausfluß eines von Freude und Dank bewegten Herzens, sondern Product einer Reflexion auf die Wirkung dieser Aeußerung sein soll. — Daß Paulus Gott seinen Gott nennt, wird schon von Lyr., Est., aber auch noch von de W., Myr. nur als Ausdruck des Abhängigkeitsverhältnisses von Gott gefaßt mit Berufung auf Act. 27, 23, wo jedoch der Ausdruck gerade der umgekehrte ist. Es paßt auch diese Auffassung schon darum nicht, weil in diesem Sinne Gott der Gott aller Christen in durchaus gleicher Weise wäre. Schon Anf. weist richtig auf die Wohlthaten hin, die Gott dem Apostel speciell (a. E.) und besonders in der Erfüllung seiner Wünsche in Betreff der philipp. Gemeinde hat zu Theil werden lassen (Sdl.), und Art. erinnert an den Gott Abraham's, Isaak's und Jakob's, wie er ja eben heißt um der speciellen Offenbarungen und Gnadenführungen willen, die er den Erzvätern zu Theil werden ließ und durch die er bereits mit ihnen in ein Liebes- und Gemeinschaftsverhältniß trat. Vergl. auch Jerem. 31, 33. 32, 38. Nur in diesem Sinne kann überhaupt ein Einzelner Gott seinen Gott nennen; denn „die Gemeinschaft mit Gott, wenn auch für alle auf einer und derselben Grundlage ruhend, gestaltet sich für jeden individuell nach den besonderen Erfahrungen, die er von dieser Gemeinschaft macht" (Wiesl.). Wie schon Dion., so suchen noch Fl. und v. Heng. beide Beziehungen zu verbinden, was natürlich nicht angeht. — Obwohl von Chrys. bis de W. fast alle Ausleger den Apostel sagen lassen, er danke Gott, so oft er ihrer gedenke, so ist das doch sprachlich durchaus unzulässig[1]). Der Apostel will nicht jede einzelne Erinnerung bezeichnen, wie sie

---

[1]) Es müßte nach Winer, Grammatik des N. T. Sprachidioms. 6. Aufl. 1855. § 18. 4. der Artikel fehlen, was schon Bz. gefühlt zu haben scheint, wenn er übersetzt: cum omni i. e. perfecta memoria. Doch darf man deshalb nicht zu dem ganz undeutschen „bei der ganzen Erinnerung an euch" (Myr.) greifen, Ew.'s „bei aller Erinnerung" dürfte den beabsichtigten Sinn möglichst genau wiedergeben. — Nach dem Vorgange von Schlicht., Cocc., Sdl., die $\mu\nu\varepsilon i\alpha$ im Sinne von mentio, Erwähnung nehmen, behauptete neuerdings v. Hng., daß es im N. T. nur in diesem Sinne vorkäme, wogegen schon 1 Thess. 3, 6. 2 Tim. 1, 3 zeugen, wo ohne Künstelei diese Bedeutung gar nicht anwendbar ist. Die zuerst von Corn. aus Maldonat's handschriftlichen Noten mitgetheilte Erklärung, welche bei $\dot{\varepsilon}\pi\dot{\iota}\ \tau\tilde{\eta}\ \mu\nu.$ an das Gedenken dachte, welches die Philipper durch ihre Sendung dem Apostel bewiesen (wobei $\dot{\upsilon}\mu\tilde{\omega}\nu$ gen. subj.), ist bereits von Wlf. ausreichend widerlegt worden. — Das $\dot{\varepsilon}\pi\dot{\iota}$ c. dat. heißt zwar zunächst: auf, über in räumlichem Sinne, wird aber auch z. B. 2 Cor. 9, 6 für: an, bei in zeitlichem Sinne gebraucht (Win. § 48. c) und kommt nach Passow sogar in diesem Sinne in Prosa häufiger vor. Man braucht darum weder mit Strr. es auf das Hinzukommen der Danksagung zur Erinnerung zu beziehen (Hnr., Matth., Hoel.), noch mit Bmg. im Andenken selbst als einer Gottesgabe den Gegenstand des Dankes zu sehen.

im zeitlichen Nacheinander eintritt, sondern das gesammte Andenken in Beziehung auf die mannigfachen Gegenstände, auf die es sich richten kann, auf die verschiedenen Seiten, von denen aus es den Dank des Apostels und immer wieder nur seinen Dank anregt. Es tritt offenbar in diesem Ausdruck die Allseitigkeit der Befriedigung, die er im Andenken an die Gemeinde empfindet, noch stärker hervor (vgl. Myr., Wies.).

B. 4.

Schon der Umfang und in Folge dessen auch das logische Verhältniß des Participialsatzes B. 4 ist von den Auslegern vielfach verkannt worden; wie Chr. und Dion., so behandeln ihn noch Strr. und Rhw. geradezu wie einen parallelen, durch καί angefügten Hauptsatz, als wolle der Apostel sagen, daß er trotz der Danksagung für die Vergangenheit doch nicht aufhöre, für die Gemeinde zu beten. Allein daß B. 5 nicht der Gegenstand der Bitte, sondern der dankbaren Freude des Apostels folgt, zeigt deutlich genug, daß B. 4 nicht vom Danke zur Fürbitte als zu etwas ganz neuem übergegangen ist. Diese Schwierigkeit hat Clv. wohl gefühlt; aber er beruhigt sich dabei, daß B. 5 jenes zweite Moment einstweilen fallen gelassen werde. Es kann aber auch andererseits B. 4 nicht eine bloße Erklärung von B. 3 sein, wie ihn v. Hng. und de W. nehmen, da hier von Dank und dort von Bitte die Rede ist, und die Vermischung dieser beiden Begriffe ganz wortwidrig wäre, sondern er muß wirklich einen neuen Gedanken enthalten, der den in B. 3 enthaltenen in einer oder mehreren Beziehungen näher bestimmt (vgl. Mtth.). Dann aber fällt das logische Hauptgewicht gerade auf diesen Participialsatz, an den sich darum auch ganz wie in den Parallelstellen Eph. 1, 16. 1 Thess. 3, 9. 10 die Fortsetzung der Rede anknüpft, und die einzelnen Momente desselben werden je eine nähere Bestimmung des in dem Hauptsatze enthaltenen Gedankens bringen. Es entspricht nemlich, wie die griechischen Ausleger richtig gefühlt haben, das $πάντοτε\ ἐν\ πάσῃ\ δεήσει\ μου$ dem $ἐπὶ\ τῇ\ μνείᾳ\ ὑμῶν$, indem es näher bestimmt, was für ein Gedenken an die Gemeinde B. 3 gemeint war; ebenso aber motivirt das $ὑπὲρ\ πάντων\ ὑμῶν$ die in $ἐπὶ\ πάσῃ\ τῇ\ μν.$ ausgedrückte Allseitigkeit seiner freudvollen Erinnerung, und das $μετὰ\ χαρᾶς\ δ.\ π.$ nennt die Gelegenheit, bei welcher, und den Grund, um deswillen das $εὐχαριστῶ$ stattfindet[1]).

---

[1]) Nach dem Vorgange der griech. Väter ziehen Lth. und die meisten Ausleger bis auf Myr., Wies., Ew. den größten Theil von B. 4, meist bis $πάντων\ ὑμῶν$, zu B. 3. Bei den älteren Auslegern (vgl. Thph., Lth.: welches ich allezeit thue) ist dabei meist der richtige Gedanke leitend, daß durch das $πάντ.\ ἐν\ πασ.\ δεησ.\ μ.$ das $ἐπὶ\ πασ.\ τ.\ μν.\ ὑμ.$ näher bestimmt werden soll, nur daß dies gerade durch die unmittelbare Verbindung mit B. 3 unmöglich gemacht wird, sofern die in ganz selbstständiger Form an $εὐχαριστῶ$ sich schließende adverbiale und präpositionelle Bestimmung unmöglich Epexegese zu der bereits mit $ἐπί$ gegebenen sein kann. Wenn dagegen Myr. beide in ihrer Selbstständigkeit läßt, so trifft er allerdings darin das

Wenn der Apostel wirklich, wie Chr. will, das πάντοτε in absolutem Sinne nähme ("immer, nicht nur wenn ich bete"), so wäre das eine in sich unwahre Hyperbel und eben damit eine nichtssagende Phrase. Andererseits aber wird der Umfang des πάντοτε wieder ungebührlich verengt, wenn man, wie schon Ans. und Dion. thun, dabei nur an jede Fürbitte für die Philipper denkt; denn das versteht sich freilich von selbst, daß der Apostel sich in jeder Fürbitte für die Philipper ihrer erinnert. Erst wenn man in ἐν πάσῃ δεήσει μου die naturgemäße Beschränkung des πάντοτε sieht, erhält dasselbe seine innere Wahrheit, wie sie der alle Gemeinden stetig auf dem Herzen tragenden, sorgenden Liebe des Apostels (2 Cor. 11, 28) entspricht (vgl. Pelg.). Man kann dann aller willkührlichen Einschränkungen (Ans.: congruis temporibus) und Abschwächungen (Rsm.: saepissime, quotidie) durchaus entrathen; das Richtige haben schon Calv. und Schlichting (semper, quotiescunque deum peto), wie

---

Richtige, daß er auf das πάντοτε ἐν πασ. δ. μ. den Hauptnachdruck fallen läßt, allein auch dies läßt sich bei der Verbindung dieser Worte mit V. 3 nicht rechtfertigen, da bei ihr dieselben matt und tonlos nachhinken und die von Myr. gegebene logische Umkehrung des Satzes am besten zeigt, wie wenig die bei seiner Fassung entstehende Wortfolge dem nothwendigen Sinne des Satzes genügt. Auch das Mißverhältniß zwischen dem langen Hauptsatz, und dem kurzen, fahlen Participialsatz μετὰ χαρᾶς τ. δ. π. ist um so unerträglicher, je wichtiger in dem Gedankenzusammenhang das in ihm enthaltene Moment ist, was freilich diejenigen ganz verkannten, die denselben meinten parenthetisiren zu müssen (Heinr.). Beruft man sich für die Verbindung des πάντοτε mit εὐχαρ. auf Parallelstellen wie 1 Cor. 1, 4. 1 Thess. 1, 2. 2 Thess. 1, 3 (Wies.), so übersieht man, daß dort durch die Stellung des πάντ. vor der präpos. Bestimmung zu εὐχ. ihm seine Beziehung gesichert und an zwei Stellen überhaupt nur die eine Verbindung möglich ist, während Col. 1, 3 die Beziehung selbst nicht ganz unzweifelhaft feststeht. Das Richtige haben schon Calv. u. Bz., Grot. u. Strr., die den V. 4 ungetrennt lassen, und hiefür entscheidet auch die Parallele Röm. 1, 9. 10. — Die bereits im Texte erwähnte Vermischung der Begriffe hat nach dem Vorgange von a. E., der δέησις in dem allgemeinen Sinne von προςευχή nahm, v. Hng. ausführlich zu begründen versucht und auch de W. meint, daß das μετὰ χαρ. τ. δ. π. geradezu dem εὐχαριστῶ entspricht. Allein den speciellen Sinn des Bittgebets kann δέησις schon seiner Ableitung nach unmöglich verlieren und verliert ihn auch im N. T. nie, da in allen Stellen, wo es mit προςευχή zusammensteht (Phil. 4, 6. 1. Tim. 2, 1. 5, 5), gerade neben dem jede Art von Gebet umfassenden allgemeinen Begriffe die specielle Kategorie des Bittgebets hervorgehoben werden soll. — Die zu der im Folgenden besprochenen falschen Einschränkung des πάντοτε führende Verbindung des ὑπὲρ πάντων ὑμῶν mit ἐν πάσῃ δεήσει μου haben außer Hoel, der es mit εὐχαρ. und Ew., der es mit dem folg. verbindet, fast Alle, die in der eben angegebenen Weise den V. 4 theilen, doch findet sie sich auch bei Rhw. noch, der dieselbe nicht hat. Daß sie der Wahrheit des Sinnes wegen nicht nothwendig ist, wie Myr. behauptet, erhellt aus dem im Texte Gesagten. Der Artikel vor dem zweiten δέησις braucht aber keineswegs auf eine näher bestimmte δέησις zurückzuweisen; sondern nur auf die in ἐν πασ. δ. μ. erwähnte (v. Heng), der es ja überdies in πασ. und μου durchaus nicht an näherer Bestimmung fehlt. Uebrigens ist wohl eben um dieser Zurückweisung willen das einfache δέομαι (Röm. 1, 10) in δέησιν ποιοῦμαι (1 Tim. 2, 1) aufgelöst.

neuerdings v. Hng. und de W. — Ueber die Emphase in dem dreimaligen πάντοτε-πάσῃ-πάντων spricht schon Hyperius bei Croc. Der Apostel will noch einmal hervorheben, warum seine Erinnerung eine allseitig freudvolle sein könne, weil nemlich alle solche sind (Pelg.), daß er mit Freuden für sie beten kann. Die Aengstlichkeit, mit der Art., Grt., Croc es auf den gesunden Theil der Gemeinde als auf die Mehrzahl einschränken wollen, ist durchaus wortwidrig, und ganz gegen die Tendenz dieser Hervorhebung ist es, wenn Paulus zeigen soll, wie auch der abfällige Theil ihm am Herzen liege (v. Hng.). Es ist auch keineswegs nur die Innigkeit der Liebe (Myr., Wies.), die dem Apostel die Worte eingiebt und ihn treibt jedes Einzelnen zu gedenken (Sdl.), sondern der factische Bestand, wonach die gesammte Gemeinde ihm Freude machte, kein Theil hinter seinen Erwartungen zurückblieb, geschweige denn böse Wege ging. — Der Hauptnachdruck des Satzes liegt aber auf dem μετὰ χαρᾶς; denn während alle bisherigen Zusätze nur das V 1 Gesagte näher bestimmen und weiter ausführen, motivirt dieser näher die dort ausgesprochene Danksagung. Da er sein Gebet für sie immer mit Freuden thun kann, so wird jedes Gebet von selbst zur Danksagung, er dankt stets, wenn er für sie bittet. Wie diese Gebetsfreudigkeit im Gegensatze zu einer Stimmung, wie sie sich z. B. 2 Cor. 2, 4 ausspricht, (Chr.) das beste Zeugniß für den trefflichen Zustand der Gemeinde ist, haben schon die griechischen Väter ausgeführt, und es ist wahrlich sehr verkehrt, dieselbe statt auf diesen factischen Bestand auf eine besondere göttliche Gnadengabe zurückzuführen (Sdl.).

V. 5.

Schon unter den griechischen Auslegern herrschte darüber Zwiespalt, ob V. 5 den Gegenstand der Freude V. 4 (Th. v. M., Chr.) oder der Danksagung V. 3 (Thdt., Oec.) enthält, jener Auffassung folgten Ans. und Dion., Clv. und Grot., dieser die Vlg. und Lth., Bz. und Corn., und noch unter den neuesten halten de W. und Ew zu jener, Myr. und Wies. zu dieser. Nach unserer Darlegung des Gedankenganges kann darüber kein Zweifel sein, daß nur die erstere zulässig ist, welche sich auch allein sprachlich rechtfertigt. Man darf dagegen nicht einwenden, daß dann die Grundangabe des Dankes gänzlich fehle (Myr.); denn diese war schon in V. 4 enthalten. Wenn freilich der Apostel, weil er stets mit Freuden für die Gemeinde beten kann, Gott danksagt und nun den Gegenstand dieser Freude nennt, so ist damit indirect natürlich der letzte Grund des Dankes angegeben, und es haben in gewissen Sinne diejenigen Recht, welche hier den Gegenstand von Freude und Dank zugleich finden (Strr., Rhw., Mtth.); allein es darf um so weniger übersehen werden, daß der Apostel den V. 5 unmittelbar nur an das von seiner Gebetsfreudigkeit Gesagte anknüpft, als auf dieser richtigen Verbindung allein das Verständniß der Art, wie V. 6 sich anschließt, beruht[1]). — Unter der κοινωνία ὑμῶν εἰς τὸ εὐαγγέλιον verstanden Th. v. M., Thdt. und Ambr. die Theilnahme am Evangelium, wie sie durch den Glauben vermittelt ist und damit diesen selbst. Während die mittelalterliche Exegese (Ans., Lyr., Dion.) dem Glauben die Werke hinzufügte (vgl. noch Rhw.) und dadurch gewissermaßen einen Uebergang zu der zweiten Auslegungsweise anbahnte, schlug schon Calv. neben jener Fassung vor, es von der durch's Evangelium vermittelten kirchlichen Gemeinschaft zu nehmen, und diesen Gesichtspunkt hielt nicht nur Cal. fest, indem er die efficax vocatio ad fidem der Reformirten (Art., Pisc.) bekämpft, sondern auch Croc. nach dem Vorgange von Bull., Grot.; dagegen kehrten Wls., Heinr., Fl., Hoel. wieder mehr zu der Auslegung der genannten griechischen Väter zurück. Allein abgesehen von der ganz wortwidrigen Rechtfertigung dieser Auffassung, ergiebt dieselbe im besten Falle etwas allgemein christliches, das für die Freude des Apostels an den Philippern nicht charakteristisch sein kann, in einem unklaren, unnütz schwerfälligen Ausdrucke.

Schon Chr. ging richtig davon aus, daß die Theilnahme der Leser an der evangelischen Thätigkeit des Apostels gemeint sei, indem er aber diese Theilnahme lediglich durch äußere Dienstleistung und Unterstützung vermittelt dachte, veranlaßte er es, daß schon seine Nachfolger den Sinn der Worte gänzlich auf die ihm zu Theil gewordene Sendung beschränkten (Oec., Thph., Haym., Str., Est., Corn.).

---

[1]) Die Verbindung des ἐπὶ τῇ κοινων. mit εὐχαριστῶ ist bei dem Dazwischentreten des ganzen Participialsatzes äußerst hart, ja geradezu unthunlich, wenn man nicht mit Lth., Bz. und den meisten den ganzen V. 4 parenthesiren will. Das aber ist, wie die Neueren anerkennen, wegen des fließenden Gedankenzusammenhanges durchaus nicht zulässig. Nicht so entscheidend, aber immerhin jene Auffassung erschwerend ist der Grund, daß εὐχ. schon eine nähere Bestimmung mit ἐπί hat. Uebrigens entspricht der bei der richtigen Verbindung eintretenden, nur mittelbaren Einführung des Gegenstandes der Danksagung ganz die Parallelstelle 1 Thess. 1, 2. 3. Es versteht sich von selbst, daß bei derselben nicht, wie es bei den älteren Auslegern (vgl. Ans.) genommen wird, das ἐπί von μετὰ χαρᾶς, sondern von μετὰ χαρᾶς τὴν δέησιν ποιούμ. abhängt. Der Gebrauch des ἐπί c. dat. von der Voraussetzung, dem Motive, auf welchem etwas beruht, ist nur die unmittelbare Uebertragung des localen Originalsinns auf geistige Verhältnisse. Vgl. Win. § 48. c. d. — Wie sonst bei κοινωνία die Person, mit der man Gemeinschaft hat oder der Gegenstand, an dem man theilnimmt, im Genitiv steht (1. Cor. 1, 9. 10, 16), so nehmen die patr. Ausleger εἰς τὸ εὐαγγ. geradezu für den Genitiv (Fl., Rhw.) und neuere suchten dies gar durch eine beabsichtigte Vermeidung einer Kakophonie zu rechtfertigen (Hnr.). Nicht weniger willkührlich war aber die schon durch die Vlg. gangbar gewordene Umsetzung des εἰς in ἐν (Schlicht., Wlf.). Genau genommen schließt schon das εἰς, welches das Evang. als Ziel einer in κοιν. ausgedrückten Thätigkeit bezeichnet (2 Cor. 9, 13), die ganze im Text zuerst besprochene Fassung von κοιν. aus, sie ließe sich sprachlich nur halten, indem man dasselbe in laxerer Verbindung für: in Beziehung auf, in Betreff des Evang. nimmt (Win. § 49 a. S. 354. vgl. Hoel.); aber welche unklare und unnütz den einfachen Ausdruck verlassende Bezeichnung der durch das Evangelium vermittelten Glaubens- oder Lebensgemeinschaft wäre das!

Seit Bng. wird diese Auffassung auch in der protestantischen Auslegung häufiger, und für diese Beziehung auf die Mittheilung äußerer Gaben berief man sich auf Röm. 15, 26. 2 Cor. 8, 4. 9, 13 und namentlich auf Phil. 4, 14 (Strr., Rsm., a. E.), obwohl es am Tage liegt, daß dieselbe nur da eintreten kann, wo der Zusammenhang sie darbietet, während sie mit dem ursprünglichen Wortsinne von $\varkappa o\iota\nu\omega\nu\acute\iota\alpha$ nichts zu thun hat. Auch bemerkt man nicht mit Unrecht, daß die Einschränkung der Freude des Apostels auf diesen speciellen Punkt dem hohen Schwunge dieser Danksagung nicht entspricht. Richtiger blieb schon Plg. bei der Theilnahme an dem Werke der evangelischen Verkündigung stehen, die ja Paulus auch sonst durch $\varepsilon\mathring{v}\alpha\gamma\gamma\acute{\varepsilon}\lambda\iota o\nu$ bezeichnet (Röm. 1, 1. 2 Cor. 2, 12. Gal. 2, 7), und seit Schinz S. 25 stimmen die neueren Ausleger fast alle dieser Auffassung bei mit der richtigen Bemerkung, daß dabei die den Philippern gesandte Unterstützung als das jüngste Zeichen ihrer Theilnahme für die evangelische Verkündigung mit eingeschlossen zu denken sei. Nur Myr. will es von „dem liebevollen Consortium der Philipper untereinander fassen, dessen Beziehungspunkt das Evangelium war"; allein abgesehen von der unklaren und bedeutungslosen Beziehung, die dadurch das $\varepsilon\mathit{i}\varsigma\ \tau\grave{o}$ $\varepsilon\mathring{v}\alpha\gamma\gamma$. erhält, kann das absolute $\varkappa o\iota\nu\omega\nu\acute\iota\alpha$ (vergl. Gal. 2, 9) contextgemäß nur als Gemeinschaft mit Paulus und Seinesgleichen gedacht werden[1]). — Daß mit dem ersten Tage der Anfang ihrer Bekehrung und Glaubensannahme gemeint sei, haben alle Ausleger richtig erkannt. Es liegt aber in der That dabei sehr nahe, speciell an jene Lydia zu denken, die, wie es scheint, gleich am ersten Tage der apostolischen Wirksamkeit in Philippi gewonnen ward und sofort nach ihrer Bekehrung

---

[1]) Es ist auffallend, wenn die Ausleger von Thdt. bis Wief. mit Ausnahme von Myr. alle über den Mangel des Artikels vor $\mathring{a}\pi\grave{o}\ \pi\varrho\acute{\omega}\tau\eta\varsigma$ $\mathring{\eta}\mu\acute\varepsilon\varrho\alpha\varsigma$, der doch zur Verknüpfung des präposit. Zusatzes mit dem Substantiv eigentlich erforderlich ist, ganz stillschweigend hinweggehen. Es ließe sich derselbe nur dadurch rechtfertigen, daß bereits in $\varepsilon\mathit{i}\varsigma\ \tau\grave{o}\ \varepsilon\mathring{v}\alpha\gamma\gamma\acute{\varepsilon}\lambda\iota o\nu$ ein derartiger Zusatz gemacht war, an den sich dann wohl allenfalls ein zweiter anschließen konnte. Bei der Meyer'schen Erklärung, die in dem $\varepsilon\mathit{i}\varsigma\ \tau\grave{o}\ \varepsilon\mathring{v}\alpha\gamma\gamma$. kein constitutives Moment des Begriffs der $\varkappa o\iota\nu\omega\nu\acute\iota\alpha$, sondern nur eine nähere Bestimmung desselben findet, läßt sich aber auch die artikellose Anknüpfung jenes ersten nicht rechtfertigen (Wies.), da die Verweisung auf $\varkappa o\iota\nu\omega\nu\varepsilon\tilde{\iota}\nu\ \varepsilon\mathit{i}\varsigma\ \tau\iota$ (Phil. 4, 15) nicht genügt, wenn nicht zugleich dieser Zusatz zur Ergänzung des Begriffs nothwendig ist. Allein auch bei der richtigen Zusammenfassung des $\varkappa o\iota\nu\omega\nu\acute\iota\alpha\ \varepsilon\mathit{i}\varsigma\ \tau\grave{o}\ \varepsilon\mathring{v}\alpha\gamma\gamma$. ist die artikellose Anknüpfung des $\mathring{a}\pi\grave{o}\ \pi\varrho.\ \mathring{\eta}\mu\varepsilon\varrho$. nicht ohne Härte; daher die Verbindung mit $\delta\varepsilon\eta\sigma$. $\pi o\iota o\acute{v}\mu$. vorzuziehen, welche sachlich auf dasselbe herauskommt. Denn wenn Paulus vom ersten Tage an mit Freuden für sie bittet um ihrer $\varkappa o\iota\nu\omega\nu\acute\iota\alpha$ willen, so ist klar, daß diese eben von da an sich zu zeigen begann. Entschieden falsch ist die Verbindung der Worte mit $\varepsilon\mathring{v}\chi\alpha\varrho$. (Phot. bei Oec., Bz., Wlf.), welche wegen des dazwischentretenden V. 4 unmöglich ist, und selbst bei der gangbaren Vertheilung wegen des $\pi\acute{\alpha}\nu\tau o\tau\varepsilon$ nachschleppend und überflüssig bleibt. Nicht weniger aber widerspricht es dem Gedankengange, wenn Myr. nach Lchm. die Worte zum folgenden Verse ziehen will, wobei ein ähnlicher Gedanke erreicht wird, wie ihn Phot. bezweckt und wobei auf die vorangestellten Worte ein ungerechtfertigter Nachdruck fällt.

den Apostel bringend nöthigte, in ihr Haus einzukehren (Act. 16, 15), das dann fortan, wie wir aus V. 40 sehen, der Sammelplatz der neugewonnenen Gemeinde ward. Denn hier blieb es sofort nicht bei dem persönlichen Interesse für das Evangelium; es gesellte sich von Anfang an die Theilnahme für die Verkündiger desselben und für die Beförderung ihrer Thätigkeit dazu.

V. 6.

Für diejenigen, welche in V. 5 den Gegenstand der Freude fanden, war es offenbar das natürlichste, die **Zuversicht des Apostels im Hinblick auf die Zukunft** als eine weitere Motivirung seiner Gebetsfreudigkeit (V. 4) anzusehen und so das Particip πεποιθώς dem μετὰ χαρᾶς δέησιν ποιούμενος zu subordiniren (Th. v. M., Calv. und Ew.). Die Fürbitte des Apostels für die Philipper kann nur dann eine durchaus freudige sein, wenn nicht nur ihr bisheriges Verhalten ein erwünschtes war, sondern auch für die Zukunft die Erhörung seines Gebets für sie in Aussicht stand. Hieraus folgt, daß das als Gegenstand der Zuversicht Bezeichnete wesentlich dasselbe ist, was noch unausgesprochen, aber selbstverständlich den Inhalt der steten apostolischen Fürbitte bildet (Strr., B.-Cr.). Dies wird aber noch ausdrücklich dadurch angezeigt, daß das den Inhalt des Objectsatzes vorausnehmende αὐτὸ τοῦτο denselben als eben das bezeichnet, was nach dem ganzen Gedankengange erwartet werden mußte[1].

---

[1] Wenn dagegen de W. trotz der richtigen Fassung des V. 5 das πεποιθ. dem ποιουμ. coordinirt und von εὐχαριστῶ abhängig macht, wie diejenigen freilich thun müssen, welche schon V. 5 mit εὐχαριστῶ verknüpfen (Bng. a. E.), so liegt dem wahrscheinlich seine falsche Auffassung von dem Verhältnisse des δέησ. π. zu εὐχαρ. zum Grunde. Ist jenes freilich nur Exposition des Hauptverbums, so kann allerdings auch nach dem an jenes angeknüpften V. 5 das Folgende wieder an dies Hauptverbum angeschlossen werden; das ist aber nicht mehr möglich, wenn V. 4 bereits eine wirklich neue Näherbestimmung des εὐχαριστῶ gegeben ist, woran sich dann nothwendig das Folgende anschließt. Dazu kommt sprachlich, daß bei der Coordination der Participien das von Lth. u. Fl. willkührlich ergänzte καί in der That nicht entbehrt werden kann und sachlich, daß, in welcher Weise man auch das Part. an εὐχαριστῶ anschließe, ob mehr als Motiv desselben (Myr.) oder als begleitenden Umstand (Wies.), immer der Dank in unpassender Weise durch das Vertrauen auf die Zukunft bedingt und damit gewissermaßen noch von einer Eventualität abhängig erscheint. — Das αὐτὸ τοῦτο, das nach der Analogie von Col. 4, 8 aufs Folgende (Schlicht., Hoel.) und nicht aufs Vorhergehende (Wies.) bezogen werden muß, macht keine sprachliche Schwierigkeit, sobald man es nur als Zusammenfassung, gleichsam als Exponent (de W.) des folgenden Objectsatzes faßt. Vgl. Win. §. 23. 5. Es darf auch nicht als bloßer Ueberfluß der Rede angesehen werden (v. Heng.), da es dem Apostel darauf ankommt, die Aufmerksamkeit des Lesers dadurch auf das zu Erwartende zu fixiren. — Wenn man wegen des sachlichen Parallelismus von V. 5 u. 6 behauptet hat, daß πεποιθώς für ἐπὶ τῇ πεποιθήσει stehe (Strr.), so ist das grammatisch natürlich eine Unmöglichkeit, kann aber zur Verdeutlichung des logischen Verhältnisses von V. 6 dienen und dürfte für die deutliche Uebersetzung zur Erleichterung des Verständnisses annehmbar sein. — Das Subject im Folgenden ist natürlich nicht jeder Philipper, der einen guten Anfang gemacht hat, — eine allgemein verworfene Ansicht Wakefield's, die Heinr. viel zu günstig beurtheilt, —

Das von Gott in den Philippern begonnene ἔργον ἀγαθόν ist nach Th. v. M. und Thdt. die Bewirkung der V. 5 genannten κοινωνία und wird darum je nach der Deutung derselben bald — und so weithin von den Meisten — vom christlichen Glauben und Leben im Allgemeinen (Haym., Clv., Heinr., Rhw., aber auch Bng, Est. und Croc., die nicht die Thdt.'sche Auffassung der κοινωνία theilen), bald von der Unterstützung des Apostels im engeren oder weiteren Sinne genommen (de W.). Letztere Auffassung gerieth aber leicht auf den Abweg, den schon Chr. und Thph., Lyr. und Dion., indem sie immer von den Werken der Philipper reden, einschlugen, daß man nemlich dem guten Werke, das Gott an den Philippern gethan, dasjenige substituirte, welches sie mit Gottes Hülfe begonnen haben (Corn., a. E., Mtth.). Dieser Fassung widerstrebt aber entschieden nicht nur der ganze Ausdruck, sondern namentlich auch das ἐν ὑμῖν. Man darf überhaupt, da kein Artikel vor ἔργον ἀγαθόν auf etwas bestimmtes, bereits genanntes zurückweist, nicht zu eng an die Bewirkung der κοινωνία denken, sondern muß annehmen, daß der Apostel alles, was Gott bisher an den Philippern gethan und wovon jene κοιν. nur die augenfälligste Blüthe war, als ein gutes Werk bezeichnet. — In dem guten Anfange sieht Paulus das Unterpfand für die Vollendung (Bng.); denn diese consummatio (Lyr.) und nicht blos die perseverantia (Haym.), wie seit Thdt. die meisten älteren Ausleger meinen (vgl. noch B.-Cr.), ist mit dem ἐπιτελέσει bezeichnet (Rsm., v. Hng., Mtth., Wlf.). Die Verbindung mit ἄχρις macht dabei keine Schwierigkeit, wie Fl. meint, nicht freilich, weil der Apostel an eine ewig fortschreitende Vollendung denkt (v. Hng.); aber weil die Vollendung bis zu dem genannten Termin eingetreten sein muß, wenn sie den Philippern bei der dann erfolgenden endgültigen Entscheidung (Wief.) über ihr Schicksal noch zu Gute kommen soll. Dieser als der Tag Christi bezeichnete Termin ist nemlich nach dem stehenden Sprachgebrauche des Apostels (1 Cor. 1, 8. 2 Cor. 1, 14) der Tag der Parusie (Thdt., Ambr., Lyr.), an welchem über Heil und Verderben der Menschen im Gericht entschieden wird (1 Cor. 5, 5.

---

sondern Gott. Das erkennt schon Chr. ausdrücklich an; sehen wir aber, wie derselbe im Folgenden ohne weiteres auch wieder so redet, als ob Christus als Subject dagestanden hätte, so werden wir geneigt sein, wenn Th. v. M., Haym., Bugh. dies ausschließlich thun, das nicht auf eine andere Erklärung der Worte, sondern auf die ihnen so geläufige Vertauschung von Gott und Christus zurückzuführen. Daß der Apostel letzteren nicht meinte, erhellt, wie aus dem ganzen Zusammenhange, so besonders auch aus dem folgenden ἡμέρ. Χρ. und hätte von B.-Cr. nicht wieder sollen in Zweifel gezogen werden — Ebenso fest steht trotz Hoelem., daß ἐν ὑμῖν wie 2, 13 und 1 Cor. 12, 6 in vobis und nicht inter vos ist, da letzteres das Gesagte auf einen Theil innerhalb der Gemeinde beschränken würde, während sonst der ganze Abschnitt wiederholt hervorhebt, daß alles Gesagte von der gesammten Gemeinde in all ihren einzelnen Gliedern gilt (Myr.). In dem doppelten ἐν aber irgend eine Emphase (Bng.) zu finden, wonach etwa das immanente Wirken Gottes mehr dadurch ins Licht träte (Mtth. u. ähnlich v. Hng), verbietet der ganz bedeutungslose Gebrauch des Compositi Gal. 3, 3.

1 Theſſ. 5, 2). Freilich nahm ſchon Plg. die ἡμέρα Χριστοῦ von dem Todestage des Einzelnen, und ihm folgten Anſ. und Dion., Bll. und Art., Wlf. und Eſt., ja ſelbſt noch B.=Cr.; aber alle mehr oder weniger mit dem Bewußtſein, daß dies nicht unmittelbar in den Worten liege, ſondern nur, ſofern jeder, wie er ſtirbt, bis zum Gerichtstage aufbehalten wird (Plg.) oder ſofern Chriſtus den Einzelnen abruft (Bll.), hineingedacht werden könne. Wollte man zunächſt auf dieſem Wege den Gedanken vermeiden, daß das Wachsthum der Leſer bis zur Paruſie fortdauern werde, ſo ſuchte man denſelben Zweck bei Feſthaltung der richtigen Wortbedeutung auch dadurch zu erreichen, daß man entweder mit den Angeredeten alle künftigen Generationen der Gemeinde zuſammenſchloß (Oec. und Thph., Haym: und Str., und noch Sdl.) oder die heilsvollendende Thätigkeit nach dem Tode (Clv., Bz.), wenn auch in modificirter Weiſe (Bmg.) fortgeſetzt und die Auferweckung, Belohnung ꝛc. eingeſchloſſen dachte (Strr.). Dieſe Calvin'ſche Anſicht iſt mit Recht nicht nur von Cal., ſondern auch von Croc. verworfen, aber auch dieſe wiſſen nichts zu ſagen, als daß im Verhältniß zur Ewigkeit die gegenwärtige Weltdauer nur ein Moment ſei und daß wir unſern Blick auf das Ende richten ſollen (Corn.). Wird hiemit die Thatſache zugeſtanden, daß Paulus die Paruſie als nahe bezeichne, ſo iſt jene altorthodore Erklärung dafür eben ſo willkührlich, wie die rationaliſtiſche bei a. E., welche darin eine Accommodation an die Volksvorſtellung ſah. Es bleibt eben dabei, daß Paulus vorausſetzt, die gegenwärtige Generation im Großen und Ganzen werde dieſen Tag noch erleben (v. Hng., de W., Myr.); denn nicht blos als der allgemeine Entſcheidungstag (Wieſ.), noch weniger als ein zeitloſer, ewig gegenwärtiger (Mtth.) wird er bezeichnet, ſondern als der beſtimmte Zeitpunkt, bis zu welchem Gott die Leſer vollenden wird.

Paulus vertraute alſo nicht auf die Verſtändigkeit und Tugendkraft der Philipper, ſondern auf die Liebe, die Gott ihnen erwieſen hatte (Clv.) und ſchloß aus der empfangenen Gnade auf die größere, die ſie noch empfangen ſollten (Dion.). Das haben auch die griechiſchen Ausleger wohl erkannt, allein im Eifer, die menſchliche προαίρεσις zur Geltung zu bringen, gelangen ſie doch nur zu dem Reſultate, daß das menſchliche κατόρθωμα προηγουμένως τοῦ θεοῦ ſei und durch ein συμπράττειν der göttlichen Gnade zu Stande komme, welches durch die menſchliche προθυμία nicht nur bedingt, ſondern geradezu angeregt werde (Chr., Oec., Thph.), wobei denn freilich ſchließlich doch wieder von dem Menſchen das gute Werk ausgeht. Wie wenig ſie die Bedeutung der Zurückführung des guten Anfangs auf die göttliche Wirkſamkeit erfaßten, ſieht man am deutlichſten daraus, daß ſie derſelben nur den pädagogiſchen Zweck unterlegten, zur Demuth anzutreiben, im Uebrigen aber meinten, es könne eben ſo wohl heißen: ich vertraue, daß ihr, die ihr es angefangen habt, das gute Werk durch Gottes Gnade auch vollenden werdet (Eſt., Corn.), was denn auch Ambr. geradezu in der Erklärung dafür substituirt. Noch weiter gehen Strb., der darin eine indirecte Ermahnung findet, sie möchten zusehen, daß er nicht vergeblich ihnen vertraue und Bmg., der das Vertrauen des Apostels ausdrücklich ein Vertrauen auf sie und ihr Wohlverhalten nennt. Wie anders Augustin! Cooperando — sagt er — in nobis perficit, quod operando incipit, quoniam ipse ut velimus operatur incipiens, qui volentibus cooperatur perficiens: sine illo nihil valemus. So allein fällt alle Activität auf Seiten Gottes, wie es unsere Stelle verlangt, und Gott erscheint als der, welcher von Anfang an ausschließlich thätig ist, um unser Heil zu wirken, und zwar nicht mittelbar durch die uns überlieferte Lehre (Plg., Hnr.), sondern unmittelbar durch den heiligen Geist. So haben es die Reformatoren aufgefaßt und so Cal. gegen die cooperatio des Grt. (vgl. v. Heng.) vertheidigt, indem er zugleich den Reformirten gegenüber den Menschen das resistere posse vorbehielt. Nun scheint es freilich, als ob mit diesem Vorbehalt dem Gedanken des Apostels die Spitze abgebrochen wäre. Will der Apostel sein Vertrauen für die Zukunft der Philipper auf die göttliche Activität im Heilswerk gründen, so scheint es, muß man mit Pisc. und Croc., die sich auf Röm. 11, 29 berufen, auch die göttliche Gnade für unwiderruflich und damit für unwiderstehlich erklären. Allein auch dann noch fragt sich, woher denn Paulus weiß, daß seine Leser zu den electi gehören, und selbst Clv. kann nur ermahnen, gute Hoffnung zu fassen, wo man etwas sehe, was als Kennzeichen der göttlichen Wahl genommen werden könne, Pisc. und Croc. unterscheiden geradezu zwischen der spes fidei, mit der das testimonium spiritus sancti den Einzelnen seines eigenen Heils gewiß mache (Röm. 8, 38), und zwischen der spes caritatis (1 Cor. 13, 7), die wir in Betreff des Nächsten allein haben können. Von einer unmittelbaren Glaubensgewißheit, die Paulus für die Zukunft seiner Leser hat, kann also auch vom Standpunkte des strengsten Calvinismus aus nicht die Rede sein. Die Katholiken gehen freilich zu weit, wenn sie nur von einer persuasio probabilis, ex justa ratione profecta (Est.) wissen wollen, und Niemanden eine Sicherheit zugestehen im Besitze des donum perseverantiae actuale (Corn.); denn obwohl keine absolute Gewißheit, so ist es doch eine feste Zuversicht, die der Apostel ausspricht und daß er sie unbedingt ausspricht, zeigt eben nur, daß, wenn er auch nicht positiv voraussetzt, die Philipper würden das Ihrige thun oder sie indirect dazu auffordern will (Fl.), doch der Gedanke, sie könnten ihrerseits das Werk Gottes an ihnen hindern, seiner auf die bisherigen Erfahrungen an ihr sich gründenden vertrauensvollen Liebe zu der Gemeinde fern liegt. Ist die Stelle darum allerdings in gewissem Sinne Ausdruck des Gefühls (B.-Cr.) und nicht an dem Maßstabe der dogmatischen Formel zu messen, so bleibt sie doch ein entscheidendes Zeugniß gegen allen Pelagianismus und Semipelagianismus. Sie zeigt, daß nemo incipere aliquid potest, quod bonum est, nisi deus dat, ipse principium et finis omnium (Vgh.) und aus ihr erklärt sich erst vollständig, warum die auf eine segensreiche Vergangenheit (V. 5) und eine hoffnungsreiche Zukunft (V. 6) blickende Freudigkeit des Apostels, die alle seine Gebete für die Gemeinde begleitet (V. 4), immer zugleich in die Danksagung gegen Gott ausgeht (V. 3), der den guten Anfang gegeben hat und die Vollendung geben wird. Wenn aber der Apostel in dem Anfange der göttlichen Gnadenwirkung die Bürgschaft für eine eben so ungehemmte Vollendung sieht, so dürfte auch der Gedanke ihm nicht fern liegen, daß Gott eben nur da sein Heilswerk beginnt, wo er einer solchen ungehemmten Vollendung gewiß ist. Wer nach paulinischer Lehre die göttliche Erwählung als durch das Vorhererkennen Gottes bedingt ansieht, der wird für jenes zunächst rein menschliche Vertrauen des Apostels, das ihn keiner möglichen Hinderung des Gotteswerkes Seitens der Philipper gedenken läßt, den tieferen Grund in dem an den offenbaren Thatsachen ihrer Erwählung sich bezeugenden Urtheil Gottes finden, der sie als die Seinen erkannt haben muß (2 Tim. 2, 19. Gal. 4, 9. 1 Cor. 8, 3. Vergl. Röm. 8, 28. 29).

2. Die Liebe des Apostels zu der Gemeinde.
(Cap. I, 7. 8.)

Wie es denn mir billig ist, daß ich danach für Euch alle trachte, darum daß ich Euch in meinem Herzen habe, als die ihr in meinen Banden, wie in der Verantwortung und Bekräftigung des Evangeliums alle meiner Gnade mittheilhaftig seid; denn Gott ist mein Zeuge, wie mich nach Euch allen verlangt im Herzen Christi Jesu.

[V. 7.] Ist die Heilsvollendung der Philipper Gottes Sache, so giebt es für den Apostel keine bessere Weise, dieselbe zu erstreben, als die vertrauensvolle Fürbitte für die Gemeinde, von der er oben gesagt hat, daß er sie in keinem seiner Gebete unterlasse. Thut er dies, so geschieht damit nichts anderes, als was seinem Verhältnisse zu der Gemeinde entspricht; warum es aber ihm billig sei, nach dieser ihrer Heilsvollendung in stetem Gebete zu trachten, das legt er dar, indem er auf seine Liebe zu ihnen hinweist. Er trägt sie in seinem Herzen, in welches die Liebe ja stets den geliebten Gegenstand einschließt, und seine Liebe zu ihnen gründet sich, wie zuletzt alle Liebe, auf das, was ihm mit den Philippern insbesondere gemein ist. Ihm ist die Gnade des Apostelamts geworden, kraft dessen er sein Leben der Verkündigung des Evangelii weiht, und wenn er oben von den Philippern sagte, daß dieselben sich an dieser Verkündigung von jeher mit dem größten Eifer betheiligt haben, so ist damit überhaupt schon das innigste Band der Gemeinschaft zwischen ihm und ihnen geknüpft. Im gegenwärtigen Augenblicke aber, wo er um dieses seines hohen Berufes willen in Banden liegen und in seiner Gefangenschaft zur Vertheidigung und Bekräftigung des Evangeliums in mannigfacher Weise durch Wort und Wandel wirken darf, beweisen sich die Philipper insbesondere als mittheilhaftig der ihm gewordenen Gnade, indem sie ihn in seinen Banden unterstützen und an seiner Wirksamkeit für das Evangelium in jeder möglichen Weise sich betheiligen. Knüpft jenes mehr das persönliche Gemeinschaftsband zwischen ihm und ihnen, so läßt dieses die Liebesgemeinschaft in der Gemeinschaft des Höchsten, was das Leben des Apostels ausfüllt, begründet erscheinen, in beiderlei Beziehung aber erscheint seine Liebe als wohlbegründet und kann sie alle umschließen, weil sie alle in gleicher Weise Mitgenossen dieser Gnade sind.

[V. 8.] Es muß aber diese Liebe zu allen Gliedern der Gemeinde wohl in seinem Herzen sein; denn ihn verlangt nach ihnen allen von Herzensgrund. Wie tief und innig er sich nach ihnen sehnt, das möchte er ihnen gern aussprechen; aber er fühlt, wie unvermögend alle Worte sind, den Geliebten wirklich den Blick in das Innerste seines Herzens zu öffnen. Darum beruft er sich auf den, der die Herzen erforscht, Gott ist ihm Zeuge von dem tiefsten Verlangen seines Herzens nach der geliebten Gemeinde. Nur Eines läßt sich von demselben sagen, es ist kein menschlich natürliches, sondern es entstammt der innersten Lebensgemeinschaft mit Christo, mit dem er sich durch den heiligen Geist unauflöslich geeint weiß. Wie nicht er mehr lebt, sondern Christus in ihm, so schlägt auch nicht mehr sein Herz, sondern das Herz Christi in ihm, und in dem Herzen Christi Jesu sehnt er sich darum nach seiner Gemeinde mit einer mehr als menschlichen, mit einer durch und durch heiligen, wahrhaft göttlichen Liebe. Und indem ihm Gott von der Tiefe und Kraft dieses erst kraft seines Gnadenstandes in ihm entzündeten Verlangens Zeugniß giebt, wird dies Zeugniß eine Begründung dessen, was er nicht nur von seiner Liebe im Allgemeinen, sondern speciell von seiner auf jener Gnadengemeinschaft mit den Philippern ruhenden Liebe gesagt hat.

V. 7.

Die patristischen Ausleger nehmen an, der Apostel wolle V. 7 die Angemessenheit der vertrauensvollen Gesinnung, die er V. 6 in Betreff der Philipper ausgesprochen, begründen. Der Grund sollte dann in seiner Liebe liegen, was Plg. am klarsten durch die Verweisung auf 1 Cor. 13, 7 hervorhob. Diese Auffassung ist noch bei den neuesten Auslegern die ganz herrschende, von denen viele (vgl. noch Myr., Wies.) ausdrücklich auf Plg. verweisen oder seine Worte wiederholen, und Ew. sagt, Paulus müsse ihren Eifer in der christlichen Liebe an der eigenen Liebe zu ihnen schätzen. Sprachlich läßt sich gegen diese Auffassung nichts einwenden; aber sachlich läßt sich nicht begreifen, wie der Apostel sein gutes Vertrauen für die Zukunft der Gemeinde, nachdem er es eben auf Gott als auf den in ihnen wirkenden gegründet hat, nun auf einmal auf seine Liebe gründen soll, die doch etwas ganz subjectives ist und nicht durch Vorwegnahme des in V. 8 Gesagten auf die Liebe Christi selbst zurückgeführt werden darf, wie Bng. thun will, der allein die gedachte Schwierigkeit gefühlt zu haben scheint. Daß die Liebe des Apostels allein zur Begründung nicht ausreiche, war freilich wohl schon Chr. klar, der darum das Hauptgewicht darauf legt, daß seine Liebe keine vorurtheilsvolle, sondern eine wohlbegründete sei, wie der zweite Theil des Verses zeige. Damit wurde denn factisch neben die Liebe des Apostels als zweites Begründungsmoment seines Vertrauens das Wohlverhalten der Philipper gestellt (Thph.), und bereits bei Ans. ist dieses das ausschließliche Hauptmoment geworden. Aber auch bei späteren wie Pisc., Est., Croc., Sdl. ist dies in immer steigendem Maße der Fall. Es wird dadurch zuerst gegen den Zusammenhang mit dem folgenden gefehlt, wo das über das Wohlverhalten der Philipper Gesagte nicht als selbstständiges Moment, sondern nur als Motiv der Liebe des Apostels auftritt, wie deutlich daraus erhellt, daß V. 8 über diese Motivirung hinweg die Liebe als den Hauptgedanken weiter begründet. Sodann aber tritt nun nur um so greller der Widerspruch heraus, daß das Vertrauen, welches eben auf Gott gegründet war, nun auf das Verhalten der Philipper gegründet werden soll. Eine scheinbare Berechtigung zu dieser Fassung konnten nur diejenigen erlangen, die schon in V. 6 dem Wortlaut entgegen das menschliche Thun hervorhoben (Ambr., Grt.) oder die in der folgenden Motivirung (διὰ τὸ ἔχειν ꝛc.) gar nicht die Liebe des Apostels fanden (Thdt., Rsm.). Schon Th. v. M. aber hat ganz richtig gesehen, daß unser Begründungssatz auf V. 4 zurückgeht, was bei der richtigen Auffassung des Gedankenganges, wonach das πεποιθώς V. 6 ein dem δέησιν ποιούμενος V. 4 untergeordnetes Moment ist, ohnehin zur Nothwendigkeit wird. Dieses kann aber nur geschehen, wenn man die von den meisten angenommene Bedeutung von φρονεῖν aufgiebt und es mit Ers., Cal., der schon die gangbare Ansicht mit guten Gründen bekämpfte, und Wlf. für curare pro vobis (Hnr.) oder besser noch mit v. Hng. für „wonach trachten" nimmt. Dann bezieht sich τοῦτο allerdings auf die V. 6 erwähnte Heilsvollendung der Philipper (vergl. Schlicht.: de hoc semper sollicitum esse, ut hoc vobis eveniat, quod persuasus sum vobis eventurum), die ja aber selbst nur Inhalt seiner zuversichtlichen Gebete (V. 4) für sie war, so daß das Trachten nach derselben, das der Apostel hier als so natürlich begründet, eben in jener beständigen Fürbitte für sie sich vollzieht. Es erhellt, daß für dieses gebetsinnige Trachten nach der Heilsvollendung der Gemeinde allein die Liebe des Apostels zu ihr ein passendes Motiv ist. Für diese Fassung spricht auch die nachdrückliche Wiederaufnahme des ὑπὲρ πάντων ὑμῶν aus V. 4 und endlich die Art, wie V. 9, den Begriff der Fürbitte als dem Leser noch gegenwärtig voraussetzend, zur näheren Bestimmung des Gegenstandes derselben übergeht (καὶ τοῦτο προςεύχομαι)[1].

---

[1] Das ursprünglich vergleichende καθώς hat oft begründende Kraft, da in dem Verhältniß der Analogie eine gewisse populäre Beweiskraft liegt. Die im Vorigen geschilderte Handlungsweise entspricht dem, was dem Apostel δίκαιον ist, und in diesem Entsprechen liegt dann zugleich eine Begründung desselben (Myr.). Unser deutsches „wie denn" (Lth.) giebt dies argumentirende καθώς gut wieder. Vgl. Röm. 1, 28. 1 Cor. 1, 6. Mit Recht bestreitet v. Heng. diejenigen, welche καθώς geradezu die Bedeutung etenim geben (a. E.); doch hat er die eigenthümliche Modification, in der seine Grundbedeutung hier erscheint, selber nicht genügend gewürdigt. — Der aus dem A. T. entlehnte term. techn. des δίκαιον läßt sich in wesentlicher Uebereinstimmung mit dem classischen Gebrauche des Wortes auf den Begriff des Normalen, Normentsprechenden zurückführen. Während aber hier der vorherrschenden Idee einer humanistischen Sittlichkeit gemäß die Norm, wonach das δίκαιον beurtheilt wird, im Wesen des Subjects oder seinem natürlichen Verhältniß zu den anderen Menschen gesucht wird, ist dort das δίκαιον das dem Grundverhältniß des Menschen zu Gott Entsprechende, die Norm keine andere als der Wille des heiligen Gottes und die auf ihr beruhende Sittlichkeit eine religiöse. So ist auch bei Paulus das δίκαιον wesentlich ein δίκαιον παρὰ θεῷ. (Röm. 2, 13. 2 Thess. 1, 6.) Sehr selten sind im paulin. Sprachgebrauch die Fälle, wo δίκαιον in jenem classischen Sinne vorkommt. Außer unserer Stelle, wo es das dem Verhältniß des Apostels zu den Phil. Entsprechende, nicht die Pflicht und Schuldigkeit (Myr.), auch nicht speciell das jus amoris (Art., v. Hng.) bezeichnet, dürfte mit Sicherheit wohl nur noch Col. 4, 1 dahin zu rechnen sein, wo es von dem dem Verhältniß des Herrn zu seinen Knechten Entsprechenden steht, und durch ἰσότης eperegesirt wird. Wir übersetzen es in diesem Falle ganz passend mit: billig (Lth., Ew.) — Das ὑπέρ kann in übertragener Bedeutung sehr wohl den Gegenstand bezeichnen, über den gesprochen, geschrieben, geurtheilt wird (Röm. 9, 27. Vgl. Win. §. 47. I. 3) und φρονεῖν steht im classischen Griechisch nicht weniger wie im N. T. nicht nur von der Gesinnung und Begierde, sondern auch von der Ansicht. Vgl. Gal. 5, 10 mit Col. 3, 2. Bei dieser Bedeutung, die bald durch sentire (Vlg.), bald durch intelligere (Haym.), bald durch: diese Gesinnung haben (Myr.), bald durch: von euch halten (Lth.), denken (Ew.) wiedergegeben wird, bleiben die meisten Ausleger stehen, auch Str. u. Fl., obwohl sie das καθώς, das Folgende mehr oder weniger einschließend, an V. 3 anknüpfen (vgl. Hoel.: sentire, quod esse potest aeque precantis ac sperantis), wie es schon bei Strb. und Art. mit Abweichung von der gangbaren Uebersetzung des φρονεῖν geschieht, ohne daß beide darum zu einer in sich klaren Auffassung gelangen. Immerhin sehen wir hier bereits Uebergänge zu der richtigen Auffassung, am klarsten bei V.-Cr. (illud agere), nur daß der-

Unsere ganze Auffassung dieses Verses stützt sich wesentlich auf die Voraussetzung, daß als Grund jenes δίκαιον die Liebe des Apostels zu den Philippern angegeben sei; allein dieselbe wird keineswegs von allen Auslegern getheilt. Schon Thdt. nahm τὸ ἔχειν με ἐν τῇ καρδίᾳ ὑμᾶς von dem unauslöschlichen Andenken des Apostels an die Philipper und ihm sind Bz., Corn., Hnr. und überwiegend noch Hoel. gefolgt, wobei die beiden ersten obenein nur das Andenken an das nachher bezeichnete Verhalten der Philipper im Blicke hatten. Aber selbst bei Chr., Plg. u. A., die von der Liebe des Apostels reden, ist dieselbe doch wesentlich als Andenken an sie bestimmt und noch Clv. denkt nur an das liebevolle Urtheil über die Philipper. Von der anderen Seite bekämpft schon Art. eine Auffassung, welche ὑμᾶς zum Subject macht und darum hier die Liebe der Philipper zu dem Apostel findet (Sdl., Strr., a. E.). Gegen beide Fassungen entscheidet endgültig die Begründung in V. 8, welche nur auf die Liebe des Apostels gehen kann; die letztere beruht auf einer offenbar der Wortstellung zuwiderlaufenden Construction, die erstere auf einem Mißverständniß des allen Sprachen gemeinsamen Ausdrucks, wonach die Liebe, welche im Herzen ihren Sitz hat, alles das, was sie als Gegenstand der Liebe umfaßt, in dasselbe einschließt (vergl. 2 Cor. 7, 3). So haben denn auch nach dem Vorgange von Ans. und Lyr., Bll. und Art. fast alle neueren seit Rhw. es als Ausdruck der innigen Liebe des Apostels zu seinen Lesern gefaßt und wir waren mithin berechtigt, von dieser Voraussetzung auszugehen.

Wenn aber fast alle patristischen Ausleger darin eine besondere Steigerung der Liebe des Apostels oder seines liebevollen Andenkens finden, daß er selbst in seinen Banden, selbst wenn er zur Richtstätte geführt wurde, selbst wenn er durch sein Leiden das Evangelium bekräftigte, sie in seinem Herzen und Gedächtniß trug, so läßt sich diese falsche Verbindung der Worte ἔν τε τοῖς δεσμοῖς μου καὶ ἐν τῇ ἀπολογίᾳ καὶ βεβαιώσει τοῦ εὐαγγελίου mit dem Vorigen nur halten, wenn man willkührlich in der angedeuteten Art unter der ἀπ. καὶ βεβ. τ. εὐαγγ. einen leidentlichen Zustand des Apostels denkt. Versteht man aber, wie es der Wortverbindung allein entspricht, darunter die Vertheidigung des Evangeliums wider die Vorwürfe, die man ihm macht, und die Bekräftigung desselben durch Wort und Wandel, so ist in keiner Weise abzusehen, wie das Festhalten an der Liebe zu den Philippern trotz solcher Thätigkeit ein Zeugniß für die Größe derselben sein kann, da gerade dieses Interesse ihn ja mit den Philippern zusammengeführt hatte. Trotzdem haben nicht nur Haym. und Lth., Grt. und Est., sondern auch noch Rhw., Mtth. de W.,

---

selbe sich lediglich auf die Freude an dem geistigen Wohle der Phil. bezieht. — Ganz willkührlich haben Bz., Corn. zu Gunsten ihrer im Texte besprochenen falschen Auffassung das ὄντας in εἶναι verwandelt und mit ὑμᾶς zu einem Acc. c. Inf. verbunden, wie freilich schon die Vlg. übersetzt.

Myr. an dieser falschen Verbindung festgehalten. Dagegen fehlt es auch der richtigen keineswegs, wie es nach Myr. scheinen könnte, an zahlreichen Vertretern. Unter den Vätern hat freilich nur Th. v. M. wenigstens das letzte der drei Momente zum folgenden gezogen, alle drei aber schon Str., Anf. und Dion. Clv., Bz haben diese Fassung gegen Ers. zur Geltung gebracht, und ihnen folgen Corn., Croc., Cal., später Bmg., Strr., Fl., a. E.; endlich noch v. Hng., Wies., und Ew. Nur bei dieser Verbindung gewinnen die Worte selbst eine wirkliche Bedeutung im Context, ja sie sind in demselben geradezu unentbehrlich, da durch sie allein, die eben darum auch mit Nachdruck vorangestellt sind, das für sich keiner ganz sicheren Deutung fähige συγκοινωνούς μου τῆς χάριτος erst seine nothwendige Erklärung empfängt[1]).

Es ist unter diesen Umständen leicht erklärlich, daß die patristischen Ausleger in der Erklärung des Motivs, das Paulus in diesen Worten für seine Liebe zu den Philippern anführt, fehlgingen. Ihnen ist die Gnade, an der die Leser theilnehmen, nach 1, 29. vgl. mit Matth. 5, 11. Act. 5, 41 u. a. St. das Leiden des Apostels (vergl. Lyr., Grt., Rhw.). Allein auch Ausleger wie Clv. theilten bei der richtigen Wortverbindung diese Fassung, zu der das ἐν τοῖς δεσμοῖς einigen Anhalt zu bieten scheinen konnte. Aber die schönen Worte, in denen derselbe von der

---

[1]) Da sowohl wegen des gemeinsamen Artikels als auch wegen des unumgänglichen Bedürfnisses einer näheren Bestimmung zu ἀπολογία, wie sie 1, 16 hat, der Genitiv τοῦ εὐαγγ. auch zu diesem Worte gezogen werden muß, so kann damit nicht die persönliche Verantwortung des Apostels (Est.) gemeint sein, wie schon von Strb, Calv. und allen neueren Auslegern anerkannt ist. Auch bei dieser Vertheidigung des Evangelii darf man keineswegs bloß an bestimmte officielle Acte vor Juden (Act. 28. Vgl. Grt.) oder Heiden (Mtth.) denken, sondern an jede Art von Vertheidigung, amtliche und nichtamtliche (Corn., Croc., Myr.) durch Wort und Wandel, wie ihm eben die Gefangenschaft dazu Gelegenheit bot. Neben dieser Thätigkeit für das Evang. kann denn auch die βεβαίωσις τοῦ εὐαγγελίου unmöglich bloß die Bekräftigung desselben durch die Standhaftigkeit im Leiden bezeichnen, wie die Väter es nehmen, sondern nur eine analoge Thätigkeit, geübt durch Wort und Wandel (Dion., Art.), nur mehr thetisch im Gegensatz zu jener antithetischen (Myr.). Ganz willkührlich war es, wenn man nach einem Vorschlage Thph.'s vielfach βεβ. nur für die Eperegese von ἀπολ., durch welche eben die βεβ. geschehen solle (Corn., Croc., Grt., a. E.), wenn man beides für synonym (Rhw.) oder gar als Hendiad nahm (Hnr.); nicht weniger willkührlich aber, wenn man zwischen beidem Gegensätze suchte wie die von Wort und Wandel (Sdl, Bmg und gewissermaßen noch de W.), gerichtlich und außergerichtlich (Mtth), menschlichem Werk und göttlicher Segnung (B.-Cr.). Sind diese beiden Begriffe durch den gemeinsamen Genitiv verbunden, so kann man sie auch nicht so trennen, daß man den einen noch zum Vorherigen, den andern zum Folgenden zieht (Th v. M, Art). Beide bezeichnen die Thätigkeit des Apostels in der Gefangenschaft und werden darum nach dem grammatischen Canon Win. § 53 4 als der hinzukommende Begriff richtig durch τε-καὶ mit dem Hauptbegriffe der Gefangenschaft (ἐν τοῖς δεσμ. μου) verknüpft. Deshalb aber mit Lth. zu übersetzen: darin ich das Evangelium verantworte und bekräftige (Strr.), alterirt doch willkührlich die Coordination dieser drei Begriffe. Dieselben bezeichnen die Sphäre, innerhalb derer sich gerade in diesem Augenblicke die Theilnahme der Philipper an der ihm gewordenen Gnade vollzieht und erweist.

Gnade des Martyriums redet, dem es gegeben sei, das Evangelium zu vertheidigen und zu bekräftigen, können uns nicht überzeugen, daß die in seinen Fesseln (nicht in dem δεσμεῖσθαι καὶ πάσχειν überhaupt) sich ihm erweisende Theilnahme der Philipper an der ihm gewordenen Gnade ein wirkliches Leiden der Leser bezeichne. Andere dachten daher nur an eine Unterstützung des leidenden und in seinem Leiden das Evangelium bekräftigenden Apostels (Bz., Corn., Croc.); aber dann ist überhaupt nicht mehr einzusehen, warum die ihm gewordene Gnade nur von dem Leiden verstanden werden soll; und wenn man endlich die συγκοινωνία nur von der Sympathie mit dem leidenden und streitenden Apostel nahm (Myr., Wies.), so ist das eine ganz willkührliche Entleerung des Wortsinns, die um so störender ist, als dadurch wieder die beiden letzten Momente, welche sich auf die Thätigkeit des Apostels beziehen, sehr bedeutungslos werden. Immerhin aber schließen sich alle diese Erklärungen dem Conterte noch näher an als diejenigen, welche unter χάρις irgend ein einzelnes Gnadengut wie die Wiedergeburt (Oec.), Erwählung (Vtb.), Erlösung (de W.) oder das Evangelium (Hnr., Hoel., v. H.) und die daraus fließende Gnadenfülle (Mtth., vergl. Bll.) verstehen; denn hiemit wäre gar nichts specifisches gesagt, das die Liebe des Apostels zu den Philippern vor allen anderen Christen motiviren könnte, und der ganze Zusatz ἐν τοῖς δεσμ. — τοῦ εὐαγγ. würde völlig bedeutungslos. Wir können also nur noch an das denken, was der Apostel auch sonst in speciellem Sinne die ihm zu Theil gewordene Gnade nennt (Röm. 1, 5. 12, 3. 6. 15, 15 u. s. w.), nämlich sein apostolisches Amt und zwar, wie die erklärenden Zusätze zeigen, die gerade gegenwärtig ihm in demselben gewordene Gnade, für dasselbe leiden und durch Vertheidigung und Bekräftigung für das Evangelium streiten zu dürfen[1]). So nahm es

---

[1]) Es erhellt, wie passend in einem Zusammenhange, wo der Apostel sein Leiden und Wirken für das Evangelium erwähnen muß, er, der so gern allen Ruhm dafür von sich ablehnt (1 Cor. 15, 10), dasselbe eine Gnade nennt, die ihm zu Theil geworden, und wie ebenso passend die V. 6 ganz auf Gott zurückgeführte Thätigkeit der Philipper als eine Theilnahme an seiner Gnade bezeichnet wird. Allerdings wird schon von Ambr. u. Thph., Vtb. u. Lth., und noch von v. Heng., de W. u. Wies. das μου zu συγκ. gezogen und sprachlich dürfte die Möglichkeit dieser Fassung nicht abzustreiten sein, obwohl sich bei Paul. sonst nie συγκ. mit dem Genitiv der Person verbunden findet. (Vgl. aber συγκληρόνομος Rm. 8, 17.) Allein Bedenken erregt immer das mißverständliche Zusammenstehen der beiden verschieden zu beziehenden Genitive, welche sonst durch das Wort, zu dem sie gehören, getrennt zu werden pflegen (Win. §. 30. 3. Anm. 3), während man bei dem durch das Folgende hinlänglich bestimmten συγκ. eines solchen Zusatzes nicht bedarf und die ganz parallelen Ausdrücke 4, 14 u. 1 Cor. 9, 23 entscheiden. Ueber die Stellung des μου vgl. Win. §. 22. 7. Anm. 1. Schon Th. v. M. und Oec. haben μου mit τ. χάριτος verbunden und ebenso die Abschreiber, welche der Deutlichkeit wegen τ. χάριτός μου schrieben; ebenso die Vlg., die — offenbar nach falscher Lesart (Myr.) — gaudii mei hat und der die Lateiner folgen, ebenso Clv. und die meisten Neueren bis auf Myr. und Ew. Ganz contextwidrig ist die von Myr. widerlegte Erklärung Rilliets, welcher unter χάρις die Dankbarkeit des Apost. versteht. Das συν in

im Wesentlichen schon Th. v. M., der aber ihre Theilnahme daran auf die Bekräftigung seiner Predigt durch ihren Glauben bezog (vergl. Sever. in der Catene), so Strr., Fl., a. E., die aber diese Theilnahme nur in der gesandten Unterstützung fanden. Allerdings darf dieselbe nicht ausgeschlossen werden; denn sie allein war es, durch welche die Philipper Theilnehmer an der ihm gerade in seinen Fesseln gewordenen Gnade werden konnten, und der 4, 14 von dieser Unterstützung gebrauchte Ausdruck rechtfertigt diese Beziehung aufs schlagendste gegen die Ungunst, die sie noch bei Myr. gefunden hat. Aber freilich darf man dabei nicht stehen bleiben, da die weiteren Zusätze, welche die Art ihrer Theilnahme an der ihm gewordenen Gnade bestimmen ($\dot{\varepsilon}\nu$ $\dot{\alpha}\pi$. — $\tau o\tilde{v}$ $\varepsilon\dot{v}\alpha\gamma\gamma$.), nothwendig zugleich auf eine Betheiligung an seiner Thätigkeit für das Evangelium hinweisen, welche richtig schon Strb., Ans., Dion. (die aber beim ersten zugleich an ein reales Mit=Leiden denken), und unter den Neueren B.=Cr. und Ew. hier finden. Da das Motiv seiner Liebe zu den Philippern kein anderes sein kann, als das seiner Freude V. 5, und da die $\sigma v\gamma\varkappa o\iota\nu\omega\nu\iota\alpha$ hier auch im Ausdruck auf die $\varkappa o\iota\nu\omega\nu\iota\alpha$ dort zurückweist, so erhellt die Richtigkeit unserer Erklärung daraus, daß sie mit der dort von den meisten gebilligten übereinstimmt; an beiden Stellen ist ihr Eifer für die Verbreitung des Evangeliums mit Einschluß des in der letzten Unterstützung des Apostels gegebenen Beweises davon gemeint. — Daß Paulus noch einmal hervorhebt, daß sie alle dies Lob verdienen, hat dasselbe Motiv wie V. 5, wohin es nach dem oben Gesagten zurückweist. Als ein so bewunderungswürdiges Zeugniß für die Gesammtheit der Gemeinde heben es schon Th. v. M. und Chr. hervor, während Croc. wieder wegen der Heuchler seine Scrupel hat und Sdl. es auf die treu gebliebene Mehrzahl beschränkt. Strr. trägt hier seine von Fl. schon zu V. 5 angezogene Hypothese vor, wonach die Hervorhebung der $\pi\acute{\alpha}\nu\tau\varepsilon\varsigma$ eben zeigen soll, daß der abfällige Theil sich wieder zu dem gemeinsamen Liebeswerk mit der Gemeinde vereinigt hatte, während derselbe nach v. Hng. nur vom Apostel in seine Liebe eingeschlossen wird. Allein selbst Rhw. findet hier die gute Meinung angedeutet, welche Paulus im Ganzen von der Gemeinde hat.

V. 8.

Das über seine Liebe Gesagte begründet der Apostel durch eine Versicherung seiner innigen Sehnsucht nach ihnen, und zwar in einer Weise, daß gerade das, was er zur Charakteristik dieser Sehnsucht sagt, dazu dienen muß, eine auf der V. 7 als Motiv angegebenen $\sigma v\gamma\varkappa o\iota\nu\omega\nu\iota\alpha$ beruhende Liebe zu begründen (Wies.). Diese Versicherung

---

$\sigma v\gamma\varkappa$. geht nach Myr. auf $\mu o v$. — Die Wiederholung des $\dot{v}\mu\tilde{\alpha}\varsigma$ durch die beabsichtigte Hervorhebung des $\pi\acute{\alpha}\nu\tau\alpha\varsigma$ hervorgerufen, hat nichts Ungriechisches. Vergl. Bz.: Commodissime propter illa interposita istud explicari potest per epanalepsin.

darf man nicht eigentlich als Beglaubigung seiner Liebe zur Erhöhung der ihrigen (Ambr.) und zur Befestigung gegen die Pseudapostel (Bll.) oder gar als förmlichen Eid fassen, der zur Bewahrheitung seiner Lehre (Clv., Est.), zum Schutz gegen die Verleumder, die seine Liebe in Zweifel zogen (Croc., und gegen ähnlichen Argwohn noch v. Hng.), dienen soll; denn in den Verhältnissen, welche der Brief voraussetzt, liegt nichts, was den Apostel veranlassen konnte, ein Mißtrauen gegen seine Worte, geschweige denn gegen den Ausdruck seiner Liebe zu befürchten, und ebenso nichts, was dieser mehr als unwillkührlichen Gefühlserguß sich gebenden Liebesversicherung nach dem ganzen Zwecke des Briefes eine solche Bedeutung leiht, daß derselbe für alle Fälle durch einen Eidschwur hätte bekräftigt werden müssen. Man hat daher auch mit Unrecht aus unserer Stelle die Erlaubtheit des Eides deduciren wollen (Art., Corn., Bmg.). Schön sagte schon Chrys.: οὐχ ὡς ἀπιστούμενος μάρτυρα καλεῖ τὸν θεὸν ἀλλ' ἐκ πολλῆς διαθέσεως τοῦτο ποιεῖ — οὐ δυνατὸν εἰπεῖν, πῶς ἐπιποθῶ· οὐ δύναμαι παραστῆσαι τῷ λόγῳ τὸν πόθον· διὰ τοῦτο τῷ θεῷ καταλιμπάνω εἰδέναι τὰς καρδίας; und noch besser Art.: est nulla necessitas compellens ad provocationem hanc, tamen amoris magnitudo sibi non satisfacit, quin ad dei tribunal quoque se recipiat. Vgl. Röm. 1, 9. Hieraus erhellt denn auch, daß es sich um eine Versicherung über den Grad, die Innigkeit seiner Sehnsucht handelt, wie nach Chr. schon Ans. und Dion., die Vlg. und Lth. (quomodo, wie) und die meisten Ausleger es nehmen (v. Heng., Wies.: quantopere), und nicht um das bloße Vorhandensein derselben (de W.: daß); nur muß man freilich den Ausdruck dieser Innigkeit nicht in dem Verbum suchen[1].

Den Zusatz ἐν σπλάγχνοις Χριστοῦ Ἰησοῦ hat Plg. insofern gänzlich mißverstanden, als er darin das Object der Sehnsucht des Apostels fand, daß die Leser in der Liebe Christi sein und

---

[1] Die Anknüpfung dieses Verses mit γάρ mußte denen Schwierigkeiten machen, welche in V. 7 die Liebe des Apostels gar nicht fanden oder doch das über das Verhalten der Philipper Gesagte als Hauptmoment hervorhoben und rief die wortwidrige Behauptung hervor, γάρ sei bloß Uebergangsartikel (Fl., a. E., Hnr.) oder beziehe sich auf V. 4. (Bmg., Rsm.) — Die Präposition in ἐπιποθεῖν markirt nicht die Intensität des ποθεῖν, wie noch v. Heng. behauptet, sondern die Richtung auf den geliebten Gegenstand. Vgl. Win. §. 30. 10. S. 184. Damit ist denn auch schon gegeben, daß die in der Peschito sich findende und weltverbreitete Abschwächung des Wortes in vehementer amare (Vz., Corn., Grt., a. E., Rhw.) willkührlich ist, wie denn gegen sie auch der gesammte paulin. Sprachgebrauch entscheidet, der immer einen bestimmten Gegenstand des Verlangens bei ἐπιποθεῖν nennt. (Vergl. besonders Rm. 1, 11. 15, 23. 2 Cor. 5, 2. 1 Thess. 3, 6. 2 Tim. 1, 4.) Von wirklichem Verlangen nehmen es schon Ambr., Plg., Clv., Wlf. und nach v. Heng.'s gründlicher Darlegung alle Neueren. — Der Ausdruck σπλάγχνα bezeichnet bei Paulus überwiegend (2 Cor. 6, 12. 7, 15. Phlm. 7. 12. 20.) und wahrscheinlich ausschließlich (2, 1. Col. 3, 12) das Innerste des Menschen selbst (viscera, רַחֲמִים), welches nach hebr. Anschauung der Sitz der Liebe wie aller Affecte ist, und so auch hier.

bleiben möchten. Ihm sind die Lateiner des Mittelalters (Haym., Ans., Dion.) bis auf Vtb., Ers. gefolgt, und ähnlich erklärt noch Strr., daß Paulus sie liebt als Objecte der Liebe Christi. Alle anderen Ausleger stimmen so weit überein, daß Paulus damit die Art seiner Liebe als einer pneumatischen (Th. v. M.), echt christlichen (Bgh., Bll.), im Gegensatze zu einer rein menschlichen, natürlichen, fleischlichen (Ambr.) bezeichne. Allein die nähere Bestimmung des Wortsinnes ist von Chr. an bei den meisten eine so verschiedene, oft unklare und heterogene Auffassungen nebeneinander stellende oder gar vermischende, daß es eine unersprießliche Mühe wäre, hier eine Geschichte der Auslegung schreiben zu wollen. Zunächst meint Chr., er liebe sie nicht, weil sie ihm Geschenke geschickt, sondern weil sie an Christum glauben und ihn lieben (Bll., Pisc.), also wegen der durch Christus und den Glauben an ihn gewirkten Verwandtschaft; solche Liebe kann dann auch geradezu als von Christo und seiner Religion gewirkt betrachtet werden (Schlicht. Bmg.). Am verbreitetsten aber ist die Fassung geworden, die auch schon Chr. und Plg. andeuten und Th. v. M. allein hat, wonach seine Liebe $\kappa\alpha\tau\grave{\alpha}\ X\rho\iota\sigma\tau\acute{o}\nu$ ist, der Liebe gemäß, welche Christus zu den Seinen hat und von ihnen verlangt. So im Wesentlichen noch v. Hng., B.-Cr., Wies. Man kann diese Erklärung der richtigen annähern, indem man mit Letzterem die Liebe Christi unmittelbar in das Herz des Apostels übergegangen denkt; aber sie theilt mit allen bisher genannten das Mißliche, daß $\sigma\pi\lambda\acute{\alpha}\gamma\chi\nu\alpha$ ohne weiteres zur Bezeichnung einer besonders innigen Liebe genommen wird. Spuren der richtigen Auffassung finden sich wohl auch schon bei Chr., nach welchem Christus seine $\sigma\pi\lambda\acute{\alpha}\gamma\chi\nu\alpha$ seinen wahren Knechten schenkt; bei Clv., der Christus seine viscera öffnen und aus ihnen alle wahre Liebe fließen läßt; und so endlich bei Mtth., der aber doch nur zu einem „von Christo erfüllten Herzensgrunde" kommt (vergl. Ew.). Tiefer faßten den mystischen Sinn des Ausdrucks Corn. und Cal., welche darauf verweisen, daß Paulus in Christo lebte und gleichsam in seine viscera versetzt war (das entspräche der Art, in der er sonst von einer Liebe in Christo redet, vergl. 1 Cor. 16, 24. 1 Tim. 1, 14. 2 Tim. 1, 13); richtiger aber unzweifelhaft Bng. (nach welchem umgekehrt Christus in dem Apostel lebt und also Paulus non in Pauli sed in Christi movetur visceribus), dem be W. und Myr. beistimmen mit Berufung auf Gal. 2, 20 (Croc.). Diese Auffassung entspricht am einfachsten der paulinischen Idee von der mystischen Lebensgemeinschaft des Gläubigen mit Christo. Daß sachlich die Sehnsucht, welche das in dem Apostel wohnende Herz Christi selbst bewegt, eine seiner Liebe ähnliche, eine durch Christum gewirkte, eine um der christlichen Glaubensgemeinschaft willen gefühlte ist, versteht sich von selbst und darin liegt die Wahrheit der älteren Auffassungen, die aber den eigentlichen Kern der paulinischen Anschauung nicht treffen.

3. Die Fürbitte des Apostels für die Gemeinde.

(Cap. I, 9—11.)

Und darum bete ich, daß eure Liebe je mehr und mehr reich werde in Erkenntniß und allerlei Erfahrung, daß ihr prüfen möget, was das Beste sei, auf daß ihr seiet lauter und ohne Fehltritt auf den Tag Christi, erfüllt an der Frucht der Gerechtigkeit, die durch Jesum Christum gedeiht, zur Verherrlichung und zum Lobe Gottes.

[V. 9.] Daß das liebevolle Trachten des Apostels nach der Heilsvollendung der Philipper in der steten freudigen Fürbitte für dieselben seinen Ausdruck finde, ist schon früher gesagt; aber noch ist nicht ausgesprochen, was nach den speciellen Bedürfnissen und Gaben der Gemeinde der Inhalt seines Gebetes für sie sei und dieses ist es, was noch abschließend ausgeführt werden muß.

Das Gebet des Apostels um die Vollendung der Gemeinde geht natürlich von dem aus, was Gott bereits in ihr zu wirken begonnen hat, und das ist nach dem, was der Apostel von seiner Freude an ihrer Vergangenheit und von dem Grunde seiner Liebe zu ihr gesagt hat, die in ihrem Missionseifer, wie in der Theilnahme an seinem Leiden und Wirken sich beweisende Liebe der Philipper. Es fehlt dieser Liebe an der richtigen Erkenntniß nicht, sonst hätte der Apostel nicht seine Freude an derselben ausdrücken können, aber daß dieselbe daran immer mehr und mehr noch reich werde, davon erwartet der Apostel die Vollendung des gesammten christlichen Lebens für die Gemeinde. Denn die Liebe, wenn noch an irgend einem Theile es ihr an der Einsicht in ihr eigenes Wesen gebricht oder in die Art und Weise, in die Mittel und Zwecke ihrer Bethätigung, wird leicht eine blinde Begeisterung, die ihres Zieles verfehlt oder ein äußeres, wo nicht unlauteres Thun, das seinen Werth verliert. Diese Einsicht aber wird nicht nur gewonnen durch eine selbstthätige, in den Willen Gottes oder in die rechte Art seiner Verwirklichung eindringende Erkenntniß, sondern auch durch eine sorgfältige Beobachtung und Wahrnehmung der verschiedenen Lebensverhältnisse, die in den Bereich der Liebesübung fallen und ihre Art bestimmen müssen. Darum betet der Apostel, daß ihr Liebe immer mehr und mehr noch reich werde an Erkenntniß und an allerlei Erfahrung. Die Erkenntniß ist nur Eine und kann dem Wesen ihres Objects nach nur Eine sein; aber die Erfahrung ist eine so mannigfaltige, wie die bunte, vielgestaltige Erscheinungswelt, die sich unserer Wahrnehmung darbietet.

[V. 10.] Als den Zweck dieser Bereicherung ihrer Erkenntniß bezeichnet der Apostel das Prüfen des Unterschiedenen; denn alles Prüfen bedarf eines Maßstabes und diesen kann erst die wachsende Erkenntniß und Erfahrung an die Hand geben, zumal hier, wo es sich um das Prüfen der feineren Unterschiede in der rechten Art der Liebe nach ihrem innersten Wesen und ihrer äußeren Bethätigung handelt, welche erst bei zunehmender Entwickelung des christlichen Lebens überhaupt in Betracht kommen, und welche ihrem Wesen nach so unendlich mannigfach sind, wie die Verhältnisse, in denen die rechte Liebesübung erscheint und die Gefahren, die sie bedrohen. Der letzte Zweck aber dieser Prüfung, deren Ergebniß die Liebe, wo sie einmal, wie bei den Philippern, lebendig ist, selbstverständlich überall erwählen wird, ist die steigende Vollendung ihres sittlichen Lebens überhaupt und ihres Liebeslebens insbesondere. Es zeigt sich dieselbe in der Lauterkeit des innersten Liebestriebes, d. h. nach dem unnachahmlich schönen Worte, das der Apostel wählt, in derjenigen Reinheit desselben, welche, auch vom hellsten Sonnenlichte beleuchtet und also mit dem strengsten Maßstabe gemessen, keinen Flecken zeigt und jede trübe Beimischung der Selbstsucht ausschließt. Sie zeigt sich ferner darin, daß auch die äußere Bethätigung der Liebesübung ohne Fehltritt und Mißgriff bleibt, wie er so leicht eintritt, wo es an der rechten Klarheit über die Mittel und Zwecke derselben fehlt, und in Folge dessen die Liebe statt andern wohlzuthun, nur sich selber verbirbt oder schadet. Sind die Philipper erst zu dieser Lauterkeit der Motive und dieser Fehllosigkeit des äußeren Wandels gelangt in dem Hauptpunkte, um den sich ihr christlich-sittliches Leben bewegt, so wird auch dieses selbst die wahre Vollendung erreicht haben, die es bedarf im Blicke auf den Tag Christi, wo nicht nach dem bald befriedigten menschlichen Maßstabe, sondern von dem Gott, der auch das Verborgene an's Licht bringt, gerichtet wird.

[V. 11.] Aber auch eine immer vollere und reichere Entfaltung der Liebesübung selbst wird die Folge jener vermehrten Erkenntniß und Erfahrung sammt der dadurch gesteigerten Prüfungs- und Unterscheidungsgabe sein, indem sie ihr immer neue Gegenstände und Mittel ihrer Bethätigung zeigt. Und dies ist auch der Zweck, weshalb der Apostel jene Bereicherung der Liebe an Einsicht seinen Philippern erbittet; denn, weil die Liebe die Frucht des neuen Gnadenstandes der Gerechtigkeit ist, in welchen wir versetzt worden sind durch den, der uns gerecht spricht um Christi willen und neuschafft durch seinen Geist, und weil mit dieser Liebe die Erfüllung des ganzen Gotteswillens gegeben ist, so ist das immer reichere Erfülltwerden in Ansehung dieser Frucht, an deren Vorhandensein es ja auch bisher den Philippern nicht gefehlt hat, nur die positive Seite der christlich-sittlichen Vollendung, die der Apostel seiner Gemeinde ersteht.

Diese Frucht kommt nun freilich nur zu Stande durch Christum, durch dessen Heilsmittlerthum wir allein in den neuen Gnadenstand versetzt sind, und der in demselben in uns wirkt durch seinen Geist; aber eben darum muß auch die immer reichere Fülle derselben dazu dienen, die Herrlichkeit Gottes zu mehren, indem sein Gnadenrathschluß immer voller verwirklicht wird, sein Wille immer vollkommener geschieht, und so die, an denen dies geschieht, zum Lob und Preis seines Namens zu erwecken. Wie es im Blick auf das mit dem Tage Christi hereinbrechende Gericht der letzte Zweck des Apostels war, seinen Philippern die Lauterkeit und Fehllosigkeit zu ersehen, die vor demselben allein bestehen kann, so erbittet er im Blick auf diese Verherrlichung und dieses Lob Gottes, der das angefangene Werk in ihnen hinausführen soll, seinen Lesern die Vollendung in Betreff der Frucht des neuen Lebens. Denn die Fürbitte des Apostels ist überall nicht blos der Erguß eines liebenden, für das endliche Schicksal seiner geistlichen Kinder besorgten Herzens, sondern auch eines Herzens, dem die Verherrlichung Gottes der höchste und letzte Endzweck seines Lebens und Wirkens wie der gesammten Heilsgeschichte ist.

V. 9.

Daß Paulus an das anknüpft, was er über sein Gebet für die Philipper gesagt hat, erkennen schon Clv., Bng., de W.; denn durch die Voranstellung des καὶ τοῦτο wird als das Neue, wozu die Rede übergeht, das Object der Fürbitte bezeichnet (Myr.), damit aber eben der Gedanke an das Gebet selbst, als in dem Vorigen gegeben, vorausgesetzt, so daß er nicht das wesentlich Neue des mit V. 9 beginnenden Passus bilden kann. Es bestätigt sich aber damit auf's Neue, daß, wenn wir nicht mit den obigen Auslegern eine Rückkehr zu V. 4 und damit einen unerträglichen Sprung des Gedankens annehmen wollen, in V. 7. 8 der Grundgedanke der Fürbitte gelegen haben muß, was nur bei unserer Fassung des φρονεῖν der Fall ist.

Der so bedeutsam hervorgehobene Gegenstand seiner Fürbitte ist das Wachsthum der Liebe der Philipper[1]). Chr. verstand unter letzterer die Liebe zum Apostel (Grt., Bng., v. Hng.); allein schon in der Erklärung selbst erweitert er den Begriff zur Liebe gegen alle Menschen (Oec., Thph., vgl. Bgh., Fl.), wie Th. v. M. die Liebe gegen Gott mit einschloß (Wlf., a. E., Hoel.). So kam man endlich dazu, immer umfassender die Liebe nach allen ihren Seiten und Objecten (Bmg.) als Summe und Quell aller christlichen Tugenden (Rsm.), als das Princip ihres christlichen Lebens (Rhw., Mtth.), ja als ihr Christenthum selbst (Ew.) hier zu finden. Allein der Context der Stelle weist nothwendig auf eine genauere Bestimmung hin; die Liebe, der hier Vermehrung gewünscht wird, kann nur die sein, welche in der als Grund der Freude (V. 5) und Liebe (V. 7) des Apostels genannten κοινωνία der Leser sich beweist; denn allein an den in ihr gegebenen guten Anfang kann sich die Bitte um die Vollendung der Philipper anknüpfen (vgl. V. 6). Das haben schon Est., Schlicht., Sbl. und mehrere Neuere richtig erkannt, nur daß ersterer seiner beschränkten Auffassung der κοινωνία gemäß an die Wohlthätigkeit der Philipper (Kr.), wie Myr. an die mutua charitas denkt. Eben so einseitig denkt Sbl. an die Liebe zum Evangelium, während de W., Wies. trotz jener Beziehung den Begriff wieder zum „Princip des christlichen Lebens" verallgemeinern. Es handelt sich aber eben nicht um die Tugend der Liebe im Allgemeinen, sondern um die in dem Eifer für die evangelische Verkündigung Seitens der Leser bewiesene. Daß diese, wie alle wahre Liebe, aus der Liebe zu Christo hervorging (Wies.),

---

[1]) Da das τοῦτο weder propterea heißen (Wlf., Schlicht.), noch sich auf den Gegenstand des ἐπιποϑεῖν beziehen kann (Cocc. Vgl. G. F. Jatho, Pauli Brief an die Philipper nach seinem innern Gedankengange erläutert. Hildesheim 1857. [Jth.], welches Schriftchen mir erst während des Druckes zukam und darum erst von hier an benutzt ist), muß es aufs Folgende bezogen werden, so daß es den Inhalt der Fürbitte heraushebt und als Hauptmoment an die Spitze stellt. Dann haben wir hier einen der zweifellosen Fälle, wo ἵνα seine telische Bedeutung ganz verloren hat, und nach dem Verbis des Bittens zur reinen Bezeichnung des Objectsatzes dient. Vgl. Win. §. 44. 8. a. Die logische Analyse, durch welche Myr. die Absichtsvorstellung hineinzubringen suchte, ist völlig unnatürlich, Jth. aber, der den Gegenstand der Bitte willkührlich aus ἐπιπ. ergänzt, muß in den Zwecksatz erst den Gedanken hineintragen, daß Paulus durch seine erneute Wirksamkeit unter ihnen ihre Liebe reicher machen will. — Die Anknüpfung des καί an das ὡς ἐπιποϑ., wodurch auch hiefür Gott als Zeuge angerufen wird (Ew., Jth), ist durch nichts gefordert und macht die Rede höchst schwerfällig. Nach Bll. wäre freilich nicht die Liebe der Philipper, sondern diese selbst nach dem Schema abstr. pro concr. Gegenstand der Fürbitte; aber schon Clv. hat diese Auffassung entschieden zurückgewiesen. Ob trotzdem aus dieser Stelle die in der alten Kirchensprache übliche Anrede: eure Liebden, eure christl. Liebe entstanden ist (Bng., Wlf.), läßt sich sehr bezweifeln.

ist freilich richtig, ebenso daß sie als Sorge für das Seelenheil der noch nicht Bekehrten eine echte Menschenliebe war, die dann auch den Apostel als den Träger der evangelischen Verkündigung einschloß; aber alle diese Einzelbeziehungen darf man nur insofern hervorheben, als sie sich aus jener contextmäßigen Grundbeziehung von selbst ergeben.

Schöne Worte hat Chr. auf Grund von Röm. 13, 8 gesprochen über die Unersättlichkeit der Liebe, die kein Maß kennt, als das, daß sie niemals stille stehen kann, und doch handelt es sich hier nicht um das bloße Wachsthum der Liebe an sich, sondern — wie schon Chr. selbst später anerkennt — um das Wachsthum einer Liebe, die mit der Erkenntniß verbunden ist. Aber das Verhältniß dieser Erkenntniß zur Liebe bleibt bei vielen Auslegern ganz unbestimmt (Th. v. M., Thdt.), bei anderen wird es entschieden falsch bestimmt; denn weder als Begleiterin (Art., Corn., Cal., Fl., Rhw.) noch als Folge der Liebe (Lyr., Dion., Bng., Strr.), auch nicht als Mittel, wodurch die Liebe gemehrt wird (Bmg., Rsm., Hnr., Hoel., Jth.), bezeichnen sie die Worte, sondern lediglich als das Moment in der Liebe, welches wachsen soll, gleichsam als die Sphäre, innerhalb derer das περισσεύειν stattfindet. So kann man die Uebersetzung der Vlg., Lth. und Bz.'s (in) verstehen, so erklären es im Wesentlichen die Neueren seit Mtth.[1]) Hiemit hängt aufs Engste zusammen die Frage, welche Art

---

[1]) Das ἐν für cum oder per zu nehmen, wie schon Clv. vorschlug und die obengen. Auslegungen voraussetzen, ist an sich willkührlich und entspricht dem stehenden Gebrauch des περισσεύειν ἐν nicht, wie er sich Rm. 15, 13. 2 Cor. 3, 9. 8, 7. Col. 2, 7. findet, wo ἐν überall den Punkt bezeichnet, an dem eine Bereicherung stattfinden soll. Wenn de W., trotzdem daß er sachlich ganz auf unsere Erklärung hinauskommt, meint, daß die Liebe als solche nicht erkennen könne, so übersieht er, daß hier eben nicht von der Liebe als solche die Rede ist, sondern ganz in concreto von der Liebe, welche die Phil. durch die V. 5. 7. erwähnte κοινωνία bewiesen haben. Diese Liebe kann ohne alle Erkenntniß garnicht gedacht werden (Wief.) und das keineswegs pleonastische (Rhw.) ἔτι zeigt sogar, daß es ihr an einem Reichthum derselben nicht fehlt (Hoel.), sowie das μᾶλλον καὶ μᾶλλον, daß die erflehte Vermehrung derselben bereits in hoffnungsvollem Flusse begriffen war. (Vgl. Croc.). — Wenn die älteren Ausleger sich um den genaueren Unterschied der ἐπίγνωσις und αἴσθησις wenig bemühten und beides ungefähr synonym faßten, so haben Strr., a. E., Rhw. dies ausdrücklich durch Verweisung auf den Sprachgebrauch der Septuag. zu begründen versucht. Andere suchten willkührliche Unterschiede. Wenn Bng. die ἐπίγν. als eine Species des sensus spiritualis (αἴσθ.) nahm, so stellte Fl. die Möglichkeit daneben, daß die αἴσθ. als Erfahrungserkenntniß nur eine Species der ἐπίγν. sei; wenn B.-Cr. darin die Anwendung der allgemeinen Einsicht fand, so sahen Bmg. v. Hng. in der αἴσθ. das Gefühl (Vlg.: sensus) als Grund und Urheber der Erkenntniß. Von dieser Grundbedeutung, die schon Art. in ganz verkehrter Weise in Anwendung brachte, gehen auch die neueren Erklärungen vom Geschmack für das Wahre und Schöne (Hnr., Hoel.), vom sittlichen Tacte (de W., Jth.) und von dem Gefühl im eigentlichen Sinne (Ew.) aus. Allein diese Auslegungen treffen schon darum das Richtige nicht, weil sie den Unterschied wesentlich in dem recipirenden Organe suchen, worüber der Begriff von αἴσθ., welches die Wahrnehmung (perceptio Bz.) durch die äußeren wie durch die inneren Sinne bezeichnet

der Erkenntniß hier eigentlich gemeint sei. Den meisten Auslegern fehlte es nach dem Gesagten an dem rechten contextgemäßen Maßstabe zu einer solchen näheren Bestimmung. Chr. dachte an die rechte Erkenntniß der Menschen, denen man seine Liebe schenkt, und wies darauf hin, wie bei dem Mangel derselben die Liebe nicht beständig bleiben könne; Oec., Thph. fanden darin den Wunsch, daß die Leser sich vor der Gemeinschaft mit Häretikern und Heuchlern hüten möchten (vergl. Art., Est. und Strr., der hier bereits seine judaistischen Irrlehrer sah). Thdt. dachte an die Erkenntniß, welche die reine Lehre von der falschen, trügerischen scheidet (Corn.), und die meisten von Ambr. bis Mtth., v. Hng. an eine tiefere Erkenntniß Gottes und der göttlichen Dinge, an die christliche Heilserkenntniß im Allgemeinen (B.-Cr., Wief.). Mehr oder weniger war diese Auslegung Grund oder Folge davon, daß man hier schon eine Vorandeutung der Irrlehrer aus Cap. 3 fand (Ew.). Allein so gewiß ἐπίγνωσις bei Paulus oft von dieser Erkenntniß gebraucht wird, kann in diesem Zusammenhange, wo es sich um ein wachsendes Moment an der Liebe der Philipper handelt, doch nur von einer praktischen Erkenntniß (Th. v. M.) des göttlichen Willens (Haym., Dion.) die Rede sein, wie sie Paulus den Colossern (1, 9) wünscht (Rhw.), und auch hier nicht in dem allgemeinen Sinne, wonach zuletzt alle christliche Wahrheitserkenntniß durchaus praktischer Natur ist (Myr., vergl. Tit. 1, 1), sondern in specieller Anwendung auf die Erkenntniß, welche der christlichen Liebe die rechten Gegenstände (de W. und schon Anf.: ut sciant in quibus diligere debeant), Zwecke, Mittel und Arten ihrer Bethätigung weist.

V. 10.

Auch über die sachliche Auffassung dieses Verses erstreckt sich die in der Behandlung des Vorigen begründete Differenz der Auslegung. Nach den meisten griechischen Vätern handelt es sich hier um die Unterscheidung der Gläubigen von den Ungläubigen, Häretikern oder Irrlehrern, der wahren von der falschen Lehre (Clv., Est., Corn.), ja die ersteren finden selbst noch in der εἰλικρίνεια die Reinheit des Glaubens und der Lehre (vergl. Strr.). Dagegen fanden nach dem Vorgange von Th. v. M., Grt., Cal. die meisten Neueren hier den Unterschied von Recht und Unrecht (de W., Wief.), während andere

---

(Myr.), nichts entscheiden kann. Es kann daher nur der selbstthätigen, in ihr Object eindringenden theoretischen Erkenntniß (ἐπίγνωσις) gegenüber die empirische Wahrnehmung in ihrer Passivität bezeichnen (vgl. Wief.). Es trifft diese Auffassung mit Lth.'s: Erfahrung (Grt.: experientia) zusammen und findet sich überhaupt häufig, aber meist in einer contextwidrigen Verallgemeinerung, wonach an geistliche (Dion., Piec., Wlf., Sbl., Rsm. Fl. u. noch Mtth.), oder sittliche (Myr.) Erfahrung überhaupt gedacht werden soll, während es sich doch nur um die Erfahrung handeln kann, welche in Betreff der rechten Liebesübung gemacht wird. Nicht als eine plena ac solida (Clv.), sondern als eine je nach den Verhältnissen höchst mannigfaltige (Myr.) wird diese Erfahrung durch πάσῃ bezeichnet.

mehr oder weniger unklar beides zusammenzufassen suchten (Haym., Bll., Croc., Wlf., Fl.). Darüber, daß es sich nur um Sittliches handelt, kann nun, wenn man den Zusammenhang mit dem vorigen und folgenden betrachtet, in der That kein Zweifel sein; aber streitig ist von jeher, ob Paulus als Zweck der V. 9 bezeichneten Erkenntniß und Erfahrung nur ein schärferes Prüfen und Unterscheiden oder bereits ein Billigen, Erwählen gedacht habe. Von ersterem gingen die griechischen Väter (vielleicht mit Ausnahme von Th. v. M.) aus, Lth. und Bz., Grt. und Cal., sowie die meisten neueren haben daran festgehalten; dagegen übersetzt schon die Vlg. probare, und diesen Begriff hat man entweder mit dem des examinare verbunden (Strb., Art., Est., Bng., Fl., Rhw.), oder auch allein geltend gemacht (Lyr., Dion., Clv., Myr., Ew.). Sprachlich ist beides zulässig, aber das Gewicht der paulinischen Parallelstellen und die gesichertere Bedeutung des $διαφέροντα$ bei Paulus entscheidet für die erste Fassung.[1]) Was Myr. aus dem logischen Zusammenhange der Stelle dagegen einwendet, beweist nichts; denn eine sorgfältige Prüfung und Unterscheidung ist allerdings erst möglich in Folge erlangter Erkenntniß und gesammelter Erfahrung. Sie wirkt freilich die sittliche Lauterkeit nicht unmittelbar und nothwendig; aber bei den Philippern, denen es ja an der Liebe nicht fehlte (Wies.), konnte der Apostel voraussetzen, daß es nur des Erkennens des Rechten bedürfte, um sie zum Erwählen desselben geschickt und willig zu machen. Als Object dieser Prüfung ist nun aber nicht der große Fundamentalgegensatz von Gut und Böse, Recht und Unrecht, Fromm und Gottlos, wohl gar im Gegensatz zu den Adiaphoris (Sbl.) zu denken, wie es bei den Auslegern meist erscheint (vergl. Grt., Hnr., de W.); denn hierüber mußten die Leser wohl im Klaren sein; sondern gerade die feineren Unterschiede, welche die gesunde und fruchtbare Entwicklung des sittlichen Lebens,

---

[1]) Es ist nicht zu leugnen, daß im klassischen Sprachgebrauche sowohl wie im paulinischen $δοκιμάζειν$ auch heißt: als erprobt, bewährt annehmen, billigen, erwählen (Rm. 1, 28. 14, 22. 1 Cor. 16, 3. 2 Cor. 8, 22. 1 Thess. 2, 4. 1 Tim. 3, 10). Allein hier entscheidet die unserer Stelle ganz parallele Rm. 2, 18 und die offenbar sehr ähnlichen Rm. 12, 2. Eph. 5, 10. 1 Thess. 5, 21, welche auf die auch sonst nicht seltene Bedeutung: prüfen (1 Cor. 3, 13. 11, 28. 2 Cor. 8, 8. 13, 5. Gal. 6, 4. 1 Thess. 2, 4) zurückgehn. Die Fassung des $διαφέροντα$ hängt hiemit insofern zusammen, als diejenigen, welche $δοκιμ.$ für billigen nehmen, hierunter nur mit Chr. Thph. $τὰ συμφέροντα$ (Clv., Art.), das Nützliche, oder, wie die meisten, mit Th. v. M. und der Vlg. $τὰ κρείττονα$, praestantiora, das Vorzügliche (Myr.), Bessere (Ew.) verstehen können. Doch konnten z. B. Lth. (was das Beste sei) sowie Chr. Thph. dieser Auffassung des $διαφ.$ folgen auch bei der richtigen Deutung des $δοκιμάζειν$. Sprachlich läßt sich auch hiergegen nichts einwenden; aber der sonstige Gebrauch von $διαφέρειν$ bei Paulus (Gal. 2, 6. 4, 1. 1 Cor. 15, 41) und die genannten Parallelen entscheiden für die Bedeutung: das Unterschiedene (Bz.: quae discrepant), welche auch die meisten neueren Ausleger mit der richtigen Fassung von $δοκιμάζειν$ festhalten. Kr., der es wie Chr. nimmt, hat den wunderlichen Mißgriff begangen, in dem folgenden Zwecksatze die Exposition dessen, wozu es nützlich

hier des Liebeslebens insbesondere bedingen, bilden das Object. Schon die Glosse bemerkt, es handle sich nicht um den Unterschied von Böse und Gut, sondern unter den guten Dingen, quae potiora sint.

Als letzten Endzweck der durch die vermehrte Erkenntniß gereisten Unterscheidungsgabe bezeichnet Paulus wie V. 6 die Vollendung des christlich sittlichen Lebens, wie sie am Tage Christi gefordert wird. Durch diese bestimmte Beziehung, die dadurch dem Ausdruck jener Vollendung auf das am Tage Christi eintretende Gericht gegeben wird, wird es gefordert, beides, sowohl das εἰλικρινεῖς als das ἀπρόσκοποι nach dem Maßstabe des göttlichen Gerichts gemessen zu denken. Dann aber ist es unrichtig, wenn Chr. nur in dem εἰλικρ. die Beschaffenheit des Menschen vor Gott, in dem ἀπροσκ. aber sein Verhalten zu den Menschen, denen er keinen Anstoß giebt, findet, so verbreitet diese Auffassung nach der Vlg. (sine offensa) in der ganzen mittelalterlichen Exegese und nach Lth. (unanstößig) noch bei älteren (Ers., Art., Est., Wlf.) und neueren Auslegern (v. Hng., Myr., Ew.) ist. Die richtige Erklärung (ut inoffenso gradu pergant) haben Clv., Bz., Schlicht., unter den neueren Fl, Rhw., Hoel., de W., Wies. (tadellos, besser: unversehrt, unverletzt) geltend gemacht, und schon Ambr. übersetzt inoffensi. Dagegen ist es logisch unmöglich, beide Fassungen zu verbinden, wie Corn., Croc., Sdl., Bmg. und noch Mtth. thun. Vor dem Vorwurfe der Tautologie sollte schon, abgesehen von dem Unterschiede des positiven und negativen Ausdrucks, die vorwiegende Beziehung der εἰλικρ. auf die Gesinnung, das Motiv (Dion.: mundi corde) und die durch das zum Grunde liegende Bild vom Weg und Wandel gegebene Beziehung des ἀπροσκ. auf die thätige Liebesübung selbst bewahren.

Es versteht sich freilich von selbst, daß die im Blicke auf das Endgericht erflehte Vollendung der Philipper nur eine das gesammte christlich-sittliche Leben derselben umfassende sein kann. Diese wird

---

sei, zu sehen, und das ἵνα von συμφ. abhängig zu machen. Wir haben in der Uebersetzung die Luthersche Fassung beibehalten, weil sie sich in richtigem Sinne nehmen und durch keinen gebräuchlichen und verständlichen Ausdruck, der dem Griech. entspräche, ersetzen läßt. — Das folgende εἰς ἡμέραν Χριστοῦ haben sachlich richtig schon die griech. Väter durch ἵνα τότε εὑρεθῆτε erklärt, aber darum steht weder εἰς für ἐν (Rsm.), noch für ἄχρι (usque ad Ans., Dion., Lth., Clv., Est., Croc. und noch Rhw.), sondern es bezeichnet in diem (Vlg.), auf den Tag hin, so daß diese Vollendung ihre Bestimmung hat auf den Tag, an welchem beim Gericht nach ihr gefragt werden soll. (Vgl. Hoel., Myr.). Die einzig natürliche Beziehung der Worte auf das Vorige hätte Fl. nicht in Zweifel ziehn sollen. — Der Begriff des εἰλικρινής (1 Cor. 5, 8. 2 Cor. 1, 12. 2, 17) erklärt sich aus der Bildung des Wortes aus πρὸς εἴλην κρίνειν, etwas am Sonnenlicht messen, beurtheilen als Bezeichnung einer Lauterkeit, welche die schärfste Kritik nicht scheuen darf. Ganz falsch nahm es Grt. von klarer Erkenntniß. Das ἀπρόσκοπος kommt allerdings 1 Cor. 10, 32 in activem Sinne vor, allein der Zusammenhang fordert hier den passiven (besser: den intransitiven), der sich auch Act. 24, 16 findet. Es bezeichnet demnach einen, der sich nicht stößt, nicht strauchelt und fehltritt.

allerdings durch die Liebe allein nicht hergestellt; allein wir dürfen doch nicht übersehen, daß nach dem Zusammenhange dem Apostel wirklich die Vollendung des Liebeslebens der Philipper, in dem ebenso ihre specielle Aufgabe wie ihr besonderer Vorzug lag, in dem Maße der Hauptpunkt war, daß er jenes umfassende Endziel durch die Vollendung desselben als bezweckt und erreichbar ansah, sofern ihm, wenn auf diesem Mittelpunkte das Wünschenswerthe erreicht war, das Uebrige alles nicht fehlen zu können schien. Wir haben darum ein volles Recht, auch das εἰλικρ. und ἀπροσκ. zuerst und vor Allem, obwohl nicht ausschließlich (Art.), auf die Liebesübung zu beziehen.

V. 11.

Das richtige Verhältniß dieses Verses zum vorigen konnte weder Chr. bestimmen, der darin den Gegensatz des rechten Lebens gegen die rechte Lehre fand, noch Clv., der darin das äußere Leben dem inneren entgegengestellt sah; auch ist unser Vers weder eine genauere Bestimmung (Mtth.), noch die Voraussetzung des vorigen (Wies.); sondern er stellt sich zunächst einfach als die positive Seite derselben Heilsvollendung dar, die in V. 10 von ihrer negativen beschrieben war (vergl. Plg., de W., Myr.). Diese positive Seite besteht in der immer reicheren Erfüllung mit der Frucht der Gerechtigkeit. Das ist nun freilich nicht die Frucht, die in der Gerechtigkeit besteht, wie Clv. es faßte, obwohl er selbst ermahnend hinzufügte, man solle nicht glauben, daß mit dieser Frucht die volle justitia gegeben sei (vergl. Pisc., Grt., Schlicht., Rhw., Hoel., B.-Cr.), sondern, wie es mit Recht schon Bz., Est., Croc. und alle Neueren seit Mtth. erklärten, die Frucht, die der Baum der Gerechtigkeit trägt[1]). Unter dieser Ge-

---

[1]) Hiefür entscheidet die sonstige Anwendung des Bildes (1, 22. Gal. 5, 22. Eph. 5, 9), in welcher der Genitiv bei καρπός immer den Ursprung der Frucht bezeichnet, und die unpaulinische Bedeutung der δικαιοσύνη, die jene Auffassung fordert. Diese nemlich ist bei Paulus nie eine einzelne Tugend, etwa die ἐλεημοσύνη (Chr., Dec.), auch nicht die praestantissima virtus (Dion.), noch die Summe aller Tugenden (Thph., Haym., Corn., Hur.) und doch muß sie etwas der Art sein, wenn sie die Frucht sein soll, die der Gläubige bringt. Noch mehr widerspricht es übrigens dem paulin. Gebrauch des Bildes von der Frucht, unter derselben die merces justitiae im Jenseits zu verstehen (Ambr., Str., Syr.). — Die Lesart καρπὸν δικ. τὸν ist so überwiegend bezeugt, daß alle neueren Textkritiker sie der Recpt., die den Genitiv Pluralis hat, vorziehen. Sie entspricht auch dem paulin. Sprachgebrauche, der καρπ. im bildlichen Sinne nur als Singular braucht. Die Verbindung des πληροῦσθαι mit dem Acc. findet sich auch Col. 1, 9. 2 Thess. 1, 11 und erklärt sich als Bezeichnung des entfernteren Objects, das den Theil des Subj. andeutet, an welchem, oder in Ansehung dessen die durch das Verbum ausgedrückte Beschaffenheit stattfindet (vgl. Mtth., Myr. u. Win. § 32. 5). Unrichtig nimmt es de W. geradezu von dem Gegenstande, womit sie erfüllt sein sollen, wobei der Gedanke entstehen könnte, daß es ihnen an dieser Frucht noch fehlt, während die gewählte Ausdrucksweise gerade zeigt, daß sie diese Frucht bereits brachten und Pls. ihnen nur in Ansehung derselben die Fülle wünscht. Vgl. Croc.

rechtigkeit verstanden ältere Ausleger wie Cocc. die justificatio, und so noch Hoel.; dagegen schon Anf., Est., Croc. und alle neueren den neuen sittlichen habitus des Menschen. Allein diese Entgegensetzung dürfte schwerlich im paulinischen Sinne sein. Die δικαιοσύνη ist das normale Verhältniß des Menschen zu Gott, das zunächst allerdings durch die Rechtfertigung von Seiten Gottes hergestellt wird, aber auch in demselben Augenblicke durch die ethische Neuschöpfung, welche die Mittheilung des heiligen Geistes wirkt. Beides kann man und muß man dogmatisch scheiden; aber in Wirklichkeit kann nie eines ohne das andere sein. So kann es auch keinen doppelten Zustand der δικαιοσύνη und keine doppelte Bedeutung dieses Wortes geben. Wir wollen damit nicht, wie Sdl. und Bmg., unter der δικ. Rechtfertigung und Heiligung verstehen, sondern nur das Eine neue Verhältniß des Menschen zu Gott, in das er durch die Gnade der Rechtfertigung und Neuschöpfung gesetzt wird, und aus dem die Frucht des neuen Lebens hervorgeht. Ob nun freilich unter dieser Frucht hier wirklich der ganze ὄγκος κατορθωμάτων bezeichnet wird (Th. v. M.), das möchte doch sehr zu bezweifeln sein. Schon der singulare Ausdruck empfiehlt es, an die eine Hauptfrucht zu denken, von deren Mehrung ja das Gebet ausgegangen war, mit dessen Fülle als letztem Endziel es schließt. Daß damit alle anderen Tugenden mitgesetzt sind, versteht sich ja für den von selbst, dem die Liebe des Gesetzes Erfüllung (Röm. 13, 8) und der Höhepunkt des Christenlebens (1 Cor. 13) ist.

Die Bezeichnung dieser Frucht als einer durch Christum vermittelten hat Chr. bei seiner völligen Gleichgültigkeit gegen die Bedeutung der Präposition, die weder die Gemäßheit noch das Motiv derselben bezeichnen kann[1]), nicht richtig gefaßt. Es ist ja dem mit δικ. bezeichneten Gnadenstande eigen, daß in ihm Christus in uns Wohnung macht durch den heiligen Geist, daß also alles, was als Frucht daraus hervorgeht, durch ihn vermittelt sein muß. So schon Clv. und alle Neueren. Eine Antithese gegen Eigengerechtigkeit (Anf., Bll.) oder gegen die Gerechtigkeit aus dem Gesetze (Schlicht., Strr., Rhw.) ist damit sicher nicht beabsichtigt. Auch soll nicht ihr hoher Werth hervorgehoben werden (Myr.), sondern es gehört zu dem doxologischen Abschlusse des Gebets, daß noch einmal wie B. 6 darauf hingewiesen wird, wie die den Lesern erflehte Vollendung nicht ihr

---

[1]) Zuerst nämlich meint Chr., es solle im Gegens. zu dem tugendhaften Leben, das sich auch bei den Heiden findet, das Leben κατὰ Χριστόν (Plg.: exemplo Christi) bezeichnet werden; wie ähnlich Grt. hier die consummatiora opera quam opera legis fand, wogegen schon Cal. sehr gut bemerkt, daß weder Christus noch die Apostel eine höhere Gerechtigkeit kennen, als die vollkommene Gesetzeserfüllung. Nach der zweiten Erkl. will Chr. es für διὰ Χριστόν nehmen als im Gegensatz gegen die Gerechtigkeit, die aus Ehrgeiz und Menschengefälligkeit geübt wird, bei welcher Erklärung denn noch Rsm., a. E. das Gebot Christi oder die Liebe zu ihm an die Stelle Christi selbst setzen.

Werk, sondern das Werk Christi in ihnen sei. Ebenso verkehrt ist es, mit Chr., Oec. in der Angabe der Verherrlichung Gottes als letzten Zwecks ihrer christlichen Vollendung einen Gegensatz gegen pharisäische Selbstverherrlichung (v. Hng.), mit Thph., Corn. eine Ablehnung der Ehre Seitens des Apostels, oder mit Croc. die Ermunterung zu finden, daß Gott ihnen beistehen werde in solchem Werke. Es ist das dieselbe verkehrte Art, die in dem ganzen Gebet eine Ermahnung zum Weiterstreben (Thdt., Bll., Croc., v. Hng.), zum Gebet um geistliches Wachsthum (Clv., Bng.), oder Warnung (Pisc.) und Trost (Sbl.) findet. Man verwechselt dabei immer die Anwendungen, die man von solchen Worten machen kann, mit dem Motiv, aus dem sie hervorgegangen. Wenn Paulus für seine Gemeinde betet, so geschieht es gewiß aus Liebe zu ihr; aber wenn er sich gedrungen fühlt, ihr das auszusprechen, so kann man deswegen noch nicht einmal sagen, er wolle ihr seine Liebe zeigen (Croc.).

Die Verherrlichung Gottes, die in ähnlicher Weise für die positive Erfüllung mit der Frucht der Gerechtigkeit den Punkt bildet, mit Rücksicht auf den sie in letzter Beziehung geschieht, wie die $\dot{\eta}\mu\acute{e}\varrho\alpha$ $X\varrho\iota\sigma\tau\sigma\tilde{\upsilon}$ in dem ganz parallelen Zusatze des V. 10 den Punkt bildete, im Blick auf welchen die Lauterkeit und Fehllosigkeit erstrebt und bemessen werden sollte, kann natürlich nur als durch diese Frucht selbst geschehen (Ambr., Plg., Haym.) gedacht sein, nicht als durch andere Menschen, die Gott deswegen preisen (Th. v. M., Thdt., Str.)[1]. Die späteren lassen sich auf diese Frage wenig oder ohne Entscheidung (Fl., Rhw.) ein, setzen aber doch durch die fast stereotype Verweisung auf Matth. 5, 16, das gar nicht hergehört, meist indirect die falsche Auffassung voraus. Zu der Bezeichnung der Verherrlichung Gottes als letzten Endziels vergl. Eph. 1, 6. 12. 14.

---

[1]) Der offenbare Parallelismus des $\varepsilon i \varsigma$ $\delta\acute{o}\xi\alpha\nu$ $\varkappa\alpha i$ $\breve{\varepsilon}\pi\alpha\iota\nu o\nu$ $\vartheta\varepsilon o\tilde{\upsilon}$ mit dem $\varepsilon i \varsigma$ $\dot{\eta}\mu\acute{e}\varrho\alpha\nu$ $X\varrho$. nöthigt dasselbe mit $\pi\varepsilon\pi\lambda$. zu verbinden und nicht mit $\varkappa\alpha\varrho\pi\acute{o}\nu$ (Fl., v. Hng.), was auch sprachlich sehr hart ist. Die beiden Begriffe $\delta\acute{o}\xi\alpha$ u. $\breve{\varepsilon}\pi\alpha\iota\nu o\varsigma$ kann man freilich nicht richtig fassen, wenn man bei ersterem an die gloria aeterna der Christen denkt (Ans., Lyr.) oder beides entgegenstellt wie inneres Urtheil und äußere Erweisung desselben (Sbl., Bmg.). Durch $\delta\acute{o}\xi\alpha$ wird nämlich gewiß nicht die Ehre Gottes bezeichnet, wie Lth. übersetzt und die meisten es nehmen noch unter den neuesten Auslegern (Rhw., de W., Wies.), sondern, wie immer, die gloria (Vlg.), Majestät (Myr.) und Herrlichkeit Gottes, zu deren Erhöhung unser Wandel beitragen soll, d. h. zu seiner Verherrlichung (Mtth.). Daran schließt sich dann das Lob und der Preis, den diejenigen Gott darbringen, welche so zu seiner Verherrlichung zu gereichen befähigt sind. Richtig schon Haym. glorificetur et laudetur (Dion.), wobei man aber nicht mit Cocc. zum ersten ut magnus, zum zweiten ut rectus et bonus hinzufügen muß, was doch ganz willkührlich ist.

II. Nachrichten aus der Gefangenschaft.
(Cap. I, 12—26.)

1. Von der Lage des Evangeliums in Rom.
(Cap. I, 12—18.)

a) Die Förderung des Evangeliums durch die Gefangenschaft des Apostels.
(Cap. I, 12—14.)

Ich lasse Euch aber wissen, (lieben) Brüder, daß, wie es um mich stehet, das ist vielmehr zur Förderung des Evangelii gerathen, also daß meine Banden offenbar worden sind in Christo in dem ganzen Prätorium und den andern allen, und daß die meisten der Brüder in dem Herrn im Vertrauen auf meine Banden um so reichlicher es wagen, das Wort zu reden ohne Scheu.

[V. 12.] Die Philipper mußten über die Lage des Apostels, mit dem als ihrem Lehrer für sie unauflöslich die Sache des Evangeliums verknüpft war, um so mehr in banger Besorgniß sein, als der Proceß, in den derselbe verwickelt war, gleichermaßen seiner Person wie seiner Sache Gefahr drohte. Darum geht der Apostel, getrieben von der dankbaren Liebe zu der treuen Gemeinde, vor Allem dazu über, sie hierüber zu beruhigen und sie zu der freudvollen Zuversicht zu erheben, die ihn selbst in Betreff seines Schicksals erfüllte. Die evangelische Verkündigung gilt ihm aber mehr als seine Person, daher erzählt er zuerst, welchen Erfolg seine Gefangenschaft für jene gehabt habe. — Nicht ohne Grund konnten nemlich die Philipper befürchten, daß dieselbe in mancher Beziehung der Sache des Evangeliums Nachtheil bringen und seine Ausbreitung behindern werde. Da dieses aber keineswegs geschehen war, so will der Apostel, daß sie so bald als möglich erfahren, wie seine Lage in Rom demselben nicht zum Schaden, vielmehr zur Förderung des Evangeliums ausgeschlagen sei.

[V. 13.] Einmal nemlich mußte die längere Dauer seiner Gefangenschaft, während welcher Paulus ungehindert das Evangelium verkündete, dazu dienen, daß die wahre Veranlassung seiner Verhaftung immer allgemeiner bekannt wurde. Er bezeugte ja freudig, daß er ein Gebundener in Christo sei, daß er um der Gemeinschaft mit Christo willen seine Fesseln trage und so mußten seine Banden immer mehr in Christo offenbar d. h. es mußte bekannt werden, daß er sie nicht um irgend eines Verbrechens willen, sondern in der Gemeinschaft mit Christo trug, den er in ihnen stets verkündete. Durch die Soldaten, die von der kaiserlichen Leibwache zu seiner Bewachung abcommandirt wurden, mußte diese Kunde zuerst sich in der ganzen Kaserne der Prätorianer verbreiten, allmählig aber kam dieselbe auch in weitere Kreise und gelangte zu den übrigen Bewohnern der Weltstadt allen, so viele ihrer auf den merkwürdigen Gefangenen und seine Sache aufmerksam wurden. Dadurch aber schwand nicht nur das Mißtrauen, das auf dem als Verbrecher eingebrachten Verkündiger des Evangeliums lastete, sondern es mußte auch die Sache Christi selbst, für die ein Paulus Ketten und Banden so willig trug, vielen in einem ganz neuen, höheren Lichte erscheinen. Das war die erste Weise, in der durch seine Gefangenschaft der Sache des Evangeliums Förderung erwuchs, indem manche Vorurtheile zerstreut und manche Herzen für Christum gewonnen wurden.

[V. 14.] Aber es kam noch ein anderes dazu. Nicht blos an den Nichtchristen, sondern auch an den meisten der Brüder in dem Herrn, mit denen er durch dieselbe Gemeinschaft mit Christo verbunden war, um deretwillen er die Fesseln trug, erwies es sich, daß seine Gefangenschaft der Sache des Evangeliums förderlich sei. Sie wurden viel muthiger als sie es ehedem waren, und wenn sie es auch vorher schon gethan, sie wagten es nun um so viel reichlicher, das Wort, nemlich das Wort der evangelischen Verkündigung zu reden ohne Scheu. Sie thaten es im Vertrauen auf seine Banden; denn es waren ja, wie er selbst soeben angedeutet, durch dieselben viele Vorurtheile gegen die Verkündiger des Evangeliums zerstreut und in manchen Herzen für dasselbe Bahn gemacht. Im schlimmsten Falle aber, wenn sie das Schicksal des Apostels theilen mußten, konnte das ihrige wie das seinige nur dazu beitragen, die Sache des Evangeliums, die ihnen alles gelten mußte, zu fördern.

V. 12.

Schon Chr. erkannte es mit Recht als einen Ausfluß der Liebe, welche den Apostel mit seiner Gemeinde verbindet, wenn er ihr von seinen Schicksalen erzählt, um sie zu trösten (Thdt.) oder zu erfreuen (Ambr.), mag er nun auf Grund der von ihnen gewohnten Theilnahme (so nach Ambr. noch de W. mit Verweisung auf V. 5) ihren lebhaften Antheil an seinem Schicksal und ihre jetzigen Besorgnisse um ihn voraussetzen oder durch Epaphrodit ausdrücklich um Nachricht gebeten sein (so nach Thdt. noch Wies.), was wir freilich nicht wissen können. Gewiß war aber ihre Besorgniß um seine Person zugleich eine Besorgniß um die Sache des Evangeliums, die schon jetzt durch die Gefangenschaft des Apostels, mehr noch durch einen etwaigen traurigen Ausgang seines Processes zu leiden schien (vgl. Chr., Thph. und noch Rhw.). Es tritt ihm zwar das Persönliche hinter die große Aufgabe seines Lebens zurück (Wies.), aber deshalb wird es nicht gänzlich übersehen (B.-Cr.), sondern er schickt nur das Sachliche voraus (V. 12—18), geht aber dann (V. 18—26) eben so ausführlich auf seine persönlichen Gefühle, Wünsche, Hoffnungen zc. ein, weil ohne dies der Apostel der Liebe seiner Gemeinde nicht genugthun könnte. Hierum aber handelt es sich auch hier zunächst, und nicht um irgend welche paränetische Tendenzen, wie sie die Ausleger so gern auch in diesem Abschnitte suchen. Bald soll durch seinen Muth und seine Geduld auch die ihrige gestärkt (Th. v. M., Strb.), bald durch Forthebung des scandalum crucis ihr Glaube befestigt (Bgh., Pisc.), bald den Machinationen der Gegner vorgebaut werden, welche sein Leiden als eine Schmach für ihn und die Kirche oder als gefahrdrohend für seine Anhänger darzustellen (Clv., Art., Croc.) und die schwächeren Glieder dadurch auf die Wege des Judaismus zu verlocken suchten (Strr.). Alles dieses wird aber aus den falschen historischen Voraussetzungen oder den erbaulichen Anwendungen der Ausleger erst in die Worte des Apostels hineingetragen[1].

---

[1] Das δέ, welches den neuen Abschnitt einleitet, ist ein einfaches metabatisches (Myr.), obwohl auch hier, wie meistens, zwischen dem auf sie Bezüglichen und dem an sie Mitzutheilenden ein gewisser Gegensatz stattfindet (vgl. Hoel.). — In dem einfachen γινώσκειν ὑμᾶς βούλομαι, das Paul. sonst negativ auszudrücken pflegt (οὐ θέλω ὑμᾶς ἀγνοεῖν Rm. 1, 13. 1 Cor. 12, 1. 2 Cor. 1, 8. 1 Thess. 4, 13), darf man keinen besonderen Nachdruck suchen, wie Art. thut, am wenigsten kann in dem βούλομαι ein besonderes Vergnügen (Sdl.), oder ein ernster Willensausdruck im Gegensatz zu entgegengesetzten Muthmaßungen (Bmg.) liegen. — Der Comparativ steht zuweilen ohne ausdrückliche Hinzufügung des Vergleichbaren, das dann aus dem Zusammenhange der Rede leicht zu suppliren ist (Win. §. 35. 4). Wo dieser wie hier die entgegengesetzte Möglichkeit suppeditirt, da wird das μᾶλλον besser durch potius übersetzt (so schon Est., Strr., Myr., Ew.) als durch das bloße magis (Vlg.). Auch das tantum abest, ut — ut (Pisc., Bng., Hnr.) ist keine ungeschickte Analyse des Ausdrucks. — Das τὰ κατ' ἐμέ (Eph. 6, 21. Col. 4, 7) bedarf nach griech. Anschauung gewiß nicht der Ergänzung durch ὄντα πράγματα

Die Hauptsache ist dem Apostel, daß seine Lage in der Gefangenschaft mehr zur Förderung des Evangeliums ausgeschlagen sei. Die ganze Tendenz der Mittheilung lehrt, daß damit nicht gemeint ist: mehr als man hätte erwarten sollen (de W.), oder: mehr als bisher (Hoel., B.-Cr.), sondern: mehr zur Förderung, als, wie die besorgten Philipper fürchteten (nicht gerade: wie die Feinde bezweckten Anſ.), zur Hinderung des Evangeliums. So die Meisten.

V. 13.

Die Förderung des Evangeliums kann offenbar nicht blos darin bestehen, daß die Banden des Apostels überhaupt offenbar wurden (Chr.), wenn man nicht willkührlich für dieselben die Predigt des Gebundenen vor dem heidnischen Forum substituirt (Th. v. M., Thph.), und auch dann müßte diese noch erst als erfolgreiche gedacht werden. Läge der Hauptnachdruck auf dem Bekanntwerden, so müßte dies mit Clv., Bz., Croc. und noch Ew. im Sinne von Berühmtwerden genommen sein, was eben so unnöthig als gegen den paulinischen Sprachgebrauch ist. Schon Thdt. hebt mit Recht die Ursache der Banden als Gegenstand des Bekanntwerdens heraus und Plg. erklärt ganz richtig, es sei offenbar geworden, daß er nicht wegen eines Verbrechens, sondern für Christum alles erdulde. Um dieses in dem Zusatz $\dot{\varepsilon}\nu\ X\rho\iota\sigma\tau\tilde{\omega}$ zu finden, darf man weder von der ursprünglichen Bedeutung der Präposition abgehen, noch von der einzig möglichen Verbindung der Worte mit $\varphi\alpha\nu\varepsilon\rho\text{ο}\acute{\upsilon}\varsigma$, und bedarf auch keiner Ergänzungen; denn ein Zustand der in Christo offenbar wird, ist eben in der Gemeinschaft mit Christo begründet und kann daher nur als solcher offenbar werden[1]). Geschieht das, so ist die Sache Pauli nicht nur von dem

---

(Rſm.) und ist auch nicht zur Umgehung der eigentlichen Benennung seiner Lage gebraucht (Bmg.), sondern eine reine Umschreibung, die alles, was hier in Betreff seiner persönlichen Lage anzuführen wäre, kurz zusammenfaßt. — $\pi\rho\text{ο}\kappa\text{ο}\pi\acute{\eta}$, ein Wort späterer Gräcität, findet sich auch 1 Tim. 4, 15.

[1]) Schon die griechischen Ausleger substituiren für $\dot{\varepsilon}\nu\ X\rho\iota\sigma\tau\tilde{\omega}$ theils geradezu $\delta\iota\grave{\alpha}\ X\rho\iota\sigma\tau\acute{\text{ο}}\nu$ (Chr.), indem sie es ganz sprachwidrig per hyperb. (Oec.) zu $\delta\varepsilon\sigma\mu$. ziehn, theils $\varepsilon\mathord{\dot\upsilon}\delta\text{ο}\kappa\acute{\iota}\alpha\ \kappa\alpha\grave{\iota}\ \text{ο}\mathord{\dot\iota}\kappa\text{ο}\nu\text{ο}\mu\acute{\iota}\alpha\ X\rho\iota\sigma\tau\text{ο}\tilde{\upsilon}$ (Oec., Thph.), wobei man es auch mit $\varphi\alpha\nu.\ \gamma\varepsilon\nu.$ verbinden kann (Dion.), Ambr. erklärt geradezu pro Chr.; später wird die Vertauschung mit propter Chr. (Haym., Lyr., Pisc., Est., Grt.), in nomine, in causa Chr. (Clv., Art.) ganz allgemein. (Vgl. noch Rſm., a. E., Hnr., Rhw.) Erst seit Mtth. geht man wieder auf die ursprüngliche Bedeutung des $\dot{\varepsilon}\nu\ X\rho$. zurück. Doch wird damit Christus nicht direct als Grund der Banden (Myr.) bezeichnet, sondern vielmehr als derjenige, in dessen Gemeinschaft (v. Hng.), aber im paulin. Sinne der innersten Lebensgemeinschaft mit Christo, Paulus diese Fesseln trägt, worin freilich indirect liegt, daß sie in dieser Gemeinschaft ihren Grund haben (Wieſ.). Der Ausdruck entspricht dem $\delta\acute{\varepsilon}\sigma\mu\iota\text{ο}\varsigma\ \dot{\varepsilon}\nu\ X\rho$. Eph. 4, 1 und findet darin seine genügende Erläuterung. Freilich ist darum $\dot{\varepsilon}\nu\ X\rho$. nicht gerade Prädicat zu $\varphi\alpha\nu.\ \gamma\varepsilon\nu.$ (B.-Cr.), so daß $\text{ο}\mathord{\check\upsilon}\tau\alpha\varsigma$ ergänzt werden müßte (Fl.), aber man darf auch nicht sagen, daß eine charakteristische Bestimmtheit der $\varphi\alpha\nu\acute{\varepsilon}\rho\omega\sigma\iota\varsigma$ bezeichnet werden solle (de W., Myr.); denn allerdings liegt es dem Apostel zunächst an dem Resultate der $\varphi\alpha\nu\acute{\varepsilon}\rho\omega\sigma\iota\varsigma$. Aber er bedient sich nicht ohne Absicht der Brachylogie

auf ihm lastenden Verdachte eines Verbrechens befreit (so die meisten von Plg. bis Myr.), sondern Christus verherrlicht, in dessen Gemeinschaft und um deswillen Paulus standhaft seine Banden trägt (vgl. Art.). Beides aber muß zur Förderung des Evangeliums beitragen.

Unter dem **Prätorium** verstanden die Alten sämmtlich den kaiserlichen Palast in Rom und denken dann vielfach an eine Bekehrung von Mitgliedern des kaiserlichen Hauses (Plg.). Nach einem allerdings sehr unzureichenden Versuche Thdt.'s, diese Bedeutung zu rechtfertigen, haben dies Clv., Est., Grt. in verschiedener Weise unternommen; letzterer so, daß er meint, die Provinzialen hätten den Palast des Kaisers mit demselben Namen bezeichnet, welchen die Wohnungen der Provinzial-Chefs führten (Rsm., a. E.) und Rhw. hat das aus den Acta Thomae und dem späteren römischen Sprachgebrauch noch weiter zu begründen gesucht. Wenn Lth., Cal. u. a.: Richthaus, locus judicii übersetzen, so denken sie dasselbe immer noch im kaiserlichen Palaste und weichen also von der gangbaren Auffassung nicht ab. Erst im Jahre 1687 begann ein ausführlicher gelehrter Streit zwischen Perizonius, der nach dem Vorgange von Camerarius darunter die castra praetoriana verstand, und Huber, der die hergebrachte Ansicht vertheidigte und dem noch Wlf., Sdl. u. a. beitraten. Dagegen entschieden sich bald die meisten und seit Mtth. alle neueren Ausleger für die erstere Ansicht, die sich jedenfalls ungleich sicherer aus dem Sprachgebrauch beweisen läßt und die einen gewissen geschichtlichen Anknüpfungspunkt in Act. 28, 16 findet, sofern Paulus dort dem praefectus praetorio übergeben wird und die Wache, die ihn in seiner Privatwohnung bewachte, demnach aus Prätorianern bestand. Es war natürlich, daß durch die Ablösung der Wachen, die reichliche Gelegenheit hatten, den in seiner Gefangenschaft das Evangelium frei Verkündigenden (28, 30. 31) zu hören, die Kunde von dem Charakter des Gefangenen und dem Grunde seiner Haft sich bald im ganzen Prätorium verbreitete. — Den Prätorianern gegenüber sind dann die übrigen alle in hyperbolischem Ausdrucke die Stadtbewohner, so weit ihnen mittelbar dieselbe Kunde zukam. Natürlich aber ist an

---

(Mtth., v. Hng.), welche dasselbe unmittelbar an $φαν.$ anknüpft, weil damit angedeutet ist, daß die gemeinte Kundwerbung der Fesseln mit der Kundwerbung Christi selbst und dadurch mit der Förderung seiner Sache im engsten Zusammenhange steht. — Das $ἐν$ ziehen Chr., Thph. und noch Lth., Strr. zugleich zu $τοῖς λοιποῖς$ und die Vlg. hat durch Einschiebung des in vor ceteris omnibus die älteren Exegeten alle zur Ergänzung von locis verleitet, was weder nöthig noch passend ist, da der Dativ einfach von $φανερ. γεν.$ abhängt (Pisc.), und eine Verbreitung an allen Orten doch eine gar zu übertriebene Hyperbel wäre. — Die Behauptung v. Hng.'s, daß $οἱ λοιποί$ an sich die Heiden bezeichne, beruht auf einem ganz unzulässigen Mißbrauch solcher vermeinten Parallelstellen wie Eph. 2, 3. 1 Thess. 4, 13, wo natürlich das $οἱ λοιποί$ seine specielle Bedeutung lediglich aus dem Conterte empfängt. Man müßte denn womöglich gleich nach dem monströsen Einfall Ambr.'s unter $πραιτώριον$ die Juden verstehen.

die Nichtchristen zu denken, da die Christen dieser Kunde nicht erst bedurften.

V. 14.

Die alten Ausleger verbinden fast alle ἐν κυρίῳ mit πεποιθότας, so daß Paulus das Vertrauen, zu dem seine Gefangenschaft die Brüder ermunterte, aus Bescheidenheit als von Christo gewirkt (Chr., Thph.) oder geradezu als ein Vertrauen nicht auf sich selbst, sondern auf Christum (Haym., Anf.) darstellt. Letzteres ist nun ganz unmöglich, da der Grund des Vertrauens ja ganz wie Philm. 21. 2 Cor. 10, 17 auch hier durch einen Dativ bereits ausgedrückt ist. Obwohl daher noch Strr., Fl., Rhw. es fälschlich so nehmen, daß von dem durch die Fesseln vermittelten Vertrauen auf den Herrn die Rede ist, so sind die neueren, die jene Verbindung vertreten, zu der ältesten Fassung zurückgekehrt und sehen in dem ἐν κυρίῳ eine specifische Modalbestimmung des πεποιθότας (Myr.), wonach dies Vertrauen aus der Gemeinschaft mit Christo fließt (Hoel., Mtth., B.-Cr., Wies.). Dann aber ist erst recht nicht zu begreifen, warum eine solche in diesem Context nebensächliche Modalbestimmung durch Voranstellung einen durch nichts gerechtfertigten Nachdruck empfängt, wenn man nicht mit Jth. willkührlich einen Gegensatz hineinträgt, wie: vorher vertrauten sie auf ihre Klugheit zu schweigen, jetzt vertrauen sie auf den Herrn. Mit Recht ziehen daher Lth., Est., Schlicht., sowie noch Hnr., de W. und Ew. die Worte zu ἀδελφοί. Der Vorwurf, daß dieser Zusatz überflüssig sei, erledigt sich freilich nicht dadurch, daß von christlichen Brüdern im Gegensatz zu seinen Brüdern nach dem Fleische (Croc.) oder gegen falsche Brüder (Cal.) die Rede ist, daß er speciell an die Lehrer der Gemeinde (Sdl.) oder seine Mitarbeiter (Rsm.) denkt; sondern, abgesehen davon, daß Paulus auch sonst durch diesen Zusatz die christlichen Brüder charakterisirt (Col. 1, 2), erklärt er sich an unserer Stelle hinlänglich dadurch, daß die hier gemeinte Wirkung der Gefangenschaft auf die christlichen Brüder einen ausdrücklichen Gegensatz zu der V. 13 besprochenen Wirkung auf die Nichtchristen bildet und daß offenbar mit Absicht der Apostel von seiner Gemeinschaft mit Christo, um deretwillen er die Fesseln trägt, zur Erwähnung der Gemeinschaft mit Christo übergeht, die ihn mit allen Christen durch das Band brüderlicher Gemeinschaft verbindet. Bei richtiger Fassung des Folgenden wird sich überdem zeigen, daß das hier gemeinte Vertrauen auf seine Banden keineswegs ausschließlich aus christlichen Motiven fließt, sondern auch aus sehr unchristlichen, so daß von der Verbindung des ἐν κυρίῳ πεποιθότας auch sachlich gar nicht die Rede sein kann[1]).

---

[1]) Daß für die Verbindung mit ἀδελφοί das fehlende Bindemittel des Artikels kein Hinderniß bildet, giebt selbst Myr. zu. Der Zusatz ἐν κυρίῳ verschmilzt mit ἀδελφ. zu dem einen Begriffe des christlichen Bruders, wie ähnlich Röm. 16, 3. 9. Eph. 6, 21. Col. 4, 7. Philm. 16. 23. Vgl. Win. §. 20. 2. a. Da

Cap. I. V. 14.

Die meisten Ausleger freilich beantworten die Frage, inwiefern die Brüder seinen Banden vertrauten, statt die Antwort darauf aus dem Contexte zu entnehmen, nach eigenem Gutdünken. Nach den älteren Auslegern (Th. v. M., Thdt., Thph., Pelg., Ans., Haym.) war es das Beispiel der Standhaftigkeit des Apostels in seinen Banden, welches die andern ermunterte, und diese Ansicht ist die verbreitetste geblieben, wird auch von den neueren noch mit gelten gelassen (Hoel., Myr., Ew.), und von de W. ausschließlich vertreten. Clv. dagegen hat nach dem Vorgange von Ambr. in schöner Weise ausgeführt, wie sie an Paulus erkannten, daß Gottes Hand die Seinigen auch unter dem Kreuze als Sieger triumphiren läßt und dadurch Muth gewannen. Später wurde diese Auffassung dahin verflacht, daß sie sahen, wie es dem Apostel so übel nicht gehe, wie er ganz glimpflich behandelt werde (Rsm., Kr., a. E., Hnr.) und so ganz auf den glücklichen Ausgang der Gefangenschaft bezogen (Mtth.). Manche, wie Bll., Bng., Strr., Fl., Ew., Jth. verbanden beide Gesichtspunkte. Endlich fand Oec. in den Banden des Apostels einen Beweis, daß sein κήρυγμα ein θεῖον sei, und ihm haben sich Myr. und Wies. angeschlossen. Allein keine dieser Auffassungen ist von Willkühr frei. Denn sie sie substituiren den Banden des Apostels seine Standhaftigkeit, seine Schicksale oder seine Erfolge in den Banden und vertauschen das „Vertrauen den Banden" geradezu mit „Ermuthigt werden durch die Banden" (de W. Jth.). Das Einzige, was der Zusammenhang wirklich dargiebt, ist, daß seine Banden als um Christi willen getragen offenbar geworden sind (V. 13) und somit dazu beigetragen haben, die Sache Christi zu vertheidigen und zu empfehlen. Das wäre der nächstliegende Grund, aus welchem sie seinen Banden vertrauten. Aber auch dieses sagt der Apostel hier nicht ausdrücklich, sondern erst V. 16, und stellt dem noch V. 15 ein ganz anderes Motiv entgegen, aus welchem das Vertrauen auf seine Banden die Verkündiger des Evangeliums ermuthigt hat.

gegen mögen Gal. 5, 10. 2 Thess. 3, 4. Phil. 2, 24 zeigen, daß das Wort nach= stehen würde, wenn es wirklich bloße Modalbestimmung von πεπ. wäre. An die Verbindung mit τολμᾶν (Bng.) ist natürlich gar nicht zu denken. — Zu der Be= ziehung des absolut gesetzten κύριος auf Christus vergl. 2, 29. — Οἱ πλείονες bezeichnet nach gangbar gewordener Formel die Mehrzahl (Win. §. 35. 4); daher die Vlg. (plures) und Lth. (viele) falsch übersetzen. — Das Adv. περισσο= τέρως gehört zu τολμᾶν, wobei es steht und nicht zu ἀφόβως (Ort., Fl, B=Cr.). Wir haben wieder wie V. 12 einen Comparativ ohne Nennung des vergleichbaren Gegenstandes, weil sich aus dem Contexte von selbst ergänzt: mehr, als früher, wo ich noch nicht gefangen war. Was Wies. in diesen beiden Bestimmungen für einen Gegensatz findet, vermag ich nicht abzusehen, da ja das „früher" nur insofern in Betracht kommt, als Paulus da noch nicht gefangen war. Mit Recht bemerken schon Chr., Thph, daß es ihnen auch früher nicht an Muth gefehlt hat, aber der Muth ist ihnen im Vertrauen auf seine Fesseln gewachsen. Unrichtig meint Art., daß sie früher nicht laut zu reden wagten. — Daß der λόγος, absolut gesetzt, die evangelische Verkündigung ist, erhellt zur Genüge aus Gal. 6, 6. Col. 4, 3. 1 Thess. 1, 6 und schon dadurch erweist sich der Zusatz τοῦ θεοῦ als erklärende Glosse.

b) Die lautre und unlautre Predigt von Christo.
(Cap. I, 15—18.)

Etliche zwar predigen Christum auch um Neid und Haders willen, etliche aber auch aus Wohlgefallen; diese, die aus der Liebe sind, weil sie wissen, daß ich zur Verantwortung des Evangeliums darniederliege, jene aber, die von Partheisucht getrieben sind, verkündigen Christum nicht lauter, indem sie meinen eine Trübsal zuzuwenden meinen Banden. Denn wie? Es wird ja doch Christus verkündigt auf allerlei Weise, es geschehe zum Vorwande, oder mit Wahrheit und daran freue ich mich. Aber ich werde mich auch freuen — —

[V. 15.] Der Apostel sieht sich aber freilich genöthigt, der Meinung vorzubeugen, als ob lediglich in dem guten Sinne, den der Zusammenhang zunächst ergiebt, seine Gefangenschaft die Verkündiger des Evangeliums in Rom ermuthigt habe und fügt darum einschränkend hinzu, daß etliche zwar auch in ganz entgegengesetztem Sinne im Vertrauen auf seine Banden kühner geworden seien in der Verkündigung des Evangeliums. Das sind nemlich solche, welche **Christum verkündigen aus Neid und Streitsucht.** Da die apostolische Kirche so wenig wie die Kirche irgend einer Zeit von Sünde frei war, konnte es nicht fehlen, daß die großartige Wirksamkeit des Apostels und seine hervorragende Stellung in der Kirche in manchen Gemüthern Neid erregte, zumal in Rom, wo der bisherige Mangel einer die Gemeinde leitenden apostolischen Autorität unstrittig manchen kleineren Geistern ein gewisses hervorragendes Ansehen verschafft hatte. Mit unbefangener Freude hatten sie sein Kommen begrüßt; als aber aus seinem flüchtigen Besuche wider des Apostels Willen ein jahrelanges Verweilen geworden war, sahen sie ihr bisheriges dominirendes Ansehen in der Gemeinde durch ihn gefährdet und so schlich sich der Neid in ihre Herzen ein. Um dieses nun auch dem Apostel gegenüber zur Geltung zu bringen, mußten sie, obwohl in der Lehre mit Paulus übereinstimmend, doch diesen selbst anfeinden, mußten Anlaß suchen, seine Person und seinen Wandel, die Art seiner Verkündigung zu bemängeln und zu bestreiten, und ihr Muth wuchs dadurch, daß derselbe in Ketten und Banden lag. Je mehr sie ihn dadurch in seiner Thätigkeit behindert sahen, um so eher glaubten sie ihn überflügeln zu können; wäre er frei gewesen, so hätte die imponirende Größe und Kraft seiner Wirksamkeit sie niedergehalten. Und je weniger er jetzt im Stande war, sich zu vertheidigen und ihre Angriffe niederzuschlagen, um so eher hofften sie mit ihren Vorwürfen gegen ihn durchzudringen. So wagten sie es, auf seine gebundene Lage vertrauend, immer kühner hervorzutreten mit ihrer Verkündigung des Evangeliums, die aber freilich nicht Christo, sondern ihrem Ehrgeiz und Uebelwollen gegen den Apostel diente.

Aber etliche gab es auch, die aus reinem Wohlgefallen an seiner evangelischen Verkündigung, aus neidloser Freude an seinen Erfolgen sich zu gleicher Verkündigung angetrieben fühlten. [V. 16.] Das waren die, deren ganzes Wesen, wie auch jenes ihr Wohlgefallen, in der christlichen Bruderliebe wurzelte, die jedem seine Ehre gönnt und wahrhaft das Heil des Nächsten wünscht. Diese, die aus der Liebe waren, verkündigten jetzt Christum um so eifriger, weil sie es gesehen und erfahren, welchen Erfolg die Gefangenschaft des Apostels hatte. Wohl lag derselbe in dem Leid und Elend, das ihm die Gefangenschaft bereitete, darnieder; aber dies diente nur dazu, um die Vorurtheile wider das Evangelium zu zerstreuen und ihm Freunde zu gewinnen. Je mehr sie sahen, wie so die Lage des Apostels nur zur Vertheidigung des Evangeliums diente und seinen Verkündigern Bahn machte, um so muthiger mußten sie werden, das Evangelium zu verkündigen ohne Scheu.

[V. 17.] Die anderen aber waren solche, deren ganzes Treiben und also auch ihr Neid und Hader aus eigennütziger Partheisucht hervorging, sie verkündigten Christum nicht lauter; denn ihre einzige Absicht dabei war, sich selber Ehre und Anhänger zu erwerben. Sie verdoppelten jetzt ihren Predigteifer im Vertrauen darauf, daß die Gefangenschaft des Apostels ihnen freieren Spielraum lassen und den Weg zu ihrem Ziele ebnen werde. Aus Liebe zum Apostel oder zu seiner Sache geschah es wahrlich nicht, vielmehr meinten sie, sie würden durch die zu gewinnenden Erfolge den Banden des Apostels Trübsal bereiten, seine Gefangenschaft ihm zu einer leidensvollen machen. Dabei setzten sie in der Seele des Paulus ihre eigene kleinlich-neidische Gesinnung voraus, die kein Gelingen Anderer mit ansehen könne, ohne daß es ihn kränke und betrübe. Aber darum eben war das nur eine thörichte Meinung, die der Erfolg nicht bestätigen konnte.

[V. 18.] Denn wie? fragt der Apostel. Ist es nicht wirklich

blos ihre falsche Meinung, daß sie mir Trübsal in meinen Banden bereiten, oder sollte ihnen dies in der That gelingen? Aber wie dem auch sei, sieht man davon ab, was etwa der Apostel fühlen mußte, wenn er an die Unlauterkeit ihres Treibens dachte, auf die hier nicht der Ort war, näher einzugehen, so blieb ja außerdem das Factum stehen, daß doch in jeder Weise auf Anlaß seiner Banden reichlicher und eifriger Christus verkündigt wurde, sei es nun zum Vorwande, um unter dem Deckmantel des Eifers für die Sache Christi die eigennützigen Absichten des Ehrgeizes zu verbergen, sei es mit Wahrheit von denen, welchen wirklich die Ehre Christi allein am Herzen lag. Und daran freut sich der Apostel, dem die Ausbreitung des Reiches Christi weit über alles ging, was eigenes Interesse heißen konnte. Somit hat er erwiesen, daß in jeder Weise seine Lage in der Gefangenschaft zur Förderung des Evangeliums gereichte und daß er sich dieser Förderung trotz dem Schatten, der von der Art mancher Verkündiger darauf zu fallen scheinen konnte, ungetrübt freue.

In der Gegenwart also war es nur reine Freude, was den Apostel in seiner Gefangenschaft erfüllte, und da diese Freude gerade der Förderung der Sache Christi galt, mußten die Philipper über die beiden Punkte, die sie zunächst mit Besorgniß erfüllten, getröstet und beruhigt sein. Aber wie war's, wenn er nun in die Zukunft seinen Blick richtete, in der noch die Endentscheidung über sein Schicksal dunkel und drohend über seinem Haupte hing? Diese Frage war ja die zweite, welche die liebenden Gemüther seiner Philipper so besorgt machen mußte. Aber auch in der Zukunft werde ich beständig mich freuen: das war die beruhigende Auskunft, die er denselben zu geben hatte, und sie zu begründen folgt die Darstellung seiner hoffnungsvollen Freudigkeit im Blick auf seine eigene Zukunft.

V. 15.

Wer sind die hier genannten Verkündiger des Evangeliums? Chr., Oec., Thph. dachten an Ungläubige, die nur, um dem Apostel den Haß seiner Feinde zu erregen, das Christenthum verbreiteten, und selbst noch Grt., a. E. an Juden, die, um dem Evangelio zu schaden, seine Lehren und Beweisgründe ins Gerede brachten, beides ganz unvollziehbare Vorstellungen! — Einstimmig aber sind die griechischen Väter darin, daß jene Verkündiger $καλὰ\ μὲν,\ οὐ\ καλῶς\ δὲ$ predigten, und sie verwerfen ausdrücklich die Ansicht der $ἀνόητοι$, die hier eine Milde gegen häretische Lehren fänden, welche dem Apostel nach den Pastoralbriefen doch völlig fremd sei. (Nur Th. v. M. drückt sich einmal so aus, als ob sie auch unreine Lehre einmischten.) Häufig hat Aug. unsre Stelle in diesem Sinne erklärt, an ihm haben die Reformatoren festgehalten und nicht ohne dogmatisches Interesse (worüber zu V. 18) die lutherische Orthodoxie. Allein seit Bng. (doch vgl. schon Aeg. Hunn. bei Croc.) wird der Zug judaistischer Irrlehre in das Bild dieser unlautern Prediger immer mehr aufgenommen, und bei den meisten Neuern sind es geradezu die falschen jüdisch gesinnten Apostel, die wir aus dem Galaterbriefe kennen, welche hier erwähnt sein sollen (Strr., Rhw., deW., Myr., Ew., Jth.). Aber eben die Art, wie Paulus dort und hier über seine Gegner urtheilt, zeigt, wie völlig verschieden dieselben sind (B.-Cr., v. Hng., Wief.). Wurzelte die dort geführte Polemik in der Ueberzeugung des Apostels von der alleinigen Wahrheit seines Evangeliums und von der Unvereinbarkeit desselben mit den judaistischen Anforderungen, so kann er nicht in einer nicht von ihm gestifteten Gemeinde, oder in Folge seiner jetzigen Lage und Stimmung, wie de W. u. Myr. meinen, milder darüber geurtheilt haben. Die Annahme eines naiven oder milderen Judaismus aber erklärt nicht die Opposition gegen Paulus oder führt darauf zurück, diese aus persönlichen Motiven abzuleiten, und macht dann überhaupt die Annahme eines Lehrunterschiedes unnütz. Ein solcher ist aber nach Stellen wie Gal. 1, 9 unmöglich anzunehmen, zumal Paulus im Folgenden ihre Predigt nicht nur duldet, sondern sich derselben freut (V. 18), worauf schon die ältern Ausleger stets hinweisen (vgl. Clv., Bgh., Croc.).

Allein auch wenn man hierüber einverstanden ist, fragt sich, ob die hier genannten zu den Brüdern im Herrn (V. 14) zu rechnen sind, oder ihnen entgegengestellt werden. Schon von Anfang an herrschte hierüber eine Differenz unter den Auslegern, die sich freilich nur selten klar darüber aussprechen. Während bei Chr. die V. 15 genannten ganz andere sind als die Brüder V. 14, rechnet sie Ambr. zu denselben, Ans. entschied sich für jenes, Lyr. für dieses; Clv. u. Cal. treten jener, Pisc., Est., Croc., Sbl. und Bmg. dieser Ansicht bei, die neueren erklären sich meist entschieden für die Entgegenstellung, nur Hoel., Ew. scheinen die hier genannten für eine Classe der V. 14 erwähnten Brüder zu halten. Da sich von Seiten der Einführungspartikeln nichts dagegen einwenden läßt[1]), so entscheidet das zweite τινες, das unmög-

---

[1]) Zweifellos konnte der Apostel schreiben οἱ μέν — οἱ δέ, wenn er von vorn herein beabsichtigte, die eben genannten Brüder in zwei Klassen zu theilen und jede derselben näher zu beschreiben. Allein so logisch disponirend schreibt er eben nicht; sondern, nachdem er berichtet, daß die Brüder, seinen Banden vertrauend, zu furchtloser Predigt ermuthigt seien, sieht er sich genöthigt (zwar nicht zur Widerlegung eines Einwands, der seiner hoffnungsvollen Darstellung gemacht werden könnte, Croc., Sbl., Bmg., sondern) um der sehr nahe liegenden Voraussetzung willen, daß dies nur in gutem Sinne zu verstehen sei, einschränkend (μέν) hinzuzufügen, daß dies von einigen aus jener Mehrzahl auch (καί) aus unlautern Beweggründen geschehe,

lich die eben als Mehrzahl bezeichneten Brüder im Gegensatz zu den ersten τινες bezeichnen kann. Daß nur ein Theil von ihnen gemeint sei (v. Hng.), diese bei der Annahme eines Gegensatzes der ersten τινες gegen V. 14 ganz unzulässige Annahme, haben Myr. u. Wies. selbst aufgegeben, dann aber ist es vollends unbegreiflich, wie Paulus auf einmal „auf ihr bereits angedeutetes Zahlverhältniß keine Rücksicht nehmen" soll (Myr.). Daß sie aber hier unter einem andern Gesichtspunkte erscheinen (de W.), ist nicht richtig, da V. 16 sofort zu dem Gedanken des V. 14 zurücklenkt. Ueberhaupt aber läßt sich dieser ganze Excurs über die verschiedenen Prediger in Rom nicht motiviren, wenn man ihn nicht als Exposition von V. 14 faßt, wie am besten Cal. zeigt, der den Versuch macht und schließlich doch dabei stehen bleiben muß, daß Paulus nur gelegentlich auf sie zu sprechen kommt.

Das Motiv dieser Verkündiger des Evangeliums wird als φθόνος καὶ ἔρις bezeichnet, die Paulus auch sonst (Röm. 1, 29. 1 Tim. 6, 4) verbindet, weil sie der Natur der Sache nach mit einander verbunden sind. Denn φθόνος ist nicht die Feindschaft (Thdt.), der Haß (Pisc.) gegen den Apostel, sondern der Neid, den Paulus durch seine Vorzüge erregte. Sie wollten auch etwas von seinem Ruhm und seiner Ehre für sich haben, wie dies schon Chr. u. Thph. Plg. u. Haym., Croc. u. Est. sehr richtig entwickeln. Zu dem Ende aber mußten sie, da sie ihm weder an Begabung, noch an Thatkraft gleichkamen, um sich zur Geltung zu bringen, ihm dies oder das vorwerfen, dies oder jenes besser zu machen vorgeben als er. Daher erregen sie Streit und lieben den Streit, nemlich den Streit wider seine Person und die Art seines Wirkens, weder einen Lehrstreit, um den es sich gar nicht handelt, noch den Streit mit den Gemeindegliedern, wie Zanchius bei Croc. will, der bereits ganz das Richtige hat. Wir haben dann freilich hier einen Zug, der zu dem idealen Bilde, das man sich so oft von der apostolischen Kirche macht, nicht stimmt (Wies.), und schon Clv. legt sich die Frage vor, was bei der Erkenntniß des Evangeliums, die doch ihre Predigt voraussetzt, diese Leute angetrieben habe, so zu verfahren. Er antwortet: caeca ambitio, rabiosa bellua, und so ist es. Der Ehrgeiz, diese sündhafte Verkehrung des natürlichen

---

und erst nachher drängt es ihn, noch ausdrücklich hinzuzufügen, was freilich sich nun schon von selbst verstand, daß doch einige aber auch aus lauteren Motiven es thäten. (Vgl. schon Bll.) Das καί kann also ebenfalls nichts entscheiden gegen unsere Fassung, vielmehr ist es offenbar unrichtig, wenn v. Hng., de W. und Myr. durch dasselbe ein schlechtes Motiv dem V. 14 genannten guten an die Seite gestellt sein lassen; denn in der Weise, wie es der Neid hier ist, ist dort gar kein Motiv genannt, vielmehr findet dies seinen Gegensatz lediglich im Folgenden. — Vom Motive gebraucht wird διά c. Acc. auch Eph. 2, 4. Vgl. Win. 49. e. — Christus steht natürlich nicht metonymisch für die Lehre Christi (a. E.), sondern der persönliche Christus selbst ist der Mittelpunkt des evangelischen κήρυγμα. Vgl. 1 Cor. 1, 23. Gal. 1, 16. Eph. 3, 8 und den Ausdruck εὐαγγέλιον τοῦ Χριστοῦ, wo Letzteres genit. object. ist (Rm. 15, 19. 1 Cor. 9, 12).

Ehrtriebes, erzeugt den Neid, den Paulus zu den ἔργα τῆς σαρκός (Gal. 5, 20. 21), wie den Streit, den er zu den ἐπιθυμίαι τῆς σαρκός (Rm. 13, 13) rechnet. Wo diese Mächte walten, da hat das sarkische Princip wieder die Oberhand gewonnen, wie es bei den Corinthern war (1 Cor. 3, 3), aber so wenig der Apostel diesen darum das Prädicat einer in Christo geheiligten Gemeinde abspricht (1 Cor. 1, 2), so wenig kann das Vorhandensein dieser bösen Motive den Apostel hindern, diese Verkündiger des Evangeliums als ἀδελφοὶ ἐν κυρίῳ (V. 14) zu bezeichnen. Inwiefern diese Leute, seinen Banden vertrauend, furchtloser predigen, sagt schon Lyr.: me incarcerato, fortius praedicant ut sapientiores et famosiores appareant.

Das Motiv des andern Theils jener Brüder wird als εὐδοκία bezeichnet. Schon die griechischen Väter denken dabei mehr im Allgemeinen an den guten Willen (Chr., vgl. Blg., Clv., a. E.), oder die gute Meinung (Thph., vgl. Lth., v. Hng., Mtth.), ja Schlicht. und Hnr. geradezu nur an den eigenen freien Antrieb, Hoel. an die selbstbewußte Ueberzeugung. Dabei aber ist doch zu wenig an die eigentliche Wortbedeutung angeknüpft. Als diese betrachtete man oft den Begriff des Wohlwollens und dachte dann entweder an das Wohlwollen, das nach dem Heile des Nächsten verlangt (Plg., Haym., Ans., Lyr., Est.), oder an das Wohlwollen gegen den Apostel (so Rsm. und seit Rhw. fast alle Neueren) und seine Lehre (Sbl., Strr.). Allein sicher erweisen läßt sich trotz dem Versuche, den Fritzsche im Commentar zu Röm. 10, 1 gemacht hat, diese Bedeutung — wenigstens für's N. T. — nicht, und jedenfalls ist es sicherer, bei dem Begriff des Wohlgefallens stehen zu bleiben, der einen guten Gegensatz gegen das Mißfallen an dem Erfolge des Nächsten bildet, das allem Neide zum Grunde liegt, und dessen Object contextgemäß nur die Verkündigung Pauli, welche ja auch der Gegenstand des Neides der anderen war, sein kann. Aehnlich Grt. und de W.

V. 16.

Daß die Verse 16. 17 nur die nähere Exposition über die V. 15 genannten beiden Klassen von Verkündigern des Evangeliums sind, haben wohl alle Ausleger richtig erkannt mit Ausnahme von Ambr., dem Lyr. u. a. mittelalterl. Exegeten folgten. (Vgl. dagegen schon Bgh.) Indem der Apostel die Charakteristik der letztgenannten noch einmal kurz aufnimmt[1]), bezeichnet er den tiefsten Grund ihres Wesens als ἀγάπη.

---

[1]) Die Stellung dieser beiden Verse ist jetzt fast allgemein die, welche schon die lat. Väter haben, wonach dieselben in umgekehrter Ordnung den beiden Theilen des V. 15 entsprechen, wie 2 Cor. 2, 15. 16 und sehr häufig. Die Lesart der griech. Väter und der Rcpt. stellt sich, abgesehen davon, daß nach der unsrigen V. 18 sich ungleich besser anschließt, leicht als Correctur zur Herstellung des Parallelismus dar. Mtth. hat die Rcpt. mit schwachen Gründen vertheidigt. — In beiden Versen ist Subj. οἱ ἐξ ἀγάπης und οἱ ἐξ ἐριθείας, wobei ὄντες (Myr.) oder gar κηρύσσοντες

Man hat dabei von Ambr., Plg. bis auf die neuesten Ausleger (de W., Myr.) speciell an die Liebe zu Paulus gedacht, oder an die Liebe zu Christo (Th. v. M., Clv.), und diese beiden (Oec., Bng., Rsm.), oder die Liebe Pauli mit der zu den Brüdern (Lyr.), oder zu seiner Sache (Sdl., Strr., Mtth.), oder auch alle drei (Haym., Croc.) mit einander verbunden. Es zeigt schon dieses Schwanken der Exegese, wie unsicher man bei solchen speciellen Bestimmungen geht. Die ἀγάπη ohne weitern Zusatz kann nur die christliche Bruderliebe im Allgemeinen bezeichnen, und dies entspricht dem Contexte vollkommen. Denn das neidlose Wohlgefallen an der evangelischen Verkündigung, mag sie immerhin von andern verbreitet werden und andern zum Ruhme gereichen, kann seinen letzten Grund nur haben in der christlichen Bruderliebe, die jedem, also auch dem Apostel Paulus seine Ehre gönnt und nur für das Heil derer, die Christum noch nicht kennen, sorgt.

Den Beweggrund, den der Apostel in dem Participialsatze andeutet, finden die meisten darin, daß sie den jetzt behinderten Apostel in seiner Thätigkeit vertreten oder unterstützen wollen. Dabei denken denn Chr., Thph. an die Rechenschaft, die er dafür vor Gott ablegen muß, Th. v. M., Thdt. und mit ihnen die meisten an die Bestimmung, die ihm von Gott gegeben (vgl. noch de W., Myr., Wies., Ew.), noch andere an die Liebe, die sie ihm damit anthun (Hnr., Rhw., Hoel., B.-Cr.). Allein von einer Theilnahme an der ἀπολογία τοῦ εὐαγγελίου ist ja in dem zu begründenden Satze gar nicht die Rede, sondern nur von einer Betheiligung an dem κηρύσσειν, und doch ist jene Apologie als die Pointe des ganzen Begründungssatzes an die Spitze gestellt (Wies.), und sie geschieht nach V. 7 und 13 gerade durch seine Gefangenschaft, an welcher doch die Freunde nicht Theil nehmen. Immer aber bleibt durchaus unerklärlich, wie die specielle Bestimmung des Apostels zu einem Amte jemanden dazu bewegen soll, dasselbe selbst zu übernehmen. Vielmehr tritt nun einfach die ausdrückliche Aussprache des schon in V. 13 liegenden Momentes ein, das die Wohlgesinnten bewegt, im Vertrauen auf seine Banden nur um so eifriger das Evangelium zu verkündigen, und das ist, daß seine Gefangenschaft zur Vertheidigung des Evangeliums dient

---

(Strr.) zu ergänzen kaum nöthig ist. Es werden damit jene beiden Stücke als diejenigen bezeichnet, in welchen das ganze Wesen dieser Leute wurzelt, aus denen es gleichsam hervorwächst. Vgl. Rm. 2, 8. Gal. 3, 7. Als Prädicat ist in V. 16 aus dem Vorigen Χριστὸν κηρύσσουσιν zu ergänzen. So wird in beiden Sätzen Subject und Prädicat der Sache nach aus dem vorigen Verse aufgenommen und der Hauptnachdruck fällt auf die Participialsätze, welche das Nähere über ihre Beweggründe aussagen und wirklich Neues enthalten. Zieht man dagegen die beiden Präpositionen zum Verbum je eines Satzes, so wird nur der Blick von den Participialsätzen auf diese dann tautologisch erscheinenden Nebenbestimmungen abgelenkt, und in V. 17 erhält das Verbum gar zwei dergleichen, die nur positiv und negativ dasselbe sagen. Dennoch war diese Verbindung früher allgemein (Lth., Pisc., Croc., Bng., Sdl.) und findet sich noch bei Rhw., Hoel., Mtth., Ew. Erst seit Grt. wird die richtige allgemeiner. Vgl. de W., Myr., Wies.

und so ihnen die evangelische Verkündigung leichter und hoffnungsvoller macht[1]).

V. 17.

Das Wesen der unlautern Verkündiger leitet Paulus aus der ἐριθεία ab. Die älteren Ausleger von der Vlg. (contentio) bis auf Rsm., Strr., a. E. und noch Ew. (Streitsucht) verstanden darunter wesentlich dasselbe wie unter ἔρις (V. 15), oder gar ganz wortwidrig den Haß gegen Paulus (Hoel.); doch hat schon Est. sachlich richtig: gloriae suae studentes (vgl. v. Hng., Mtth.), nur daß im Worte seiner Ableitung nach mehr das Eigensüchtige, als das Hochmüthige des Parteitreibens, das es bezeichnet (Myr., de W.), mehr der niedrige Egoismus als der hochstrebende hervortritt[2]). In demselben Maße, wie wir die ἀγάπη als Wurzel der εὐδοκία (V. 15) erkannten, müssen wir in der ἐριθεία die Wurzel des φθόνος καὶ ἔρις sehen. Denn nur dieser niedrige, eigennützige Factionsgeist kann da, wo es sich doch um die große Sache des Evangeliums handelt, auf die Erfolge der Arbeit eines andern scheel sehen und sie durch Streit und Hader zu schmälern oder sich anzueignen suchen. Die Verkündigung, die aus diesem Wesen hervorgeht, bezeichnet Paulus als eine nicht lautere. Das haben schon die Alten richtig von der Reinheit der Gesinnung und Tendenz verstanden (Chr., Oec., Thph) und selbst viele von den Neueren, obwohl sie an judaistische Verkündiger denken (Hnr., Hoel., Mtth., de W., Myr.). Dagegen erklärte Bng.: non pura intentione et non sine fermento judaico, was doch schon im Worte nicht liegt und, wie zu V. 15 gezeigt ist, sachlich nicht paßt. Dennoch

---

[1]) Man könnte diesen Sinn in den Worten finden, wenn auch wirklich, wie von Thdt. bis auf Myr., Wies, Ew., Ith. die meisten annehmen, κεῖμαι hieße: ich bin bestimmt. Denn es wäre auch dann immer nur an den Apostel in seiner gegenwärtigen Lage zu denken. Ich kann aber diese Bedeutung durch Luc. 2, 34. 1 Thess. 3, 3. 1 Tim. 1, 9 nicht genügend gerechtfertigt finden, da in der ersten das Bild vom Steine den Ausdruck bestimmt, in der letzten gar nicht von Personen die Rede ist. Mag immerhin an ein Darniederliegen in Fesseln (Pisc., Est. a. E) nicht wohl zu denken sein (Myr.); aber von dem Darniederliegen in dauerndem Unglück und Leiden (Lth., v. Hng., Mtth), also auch in der θλίψις der Gefangenschaft, ist das Verbum im classischen Griechisch sehr gebräuchlich. Vgl. Passow.

[2]) Das Wort ἐριθεία kommt nicht von ἔρις, ἐρίζειν her, wie die Alten meinten und noch B-Cr., sondern von ἔριθος, das eigentlich einen Lohnarbeiter bezeichnet, dann besonders einen niedrig denkenden Menschen, wobei also das „um Lohn etwas thun" in schimpflichem Sinne genommen ist. Von hieraus wird es übertragen auf Ränkesucht und Parteitreiben, von dem es namentlich im classischen Griechisch sehr häufig vorkommt. Vgl. Fritzsche zu Röm. 2, 8. In diesem Sinne scheint das Wort, das bei Paulus gar nicht selten ist (Rm. 2, 8. 2 Cor. 12, 20. Gal. 5, 20), im N. T. überall vorzukommen. — Nach Tischendorf ist im Folgenden die überwiegend beglaubigte Lesart ἐγείρειν Die Rcpt. ἐπιφέρειν, im Sinne von superaddere genommen (Est, Bng, Sdl., Hnr.), paßt auch sachlich weniger, weil der Apostel damit zugestehen würde, daß ihm die Fesseln schon θλίψις genug bereiten, was gerade hier, wo von dem segensreichen Erfolge derselben die Rede ist, gewiß nicht seine Absicht sein kann. Zur θλίψις als Bezeichnung von innerer Bedrängniß vgl. 2 Cor. 2, 4.

nahmen es ähnlich schon Schlicht., später Sdl., Bmg., Rsm., a. E. und noch Rhw.

Die patristischen und mittelalterlichen Exegeten sind darüber einig, daß sie, die $\vartheta\lambda\tilde{\iota}\psi\iota\varsigma$ von äußerer Gefahr fassend, dabei an den Grimm der Feinde, besonders des Kaisers, denken, der durch die immer weitere Verbreitung des Evangeliums dem Urheber der Secte erregt wird (vgl. noch Bll., Grt., Bng., a. E.). Unwesentlich sind die Modificationen, wonach man mehr an den Haß der Juden denkt (Wies.), der Paulus als einen Feind des Gesetzes nach der Absicht seiner Gegner treffen sollte (de W.). Gegen diese hergebrachte Ansicht hat schon Est. mit Recht bemerkt, daß jene Neider, abgesehen davon, daß sie sich selbst damit gleicher Gefahr aussetzten, auf diese Weise nur noch den Ruhm des Apostels erhöhen konnten, indem sie ihm zum Martyrium verhalfen. Clv. beruhigt sich dabei, daß wir bei unserer Unkenntniß der näheren Verhältnisse nicht wissen können, wie sie ihm zu schaden suchten, allein schon Art. hat das ganz Richtige treffend gesagt: suo me ingenio et pede metiuntur, putant, id me mordere et male habere, si audiam illos etiam Christum docere; sed non laboro ipsorum ambitione et invidia. Aehnlich Bz., Est., Mtth., v. Hng., B.-Cr., Myr., nur daß dabei vielfach die Rücksicht auf ihre falsche Lehre eingemischt wird (Strr., Hnr., Rhw.). Es ist damit bereits angedeutet, was Paulus durch das $o\dot{\iota}\dot{o}\mu\varepsilon\nu o\iota$ ausdrückt, daß sie zwar meinen dies zu thun, daß aber, wie aus V. 18 erhellt, es ihnen nicht gelingt. So im Sinne eines Wähnens, das der Erfolg als Täuschung erweist, faßten das $o\check{\iota}o\mu\alpha\iota$ schon Chr. und Oec. und noch Myr., Wies., und da es offenbar einen beabsichtigten Gegensatz zu $\varepsilon\dot{\iota}\delta\acute{o}\tau\varepsilon\varsigma$ (V. 16) bildet, so ist diese Bedeutung passender als der Begriff des Beabsichtigens, den Strr. ausdrückt und de W. wenigstens hinzufügt.

Es ist klar, daß die beiden Participialsätze nicht ganz parallel stehen. Da der erste direct den Beweggrund angiebt, der die Freunde des Apostels zu eifrigerer Verkündigung anregt, so müßte hier davon die Rede sein, daß sie bei der gebundenen Lage des Apostels freieren Spielraum für ihre Machinationen fanden. Aber der Apostel hebt lieber den Erfolg hervor, den die Neider bei ihm selbst durch ihre eifrigere Verkündigung des Wortes zu erlangen hofften, weil derselbe am ehesten scheinen konnte, einen trüben Schatten auf seine dermalige Lage zu werfen, um daran die Erklärung schließen zu können, daß, eben weil sie sich in diesem Erfolge verrechneten, seine Freude über die durch seine Gefangenschaft dem Evangelio gebrachte Förderung eine ungehemmte sei.

V. 18.

Von Chr., Plg. bis auf Mtth., Wies. ergänzen die meisten Ausleger die elliptische Frage des Apostels: Was liegt mir daran? Was macht's aus? oder mit Aufgebung der Frageform: sei es doch; je nun, so sei es drum! (Rsm., a. E., Hnr., Rhw.) Allein diese Ergänzung ist lediglich aus dem Folgenden erschlossen, hat in den Worten keinerlei Berechtigung, und das γάρ entscheidet gegen sie. Ebenso ungehörig, wenn auch grammatisch allenfalls zulässig, ist die Vertauschung der begründenden Frage mit einer folgernden, die schon Bz., Grt., Corn. (quid igitur, quid hinc sequitur?) und noch Myr., B.-Cr. (wie nun?) u. a. haben. Es darf ohne Willkühr durchaus nichts anders ergänzt werden als was unmittelbar gegeben ist, nicht einmal — was sachlich ganz richtig ist — τί ἄλλο εἰ μὴ τοῦτο; (Dec.) oder τί ἄλλο φήσομεν; (v. Hng.), sondern nur: Denn wie verhält sich die Sache?, worin an sich schon liegt, daß sie sich gerade so verhält, wie eben gesagt ist, oder mit anderen Worten, daß das Ebengesagte begründet werden soll. Denn freilich von einer Begründung des B. 12 Gesagten (Sdl., v. Hng., de W.) über alles Zwischenliegende fort kann nicht die Rede sein, um so weniger als der Apostel im Folgenden gleich auf seine innere Stellung zu der vorliegenden Thatsache, nicht auf das Schicksal des Evangeliums eingeht, und also nicht zu dem Hauptthema jenes ersten Abschnitts zurückkehrt. Der Begründung aber bedurfte nicht, daß die Neider überhaupt meinen ihn zu betrüben, sondern daß sie eben nur so meinen, daß es in Wirklichkeit nicht so geschieht. Das haben schon Haym., Corn., Wlf. u. a. richtig gefühlt, indem sie die Frage einschalten: Werden sie ihr Ziel erreichen und mich in Wahrheit betrüben? Paulus aber thut diese Frage nicht, sondern statt der weiteren Erörterung derselben nachzugehen, führt er mit dem abbrechenden πλήν sofort den Punkt ein, der im Gegensatz zu den Intentionen der Gegner oder abgesehen davon geeignet ist, ihm ungehindert Freude zu bereiten und darum die Meinung jener Leute zur Thorheit zu machen[1]).

Der Gegensatz, in welchen das παντὶ τρόπῳ auseinander gelegt

---

[1]) Es ist allerdings richtig, daß das γάρ in der Frage vermöge seiner Entstehung aus γε ἄρα häufig mehr seine conclusive als seine causale Kraft hervortreten läßt (Wln. §. 53. 8. S. 396. c.); allein da Paulus den dann entstehenden Sinn stets durch τί οὖν; (Rm. 3, 9. 6, 15. 11, 7), τί οὖν ἐστι; (1 Cor. 14, 15), τί οὖν ἐροῦμεν; (Rm. 6, 1. 7, 7. 8, 31. 9, 14. 30), τί οὖν φημι; (1 Cor. 10, 19) ausdrückt und dagegen das τί γάρ; Rm. 3, 3 zweifellos begründend vorkommt (vgl. Hiob. 6, 5. LXX), so müssen wir bei letzterer Bedeutung stehen bleiben. Auch scheint mir bei der folgernden Fassung das πλήν sich kaum irgend wie natürlich anzuschließen. Die Anschließung des begründenden γάρ an einen im Vorigen nur angedeuteten Gedanken ist bei Paulus gar nicht selten. Vgl. 1 Cor. 8, 11. 9, 9. 10. 11, 22. — Das πλήν nehmen die Ausleger bis auf die neuesten herab fast alle nur als starke Adversativpartikel (attamen), wie sonst wohl πλὴν ἀλλά vorkommt, als wolle sich der Apostel selbst verbessern (Hoel.), wozu gar kein Grund vorliegt; allein überhaupt darf man nicht übersehen, daß πλήν immer zunächst ein Abbrechen von dem bisher Besprochenen ausdrückt (Eph. 5, 33. 1 Cor. 11, 11. Phil. 4, 14. 3, 16), indem es den Punkt markirt, der außerdem, abgesehen von dem Bisherigen, ins Auge zu fassen ist und daher natürlich mit diesem in einen gewissen Gegensatz tritt. Wie kann ich sagen, fragt der Apostel, daß sie nur meinen mich zu betrüben? Antwort: Es wird ja doch außerdem, was sie damit wollen, jedenfalls auch dadurch Christus verkündigt, was mich nur erfreuen kann. An das ganz willkührliche dum annuncietur der Vlg. hat sich wohl Luther gehalten (daß nur verkün-

wird, entspricht dem in V. 15 und in V. 16. 17 ausgedrückten. Schon darum kann πρόφασις nur den heuchlerischen (Thph.) Vorwand eines reinen Eifers für Gott oder Christum (Clv., Bng.) bezeichnen, unter welchem sie gegen den Apostel agitiren (vergl. de W., Myr.), und durch welchen sie sich einen guten Schein geben (Bz., vgl. Rhw., Mtth., B.-Cr.). Dagegen ist die Auffassung der Vlg., der die Lateiner folgen (vergl. auch Lth., Est., Grt.: per occasionem), schon von Clv., Wlf. genügend widerlegt. Daß dem gegenüber ἀλήθεια nicht die Wahrheit (Lth.: rechter Weise), sondern die Wahrhaftigkeit (Bll.: redlich und treulich) nicht die veritas, sondern die sinceritas sei, hat schon Bz. gegen Ers. gezeigt. Die Freude, welche der selbstlose Apostel, alle gegen ihn gerichtete böse Absicht übersehend, über die Förderung der Sache Christi ausspricht, hat von jeher zu mancherlei Verhandlungen Anlaß gegeben. Die patristischen Ausleger, welche das Bild der Feinde des Apostels zu schwarz gemalt (siehe zu V. 15), sagen, sie seien wider ihren Willen seine Mitarbeiter geworden, der Teufel, der nur verderben wolle, habe das gerade Gegentheil bewirkt (Chr.). Dabei halten sie es doch für nöthig, darauf hinzuweisen, daß der Apostel nur referire und ihr heuchlerisches Wesen darum nicht empfehle (Thph.). Aug. hat wiederholt ausgeführt, wie der Apostel diese mercenarii dulde, weil sie immer noch Nutzen schaffen könnten, und, wie Est. gegen Brenz betont, immer noch besser seien als gar keine pastores. Völlig genügend haben Clv. und Art. gezeigt, daß Gott auch durch böse Werkzeuge etwas Gutes wirken und bösen Absichten einen guten Erfolg entlocken könne. Die lutherische Orthodoxie endlich hat hiemit ihre These vertheidigt, daß auch der Unwiedergeborene mit Frucht sein Predigtamt verwalten könne, und unhaltbar genug berief sich der Pietismus ihr gegenüber darauf, daß das ἐν τούτῳ nur auf Christum selbst gehe (vergl. Wlf. gegen Joach. Lange und noch Jth.). Einen wirklichen Anstoß konnte die Stelle erst geben, als man jene Neider zu Judaisten gemacht hatte (was freilich ganz inconsequenter Weise auch Jth. zu V. 15 thut), und wir haben zu V. 15 gesehen, daß derselbe in der That nicht zu heben ist. Ueber eine Predigt von Christo in judaistischem Sinne (de W.) oder eine, die in irgend welchem Maße Antipaulinisches enthielt, (Myr.) konnte sich der Apostel nicht freuen. War aber nicht der Inhalt, sondern nur das Motiv ihrer Predigt schlecht, so fällt jeglicher Anstoß fort und wir bedürfen nicht einmal der patristischen Kautelen, geschweige denn,

digt werde! Vgl. Plg.: dummodo). — Der im Folgenden eingeführte Gegensatz von πρόφασις und ἀλήθεια in diesem Sinne ist schon aus den Classikern vielfach belegt. Der Dativ ist ein Dativ der Art und Weise (Win. §. 31. 7. d.) und muß im Deutschen verschieden umschrieben werden. — Das ἐν τούτῳ ist kein Hebraismus wie nach Pisc. noch a. E. meinte, es bezeichnet ganz wie Col. 1, 24 die Sphäre, in welcher sich die Freude bewegt und an welcher sie darum ihren Gegenstand hat. Herrscht rein die Vorstellung des Objectes, so folgt ἐπί (1 Cor. 13, 6). Aehnlich unser: sich an und über etwas freuen. Das τοῦτο bezieht sich natürlich weder auf die zweite (Haym.), noch gar auf die erste Art der Predigt allein (Tertullian bei Croc.), sondern darauf, daß in jeder Weise Christus verkündigt wird.

daß wir mit Hnr. dem gefangenen Apostel nachsehen müßten, was er sonst nicht ausgesprochen hätte, oder mit Rhw. seine Worte nur als Ablehnung eines Vorwurfs nehmen dürften. Zu einem sittlichen Urtheil über die übrigens durch die vom Apostel aufgewiesene Quelle sich selbst verurtheilende Tendenz der Gegner war hier gar keine Gelegenheit, wo es dem Apostel nur darauf ankam, zum Schlusse hervorzuheben, daß auch das Trübe, was die Verhältnisse in dieser Beziehung mit sich brachten, seine Freude über die allseitige, mannigfache Förderung des Evangelii durch seine Gefangenschaft (V. 12) nicht stören könne.

Dadurch, daß die älteren Ausleger von Chr., Thph. an das abbrechende und ein neues Moment einführende $\dot{\alpha}\lambda\lambda\dot{\alpha}\ \varkappa\alpha\iota$ übersehen, und ein einfaches Copulativ (Lth.: und), höchstens ein quin etiam (vgl. noch a. E.) an seine Stelle setzen, ist es geschehen, daß sie auch die zukünftige Freude des Apostels nur auf dasselbe beziehen, wie seine gegenwärtige, während doch die gleich folgende Begründung auf ganz etwas anderes hinweist, und in der That eine bloße Ausdehnung jener ersten Aussage auf alle Zukunft etwas höchst müßiges wäre. Erst Strr. und Fl. haben den Wendepunkt, der mit dem $\dot{\alpha}\lambda\lambda\dot{\alpha}\ \varkappa\alpha\iota$ eintritt, erkannt, Myr.; Ew. und wohl schon Schlicht. das $\chi\alpha\rho\dot{\eta}\sigma o\mu\alpha\iota$ richtig aufs folgende bezogen. Ganz verkehrt bezieht es Oec. auf die ewige Freude. In der That sind wir an der Grenzscheide angelangt, wo der Apostel von seiner Freude über die durch seine Gefangenschaft eingetretene Förderung des Evangeliums zu der freudevollen Zuversicht übergeht, mit der er der Entwicklung seines eigenen Schicksals in derselben entgegensieht. Vgl. besonders Ith., der auch mit dem Gedanken, daß Paulus sich auch in Zukunft freuen werde, den neuen Abschnitt beginnen läßt.

---

2. Von der persönlichen Lage des Apostels zu Rom.
(Cap. I, 19—26.)

a) Die freudvolle Gewißheit des Apostels über seinen Ausgang.
(Cap. I, 19. 20.)

(Aber ich werde mich auch freuen.) Denn ich weiß, daß mir dasselbige gereichen wird zur Seligkeit durch Euer Gebet und Handreichung des Geistes Jesu Christi, wie ich sehnlich warte und hoffe, daß ich in keinerlei Stücke werde zu Schanden werden, sondern daß mit aller Freudigkeit, gleich wie sonst allezeit, also auch jetzt, Christus hochgepriesen werden wird an meinem Leibe, es sei durch Leben oder durch Tod.

[V. 19.] Der Grund der bleibenden Freude, die den Apostel erfüllt, ist die Gewißheit, daß die Verherrlichung Christi, welche seine

Gefangenschaft bisher gefördert hat und alles, was ihm noch ferner begegnen kann, wie er hofft, nur immer mehr fördern wird, ihm die Bürgschaft seiner endlichen Heilsvollendung giebt, sofern ja darin sein Glaube bewährt und sein Christenberuf je länger je mehr erfüllt wird. Zunächst nemlich weiß er, daß die reichliche Verkündigung Christi, welche seine Gefangenschaft hervorgerufen hat, nur dazu beitragen kann, ihm seinen apostolischen Beruf erfüllen zu helfen und dieses darum für ihn ausgehen wird zur Seligkeit d. h. zu der endgiltigen Errettung von dem ewigen Verderben, welche am jüngsten Tage allen denen bereitet ist, die im Glauben bewährt sind und ihren Lauf vollendet haben. Dazu gehört aber freilich, daß er auch ferner seinem Berufe treu bleibt und weil der Gläubige dazu nie die Kraft in sich selber fühlt, so kann dieser Ausgang nur herbeigeführt werden durch die Fürbitte der christlichen Bruderliebe und durch die Handreichung des Geistes Jesu Christi, den Gott allen wahrhaft Gläubigen mittheilt und dessen Beistand ihm eben, wie er voraussetzt, seine treuen Philipper stetig erflehen helfen.

[B. 20.] So gewiß aber dem gläubigen Gebete Erhörung zugesagt ist, so gewiß kann er auf Grund desselben erwarten, daß ihm auch künftig die Kraft zur treuen Erfüllung seines Berufes nicht fehlen werde: Jener Ausgang seines Schicksals, der zur Seligkeit führt, wird daher erfolgen gemäß dieser seiner sehnlichen Erwartung, die, weil sie nicht auf blos menschliches Wünschen, sondern auf den festen Grund göttlicher Verheißung sich gründet, zugleich eine wahrhaft christliche Hoffnung ist. Gegenstand dieser Hoffnung ist aber, daß er in keinem Stücke mit Schanden bestehen wird. Es würde das geschehen, wenn er sich durch irgend ein zukünftiges Schicksal in der Bewahrung des Glaubens oder in der Verfolgung seines Berufsweges irre machen ließe. Vielmehr aber hofft er, daß er in aller Freimüthigkeit gegenüber den Menschen, die ihm schaden können, in aller furchtlosen Offenheit gegenüber jeder Gefahr, die ihm droht, wie allezeit in seinem bisherigen Berufsleben, so auch jetzt, wo ihm vielleicht ganz neue Proben bevorstehen, seine Zeugenpflicht erfüllen wird. Dadurch aber wird — nicht etwa er selbst und seine Standhaftigkeit, sondern — Christus, dessen Verherrlichung seine Lebensausgabe und die Bedingung seiner endlichen Vollendung ist, verherrlicht werden an seinem Leibe. Denn der Christ stellt sein ganzes Leben, auch sein leibliches in den Dienst Christi und seiner

Sache. Bleibt der Apostel am Leben, so kann er fortfahren den Namen Christi durch alle Länder zu tragen und so wird in seinem Leibe Christus verherrlicht durch Wort und Werk. Geht es zum Tode, so kann er nicht weniger an seinem Leibe Christum verherrlichen durch standhaftes Leiden und Sterben, durch die freudige Opferbereitschaft, die Leib und Leben für ihn hinglebt.

Weil er aber so, sei es durch ferneres Leben, sei es durch Sterben unter dem Beistande der göttlichen Gnade, die ihm von seinen Philippern erfleht wird, seinen Apostelberuf zu erfüllen und somit zur Heilsvollendung zu gelangen hofft, so blickt er mit unerschütterlicher Freude getrost in die Zukunft hinein. Diese Freude ist und bleibt unabhängig von dem äußeren Ausgange seines gegenwärtigen Geschickes, weil die Verherrlichung Christi durch ihn, auf deren Hoffnung die Gewißheit seiner Seligkeit ruht, davon unabhängig ist.

V. 19.

Die patristischen Ausleger finden das Heilbringende, worauf sich das τοῦτο bezieht, in der Feindschaft der Neider und Gegner, in ihren Nachstellungen, kurz in dem θλῖψιν ἐγείρειν (V. 17) und nicht nur Bll., Clv., Pisc., Cal. und Est., sondern noch Rhw., de W., Ew. sind ihnen gefolgt. Diese Fassung ist grammatisch unhaltbar, weil man das τοῦτο nicht über V. 18 hinweg auf V. 17 beziehen kann, und sachlich, weil dort von einer (und zwar vergeblich) beabsichtigten θλῖψις die Rede ist, gar nicht von einer wirklich eintretenden, auf die doch allein ein Trostspruch, wie der von den Auslegern hier so oft angeführte Röm. 8, 28, gehen kann. Schon Oec. aber schlug noch zwei andere Beziehungen vor: auf die Predigt von Christo und auf die Gefangenschaft des Apostels überhaupt. Für jene entscheidet der logische Kanon, wonach das τοῦτο, ohne unverständlich zu werden, auf nichts anderes bezogen werden kann, als worauf sich das erste τοῦτο bezieht (Myr.). Dies ist aber die mannigfaltige Verkündigung Christi, wie sie durch seine Gefangenschaft gefördert wird, und nicht blos jene auf unlauteren Motiven beruhende, woran Thph. und noch Hnr., v. Hng., Wief. überwiegend oder gar ausschließlich denken. Auch die Frage, inwiefern diese Verkündigung dem Apostel zum Heile ausschlägt, kann nicht nach willkührlichen Vermuthungen beantwortet werden, wie sie bei Sdl. und Hnr. zu finden sind, sondern lediglich aus dem Conterte, der die Verkündigung Christi als eine Frucht der Gefangenschaft des Apostels darstellt. Insofern liegt etwas richtiges auch in dem zweiten Vorschlage des Oec., welchem Rsm., Fl., a. E., B.-Cr. gefolgt sind.

Schon Anf. schwankt zwischen dem pati pro Christo und evangelii profectus; allein die Förderung des Evangeliums kommt eben hier nur in Betracht, sofern sie eine Folge der Gefangenschaft ist, und von der gegenwärtigen Freude an dieser evangelischen Verkündigung, die ihn trotz seiner Fesseln erfüllt, lenkt der Apostel über zu der unerschütterlichen Freude, die ihn stets erfüllen wird im Blick auf den endlichen Ausgang seines Geschickes, das in aller Weise wie jetzt, so auch künftig dazu beitragen muß, Christum durch die stets wachsende, immer reichere Förderung der Verkündigung seines Evangeliums zu verherrlichen.

Diesen Ausgang aber bezeichnet Paulus als seine $\sigma\omega\tau\eta\varrho\iota\alpha$; denn schon das $\mu o\iota$ zeigt, daß das Wort hier von dem Heile Anderer (Grt.) gar nicht genommen werden kann (Hoel.). Diese $\sigma\omega\tau\eta\varrho\iota\alpha$ aber, absolut gedacht, kann nach dem stehenden Gebrauch der paulinischen Lehrsprache weder die Rettung aus der gegenwärtigen Gefahr (Chr., Sdl., Hnr.) noch das utile et salutare überhaupt (Rsm., a. E. und noch Myr.), sondern lediglich die zukünftige Errettung von der Verdammniß (Röm. 5, 9. 1 Cor. 1, 18. 2 Cor. 2, 15. Phil. 1, 28. 1 Theff. 1, 10. 5, 9) bezeichnen, wie sie nur im Sinne eines ideellen Hoffnungsbesitzes (Röm. 8, 24) zuweilen als bereits geschehen dargestellt wird (Eph. 2, 5. 8. Tit. 3, 5). Die unklare Verbindung des gegenwärtigen und zukünftigen Heiles (Est., Croc, Cal., Hoel.) entspricht der fest ausgeprägten paulinischen Terminologie so wenig wie die Verbindung des zunächst negativen Begriffs mit dem positiven der geistigen Beseligung überhaupt (Rhw., Mtth.), des ewigen Lebens (Ambr.) oder des himmlischen Lohnes, den Th. v. M., Plg., Dion., Corn., aber auch noch de W. einschließen wollen. Fraglich kann nur erscheinen, wiefern die Erlangung der zukünftigen $\sigma\omega\tau\eta\varrho\iota\alpha$, die doch sonst immer nur von der göttlichen Gnade als objectiv wirksamem Factor und von dem Glauben als subjectiver Bedingung abhängig erscheint, als Folge der durch seine Gefangenschaft vermittelten Verkündigung des Evangelii erscheinen kann. Wir ersehen daraus, daß dem Apostel der rechtfertigende Glaube zwar die subjective Bedingung der primitiven Heilserlangung ist, aber daß die Heilsvollendung doch noch von der Bewährung dieses Glaubens in der treuen Benutzung der dem Einzelnen nach dem Maße des Glaubens (Röm. 12, 3) mitgetheilten Gaben, von der Ausrichtung seines Christenberufes abhängt. Sein Beruf war die Verkündigung des Evangelii und je mehr diese durch sein Verhalten in der Gefangenschaft gefördert wurde, um so mehr wuchs seine Gewißheit, zu jener definitiven Heilsvollendung zu gelangen. Dieselbe blieb aber abhängig von der fortdauernden Verherrlichung Christi durch ihn, den Gefangenen, wie sie V. 20 geschildert wird, und weil diese ohne den göttlichen Gnadenbeistand nicht zu vollziehen ist, so bedarf sie der Vermittelungen, welcher der Schluß dieses Verses gedenkt.

Richtig sagt schon Lyr.: ipse Christus dabit vires et constantiam sustinendi per orationes vestras ad deum pro me fusas et fundendas; denn nicht als Grund seiner Gewißheit (Sdl.), sondern als Mittel des gedachten Erfolges (ἀποβήσεται) wird die Fürbitte der Philipper genannt. Und nicht, als ob er seiner unzähligen Tugenden wegen des Heiles gewiß sei und nur aus Bescheidenheit so rede (Chr., Oec.), noch als ob er sie zum Gebete auffordern wolle (Clv., Est.), redet der Apostel so; sondern wie er des göttlichen Gnadenbeistandes bedarf zu seiner Glaubens- und Lebensbewährung, so bedarf er auch der Fürbitte, und er setzt sie bei seinen Philippern mit voller Sicherheit voraus (Hoel.). Auch hätten Clv. und Est. nicht nöthig gehabt, den Apostel gegen den Mißverstand zu verwahren, als geschehe durch solche menschliche Vermittelung der gratuita dei bonitas Abbruch, da ja Gott überall die Verheißung seiner Gnade an das Gebet der Seinigen gebunden hat. Dieser Gnadenbeistand wird dem Menschen aber zu Theil durch den heiligen Geist, der also durchaus als Urheber, nicht als Inhalt der ἐπιχορηγία gedacht werden muß, wie es fälschlich Chr., Oec. und noch Est., Grt., Wies. nahmen, die dann an eine immer reichere Ertheilung desselben denken, und er ist es eben, den die Philipper dem Apostel erflehen, wie die Ausleger von Chr. bis Myr., Jth. richtig erkannt haben. Der Apostel stellt aber beide neben einander, um die Vermittlung der menschlichen Liebe und der göttlichen Kraft als zwei gesonderte Momente stärker hervortreten zu lassen[1].

Der heilige Geist heißt der Geist Jesu Christi (Rm. 8, 9. Gal. 4, 6. 2 Cor. 3, 17) nicht insofern, als er von Christo ausgeht oder gesandt wird (Thdt., Dion., Croc., Schlicht.); denn die Mittheilung des heiligen Geistes wird bei Paulus stets vom Vater abgeleitet (1 Cor. 6, 19. 2 Cor. 1, 22. 5, 5. Eph. 1, 17. Gal. 3, 5. 1 Theff. 4, 8) und erscheint Tit. 3, 6 nur insofern durch Christum vermittelt, wie jede Heilswirkung Gottes durch Christum vermittelt ist. Dagegen zeigen Rm. 8, 9. Gal. 4, 6, wo die Lebensgemeinschaft mit Christo und unser Kindesverhältniß durch

---

[1] Sprachlich ist also der Genitiv τοῦ πνεύματος nicht ein gen. objectivus, sondern ein gen. subjectivus, näher ein gen. autoris. Schon der Parallelismus des Genitivs ὑμῶν (Jth.) spricht gegen die erstere Fassung, welche die griech. Ausleger durch die willkührliche Substituirung eines πλέον ἐπιδοθῆναι zu ermöglichen suchen, das Thph. unpassend genug in dem ἐπιχορηγία finden will. Gal. 3, 5 kann gar nichts entscheiden, da dort von der ersten Mittheilung des Geistes die Rede ist, welche dem Apostel bereits zu Theil geworden war. Der Beistand des Geistes vermittelt natürlich nicht zunächst das jenseitige Heil (Th. v. M.) oder den Erfolg der evangel. Verkündigung (Sdl.), sondern die virtus constantiae (Art.) oder die vires ad afflictionem tolerandam et vincendam (Pisc.), welche ihm die Philipper erflehen sollen. Darum darf man aber die beiden Ausdrücke nicht als Hendiadys zusammenfassen (Pisc., Hur., Strr.: per suppeditationem vestris precibus mihi expetendam), oder mit v. Hng., Myr. das τῆς ὑμῶν zu ἐπιχορηγίας ziehn, wodurch der geschraubte Gedanke entsteht, daß sie vermöge des heiligen Geistes ihm zu Hülfe kommen (Myr). Die Wiederholung des Artikels war durchaus nicht nöthig, da die beiden durch besondere Genitive bestimmten Worte ohnedies genügend auseinandertreten. Vgl. Win. §. 19. 5. b.

den Geist des Sohnes vermittelt ist, deutlich, daß der Geist gemeint ist, welchen Christus hat, und welcher darum, wie Th. v. M. bemerkt, denen gemein ist, welche Christi Glieder sind.

V. 20.

In dem präpositionellen Zusatze, der den Vers eröffnet, fanden Chr., Oec., Thph. und noch Bll., Art., ja selbst Jth. einen dritten Grund neben der Fürbitte der Philipper und dem Beistande des heiligen Geistes, aus welchem jener gute Ausgang folgt. Dabei ist wohl die richtige Verbindung der Worte mit ἀποβήσεται (so schon Haym., Dion. und noch Strr., Myr. u. a.) festgehalten, aber doch das logische Verhältniß ungenau wiedergegeben. Denn jener Ausgang kann in keiner Weise von seiner Sehnsucht abhängen, wohl aber erfolgen in Gemäßheit der Hoffnung, daß auch künftighin sein Leben und Sterben zur Verherrlichung Christi beitragen wird. Denn je mehr dies der Fall, um so sicherer kann er ja der Heilsvollendung entgegensehen. Da V. 20 also ausdrücklich sagt, daß auch in Zukunft sein Heil von der sicher gehofften stetigen Verherrlichung Christi abhängt, so haben wir hier die beste Bestätigung unserer Auffassung von V. 19, wo auch von der bisherigen Verherrlichung Christi, wie sie die Gefangenschaft des Apostels durch die gesteigerte Verkündigung des Evangeliums förderte, sein Heil abhängig gemacht war. Der Sinn wird nicht wesentlich geändert, wenn man, wie viele von Clv. bis auf Wief. u. Ew., das κατά von οἶδα abhängig macht. Mit Recht weist Est. darauf hin, daß jene Gewißheit dann nicht auf einer besonderen Offenbarung beruht, wie noch Sdl. behauptete, und Cal. zeigt gegen Croc., daß sie nicht aus der Gewißheit der Erwählung folge, sondern Sache des Vertrauens auf die göttlichen Verheißungen sei. Allein die Verbindung mit dem zunächst stehenden Verbum ist einfacher; nothwendig wird die andere nur, wenn man den Satz mit ὅτι nicht als Object der Hoffnung, sondern als Begründungssatz faßt (Vlg., Plg., Lyr., Vtb., Est., Corn.). Dadurch aber wird der präpositionelle Zusatz unnütz und schleppend, und die Hoffnung, wo nicht gar — was natürlich ganz verwerflich — auf die Entschlüsse (Hnr.) und das Verhalten des Apostels (Mtth.), jedenfalls durch etwas begründet, was selber erst Gegenstand der Hoffnung sein kann.

Die Zusammenstellung von ἀποκαραδοκία und ἐλπίς hat zu mancherlei willkürlichen Unterscheidungen derselben Anlaß gegeben. Schon Anf. bezog ganz willkürlich das erste auf die Zukunft, das zweite auf die Gegenwart, und höchst unklar unterscheidet Dion. die exspectatio actualis von der spes habitualis. Gewiß unrichtig ist es ferner, in das erste den Begriff des desiderium zu legen (Ers., Pisc. und noch Mtth., v. Hng.), als ob dies Wort gerade im Unterschiede von ἐλπίς ein Verlangen ausdrücke, das seines Zieles noch nicht gewiß ist, während dies doch der ganzen Tendenz des Zusatzes widerspricht. Vielmehr ist das erste Wort lediglich gewählt, weil es die Lebendigkeit und Brünstigkeit der Erwartung recht concret ausdrückt, und das zweite hinzugefügt, um den durch jenes bezeichneten zunächst noch natürlichen Affect gleichsam in die Sphäre einer christlichen Lebensbestimmtheit zu erheben. Erst, indem das natürliche Harren zum christlichen Hoffen wird, erhält es seinen rechten Grund (Wies.) und seine unumstößliche Gewißheit[1].

Als Inhalt der Hoffnung denken Chr., Thdt., daß ihn die Feinde nicht übermögen werden, er nicht werde vor Schande erröthen müssen. Allein schon Chr. führt dies näher so aus, daß er alles geduldig ertragen und sich durch nichts zum Verrath an der christlichen Sache werde bestimmen lassen. Dagegen hebt Th. v. M. mehr den herrlichen Ausgang hervor, den Paulus im Blicke habe, so daß es nicht sein Verhalten, sondern sein Geschick sei, worin er nicht beschämt zu werden hoffe. Unter diese beiden Auffassungen theilen sich die folgenden Ausleger, von denen Dion., Clv., Art., Est., Grt., Cal., Hnr., Rhw., B.=Cr. an ein Getäuschtwerden der Hoffnung denken, dagegen Anf., Bng., Rsm., a. E., Kr., Fl., v. Hng. mehr oder weniger klar daran, daß er sich selbst nicht werde Schande machen, über sein Benehmen nicht werde erröthen müssen. Gewiß ist, daß das Verbum nur passivisch genommen werden kann, aber es fragt sich, ob dies "zu Schanden gemacht werden" (Myr., de W., Wies.) ein nur wider-

---

[1] Das Wort ἀποκαραδοκία erläutern schon Oec., Thph. richtig als malerische Darstellung der Geberden dessen, der mit erhobenem oder vorgestrecktem Haupte gespannt umherschaut, um den ersehnten Gegenstand zu erspähen. Daß es darum eine besonders lebhafte und heftige Erwartung ausdrückt, haben schon Ers. und die Meisten mit ausdrücklicher Hinweisung auf die Ableitung des Wortes dargethan. Um so willführlicher ist es, dasselbe mit καὶ ἐλπ. zu einem confidentissime spero (Rsm., Fl. und noch Hoel.) zusammenzuziehn, wozu schon Thph. geneigt scheint (βεβαίως ἐλπίζω), oder sich gegen die zu ereifern, qui singulare quid ex hac voce extricarunt (a. E.). Ob dagegen in die Präposition der Sinn des Ausharrens bis ans Ende hineingelegt werden darf, wie Myr. zu Rm. 8, 19 will, möchte ich sehr bezweifeln. — Bei Plus heißt αἰσχύνεσθαι und καταισχύνεσθαι nie, wie im classischen Griechisch: sich einer Sache schämen, obwohl es schon Plg. Ambr. und noch Hoel., Mtth. so nehmen; denn dafür gebraucht er ἐπαισχύνεσθαι Rm. 1, 16. 6, 21. 2 Tim. 1, 8. 12. 16. Wie καταισχύνειν heißt: zu Schanden machen (Rm. 5, 5. 1 Cor. 1, 27) oder einem Schande machen, schänden (1 Cor. 11, 4. 5. 22), so heißt αἰσχύνεσθαι, καταισχύνεσθαι zu Schanden gemacht werden (vgl. de W.: das nicht erreichen, worin man seinen Ruhm, seine Ehre, den Zweck seines Lebens findet), womit auch der Sprachgebrauch der LXX übereinstimmt (Psalm 25, 3. 119, 80). Dieses aber kann entweder selbstverschuldete Folge des eigenen Unvermögens oder Strauchelns, das sein ihm gesetztes Ziel nicht erreicht, die ihm gestellte Aufgabe nicht löst (so im Gegensatze zu καυχᾶσθαι 2 Cor. 10, 8. Vgl. 2 Cor. 7, 14), oder Folge der von außen oder von oben her versagten Hülfe, des nicht geschenkten und doch gehofften Erfolges sein (so im Gegensatze zu πιστεύειν Röm. 9, 33. 10, 11. 2 Cor. 9, 4. Vgl. Myr.). — Das ἐν οὐδενί (Lth.: in keinerlei Stück) steht ganz allgemein wie 2 Cor. 6, 3. 7, 9; es darf daher nicht speciell auf Zeit (Hnr.) oder Ort (Ers.) bezogen werden und ist auch mit Chr. schon hier auf den Gegensatz von Leben und Tod zu beziehen. Gegen allen Context bezieht es Hoel. auf die obigen Verkündiger des Evangeliums.

fahrenes oder ein selbstverschuldetes ist, so daß dabei die obige Differenz wiederkehrt. Diese aber entscheidet lediglich der Context zu Gunsten der letzteren Fassung, da das Parallelglied die volle Erfüllung seines Christenberufes beschreibt, und darum diesem nur entgegenstehen kann ein „mit Schande bestehen", das seinen Grund in der mangelhaften Erfüllung dieser Aufgabe hat. Von einem Getäuschtwerden der Hoffnung als Gegenstand der Hoffnung kann ohnehin nicht die Rede sein, weil dadurch ein bloßer Cirkel entstände (de W.).

Die Freimüthigkeit ist die furchtlose Offenheit im Reden und Handeln, mit der Paulus allen Feinden und allen Gefahren die Stirne beut (Chr., Thdt., Pisc., Est. und die meisten Neueren), nicht bloß die Oeffentlichkeit seines Wirkens (Oec., Thph., B.=Cr.), aber auch nicht die innere Gewißheit und Freudigkeit, welche aus dem Bewußtsein der Erlösung fließt (Wies.)[1]. Auch ist jene Freimüthigkeit nicht mit dem Gottvertrauen (fiducia Vlg., Clv.) identisch, obwohl sie auf demselben beruht. Die Verherrlichung Christi verstanden die griech. Väter davon, daß er selbst einen Beweis seiner Herrlichkeit geben werde, indem er den Apostel rettet oder ihm die Freudigkeit schenkt, den Tod zu verachten (ähnlich noch Strr., Rhw., Mtth.). Dagegen dachte schon Clv. an die Verherrlichung, die Christo zu Theil wird durch die vollkommene Parrhesie derer, die ihm angehören im Leben und im Sterben (Röm. 14, 8). Daß dies richtig sei, kann nach dem Contexte bei der richtigen Auffassung des ἐν πάσῃ παῤῥησίᾳ gar kein Zweifel sein, und so haben es bereits die mittelalt. Exegeten gefaßt, die daher auch das διὰ ζωῆς — διὰ θανάτου im Wesentlichen richtig erklären: si vixero docendo, si morior exemplo relinquendo oder meo martyrio (Ans., Lyr., Dion.). Ihnen sind die Neueren fast alle gefolgt (vgl. noch de W., Myr.), nur daß manche beide Auffassungen vereinigen wollen, wie Fl., Hnr.

Der Zusatz ἐν τῷ σώματί μου, der schon die Rilliet'sche Fassung von dem geistlichen Wachsen Christi in uns völlig ausschließt, wird von den Alten wenig beachtet, nur Ans. meint, der Apostel wolle hervorheben, daß auch in dem gebrechlicheren Theile Christus verherrlicht

---

[1] In jener ersten Bedeutung steht παῤῥησία bei Paulus fast durchgehends (2 Cor. 3, 12. 7, 4. Eph. 6, 19. 1 Tim. 3, 13. Philem. 8), die Bedeutung φανερῶς, palam hat es Col. 2, 15 und die von Wies. angenommene Eph. 3, 12; aber das sind Modificationen, wie sie dort der Context selbst an die Hand giebt, was hier durchaus nicht der Fall ist. An die libera professio anderer Christen (Grt., Hoel.) ist natürlich gar nicht zu denken. Das ἐν πάσῃ π. bezeichnet die Freimüthigkeit, wie sie sich in jedem einzelnen Falle beweist, und steht darum in antithetischer Parallele zu οὐδενί (Myr.); die Beziehung auf „alle geziemende Freimüthigkeit" (de W.) ist dem Context so fremd, wie die Fassung von einer non vulgaris sed excellens fiducia (Croc.) dem Wortlaut. Hoel. bezieht es nach seiner falschen Fassung der παῤῥ. auf die mannigfaltige Weise der Predigt von Christo (V. 18). Uebrigens darf man bei allem Nachdruck, den die Worte durch ihre Voranstellung erhalten, dieselben doch nicht schlechthin zum logischen Hauptbegriffe machen und ihm zu Liebe die Satztheile umkehren, wie v. Hng. thut.

wird. Die ihm überhaupt eine Bedeutung beilegten und es nicht wortwidrig von dem Kampfe des Lebens (Clv.) oder synekdochisch für „seine Person" gesetzt glaubten (Bmg., Hnr., Fl., B.-Cr.), nahmen es als Bezeichnung der Schicksale, die den Körper betreffen (Pisc., Rsm., a. E., Hoel., Mtth, de W.), bald mit vorzugsweiser Beziehung auf die Gefangenschaft (Bng., Rhw., Ew.), bald mit Hindeutung auf den Gegensatz von Leben und Tod (v. Hng., Myr., Wies.). Allein wie schon das ὡς πάντοτε über seinen jetzigen Zustand als Gefangener hinaus auf die Zeit hinweist, wo er nicht nur durch geduldiges Leiden, sondern auch durch frische, ungehemmte Thätigkeit Christum verherrlichen werde, so wird auch das σῶμα überhaupt von Paulus als beseelter Leib und darum als die Sphäre gedacht, in welcher Christus nicht nur durch Passivität, sondern auch durch Activität verherrlicht wird. Vgl. Röm. 12, 1. 1 Cor. 6, 13. 15. 20. 7, 34. 2 Cor. 5, 10. Richtig weisen darauf schon hin Dion., Grt., Est., Croc.: si supervixero, corpus meum impendam obsequio Christi, si morior, corpus meum exhibebo hostiam Christo.

---

b) Die Getheiltheit des Apostels zwischen Leben und Tod.

(Cap. I, 21—24.)

Denn für mich ist das Leben Christus und so das Sterben Gewinn; wenn aber das Leben im Fleische (sc. Gewinn ist), so ist das eine Frucht meines Wirkens und dann erkenne ich nicht, welches ich mir erwählen soll. Vielmehr liegt mir Beides hart an, indem ich Lust habe abzuscheiden und bei Christo zu sein; denn dieses wäre sehr viel besser. Aber es ist nöthiger im Fleische bleiben um Euretwillen.

[V. 21.] Der Apostel hatte schon oben indirect darauf hingewiesen, wie mit der Unabhängigkeit seines letzten Ausganges von den Eventualitäten seiner gegenwärtigen Lage, auch die Freude, in der er jetzt über alles Leid der Gefangenschaft triumphirt, davon unabhängig sei; aber er begründet dies nun noch ausdrücklich von subjectiver Seite her durch die innere Stellung, die er persönlich zu dem doppelten Ausgange einnimmt, welchen seine Gefangenschaft haben kann. Mir für meine Person, sagt er, ist das Leben Christus. Der Apostel ist bereits der Welt abgestorben und ihm die Welt; all sein Leben geht ihm auf in dem lebendigen Christus, der in ihm und in dem er lebt, Er ist sein Ein und Alles geworden in diesem Leben. Lebt aber der

Apostel so sein irdisches Leben nur noch in Christo, so kann ihm das Sterben nur noch Gewinn sein. Denn diese Lebensgemeinschaft mit Christo, um deretwillen ihm sein Leben allein werthvoll ist, kann ja der Tod nicht aufheben, sondern nur von allen Hemmungen, unter denen sie hier noch leidet, befreien und vollenden.

[V. 22.] Aber es giebt freilich auch eine andere, nicht unberechtigte Anschauung, wonach doch auch jenes Leben im Fleische, das irdisch-menschliche, das der Tod nicht vollendet, sondern zerstört, keineswegs werthlos, sondern ebenfalls Gewinn ist. Und so sehr dem Apostel für sein subjectives Gefühl jene erste Betrachtungsweise nahe liegt, er kann diese nicht ganz unbeachtet lassen. Wenn nun ihr zufolge das Leben im Fleische Gewinn ist, so ist ihm das eine Frucht des Wirkens, nemlich seines fortgesetzten amtlich-apostolischen Wirkens, dessen Erfolge, weil sie das Heil der Brüder in sich schließen, er nicht gleichgültig ansehen kann. Ist dem aber so, dann steht sich ein gewinnbringendes Sterben und ein gewinnbringendes Leben gegenüber, und so steht der Apostel selber vor einem Dilemma, in dem er nicht sofort erkennt, was er für sich erwählen soll.

[V. 23.] Vielmehr fühlt er sich festgehalten von beiden Seiten her; beides will ihn nicht loslassen; denn Sterben und Leben sind jedes in seiner Weise gewinnbringend und anziehend für ihn. Fragt er zunächst sein subjectives Verlangen, so hat er Lust abzuscheiden und bei Christo zu sein, aufzubrechen aus diesem irdischen Leben, um zu der vollkommenen Gemeinschaft mit Christo zu gelangen, um deretwillen ihm das Sterben Gewinn war. Denn so viel steht fest, daß dies für ihn das bessere Theil ist oder wie er, sich gleichsam in der Steigerung des Ausdruckes selbst überbietend, sagt: um vieles mehr noch besser als das Leben, in welchem die Gemeinschaft mit Christo ja noch so vielfach gehemmt, getrübt und gestört ist.

[V. 24.] Aber freilich, das darf ihm nicht der einzige Gesichtspunkt sein. Es hält ihn auch fest der Blick auf das, was den jungen Christengemeinden umher noch Noth thut, und den geliebten Philippern vor Allem, an die er so eben schreibend in Liebe gedenkt. Und er kann sich's nicht verbergen, daß um ihretwillen sein Verbleiben im Fleische nothwendiger ist; denn die Nothwendigkeit, ihnen zu bleiben, was er ihnen bisher war, in Lehre und Ermahnung, in Stärkung und Reinigung, ist im Grunde doch größer als der Vorzug, der das Sterben ihm nothwendiger zu machen scheinen könnte.

Man weiß nicht, was man an dieser Stelle mehr bewundern soll, die begeisterte Todesfreudigkeit des Apostels oder die nüchterne Werthschätzung des irdischen Lebens; die Liebe zu Christo, dessen vollste Gemeinschaft zu erlangen um jeden Preis sein höchster Wunsch ist, oder die Liebe zu seinen Gemeinden, für deren Bestes er selbst diesen höchsten Wunsch zu opfern bereit ist. Uns aber giebt die Stelle ein klares, zweifelloses Zeugniß dafür, daß gleich nach dem Tode eine selige Gemeinschaft der gläubigen Seele mit Christo beginnt, die auf der schon hier durch seinen Geist gestifteten unauflöslichen Verbindung mit ihm ruht und einst bei seiner Wiederkunft durch die Auferstehung des Leibes nur zur vollen Gemeinschaft der göttlichen Herrlichkeit verklärt und erhöht wird.

V. 21.

Schon Strb. und Anf., Pisc. und Bng. und die meisten Ausleger bis auf Myr. fassen unseren Vers als Begründung dafür, daß Christus durch das Leben und Sterben des Apostels gepriesen werden wird (V. 20). Allein dieser Verbindung entspricht weder das mit Nachdruck vorangestellte ἐμοί noch die Erwähnung des κέρδος im zweiten Gliede, wie bereits Wies. richtig gefühlt hat. Doch auch er bezieht den Vers auf den seligen Ausgang seines Schicksals (V. 19), an dem doch die persönliche Stellung des Apostels zu Leben und Tod nichts ändern kann. Vielmehr kann Paulus mit dem hierüber Gesagten nur an den Hauptgedanken anknüpfen, von dem dieser ganze Abschnitt ausgeht, daß nemlich seine Freude unerschütterlich bleibt (V. 18), ob nun sein nächst bevorstehendes Schicksal Leben oder Tod sei. Dieser wird in der That durch das begründet, was der Apostel im Folgenden über seine Stellung zu beiden möglichen Eventualitäten sagt. Schon Ambr. fand in unsrem Verse die Begründung davon, daß er zu Leben und Sterben bereit sein und Th. v. M. die Exposition davon, daß es ihm genüge, wenn nur Christus verherrlicht wird. Dies lag aber wirklich im Vorigen, wo er dies als festen Hoffnungsgrund seiner Freude genannt und ausgeführt hatte, wie derselbe von dem äußeren Ausgange seines Schicksals unabhängig, dieser ihm also relativ gleichgültig sei. Vergl. Sdl.

Der herrschenden falschen Verbindung entsprechend nahmen schon die Väter das erste Hemistich so, als wolle Paulus von seinem irdischen Leben aussagen, daß dasselbe Christo gehöre, seinem Willen, seiner Ehre, seiner Verkündigung geweiht sei, und so die meisten Ausleger bis auf de W., Myr., Wies. Ungeschickt genug berief man sich dafür auf die zweite Hälfte von Gal. 2, 20, obwohl de W. selbst gesteht, es müßte dort anders heißen, wenn die Stelle parallel sein sollte.

Gerade der Hauptbegriff der Thätigkeit für Christum wird ganz willkührlich in den Satz hineingetragen, wo doch „Subject und Prädicat auf die einfachste Weise selbst ohne Copula einander gleichgesetzt sind". Daneben findet sich schon bei den griechischen Vätern (bes. Thph.) und bei Ambr., Lyr. eine andere Auffassung, wonach Christus der Urheber seines Lebens ist und man verweist dafür wohl auf Joh. 14, 6 (Dion.). Allein dabei wird theils der Satz geradezu umgekehrt und Christus zum Subject gemacht (Strb., Lth.), theils τὸ ζῆν im Sinne des wahren geistlichen (Rhw.) oder des seligen Lebens (Strr.) genommen, was allerdings nach dem διὰ ζωῆς nicht angeht (Myr.). Zweifellos parallel ist die erste Hälfte von Gal. 2, 20: ζῶ δὲ οὐκέτι ἐγώ, ζῇ δὲ ἐν ἐμοὶ Χριστός (Hoel.). Es ist ein Ausdruck derselben Mystik, die wir 1, 8 fanden. Sein irdisches Leben ist ihm an sich nichts mehr, nur sofern Christus in ihm lebt, ist es ihm noch etwas. Am nächsten dürfte Casaubonus der richtigen Erklärung gekommen sein: mihi, dum vivam, erit Christus τὸ πᾶν[1]).

Schon Chr., Thph. haben richtig erkannt, daß der Tod insofern dem Apostel Gewinn ist, als er ihn vollständig mit Christo vereinigt. Vergl. Est., Wlf. und die neueren Ausleger, die mit Recht auf V. 23 verweisen, wo Paulus selbst die authentische Interpretation giebt. Es ergiebt sich das auch mit Nothwendigkeit aus dem ersten Hemistich; denn nur dasselbe, was ihm schon im irdischen Leben allein noch werthvoll ist, kann ihm den Tod gewinnbringend machen. Alles, was sonst die Ausleger von dem Vertauschen des sterblichen Leibes mit dem unsterblichen (Ambr.), von der Krone des christlichen Kämpfers (Plg., Lyr.), vom ewigen Leben (Haym.) mit seiner Herrlichkeit (Art.) sagen (vgl. besonders Cal.), gehört schon darum nicht hierher, weil es mit dem Tode nicht unmittelbar eintritt. Ganz verkehrt aber, obwohl eigentlich von der falschen Auffassung des γάρ gefordert und von Myr. nur durch willkührliche Zwischengedanken umgangen, ist die Auffassung, welche hier an einen Gewinn für die Sache Christi denkt. So schlug schon Haym. vor, so nahmen es Grt., Hnr., Fl., und Croc., Sdl., Bmg. suchten diese Beziehung mit der richtigen zu verbinden.

V. 22.

Dieser mit einem δέ eingeleitete Vers ist nicht „weiterführend zu der Vergleichung beider Fälle hinsichtlich ihrer Wünschenswürdigkeit"

---

[1]) Kaum der Erwähnung werth ist der gänzlich unhaltbare Mißgriff Clv's., wonach Christus in beiden Satztheilen Subject, κέρδος Prädicat sein soll und zu den beiden Infinitiven πρός oder κατά ergänzt wird: Christus ist mir im Leben und Sterben Gewinn. Ihm sind Vz., Art., Corn. u. a. gefolgt. — Das folgende καί ist nicht „einfaches Copulativ eines parallelen Satzes" (de W.), sondern logisch ist das zweite Hemistich die Folge des ersten; doch braucht man darum nicht καί mit: eben daher (Bmg.) zu übersetzen. Die Schattirung in der Bedeutung des καί darf höchstens durch ein „und so" markirt werden.

(Myr., vergl. Hoel.), sondern er bildet einen wirklichen Gegensatz zu dem über das Gewinnbringende des Todes Gesagten (de W.). Wäre freilich nach der gangbaren Auffassung schon im ersten Hemistich von V. 21 das irdische Leben als ein Leben zur Verherrlichung Christi dargestellt, so hätte das zweite Glied desselben schon seinen Gegensatz, und das hier Gesagte wäre leere Wiederholung, es wäre, wie Bng. meint, jenes erste Hemistich wieder aufgenommen und das könnte freilich nicht mit δέ geschehen. Da nun aber dort das Leben nur von einer Seite erwähnt war, nach der es im Tode nicht aufhört, sondern vielmehr seine Vollendung findet, indem derselbe für die Gemeinschaft mit Christo nur ein Gewinn ist, so wird dasselbe hier ausdrücklich von der anderen Seite betrachtet, wonach es noch in den Kreis des irdisch-menschlichen Daseins (Hoel.) gebannt ist, von welchem es erst durch den Tod befreit wird (de W., Myr.) und eben darum nennt es Paulus ein ζῆν ἐν σαρκί. Es erhellt daraus, daß dies nicht per contemptum gesagt sein kann, um die Unvollkommenheit und das Elend dieses Lebens zu bezeichnen (vergl. Clv., Grt., Bmg., Fl., v. Hng.), was hier um so weniger an seiner Stelle gewesen wäre, als das irdische Leben ja eben von seiner wünschenswerthen Seite dargestellt werden soll[1]).

[1]) Es steht also σάρξ hier in seiner ethisch noch ganz indifferenten Bedeutung, und doch könnte es schwerlich ohne Welteres mit ἐν σώματι ζῆν vertauscht werden. Denn es soll in der That nicht nur die Leiblichkeit, deren Substrat die σάρξ im materiellen Sinne ist, bezeichnen, sondern es spielt bereits ein Gegensatz gegen ein höheres, göttliches Leben hinein, das schon das irdische Leben erfüllen kann, dann aber durch den Tod zu seiner vollen Entfaltung entbunden wird. Es ist das eben jenes Leben Christi in uns, das dem Apostel nach V. 21 sein Ein und Alles ist und um deswillen ihm der Tod nur Gewinn bringt. Dieser Gegensatz ist es ja gewesen, welcher bei dem Worte nachher bei Paulus seine so zu sagen technische Bedeutung aufgeprägt hat. Vgl. Gal. 2, 20. 2 Cor. 10, 3. — Die Hauptdifferenz in der sprachlichen Auffassung des Verses findet sich schon bei den patristischen Exegeten. Während die Griechen (Chr., Oec.) den Vordersatz bis ἔργον gehen lassen, beginnen die Lateiner (Ambr., Plg.) den Nachsatz mit τοῦτο. Jenen folgen Ers. und Clv., Grt. und Est. und die meisten Neueren (de W., Myr., Wies., Ew.), indem sie das τοῦτο als nachdrückliche Wiederaufnahme des Subjects (vgl. Win. §. 23. 4) fassen (nur a. E. verbindet es mit τὸ ζῆν); diesen Bll. Pisc., Bng., Strr., Fl. und noch Mtth. mit sehr willkührlichen Ergänzungen zur Vervollständigung des Vordersatzes. Allein die erstere Ansicht scheitert an der unnatürlichen Wiederaufnahme des eben genannten Subjects und an der durch die Umschreibungen und Ergänzungen nicht zu verbergenden Härte des Ausdrucks, wonach das Leben selbst eine Frucht genannt wird, statt daß es doch die Frucht nur bringt. Während sich Bmg. dabei beruhigt, daß dies eine Metonymie sei, hat de W. die Schwierigkeit mit aller Schärfe ausgesprochen, ohne sie zu heben. Bei der zweiten sind freilich die gangbaren Ergänzungen ohne Weiteres abzuweisen, auch die von Hoel., der gar aus dem Folgenden καρπός ergänzen will und den Sinn völlig verfehlt („wenn aber das Leben eine Frucht im Fleische, eine irdische Frucht, so ist dieses, der Tod, eine Frucht in der That, eine wesentliche, reelle Frucht"); der Context aber ergiebt aus dem vorigen von selbst als Prädicat κέρδος und das τοῦτο bezieht sich hierauf oder auf den ganzen Vordersatz. In Folge der neuen Lebensanschauung, wonach ihm das Leben nur um Christi willen noch Werth hat,

Der καρπὸς ἔργου, um deswillen Paulus dem irdischen Leben einen so hohen Werth giebt, daß seine Wahl zwischen Leben und Tod noch schwankt, ist weder im Allgemeinen von guten Werken (Oec.), noch im Sinne von operae pretium zu nehmen (Clv.), was Grt. als Latinismus rechtfertigen zu können meinte. Die große Mehrzahl der Ausleger ist auch darüber einig, daß ἔργον hier im Sinne seines amtlichen Wirkens steht, wie 1 Cor. 16, 10. Eph. 4, 12. 1 Thess. 5, 13 und daß καρπός nicht der Lohn (Haym. und noch v. Hng.), sondern der Erfolg desselben (Thph.) ist; nur muß man darin nicht blos eine Frucht für die apostolische Thätigkeit sehen (gen. obj. vgl. Bll. Fl. Mtth., Myr.) oder gar eine Frucht, die in dieser Thätigkeit besteht (gen. appos. vgl. Schlicht., Bng.), sondern einfach eine Frucht, die sein Wirken bringt (Ans., Hnr., de W., Ew., vgl. 1, 11).

---

ist freilich der Tod ihm Gewinn. Wenn aber, wie es ja gewöhnlich angesehen wird und von einer Seite auch seine volle Berechtigung hat, das Leben ein Gewinn ist, so ist das eine Frucht seines Wirkens, weil die Erfolge seiner apostolischen Thätigkeit ihm allein sein Leben noch werthvoll machen können (V. 24). So stehen sich nun Tod und Leben beide in ihrer Weise als gewinnbringend gegenüber, und da muß er allerdings schwanken, was er zu wählen hat. Das εἰ macht den zweiten Fall nicht problematisch, sondern setzt ihn als einen unter gewissen Umständen und Gesichtspunkten zweifellos eintretenden. — Unsere Erklärung hat den großen Vortheil, daß sie auch die Schwierigkeit des καί erledigt, welche alle drückt, die in οὐ γνωρίζω erst den Nachsatz finden. Im eigentlichen Sinne kann man es nur festhalten, wenn man mit Bz. das εἰ für an nimmt, wogegen schon Wlf. mit Recht auf die Unvereinbarkeit des darin ausgesprochenen Zweifels mit V. 24 verweist, oder wenn man mit Zeger, Corn. u. a. vor oder nach καί eine Aposiopese annimmt. Ers. nahm das καί für etiam und ihm folgen Clv., Est., v. Hng., Ew., ohne daß dieselben den emphatischen Gebrauch dieses „accessorischen auch" (Myr.) anders als durch willkührliche Ergänzungen rechtfertigen können. Camerarius nahm es συλλογιστικῶς (vgl. Wlf., Rsm., a. E.: sane, profecto), Casaubonus für eine hebräischartige Einführung des Nachsatzes (vgl. Lth., Sdl., Bmg., Hnr., Rhw., B.-Cr.), beides gleich sprachwidrig. Nach dem Vorgange von Dan. Heinsius und Croc. beruft sich de W. auf das καί in der Frage 2 Cor. 2, 2 (vgl. Win. §. 53. 3. S. 387.); allein unser Fall ist doch ganz anders und die Anwendung darauf wird ungenügend von Wies. durch die Annahme gerechtfertigt, daß Paulus ursprünglich den Nachsatz habe anders bilden wollen. Bei unserer Fassung ist das καί ganz parallel dem καί des V. 21 und führt wie jenes die Folge der in der ersten Vershälfte enthaltenen Anschauung vom irdischen Leben ein. Man braucht deshalb aber nicht das καί mit unde (Strr.), igitur (Fl.) zu übersetzen. — Das einfache Fragewort τί statt des genaueren πότερον kommt auch bei guten griechischen Schriftstellern vor, wie bei den Römern, wenn auch selten, quis und uter verwechselt wird. Vergl. Win. §. 25. 1. — Statt des Conjunctiv in indirecten Fragen, der etwas objectiv Mögliches, was geschehen kann oder soll, bezeichnet, steht der Verwandtschaft beider Formen wegen auch das futur. indic. Vgl. Win. §. 41. 4. b. Der Sinn des Medium: sich erwählen, für sich vorziehen bleibt auch hier. — Das γνωρίζω übersetzen Vlg., Lth. und die meisten geradezu, als ob οἶδα stände. Es heißt aber ursprünglich: bekanntmachen und kommt sonst auch bei Paulus stets in dieser Bedeutung vor. Doch heißt es auch im classischen Griechisch: erkennen und so auch Hiob 34, 25. Prov. 3, 6 (LXX). Dagegen ist die Annahme, daß es dicere non possum heißen könne (Strr., Rhw., v. Hng. und ähnlich Bng., Bmg.), ganz willführlich.

Es ist unrichtig, wenn Chr., Oec., Thph. meinen, dem Apostel sei wirklich von Gott die Wahl gestellt zwischen Leben und Tod, sich zu erbitten, was er wolle. Er setzt natürlich nur den Fall, um seine innere Stellung zu beidem zu zeigen.

V. 23.

Seinem Schwanken über die Wahl zwischen Tod und Leben stellt Paulus entgegen, daß er sich von beidem gleich sehr angezogen fühlt. Dieses und nicht gerade ein Bedrängtsein von der Wahl, die ja gar nicht eigentlich vorliegt, geschweige denn von irgend einer Sorge (Rsm.), will der Apostel mit dem συνέχομαι ausdrücken. Dennoch meinte schon Thph. es durch στενοχωροῦμαι erklären zu können, darauf führt auch das coarctor der Vlg. (vgl. Dion.) und noch die Erklärungen von Hnr., Hoel., Myr., Ew. u. a., welche immer irgendwie von einem Beengtsein reden. Ganz genügend schon Lyr.: moveor ad petendum, quae non possunt simul haberi (vgl. Ers., Bz., v. Hng.: utrinque teneor)[1].

Das Verlangen des Apostels nach dem Tode ist so groß, daß schon Plg. sagt, er wolle den Tod nicht fürchten, sondern lieben lehren, und Augustin: non patienter moritur sed patienter vivit et delectabiliter moritur. Doch hat die falsche Uebersetzung der Vlg., wonach das Sterben als eine Erlösung (dissolvi) von den Fesseln des Fleisches und der Sünde (Aug.) oder gar von dem Elend des Lebens und der Gefangenschaft (Ans. und die meisten) erschien, die Ausleger oft verleitet, diesen Gesichtspunkt als Motiv für seine Todesfreudigkeit geltend zu machen und noch Ew. führt als Grund an, daß sein Leib durch die langen Arbeiten und Leiden schon so gebrochen und erschöpft gewesen sei. Allein Paulus giebt ja selbst durch den Zusatz zu verstehen, daß es eigentlich nicht der Tod sei, wonach er sich sehne, sondern die Vereinigung mit Christo, zu der er führt und Croc. hat auf Grund dessen schön entwickelt, wie seine Todessehnsucht nicht aus einem verkehrten Lebensüberdruß, nicht aus Arbeits- oder Leidensscheu hervorgehe. Natürlich will der Apostel, indem er so seine innere Stellung zu dem ihm eventuell bevorstehenden Tode darlegt, die Leser trösten und sie bereiten, daß sie sich nicht betrüben sollen, wenn dieser Fall eintritt (Chr., Thph.).

---

[1] Wir halten mit Tisch. das δέ statt der Rept. γάρ fest, die wohl nur die logische Verbindung der beiden Verse erleichtern soll. Allein dem negativen: ich erkenne nicht, was ich wählen soll, tritt ganz passend mit starker Adversativpartikel (de W., Wief.: vielmehr) das positive συνέχομαι gegenüber. Gerade daß man das δέ nur metabatisch genommen und nur eine Explication des οὐ γνωρίζω hier gefunden hat (Myr. und so schon Thph.), hat veranlaßt, daß man ein Beengtsein von der Wahl in das συνέχομαι hineinlegte. Dieses heißt ursprünglich: wovon ergriffen, festgehalten werden (2 Cor. 5, 14) und kann natürlich, wo das Festhaltende etwas feindseliges, schmerzhaftes ist, den Begriff des Bedrängtseins, Geängstigtwerdens erhalten (Luc. 8, 37. 12, 50); aber an sich kann es ebenso von angeneh=

Unsere Stelle zeigt unzweifelhaft, daß Paulus unmittelbar durch den Tod in eine Gemeinschaft mit Christo zu kommen gedachte, die, wie aus V. 21 erhellt, gegen die hier auf Erden schon bestehende mystische Lebensgemeinschaft mit ihm ein Gewinn ist (vgl. was Croc. über den Unterschied des in Christo und cum Chr. esse bemerkt). Diese Gemeinschaft kann aber nur im Himmel stattfinden, wo der verklärte Christus ist (3, 20) und nicht im Hades (vgl. Myr.), auch weist nichts darauf hin, daß sie ein besonderes Prärogativ der Märtyrer ist, wie Myr. auf Grund von Act. 7, 59 und etlichen apokalyptischen Stellen annimmt. Schon Est. bemerkt ganz richtig, daß unser Apostel ja kein Interesse daran habe, sogleich abzuscheiden,

---

men als von unangenehmen Gefühlen gebraucht werden (Strr., Fl.) und ersteres ist hier der Fall, wo das ἐπιθυμίαν ἔχων als Exposition folgt. Statt des einfachen Dat. instr. oder διά (Hnr.) steht bei συνέχομαι ἐκ, weil Leben und Tod als die Punkte gedacht sind, von denen aus der Apostel sich festgehalten, angezogen fühlt (vgl. Myr.). Daß τὰ δύο aber wirklich aufs Vorangehende zu beziehen ist, zeigt schon der Artikel, wie Ers. mit Beziehung auf das ex bis duobus des Ambr. bemerkt. Dagegen beziehen es schon Thph., Anf., Dion. und ebenso Lth., Rhw. u. a. aufs Folgende, auf das Verlangen nach dem Tode und die Nothwendigkeit des Lebenbleibens. — Das εἰς nach ἐπιθυμίαν ἔχων darf nicht fehlen, weil dieses, ohne daß ein Gegenstand des Verlangens genannt ist, ganz zwecklos und unverständlich wäre. Zwar ist es nicht unmittelbar mit ἐπιθ. zu verbinden, das so nicht construirt wird, aber es bezeichnet die Richtung, das Ziel des ἐπιθ. ἔχειν (Myr.) und nicht unpassend vergleicht de W. das εἰς nach δέομαι 1 Thess. 3, 10. Der Artikel bezeichnet das bestimmte Verlangen, das der Apostel hat. — Auch das γάρ nach πολλῷ kann schlechterdings nicht fehlen, wie schon Aug. erwiesen hat. Fehlt es, so zertrennt man entweder die, wie schon Elv., Est. bemerkten, sachlich eng zusammengehörigen beiden Stücke τὸ ἀναλῦσαι καὶ σὺν Χριστῷ εἶναι (Thdt.), die ja auch grammatisch durch einen gemeinsamen Artikel verbunden sind, oder das πολλῷ μᾶλλον κρεῖσσον wird ein abrupter Ausruf (v. Hng., B.-Cr., wozu es übrigens Hoel. auch unter Beibehaltung des γάρ macht), wenn man ihn nicht durch willkührliche Ergänzungen zu einem parenthetischen Relativsatz machen will (Grt., Strr., Rhw.). — Ἀναλύειν mit und ohne ἄγκυραν heißt, wie das lat. solvere, die Anker lichten, abfahren, dann aufbrechen (Luc. 12, 36), abscheiden (Lth.) überhaupt. Schon Chr. hat ἀπελθεῖν, Vz. migrare und Ers. stellt ihm das κατάλυμα (Luc. 2, 7) und καταλύειν (19, 7) gegenüber. Die neuere Exegese hat diese Erklärung allgemein adoptirt, und Bng., Hnr. bemerken bereits mit Recht, daß eigentlich gar keine Metapher mehr in dem Gebrauche des Wortes liege, auch ist keineswegs nothwendig, mit Rsm. ἐκ τῆς σαρκός hineinzudenken. Nach Hier. und Tert. will Grt. es im Sinne von reverti nehmen, was aber im Worte an sich nicht liegt, Cal. verwahrt sich nur dagegen, daß man dann daraus nicht die Präexistenz der Seelen ableite. Die Uebersetzung der Vlg.: dissolvi, die Elv., Est., Corn. auf die solutio animae et corporis beziehen, scheitert an der activen Form und an dem Gegensatz des ἐπιμένειν. Vergeblich haben sie Drus., Schttg. u. a. aus dem Hebräischen zu rechtfertigen gesucht, dennoch hat sie noch Win. §. 44. 6. Cal., Sbl. suchen sie mit dem Bilde vom Schiffe zu vereinigen. — Die Steigerung des Comparativ durch ein beigefügtes μᾶλλον (2 Cor. 7, 13) ist bei den Griechen sehr gewöhnlich. Vergl. Win. §. 35. 1. Durch das beigefügte πολλῷ wird die Steigerung eine zwiefach potenzirte, wie das schon Ers., Est., Bng., v. Hng. richtig erörtern; es ist der Ausdruck der Stärke und Lebendigkeit seines Gefühls (Myr.). Unrichtig halten es Bz., Corn. für eine hebräischartige Umschreibung des Superlativ und a. E. das μᾶλλον für pleonastisch.

wenn irgend ein Zwischenraum zwischen dem Sterben und der Vereinigung mit Christo läge, so daß diese erst mit den anderen allen bei der Parusie ihm zu Theil würde, wie Wies. meint. — Allein diese Hoffnung scheint mit den sonstigen eschatologischen Vorstellungen des Apostels nicht wohl zusammenzustimmen. Im ersten Thessalonicherbrief tröstet der Apostel die Gemeinde über das Schicksal der Entschlafenen nicht etwa damit, daß diese bei Christo seien, sondern damit, daß sie bei der Wiederkunft Christi auferstehen und dann, mit den Ueberlebenden vereint, ihm entgegengerückt werden würden, um bei Christo zu sein und zu bleiben (4, 16. 17, vielleicht auch 5, 10), und im ersten Corintherbriefe polemisirt Paulus gegen die Auferstehungsleugner (15, 12. 35) in einer Weise, daß seine Argumentation eigentlich gegen die Leugnung jeder Fortdauer nach dem Tode gerichtet ist (15, 29—34), so daß also ein Leben nach dem Tode abgesehen von der Auferstehung entweder gar nicht oder doch nicht als seliges im Kreise seiner Vorstellungen gelegen zu haben scheint. Nehmen wir hinzu, daß Paulus in diesen beiden Briefen und in ihnen allein das Sterben der Christen ein $κοιμᾶσθαι$ nennt, so scheint hier ein Widerspruch in den Ansichten des Apostels vorzuliegen, der sich nur durch die Annahme heben läßt, daß Paulus im Laufe seiner Entwickelung seine Ansicht über diesen Punkt geändert habe[1]).

[1]) Schon Usteri (Entwicklung des paulin. Lehrbegriffs. 5. Ausg. 1834. S. 368) nimmt an, daß Paulus früher den Zustand zwischen Tod und Auferstehung als eine Art Seelenschlaf gedacht habe, und Dähne (Entw. des paul. Lehrb. 1835. §15. 11) nennt ihn einen Zustand ohne klares Bewußtsein (vgl. de W. zu 1 Thess. 4, 13), womit sich ein $σὺν Χρ. εἶναι$, obwohl er es meint, schwerlich vereinigen läßt. Lutz (Bibl. Dogm. 1847. S. 412—13) bleibt bei der Annahme eines Widerspruchs des Apostels mit sich selbst stehen und postulirt nur die Möglichkeit einer Vereinigung beider Vorstellungen, die aber noch nicht gefunden sei. B.-Cr. giebt die eine Vorstellungsweise von der messianischen Rückkehr und den sie begleitenden Ereignissen preis und meint, daß der Apostel sich in Stellen, wie die unsrige, davon frei gemacht habe (Grundzüge der bibl. Theol. 1828. S. 337 und im Commentar zu 1, 23). Hahn endlich leugnet, daß nach der neutestamentl. Anschauung die Bekleidung der Gerechten mit einem himmlischen Leibe und ihre Versetzung aus dem Hades in den Himmel nothwendig mit der allgemeinen Auferweckung der Gerechten zusammenfalle (Theologie des N. T. 1854. S. 446. Anm.). Allein abgesehen davon, daß hierbei eine Doppelheit der apostolischen Anschauung stehen bleibt, so redet 2 Cor. 5, 1 nicht von einem gleich nach dem Tode eintretenden realen Besitze der verklärten Leiblichkeit, sondern nur von einem ideellen Hoffnungsbesitz; die Vorstellung aber von einer Zwischenleiblichkeit verwerfen selbst Hofmann (Schriftbeweis. 1855. II. 2. S. 439. 40) und Delitzsch (System der biblischen Psychologie. 1858. VI. §. 5. 6), obwohl sie auf diese Stelle ihre phantastischen Vorstellungen von dem Zustande der Seelen im Mittelzustande gründen. Es scheint also nichts übrig zu bleiben, als mit Usteri S. 360. 68 anzunehmen, daß Paulus wirklich bei dem Zurücktreten der Erwartung von der Nähe der Parusie seine Ansicht geändert habe (vgl. Georgii in Zellers theolog. Jahrb. 1845. S. 22). Auch Neander, obwohl er keinen Gegensatz zwischen den beiden Vorstellungen findet, nimmt doch an, daß erst in Folge jenes Zurücktretens die früher mehr in den Hintergrund gestellte Lehre bestimmter hervorgetreten sei. Doch findet er dieselbe bereits 2 Cor. 5, 8 (vgl. auch Meßner, Die Lehre der Apostel. 1856. S. 283. 84) und Röm. 8, 10 wenigstens angedeutet,

Wie aber schon unser Brief, in dem die Erwartung der nahen Parusie so stark wie irgendwo hervortritt (1, 6. 10. 3, 20. 4, 5), zeigt, daß die Veranlassung einer solchen Aenderung nicht das Zurücktreten jener Erwartung gewesen sein kann, so wird die Annahme einer Aenderung der apostolischen Ansicht schon dadurch fast unmöglich, daß gerade in dem so bald nach dem ersten Corintherbriefe geschriebenen zweiten eine Stelle vorkommt, die genau dieselbe Vorstellung wie unser Brief voraussetzt. Denn während der Apostel 2 Cor. 5, 4 nach dem ἐπενδύσασθαι seufzt, um nicht das ἐκδύσασθαι der irdischen Hütte, welches im Tode geschieht, durchmachen zu müssen, so fügt er doch V. 8 hinzu, daß sein Verlangen nach dem ἐκδημῆσαι ἐκ τοῦ σώματος καὶ ἐνδημῆσαι πρὸς τὸν κύριον überhaupt doch ohne Vergleich größer sei, als die Sehnsucht nach jener speciellen Art des Uebergangs von einem zum andern (V. 4), und motivirt das V. 6 dadurch, daß das ἐνδημῆσαι ἐν τῷ σώματι immer ein ἐκδημῆσαι ἀπὸ τοῦ κυρίου sei. Jedenfalls also bezeichnet doch jenes ἐνδ. πρὸς τὸν κύρ. einen Zustand des jenseitigen Lebens, der trotz dem ἐκδύσ. im Tode und noch abgesehen von einer Verklärung der Leiblichkeit durch die Auferstehung oder Ueberkleidung dem Apostel ein unendlich wünschenswerther ist, weil er in eine Gemeinschaft mit Christo bringt, die es hier auf Erden noch nicht giebt. Diese Ansicht von einer Gemeinschaft der gläubigen Seele mit Christo, die durch den Tod nicht unterbrochen, sondern potenzirt wird, wurzelt aber auf's tiefste in den sonstigen Lehranschauungen des Apostels, wie die Stelle Röm. 8, 10 zeigt. Wenn Paulus dort es als Folge der durch den Geistesbesitz (V. 9) vermittelten Lebensgemeinschaft mit Christo angiebt, daß der Leib um der Sünde willen dem Tode verfällt, dem πνεῦμα aber das Leben zuspricht auch abgesehen von der Auferstehung, die er erst V. 11 als eine weitere Consequenz namhaft macht, so ist klar, daß der Christ im Besitze des πνεῦμα die Garantie für ein über den Tod fortdauerndes Leben hat; wie denn auch V. 13 von der Wirksamkeit des πνεῦμα ein ζῆν abhängig gemacht wird, wodurch, wie der Gegensatz des ἀποθνήσκειν zeigt, für den Gläubigen das Sterben beinahe überhaupt negirt zu werden scheint. Nehmen wir hinzu, daß nach Röm. 8, 38 die Theilnahme der Christen an der göttlichen Liebe auch über den Gegensatz von Tod und Leben erhaben ist, daß nach 14, 8 die Gläubigen dem Herrn nicht nur leben, sondern auch sterben, und daß er nach V. 9 über Todte und Lebende Herr ist, so kann wohl darüber kein Zweifel sein, daß auch im Römerbriefe die Vorstellung von einer auch abgesehen von der Auferstehung durch den Tod nicht auflösbaren Gemeinschaft mit Christo waltet.

---

fälschlich auch 2 Tim. 4, 18 (Gesch. der Pflanzung und Leitung ꝛc. 1847. II. S. 829 ff.); ebenso Hofmann (a. a. O. S. 448. 49), der aber fälschlich auf 1 Thess. 5, 10 verweist.

Und in der That ist auch der Widerspruch der ersterwähnten Stellen nur scheinbar. Die Stellen aus 1 Cor. 15 erklären sich dadurch, daß dem Apostel mit dem Glauben an die Auferstehung der Gläubigen die Auferstehung Christi steht und fällt. Giebt es überhaupt keine Auferstehung, so giebt es auch keinen auferstandenen und lebenden Christus, also auch nach dem Tode keine Gemeinschaft mit ihm. Der Apostel kann also so argumentiren, als ob mit der Leugnung der Auferstehung zugleich jede selige Fortdauer nach dem Tode geleugnet sei, da ja ohne die Gemeinschaft mit dem lebendigen Christus nur das trübe Schattenleben des Hades zurückbleibt, das eigentlich gar kein Leben ist. Auch in dem ersten Thessalonicherbriefe aber heißen ja die Todten $νεκροὶ \ ἐν \ Χριστῷ$, was nicht nur ein Entschlafensein in ihm (1 Cor. 15, 18), sondern eine Fortdauer dieser Lebensgemeinschaft mit ihm im Tode ausdrückt, und das $σὺν \ κυρίῳ \ ἔσεσθαι$ 4, 17 und 5, 10 brauchen wir nicht auf die erst beginnende Gemeinschaft mit Christo zu beziehen, es kann auch die Gemeinschaft mit dem in Herrlichkeit kommenden Christus (2 Thess. 1, 9) und die Theilnahme an dieser seiner Herrlichkeit (2, 14) bezeichnen, die freilich erst mit der Parusie eintreten kann. Dazu kommt, daß die Thessalonicher nicht um das Schicksal der Verstorbenen im Zwischenzustande besorgt waren, sondern um ihre Benachtheiligung gegen die Ueberlebenden bei der Parusie; Paulus konnte also nicht auf ihre Gemeinschaft mit Christo im Zwischenzustande verweisen, sondern nur darauf, daß sie bei der Parusie durch die Auferstehung zu derselben Herrlichkeit gelangen würden wie die Ueberlebenden. Der Ausdruck $κοιμᾶσθαι$ aber kann nur ein Euphemismus sein für das christliche Sterben, sofern demselben das Auferstehen folgt, wie dem Schlaf das Erwachen (vgl. Mtth. 9, 24. Joh. 11, 11) oder sofern es die Ruhe nach der Unruhe des Lebens bringt (vgl. Koch zu 1 Thess. 4, 13. S. 343, und in anderer Weise Delitzsch a. a. O. S. 364). In keinem Fall kann an einen Seelenschlaf gedacht werden, gegen den schon Clv., Est. auf Grund unserer Stelle polemisiren. Auch die alttestamentlichen Schilderungen vom Hadesleben ergeben die Vorstellung eines Seelenschlafes nicht, und da der Apostel die Hadeslehre getheilt haben muß (obwohl sich nur 2, 10 davon eine Andeutung findet), so ist ohnehin vorauszusetzen, daß er dieselbe auch irgendwie christlich ausgestaltet haben wird und das geschieht eben durch die Vorstellung von einem seligen Vereintsein mit Christo auch im Zustande vor der Auferstehung. Es ist also diese Vorstellung bei Paulus sicher so ursprünglich wie seine ganze Lehranschauung, woraus sich auch erklärt, daß selbst in den ältesten Briefen nirgends ein Gedanke an ein unbefriedigtes Hadesleben in alttestamentlicher Weise vorkommt. Aber das ist ja natürlich, daß nur in den seltenen Momenten, wo dem Apostel der Gedanke an einen unmittelbar nahen Tod noch vor der Parusie Christi vor Augen trat, diese Vorstellung zu einem schärferen Ausdruck kommen konnte.

Uebrigens knüpft sich auch an unsere Stelle der Ubiquitätsstreit. Pisc. deducirt aus ihr, daß Christus nicht secundum humanitatem auf Erden sei, Cal. aber erklärt, daß man das Sein bei Christo nicht an einem in bestimmte Grenzen geschlossenen Orte im Himmel denken solle; denn ubi Christus, ibi coelum und Christum coelo compescere nefas est.

V. 24.

Daß das Lebenbleiben nothwendiger sei[1], ist eigentlich ein ungenauer Ausdruck (B.-Cr., de W., Wies.), da das Sterben im Vorigen nicht als nothwendig (Myr.), sondern nur als wünschenswerth dargestellt war. Der Apostel wollte wohl ausdrücken, daß die Nothwendigkeit seines ferneren Wirkens doch noch größer sei, als die Nothwendigkeit, welche sein heißestes Verlangen danach für sein Gefühl dem Sterben zu geben schien. Nothwendig aber ist das Lebenbleiben um der Philipper willen, die er noch ferner leiten und stärken muß. Natürlich sind damit die anderen Christen alle nicht ausgeschlossen (Grt., Sdl., Fl.), und keineswegs ist das ὑμεῖς etwa auf die Heidenchristen zu beschränken (B.-Cr.), aber „das δι' ὑμᾶς entspricht ganz der concreten Ausdrucksweise der besonderen Liebe zu den Lesern" (Myr.).

Schon die patristischen Exegeten bewundern den selbstverleugnenden Edelmuth, womit der Apostel ein Leben voll Mühsal und Gefahren, voll Leiden und Trübsal dem Tode vorzieht aus Liebe zu seiner Gemeinde, deren Bestem er dienen will (Chr., Thdt., Ambr.), und Oec. hätte dies Lob nicht dadurch schwächen sollen, daß er hervorhebt, wie Paulus selbst durch solche Arbeit Christo wieder näher kommt. Mit Recht bemerkt Strr.: Philippensium commodis sua ipsius postponit et virtutis, quam 2, 4 commendat, exemplum ipse est. Ganz fern aber lag dem Apostel sicher die Absicht, sie zu ermahnen, daß sie den Zweck, um deßwillen er am Leben bleiben wolle, nicht vereiteln möchten (Chr., Ambr.). Dagegen mag man immerhin, wenn auch nicht als

---

[1] Statt noch einmal an das συνέχομαι anzuknüpfen, läßt Paulus die durch den dazwischengetretenen Begründungssatz einmal gestörte Participialconstruction fallen und stellt dem viel besseren sogleich das nothwendigere in einem selbständigen Satze gegenüber. Grammatisch fehlt dem Satzgefüge nichts, aber logisch ist ein Mittelglied übersprungen, das etwa heißen müßte: indem ich von der anderen Seite auch das Leben nicht ohne weiteres lassen kann. — Das ἐν hat Tsch. beibehalten und es kann nach ἐπιμένειν so gut wie der bloße Dativ (Röm. 6, 1. 11, 22. 23. 1 Tim. 4, 16) stehen (1 Cor. 16, 8). Es ist aber klar, daß wo, wie hier, das ἐπιμ. rein local gedacht ist, das ἐν passender ist, während der Dativ steht, wo es das Beharren bei, das Festhalten an einer Sache bezeichnet. Vgl. v. Hng. Mit Unrecht meint Myr. das ἐν τῇ σαρκί durch: in meinem Fleische ausdrücken zu müssen, der Artikel weist wohl nur auf das bereits erwähnte ζῆν ἐν σαρκί zurück. — Ganz willkührlich ist es, um der vermeintlichen Schwierigkeit willen das ἀναγκ. zu übersetzen: praestat, melius est (Hnr., a. E.) oder: es ist zu nothwendig, als daß meinem Verlangen genügt werden könnte (v. Hng.).

vom Apostel beabsichtigt, mit Chr., Thph. sagen, daß er zwar die Liebe zum Leben vertreibe, aber doch dasselbe auch nicht unterschätzen lehre und daß er namentlich jeder dualistischen Weltverachtung gegenüber zeige, wie das Leben an sich nicht unnütz oder gar böse sei. Mit Recht weist v. Hng. darauf hin, wie die krankhafte Sehnsucht späterer Zeiten nach dem Martyrium sich wohl hätte können durch den Apostel rectificiren lassen.

c) Die Hoffnung des Apostels auf Befreiung.
(Cap. I, 25. 26.)

Und in guter Zuversicht darauf weiß ich, daß ich bleiben und mit Euch allen zusammenbleiben werde Euch zur Förderung und zur Freude des Glaubens, auf daß Euer Ruhm noch reicher werde in Christo Jesu in mir durch meine Wiederkunft zu Euch.

[V. 25.] Die Erwägung, die der Apostel im Vorigen angestellt hat über die beiden möglichen Eventualitäten seiner Gefangenschaft, hat einen Punkt hervortreten lassen, von dem aus ihm ein helles Licht auf seine Zukunft zu fallen scheint. Ist wirklich sein Bleiben im Fleische nothwendiger um der Gemeinden willen, so kann kaum mehr ein Zweifel übrig bleiben, daß der, welcher die Schicksale seiner Kirche überall zu ihrem Heile lenkt, eben darum auch gerade dieses geben wird. Und darauf vertrauend spricht er nun die Gewißheit aus, die ihm diese Erwägung über sein nächst bevorstehendes Schicksal giebt, natürlich nicht eine untrügliche prophetische Gewißheit, da sie sich nicht auf Gegenstände der göttlichen Heilsökonomie bezieht, sondern auf äußere Verhältnisse, von denen, wie er so eben gezeigt, nicht nur seine persönliche Heilsvollendung, sondern auch die Verherrlichung Christi durch ihn in letzter Beziehung unabhängig ist; wohl aber eine Gewißheit, die in der selbstlosen Erwägung der vorliegenden Verhältnisse begründet ist und eben darum freilich auch ihre Bestätigung der höheren Weisheit anheimstellen muß. Soweit eine solche aber möglich ist, weiß er, daß er am Leben bleiben wird und zwar zusammenbleiben mit ihnen allen, so daß sie sich wieder des Segens seines Umgangs erfreuen können. Dann aber muß sein Bleiben zu ihrer allseitigen Förderung im christlichen Wesen und Leben gereichen und indem dadurch der Glaube, der nicht aufgehört hat zu hoffen und zu flehen, daß Gott seinen Diener aus der Hand seiner Feinde errette, seine Erfüllung findet, zugleich zur hohen Freude des Glaubens, der durch solche Erfahrungen nur freudiger und zuversichtlicher gemacht werden kann.

[V. 26.] Diese Förderung ihres geistlichen Lebens aber muß dazu beitragen, daß immer mehr wachse und reich werde das, worauf der Christ mit Recht stolz sein kann und was auch ihren ganzen Ruhm ausmacht, nicht im Sinne eitlen Selbstruhms, sondern im Sinne der triumphirenden Freude darüber, daß sie in und mit Christo alles haben. Dieser ihr Ruhm kann daher auch nur wachsen, wenn sie in steter Gemeinschaft mit ihm bleiben, kann nur wachsen in Christo Jesu. Und doch kann der Apostel sich selbst nennen als den Grund, in welchem all dieses Wachsthum wurzelt, sofern dasselbe ja durch seine Wiederkunft zu ihnen gefördert werden soll. Darum ist auch dieses Wachsthum ihres wahren Ruhmes in ihm der letzte Endzweck seiner Lebenserhaltung, die er um der Gemeinden willen von Gott zuversichtlich erwartet.

Damit schließt der Apostel seine Tröstung der Gemeinde in Betreff seiner Gefangenschaft. Dem Evangelium hat sie nur Förderung gebracht (vergl. Abschn. 1), ihm kann sie in jedem Falle nur zu einem seligen, freudevollen Ausgange verhelfen (vergl. Abschn. 2, a. b), und der Gemeinde wird die frohe Hoffnung eröffnet ihn wiederzusehen, und durch ihn gefördert zu werden zur Erreichung eines immer herrlicheren Christenruhmes (vergl. Abschn. 2, c). Wie kann da noch von Trauer und Besorgniß um ihn und seine Sache die Rede sein?

V. 25.

Schon Ambr., Oec., Lyr., Dion., später Clv., Corn., Grt., Rsm., Hoel., und seit Mtth. alle Neueren fassen die Worte, indem sie τοῦτο aufs Vorhergehende beziehen, so, daß Paulus durch sein Vertrauen auf die V. 24 dargelegte Nothwendigkeit seines ferneren Lebens die hier ausgesprochene Gewißheit desselben begründe. Ist aber diese Gewißheit nur eine erschlossene, dann kann sie auch nicht absolut untrüglich sein, wie die, welche sich unmittelbar auf das Wort Gottes gründet, sondern muß der göttlichen Vorsehung ihre Bestätigung anheimstellen (Clv., Est.). Mit Unrecht daher wird von Myr. dem Apostel die Behauptung einer zweifellosen Gewißheit zugeschoben, der dann nur der Erfolg nicht entsprochen habe, und mit eben solchem Unrecht von

Wief. aus seinen Worten die historische Thatsache seiner Befreiung aus der Gefangenschaft abgeleitet. Selbst ein Thph. mußte diese Frage noch als ein ἄδηλον und ζητούμενον stehen lassen, weil er jene richtige Beziehung des τοῦτο auf's Vorige festhielt.

Dagegen hat er bereits die willkührliche Umsetzung des begründenden πεποιθώς in das Adverbium πεποιθότως, durch welche man die Anknüpfung an das Vorige verlor, indem man dann das τοῦτο auf's Folgende bezog und den Begriff des οἶδα so steigerte, daß die Annahme eines untrüglichen Wissens immer näher gerückt ward. So schon Plg. (certissime novi), Ers., Lth., Bll., Pisc., Croc., Cal., Vng. und noch Strr., a. E., Hnr., Rhw. Von hier aus konnte man eher mit einigem Scheine aus diesen Worten die Erfüllung dieser Vorhersagung zu erweisen suchen (wie schon Thdt. thut), da eine so unmotivirte Aussprache seiner Gewißheit auf irgend einer besonderen Offenbarung beruhen mußte (Jth.), und mit Unrecht haben auch bei dieser Fassung Hnr., Rhw. die Erfüllung seiner Erwartung preisgegeben. Dieselbe hat aber auch in den Worten keinerlei Anhalt. Daß übrigens Paulus gerade auf ein Fortleben bis zur Parusie gerechnet habe (Myr.), läßt sich aus unserer Stelle nicht nachweisen[1].

---

[1] Die Verbindung des τοῦτο mit πεποιθώς hat die Analogie von 1, 6 für sich, die Umsetzung des Particiviums in ein Adverbium ist ganz willkührlich. Daß οἶδα auch von bloßer Voraussicht steht, hat v. Hng. zur Genüge aus dem griechischen Sprachgebrauch erwiesen. Vgl. de W. — Die Lesart συμπαραμενῶ hat Tisch. trotz der überwiegenden Mehrzahl der Zeugnisse gegen das Lachmann'sche παραμενῶ beibehalten und es kann leicht mit diesem als dem gangbareren (1 Cor. 16, 6) vertauscht sein (v. Hng, Myr.). Drückt das bloße μενῶ das „am Leben bleiben" aus (Thdt., Th. v. M. und noch de W., Ew.), was sich schon aus dem eben dagewesenen Gegensatz des ἀναλῦσαι und ἐπιμένειν ergiebt und nicht erst aus 1 Cor. 15, 6 erhärtet zu werden braucht, so wird das συμπαραμ. ὑμῖν zunächst freilich nur das „mit euch zusammen am Leben bleiben" (Myr.) bezeichnen, das auch in der Trennung den Philippern theuer und werth sein muß. Allein aus V. 26, wo kein progressus a minori ad majus (v. Hng.) stattfindet, sondern in dem διὰ τῆς ἐμῆς παρουσίας der Gedanke des V. 25 verdeutlichend aufgenommen wird, erhellt allerdings, daß der Apostel an ein ungetrenntes Beisammenbleiben, also an ein Wiedersehen denkt (Chr., Oec., Thph.). Dagegen legt man willkührlich den Gedanken an ein dauerndes Bleiben in das Compos. hinein (Ans., Clv., Est, v. Hng). Die Ansicht, daß er allen Einzelnen damit garantiren wolle, sie würden leben bleiben bis zu ihrem Wiedersehen, hat schon Croc. gebührend zurückgewiesen. — Gegen die gangbare Verknüpfung des τῆς πίστεως mit beiden Substantiven spricht entscheidend, daß der Genitiv bei beiden ein verschiedener wäre, beim ersten ein gen. obj., beim zweiten ein gen. subj.; denn der Glaube wird gefördert, aber er freut sich. Auch gebraucht ja Paulus 1 Tim. 4, 15 προκοπή ohne Zusatz von der Förderung christlichen Wesens im Allgemeinen. Ueber den fehlenden Artikel vgl. S. 95. Anm. An ein Hendiad. (a. E., Hnr.: laetissima incrementa fidei) ist natürlich gar nicht zu denken. Der Genitiv τ. πίστεως ist aus dem im Texte angeführten Grunde kein gen. autoris, sondern ein einfacher Genitiv der Angehörigkeit. Ganz verfehlt ist es, ihn als gen. obj. (Freude über euren Glauben, vgl. Hnym., Strb., Vtb.) zu fassen, obwohl nach der grammatisch richtigen Verbindung ὑμῶν nicht zu χαράν zu ziehen ist und darum an sich es möglich wäre, auch die Freude des Apostels einzuschließen.

Als Zweck seines Bleibens betrachten schon Th. v. M., Chr., Oec., Thph., auch wohl Ambr., Plg., später Pisc., Croc., Strr., Rhw., Hoel., de W., Myr., Wies. die Förderung und Freude ihres Glaubens (was Th. v. M. außerdem zu einseitig und dem ὑμῶν zuwider von extensiver Ausbreitung des Glaubens faßt), allein dies ist sprachlich nicht ohne Bedenken und die Fassung von ihrer geistlichen Förderung im Allgemeinen entspricht auch sachlich mehr dem zu erwartenden allgemeinen Zwecke. So nahm es wohl schon Thdt., so Ans., Dion., Lth., Clv., Grt., und unter den Neueren noch Mtth., v. Hng., Ew. Daneben wäre dann die Freude des Glaubens als zweiter Zweck genannt. Allerdings ist darunter nicht eine Freude zu denken, die aus dem Glauben hervorgeht (Dion., Est., Wlf., Rsm., v. Hng.); denn gerade die Stelle 1 Thess. 1, 6 zeigt, daß der Urheber der wahren Christenfreude nur der heilige Geist sein kann und nicht der Glaube, der nur ihre subjective Bedingung ist (Röm. 15, 13. 2 Cor. 1, 24). Vielmehr bezeichnet der Genitiv τῆς πίστεως die Freude als eine solche, die nur dem Glauben eignet, mit ihr verbunden zu sein pflegt (Grt.), das gaudium fidelium (Lyr.). Es ist aber fest zu halten, daß bei der Freude zunächst an die Freude über die Errettung und das Wiedersehen des Apostels zu denken ist (Chr., Thdt.), wie sie es erhofft und erfleht haben (Plg., Bmg., vgl. Bz., Myr.). Gerade weil der Apostel durch das Aussprechen seiner zuversichtlichen Gewißheit seine Errettung zu einer Glaubenssache macht, muß das Eintreten derselben den Glauben stärken und mit großer Freude erfüllen. Es ist darum nicht zunächst an die χαρὰ πνευματική (Oec., Est.) zu denken, an die freudige Gewißheit ihres Gnadenstandes und ihrer Fortschritte darin (Croc.), an das freudige Bewußtsein selbst im Glauben festzustehen (de W.) oder an die Freude über das dem Herrn geweihte Leben des Apostels (Wies.); obwohl die Freude, welche der Glaube über die ihm widerfahrene Bestätigung und Kräftigung empfindet, naturgemäß eine wahrhaft geistliche werden wird.

V. 26.

Die griechischen Ausleger verstanden τὸ καύχημα ὑμῶν von dem Ruhme, den der Apostel durch ihre Förderung erlangen werde; ihnen sind meines Wissens nur Est. und Ew. gefolgt[1]). Allein schon

---

[1]) Die objective Fassung des Genitivs ὑμῶν, welche diese Erklärung fordert, hat allerdings das dadurch sehr erleichterte Verständniß des ἐν ἐμοί (bei mir) für sich; aber den stehenden paulinischen Sprachgebrauch gegen sich. Nicht nur, daß stets καύχημα ὑμῶν euer Ruhm heißt (1 Cor. 5, 6. 2 Cor. 1, 14. 9, 3. Vgl. 1 Cor. 9, 15. 2 Cor. 1, 12), sondern das Object des Rühmens wird bei καύχημα wie bei καύχησις durch ὑπέρ c. gen. umschrieben (2 Cor. 5, 12. 7, 4. 8, 24. 9, 3). An der einzigen Stelle, wo der Genitiv wirklich ein objectiver ist (2 Cor. 7, 14), ist die Lesart höchst unsicher (vgl. Myr.) und der Context macht jedenfalls die richtige Fassung unzweifelhaft. Auch paßt der gen. obj. nicht recht zu der streng festge-

Vlg. denkt an das καύχημα der Philipper und so die Uebrigen alle. Daß, wie bei Paulus meistens, in dem καυχᾶσθαι nicht sowohl der Begriff des Sichüberhebens über andere, der Hervorhebung selbsterworbener Vorzüge im Interesse der eigenen Ehre liegt, sondern nur der Begriff des triumphirenden Bewußtseins, mit dem man sich irgend eines Besitzes freut, mag derselbe auch reines Gnadengeschenk sein (vgl. Röm. 5, 2. 3. 11. 1 Cor. 1, 31. 2 Cor. 10, 17. Gal. 6, 14), haben fast alle Ausleger mehr oder weniger klar gefühlt. Schon die Vlg. deutet es mit ihrem gratulatio an, Haym., Anſ., Dion. reden von einer interna exultatio, die nach den beiden ersten mit Dank gegen Gott verbunden ist, Bng. macht selber auf jene verschiedenen Bedeutungen von καύχημα aufmerksam, und Grt., Rhw., Hoel., Mtth. lassen ausdrücklich den Begriff der jubelnden Freude überwiegen. Nur wenige, wie Clv. und Fl., denken an ein eigentliches Rühmen den judaistischen Irrlehrern gegenüber.

Als den Gegenstand ihres καυχᾶσθαι aber betrachten die meisten Ausleger den Apostel selbst, seine Errettung durch Christum (was Schlicht. in dem ἐν Χριστῷ findet), seine Rückkehr zu ihnen oder die Förderung, die ihnen dadurch zu Theil wird, was denn mit

---

haltenen Wortbedeutung, wonach καύχημα die materies gloriandi und nicht den actus gloriandi (καύχησις) bezeichnet. Wir meinen nemlich allerdings mit Eſt., a. E., Hnr., Mtth., Myr. u. a. gegen Vlg., Clv., Bz. und die meisten (gloriatio, gratulatio) bis auf B.=Cr., Wieſ. an dieser der Ableitung des Wortes entsprechenden Bedeutung festhalten zu müssen, da Paulus sonst den Unterschied der beiden Derivata festhält; selbst der scheinbar widersprechenden Stelle 2 Cor. 5, 12 liegt nicht sowohl eine Vertauschung derselben als vielmehr eine populäre Ungenauigkeit in der Anwendung des Begriffs der ἀφορμή zum Grunde. Heißt aber καύχημα der Gegenstand des Rühmens, so kann nicht das ἐν ἐμοί diesen Gegenstand ausdrücken, auch verbietet ja die Stellung dieser Worte, sie zu καύχημα zu ziehen, was doch mehr oder weniger von den hierhergehörigen Auslegern geschieht (z. B. geradezu von B.=Cr.). Dazu kommt, daß Clv., Vz., Schlicht. u. a. dieser Auffassung zu Liebe geradezu de me übersetzen. Wenn de W. den Zusatz mit τὸ καύχ. περισσ. verbinden will, und doch das ἐν ἐμοί: an mir, über mich erklärt, so wird damit entweder mittelbar die falsche Verbindung mit καύχ. zurückgeführt oder die Erklärung bleibt unklar und widersprechend; denn von dem Ruhme eines Menschen kann nicht gesagt werden: er vermehre sich an einem andern, als an seinem Gegenstande. Man kann diese Schwierigkeit wie Mtth. durch Umschreibungen zu verdecken suchen, aber sobald man den Ausdruck genauer analysirt, springt die Unmöglichkeit dieser Fassung in's Auge, die auch sachlich und namentlich im Blicke auf die Anknüpfung des V. 27 sich wenig empfiehlt. Mit Recht erklärt Myr. das ἐν ἐμοί lediglich für eine Grundbestimmung des περισσ., es bezeichnet den Grund, worin das Wachsthum ihres καύχημα wurzelt. Die für unser Sprachgefühl harte Zusammenstellung der beiden verschieden gedachten ἐν ist bei Paulus durchaus nicht ungewöhnlich und wird noch weiter getrieben Eph. 1, 3. — Ueber die lose Verbindung des Adv. πάλιν mit dem Substantiv παρουσία vgl. 1 Cor. 8, 7. 12, 31 und Win. §. 54. 2. Auch bei den Griechen finden sich solche adverbiale Attributionen ohne Artikelbindung adjectivisch beigegeben. Noch weniger kann der präpositionelle Zusatz auffallen, weil das Stammverbum von παρ. die Präposition πρός regiert und der Begriff des Substantivs zu seiner Vervollständigung eines solchen Zusatzes bedarf, der darum mit ihm zu einem Begriff zusammenschmilzt. Vgl. Win. §. 20. 2. b.

8*

mehr oder weniger Nichtachtung gegen den Wortlaut und die grammatische Verbindung in dem ἐν ἐμοί gefunden wird (vergl. Anſ., Lth., Clv., Croc., aber auch noch Rhw., Mtth., de W., Wieſ.). Der Sinn ändert ſich nicht weſentlich bei denen, die als den eigentlichen Gegenſtand des καυχᾶσθαι Chriſtum denken und denſelben alſo in ἐν Χριστῷ Ἰησοῦ finden (Dion., Vtb., Bmg., Rsm., Strr. Fl.); denn meiſt wird dabei doch als die entferntere Urſache dieſes Rühmens die Errettung Pauli geltend gemacht (Hoel.). Nur die, welche bei dem ἐν Χριστῷ an die chriſtliche Religion (Corn., a. E., Hnr.) oder die Gemeinſchaft mit Chriſto denken (v. Hng.), nehmen das ἐν ἐμοί geradezu für per me, wozu denn das folgende διά die nähere Erläuterung geben ſoll, was auch noch Rhw., Hoel., Jth. annehmen. Dagegen haben ſchon Bgh., Clv., Eſt. und die meiſten Neueren (Mtth. de W., Wieſ.) richtig erkannt, daß mit dem Zuſatz ἐν Χριστῷ der chriſtliche Charakter des καυχᾶσθαι ausgedrückt werden ſoll, wenn auch derſelbe nicht immer ſehr wortgetreu wiedergegeben (vergl. Clv.: secundum Chr. vel Christiane) und nur von Myr. grammatiſch genau als Modalbeſtimmung zu περισσεύῃ gefaßt wird. Auch für das ἐν ἐμοί bleibt dann nur die Myr.'ſche Faſſung über, wonach die Vermehrung des Ruhmes der Philipper in Paulus nicht ihren Gegenſtand, ſondern ihren Grund hat. Den durch καύχημα bezeichneten Gegenſtand ihres Rühmens, nemlich ihren Chriſtenſtand (Myr.), beſſer die durch die Förderung ihres Chriſtenthums (V. 25) vollendete Theilnahme an den chriſtlichen Heilsgütern, ſetzt der Apoſtel aus dem Vorigen als bekannt voraus. — Aehnlich wie V. 10 wird übrigens hier durch den Satz mit ἵνα der letzte Endzweck an den durch εἰς bezeichneten nächſten Zweck angeknüpft.

III. Ermahnungen für die Zeit der Abwesenheit.
(Cap. I, 27 — Cap. II, 18.)

1. Ermahnung zur Standhaftigkeit nach außen.
(Cap. I, 27—30.)

Wandelt nur würdiglich des Evangeliums von Christo, auf daß, ob ich komme und Euch sehe, oder abwesend bin, ich von Euch höre, daß ihr feststehet in Einem Geiste, indem ihr einmüthig zusammen kämpfet für den Glauben an das Evangelium und Euch in keinem Wege schrecken lasset von den Widersachern, welches ja ihnen eine Anzeige der Verdammniß ist, Euch aber der Seligkeit und dasselbige von Gott; denn Euch ist es gegeben, um Christi willen — nicht allein an ihn zu glauben, sondern auch um seinetwillen zu leiden, indem ihr denselbigen Kampf habt, welchen ihr an mir gesehen habt, und nun von mir höret.

[V. 27.] Der Apostel hat seinen Lesern ein Wachsthum ihres Ruhmes in Aussicht gestellt, welches sie in Folge seiner Erhaltung und Wiedervereinigung mit ihnen erlangen werden. Und doch kann diese Aussicht sich nur erfüllen, wenn die Gemeinde ihren Wandel allezeit durch die Rücksicht auf ihn bestimmen läßt. Freilich nicht in dem Sinne, als ob er mit irgend einer persönlichen Anforderung ihr gegenüberträte, sondern nur als der Träger des höchsten Gutes, das er ihnen gebracht hat, richtet er diese Forderung an sie. Nur wenn sie des durch ihn verkündigten Evangeliums von Christo würdig wandeln, wenn sie diesem allezeit durch Wort und Wandel, durch Thun und Leiden Ehre zu machen suchen, kann ihr inneres Leben wahrhaft gefördert werden, und nur wenn sie es thun mit Rücksicht auf ihn, der allezeit solches von ihnen zu hören wünschen muß, kann er der Vermittler dieses ihres Wachsthums werden. Mit seiner Er=

rettung aus der Gefangenschaft ist ja die gehoffte Wiedervereinigung mit ihnen, die freilich den gewünschten Erfolg unmittelbar erzielen würde, noch keineswegs sofort gegeben; denn mancherlei Pflichten rufen ihn da und dort hin und können ihn hindern, die geliebte Gemeinde sobald wiederzusehen. Darum muß er sie ermahnen, dafür zu sorgen, daß er, ob er nun komme und sie wiedersehe oder ob er auch noch länger abwesend bleibe, nur das von ihnen höre, worin ein des Evangeliums würdiger Wandel besteht.

Dies ist aber in dem Leben der Gemeinde nach außen hin, woher sie mancherlei Feinde bedrohen, die ihr Glaubensleben erschüttern wollen, zuerst die Standhaftigkeit. Nur der zeigt sich des Evangeliums mit seinen herrlichen Verheißungen und Gnadengaben würdig, der fest steht in dem Einen unwandelbaren Grunde des Christenlebens, in dem Einen heiligen Geiste, der allen Gläubigen gegeben ist, und sich nicht durch Locken oder Drohen hierhin und dorthin drängen oder verführen läßt. Denn dieses Feststehen ist für den Christen nur möglich, wenn er tapfer kämpft für den Glauben an das Evangelium, der die Bedingung jener Geistesgemeinschaft ist, und alle Versuche, ihn in diesem Glauben zu erschüttern, mit Wort und That und, wenn es sein muß, mit standhaftem Dulden zurückzuschlägt. Die christliche Brudergemeinschaft, in welcher einer den andern schützt und stärkt, unterstützt uns in diesem Kampfe, wenn wir, alles Eigene vergessend und gleichsam ein Herz und eine Seele geworden, einmüthig zusammenkämpfen.

[V. 28.] Von der anderen Seite zeigt sich die Standhaftigkeit des christlichen Streiters darin, daß er sich in keinem Stücke schrecken oder einschüchtern läßt von den Angriffen und Drohungen der Widersacher, was auch immer die Ungläubigen für List oder Gewalt gebrauchen, um dies zu erreichen.

Solche Standhaftigkeit trägt aber ihren hohen Werth und ihre Verheißung in sich selbst; denn sie ist ja den Gegnern eine Anzeige ihres endlichen Verderbens, ihrer Verdammniß, weil in der Ohnmacht und Vergeblichkeit ihrer Versuche sich das Gottesgericht über sie und ihre böse Sache vollzieht, das sie sehen können, sobald sie nur sehen wollen, was vor Augen liegt. Den treuen Kämpfern aber ist sie die Anzeige ihrer endlichen Errettung, d. i. der Seligkeit, weil der im standhaften Leiden bewährte Glaube seiner Hoffnung auf die ewige Herrlichkeit nur gewisser wird. Und diese Anzeige beruht nicht auf trügerischer menschlicher Einbildung, sie rührt von Gott her, nach dessen heiliger Ordnung der Sieg des Glaubens seinen Feinden das Verderben, den Gläubigen selbst das Heil verkündet.

[V. 29.] Der tiefste Grund aber dieser göttlichen Ordnung ist, daß jene Standhaftigkeit selbst ein Gnadengeschenk Gottes ist, und also die, welche sie bekämpfen, offenbar erfunden werden als solche, welche wider Gott streiten und darum ins Verderben gehen, während dem treuen Streiter die ihm darin erwiesene Gnade die Bürgschaft seiner Heilsvollendung bringt. Denn in der That, es ist ihnen als ein Gnadengeschenk gegeben, um Christi willen und für seine Sache — zu leiden, will der Apostel sagen; aber ehe er die Rede vollendet, unterbricht er sich, um noch die andere Gnadengabe einzuschalten, welche ein Leiden, wie er es meint, nothwendig voraussetzt — nicht nur an ihn zu glauben, sondern auch für ihn standhaft und freudig zu leiden. Denn ohne Glauben giebt es solches Leiden nicht; wer sich erschrecken läßt und furchtsam den Kampf aufgiebt, der thut es ja eben um damit dem Leiden zu entfliehen und verleugnet damit seinen Glauben.

[V. 30.] Und was giebt dem Apostel ein Recht, so allem natürlichen Gefühl entgegen das Leiden als ein Gnadengeschenk zu preisen? Es ist die eigene Erfahrung, die ihn all sein Leiden als eine hohe Gnade von Gott zu erkennen gelehrt hat. Die Philipper aber haben ja nur denselben Kampf zu bestehen, welchen sie an ihm gesehen haben damals, als er noch bei ihnen war und dort von Juden und Heiden verfolgt wurde, und, von dem sie jetzt hören, daß er durch sein Thun und Leiden an ihm gekämpft wird, wenn er zu Rom in Banden liegt zur Vertheidigung und Bekräftigung des Evangeliums. Und wie er gelernt hat, das Leiden als Gnade zu preisen, vor ihnen, so sollen sie es ihm nun nachthun.

V. 27.

Die Anknüpfung der Ermahnung an das Vorige wird nicht richtig gefaßt, wenn man durch das μόνον den Gegenstand der Ermahnung als den hauptsächlichsten hervorheben läßt (de W.: vor allen Dingen); dann müßte τοῦτο μόνον stehen, wie Gal. 3, 2 der Fall ist und wie auch hier Chr., Thph. und noch Hoel., v. Hng., Myr. in ihren Erklärungen ergänzen. Ebenso wenig wird der Gegensatz zwischen dem Schicksal oder gar dem Verhalten des Apostels (Hnr.) und dem ihrigen hervorgehoben, was nur durch ein ὑμεῖς geschehen könnte. So nahmen es schon Oec. und Clv. (verum de me viderit deus, vos autem etc., vgl. Pisc., Bng., Wlf., Hoel. und noch Mtth.), und darauf kommen auch die Erklärungen hinaus, wonach Paulus sie von der Besorgniß um sein Schicksal (Art., Est.) oder um das des Evangeliums (Sdl., Strr.) zur Sorge für die eigene Pflichterfüllung abrufen, oder sie ermahnen will, ihm seine Wahl (V. 24) nicht leid sein zu lassen (Bmg.), sondern ihm Freude zu machen (B.-Cr.). Allein der Apostel war V. 25. 26 bereits dazu übergangen, von der den Lesern bevorstehenden Förderung und Erfreuung durch seine Erhaltung und Wiederkunft zu ihnen zu reden, und da er überzeugt ist, daß diese von Gottes Seiten gegeben werden wird (Croc.), so hängt ihre Freude nur noch davon ab, daß sie durch ihr rechtes Verhalten sich den Segen, den ihnen die directe oder indirecte Gemeinschaft mit dem Apostel bringen kann, nicht verkürzen. Aehnlich Cal., Rhw., Jth., Wies., der aber seiner richtigen Erklärung des μόνον entgegen die Ermahnung schon hier als ein persönliches Anliegen des Apostel eingeführt sein läßt, während sie doch nur dazu beitragen soll, das Wachsthum ihrer Freude zu garantiren, das freilich nach V. 26 durch ihn vermittelt wird, weshalb das Motiv der Ermahnung (ἵνα) auch sofort auf ihn zurückführt. Vergl. übrigens Gal. 2, 10. 5, 13.

Die Ermahnung selbst bezogen die Aelteren auf den Lebenswandel im Allgemeinen, so die Väter, Lth., Clv. und einzelne Neuere, wie Rsm., a. E., Hoel., B.-Cr. Dagegen haben seit Art., Pisc. die meisten die Herkunft des Wortes von πολίτευμα urgirt, und, wo nicht gar auf das römische Bürgerrecht der Philipper (Sdl., Bmg.) oder ihr bürgerliches Leben auf Erden (Art.), so doch eine Anspielung auf das Gottesreich auf Erden darin gefunden, dessen Bürger die Christen, und dessen Herrscher Christus sei (Hnr., Rhw., Mtth., Wies., Ew.), oder doch wenigstens an eine bestimmte Art des rechten Gemeindelebens gedacht (de W., Myr., Jth.). Freilich bildet die Vorstellung des πολίτευμα 3, 20 dafür nur einen schwachen Anhalt, da dieses im Himmel, jenes πολιτεύεσθαι aber auf Erden gedacht ist, und Act. 23, 1 ist ganz anders; die Vorstellung aber von einem Reiche Christi auf Erden in der Art, wie sie die Ausleger meist als dem Apostel geläufig voraussetzen, ist demselben durchaus fremd. Er mag also den gewählteren Ausdruck vorgezogen haben, weil es sich im Folgenden hauptsächlich um das Gemeinschaftsleben der Christen handelt, aber weiter darf der Ausdruck nicht gepreßt werden. Besonders irreleitend wird dies, wenn man, um im Bilde zu bleiben, dann das Evangelium von Christo als das Reichsgesetz darstellt, demgemäß die Bürger desselben zu wandeln aufgefordert werden. Schon Ambr., Plg., Ans. und Lyr. reden von der disciplina christiana oder dominica, während doch das εὐαγγέλιον τοῦ Χριστοῦ die Heilsverkündigung von Christo (gen. obj. und nicht poss. oder autor., wie Hoel. will) und nicht irgend ein neues Gesetz bezeichnet (vergl. Wies.), und der seiner würdige Wandel nicht in

Befolgung desselben, sondern in einem promissioni consentanea agere (Th. v. M.) besteht, das demselben Ehre macht und nicht Schande bringt (vergl. schon Clv., Art., Est., Hoel.), weshalb auch in den Parallelen Christus selbst (Col. 1, 10) oder die christliche $κλῆσις$ (Eph. 4, 1) an Stelle des Evangeliums gesetzt wird. Die Erwähnung des Evangeliums aber hat ihren Grund offenbar darin, daß durch dasselbe seine persönliche Stellung zu ihnen vermittelt ist (1 Cor. 4, 15), auf welche er hier für seine Ermahnung provocirt.

Schon Chr. bemerkt mit Recht, daß Paulus nicht rede, als ob er wieder zweifelhaft geworden sei über sein Kommen (vergl. Croc., Cal.), die Befreiung aus der Gefangenschaft steht ja nach dem V. 25. 26 Gesagten außer Frage (Wies.); aber deswegen kann er noch nicht sogleich und nicht allezeit bei ihnen sein (Myr.). Darum will er sie erinnern, daß, wie er anwesend und abwesend gleiche Sorge um sie trägt, so auch sie ihren Wandel nicht von seiner Anwesenheit abhängig machen und lässig werden sollen, wenn er nicht persönlich da ist (vergl. Oec., Thph., Croc.). Vielmehr soll die in dem Finalsatze ausgedrückte Rücksicht auf ihn unabhängig von seiner Gegenwart oder Abwesenheit das Motiv sein, das sie zu einem des von ihm unter ihnen verkündigten Evangeliums würdigen Wandel treibt. So allein kann ja die nach V. 25. 26 durch seine Erhaltung bedingte, offenbar in seiner amtlichen Wirksamkeit für und durch das Evangelium wurzelnde Förderung ihres $καύχημα$ eine stetig fortschreitende sein. Der Finalsatz ist also nur die Exposition dessen, was in der Anknüpfung mit $μόνον$ angedeutet liegt[1]).

---

[1]) Die sprachliche Incorrectheit des Final-Satzes ist eigentlich eine dreifache. Dem zweigliedrigen Participialsatze nach dem ersten $εἴτε$ entspricht nach dem zweiten nur das einfache $ἀπών$; das $ἀκούσω$, das genau genommen nur zu letzterem paßt, ist auf den ersteren mitbezogen; und dem allgemeinen Object $τὰ περὶ ὑμῶν$ folgt noch ein speciellerer Objectsatz. Ueber die erste kann man sich hinwegsetzen, da das $ἐλθὼν καὶ ἰδὼν ὑμᾶς$ sachlich doch nur das $παρὼν ὑμῖν$ umschreibt und diese Umschreibung durch die V. 26 erwähnte Ankunft bei ihnen veranlaßt ist. Dagegen tritt — wenn man nicht willkührlich mit Clv. $ἰδών$ in ein Verb. finit. verwandeln will — die Ungleichheit der beiden Bedingungssätze sehr hart und störend hervor, wenn man als Hauptverbum zu $ἵνα$ mit den griech. Vätern $εὐφραίνωμαι$ (vgl. Haym.), mit Clv., Bng. intelligam, cognoscam oder mit v. Hng. $ἀκούω$ ergänzt, was durch 2 Cor. 1, 16. 7, 12 nicht gerechtfertigt werden kann, sofern dort die präpositionellen Zusätze auf ein zu ergänzendes Verbum mit Nothwendigkeit hinweisen, was hier nicht der Fall ist. Noch verfehlter sind die Versuche, die Abundanz (Hur.) des $τὰ περὶ ὑμῶν$ zu heben. Denn weder darf man mit Bz. das nur von der Vlg. als unübersetzbar weggelassene $τά$ streichen, noch es ignorirend übersetzen: quod attinet ad res vestras (Strr., Hnr., Rhw.), mag man dies nun durch ein zu ergänzendes $κατά$ (Strr., Fl.) oder durch einen acc. absol. (Mtth.) rechtfertigen. Man kann sich nun auch über die zweite Schwierigkeit hinwegsetzen, indem man zugiebt, daß Paulus auch in Philippi selbst, sich über sie erkundigend oder ihr eignes Bekenntniß vernehmend, von ihnen hören kann (Bmg., Myr., Wies.); aber eine einfache, ungekünstelte Auffassung ergiebt das nicht. „Die Sache ist, daß im Fortschreiten der Gedanken der Apostel das dem $ἰδὼν ὑμᾶς$ parallel zu setzende $ἀκούσας τὰ περὶ ὑμῶν$ mit dem auf dieses folgen

Die folgende Ermahnung fassen die patristischen Ausleger wesentlich als eine Ermahnung zur ὁμόνοια und darauf kommen auch viele neuere wieder hinaus (vergl. Hoel., Myr., Ew., Wies.). Durch solche Eintracht soll der Gefährdung der reinen Lehre vorgebeugt werden (Clv., Bgh., Est., Sdl.), wovon gar nicht die Rede ist. Dagegen läßt das durch die Ausdrücke στήκειν — συναθλεῖν — πτύρεσθαι hindurchgehende Bild vom Athleten (Bz., Pisc.) oder von dem Soldaten auf seinem Posten (Art., Schlicht.) von selbst die Standhaftigkeit als das eigentliche Hauptmoment der Ermahnung hervortreten, wie schon Haym., Lyr. richtig gesehen haben und die meisten von denen, welche mehr auf jenes Bild eingehen. Inwiefern die Eintracht dabei als ein wichtiges Moment mit in Betracht kommt, sagt Ans.: omnis pugna unanimiter aggressa victoriam parit; es handelt sich um die einträchtige Standhaftigkeit (de W., Jth.), die eben durch Eintracht stark wird. Dieser richtigen Fassung entspricht allein die objective Bedeutung des πνεῦμα, die auch durch das ἑν gefordert wird. Dann aber kann πνεῦμα nur den heiligen Geist bezeichnen (Ans., Lyr.; Dion., Bz., Croc., und noch Hnr., Rhw., Mtth., v. Hng., Jth.); denn mit Chr., Oec. das χάρισμα ὁμονοίας darin zu finden, ist ebenso willführlich, wie mit den Neueren an den „praktischen Gemeingeist" (de W., Myr., Wies.) zu denken, modern und unpaulinisch ist. Die Einheit dieses Geistes steht aber nicht sowohl der numerischen Vielheit der Gemeindeglieder gegenüber als vielmehr der Vielheit schwankender Stellungen, in welche der geräth, welcher die Eine feste Basis des christlichen Lebens verläßt. In subjectivem Sinne genommen, kann es nur der falschen Auffassung der Ermahnung als einer Ermahnung zur Eintracht Vorschub leisten[1]).

---

sollenden, zu beiden Gliedern gehörigen γνῶ in eins zusammenzog" (de W.). Der Grund aber dieser Irregularität ist wohl hier, wie in den meisten derartigen Fällen ein tieferer sachlicher. Daß in seiner Gegenwart die Philipper des Evangeliums würdig wandeln würden, verstand sich wohl von selbst, und nur um an das Vorige anzuknüpfen schaltete der Apostel diese Seite der Alternative mit ein; der Hauptnachdruck aber lag ihm darauf, daß sie auch in seiner Abwesenheit die Rücksicht auf das, was er von ihnen höre, sich sollten zum Motive ihres würdigen Wandels gereichen lassen und diesem logischen Bedürfnisse folgend, gestaltete der Apostel das ἀκούσω gleich zum Hauptverbum. Daraus erklärt sich denn auch das τὰ περὶ ὑμῶν, das ebensowohl den im Hauptsatze ausgedrückten Begriff des rechten Wandels zusammenfaßt, wie es seinerseits durch den Satz mit ὅτι näher exponirt wird, ohne daß man darum völlig ungrammatisch das τά für ταῦτα zu nehmen braucht (Grt., Rsm., a. E.). In der deutschen Uebersetzung läßt sich natürlich das τὰ περὶ ὑμῶν genau nicht wiedergeben.

[1]) Gegen die Behauptung de W.'s, daß der Artikel stehen müßte, wenn mit ἓν πνεῦμα der heilige Geist gemeint wäre, genügt es, auf 1 Cor. 12, 13. Eph. 2, 18. 4, 4 zu verweisen, und der Context, welchen Myr. geltend macht, fordert nur die Beziehung auf den menschlichen Geist, wenn man die Ermahnung zur Eintracht willführlich zur Hauptsache macht. Das στήκειν ἐν πνεύματι entspricht in derselben Weise dem στήκειν ἐν κυρίῳ (Phil. 4, 1. 1 Thess. 3, 8), wie etwa das ἁγιάζεσθαι ἐν πν. ἁγ. (Röm. 15, 16) dem ἁγιαζ. ἐν Ἰησ. Χρ. (1 Cor. 1, 2) und bedeutet

Cap. 1. V. 27.

Das συναθλεῖν faßten schon die Väter richtig von der gegenseitigen Unterstützung im gemeinsamen Kampfe, und so Clv., Grt., Sdl.; und unter den neueren Hoel., de W, Wief., Jth. Dagegen bezogen Ers., Lth., Bng., Mtth., Myr., Ew. das συν auf den Apostel, mit welchem gemeinsam sie den Kampf führen sollen. Die Verbindung beider Auffassungen, wie sie schon Bz., Croc., Cal. und noch Rhw. vorschlugen, ist ganz unlogisch. Für die patristische Fassung entscheidet das μιᾷ ψυχῇ, das eben zeigt, wie der Gedanke des Apostels auf die Gemeinschaft der Gemeinde untereinander im Kampfe gerichtet ist, und 4, 3, wo μοι dabei steht, und den Sinn des συναθλεῖν erst nach jener Richtung hin bestimmt, spricht ebenfalls dafür und nicht dagegen. Wäre schon hier ihr Kampf als mit dem Apostel gemeinschaftlich geführt bezeichnet, so wäre in der That die Bemerkung V. 30 sehr entbehrlich. Eine andere Fassung, die Ers. bietet und die wohl auf einem Mißverständniß des Ambr. beruht, bezieht das συν auf πίστει (vergl. Pisc., Corn.), als ob sie dem kämpfenden Glauben selbst Beistand

---

das Feststehen in der Gemeinschaft des heiligen Geistes, wodurch ja eben die Gemeinschaft mit Christo vermittelt wird. An sich ist auch die Bezeichnung des subjectiven, durch Mittheilung des heiligen Geistes im Menschen erzeugten neuen Geisteslebens (Cal.: pars hominis regenita) durch πνεῦμα dem Sprachgebrauche des Apostels nicht fremd (vgl. Röm. 1, 9) und das στήκειν ἐν πνεύματι ließe sich auch von diesem Sprachgebrauche aus verstehen nach Analogie des στήκειν ἐν πίστει (1 Cor. 16, 13). Allein entschieden dawider ist das ἐν. Ganz wider den Sprachgebrauch des Apostels aber ist es, darin ein Synonym von ψυχή zu sehen (Pisc., Grt, Rsm, a. E, Fl, B.-Cr) und sich etwa auf solche Distinctionen beider einzulassen, wie Haym. und Lyr., die ἐν πν. von der voluntas, μία ψυχ. von der Glaubenseinheit fassen, während Clv., Art. gerade umgekehrt ersteres von der intellectuellen, letzteres von der Willensthätigkeit nehmen; denn die geistige Seite des natürlichen Menschen überhaupt oder in irgend einer bestimmten Function bezeichnet πνεῦμα bei Paulus niemals, oder doch höchstens 1 Cor. 2, 11, wo der Gegensatz des πνεῦμα τ. θεοῦ den ungewöhnlichen Ausdruck veranlaßt hat und vielleicht in den populären Gegensätzen 1 Cor. 5, 3. Col. 2, 5, deren stereotype Form sich durch die eigenthümliche Lehrsprache des Apostels nicht wohl modificiren ließ. — Daher ist es auch falsch, wenn Chr., Thdt., Lth., Bgh., Clv. u. a. das μιᾷ ψυχῇ zum Vorigen ziehen, meist willkührlich ein καὶ zur Verbindung mit ἐν ἑνὶ πν. einschiebend, ohne welches sich allerdings der Dativ sehr ungeschickt an στήκετε anschließt. Es gehört zum Folgenden, womit es Bz., Croc. und fast alle Neueren richtig verbinden. Den Sinn hat schon die Vlg. (unanimes, vgl. Rhw.: ὁμοθυμαδόν, Mtth.: einmüthig) richtig getroffen und von den Auslegern haben ihn nur die verfehlt, die sich um den Unterschied von πνεῦμα und ψυχή in obiger Weise bemühten. Nicht als der Sitz der Affecte (Myr.) kommt die ψυχή hier in Betracht, sondern sie bezeichnet bei Paulus stets das Princip des natürlich-menschlichen Lebens in seiner Individualität (daher das Leben Röm. 11, 3. 16, 4. Phil. 2, 30, und die menschlichen Individuen selbst Röm. 2, 9. 13, 1), und wird gern gebraucht, wo er den tiefsten Grund des individuellen Lebens, gleichsam das eigenste Ich des Menschen bezeichnen will (1 Thess. 2, 8. 2 Cor. 1, 23; daher auch das ἐκ ψυχῆς Eph. 6, 6. Col. 3, 23). Es giebt keinen höheren Ausdruck für die Eintracht als diesen, wonach gleichsam die Schranken, welche die Besonderheiten der individuellen ψυχαί sonst aufrichten, gefallen sind und alle nur eine ψυχή geworden zu sein scheinen (vgl. Oec.).

leisten sollten. So verkehrt diese Fassung augenscheinlich ist, so kommt sie doch sachlich auf den richtigen Sinn heraus, den schon Chr., Thdt., Plg., später Vtb., Est., Hnr., a. E., Hoel. und fast alle Neueren seit Mtth. dadurch erzielen, daß sie $τῇ\ πίστει$ als dat. commodi betrachten (vergl. Vlg., Lth.) und also den Kampf als einen Kampf für den Glauben. Einen solchen Zusatz kann das $συναϑλεῖν$ kaum entbehren, um verständlich zu sein. Dennoch erklären schon Th. v. M., Ambr. in fide (vgl. Haym., Lyr. und noch V.-Cr., Ew.), und Clv., Vz., Grt., Cal., Croc., Wlf., ja noch Rhw., Jth. nehmen es für den dat. instrumenti (per fidem) und sehen also den Glauben nur als die Waffe an, mit welcher der Kampf geführt wird. Wenn Croc. sagt, daß einige die $πίστις$ mehr von der doctrina evangelii nehmen (Visc.), andere mehr von der externa professio (Art.), und noch andere von der interna fides (Vz.), so kann keine Frage sein, daß nach paulinischem Sprachgebrauch nur das letztere richtig ist, und wenn er selber schwankt, ob der Genitiv $εὐαγγελίου$ den Ursprung aus dem Evangelium, oder das Evangelium als Object des Glaubens bezeichne, so ist nach der Analogie der Genitivverbindungen mit $πίστις$ (Röm. 3, 22. Gal. 2, 20. Col. 2, 12. 2 Thess. 2, 13) nur das letztere zulässig. Im Begriff des Kämpfens liegt ungefähr dasselbe, wie in der $ἀπολ.\ καὶ\ βεβ.\ τ.\ εὐαγγ.$ (1, 7), nur daß es sich hier um die Vertheidigung des eigenen Glaubens an das Evangelium handelt, in welcher eben jenes $ἀξίως\ τοῦ\ εὐαγγελίου\ πολιτεύεσϑαι$ besteht. Sehr einseitig, und wahrscheinlich durch das collaborantes der Vlg. verführt, heben Ans. u. Lyr. die thätige Erfüllung des Glaubensgehorsams hervor, und zu spitzfindig will Croc. in dem $ἀϑλεῖν$ eine Anspielung auf das $ἆϑλον$ sehen.

V. 28.

In dem Ausdruck $πτύρεσϑαι$, der eigentlich vom Scheuwerden der Pferde gebraucht wird, fanden Chr., Thph., Vmg. u. a. angedeutet, daß die Feinde nichts anders vermögen, als im schlimmsten Falle sie einzuschüchtern, zu erschrecken; aber das ist doch zu gesucht, da es ja nur die negative Beschreibung der christlichen Standhaftigkeit ist. — Zu dem Zusatze $ἐν\ μηδενί$ vgl. 1, 20. — Bei den $ἀντικείμενοι$ denken die Väter richtig nur an die ungläubigen Feinde und Verfolger des Christenthums; allein schon Haym., Art., Croc., Sdl., Vmg. und noch Hoel. mischen die falschen Brüder, Irrlehrer, Häretiker hinein, und bei Hnr., Fl., Mtth. ist nur noch von den falsi doctores die Rede, obwohl dabei der erstere gegen das klare Zeugniß von V. 29 nur an zukünftig auftretende denken will. Diese ganz haltlose Annahme ist schon von Schinz (a. a. O. S. 34—36) genügend widerlegt und auch nicht mehr aufgetaucht. Man verweist auf das Schicksal des Apostels selbst in Philippi Act. 16, 11 ff., 17, 5 ff.; aber weder ausschließlich an Juden (Strr., de W.), noch an Heiden (Ew.) ist dabei zu denken, sondern an Nichtchristen überhaupt.

Schon Chr. hat richtig erkannt, daß es die Standhaftigkeit der Christen ist, das μὴ πτύρεσθαι, was den Feinden ihr Verderben, den Gläubigen ihr Heil anzeigt[1]); denn es zeige, daß die Bemühungen der Gegner ohnmächtig und lügenhaft, die Sache der Christen aber wahr und göttlich sei. So auch Bz., Grt., a. E. und die meisten Neueren seit Rhw. Man braucht nicht mit Mtth. darauf hinzuweisen, daß die Gegner endlich doch noch zu dieser Einsicht gelangen könnten, schon v. Hng. macht darauf aufmerksam, daß der Apostel nicht bezeichnet, quid homines re vera viderint, sondern quid videre potuerint. Vgl. Myr. Zur Sache selbst aber, wonach die Standhaftigkeit der Christen sie ihres endlichen Heiles gewiß macht, vergleiche Rm. 5, 4. 5. — Dagegen bezog schon Th. v. M. das ἥτις auf das feindselige Thun der Gegner und auf das Leiden der Christen überhaupt, als ob jenen ihr Ankämpfen wider Gott, diesen das Leiden an sich das erwähnte Zeugniß gebe. So Clv., der sich durch die nicht ganz treffende Parallele 2 Thess. 1, 5ff. irreleiten läßt, Art., Cal., Schlicht., Wlf., Hnr., nur daß manche bei den Christen richtiger an das geduldige Leiden dachten (Dion., Croc., Strr., Fl.) und manche das Leiden ausschließlich hervorhoben (Haym., Lyr. und noch Ew.). Ganz die Wortbedeutung von ἔνδειξις vernachlässigend, erklärt Thdt.: ἐκείνοις ὄλεθρον προξενεῖ und übersetzt die Vlg. causa, was Ers., Est., Corn. vergebens dadurch zu rechtfertigen sich bemühen, daß ostendere oft für facere stehen soll. Schon Clv. und Bz. bemerken auch sachlich gegen diese Auffassung, daß die Schrift das Leiden nie die Ursache des Heiles nenne.

Abgesehen von den patristischen und mittelalterlichen Exegeten,

---

[1]) Aeltere stießen sich an dem ἥτις, das Art. auf πίστις V. 27 beziehen, Rsm. nach einem griechischen Scholion durch ἐπιχείρησις ergänzen wollte. Es ist aber eine einfache Attraction, wonach das Relativum sich im Genus und Numerus nicht nach dem Worte richtet, von dem es abhängt, sondern nach dem Prädicat des Relativsatzes (Wln. §. 24. 3). Es steht also für ὅ, τι und ist argumentirend (quippe quod: als welches), wie das ὅστις gewöhnlich im Unterschiede von dem einfachen Relativum (vgl. Croc., Myr.: Ermuthigungsgrund). — Die Lesart ἥτις ἐστὶν αὐτοῖς für die Rcpt. αὐτοῖς μὲν ἐστιν ist entschieden beglaubigt, dagegen hat Tisch. mit Recht die Rcpt. ὑμῶν gegen die Lachm.'sche Lesart ὑμῶν (Mtth., Myr.) hergestellt. Die Bedeutung bei dieser Lesart bleibt nicht, wie Mtth. meint, dieselbe, da bei ihr auch das Heil der Gläubigen den Feinden angezeigt gedacht wäre, was nothwendig eine Gegenüberstellung, wie ἀπωλ. αὐτῶν, ὑμῶν δὲ σωτ. fordern würde (v. Hng.). Ganz gegen alle Zeugnisse will Ew. ἀπ. ὑμῶν, ὑμῖν δέ lesen, wobei ἀπωλ. in einem ganz unpaulinischen Sinne vom äußeren Untergange zu nehmen wäre. — Die Beziehung der Dative zu ἀπωλ. und σωτηρ. (Hnr., Hoel.), wodurch der Gedanke weggeschafft werden soll, daß den Feinden etwas angezeigt werde, ist gegen die Wortstellung und beruht, wie im Texte gezeigt, auf unnöthigen Bedenken. Richtig verband sie schon Chr. mit ἔνδειξις. — Sowohl ἀπωλ. als σωτηρ. nahm Kr. vom äußeren Siege und Untergange. Vgl. dagegen schon Auf. und Lyr., welche den paulinischen und biblischen Sprachgebrauch richtiger kennen (vgl. zu 1, 19).

Exegeten, welche das καὶ τοῦτο ἀπὸ Θεοῦ ganz unpassend zum Folgenden ziehen (vgl. Rill. bei Myr.), bleibt Clv. dabei stehen, daß es die Verwandlung des Leidens in Heil sei, welche, weil sie dem natürlichen Laufe der Dinge entgegenstehe, als göttliche Wirkung dargestellt werden solle, und so auf das Heil allein bezogen es auch Pisc., Cal., Strr., Fl., Est., Rhw. u. noch Ew. Allein auch auf das Schicksal der Verfolger wie der Verfolgten kann es nicht gehen (Grt., Hnr., Mtth., Hoel.), sondern nur auf die ἔνδειξις, die, als eine von Gott kommende, untrüglich ist. Schon Wlf. und Croc. deuten neben der Cal.'schen Fassung das Richtige an, und Sdl., Bmg., Rsm., B.-Cr., v. Hng., de W., Myr., Wies. haben es zur Geltung gebracht.

V. 29.

Die patrist. Ausleger, die bei den letzten Worten des vor. Verses den Zusammenhang abgerissen, können die contextgemäße Bedeutung dieses Verses nicht erkennen und begnügen sich mit der allgemeinen paränetischen Bemerkung, Paulus wolle die Leser demüthig machen und sie antreiben, sich des Leidens nicht zu schämen (Chr., Thph.; vgl. Hoel.). Aber auch Clv., Pisc., Bng. beziehen ihn einseitig darauf, daß gratiae munus signum salutis sei, während es doch die Begründung des ganzen Satzes ἥτις — Θεοῦ ist (vgl. Wies. gegen Myr., der das ὅτι nur auf καὶ τοῦτο ἀπὸ Θεοῦ bezieht und mit seiner ungerechtfertigten Hervorhebung des ὑμῖν eine geschraubte Gedankenverknüpfung herstellt). Eben weil die standhafte Unerschrockenheit im Leiden (denn daß ein mit dem πιστεύειν verbundenes ὑπὲρ Χριστοῦ πάσχειν nur ein standhaftes Leiden sein kann, haben schon Haym., Dion., Cal. u. a. richtig gefühlt) ein göttliches Gnadengeschenk ist, liegt darin nach göttlicher Ordnung für die Gegner ein Anzeichen ihres Verderbens, für die Christen ein Anzeichen ihrer Errettung. Denn der sieghaften Macht der göttlichen Gnade gegenüber bleibt für die Feinde nur der Untergang, während Gott, wo er das gute Werk begonnen hat, es auch vollendet (1, 6). Ein paränetisches Moment fanden darin schon Th. v. M., Art., Croc., de W.; allein es liegt nur indirect darin, sofern der Satz den in V. 28 enthaltenen Ermuthigungsgrund näher begründet.

Der Gedanke selbst, daß sowohl der Glauben an Christum als die Standhaftigkeit im Leiden[1] ein Gnadengeschenk

---

[1] Bei den Worten τὸ ὑπὲρ Χριστοῦ haben ältere Ausleger meist das τό ganz ignorirt (Clv.) und außerdem das ὑπέρ wortwidrig: von Christo (Oec.), propter meritum Chr. (Anf., Dion.), in negotio Chr. (Bz., a. E.) übersetzt. Pisc. wollte vor τό κατά ergänzen, Cal. das τό in τοῦτο verwandeln und noch Mtth. wiederholt die schon wegen des gleich wiederholten ὑπέρ ganz unhaltbare Erklärung des Camerarius (was Christum anlangt), wofür er sich auf das τὰ περὶ ὑμ. (V. 27) beruft. Während Grt., Fl. die Worte als Pleonasmus bei Seite schieben, suchte

sei, hat die älteren Ausleger vielfach beschäftigt. Die griech. Ausleger eilen, vor Allem das αὐτεξούσιον des Menschen zu wahren, indem sie behaupten, diese Art von χάρισμα sei nur dem größeren Theile nach von Gott, theilweise auch unser Werk (Chr.), Paulus wolle nur zeigen, daß die menschliche προϑυμία ohne die göttliche Hülfe nichts vermöge, wie denn freilich auch das Umgekehrte der Fall sei (Thdt.). Im Leiden aber sehen sie ein so großes Gnadengeschenk, weil es Gott zu unserem Schuldner macht (Chr.) und uns daraus ein großer Gewinn erwächst (Thdt.). Während sie so auf der einen Seite die so deutlich ausgedrückte Ausschließlichkeit der göttlichen Gnadenwirkung aufheben, wird auf der andern Seite dem Leiden willführlich der Lohn desselben substituirt. Auch Ambr. erklärt, daß Gott seine Gnade nur den amatoribus Christi schenke und sie zur Vermehrung ihrer Verdienste leiden lasse, und Plg. sagt geradezu, Gott gebe nur die occasio fidei, sofern, wenn Christus nicht gesandt wäre, niemand an ihn glauben könnte, die fides selbst aber sei eine voluntaria und Gott wolle, daß wir nicht nur das meritum fidei, sondern auch martyrii praemium haben sollen. Gegen diesen groben Pelagianismus hat schon Aug. aus unserer Stelle wiederholt siegreich erwiesen, daß sowohl die fides credentium, als die tolerantia patientium ein donum dei sei, und nicht nur die Reformatoren, sondern auch Katholiken, wie Est., Corn., haben ihm darin beigestimmt. Dagegen tauchte jene Verflachung des Sinnes bei Grt. wieder auf, der dem Glauben die rechten Beweisthümer für den Glauben und dem rechten Leiden die Gelegenheit zum Leiden substituirt (vgl. Rsm. und selbst noch v. Hng.). So völlig unberechtigt dies ist, so darf man doch nicht übersehen, daß gerade unsere Stelle auf's Deutliche zeigt, wie die Betrachtung des gesammten neuen Christenlebens von den initia fidei bis zur perfectio patientiae als einer Wirkung Gottes im Sinne des Apostels die Selbstverantwortlichkeit des Menschen und darum auch eine Bedingung von seiner Seite, an welche der Erfolg der Gnadenwirkung geknüpft ist, nicht ausschließt; denn eben noch hat er ja die Philipper selbst ermahnt, zu stehen im Kampfe des Glaubens und nicht zu wanken. Unsere Stelle schließt also keine Vorstellung von einer gratia irresistibilis ein, sondern zeigt vielmehr, daß bei dem Apostel die scheinbar entgegengesetzten Vorstellungen von der alleinigen Wirksamkeit der göttlichen Gnade und von der Selbstverantwortlichkeit des Menschen für seine Heilserlangung nicht im Widerspruch standen, wenn er auch die Vermittlung beider nicht in

---

sie Wlf. nach dem Vorgange Lth.'s durch Ergänzung eines ποιεῖν oder σπουδάζειν zu halten (vgl Kr, B.-Cr.). Aber schon Est., Corn. und Bug. haben das ganz Richtige. Paulus will schreiben τὸ ὑπὲρ Χρ. πάσχειν, unterbricht sich aber, um vorher noch das πιστεύειν einzuschalten, ohne das es zu einem πάσχ. ὑπὲρ Χρ. gar nicht kommen kann und muß dann nach dem εἰς αὐτὸν das ὑπὲρ in dem ὑπὲρ αὐτοῦ noch einmal aufnehmen. So mit Hnr. die meisten Neueren.

der Gestalt eines speculativen Gedankens oder einer dogmatischen Formel giebt. Uebrigens vgl. die Erörterung zu 1, 6.

V. 30.

Von Th. v. M. u. Ambr. bis auf die neuesten Ausleger ist es fast stehend, die Verweisung des Apostels auf sein Leiden als Ermuthigungsgrund zu fassen, wozu der nächste Context doch keine Veranlassung giebt und die bloße Erwähnung des Kampfes selbst und nicht der Standhaftigkeit, die freilich viele ohne Weiteres substituiren (vgl. besonders Est.) nicht paßt[1]). Freilich verfehlten auch Chr. u. a. das Richtige, wenn sie in der Gleichstellung ihrer Leiden mit den seinigen ein hohes Lob für die Philipper fanden, und Plg., wenn Paulus nach ihm nur zeigen will, daß das Leiden nil novum und nichts ihrer Unwürdiges sei; vielmehr kann er nach dem Zusammenhange sich nur auf seine Leiden berufen zum Zeugniß dafür, daß wirklich das Leiden für Christum eine Gnade sei. Denn daß er es so ansehe, hat er 1, 7 ausgedrückt, und die Philipper mußten es von ihm hinlänglich wissen.

Für die Kämpfe der Vergangenheit, welche die Philipper selbst gesehen haben, verweisen die Ausleger mit Recht auf Act. 16. 1 Thess. 2,2; seine jetzigen Kämpfe aber sind nicht die mit Irrlehrern (Rhw. und schon Haym.), am wenigsten mit zukünftigen (Hnr.) oder mit den 1, 15 genannten persönlichen Gegnern (Wies.), sondern die Kämpfe mit den Ungläubigen in Rom, die ihn in Fesseln geschlagen haben (1, 7). Vgl. schon Lyr. u. a.

---

[1]) Auch in der grammatischen Auffassung des Verses hat sich dieser Irrthum geltend gemacht, indem man entweder $\H{\varepsilon}\chi o\nu\tau\varepsilon\varsigma$ an V. 27 anknüpfte und $\H{\eta}\tau\iota\varsigma\ \pi\acute{\alpha}\sigma\chi\varepsilon\iota\nu$ parenthesirte (Bng., Lchm., Ew.) oder das Participium auf einen vermeintlich in $\pi\acute{\alpha}\sigma\chi\varepsilon\iota\nu$ liegenden Imperativ bezog (Mth., v. Hng., Wies.). Grammatisch nicht zu rechtfertigen, aber wenigstens die Gedankenverknüpfung nicht verletzend, sind die gerundivische Auffassung des Particips (Bz.) und seine Auflösung durch $o\H{\iota}\ \H{\varepsilon}\sigma\tau\varepsilon$ (Storr) oder $\varkappa\alpha\iota\ \H{\varepsilon}\chi\varepsilon\iota\nu$ (Rhw.). Dagegen hat schon Grt. richtig bemerkt, daß es für den Dativ steht, eine Irregularität, die bei der Entfernung von dem regierenden Worte nicht selten ist und dazu dient, den Begriff selbständiger hervortreten zu lassen, als es bei der Einreihung in die Construction des Satzes möglich wäre (vgl. Eph. 4, 2. 2 Cor. 9, 10. 11. Win. §. 63. 1. 2). — Das $\H{\varepsilon}\nu$ nach $\alpha\varkappa o\acute{\upsilon}\varepsilon\iota\nu$ nehmen die meisten Ausleger nach dem Vorgange der Vlg. ruhig: de me (Ambr., Plg., Grt., Bmg., Rsm., a. E.); aber der Apostel denkt sich nicht als Gegenstand, von dem sie hören, sondern als den Ort, an welchem das Gehörte vor sich geht. Vgl. 1 Cor. 5, 1 und das $\H{\varepsilon}\nu\ \H{\eta}\mu\H{\iota}\nu\ \mu\acute{\alpha}\vartheta$. 1 Cor. 4, 6. Ein $\H{o}\nu\tau\alpha$ braucht man dabei nicht zu ergänzen, wie v. Hng. will; und gekünstelt ist die Art, wie Hoel. es durch eine Beziehung auf das invehi, ingredi der Feinde in Rom erklärte. Uebrigens mag der immerhin seltene Ausdruck durch den Parallelismus hervorgerufen sein. Mit Recht bemerken wohl Hoel., Myr., daß das $\alpha\varkappa o\acute{\upsilon}\varepsilon\iota\nu$ sich auf das Vorlesen des Briefes bezieht.

2. Ermahnung zur Eintracht nach innen.
(Cap. II, 1—11.)

a) Die Ermahnung des Apostels.
(Cap. II, 1—4.)

Giebt es nun irgend in Christo Ermahnung, giebt es irgend ein Zureden der Liebe; giebt es irgend eine Gemeinschaft des Geistes, giebt es irgend Herzen voll Barmherzigkeit: so erfüllet meine Freude dadurch, daß ihr gleichen Sinnes seid in gleicher Liebe, indem ihr einmüthig erstrebet das Eine [Ziel], nichts aus Partheisucht, noch aus eitlem Ehrgeiz; sondern indem ihr durch die Demuth Euch unter einander einer den andern höher achtet denn sich selbst und ein jeglicher nicht auf das Seine sieht, sondern auch auf das, was des Andern ist, ein jeglicher.

[V. 1.] Nach der Unterbrechung, zu der den Apostel die Betrachtung über den segensreichen Erfolg des standhaften Duldens veranlaßt hat, nimmt er nun den Faden seiner Ermahnung wieder auf, welche die Leser dazu bewegen soll, ihm auch in seiner Abwesenheit durch einen des Evangeliums würdigen Wandel Freude zu machen. Fast wie eine Beschwörung klingt der feierliche Eingang, mit dem er dieselbe einleitet; denn er appellirt an das Christenrecht der liebevollen Ermahnung und an die Christenpflicht der barmherzigen Theilnahme in jedem Christenherzen.

Giebt es irgend in der Gemeinschaft mit Christo, welche ja die objective Grundlage aller Christengemeinschaft bildet, Ermahnung, und es muß solche geben, weil die in Christo zu seinem Leibe organisch verbundene Gemeinde ihren Lebensproceß eben dadurch vollzieht, daß die befähigten Glieder den anderen mit ihren Gaben zu dienen suchen, unter welchen die Paraklese keine der geringsten ist; giebt es irgend ein Zureden der christlichen Bruderliebe, welche das subjective Band dieser Gemeinschaft ist, und es muß ein solches geben, da es der Liebe wesentlich ist, zur Erbauung der Gemeinde mitzuwirken: so kann der Apostel, gestützt auf dieses Christenrecht der Ermahnung, dem selbstverständlich die Pflicht correspondirt, solche Ermahnung anzunehmen und zu befolgen, mit Hoffnung auf Erfolg seine Ermahnung fortsetzen.

Er will aber nicht nur ermahnen, wie man sonst wohl ermahnt, sondern er will die Gemeinde auffordern, ihm, dem Boten des Evangeliums an sie, Freude zu machen, weil von solcher Rücksicht auf ihn der Segen abhängt, den ihnen seine Erhaltung bringen soll; und diese Pflicht der Gemeinde, ihm Freude zu machen, deren Nichterfüllung sein tiefstes Leid wäre, findet der Apostel begründet in der allgemeinen Christenpflicht der Barmherzigkeit, nach der ein Christenherz dem andern kein Leid anthun kann. Giebt es irgend eine Gemeinschaft, kraft der alle Christen Theil haben an dem heiligen Geiste und es muß eine solche geben in jeder Gemeinde in Christo, da es ja keine andere Gemeinschaft mit Christo giebt, als die, welche in der Theilnahme an seinem Geiste wurzelt; giebt es irgend Herzen und christliches Erbarmen darin nach seinen verschiedenen Erweisungen und es muß solche geben, weil ja der Geist, an dem die Christenherzen Antheil empfangen haben, von dem Vater des Erbarmens kommt: so kann der Apostel wohl an diese ihre Christenpflicht appelliren und er thut es, indem er bittet, sie möchten seine Freude voll machen.

[V. 2.] Es muß dem Apostel schon eine hohe Freude sein, wenn die Gemeinde seiner ersten Ermahnung folgt und standhaft sich nach außen hin beweist gegen alle Feinde, aber das Maß seiner Freude kann doch erst voll werden dadurch, daß sie auch in ihrem inneren Leben des Evangeliums würdig wandelt, ja ohne diese Vollendung seiner Freude müßte er doch elend und traurig sein. Schon oben aber war ja angedeutet, daß es die Eintracht sei, ohne welche der Glaubenskampf durch die Gemeinde nicht recht vollendet werden kann. Denn um sich in diesem Kampfe gegenseitig zu stärken, dazu kommt es darauf an, daß das Sinnen und Streben aller überhaupt ein gleiches sei und daß solches einträchtige Streben von dem Geiste der gleichen Liebe bei allen beseelt sei, wonach keiner in seiner Liebe dem anderen nachstehen will, sondern alle dieselbe Liebe haben. Und dazu kann es nur kommen, wenn wirklich alle einmüthig, wie ein Herz und eine Seele, trachten nach dem Einen Ziele, das der Kampf des Glaubens als höchstes Gemeingut ihnen vorsteckt.

[V. 3.] Dies einmüthige Streben nach dem einen Ziele schließt aber jedes andere Streben aus, dessen Motive eigennützige Partheisucht sind, oder hochmüthiger Ehrgeiz, der noch in den eitlen, irdischen Dingen seinen Ruhm sucht. Denn beide zerreißen das Band der Liebe, weil keine Befriedigung des Eigennutzes oder Ehrgeizes möglich ist ohne Verletzung anderer, und beide stören, indem sie ihre weltlichen Einzelzwecke geltend machen, das einträchtige Streben nach dem Einen, höheren Ziele. Was an die Stelle des eitlen Ehrgeizes treten muß, ist die Demuth, die sich herablassende Gesinnung, die den anderen stets als höher stehend achtet als sich selbst und in ihm ein Object seiner Ehrerbietung und pflichtmäßigen Dienstleistung sieht, während der Ehrgeiz überall für sich Ehre und Dienstleistung von den anderen heischt.

[V. 4.] Was dagegen an die Stelle der eigennützigen Partheisucht treten soll, die alle anderen für sich und ihre Interessen in Anspruch nehmen will, das ist die selbstlose Liebe, die nie das Ihre ausschließlich sucht, sondern, wo sie einmal ihre Interessen wahrzunehmen scheint oder wirklich es zu thun genöthigt ist, immer auch das Beste der Anderen im Blicke behält. Nur wo solche Demuth und selbstlose Liebe ist, da ist ungetheilte, rückhaltlose Hingabe an das gemeinsame Ziel und an die Gemeinschaft mit denen, die nach diesem Ziele streben, da also auch nur die wahre Eintracht, wo jeder einzelne sich in dienender Liebe unterordnet dem gemeinsamen Wohle.

Dieses Ideal christlichen Gemeindelebens hält der Apostel seiner Gemeinde vor, die, so treu und wohlbewährt sie war, doch eines fortgesetzten Antriebes zum eifrigen Trachten nach demselben nicht weniger bedurfte, wie jeder, in dem noch die Macht der Sünde wohnt, deren Wesen ja die Selbstsucht und der Hochmuth ist, aber freilich auch nicht mehr, wie jede andere Gemeinde.

V. 1.

Die Versuche, die neu anhebende Ermahnung als Folgerung aus 1, 30 (Strb. und noch Myr.) oder 1, 29 (Anf., Croc.) zu fassen, entbehren entweder überhaupt der Rechtfertigung (Myr., Wies.) oder tragen Zwischengedanken hinein. Schon Bng., Bmg., Strr., a. E., Hnr., de W. haben richtig gesehen, daß der Apostel zu der Ermahnung 1, 27 zurückkehrt, aber nicht, weil dort schon die Eintracht gefordert war (Rhw., Hoel.), sondern weil der Apostel die Ermahnung, mit Rücksicht auf ihn des Evangeliums würdig zu wandeln, in eindringenderer Weise jetzt in der Ermahnung wieder aufnimmt, seine Freude vollkommen zu machen[1]). Wodurch das sachlich geschieht,

---

[1]) Das οὖν nimmt nach einer Digression den Gedanken wieder auf (Wln §. 53. 8. a) und eine solche war offenbar der ganze Abschnitt von ἥτις-ἐν ἐμοί, den man aber darum nicht parenthesiren darf. Daß die Wiederaufnahmepartikel bei dem Bedingungssatz steht, obwohl erst der Hauptsatz wirklich die Wiederaufnahme enthält, geschieht auch sonst, z. B Röm. 12, 20 Col. 3, 1. Vgl. v. Hng.

sagt V. 2. Schon die alten Ausleger bemerken, wie er mit mehr als väterlicher Liebe bittet um das, was doch ihnen selber Nutzen bringt (Chr., Thdt.) und was er fordern könnte (Clv.). Das ergreifende und rührende Pathos der Rede (Chr.: πῶς λιπαρῶς, σφοδρῶς, μετὰ συμπαθείας πολλῆς! Clv.: valde pathetica exhortatio) zeigt sich aber nirgends stärker als in der obsecratio oder contestatio, mit der unser Vers die Ermahnung einleitet.

Das eigentliche Wesen dieser contestatio ist sehr verschieden gefaßt; häufig verlieren die Ausleger bei der Erörterung des Einzelnen den Blick auf das Ganze und gelangen zu keiner klar durchgeführten Auffassung. Die griechischen Väter alle nahmen den Vers als eine Beschwörung bei dem, was die Leser dem Apostel schuldig sind, was ihr persönliches Verhältniß zu ihm fordert: Wenn ihr mir einen Trost in meinem Leiden geben wollt, eine Erquickung, wie sie eure Liebe erzeugt, wenn ihr mit mir verbunden seid in Einem Geiste, wenn ihr Mitleid und Erbarmen mit mir und meinem Leiden habt, ꝛc. Ihnen folgten Lyr., Ers., Clr., Clv., Bz., Est., Corn., Rsm., Hnr. Allein abgesehen von der sehr willkührlichen Auffassung des Einzelnen, besonders des ἐν Χριστῷ, ist sowohl die Beziehung auf den Apostel, als das „bei euch", was dabei zu der zu ergänzenden Copula hinzugedacht wird (Lth.), durch den Context nicht indicirt. Letzteres spricht auch gegen die Myr.'sche Erklärung, die sonst wortgetreuer ist, und die Beziehung auf Paulus nur in die Folgerung hineinlegen will (so erweiset dies alles gegen mich dadurch, daß ꝛc.). Seine eigene Erklärung von παράκλησις (exhortatio) ist aber damit schlechterdings unverträglich, daher Strr. diese Fassung der contestatio wenigstens bei dem ersten Gliede, Wief. bei den beiden ersten verlassen hat. Dann aber ist sie auch bei den beiden letzten nicht zu halten, da bei ihnen nichts auf eine andere Fassung hinweist.

Einen anderen Weg wies schon neben diesem ihm wohlbekannten Plg., nach welchem wenigstens die drei ersten Stücke die objectiven Güter der Philipper sind, bei denen sie der Apostel beschwört (die Tröstung durch Christum und seine Liebe, die Gemeinschaft der geistigen Güter). Dem vierten mußte freilich die gangbare Beziehung auf Paulus gelassen werden. Daraus machten denn Art., Cal., Wls., indem sie die Liebe von der Liebe Gottes nahmen, geradezu eine contestatio in nomine sanctae trinitatis mit Berufung auf 2 Cor. 13, 13, während Strb. und Anf. nach dem Vorgange des Ambr. richtiger bei der christlichen Bruderliebe stehen blieben: Wenn ihr den Trost der Sündenvergebung und der anderen Gaben Christi haben wollt, wenn ihr die Liebe der Gemeinden haben wollt, die durch Fürbitte und Gutesthun in allem Leiden tröstet, wenn wirklich durch den heiligen Geist eine Gemeinschaft gestiftet wird, wenn ihr Erbarmen gegen mich habt, ꝛc. (Vgl. Grt., der auch das vierte Glied von dem bloßen Vorhandensein der σπλ. κ. οἰκτ. unter wahren Christen zu fassen scheint.) Paulus würde dann an alle im subjectiven Christenleben vorhandenen Beweggründe (Kr.) oder an die von Christo empfangenen Gaben (Jth.) appelliren. Allein auch auf diese Fassung, obwohl sie Momente des Richtigen enthält, führt eine genauere Betrachtung der einzelnen Ausdrücke nicht.

Am meisten irreleitend war die Fassung der Worte παράκλησις und παραμύθιον vom Troste (Vlg.), während doch beide zunächst die allgemeine Bedeutung eines Zuspruchs haben, der durch den Context nothwendig als ermahnender bestimmt wird. Die Uebersetzung von παρακλ. durch exhortatio findet sich, freilich ungenützt, zuerst bei Ambr., und ist seit Lth. bei den protestantischen Auslegern mit geringen Ausnahmen (Grt., Schlicht., Bng., Sdl., Hnr., Hoel., Jth.) herrschend geworden; länger hat sich die Bedeutung solatium (Vlg., Lth.) bei παραμ. erhalten, und wird noch von Strr., Rhw., Myr., Jth. vertheidigt[1]). Demnach haben wir wenigstens in den beiden ersten Gliedern lediglich eine Provocation auf das allgemeine, nicht blos das apostolische (Ew.) Christenrecht der Ermahnung, das einmal als in der Gemeinschaft mit Christo wurzelnd dargestellt wird, weil diese den objectiven Grund der gliedlichen Gemeinschaft der Christen untereinander ausmacht (Röm. 12, 5) und dann als von der Liebe ausgehend, welche als das subjective Band die christliche Gemeinschaft zusammenhält (Eph. 4, 16. Col. 2, 2. 3, 14). Daß aber dieser Gemeinschaft die Paraklese wesentlich ist als Bethätigung ihres organischen Lebensprocesses zur Förderung ihres Wachsthums, sagt auch Röm. 12, 8. 1 Cor. 14, 3. und daß es der Liebe wesentlich ist, zur Erbauung der Gemeinschaft zu wirken, lehrt 1 Cor. 8, 1 und Cap. 14. Es kann aber natürlich nicht von der Zusprache des

---

[1]) Wie hier παραμύθιον, so steht 1 Thess. 2, 11 παραμυθεῖσθαι dem παρακαλεῖν parallel, während 1 Thess. 5, 14 der Zusatz ihm die specielle Bedeutung: trösten vindicirt. — Zu ergänzen ist in den drei Sätzen nur die einfache Copula ἐστι, auch nicht im ersten ἰσχύει (Strr. u. schon Bll.) oder in allen dreien gaudium est (Bng.). — Das ἐν Χριστῷ mußte von den älteren Auffassungen schon ganz mißverstanden werden, weil man es immer mit παράκλησις oder gar mit dem zu ergänzenden ἐν ὑμῖν (Btb.) verband; aber auch um den Wortlaut bekümmern sich die Aelteren wenig. Bald sollte es nur: christlich heißen (Clv., Bz. und noch Hoel, Myr.), bald secundum voluntatem (Lyr.), in negotio (Est.), ex amore Christi (Rsm.), bald für διὰ Χριστοῦ (Wlf., Strr.) oder διὰ Χριστόν (Hnr.) stehen. Sprachrichtiger haben es Bmg., Wies. von der Gemeinschaft mit Christo genommen, aber die falsche Verbindung beibehalten; dagegen haben v. Hug, Mtth., de W. richtig erkannt, daß es nur zu der Copula ἐστι gehören kann, nur daß jener παρακλ. vom subjectiven Sichaufgefordertfühlen und dieser ἐν Χρ. von christlicher Gesinnung und Gefühlsstimmung nimmt, wobei denn wieder beim einfachen παρακλ. die Bedeutung eines mahnenden Beweggrundes gegeben wird. Damit lenken beide zu der zweiten der falschen, im Texte dargelegten Auffassungen zurück. — Das εἰ stellt das Vorhandensein der παρακλ. als eine Bedingung hin, doch nicht um es zweifelhaft zu machen, sondern, wie Grt., Wlf., Rsm., a. E. mit Recht bemerken: vehementer affirmans. Vgl. Win. 53. 8. e. Das ἐν Χρ. auch zu den folgenden Gliedern zu ziehen (Schlicht., Rsm.) sind wir durch nichts veranlaßt; daß die beiden ersten Glieder ein Ganzes bilden, haben schon Bng., B.-Cr., Wies. erkannt, allein beim zweiten liegt schon in der Erwähnung der ἀγάπη das Moment der Gemeinschaft.

Apostels die Rede sein (Wies.), da der Apostel ja eben zur Verstärkung seiner Ansprache sich auf eine allgemeine Wahrheit beruft, und so auch nicht von seiner Liebe (v. Hng.), obwohl natürlich die christliche Bruderliebe, von der alle Zusprache ausgehen muß (Hoel.), auch ihn mit den Philippern verbindet (Mtth. de W.).

Im dritten Gliede wird unter der κοινωνία πνεύματος von Chr., Oec., Plg., Aug., Strb., Anf. und noch Hnr., Rhw., Mtth. eine Gemeinschaft (Vlg.: societas) verstanden, die auf dem heiligen Geiste ruht, von ihm gestiftet ist. Dagegen nehmen schon Dion., Est., Röm., Strr., a. E. und noch Hoel., v. Hng., B.-Cr., Wies. πνεῦμα von dem spiritus humanus und die κοινωνία von der conjunctio animorum. Allein dem paulinischen Sprachgebrauche sowohl in Betreff der κοινωνία (1, 5) als des πνεῦμα (1, 27) entspricht es nur, an die Gemeinschaft mit, die Theilnahme an dem heiligen Geiste zu denken (2 Cor. 13, 13). Schon Ambr. nahm es richtig von der participatio spiritus sancti, und ebenso Vtb., Clv., Art., Grt., Cal., Wlf., Bng., unter den Neueren mit voller Bestimmtheit nur Myr., der mit Recht darauf verweist, daß es dem ἐν Χριστῷ parallel steht, so daß im ersten und dritten Gliede auf das objective Princip des christlichen Lebens (besser: des christlichen Gemeinschaftslebens), im zweiten und vierten auf das subjective, die specifische Gesinnung der Christen verwiesen wird. Warum aber Paulus hier sich auf den objectiven Grund des christlichen Gemeinschaftslebens beruft, das erhellt erst aus dem vierten Gliede, wo er an das herzliche Erbarmen der Leser appellirt; wobei natürlich auch hier nicht speciell an das Erbarmen mit seiner Person (vgl. die erst besprochenen Ausleger und noch Rhw., Ew.) zu denken ist, sondern an dasjenige, welches der allgemeine Ausfluß und die subjective Kehrseite der objectiven Geistesgemeinschaft ist[1]). Schon Plg., Grt. und noch de W., Myr., Wies. nehmen es

---

[1]) In dem οἰκτιρμοί suchen Cal., Sbl zu viel, wenn sie an die erbarmende Liebe eines mütterlichen oder geschwisterlichen Herzens denken (vgl. Plg., Ambr.: pietas). Der Plural, der bei Paulus auch Röm. 12, 1. 2 Cor. 1, 3 vorkommt, bezeichnet die verschiedenen Erbarmungserweisungen (Win. §. 27. 3). Die Verbindung mit σπλάγχνα erklären die Meisten so, daß dieses die herzliche Liebe im Allgemeinen gegenüber jener Species derselben ist oder durch οἰκτιρμοί erklärt und näher bestimmt wird (Grt., Est., Fl., v. Hng., de W., Myr.), deren Quell schon nach Anf. Bll. σπλ. bezeichnet, andere halten beides für ganz synonym und sehen in der Zusammenstellung eine Verstärkung (Croc., a. E.). Aber gegen alle diese Auffassungen spricht, daß σπλάγχνα ursprünglich das Herz selber bedeutet (vgl. zu 1, 8), wie es Ambr. schon nahm und nach dem Vorgange der Vlg. auch Cal., Wlf., die eine Hendiad. annehmen: viscera miserationis (wie σπλάγχνα οἰκτιρμοῦ Col. 3, 12). Aber es bedarf dieser künstlichen Annahme nicht; Paulus meint: wenn es irgend Herzen giebt und — denn nur an solche denkt er in diesem Zusammenhange — Erbarmen darin. (Vgl. Schlicht.: viscera miserationum sunt sedes.) — Die Lesart τις für τινα, obgleich stark bezeugt und von Lchm. recipirt, ist ganz unhaltbar, da man weder σπλάγχνα für homo affectu misericordiae praeditus (Ers.), noch εἰ τις für si forte (a. E., Hnr.) nehmen, noch ἔχει ergänzen kann (Mtth.). Es ist mechanische Wiederholung des vorhergehenden τις (Myr.).

richtig von dem Vorhandensein des Erbarmens überhaupt. Wie Gott ein $\vartheta\varepsilon\grave{o}\varsigma\ o\mathit{i}\varkappa\tau\iota\varrho\mu\tilde{\omega}\nu$ ist (2 Cor. 1, 3. Röm. 12, 1), so können auch die durch die Theilnahme an seinem Geiste verbundenen nur Erbarmen miteinander haben. Für sich nimmt Paulus dieses Erbarmen erst in Anspruch, wenn er nachher um Vollendung seiner Freude bittet, wobei also nicht an seine traurige Lage in der Gefangenschaft zu denken ist (Thph., Clv., und noch Ew.), die er ja im zweiten Abschnitt als allseitigen Gegenstand seiner Freude dargestellt hat, sondern lediglich daran, daß die Versagung seiner Bitte ihn seiner Freude berauben und dadurch elend machen würde (Chr. und noch de W.). Es ist also die Christenpflicht des Erbarmens, auf die er sich in den zwei letzten Gliedern beruft.

V. 2.

Wie 1, 27 die Ermahnung die Rücksicht in den Blick faßt, welche die Leser auf den Apostel und seinen Wunsch, nur das des Evangeliums Würdige von ihnen zu hören, nehmen sollen, so wird sie jetzt darauf gerichtet, daß sie ihm Freude machen möchten. Aeltere und neuere Ausleger heben hervor, daß die Gemeinde ihm bereits Freude gemacht habe, daß es sich nur um die Vollendung dieser Freude handle, und verweisen dabei meist auf 1, 4 (vgl. Chr., Plg., Art., Est., a. E., de W., Myr.), Schlicht. gar auf 1, 13—18. So richtig jene Bemerkung ist, so unrichtig erscheint diese Verweisung. Denn nicht die Freude, welche die Gemeinde bisher dem Apostel gemacht, sondern die, welche sie ihm, wie er sicher hofft, in Folge der Ermahnung 1, 27—30 machen wird, steht nach dem durch $o\tilde{v}\nu$ angedeuteten Zusammenhange der Vollendung derselben entgegen, die er jetzt noch begehrt. Während nemlich dort die Standhaftigkeit des christlichen Lebens nach außen hin gefordert war, wird jetzt die Vollendung des Gemeindelebens nach innen von ihm erwartet, und diese geschieht durch die Eintracht. Daß diese wirklich das Thema der folgenden Ermahnung sei, haben Chr., Th. v. M., später Clv., Pisc., Sbl., Bng., a. E. und noch Wies., Ew. richtig erkannt. Dagegen nannten schon Ambr., Lyr., Art., Est., Cal., Fl., Rhw., de W., Myr., B.-Cr., das logische Unterordnungsverhältniß des zweiten Moments verkennend, die Eintracht und die Demuth als die beiden coordinirten Gegenstände der Ermahnung, und Thbt., Strb. lassen gar die Demuth von vorn herein als den eigentlichen Hauptpunkt hervortreten. Die Art, wie die Eintracht 1, 27 als unentbehrliches Mittel zum rechten Glaubenskampf erscheint (Bmg.), weist schon auf die innere Verbindung der beiden Hauptermahnungen hin und zeigt zur Genüge, daß es sich nicht um die Eintracht gegenüber den falschen Lehrern handelt, wie Clv. meint[1]).

---

[1]) Das Verbum $\pi\lambda\eta\varrho o\tilde{v}\nu$ steht hier nicht wie sonst von der Erfüllung einer Pflicht oder eines Wunsches (B.-Cr.), sondern in seiner ursprünglichen Bedeutung: voll machen, wobei die Freude gleichsam als ein Maß gedacht ist, dessen noch

Das zweimalige φρονεῖν erklärt Chr. für eine des Nachdrucks wegen geschehene Wiederholung, allein er findet nur wenig Nachfolger (vgl. Bmg., Hnr., Rhw.), und er selbst verlangt eigentlich eine Unterscheidung, indem er das τὸ ἓν φρονεῖν für das Allgemeinere erklärt (φρ. ἐν πᾶσιν), das τὸ αὐτὸ φρ. speciell auf die Glaubenseinheit bezieht. Ihm folgten im Wesentlichen schon Lyr., und später Cal., Wlf., Rsm., a. E. so, daß sie jenes auf den consensus animi et voluntatis, dieses auf den consensus de doctrina beziehen. Gerade umgekehrt fanden Bz., Strr., Mtth. in dem τὸ αὐτὸ das Allgemeine, das in τὸ ἓν φρ. als Einheit im Glauben bestimmt werde, was wenigstens in Betracht des τὸ αὐτὸ φρ. jedenfalls richtiger ist. (Vgl. Croc.: veritas simplex, mendacium multiplex.) Die Glaubenseinheit heben aber schon Haym., Anf., Dion., Clv. hauptsächlich hervor, und Est., Corn., Sdl. finden sie und die Einheit des Willens in dem τὸ αὐτὸ φρ. verbunden, wo denn freilich das zweite φρ. wieder nur eine nachdrückliche Wiederholung sein kann. Da nun die eine dieser Fassungen von der Bedeutung „Urtheilen", die andere von der Bedeutung „Trachten" ausgeht, die übrigens beide das φρονεῖν haben kann (vgl. 1, 7), so lassen sich dieselben weder verbinden, noch können sie so bald hinter einander wechseln. Der ganze Unterschied muß also in dem τὸ αὐτό und τὸ ἓν liegen, wovon das erste (nicht, wie Bng. meint, das zweite) nur die formale Uebereinstimmung des Sinnes und des Trachtens, die Eintracht im Allgemeinen bezeichnet (Röm. 15, 5. 2 Cor. 13, 11. Phil. 4, 2), das zweite die Gleichheit des einen concreten Ziels ihres Trachtens stärker hervorhebt (vgl. v. Hng., de W., Wief.). Das τὸ αὐτό braucht man also nicht erst nachzuweisen weder im Vorhergehenden, wie Hoel. will, der auch das τὸ ἓν und τὴν αὐτήν auf V. 1 zurückbezieht, noch im Folgenden (Myr. und vorschlagsweise mit Verwandlung der Part. in Inf. schon Clv.); wohl aber muß Paulus bei dem

---

leerer Theil gefüllt wird (2 Cor. 10, 6. Vgl. Myr.). — Das ἵνα steht jedenfalls in abgeschwächter Bedeutung, wie 1 Cor. 4, 2. 3. 9, 15 (Win. §. 44. 8.). Mag man immerhin darin noch einen Rest der Finalbedeutung und eine Rechtfertigung dieses Gebrauchs erkennen, daß sachlich das V. 2 genannte die Absicht des Apostels war, aber in diesem Zusammenhange wird es doch nicht als Absicht, sondern als Gegenstand seiner Freude eingeführt. Sollte wirklich das bei der Thätigkeit des Vollmachens beabsichtigte gemeint sein, so würde gerade umgekehrt, wie Myr. meint, das Verhältniß, in welches Paulus die ganze Ermahnung zu sich selbst setzt, aufgehoben werden. Ein ταύτην zu ergänzen (v. Hng.) ist ganz unnöthig. — Ueber die nachdrucklose Voranstellung des μου vgl. Win. §. 22. 7. Anm. 1. — Die grammatische Verknüpfung der Participien ist nicht die, daß ἔχοντες und φρονοῦντες zwei coordinirte Näherbestimmungen zu φρονῆτε sind (Myr.), oder gar alle drei, wenn man das σύμψυχοι gesondert mitzählt (Fl.); sondern φρονῆτε wird zuerst durch ἔχοντες näher bestimmt, und dann das so bestimmte Hauptverbum durch das analog bestimmte Participium φρονοῦντες weiter bestimmt, und dadurch erst der Weg zu der vom Apostel verlangten Eintracht bezeichnet. Daß beim Verbo das Particip desselben Verbi steht (natürlich mit einer näheren Bestimmung, die etwas neues bringt, hier das τὸ ἕν), hat Myr. auch aus dem classischen Sprachgebrauch nachgewiesen.

τὸ ἓν ein bestimmtes Object gedacht haben. Dies kann man nun freilich weder mit Grt. in V. 3, noch mit v. Hng. in V. 5, noch mit Jth. in V. 3. 4 suchen, geschweige denn in Luc. 10, 42, ein wunderlicher Einfall, den noch Rhw. nicht ohne Beifall anführt. Da Paulus 1, 27 die Eintracht als ein Stärkungsmittel im Glaubenskampfe anführt, liegt es wohl am nächsten, die Bewahrung des Glaubens auch hier als das eine Ziel zu denken, wohin die Christen einmüthig zu trachten haben, und das dann freilich zugleich als das commune bonum omnium (Schlicht.) erscheint.

Die Liebe aber bildet nicht einen zweiten Gegenstand der Ermahnung neben der Eintracht (Th. v. M., Bll.), was namentlich denen passend schien, die im φρονεῖν die Glaubenseinheit gefunden hatten und nun den Apostel die Liebe hinzufügen ließen, quia fides sine caritate informis est (Lyr., vgl. Pisc., Cal.). Sie wird auch nicht die Quelle der Eintracht genannt (Croc. und ähnlich de W.), sondern als eine Näherbestimmung derselben (Myr.). Denn es giebt auch eine Eintracht ohne Liebe, wie schon Chr. bemerkt; auch der Egoismus und die Bosheit können ja zur Erreichung ihrer Zwecke formal einträchtig sein. Als „dieselbe Liebe" bezeichnet sie Paulus, nicht weil ihre Liebe denselben Gegenstand hat, etwa die Wahrheit des Evangeliums (Sdl.) oder Gott selbst (Jth.), da ja natürlich nur von der Bruderliebe die Rede ist, nicht weil sie sich gleichbleibt (Bmg.) oder gegen alle Menschen gleich ist (Ans., Art.), sondern weil sie bei allen dieselbe an Aufrichtigkeit und Wärme ist (Cal.), keiner den andern weniger liebt, als er von ihm geliebt wird (Chr., Bz, B.-Cr., Myr.); sondern alle pares sunt in mutua dilectione (Grt., Est., Wlf.). — Das σύμψυχοι erklärt schon Chr. richtig davon, daß alle verschiedenen σώματα gleichsam einer Seele angeeignet werden und so alles ὡς ἐκ μιᾶς ψυχῆς geschieht. Mit Recht verweisen die Ausleger auf 1, 27: μιᾷ ψυχῇ. Es ist dies nicht mit dem Vorigen zu verbinden, weder als Frucht (Ans., Lyr, Bz.), noch als Quelle der dort genannten Liebesgemeinschaft (v. Hng.), aber auch nicht als ein Moment für sich zu nehmen (Bng: scil. sitis), sondern mit dem Folgenden zu verbinden. Freilich nicht so, daß durch τὸ ἓν φρονοῦντες die Art der Seeleneinheit bestimmt wird (Chr., Est., a. E) oder ihre Quelle angezeigt (Sdl.), sondern so, daß es die Art des τὸ ἓν φρον. bestimmt (Myr., Wief.) in derselben Weise, wie das τὴν αὐτὴν ἀγάπην ἔχοντες das τὸ αὐτὸ φρονῆτε.

V. 3.

Chr., Oec. bemerken richtig, daß der Apostel in unserem Verse zeigen wolle, auf welche Weise es zu solcher Eintracht kommt (vgl. noch Ew.); nur nennt er zuerst die duae nocentissimae pestes ad turbendam pacem ecclesiae (Art, Pisc.), um davor zu warnen. Schon Lyr. dagegen läßt den Apostel hier zur zweiten Ermahnung übergehen, und so die Vielen, die, wie oben gezeigt, die jetzt folgenden Ermahnungen als selbstständige neben der zur Eintracht nahmen, was denn auch zu irrigen Auffassungen der grammatischen Structur geführt hat¹). Das Verhältniß von ἐριθεία, das auch hier die Meisten von Streitsucht (so noch Rhw., Hoel., Ew.) oder Eifersucht (Thph., Anſ., Dion.) nehmen, (vgl. 1, 17) und κενοδοξία (Gal. 5, 26), das nicht bloß ein unordentliches Streben nach Ehre oder ein Streben nach einer besonders nichtigen Art von Ehre bezeichnet (Eſt., Bmg., Hoel.), sondern im Sinne des Apostels gewiß jedes Trachten nach weltlicher Ehre (Anſ., Dion., Clv.), bestimmen die Ausleger seit Chr., Thph. dahin, daß die κενοδοξία die Mutter der ἐριθεία sei (vgl. Lyr., Bz., Piſc., Cal., Eſt., Bmg., Strr.). Dagegen lassen Mtth., v. Hng. beide fast als synonym erscheinen, und Wieſ. betrachtet sie als zwei Erscheinungsformen der Selbstsucht. Doch liegt in der ἐριθ. mehr das eigennützige, in der κενοδ. dagegen das hochmüthige, ehrgeizige Streben (vgl. de W.: Selbst= und Ehrsucht). Beide aber stehen in gleicher Weise der συμψυχία und dem τὸ ἓν φρονεῖν entgegen; und gerade wegen dieses beabsichtigten Gegensatzes ist wohl V. 2 das Eine Ziel und die Einmüthigkeit des Trachtens noch einmal in dem Participialsatz hervorgehoben.

Chr., Thph. bemerken richtig, daß der Apostel im Folgenden zeige,

---

¹) Es ist nämlich völlig willkührlich, ein πράττοντες (Anſ., Bz., Piſc., Corn., Rſm., a. E. und noch v. Hng., de W.) oder gar einen selbstständigen Imperativ (Lyr., Dion., Lth., Eſt., Bng., Strr., Rhw.) zu ergänzen, da sich ja aus dem Vorigen φρονοῦντες von selbst ergänzt (Sdl., B.=Cr., Mtth., Myr. Vgl. Win. §. 64. 2. S. 518). Eine unmittelbare Anschließung an das φρονοῦντες des vorigen Verses (Wlf., Hnr.) verbietet das neu eintretende Object μηδὲν, ebenso wie die Verbindung mit dem folgenden ἡγούμενοι (Hoel., der deshalb das μηδὲν absolut für neutiquam nimmt). — Die Präposition κατά, die in übertragener Bedeutung zunächst: gemäß heißt, kann auch von dem Maßgebenden, dem Motive (Wlf.: causa impulsiva), sowie von der Veranlassung gebraucht werden, und oft ist der Uebergang von einer Bedeutung zur andern kaum bemerkbar. Vgl. Win. §. 49. d. b. — Der Art, wie die beiden genannten Fehler als zwei gleich mächtige Feinde der in V. 2 geforderten Eintracht eingeführt werden sollen, entspricht schon an sich die Lchm.=Tisch.'sche Lesart (μηδὲ), welche die Coordination beider stärker hervortreten läßt, besser als das ἢ der Rcpt. — Die frappante Erklärung Bng.'s: ἐριθ. aliis placere non curat, κενοδ. aliis placere nimis curat ist mehr witzig, als wortgemäß. — Eine ganz verfehlte Auffassung der zweiten Vershälfte ergiebt sich, wenn man τῇ ταπεινοφροσύνῃ gegen die Wortstellung zu ὑπερέχοντας zieht, auch liegt selbst in diesem Falle der gesuchte Gedanke, daß man sich nur durch einen Vorzug an Demuth zu übertreffen suchen soll, nicht in den Worten, vielmehr höchstens der ganz wunderliche Satz, daß einer den andern für demüthiger halten soll. Der Dativ ist wohl reiner dat. instrum.; denn nur mittelst der Demuth (Sdl.) kann sich einer dem andern so unterordnen, wie der Apostel verlangt. Ob der Artikel die ταπ. als Gattungsbegriff hinstellt (Myr.: vermöge der Tugend der Demuth) oder als die schuldige Pflicht der Demuth, die der Apostel gleichsam als bekannt voraussetzt (Mtth., v. Hng., de W.), mag dahingestellt bleiben. Die ταπ. ist aber nicht Demuth vor Gott (Sdl., Rhw., Hoel.), sondern stets bei Paulus die Demuth im Verhältniß zu andern Menschen (Eph. 4, 2. Col. 3, 12) und bezeichnet die Gesinnung, welche sich den andern gegenüber in eine niedrige (2 Cor. 10, 1. Vgl. Phil. 2, 8), gedrückte (2 Cor. 7, 6. Vgl. Phil. 4, 12), dienende (2 Cor. 11, 7) Stellung begiebt (vgl. Röm. 12, 16: συναπαγόμενοι τοῖς ταπεινοῖς).

wie man die κενοδοξία fliehen müsse; denn er setzt nicht utrique morbo unum remedium entgegen (Clv., Croc.), sondern wie unser Vers die Antithese zur κενοδοξία, so enthält V. 4 die zur ἐριϑεία (vgl. v. Hng.). Wir sollen, sagen die Erstgenannten, dem Nächsten seine Ehre nicht versagen oder beneiden (Th. v. M.), sondern, wenn er uns Unrecht thut, es still und geduldig tragen (Plg.), was nur geschehen kann, wenn wir ihn für μείζονα halten. Aber wie dies μείζονα zu verstehen sei, und wie es ausführbar, darüber stellt schon Aug. nähere Betrachtungen an. Man solle bei sich selbst mehr die Fehler, bei dem Nächsten mehr die Tugenden als die Schwächen ansehen, so würde man ihn immer für vorzüglicher halten, zumal wenn man bedenke, daß man die verborgenen Tiefen der eigenen Sünde so wenig kenne, wie die verborgenen Tugenden des Nächsten (vgl. Haym., Dion., Est., Cal.). Dabei bringt er darauf, daß dies nicht bloß ein simulate praetendere, sondern ein ex animo arbitrari sei. Aehnlich denken auch noch Fl., Rhw., Schz., Wief. an den Vorzug in sittlicher Trefflichkeit. Dagegen wies schon Thomas (bei Corn.) einen anderen Weg. Man solle, sagt er, bei sich nur auf das sehen, was man von sich selbst hat, und das sind eben nur die Fehler, beim Nächsten aber auf das, was er von Gott hat, das sind seine Gaben und Vorzüge; und auch Clv. ermahnt neben jener ersten Auffassung, die eigenen Gaben als solche anzusehen, die uns nicht gegeben sind, um uns ihrer zu überheben. Bng. und Sdl. bezogen es ganz auf die natürliche Begabung; aber während jener fordert, daß man den Blick von den eigenen Gaben ablenken und auf die der Anderen richten solle, findet dieser in dem ἡγούμενοι die Beschränkung, daß man die Gaben des Andern höher halten solle, sofern gute Gründe und reifliche Erfahrung dies verlangen. So kam man bei beiden Auffassungen über die Schwierigkeit nicht hinaus, daß der Apostel fordert, in einem Falle zu sehen, was man im andern nicht sehen solle, oder sich und den Nächsten mit ungleichem Maße zu messen. Kein Wunder, daß man endlich daran dachte, durch die unmögliche Beziehung des ταπ. zu ὑπερ. (vgl. Anm. 1), den Vorzug lediglich auf einen Vorzug an Demuth zu beziehen (Hnr., Hoel., V.-Cr.). Allein wie Croc. schon richtig bemerkt, der Apostel rede nicht de donis sondern de personis, so redet er auch nicht de virtutibus. Vielmehr haben schon die griechischen Ausleger viel richtiger an den Vorzug der Ehre und des Ranges gedacht, wovon ja das ὑπερέχειν auch sonst steht (Röm. 13, 1); daß aber jeder dem Andern mit Ehrerbietung vorangehen soll, verlangt ja Paulus auch Röm. 12, 10 (Croc., Schlicht.), und die dienende Unterordnung gegen jedermann Eph. 5, 21. Jenes ist der rechte Gegensatz gegen die κενοδοξία und dies bildet passend den Uebergang zum folgenden. Von einem Gegensatz gegen den Tugendstolz und Hochmuth vermeinter Christlichkeit (de W., Wief.) ist so wenig die Rede, wie von einem Herabsteigen der Geförderten zu den Schwächeren (Jth.).

V. 4.

Hält man mit den patristischen Auslegern daran fest, daß es sich hier um eine **Rücksichtnahme auf den Nutzen der Anderen** handelt (so auch Haym., Bz., Grt., Corn. und noch de W., Myr., Wies.), so kann man darin die richtige Antithese zur eigennützigen ἐριθεία finden, wie Th. v. M. auch thut, der nur bei dem Vortheil zu ausschließlich an das primatum tenere denkt. Dagegen nahm schon Anf. den Vers fälschlich als nähere Beschreibung der Demuth, wobei man unter dem σκοπεῖν τὰ ἑτέρων die Betrachtung der Gaben und Vorzüge der Andern verstehen mußte (Clv., Wlf., Sdl., Anf., Hoel.). Manche verbanden beide Auffassungen, die doch von verschiedenen Bedeutungen des σκοπεῖν ausgehen[1]) (Lyr., Croc., Bmg., B.=Cr.). Die Beziehung auf die Herablassung zu der Schwäche und den Bedürfnissen der Anderen (Strr., Rhw.) ist nur eine durch die von ihnen vorausgesetzten Gemeindeverhältnisse modificirte Form der richtigen Erklärung, die Hnr. noch dadurch umgebildet hat, daß er die Ermahnung speciell auf gewisse Lehrer bezieht, die im Streben nach eitlem Lehrerruhm die Bedürfnisse der Hörer vergaßen.

Daß Paulus wirklich das suum quaerere ganz ausschließen wolle (Est.), ist nicht richtig; offenbar absichtlich läßt das καί im positiven Gliede für die berechtigte Rücksicht auf die eigenen Interessen Raum, wie schon Bz. bemerkt; doch nur für eine solche, die nie das Interesse für Andere ganz ausschließt, weshalb die absolute Negation des selbstsüchtigen Trachtens wohl an der Stelle ist.

Schon Th. v. M., Thdt. und Ambr. nehmen an, daß wirklich der Tugendstolz und Ehrgeiz Einzelner die Gemeinde verwirrt und gespalten habe, und bis auf Hnr., der das Uebel mehr als ein erst drohendes betrachtet, setzen meines Wissens alle Ausleger voraus, daß

---

[1]) Die zweite Auffassung geht von der Bedeutung des betrachtenden Anschauens aus, die erste von der Bedeutung: etwas als Ziel in den Blick fassen (2 Cor. 4, 18), und in dieser steht es wenigstens bei Paulus immer, obwohl es nicht immer das Ziel des Trachtens, sondern auch des Nachahmens (Phil. 3, 17), Vermeidens (Röm. 16, 17) und Behütens (Gal. 6, 1) sein kann. Ferner entscheiden für diesen Sinn die handgreiflichen Parallelen 1 Cor. 10, 24. 33. 13, 5. Phil. 2, 21, und der Zusammenhang, in welchem die andere Auffassung eine müßige Wiederholung ergäbe (Myr.). — Um der scheinbaren Schwierigkeit des inconsequenten Gegensatzes zu entgehen, schalteten schon Th. v. M., Plg., Haym., Wlf., Bmg. und noch Strr., Hnr. ohne weiteres ein μόνον ein, während Ers. das καί, das die Vlg. temere praetermittit, wie Cal. sagt, imo magis gab und Est. es für redundirend hielt. Auch Win. meint noch, daß der Apostel den Satz ursprünglich auf ein οὐκ-ἀλλά angelegt und erst beim zweiten Gliede angelangt, dasselbe gemildert habe (§. 55. 8. S. 441). Doch bedarf es dieser Annahme kaum. — Sowohl die zweimalige Plural ἕκαστοι als das Particip σκοποῦντες ist gegen die Rcpt. σκοπεῖτε-ἕκαστος überwiegend beglaubigt; auch empfiehlt sich ersteres als schwerere Lesart, da sonst im N. T. stets der Singular steht, und letzteres dadurch, daß es dem logischen Verhältniß einzig angemessen ist. Zu der ganz ungenügend bezeugten Lesart τὸ ἑτέρων macht Bng. die feine Bemerkung: perversa utilitas multiplex, vera simplex.

die hier verbotenen Fehler wirklich in der Gemeinde vorgekommen waren. Daß es sich dabei nicht um Lehrstreitigkeiten handelte, wie schon Haym. annimmt (vgl. Cal., Sdl., Strr.) wird jetzt wohl allgemein anerkannt, selbst in der indirecten Weise, wie sie Mtth. zur Erklärung der vorliegenden Differenzen heranzieht, berechtigen die Worte nicht, daran zu denken; aber nicht weniger willkührlich ist es, mit Rhw. und theilweise noch de W. an den Gegensatz einer strengeren und laxeren Ansicht in sittlichen Dingen zu denken, wie Schz. a. a. O. S. 50—52 genügend nachgewiesen hat. Damit hängt denn die Beschränkung der Ermahnung auf eine einzelne Partei in der Gemeinde (Rhw.) oder gar auf die Lehrer derselben (Sdl.) zusammen. Zu der Fassung der Väter sind die Neueren zurückgekehrt (v. Hng., Myr.), welche die Veranlassung zu den lieblosen Eifersüchteleien (Croc.) bald in dem griechischen Stolze (B.=Cr.), bald in dem 1, 5 erwähnten Eifer für die gemeinsame Sache (Wies.), bald zugleich in asketischem Wetteifer (de W.) suchten.

Daß der Liebeseifer der Gemeinde noch an Erkenntniß und Erfahrung zunehmen mußte, lehrt allerdings der 1, 9 ausgesprochene Wunsch; allein das setzt das Vorhandensein so schlimmer Gebrechen, wie sie die Antithesen unserer Stelle andeuten sollen (Wies.), noch keineswegs voraus. Vielmehr ist das Zeugniß von 2, 12. 3, 15. 4, 1 entschieden dagegen und ebenso 4, 2, da Paulus schwerlich eine solche Einzeldifferenz hervorgehoben hätte, wenn die ganze Gemeinde an demselben Schaden in noch höherem Maße litt. Die feierliche Einführung der Ermahnung V. 1 braucht nicht durch die Größe der Gefahr gerechtfertigt zu werden (Cal.), da sie selbst nur die wiederholte Appellation an die Liebe der Philipper zu dem Apostel (V. 2) rechtfertigen soll. Die Standhaftigkeit nach außen und die Eintracht nach innen, namentlich in der Verbindung, in der sie hier auftreten, ergeben sich so von selbst als die Summe dessen, was einer sonst blühenden, treuen Gemeinde für alle Zukunft ans Herz zu legen ist; und die Warnung vor Hochmuth und Eigennutz ergiebt sich so einfach als die beste Schutzwehr wider alle Störungen der Eintracht, daß unsere Ermahnungen in keiner Weise zu ihrer Erklärung jener Hypothesen bedürfen. In der völlig allgemein gehaltenen Paränese Röm. 12 ist zweimal in derselben Weise wie hier an die Ermahnung zur Bruderliebe und Eintracht die Ermahnung zur gegenseitigen Ehrerbietung und demüthigen Selbstverleugnung geknüpft (V. 10. 16). Vgl. auch Eph. 4, 1. 2. Col. 3, 12. Wie anders, wo Paulus gegen wirklich vorhandenen Gemeindezwiespalt kämpft: 1 Cor. 1, 10. Gal. 5, 15! — Endlich ist zu erwägen, daß ja die Verbindung der Liebe und Demuth als der christlichen Cardinaltugenden, wie sie sich in dem Gemeindeleben nur als einträchtige Unterordnung des Einzelnen unter die Gesammtheit zeigen kann, zu den ursprünglichsten, in der Lehre Christi selbst wurzelnden Grundgedanken der christlichen Ethik gehört. Vgl. meinen petrinischen Lehrbegriff IV. § 1. A. S. 335—40.

b) Das Beispiel Christi.

(Cap. II, 5—8.)

Ein Jeglicher sei gesinnet, wie Jesus Christus auch war, welcher, ob er wohl in göttlicher Gestalt war, es nicht für einen Raub hielt, Gott gleich zu sein, sondern sich selbst entäußerte, indem er Knechtsgestalt annahm, den Menschen ähnlich ward und an Geberden als ein Mensch erfunden; sich selbst erniedrigte, indem er gehorsam ward bis zum Tode, ja zum Tode am Kreuz.

[V. 5.] Damit nun auch die Philipper aufs Eifrigste jenen Tugenden nachjagen möchten, welche die Eintracht allein bleibend sichern, verweist sie Paulus auf das stärkste Motiv, das es für den Gläubigen geben kann, auf das Vorbild Christi. Er fordert ja nur, daß dieselbe Gesinnung in ihnen sein soll, welche in Christo Jesu auch war. Indem der Apostel aber sich anschickt, Christum als Muster darzustellen der Selbstverleugnung, die nie das Ihre sucht, vielmehr sich auch ihres reichsten Besitzes willig entäußert, und der Demuth, die nicht nach eigner Ehre trachtet, sondern sich unter Ihresgleichen erniedrigt: kann er freilich nicht stehen bleiben bei dem irdischen Leben des Menschgewordenen, weil er dort keinen hatte, der ihm seinem Wesen nach gleich stand, keinen, dem er sich in vollstem Sinne unterordnen konnte, und weil in dem Menschgewordenen die ganze Herrlichkeit, die er ursprünglich besaß, nicht zur Erscheinung kam und also auch nicht verleugnet werden konnte.

[V. 6.] Vielmehr muß er höher hinaufsteigen zu dem vormenschlichen Leben Christi, in welchem er noch in Gottes Gestalt war. Von einer Gestalt Gottes kann natürlich in eigentlichem Sinne nicht die Rede sein; aber wie in menschlichen Verhältnissen der Sohn des Vaters Gestalt an sich trägt, so kann die göttliche Herrlichkeit, welche der Sohn Gottes als Ebenbild seines Vaters an sich trug, wohl die Gestalt Gottes genannt werden. Obwohl er aber von Ewigkeit her in dieser göttlichen Gestalt war und damit in einem seinem göttlichen Wesen allein entsprechenden Zustande, so besaß er doch noch nicht das Gottgleichsein seiner Würdestellung nach, so gewiß ihm auch diese Stellung seiner göttlichen Natur nach zukam; denn noch bekannte ihn auf Erden keiner als seinen Herrn und kein Knie noch beugte sich vor ihm. Hätte er nun das Seine gesucht und nach eigner Ehre getrachtet, so wäre all sein Streben darauf gerichtet gewesen, sich dieses Gottgleichsein anzueignen, was freilich, da er nach Gottes Rath dasselbe nur durch die Erniedrigung hindurch erreichen sollte, ein unrechtmäßiges Aneignen, also ein Raub gewesen wäre. Obwohl es ihm aber durch den natürlichen Anspruch seines gottgleichen Wesens so nahe gelegt war, dies zu thun, so achtete er doch das Gottgleichsein nicht für etwas, das durch Raub zu erringen sei, und gab damit ein Exempel für die, welche durch Demuth Ihresgleichen als höher stehend achten sollen, obwohl sie dabei manchen wohlberechtigten Anspruch aufgeben müssen, damit sie nicht wider Gottes Willen dem Andern seine Ehre rauben.

[V. 7.] Damit war gezeigt, wie Christus weder das Seine suchte, noch nach eigner Ehre trachtete; aber es mußte auch noch positiv dargestellt werden, wie seine selbstverleugnende Demuth dem zum Grunde lag, und dabei müssen nun die beiden Momente dieser von den Philippern geforderten Tugend klar hervortreten: denn die Selbstentäußerung, welche all das Ihre, auch den reichsten Besitz, den sie hatte, aufgab, war der höchste Grad seiner Selbstverleugnung, und die Selbsterniedrigung, welche an Stelle der verschmähten Selbsterhöhung den schwersten Gehorsam erwählte und sich doch willig unterordnete, war der höchste Grad seiner Demuth. Zunächst nemlich entäußerte er sich selbst freiwillig der Gottesgestalt, in der er war, er legte die göttliche Herrlichkeit ab, die ihm als Sohn Gottes eignete und gebührte; denn in ihr hätte er sich ja nicht unterordnen und selbst erniedrigen können. Er nahm dafür die Knechtsgestalt an, trat in die Stellung und Lebensform eines Knechtes ein, obwohl doch Knechtschaft der äußerste Gegensatz der Sohnschaft ist. War er dadurch schon in die Stellung eingetreten, welche die Creatur überhaupt dem Schöpfer gegenüber einnimmt, so bezeichnet es eine noch tiefere Stufe seiner Selbstentäußerung, daß er nicht in irgend eine höhere Ordnung der Geschöpfe Gottes eintrat, sondern Mensch wurde, die menschliche Natur annahm. Freilich überragte er als der zweite Adam, als der Anfänger einer neuen Menschheitsepoche alle andern Menschen so sehr, daß man im Grunde doch nur sagen kann, er wurde den Menschen, wie sie eben empirisch sind, ähnlich. Allein auch selbst dieser exceptionellen Stellung mit allen Ansprüchen, die sie ihm gab, entäußerte er sich, und in seiner gesammten Lebensdarstellung, in seinem irdischen Sichgeberden ward er als ein Mensch erfunden von Allen, die ihn kannten, stellte er sich allen Menschen gleich. Durch diesen dreifachen

Klimar beschreibt der Apostel die ganze Tiefe der Selbstentäußerung Christi, durch die er allen Gläubigen ein Vorbild in der Selbstverleugnung gegeben hat, die nicht das Ihre sucht.

[V. 8.] Aber daneben stellt er jetzt die freiwillige Selbsterniedrigung Christi, zu der er sich durch diese Entäußerung den Weg gebahnt hatte und deren Stufen abermals in dreifacher Steigerung dargestellt werden. Statt also die gleiche Würdestellung mit Gott an sich zu reißen, ward er in dieser seiner Knechtsgestalt Gott gehorsam, ordnete sich ihm unter, wie der niedere dem höheren, während er doch von Natur Anspruch auf eine gleiche Stellung hatte, um denen ein Exempel zu geben, welche lernen sollen, sich in Demuth Ihresgleichen unterzuordnen. Und wie ernst er es mit dieser Selbsterniedrigung meinte, das zeigte er darin, daß er diesen Gehorsam selbst bis zum Tode, den Gott von ihm forderte, bewies und so sich dem Menschenschicksal unterwarf, über das er seiner Natur nach weit erhaben war. Endlich aber erlitt er nicht einen Tod wie jeder andre, sondern den Kreuzestod, auf dem die Schmach der Menschen und der Fluch Gottes ruht. Dies war die tiefste Stufe seiner Selbsterniedrigung, durch die er den Menschen das vollendetste Muster der Demuth gab.

V. 5.

Die Gesinnung, für welche der Apostel Christum als Muster aufstellt[1]), bezeichnen die griechischen Väter als die ταπεινοφροσύνη und so Lyr., Clv., Bll., Bz., Pisc. und noch Hnr., Hoel., Ew.; dagegen heben Aug., Plg., Haym., Ans. und noch Strr., v. Hng., de W., Myr. den selbstlosen Eifer für das Heil der anderen oder die Selbstverleugnung Christi hervor. Viele endlich verbinden beides (Strb.,

---

[1]) Das γάρ, welches nach der Rcpt. die Verweisung auf das Beispiel Christi an die Ermahnungen des V. 3. 4 anschließt, ist von Tisch. gestrichen und des Zusammenhangs wegen nicht nothwendig (v. Hng.), da sich der Satz auch asynbetisch mit großem Nachdruck anschließt. — Die Lchm.'sche Lesart φρονεῖτε wird noch von Myr., Ew. vertheidigt und sie ist stark bezeugt. Aber sie macht das ἐν ὑμῖν überflüssig, das nicht, wie Lyr., Dion. wollen, die Innerlichkeit und Aufrichtigkeit der geforderten Gesinnung hervorheben kann, und die nothwendige Ergänzung des Relativsatzes durch ἦν (Ew.) oder ἐφρονήθη (Myr.) bleibt willkührlich, während die letztere (Schlicht., de W.), freilich nicht die erste (Mlth., Hoel.), wenn im Hauptsatz das Passiv stand, ganz natürlich ist. Auch erklärt sich ihre Verbreitung leicht durch den Anstoß, den man an der selteneren Impersonalconstruction nahm. — Das Verbum φρονεῖν steht hier nicht vom eigentlichen Trachten, wie V. 2, sondern von der Gesinnung, die ihm zum Grunde liegt, und wird ebenso wie hier auch sonst die Art derselben durch den Accusativ ausgedrückt. Vgl. Röm. 11, 20. 12, 3. 16. Das

Dion., Est., Croc., Cal., Röm., a. E.) und dies ist offenbar das Richtige, da ebensowohl das ἐκένωσε auf V. 4 wie das ἐταπείνωσε auf V. 3 zurückweist. Auch liegt es in der Natur der Sache, daß, nachdem als gleich nothwendige Erfordernisse zur Herstellung der wahren Eintracht die Demuth und die Selbstverleugnung genannt waren, das jetzt eingeführte Beispiel für diese beiden (Schlicht., Rhw., Schz.) gilt. Nur muß man in Betreff des zweiten Punktes die Selbstverleugnung, die nicht das Ihre sucht, betonen, nicht aber den Eifer für das Heil des Nächsten (s. o.) oder gar die Liebe Christi (B.-Cr., Wies.), da in der Entfaltung dessen, was Christus gethan hat, der Beziehung desselben auf die Mitmenschen nicht gedacht wird. Christus erscheint als der, qui non sua quaesiverit sed se ipsum demiserit (Bng.). — Die folgende Exposition hat also einen durchaus praktischen Zweck und man wird weder mit Cal. meinen, der heilige Geist habe die doctrina de Christi exinanitione darstellen und einprägen, noch mit Sdl., Paulus habe den Streit der philippischen Lehrer darüber entscheiden wollen. Aber schon Chr. ladet seine Zuhörer mit pomphaften Worten zu dem Schauspiel ein, wie die Worte des Geistes mit zweischneidigem Schwerdt alle Systeme der Häretiker niederschmettern, und auch Thdt. zählt das Register derer auf, die Paulus mit seinen wenigen Worten bekämpft. Die hohe dogmatische Wichtigkeit, welche die Stelle in der That hat, hat in alter wie neuer Zeit zahllose Monographieen darüber hervorgerufen, die namentlich bei Hoel. verzeichnet sind.

V. 6.

Die griechischen Väter sowie Aug. dachten als Subject von V. 6—8 den θεῖος λόγος oder Christum nach seiner θεότης, während sie den Häretikern gegenüber sehr eifrig darauf bestanden, daß von V. 9 an der menschgewordene Logos gemeint sei. Ihnen folgten die Katholiken und die meisten reformirten Exegeten (Vtb., Est., Clr., Corn. und Bll., Bz., Art., Croc.; Clv. wenigstens bei V. 6). Dagegen nehmen Ambr., Plg. auch die ersten Verse von dem filius incarnatus oder dem Christus secundum humanam naturam, und ihnen folgen Haym., Ers., Lth., Bgh., Pisc., Grt., Schlicht., so wie die meisten lutherischen und rationalistischen Exegeten (Cal., Bng., Sdl., Hnr., v. Hng., B.-Cr.). Man kann sagen, daß die letztere Ansicht überwiegend herrschend geworden war. In der That kann der Name Jesus Christus nur den

---

ἐν ist nicht gleich a vobis (Strr., Fl.), aber auch nicht inter vos (Mtth.), in coetu vestro (Hoel.), da diese Bedeutung im zweiten Gliede nicht paßt, sondern ist einfache Bezeichnung des Ortes, wo die geforderte Gesinnung vorhanden war und wo sie vorhanden sein soll. Denn schon Clv., Bz., Art. haben die passive Construction ganz richtig umschrieben: is sit affectus in vobis, qui fuit in Christo. — Das καί im Relativsatz hebt nur noch einmal die Identität der Gesinnung hervor und ist nicht cum maxime (v. Hng.). Gerade diese Parallelisirung des Relativsatzes mit dem Hauptsatze macht es unmöglich, in letzterem etwas zu ergänzen, was nicht unmittelbar in ersterem lag.

historischen Christus bezeichnen (Ambr.) und eben auf diesen weist es hin, daß Paulus ihn als Exempel aufstellt (Pisc.); auch spricht der harte Subjectswechsel bei V. 9 entschieden gegen die Ansicht der Griechen; und so naiv noch neuere Ausleger von dem λόγος ἄσαρκος reden, so ist das nun einmal ein völlig unpaulinischer Begriff. Nirgends denkt Paulus „als wahres Subject der Persönlichkeit Christi den Logos" (de W.), wohl aber lehrt er von dem historischen Christus, daß derselbe der in die Welt gesandte Sohn Gottes sei (Gal. 4, 4. Röm. 8, 3) und schon vor seiner Erscheinung auf Erden als der Mittler und das Ziel der Weltschöpfung (1 Cor. 8, 6. Col. 1, 16. 17) existirt habe. Dieser historische Christus, der also ebenso eine Geschichte vor seiner Geburt, wie nach seiner Erhöhung gehabt hat und noch hat, ist das sich gleichbleibende Subject in dem ganzen Abschnitte, das sehr wohl als Muster aufgestellt werden kann, da das eigentlich Normgebende in seiner Geschichte hier auf Erden zur Erscheinung kam (V. 7. 8) und die vormenschlichen Prämissen desselben (V. 6) den gläubigen Christen bekannt waren. Mit dieser Berichtigung, deren übrigens der Ausdruck bei manchen der genannten Ausleger (vgl. Bz., Croc., Corn. und selbst schon Aug.) kaum bedarf, ist die Ansicht der Griechen entschieden festzuhalten (vgl. Mtth., Myr., Wies.) und nicht im Wesentlichen mit de W., Ew., Ith. gegen die alt-lutherische preiszugeben.

Diese Grunddifferenz der Auslegung zeigt sich sofort als bedeutungsvoll für die Bestimmung der μορφή θεοῦ. Die griechischen Väter und die meisten ihrer Nachfolger nahmen es ohne Weiteres als Bezeichnung der göttlichen Natur (φύσις, οὐσία), die der präexistente Logos von Ewigkeit her beim Vater hatte, und argumentirten auf Grund dieser Worte gegen die Arianer nicht nur, sondern auch gegen Paul v. Samosata, Marcellus, Sophronius, Photinus u. a. (vgl. auch Ans., Lyr., Dion., Vtb., Zgr., Est., Corn., Art., Vll. u. a.). Sie rechtfertigten diese Auffassung bald durch die Hinweisung auf die μορφή δούλον V. 7, bald dadurch, daß bei dem einfachen und untheilbaren Gott Form und Wesen zusammenfallen; spätere suchten die Möglichkeit derselben aus dem poetischen und philosophischen Sprachgebrauch zu erhärten, aber wie wenig die Stellen des Josephus, auf die sich noch Fl. beruft, beweisen, hat schon v. Hng. gezeigt. Doch ist zu bemerken, daß bereits Aug. die göttliche Natur nur daraus erschließt, daß qui formam implet dei, nihil habet minus deo; und daß Clv., Bz., Pisc. die μορφή θεοῦ schon von der göttlichen gloria verstehen, die sine sacrilegio nicht von der divinitas ipsa getrennt werden dürfe, so daß die Stelle ihnen nur indirect gegen die Arianer beweist. Dagegen gingen Ambr., Plg. davon aus, daß die μορφή θεοῦ die imago dei sei, woraus ersterer noch auf die volle Gottheit Christi schloß. Auch die alt-lutherische Auslegung wollte dieselbe natürlich festhalten; indem sie unter der μορφή θεοῦ den status divinus verstand, den Besitz der vollen göttlichen Herrlichkeit, die Christus (vermöge der communicatio idiomatum) auch nach seiner menschlichen Natur hatte (wofür man sich auf Joh. 1, 14 berief, vgl. Cal., Wlf., Bng., Sbl.), blieb sie dabei, daß diese forma dei die göttliche Natur voraussetze (Jth.) und somit die Stelle gegen Arianer wie Socinianer zeuge (Cal.). Allein je mehr man dabei oft die äußere Erscheinung dieser Herrlichkeit hervorhob, um so mehr bahnte man einer Auffassung den Weg, die zu sehr bedenklichen Consequenzen führte.

Schon Chr. wirft dem Samosatener vor, daß er die μορφὴ θεοῦ von den Wunderwerken Christi verstehe, und während Plg. die Ebenbildlichkeit nur in die Sündlosigkeit zu setzen scheint, nehmen sie Ambr. und Ath. von den Beweisungen der Gottheit Christi in Worten und Werken. Von derselben Auffassung ausgehend, leugnete Ers. (dem Corn. nicht mit Unrecht vorwirst, daß er ova arianismi posuit, quae novi nuper ariani excluserunt), daß die Stelle von einer göttlichen Natur Christi rede, bezog sie auf die in der äußeren Erscheinung (species, figura) sich zeigenden einzelnen Beweisungen seines höheren Wesens und leitete damit zu der Ansicht des Grt. über, der nur noch an die Wunder dachte, wie sie, wenn auch nicht so große, auch Moses gethan, und weiter zu der der Socinianer (vgl. Schlicht., der auch nur an seine Wunder und die ihm gezollte Verehrung denkt) und Rationalisten. Bei ihnen wurde immer mehr aus der göttlichen Herrlichkeit die göttliche Autorität, mit der er in Worten und Thaten als Gesandter Gottes auftrat (Rsm., a. E.), aus der Ebenbildlichkeit eine bloße Aehnlichkeit (Kr., Hnr., v. Hng.), und endlich der allgemeine Gedanke, daß sein ganzes Dasein Höheres, Göttliches dargestellt habe (B.-Cr.) oder daß er ein rein geistiges Wesen gewesen sei (Ew.). — Die meisten neueren Ausleger (Mtth., Hoel., de W., Myr., Wies.) gehen richtig davon aus, daß μορφὴ θεοῦ nur eine Existenz<u>form</u> bezeichnen kann, die das göttliche Wesen darstellt, also dem Begriffe der εἰκὼν τοῦ θεοῦ (2 Cor. 4, 4. Col. 1, 15) entspricht und sachlich nichts anders ist als die göttliche δόξα (vgl. 1 Cor. 11, 7. Röm. 8, 29. 30). Da nun der Ausdruck von einem Sein in dieser göttlichen δόξα redet und nicht, wie Strr., B.-Cr., de W. wollen, von einem potentiellen Besitze derselben, so kann man ohne willkührliche Umdeutung der Worte nur an seine vormenschliche Existenz denken[1]). Vgl. Clv., der auf Joh. 17, 5 verweist. Daß aber dieses ursprüngliche Sein in göttlicher Herrlichkeit wirklich die ursprüngliche göttliche Wesenheit, also die Homoousie voraussetzt, liegt auf der Hand.

---

[1]) Das Partic. praes. ὑπάρχων vertritt in Verbindung mit einem Präterit. das Imperfect. (vgl. Win. §. 45. 1. S. 305. a) und kann durch quamvis (Wies.) aufgelöst werden wie 1 Cor. 9, 19. 21 (vgl. Win. §. 45. 2. b), oder durch das einfache cum (Myr.). Ersteres läßt das Folgende noch stärker in seiner Bedeutung hervortreten und ist darum vorzuziehen; denn allerdings scheint das ἁρπ. ἡγήσ. durch dies ὑπάρχειν nahe gelegt. In keinem Falle kann in dem Part. (Strr.) oder in dem ὑπάρχειν (B.-Cr.) Veranlassung liegen zu übersetzen: etiamsi esse potuisset. Und doch müßte dies geschehen, wenn de W.'s Annahme, daß die göttliche δόξα ihm von Anfang an potentia eingewohnt habe, haltbar sein sollte. Bei dem Versuche aber, dieses vor dem Amtsantritt Christi nachzuweisen, greift de W. außer-

Nicht nur die patristischen Exegeten, sondern fast alle älteren gehen von der Annahme aus, daß das ἴσα θεῷ εἶναι sachlich dasselbe sei wie das εἶναι ἐν μορφῇ θεοῦ, und noch neuere wie Rhw., Mtth., Myr., Wies. halten daran fest, wenn auch die letzteren formell dazwischen unterscheiden, wie zwischen Wesen und Erscheinungsform (Myr.) oder Gestalt und Zustand (Wies.). Christus besaß also so gut die Gottgleichheit wie die Gottesgestalt, woraus denn die griechischen Väter und noch Bz. gegen Sabellius u. a. die δυάδα προσωπῶν beweisen, da man von niemand sage, er sei sich selber gleich. Diese Gottgleichheit nun hielt der präexistente Christus nicht fest (οὐχ ἁρπαγμὸν ἡγήσατο), wie ein Räuber seine Beute festhält, weil er sie zu verlieren fürchtet; da er sie von Natur besaß und darum unverlierbar. So Chr. und seine Nachfolger (Oec., Thph., Btb., Clr., Cast., BU., Croc.); ähnlich noch Hoel. (rapina pertinaciter tenenda). In anderer Benutzung des Bildes meint Est., er habe sie nicht abgelegt, weil er sie als einen Raub erkannt, und Mtth., er habe sie nicht, wie einen Raub, bei sich verborgen, den Augen der Menschen entzogen. Allein schon Th. v. M. und Thdt. ließen das Bild vom Räuber, wobei man das tertium compar. und damit den Hauptgedanken erst willkührlich ergänzt, fallen, und blieben dabei stehen, er habe die Gottgleichheit nicht für etwas absonderlich Großes angesehen, wie die, welche wider Verdienst zu Ehren kamen, und stolz daran festgehalten. Aehnlich Schlicht., der als den Gegensatz der rapina das donum dei denkt, auf das Christus nicht stolz war. Diese Auffassung, der man später das neue Bild eines mit den Spolien seiner Feinde triumphirenden Siegers unterlegte (Pisc.), ergriffen die, welche hier an den menschgewordenen Christus dachten, und fanden in dem οὐχ ἁρπ. ἡγήσ. nur die Abweisung jeder Ostentation mit der ihm eignenden göttlichen Herrlichkeit (vgl. Lth., Camerarius, Casaubonus, Grt., Cal., Wlf., Bmg. und noch Rsm., Hnr., Rhw., Jth.). Allein damit hatte man sich nur noch weiter von dem einfachen Wortsinn entfernt, und wieder den eigentlichen Hauptgedanken erst hineingetragen.

Dagegen hielten Ambr. und Aug. an dem einfachen Gedanken eines unrechtmäßigen, geraubten Besitzes im Gegensatze zu dem von Natur Christo eignenden fest, vernachläßigten aber das ἡγήσατο dergestalt, daß der Sinn nur sein sollte: er usurpirte die Gottgleichheit nicht, wenn er sich für eins mit dem Vater erklärte ꝛc., wie der Teufel that oder der erste Adam es wollte; sondern er besaß sie von Natur (vgl. Haym., Strb., Lyr., Dion., Art., und ähnlich auch Clv.). Diese Auffassung paßt eigentlich nur, wenn man als Subject den menschge-

---

dem zu willführlichen Beschränkungen der richtig bestimmten μορφὴ θεοῦ, die nur, wie die Correlatbegriffe εἰκών und δόξα zeigen, die Darstellung des vollen göttlichen Wesens sein kann. Ganz unmöglich ist es aber, wie a. E. vorschlug, das ὑπάρχων präsentisch zu nehmen von dem Sein des erhöhten Christus (vgl. schon Est.: cum esset ac sit verus deus).

worbenen Christus denkt; darum sie auch Aug., der von dieser Voraussetzung nicht ausgeht, an einer Stelle in den Gedanken umbiegt: es wäre ihm kein Raub gewesen, wenn er in der Gottgleichheit geblieben wäre und die Menschheit nicht angenommen hätte, worauf wohl auch Clv. mit seinem suisset arbitratus hinauswill. Zu demselben Ziele aber kommen Anſ, Bz. Corn., Croc., indem sie erklären: er wußte, daß es kein Raub sei, wenn er sich für Gott gleich erklärte, daß er ein Recht habe, Gott gleich zu sein. Bei diesen Fassungen ließe sich der ἁρπαγμός allenfalls in seiner Grundbedeutung festhalten, aber das οὐχ ἡγήσατο, sowie das εἶναι ἴσα Θεῷ wird dabei in der willkührlichsten Weise modificirt. Dieses vermeidet allerdings die hier sich anschließende Erklärung von Myr: er sah die Gottgleichheit, welche er hatte, nicht so an, als bestehe sie im Ansichreißen eines fremden Besitzes. Aber die Unhaltbarkeit dieses in sich unklaren Gedankens hat schon Wies. genügend dargethan.

Den Arianern, denen sich hierin Ers., a. E. anschließen, wirft Chr. vor, sie hätten das οὐχ ἁρπ. ἡγήσ. genommen wie οὐχ ἥρπασε und daraus geschlossen, daß Christus die Gottgleichheit nicht besessen habe, und polemisirt gegen sie daraus, daß ein Ansichreißen dessen, was ihm nicht gebührte, abgesehen davon, daß es unmöglich sei, eine dämonische Empörung gewesen wäre, deren Unterlassung nicht als Beispiel der Gleichstehenden sich unterordnenden Demuth aufgeführt werden könne. Allein daß ihm die Gottgleichheit nicht gebührte, folgt nur aus der alt- und neu-arianischen Verflachung der μορφὴ Θεοῦ, die nach richtiger Auffassung die Voraussetzung göttlicher Wesenheit in sich schließt. Für diesen Fall hat nun freilich Chr. den anderen Einwurf bereit, daß der, welcher schon Gott sei, die Gottgleichheit nicht erst ansichreißen könne, und auf dieser scheinbaren Schwierigkeit beruhen alle Künsteleien mit dem οὐχ ἁρπ. ἡγήσ., sofern sie davon ausgehen, daß das εἶναι ἐν μορφῇ Θ. dem εἶναι ἴσα Θ. gleich, oder dieses in jenem enthalten sei. Da aber nun einmal sprachlich das οὐχ ἁρπ. ἡγήσ. zwar nicht die Thatsache des Raubens, aber den Entschluß zu einem solchen negirt und damit das ἴσα Θεῷ εἶναι als ein noch zu raubendes Gut hinstellt, so erweist sich eben dadurch diese Voraussetzung als unrichtig, gegen welche auch schon die Verschiedenheit des Ausdrucks (v. Hng., de W.) spricht[1]). Es erhellt nun aus dem Zusammenhange

---

[1]) Es darf als anerkannt gelten, daß ἁρπαγμός seiner Wortbildung nach ursprünglich den actus rapiendi bezeichnet, aber der Versuch Myr.'s, diese Bedeutung hier beizubehalten, ist gänzlich mißlungen. Ebenso darf als anerkannt gelten, daß die älteren Auffassungen, welche es für res rapta, praeda nehmen, ἅρπαγμα oder ἁρπαγή fordern würden und darum unhaltbar sind, da sich eine solche Vertauschung, obwohl sie schon Drusius behauptet, nicht nachweisen läßt. Die Vergleichung mit der Phrase ἅρπαγμα ἡγεῖσθαι oder ποιεῖσθαί τι (praedam ducere, arripere), welche schon Bng nach Ersm. Schmid annimmt (vgl. Str., a. E.), leidet an derselben Ungenauigkeit. Dagegen erklärt sich ἁρπαγμός aus einer sehr gewöhnlichen Metonymie, wonach die actio pro re quae actionis causa est steht

mit dem Folgenden (V. 9. 10), daß die hier gemeinte Gottgleichheit nicht in der Gleichheit des Wesens, sondern in der gleichen Würdestellung besteht, wonach Christus göttliche Herrschaft und Ehre in Anspruch nimmt. Seiner Natur nach kam ihm diese zu, aber in seinem vormenschlichen Stande hatte er sie noch nicht und er wollte sie nicht willkührlich und wider die Ordnung Gottes ansichreißen, sondern durch die Erniedrigung und das Leiden hindurch dieselbe sich erwerben. Von solcher Würdestellung kann es sich ja allein handeln, wenn, wie hier, von einer Erweisung der Demuth die Rede sein soll. Und wie nach V. 3 die wahre Demuth darin besteht, daß man, nicht nach eigener Ehre suchend, die anderen als über sich stehend achtet, so achtete es Christus nicht für recht, die höhere Würdestellung Gottes, seine göttliche Ehre ansichzureißen, ehe Gott selbst sie ihm gebe. Unter den Auslegern findet sich das Richtige bei Bng., Kr., Strr., v. Hng., B.-Cr., de W., Ew., nur daß dieselben es dabei für nothwendig halten, den historischen Christus als Subject zu denken (vgl. besonders de W.). Allein es kann doch keinem Zweifel unterliegen, daß Christus in seinem vormenschlichen Dasein die anerkannte Herrschaft und Anbetung, die ihm nach V. 9—11 nach seiner Erhöhung zu Theil ward, wirklich noch nicht besaß. Vgl. die in der Einleitung besprochenen Abhandlungen von Lünemann (S. 11) und Brückner (S. 28), auch Lechler, das apostolische und nachapostolische Zeitalter. 1857. S. 59. Ebenso Stein in den Stud. u. Krit. von 1837. I. S. 174, und Ernesti ebendaselbst 1848. IV. S. 858 ff., dessen Erklärung des Einzelnen in unserem Verse überaus klar und treffend ist, namentlich auch in der Zurückweisung der entgegenstehenden Ansichten, dessen Erläuterung desselben aber aus Gen. 3, 5 weder neu (vgl. die lat. Ausl.) noch durch die Darstellung des Apostels empfohlen ist, und durch die Hervorhebung der ὑπακοή als Hauptmoment die Stelle ihrer richtigen contextmäßigen Verknüpfung mit dem Vorigen und Folgenden entrückt.

(vgl. v. Hng. und de W.), nur daß dann eben die einzig richtige Bedeutung res rapienda ist. Vielleicht daß der Ausdruck ἁρπ. ἡγήσατο mit Absicht als Anspielung an das ἡγούμ. V. 3 gewählt ist, um die Gesinnung hervorzuheben, aus welcher die Selbsterniedrigung Christi hervorging. Das ἁρπάζειν ist und bleibt aber eine actio qua quis suum facit, quod suum non est (v. Hng.) und kann darum nicht für ein bloßes Beibehalten dessen stehen, was man aufgeben sollte, wie Wies. will, um die richtige Fassung des ἁρπ. ἡγήσ. mit der falschen des εἶναι ἴσα θεῷ zu vereinigen. Daß dies ἴσα θεῷ εἶναι gleich ἴσως εἶναι ist und nicht aequalem deo esse, hat schon Ers. richtig bemerkt; es bedarf dabei weder einer Ergänzung (Pisc.: ἑαυτόν; Wlf., Rhw.: ἴσα μέρη), noch der Mtth.'schen Erklärung von der „Gleichheit in der Mannigfaltigkeit des Seins." Vgl. Win. §. 27. 3. Anm. Die Verbindung des Adverbium mit εἶναι drückt die Art des Daseins oder Zustandes aus (de W.) und darum dürfen wir mit Recht hier nicht das göttliche Wesen selbst, sondern den Zustand gleicher Ehre und Anerkennung, in dem sich dasselbe befindet, verstehen. — Der Artikel vor εἶναι substantivirt nur den Infinitiv und kann nicht „die besagte Gottgleichheit" bezeichnen, wie Myr. zu Gunsten seiner Auffassung derselben behauptet.

V. 7.

Wie die κένωσις gefaßt wird, darüber entschied im Wesentlichen die Bedeutung, welche man der μορφή θεοῦ beigelegt hatte. Diejenigen, welche hierunter die göttliche Natur verstanden, konnten natürlich nicht an ein Sichentleeren von derselben denken, sondern nur an eine κρύψις derselben, welche durch die darüber angenommene Menschheit bewirkt ward (vgl. Th. v. M., Thdt., Aug.: se exinanivit, non amittens quod erat, sed accipiens quod non erat; forma servi accessit, non forma dei discessit), und wo man die Wortbedeutung festhielt, mußte man sich mit einem quasi oder quodammodo helfen (Anf., Art., Est.) Die alt-lutherische Auslegung konnte eben so wenig an ein Aufgeben des status divinus denken und blieb mit Ambr. bei einer Enthaltung von dem Gebrauch und der Manifestation seiner göttlichen Macht stehen (Wlf., Bng., aber auch Schlicht. und noch Rhw., Jth.), die dann wegen der von Christo während seines irdischen Lebens vollbrachten göttlichen Machtwerke wieder auf eine theilweise eingeschränkt werden mußte (vgl Pisc., Cal., Bmg.). Sbl. dagegen meint, mit dieser Einschränkung es auf die Entleerung von der κτῆσις der göttlichen Natur Seitens der menschlichen beziehen zu können, so daß sich uns hier die beiden Positionen zeigen, von denen aus der Streit der Tübinger und Gießener Theologen im 17 Jahrhundert geführt wurde, da diese Christo im Stande der Erniedrigung die κτῆσις der göttlichen Eigenschaften absprachen, während jene nur eine die χρῆσις ausschließende κρύψις derselben annahmen, wofür auch Myr. entscheidet. Allein schon Chr. nahm das ἐκένωσε geradezu für identisch mit ἐταπείνωσε und dabei haben sich, was das Lexikalische anlangt, die meisten beruhigt (vgl. Anf., Lyr., Dion., Clv., Bll, Pisc., Hnr. und noch Rhw.). Dann konnte man es einfach von der Niedrigkeit der Erscheinung nehmen. Allein das entspricht dem Wortsinn nicht, der nur sein kann: sich einer Sache entleeren, entäußern; wessen, muß der Zusammenhang ergeben[1]). Dies

---

[1]) Zwar steht κενοῦν Röm. 4, 14. 1 Cor. 1, 17. 9, 15. 2 Cor. 9, 3 auch absolut davon, daß etwas seiner wahren Bedeutung und Würde entleert, vernichtet wird (vgl. Clv., Bz, Corn.: ad nihilum redigi); aber es ist klar, daß es in diesem Sinne von Christo gar nicht gesagt werden kann, wenn man es nicht erst wieder willführlich verklausuliren will. Umgekehrt entleerte man es seiner eigentlichen Bedeutung, wenn man es für humile se gessit (Ers., Rsm.), vitam inopem duxit (Grt., B-Cr. mit Verweisung auf 2 Cor. 8, 9), se depressit (a. E., v. Hng.) oder inglorium reddidit (Hnr.) nahm. Ich halte es nicht für nöthig, mit Verweisung auf Jerem. 15, 9 das κενοῦν im Sinne von exspotiare zu nehmen, da es nicht eigentlich den Gegensatz zu ἁρπαγμ. ἡγήσ. bildet (de W, Myr.), geschweige denn zu dem ganzen V. 6 (Wief.). Vielmehr tritt seinem vorweltlichen Besitze (ἐν μ. θ. ὑπ.) die Entäußerung von demselben, und der verschmähten Selbsterhöhung erst nachher die erwählte Selbsterniedrigung (V. 8) gegenüber Es ist also einfach exinanivit (Vlg.). Clv, obwohl in der Worterklärung unsicher, hat doch sachlich schon ziemlich das Richtige: filium dei abstinuisse sua gloria, quum in carne speciem servi prae se tulit, wobei er wegen Joh. 1, 14 hinzufügt, daß selbst, wo diese Herrlichkeit hervorbrach, humilitatem fuisse instar veli, quo divina majestas tegebatur.

ist aber nicht das ἴσα θεῷ εἶναι (Btb., Bng., de W.), das Christus ja noch gar nicht besaß, sondern die μορφὴ θεοῦ (Strr., Hoel., Myr., Wies., Ew. und wohl auch im Wesentlichen Mtth.), wie deutlich das Folgende zeigt, wonach Christus dieselbe mit der μορφὴ δούλου vertauschte. Auch entspricht so allein das als Muster aufgestellte Verhalten Christi der B. 4 geforderten Selbstverleugnung, welche das Ihre nicht sucht, sondern preisgiebt. Die μορφὴ θεοῦ war aber τὸ ἑαυτοῦ. — Auf den Nachdruck, den das vorangestellte ἑαυτόν hat, macht schon Thph. aufmerksam: es zeige, daß er es nicht ἄκων oder als ἐπίταγμα that, sondern ὡς κύριος, αὐτεξούσιος (vgl. Bz., Croc., Myr.).

Die Knechtsgestalt fassen die griechischen Väter, sowie die katholischen und reformirten Ausleger, die ihnen folgen, von der Menschennatur, die Christus in der Menschwerdung annahm, weshalb sie aus der μορφὴ δούλου ebenso gegen die Marcioniten (Thdt., Art.) und Apollinaris (Thph.) argumentiren, wie aus der μορφὴ θεοῦ gegen die Arianer. Dagegen kann die altlutherische Auffassung, ihrer Erklärung von μ. θ. entsprechend, nur an die servilis conditio (Lth., Cal., Wlf.) des menschgewordenen Christus denken und dieselbe entweder mit den Marcioniten und Plg. mehr in der dienenden Stellung Christi, wie sie sich z. B. beim Fußwaschen, ja nach Matth. 20, 28 in seinem ganzen Leben zeigte (vgl. Clv., Fl., Rhw., Mtth., de W.), oder noch stärker mit Ambr. und Ers. in den Mißhandlungen suchen, die er in forma servi nocentis duldete (vgl. auch Schlicht.), an seine Niedrigkeit und Verachtung (Pisc., Hnr., Hoel.), seine Armuth (Grt.) u. dgl. Der Gegensatz der Knechtsgestalt gegen die Gottesgestalt beruht aber lediglich auf dem Moment der Unterordnung, welche durch die in der göttlichen δόξα bestehende μορφὴ θεοῦ, sofern dieselbe Kindestheil ist (Röm. 8, 17. 18. 21) und das Sohnesverhältniß den Gegensatz zum Knechtsverhältniß bildet (Gal. 4, 7), ausgeschlossen wird. Seinem Wesen nach bleibt er, was er war, der Sohn Gottes; aber die diesem Wesen entsprechende Existenzform in göttlicher Herrlichkeit legt er ab und nimmt dafür die Existenzform eines Knechtes Gottes an. Es folgt daraus, daß die δουλεία nur als Knechtsverhältniß gegen Gott gedacht ist (Est., Rsm., a. E., Strr., B.-Cr., v. Hng., Myr., Wies.), nicht zugleich gegen Menschen, was sich aus der obengenannten falschen Fassung der Worte von dem menschgewordenen Christus ergab, aber auch von Croc., Mtth. u. a. angenommen wird. Uebrigens ist mit diesem Knechtsverhältniß an sich noch nicht die Menschwerdung gegeben, welche erst im Folgenden als nähere Bestimmung hinzutritt, da dasselbe ja auch allen anderen Creaturen, z. B. den Engeln, eignet. Vgl. Th. v. M., de W., Jth.

Die Auffassung, welche in dem μορφὴν δούλου λαβών bereits die Menschwerdung fand, mußte das ἐν ὁμοιώματι ἀνθρώπων γενόμενος für rein tautologisch halten; die aber, welche jenes von einer servilis conditio verstand, mußte hier sogar eine Abschwächung der

Rede finden, da auf eine speciellere Bezeichnung seiner Lebenslage eine allgemeinere folgt (Hnr.), oder es ebenfalls ganz willkührlich auf die menschliche Schwäche (Pisc., Cal.) und Ohnmacht gegenüber seinen Feinden (Schlicht.) beziehen. In Wahrheit aber schreitet die Rede von der Knechtsgestalt im Allgemeinen, wodurch nur sein Verhältniß zu Gott bezeichnet war, ganz passend zur concreteren Bestimmung seiner Menschenähnlichkeit fort. Dieser Ausdruck hat nun von jeher dogmatische Bedenken erregt. Während einerseits Chr. aus unseren Worten gegen die Arianer argumentirt, weil der, welcher ein Mensch geworden sei, nicht bloßer Mensch gewesen sein könne, so stützten sich andrerseits die Marcioniten auf diese Stelle, um zu beweisen, daß Christus keine wahre, vollkommene Menschheit gehabt habe, und wie Schlicht. hieraus gegen die Auffassung von der Menschwerdung argumentirt, so findet noch Baur in diesem Ausdrucke Doketismus. Chr., Oec., Thph., sowie Ambr., Est., Cal. wiesen gegen Marcion zur Erklärung der Worte darauf hin, daß Christus ja nicht bloßer Mensch ($\psi\iota\lambda\grave{o}\varsigma$ $\check{\alpha}\nu\vartheta\rho\omega\pi o\varsigma$) war, sondern durch seine Sündlosigkeit, seine übernatürliche Geburt und seine Gottheit zugleich mehr als Mensch. Die seit Chr. so häufige Berufung auf Röm. 8, 3 reicht aber in der That nicht zu, da dort von der Aehnlichkeit der $\sigma\grave{\alpha}\rho\xi$ $\dot{\alpha}\mu\alpha\rho\tau\acute{\iota}\alpha\varsigma$ die Rede ist. Schon Plg. freilich und Th. v. M. helfen sich über alle Schwierigkeit hinweg, indem sie unter $\dot{o}\mu o\acute{\iota}\omega\mu\alpha$ mit Berufung auf Gen. 1, 26 die veritas hominis verstehen (vgl. Haym., Bz., Corn., Croc., Hnr.) und die meisten Ausleger beruhigen sich dabei, daß $\dot{o}\mu o\acute{\iota}\omega\mu\alpha$ synonym mit $\mu o\rho\varphi\acute{\eta}$ und $\sigma\chi\tilde{\eta}\mu\alpha$ (Est., Pisc., Rsm., Hnr., a. E.) sei. An letzterer Behauptung ist soviel richtig, daß ja Paulus überhaupt hier nichts über die Natur Christi, weder seine göttliche, noch menschliche, sagen will, am wenigsten die Aehnlichkeit als bloße Aehnlichkeit der Wahrheit der Natur gegenüberstellen (vgl. Clv., Pisc., Wies.), sondern nur die Existenzform des $\delta o\tilde{v}\lambda o\varsigma$, die Christus angenommen, näher bestimmt, weshalb der Ausdruck immer nur auf seine Erscheinung in der Welt und nicht auf sein Wesen geht. Allein das erklärt noch nicht den Ausdruck $\dot{o}\mu o\acute{\iota}\omega\mu\alpha$, der diese Erscheinungsform nur als menschen-ähnlich bezeichnet und nicht bloß auf etwas, das Christus vor den anderen Menschen voraushat, wie sein göttliches Wesen (Myr.) hindeuten kann, sondern offenbar sagen will, daß selbst der Mensch Jesus als solcher sich von der Masse menschlicher Individuen unterschied. Dies kann aber auch bei Paulus nicht auffallen, der doch 1 Cor. 15, 45. 47. Röm. 5, 14. 15. 19 so deutlich Christum als den Einen Menschen den vielen, als den zweiten Menschen dem ersten, als den Anfänger einer neuen Menschheitsepoche dem in exceptioneller Stellung an der Spitze des ganzen Menschengeschlechts stehenden Adam gegenüberstellt. In dieser Anschauung von der einzigartigen Stellung Christi innerhalb des menschlichen Geschlechts liegt es begründet, daß er eben so wahrer Mensch seinem Wesen nach, wie von den Menschen in ihrer empirischen Erscheinungsform unterschieden sein mußte. Die Sündlosigkeit (de W., Jth.) und die übernatürliche Geburt (die auch ich mit den Prämissen der paulinischen Lehranschauung nothwendig gegeben glaube), können von Paulus als Momente dieser Einzigartigkeit Christi gedacht sein, erschöpfen sie aber nicht[1]).

Unter σχῆμα verstand schon Th. v. M. die sichtbare Erscheinung im Gegensatz zur Unsichtbarkeit (vgl. Oec., Thph.: wie sie der σάρξ eigenthümlich ist), und ähnlich haben die späteren katholischen Ausleger (Ers. bis Corn.) besonders die species exterior (vgl. Ew.: im Aeußeren) hervorgehoben im Gegensatz zum inneren Wesen. Allein dieser Gegensatz giebt eine schiefe Vorstellung. Richtiger übersetzt die Vlg. habitus, und dies ist im weitesten Sinne zu nehmen, von „der ganzen Art und Form sich zu zeigen und darzustellen" (Myr. u. ähnl. v. Hng., de W.), die menschliche Gestalt (Clv., Croc.), Geberde (Lth.), Tracht (Elsn. bei Wlf.), das ganze Betragen (Kr., a. E., B.-Cr.) in Rede und Handlungsweise (conversatio Strb., Anf.) eingeschlossen (Bng.: cultus, vestitus, gestus, sermones, actiones); nur nicht gerade die menschlichen Bedürfnisse, Schwächen und Leiden (Rhw., Mtth.), da diese nicht unter die Wahrnehmung seiner Umgebung fallen können, die das εὑρεθείς so bedeutsam hervorhebt. Es ist ganz verkehrt, dies εὑρεθείς zu ignoriren (Wlf., a. E., Fl., Rhw.); aber freilich soll es auch nicht der Wirklichkeit seiner menschlichen Existenzform Zeugniß geben (Vz., Mtth., Wies.), an deren Bezweiflung Paulus in keiner Weise denken konnte, sondern es soll nur die tiefste Stufe seiner Selbstentäußerung hervorheben, wonach er sein höheres Wesen im Verkehre

---

[1]) Das ἐν ὁμοιώματι als Umschreibung eines Adjectivs (Win. §. 51. 1. e) bedarf zur Erklärung eines Hebraismus nicht, wie noch Mtth. annimmt. Das γενέσθαι war durch die Geburt vermittelt, braucht aber nicht nasci übersetzt zu werden, wie Rilliet es nehmen soll, nicht einmal apparere (Myr.), sondern einfach: werden, wie das γενόμενος V. 8, das doch schwerlich in anderer Bedeutung stehen kann, wie dieses. Das Particip könnte dem ersten subordinirt sein (Bng., Cal., v. Hng., Myr., Wies.), so daß es die Art ausdrückte, wie Christus die Knechtsgestalt annahm; allein da das λαβών sich mehr auf einen einzelnen Act bezieht und das mit dem γενόμενος verbundene Participium εὑρεθείς auf die Erfahrung seines ganzen Lebens geht, so will dasselbe als Modalbestimmung zu jenem nicht recht passen. Man faßt daher alle drei Participien besser als nähere Explication über die Art und Weise der κένωσις (de W., B.-Cr.). Ein Gegensatz gegen das ἴσα εἶναι θεῷ (Mtth., Wies.) liegt in dem γεν. ἐν ὁμ. nicht. — Das ὡς nach εὑρεθείς preßten von der einen Seite die Marcioniten im Sinne ihres Doketismus und in anderem Interesse Schlicht., von der anderen Seite bewies Thdt. daraus die Vereinigung der zwei Naturen in Christo: ἡ ἀναληφθεῖσα φύσις ἀληθῶς τοῦτο ἦν· αὐτὸς δὲ τοῦτο μὲν οὐκ ἦν, τοῦτο δὲ περιέκειτο, eine Bemerkung, die als exegetische das Lob Myr.'s schwerlich verdient. Auch Thph. betont, daß Christus οὐκ ἦν εἷς τῶν πολλῶν ἀλλ' ὡς εἷς ꝛc., macht aber zugleich den entgegengesetzten Vorschlag, das ὡς als βεβαιωτικόν zu nehmen, und diesem haben viele (Strb., Bz., Croc. u. a.) beigestimmt. Es bedarf aber bester Aushülfen nicht; eine Vergleichung liegt gar nicht vor, wie noch v. Hng., de W. annehmen, sondern nur die Aussage, als was Christus erkannt sei (Est.), wofür man immerhin an das sogenannte ך veritatis erinnern

mit den Menschen in keiner Weise hervortreten ließ, sondern sich stets zeigte als quivis ex hominum numero (Bng.), als homo simplex (Schlicht.), vulgaris (de W.), womit alle Bedenken, die sich die Ausleger hinsichtlich des ὡς gemacht, und alle dogmatischen Consequenzen, die sie daraus gezogen haben, schwinden.

V. 8.

In der patristischen Auslegung sucht man vergebens nach einer Firirung des neuen Gedankenmoments, zu dem unser Vers fortschreitet, weil sie, wie später so viele (vgl. S. 151), das ἐταπείνωσε wesentlich für die erklärende Wiederaufnahme des ἐκένωσε hält; in der alt-lutherischen erscheint die ταπείνωσις als tieferer Grad der κένωσις (Cal., Bng.). Vgl. Myr., der auch in ihr einen Klimar findet, weil zwar die κένωσις schon eine Selbsterniedrigung war, in dem schmählichen Tode Jesu aber sich dieselbe auf evidenteste Weise kundgab (vgl. Croc., v. Hng.). Andere, wie Est., sahen im Verhältniß zur Menschwerdung diesen Klimar, und Bgh., Kr., Fl., Hoel. drücken denselben so aus, daß er descendit non solum ad homines sed etiam infra homines. Dagegen findet de W. nur einen Fortschritt von der Beschreibung des Zustandes (V. 7) zur Handlungsweise (vgl. Dion.: non solum in incarnatione sed in tota conversatione), obwohl diese in das σχῆμα doch schon eingeschlossen ist. Man wird immerhin zugeben können, daß in V. 8 im Verhältniß zu V. 7 ein Klimar liegt, nur darf man die selbstständige Bedeutung der beiden Momente darüber nicht verkennen. Dem früheren ἐν μορφῇ θ. ὑπάρχ. tritt das ἐκένωσε gegenüber, dem ἁρπ. ἡγήσ., welches ein ὑψοῦν ἑαυτόν gewesen wäre (2 Cor. 11, 7), das ἐταπείνωσε (vgl. S. 151. Anm. 1); V. 7 entspricht der V. 4 geforderten Selbstverleugnung, V. 8 der V. 3 geforderten Demuth; endlich ist V. 7 die nothwendige Vorbedingung für V. 8, da eine Selbst-

---

mag (Wlf., a. E.). Vgl. 1 Cor. 7, 25. — Gegen die willkührliche Fassung des εὑρεθείς, als ob ὤν stände vgl. Win. §. 65. 8. — Ueber den Dativ, welcher die Sphäre bezeichnet, worauf das Prädicat eingeschränkt zu denken ist, vgl. Win. §. 31. 6. a. — Den dritten Particpialsatz zogen mehrere (Bz., Bng., Strr., Hoel. und noch Ew., Jth.) zum Folgenden; allein es ist weder die Zusammenfassung des Vorigen (v. Hng.) noch die Folgerung daraus (Wief.), sondern ein neues Moment, das zu dem ἐταπείνωσε in gar keiner Beziehung steht, während es vielmehr den tiefsten Grad der κένωσις bezeichnet. Der scheinbar durch jene Fassung entstehende Parallelismus, wonach die beiden Hauptverba durch je zwei Participien bestimmt sind, wird schon durch die verschiedene Stellung und Beziehung, die das zweite Paar zu seinem Verbum hätte, völlig illusorisch. Die asyndetische Anreihung des ἐταπείνωσε aber ist zu wenig gegen unsere Verbindung, daß sie vielmehr das neue Moment selbstständiger und nachdrücklicher hervortreten läßt. Vgl. de W., Myr., Win. §. 60. 2. b und Col. 3, 4. 2 Cor. 5, 21. Die drei Particpien bilden in ähnlicher Weise einen Klimar, wie die drei Momente, durch die das ἐταπείνωσε V. 8 näher bestimmt wird. — Ort. zieht gar die beiden letzten Particpien zu V. 9 und sieht, indem er ἄνθρωπος vom ersten Menschen faßt, darin eine Schilderung der Würde und Hoheit Christi parallel der in V. 6.

erniedrigung unter Gott, so lange er in der μορφή θεοῦ existirte, für Christum unmöglich war. Auch hier heben die griechischen Ausleger hervor, wie das zweimalige ἑαυτόν die Freiwilligkeit beider Acte ausdrückt (vgl. Croc., v. Hng.).

Die Selbsterniedrigung Christi bestand wesentlich in seiner Gehorsamsbeweisung, in welcher er sich dem, welchem er von Natur gleich war, in Demuth unterordnete, ihn also für einen ὑπερέχων ἑαυτοῦ ἡγήσατο, wie Paulus es V. 3 von den Philippern verlangt hatte; denn der Gehorsam ist wesentlich der Ausdruck der Knechtsstellung (δουλεία), die er behufs seiner Erniedrigung angenommen hatte (vgl. Röm. 6, 16. Eph. 6, 5. Col. 3, 22). Darum war es unnöthig und sogar zweckwidrig, wenn die griechischen Väter sich bemühten, von diesem Gehorsam alles δουλοπρεπές zu entfernen und den Gehorsam als freiwilligen Sohnesgehorsam zu charakterisiren; ebenso ist es andrerseits dem Zwecke der Aufführung des Beispiels Christi fremd, wenn die Lateiner hierin eine besondere Ermahnung zum Gehorsam finden (vgl. auch Clv., Art.). Vollends verkehrt aber war es, hier zugleich an eine Unterordnung unter die Eltern (Haym.), die Obrigkeit (Schlicht.) oder die Menschen überhaupt (Ort., Kr.) zu denken. — Man darf wohl in der Gehorsamsbeweisung an und für sich das erste Moment der Erniedrigung sehen[1]) (vgl. Röm. 5, 19), ohne daß dasselbe mit dem μορφὴν δούλου λαβών zusammenfällt (Rhw., B.-Cr., Wiesf.), was ja nur die nothwendige Voraussetzung dafür ist. Als Spitze desselben tritt dann der Todesgehorsam Christi hervor, der insofern für ihn eine Erniedrigung war, als er die menschliche Natur, der ja der Tod in Folge der Sünde Naturnothwendigkeit geworden und also keine Selbsterniedrigung ist (Th. v. M.), freiwillig erst angenommen hatte und sich im Gehorsam gegen Gott auch diesem Geschicke derselben unterzog; und endlich als höchste Steigerung die Theilnahme an dem Kreuzestode als dem bei den Menschen schimpflichsten, wie die meisten Ausleger erkennen, und zugleich dem bei Gott verfluchten (Gal. 3, 13), was auch schon Thph., Clp. u. a. bemerken. Die Bemerkung, die Chr. macht, daß alle diese Schande Christo an seiner Ehre nicht schaden konnte, weil sie nur seine σάρξ und nicht seine θεότης berührte, entspringt aus der falsch dogmatisirenden Auffassung, wonach er den θεὸς λόγος an sich als Subject dachte, und paßt wenig zu dem Zwecke der Stelle, die ja nur in einer wirklichen Uebernahme aller Schande die tiefste Stufe der Selbsterniedrigung Christi aufweisen kann.

---

[1]) Darum gehört μέχρι sprachlich doch zu ὑπήκ. γεν. und nicht zugleich zu ἔταπ. (Bng.), worauf es Hoel. und wohl alle die allein beziehen, welche erst hierin und nicht in dem ἔταπ. für sich die Steigerung des Gedankens finden. Uebrigens steht es, wie 2 Tim. 2, 9, vom Grade und nicht von der Zeit (v. Hng.). — Das dem einfachen θάνατος den näher bestimmten gegenüberstellende (Myr.) δέ (vgl. Röm. 3, 22 und Win. §. 53. 2. b) erhält lediglich durch den Sinnzusammenhang steigernde (Wlf.) Bedeutung und bedarf der Ergänzung eines λέγω (v. Hng.) nicht.

c) Christi Erhöhung.
(Cap. II, 9—11.)

Darum hat ihn auch Gott hoch erhöhet und hat ihm einen Namen gegeben, der über alle Namen ist, daß in dem Namen Jesu sich beugen sollen alle derer Kniee, die im Himmel und auf Erden und unter der Erden sind, und alle Zungen bekennen sollen, daß Jesus Christus der Herr sei, zur Ehre Gottes des Vaters.

[V. 9.] Aber nicht nur auf das Vorbild der selbstverleugnenden Demuth Christi darf Paulus die Philipper hinweisen, er kann sie auch aus der Erhöhung Christi, durch die seine Selbsterniedrigung gekrönt ward, ahnen lassen, welch ein herrlicher Lohn derer wartet, die ihm nachfolgen. Denn darum, weil Christus sich selbst erniedrigt hat im freiwilligen Gehorsam, hat ihn auch Gott hocherhöhet nach dem ewigen Grundgesetz göttlicher Vergeltung, wonach, wer sich selbst erniedriget, erhöhet werden muß. Er hat ihn gesetzt zu seiner Rechten und eben damit ihm die gottgleiche Würdestellung gegeben, die Christus einst verschmäht hatte, auf falschem Wege wie einen Raub an sich zu reißen, und die ihm jetzt als wohlerworbener Lohn zu Theil ward. Denn als ein Geschenk seiner heiligen Liebe und seines Wohlgefallens hat Gott ihm einen Namen gegeben, der über alle Namen ist, und das ist kein anderer, als der, welchen alle Gläubigen anbetend bekennen, indem sie Christum den Herrn heißen in dem absoluten Sinne, in welchem Gott allein der Herr über Alles ist.

[V. 10.] Zu dieser gottgleichen Herrschaft ist Christus erhoben, nicht als ob ihm, der ja von jeher in Gottes Gestalt war und zu dieser seiner göttlichen Herrlichkeit naturgemäß zurückkehrte, nachdem sein Erlösungswerk auf Erden beendet war, damit etwas zugesetzt werden könnte an Herrlichkeit und Seligkeit, sondern damit alle Creatur ihn in dieser seiner göttlichen Herrlichkeit anbete und als ihren Herrn bekenne, ein Ziel, das freilich vollständig erst erreicht sein wird, wenn mit der Wiederkunft Christi das ganze Heilswerk Gottes vollendet ist. Diese Anbetung aber geschieht dadurch, daß alle Kniee sich beugen in dem Namen, den Jesus empfangen hat, weil in dem Namen des Herrn über alles die göttliche Würdestellung sich ausdrückt, welche die specifisch göttliche Verehrung, die Anbetung fordert. Und zu der Gesammtheit der Creatur, die ihn anbeten soll, gehören nicht nur die

Menschen, sondern auch alle Engel Gottes im Himmel, und nicht nur die Menschen, die auf Erden leben, sondern auch die, welche unter der Erde von den Banden des Todtenreiches gehalten werden, weil auch ihnen einst, wenn der Herr wiederkommt, Gelegenheit gegeben werden wird, ihn zu erkennen und anbetend die Kniee vor ihm zu beugen.

[V. 11.] Mit dieser Anbetung aller Creatur aber ist verbunden das Bekenntniß des Namens, in dem sie begründet ist; denn alle ihre Zungen sollen es bekennen: der Herr ist Jesus Christus. Und sofern dieses Bekenntniß Christi der letzte Endzweck war, um deswillen Christus von Gott erhöhet ist, gereicht dieselbe nicht nur zur Ehre des gottgleichen Sohnes, sondern auch zur Ehre des Vaters, indem dadurch sein Wille geschieht auf Erden wie im Himmel. Dieses letzte Ziel, auf das ja alle Heilsthaten Gottes hinausgehen, fühlt sich der Apostel gedrungen, hier noch einmal auszusprechen, wo es scheinen könnte, als ob die vor allem betonte Verehrung und Anbetung Christi von demselben abführe.

V. 9.

Schon Th. v. M. und Ambr. bemerken mit Recht, daß Paulus nicht nur die Demuth Christi den Lesern vorführe, sondern auch den Lohn solcher Demuth, um dadurch die Leser zu seiner Nachfolge zu ermuntern, und so die meisten Ausleger. Nur Mtth. hat dies so sehr verkannt, daß er behauptet, der Apostel sei in dieser Schilderung weiter geführt, als es die paränetische Tendenz erheische. Dabei fehlt es nicht an schönen Hinweisungen darauf, daß die Herrlichkeit, zu der Christus erhöht ist, so unendlich weit von der abstehe, die wir zu erwarten haben, wie seine Selbsterniedrigung von der unsrigen (vgl. Pisc., Croc.). Es muß aber auch bemerkt werden, daß diese Erörterung ganz der an die erste Ermahnung angeknüpften (1, 28—30) parallel steht. Wie dort der Standhaftigkeit die einstige selige Errettung ($\sigma\omega\tau\eta\rho\iota\alpha$), so wird hier der nach dem Beispiel Christi zu übenben selbstverleugnenden Demuth wenigstens indirect das positive Correlat derselben, die einstige Erhöhung zur Herrlichkeit ($\delta\acute{o}\xi\alpha$) verheißen.

Allein schon Chr., Oec. stießen sich an dem Gedanken, daß Christus durch das, was er auf Erden gethan, erst zu seiner Herrlichkeit gelangt sei. Dann habe er ja zu seiner Vollendung der Creatur bedurft und sie nicht mehr aus Liebe geschaffen, auch widerspreche das $\grave{\varepsilon}\chi\alpha\varrho\iota\sigma\alpha\tau o$ jedem Empfange einer $\grave{o}\varphi\varepsilon\iota\lambda\acute{\eta}$. Dagegen sagt Aug. ganz unbefangen: humilitas claritatis est meritum, claritas humilitatis praemium. Dieser Begriff eines meritum aber (Strb.,

Lyr., Dion.), daß Christus durch seinen Gehorsam (Aug., Haym., Anf.) sollte erworben haben, war den Reformatoren ganz besonders anstößig; daher behauptete Clv., daß διό bezeichne nur die consequentia, wenn es nicht etwa zugleich bezeichnen solle, daß die Erhöhung Christi geschehen sei, um uns ein Beispiel zu geben, quia sit haec via qua ad veram gloriam pervenitur. So im Sinne von quo facto nahmen es auch Cal., Wlf., Sdl., Bmg. u. a., wogegen nicht nur die katholischen Ausleger (Est., Corn.), sondern auch Pisc., Grt, Schlicht., Bng. und alle neueren an der einzig zulässigen causalen Bedeutung festhielten. Mit Recht bemerkt Mtth., es sei damit weder Willkühr von Seiten Gottes, noch Lohnsucht von Seiten Christi gesetzt; denn die Erhöhung des sich selbst Erniedrigenden ist eben nach dem Grundgesetz der göttlichen Vergeltung (Mtth. 23, 12), auf das schon Bll. hinweist, eine nothwendige, und das selbstverständliche Bewußtsein Christi darüber setzt nicht voraus, daß derselbe bei seiner Selbsterniedrigung etwas anderes als die Vollziehung des Gehorsams (V. 8) gesucht habe. Aber freilich ist dann auch das ἐχαρίσατο nicht im Sinne der strengen paulinischen Gnadenlehre zu nehmen (Schlicht., B=Cr, de W), sondern es bezeichnet die Erhöhung als ein Geschenk göttlicher Liebe und göttlichen Wohlgefallens (Sdl., v. Hng.: gratiose donavit)[1].

Allein, daß Christus überhaupt etwas sollte empfangen haben, was er noch nicht besessen, schien den griechischen Vätern mit ihrer Christologie unverträglich und sie sehen sich darum zu der Inconsequenz gedrängt (vgl. zu V. 6), hier nicht mehr an den λόγος ἄσαρκος, sondern an den menschgewordenen Christus (Chr.) oder besser an Christum nach seiner menschlichen Natur zu denken (vgl. Thdt.: οὐκ ἔλαβεν, ἃ μὴ πρότερον εἶχεν, ἀλλ' ἔλαβεν ὡς ἄνθρωπος, ἃ εἶχεν ὡς θεός) und Aug., der ihnen ganz beistimmt, sagt ausdrücklich, damals, als er in forma dei war, hätten sich ja ihm bereits alle Kniee gebeugt. Hier waren nun gewiß Plg. und die lutherischen Exegeten, sowie die Socinianer und Rationalisten gegen sie im Vortheil, welche von vornherein nur den Menschen Jesus als Subject

---

[1] Das καί nach διό bezeichnet das Hinzutreten der Folge zur Ursache (Myr.), wie Röm. 1, 24. 4, 22 und hebt dadurch das Causalverhältniß noch stärker hervor. Falsch bezieht es v. Hng auf θεός: pro sua parte. — Das καί nach ὑπερύψ. ist, wie die Gedankenverbindung zeigt, explicativ zu nehmen (v. Hng). Vgl. Win. §. 53. 3. c. S. 388. Das ὑπερ in ὑπερύψωσε, das die Vlg. und Lth. vernachlässigen (vgl. dagegen Ambr.: superexaltavit), liebt Paulus zu Compositionen zu verwenden, um die höchste Steigerung auszudrücken. Vgl. ὑπερπερισσεύειν Röm. 5, 20. ὑπερνικᾶν Röm. 8, 37. ὑπερπλεονάζειν 1 Tim. 1, 14. ὑπεραυξάνειν 2 Thess. 1, 3. ὑπερεκπερισσοῦ Eph. 3, 20. Es ist nach der Analogie dieser Ausdrücke auch hier superlativisch zu nehmen (vgl Ers, Pisc., Schlicht., Est und die meisten bis auf de W., Myr.), weder örtlich (Mtth.) noch im eigentlichen Sinne comparativ (Grt). Das schließt aber nicht aus, daß Paulus bei dieser höchsten Steigerung einen etwa zunächst zu erwartenden Grad der Erhöhung überbieten wollte. — Den Artikel vor ὄνομα (Lchm.) hat Tisch. weggelassen; steht er, so weist er auf den bekannten Namen hin, den Christus im Munde aller Gläubigen führte. Vgl. Win. §. 20. 4. Anm.

dieser Aussagen gedacht hatten, und so ist es noch de W. mit seinem „historischen Christus" gegen Wies., der in die Bahn der griechischen Väter zurückzulenken scheint. Vergeblich aber protestiren diese (Chr., Oec., Thph.) bei ihrer Auffassung gegen die Zertrennung der Person Christi, die dabei unvermeidlich eintritt, und schon Ambr. hat auf den inneren Widerspruch aufmerksam gemacht, den noch Plg. ganz unbefangen ausspricht, daß dann Christus nach seiner göttlichen Natur diese Erhöhung sich selbst habe geben müssen. Aber er selbst weiß nur dadurch zu helfen, daß Christus das Geschenk, um das es sich handelt, schon empfangen habe, ehe er das that, um deswillen er es empfing und daß es als solches jetzt nur offenbar geworden sei. Im Sinne dieser ostensio, qua coepit sciri quod erat, wollen auch Strb., Dion. von einer Erhöhung seiner göttlichen Natur reden lassen. Erst durch die reformirten Exegeten wurde es seit Clv., Art. immer allgemeiner zur Geltung gebracht, daß von der tota persona Christi die Rede sei, und dann die Erhöhung von der Offenbarung des Sohnes Gottes an alle Welt verstanden (vgl. auch Est.). Aber noch Rhw. redet von einer Verklärung seiner Menschheit und Mtth. von einem Wiedereingehen zur Herrlichkeit. Es ist aber klar, daß die nach dem Folgenden Christo geschenkte Erhöhung zu göttlicher Ehre und Anbetung trotz Aug.'s Behauptung ihm wirklich in seinem vormenschlichen Zustande noch nicht eignete, daß es vielmehr eben die gleiche Würdestellung mit Gott war, welche er nach V. 6 nicht hatte auf unrechtmäßigem Wege sich aneignen wollen. Allerdings gebührte dies ἴσα θεῷ εἶναι dem, der ἐν μορφῇ θεοῦ war, aber darum war die Erlangung desselben doch keine bloße Manifestation dessen, was er bereits besaß, sondern eine wirkliche Erhöhung Christi zu gottgleicher Ehre und Anbetung, wie er sie noch nicht besessen und wie sie ihm daher ein Lohn für seinen Gehorsam sein konnte.

Diese Erhöhung wird als eine überaus hohe bezeichnet (vgl. S. 159. Anm. 1) nicht sowohl im Vergleich mit denen, über welche er nach dem Folgenden erhöht ist (Art., v. Hng., B.-Cr., Wies.), sondern sofern dieselbe nicht eine einfache Aufhebung seiner Erniedrigung war, sondern ihm mehr gab, als er vorher besessen hatte, woran wohl schon Grt. dachte. Sie bestand daher nicht blos in der Auferstehung (Aug., Strb.), oder in der durch die Himmelfahrt vollzogenen (Myr.) Erhebung zur göttlichen δόξα (de W.), sondern, wie das Folgende ausdrücklich erklärend zeigt, in der Erhebung zur gleichen göttlichen Herrscherwürde, welcher Seitens der Creatur die Ehre der Anbetung entspricht. Bildlich wird dies sonst durch das bekannte Psalmwort vom Sitzen zur Rechten Gottes ausgedrückt (Röm. 8, 34. Eph. 1, 20); hier durch die Ertheilung des göttlichen Würdenamens. Freilich versteht schon Th. v. M. unter dem ὄνομα τὸ ὑπὲρ πᾶν ὄνομα nicht das merum vocabulum, sondern die res ei acquisita, und Chr., Thdt. führen bereits solche an, welche unter dem Namen die göttliche δόξα verstanden. Von Clv., Bll. bis Rhw., Mtth., Hoel. wird die Annahme immer allgemeiner, daß ὄνομα hier, wie auch sonst, die Würde, Hoheit und Majestät bezeichne; aber v. Hng. hat dieselbe gründlich widerlegt. Sachlich freilich kommen noch die neuesten Ausleger darauf hinaus, indem sie in den Worten nur finden, daß sein Name über alle anderen erhöht ward (Myr.) oder bei dem Namen Jesus (Wies.) oder Jesus Christus (de W.) an das denken, was sich nach V. 10. 11 damit verknüpft. Auch hierdurch aber wird der einfache Wortlaut umgangen. Willkührlich ist es freilich, mit Thdt., Plg., Aug., Est. u. a. an den Namen υἱός (vgl. Hebr. 1, 4) oder θεός (Ambr., Oec., Thph., Lyr., Dion.) zu denken oder an irgend einen Namen, den Jesus schon als Mensch hatte (etwa den Namen Jesus salvator selbst, wie schon Haym. vorschlug), der aber nun offenbar ward (vgl. Str., Lyr.: tunc dicitur res fieri quando innotescit). Contextmäßig kann es allein der Name κύριος sein, der ihm ja nach V. 11 von aller Creatur beigelegt wird (v. Hng., B.-Cr.) und zwar in dem emphatischen Sinne, wonach derselbe nur die göttliche Herrschaft bezeichnet (vgl. Th. v. M., Bll., Pisc., die auf Jes. 42, 8 verweisen) und sein Bekenntniß die göttliche Verehrung einschließt; nicht aber in dem Sinne, wonach er nur der Herrscher über seine Gemeinde ist (Rhw.).

V. 10.

Daß die Kniebeugung Symbol der Anbetung sei (vgl. Eph. 3, 14), sprechen schon Th. v. M. und Oec. aus. Clv. polemisirt gegen die Buchstäbelei der Katholiken, welche darum bei jeder Nennung des Namens Jesu eine Kniebeugung fordern, giebt aber zu, daß die Verehrung nicht nur interiore cordis affectu, sondern auch externa professione darzubringen sei. Während spätere Reformirte (Pisc.), sowie die Socinianer die äußere Kniebeugung ganz verwerfen als abergläubische Sitte, bleiben die lutherischen Ausleger dabei, daß dieselbe nicht ausgeschlossen sei. Vgl. darüber Wlf., doch auch Croc.'s und Schlicht.'s mildes Urtheil, der aber einem Gebot der Kniebeugung beim Namen Jesu nur dadurch entgehen zu können meint, daß er ἐν ὀνόματι erklärt: propter nomen. — Wie schon Haym., Ans., Bz., Corn. statt der adoratio hier mehr nur an die subjectio denken, so begnügen sich rationalistische Ausleger gern mit bloßer Unterwerfung und Verehrung im Allgemeinen (Rsn., Kr., a. E.). Daß es sich aber um eine specifisch göttliche Verehrung handelt, zeigt schon die seit Clv. von den meisten Auslegern anerkannte Anspielung an Jes. 45, 23 (vergl. Röm. 14, 11), wo Gott mit ähnlichen Worten für sich ausschließlich die Anbetung fordert. Erst v. Hng. hat mit Bestimmtheit behauptet, es handle sich überhaupt nicht um eine Anbetung Christi, sondern um eine Anbetung Gottes im Namen Christi als des Mittlers, und auch de W. neigt dazu. Allein wie die κυριότης Christi V. 11 Object des Bekenntnisses ist, so kann sie auch hier nur Object der

Anbetung sein, auch bezeichnet der Name κύριος Christum nicht als den Mittler, und die Erwähnung der ἐπουράνιοι paßt zu einer auf das Mittlerthum Christi gegründeten Anbetung nicht[1]) (vgl. Myr., Wief.). Die Betrachtungen Myr.'s über die „relative Beschaffenheit" dieser Anbetung gehen über den Text hinaus, da dieselbe aus V. 11 durchaus nicht folgen kann.

Schon Chr. scheint es für möglich zu halten, die drei Klassen von Anbetern nur als Umschreibung für πᾶς ὁ κόσμος anzusehen, und so auch Bz., Wlf., Bmg., Kr., Strr., Hnr., Hoel. mit Berufung auf den poetischen und rhetorischen Charakter des Abschnitts, wobei man denn auch die vernunftlose Creatur einschloß. Allein die vermeintlichen Parallelstellen (Apoc. 5, 13. Psalm 96, 11. Erod. 20, 4) sind anderer Art, und die drei Ausdrücke haben ihre deutlich unterscheidbare Bedeutung, wonach dadurch nur die Gesammtheit aller vernünftigen Wesen umfaßt wird. Daß unter den beiden ersten Engel und Menschen zu verstehen sind, folgt aus Eph. 1, 20. 21. 3, 10 und ist von allen Auslegern, die sich an den Wortlaut halten, anerkannt. Aber während Chr., Oec., Thph., die mittelalterlichen und altkirchlichen Ausleger alle, und noch B.=Cr., Wief. die καταχθόνιοι von den Dämonen verstanden, die ihn ἄκοντες erkennen und anerkennen müssen, wofür man auf Stellen wie Luc. 4, 34. Jac. 2, 19 verweist, nehmen es Th. v. M., Thdt., Aug., Plg., später Grt., die rationalistischen und alle neueren Ausleger von den Verstorbenen (vgl. noch de W., Myr., Ew., Jth.), und dieses ist allein richtig, da die endliche Unterwerfung der Dämonen, wie sie 1 Cor. 15, 24. 25 gelehrt wird, doch keine Anbetung Christi, die ohne Glauben nicht geschehen kann, einschließt, und da der Wohnort derselben nach Paulus nicht unter der Erde, sondern im ἀήρ ist (Eph. 2, 2. 6, 12). Nur muß man natürlich nicht im modernen Sinne an die in den Gräbern befindlichen (Hnr.) oder gar mit den Katholiken ans purgatorium (Corn.), sondern im alttestamentlichen Sinne an die Hadesbewohner denken. Ob Paulus hier

---

[1]) Auch der sonstige Gebrauch des ἐν τῷ ὀνόματι Χριστ. bei Paulus spricht nicht für diese Auffassung. Denn 1 Cor. 5, 4. 2 Thess. 3, 6 ist er feierliche Formel apostolischer Verfügung, die im Auftrage Christi geschieht, und 1 Cor. 6, 11. Eph. 5, 20. Col. 3, 17 bloße Umschreibung für ἐν Χριστ., was Est., Rhw. auch hier für möglich halten, obwohl es durch die eben vorangegangene Erwähnung des concreten ὄνομα (V. 9) ausgeschlossen wird. Freilich darf man das ἐν ὀνόμ. weder „zur Verherrlichung der Würde Christi" (Hnr.) fassen, noch dem Namen das Bekenntniß desselben substituiren (B.=Cr., Hoel., de W., Wief. und schon Haym. Vgl. Ers., Bz.: ad nomen, Grt.: nomine nuncupato), wobei, von der willkürlichen Ergänzung abgesehen, dem V. 11 vorgegriffen wird. Die Kniebeugung ist in dem Namen Christi begründet (Myr.), wie Psalm 63, 5 das Händeerheben im Namen Gottes. Wäre nicht der die Anbetung begleitende Gestus genannt, sondern diese selbst, so stände einfach der Accusativ, wie Röm. 10, 13. 1 Cor. 1, 2. Der Name Jesu (gen. possessiv. wie 4, 3, nicht appositionis), welcher die Anbetung begründet, ist aber der nach V. 9 ihm verliehene Gottesname des κύριος im emphatischen Sinne.

sowie in der sachlich ähnlichen Stelle Röm. 14, 9 den descensus Christi ad inferos vorausgesetzt (Rhw., Myr.), läßt sich mit voller Sicherheit nicht entscheiden, da ja jedenfalls das Ziel dieser universellen Anbetung Christi erst mit der vollendeten Offenbarung Christi bei seiner Wiederkunft (1 Cor. 15, 25) (nicht gerade mit der Todtenauferstehung Ort.) erreicht wird (vgl. Clv., Art., Est., Wies.). — Die anderen Deutungen der drei Klassen, die schon seit Chr (οἱ δίκαιοι καὶ οἱ ζῶντες, καὶ οἱ ἁμαρτωλοί) in bunter Mannichfaltigkeit versucht sind, nehmen keinerlei Rücksicht auf den Wortlaut und bedürfen daher der Widerlegung nicht. Näheres darüber bei Wlf. und Keil (Opusc. academ. ed. Goldh. Lips. 1821. pg. 188—191.).

V. 11.

Als letzten Endzweck des von Gott intendirten universellen Bekenntnisses zu der κυριότης Christi[1]), welches das specifisch christliche Symbolum ist (Röm. 10, 9. 1 Cor. 12, 3. 2 Cor. 4, 5, vgl. Myr.), nennt Paulus die Verherrlichung Gottes selbst. So schon die meisten griechischen Väter und die neueren Ausleger. Thdt. dagegen und die lateinischen Väter sowie die mittelalterlichen Eregeten, die der Vlg. (in gloria) folgen, erklären, als ob ἐν δόξῃ stände und finden hier nur die aequalitas gloriae, die der Sohn mit dem Vater theilt (vgl. noch Est., Corn., Bng.). Aber auch noch Clv., Bll., Rhw., Mtth., Hoel. ziehen εἰς δόξαν zu dem κύριος Ἰησοῦς Χριστός und finden dann den eher johanneischen, und auch durch johanneische Parallelen gestützten Gedanken, daß die Herrlichkeit Christi selbst zur Verherrlichung des Vaters gereicht. Inwiefern nun freilich bei der richtigen Verbindung das Bekenntniß Christi zur Verherrlichung seines Vaters beiträgt, darüber bringen die Ausleger sehr Verschiedenes bei. Die griechischen Väter sagen: weil er einen solchen Sohn erzeugt (Chr.,

---

[1]) Das πᾶσα γλῶσσα führt die mit πᾶν γόνυ begonnene plastische Darstellung des Universalismus der Verehrung fort, und ist darum in demselben Umfange wie jenes (vgl Lyr., Dion: corporalis et spiritualis), nicht aber nach der Unterscheidung: bonorum et malorum, sponte vel invito (Anf., Dion.) zu nehmen, und nicht im Sinne von: „jede Sprache" auf alle Völker zu beschränken, wie Thdt., Plg, Bz, Sdl. u. a. thun. — Mit dem Dativ verbunden heißt ἐξομολογεῖσθαι wohl „preisen" (Röm. 15, 9), nicht aber hier (Hnr., Rhw, v. Hug), wo es „bekennen" übersetzt werden muß. Das Compositum verstärkt die Wortbedeutung (Myr.). — Sollte die durch die Mehrzahl der Zeugnisse empfohlene und der regelrechteren Structur wohl an sich vorzuziehende Lesart, welche die ἐξομολογήσηται der Rcpt. (Schm.) mit dem fut. indic. vertauscht (Tisch.), ursprünglich sein, so ist der Apostel aus der Darstellung des beabsichtigten Zieles unwillkührlich in die Vorstellung des wirklichen Erfolges übergegangen. Man kann darin eine Art von oratio variata finden (Win. §. 63. II.), nur daß dieselbe weniger grammatischen Grund hat, als auf einem Wechsel der Vorstellung beruht. — Das artikellose Prädicat κύριος ist des Nachdrucks wegen vorangestellt, wie 1 Cor. 12, 3. — Ueber die Auslassung des Artikels in der Formel θεὸς πατήρ, die fast die Geltung eines Nomen propr. erlangt hat, vgl. Win. §. 19. 1. a. S. 111.

Oec., Thph.); Vtb.: weil er ihn seiner Verheißung gemäß gesandt hat; noch andere: weil er ihn für die Ehre, die er ihm gegeben, erhöht (Grt., Rsm.) und so die Demuth belohnt hat (Hnr.); die neueren einfacher: weil er ihn selbst zur *κυριότης* erhöht hat (v. Hng., Myr., Wies.). Aber nicht sowohl weil er ihn erhöht, als vielmehr, weil er bei seiner Erhöhung diese allgemeine Anbetung und Verehrung Christi gewollt und bezweckt hat, gereicht die Erfüllung dieses seines Willens zu seiner Verherrlichung. Schon Schlicht. sagt: omnia quae Christo tribuuntur, quia ipsi a deo sunt collata, in deum redundant, cum deus ipse in Christo ad tantam majestatem extollendo hunc gloriae suae finem maxime spectarit. Vgl. 1, 11 und 1 Cor. 10, 31. 2 Cor. 4, 15. Eph. 3, 21, wonach alles Thun der Christen zur Verherrlichung Gottes gereichen soll. So geht auch die Erhöhung Christi, wie alle Heilsthaten Gottes des Vaters (wie er hier von dem zu göttlicher Majestät erhobenen Sohne ausdrücklich unterschieden wird, Schlicht.), auf das letzte Ziel hinaus, daß Gott durch die Erfüllung seines Willens verherrlicht werde von der Creatur (vgl. Eph. 1, 6. 12. 14. Röm. 15, 7. 2 Cor. 1, 20). Die Tendenz freilich, wonach dieser dorologische Zusatz gemacht sein soll, um dem Gedanken vorzubeugen, als geschehe durch solche Verehrung Christi der Ehre des Vaters Abbruch, muß mehr im Sinne eines unwillkührlichen Bedürfnisses, als in dem der dogmatisirenden Ausleger (vgl. Bll., Schlicht. u. a.) gefaßt werden.

---

3. Zusammenfassende Schlußermahnung.
(Cap. II, 12—18.)

a) Warnung vor hochmüthiger Sicherheit und kleinmüthiger Verzagtheit.
(Cap. II, 12—14.)

Also, meine Liebsten, wie ihr allezeit seid gehorsam gewesen, so schaffet nicht allein wie bei meiner Anwesenheit, sondern nun noch viel mehr in meiner Abwesenheit, daß ihr selig werdet, mit Furcht und Zittern; denn Gott ist es, der in Euch wirket beides, das Wollen und das Wirken nach seinem Wohlgefallen. Thut Alles ohne Murren und Zweifel.

[V. 12.] Der Apostel hat seine Philipper zur Standhaftigkeit im Glaubenskampfe nach außen und zur Bewahrung der Eintracht nach innen durch Demuth und Selbstverleugnung ermahnt. Er hat gezeigt, wie sich aus jener Standhaftigkeit die Gewißheit der Heilsvollendung ergiebt, und darauf hingewiesen, wie an dem Beispiele

Christi sich zeigt, daß auf die Selbsterniedrigung die Erhöhung zur Herrlichkeit folgen muß. Dieser Weg der Standhaftigkeit im Glauben und der selbstverleugnenden Demuth ist es also, auf dem allein und sicher das Heil zu finden ist. Was bleibt ihm also übrig, als seine Geliebten zum Schlusse noch einmal aufzufordern, auf diesem Wege ihre Heilsvollendung zu schaffen, das ihnen in Christo geschenkte Heil sich bis zum Ende immer mehr und mehr anzueignen, auf daß sie einst errettet und selig werden am jüngsten Tage. Wohl kann er sie darauf hinweisen, wie sie ja bisher allezeit ihm gehorsam gewesen sind und so auch seine jetzigen Ermahnungen wohl befolgen werden. Aber er muß sie zugleich auffordern, nicht allein in demselben Maße und mit derselben Strebsamkeit wie damals in seiner Anwesenheit, sondern jetzt in seiner Abwesenheit noch vielmehr und mit viel größerem Eifer ihre eigene Seligkeit zu schaffen, weil sie jetzt allein für sich selber sorgen müssen, und er nicht mehr mahnend und warnend ihnen zur Seite steht.

Wenn nemlich unsere Heilsvollendung wirklich zu Stande kommen soll, so gilt es fürs erste, alle fleischliche Sicherheit und alles hochmüthige Selbstvertrauen zu meiden und vielmehr stets im Blick auf die Schwierigkeit der Aufgabe, wie auf die Schwäche des eigenen Ich seine Seligkeit zu schaffen mit Furcht und Zittern vor dem, der einst über Seligkeit und Verdammniß endgültig entscheidet. [V. 13.] Denn dieser Gott selbst ist es ja, der in dem Wiedergeborenen durch seinen heiligen Geist das Wollen alles dessen wirkt, was zur Erlangung der Seligkeit Noth thut und der dies Wollen zugleich zu einem wirkungskräftigen macht, so daß es durch dieses sein Gnadenwirken auch zu einem Wirken in uns kommt; und er thut das aus keinem anderen Grunde als um seines heiligen Wohlgefallens willen, das er an solchem Wollen und Wirken hat. Wir also können freilich nichts selber thun aus eigener Kraft, um unsere Seligkeit zu schaffen, aber wir können Gottes Gnade in uns wirken lassen, die alles wirken will, was dazu gehört, damit wir das Heil erlangen können. Aber darum eben darf sich niemand entschuldigen, daß es ihm an Kraft gefehlt hat, wenn in ihm die Heilsvollendung nicht zu Stande kommt, vielmehr wird er doppelte Strafe zu tragen haben, weil er Gottes Gabe und Gnade nicht recht gebraucht und weil er nur durch sein Widerstreben verhindert hat, daß Gottes heiligem Wohlgefallen Genüge geschehe. Wer daran stets gedenkt, der wird nicht aufhören, mit Furcht und Zittern seine Seligkeit zu schaffen in Demuth und Wachsamkeit.

[V. 14.] Aber es giebt noch einen anderen Abweg, der von diesem Ziele abführt. Denn nicht nur die Sicherheit und der Hochmuth lähmt das Streben nach der Heilsvollendung, sondern auch die Verzagtheit und der Kleinmuth. Bald scheint es zu groß und zu schwer, was es zu thun oder zu leiden giebt auf dem Wege zur Seligkeit, und der Mensch beginnt zu murren; bald schreckt er zurück vor der Größe und Mannichfaltigkeit der Gefahren und Hindernisse, er beginnt zu zweifeln und sich tausend Bedenklichkeiten hinzugeben. Beides muß abgethan werden und der Freudigkeit und Glaubenszuversicht Platz machen, die mit dem Muthe der wahren Demuth auf den Herrn allein schaut und vertrauensvoll sich ergiebt in seine Wege. Und eben weil der Apostel darauf hingewiesen hat, daß Gott selber es ist, der in uns alles wirkt, so kann er nun auch ermahnen, alles, was es bei jenem Schaffen seiner Seligkeit zu thun oder zu dulden giebt, zu thun ohne Murren und Bedenklichkeiten, die ja diesem göttlichen Gnadenwirken gegenüber nur als sündhafter Undank oder als eitel Thorheit erscheinen können.

V. 12.

Die Folgerung, mit welcher die Schlußermahnung eintritt, bezog schon Thdt. auf das Beispiel Christi (vgl. Rhw.); aber die Versuche, das Moment in demselben näher zu fixiren, aus welchem die Ermahnung zum Schaffen der σωτηρία abgeleitet wird, sind als mißlungen anzusehen. Denn der Gehorsam Christi (Plg., Thph., Est., Croc., Cal., Schlicht., Bng., Bmg. und noch Mtth., v. Hng. Myr.) bildet sowohl im Vorigen als im Folgenden nur einen Nebengedanken; von der Aufopferung für andere (Strr., Fl.) ist weder vorher noch nachher die Rede; und eine Ermahnung zur Selbstverleugnung und Demuth, womit zugleich an V. 3. 4 angeknüpft würde (Anf., Clv., Art., Pisc., Corn. und noch Wies., Jth., der gar speciell an die Bewahrung der Demuth unter Leiden denkt), ist wenigens in der directen Form, in der sie allein aus dem Beispiel Christi folgen würde, in V. 12—14 nicht ausgedrückt. Nur sofern in der Darstellung der Erhöhung Christi indirect für die Christen die Verheißung lag, daß auch sie durch Befolgung seines Vorbildes zu der ihm von Gott geschenkten Herrlichkeit (nicht zu der salus, ab illo nobis parta, Bng.) gelangen können, welche das positive Correlat der σωτηρία ist (Grt., Hnr. und viele der obengenannten, z. B. Anf., v. Hng., Myr., Wies., vgl. die Erläuterung zu

V. 9), knüpft die Rede an das unmittelbar Vorhergehende an, und dies hätte de W. nicht leugnen sollen. Allein noch directer war ja diese Verheißung der σωτηρία 1, 27—30 gegeben und der Weg zu ihr angezeigt; auch folgt aus der Wiederaufnahme der Hinweisung auf seine An- und Abwesenheit (1, 27) deutlich genug, daß der Apostel bis dahin zurückgeht, und also die ganze Ermahnungsreihe rekapitulirend abschließt (vgl. Bgh. und wohl schon Bll., Sbl. — der nur fälschlich 2, 1—11 als eine Einschaltung für die Lehrer faßt, — de W., Ew. und theilweise auch Myr).[1]

Die griechischen Väter bemerken, wie weise Paulus die Ermahnung mit Lob mischt, um sie zur Nacheiferung ihrer selbst anzuspornen und dadurch seine Ermahnung an Gewicht zu verstärken. Der Rückblick auf ihren früheren Gehorsam soll das Motiv für ihren jetzigen hergeben. Es erhellt aber aus der folgenden Reflexion auf seine An- und Abwesenheit, daß der Apostel nur vom Gehorsam gegen seine Person redet (de W., Wief. und so die meisten Ausleger), nicht vom Gehorsam gegen das Evangelium (Ambr., Lyr. und noch Rsm., a. E., Rhw., Ew., der sogar an frühere Sendschreiben denkt), wozu gar keine Veranlassung, oder gegen Gott, wozu die falsche Ableitung der Folgerung aus V. 8 verleitete (v. Hng., Myr., vgl. Haym., Anf., Dion.: domino et mihi). Wie sehr diese Versicherung ihres allzeitigen Gehorsams gegen die aus 2, 3. 4 erschlossenen Mißstände in der Gemeinde spricht, erhellt am besten aus den Betrachtungen Croc.'s, der sich nur damit helfen kann, daß eine perpetua obedientia noch keine perfecta sei.

Es soll aber ihr jetziger Eifer, ihm gehorsam zu sein, nicht nur ein solcher sein, wie sie ihn in seiner Anwesenheit gezeigt haben, was Paulus ausdrücklich durch das ὡς vor ἐν τῇ παρουσίᾳ ausdrückt. Dies haben freilich ältere Ausleger theils gar nicht gelesen (Chr., Ort),

---

[1] Gerade bei Paulus finden wir es häufig, daß das ὥστε eine Gedankenreihe abschließt und mehr aus ihrer Gesammtheit als aus dem unmittelbar vorhergehenden das Resultat zieht. Vgl. Röm. 7, 12. 1 Cor. 3, 21. 14, 39. 15, 58. — Das καθώς ist argumentirend wie 1, 7, weshalb man auch das οὕτως im Nachsatz leichter entbehrt. Daß in demselben es nicht heißt: ὑπακούετε μοι, κατεργαζόμενοι ꝛc. kann man schwerlich mehr eine Prägnanz nennen (Hnr.), so natürlich ist die Abkürzung dieser schleppenden Vergleichung; die Ergänzung eines ὑπακούοντες aber zu μὴ μόνον-ἀπουσίᾳ μου (Strr., Fl., B.=Cr.) ist geradezu falsch. Daß die letztgenannten Worte nicht zum Vorigen (Lth, Wlf, Hnr.) gehören können, zeigt das μή ebenso wie das νῦν und ist auch fast von allen Auslegern anerkannt — Myr. provocirt für seine Beziehung des μόνον auf ἐν τῇ παρουσίᾳ allein, statt auf ὡς ἐν τῇ παρουσίᾳ μου auf die Stellung desselben, die aber von der auch sonst häufigen Trennung des μὴ-μόνον (Röm. 4, 16. 23. 1 Theff. 1, 5) bedingt ist. Daß übrigens in dem Satze μὴ-κατεργάζεσθε zwei Vergleichungen zusammengezogen seien (de W.), braucht man nicht anzunehmen, da das πολλῷ μᾶλλον gerade nur durch den neu eintretenden Gegensatz der An- und Abwesenheit hervorgerufen ist, um deswillen man auch das ὡς ἐν τῇ παρουσίᾳ μου nicht für eine bloße Rückweisung auf καθὼς ὑπηκούσατε halten kann. Doch hat er die Fassung des ὡς als tamquam mit Recht aufgegeben.

theils gänzlich ignorirt (Thph., vgl. Kr., a. E., die es für reine Abundanz erklären). Von der anderen Seite nehmen es Plg., Haym., Clv., Bll., Croc., Wlf., Corn. und die meisten Neueren (Hnr., Rhw., Mtth., v. Hng., Myr., Wies., Ew.) fälschlich als Einführung einer von dem Apostel zu beseitigenden Vorstellung (quasi, tamquam, als ob), welche die Aelteren darin finden, daß er die Heuchelei und Augendienerei (Eph. 6, 6. Col. 3, 22) abwehren wolle, die da meint, nur in Gegenwart des Gebietenden gehorsam sein zu müssen. Bei den Neueren erhellt vollends gar kein Motiv dieser Einschaltung; denn daß er keine Ermahnung für die Zeit seiner Anwesenheit geben will (Myr. Wies.), versteht sich doch wohl von selbst. Allein das πολλῷ μᾶλλον im correspondirenden Satzgliede zeigt ja deutlich genug, daß es sich um eine wirkliche Vergleichung des früher in seiner Gegenwart bewiesenen mit dem jetzt in seiner Abwesenheit zu beweisenden Eifer handelt (vgl. Schlicht.). Warum in letzterem Falle ihr Streben eifriger sein soll, erhellt nicht daraus, daß erst dann sich zeigt, wie sie das Gute nicht um seinet-, sondern um Gottes des Allgegenwärtigen (Lyr., Bll.) oder um ihrer selbst willen (Myr., Ew.: weil es für sie erspießlicher und ehrenvoller sei) thäten (so die griechischen Väter, Est., Sdl., Bmg., B.-Cr.), welcher Gedanke sich auch an die falsche Fassung des ὡς bequem anschließt (Rhw.); sondern daraus, daß sie in seiner Abwesenheit seiner rügenden (Plg.) und antreibenden (Clv.) Unterstützung (Anf.) entbehren und so um so mehr für sich selbst sorgen müssen (Strr., Wies.), worauf vielleicht auch das ἑαυτῶν hindeutet (Croc., Bng., v. Hng.: pro sua quisque parte), dessen Emphase Myr. im Sinne seiner Erklärung auslegt.

Aus der Aufforderung zum κατεργάζεσθαι τὴν σωτηρίαν haben die katholischen Ausleger gegen die Protestanten darzuthun versucht, daß die guten Werke, wenn auch mit Hülfe der göttlichen Gnade gethan, die Seligkeit verdienen (Est.) und daß der Mensch auch in rebus gratiae et salutis ein liberum arbitrium habe (Corn.). Es trifft aber gegen das Erste noch, was die Reformatoren gegen allen Pelagianismus und Semipelagianismus ihrer Zeit geltend machen, daß der biblische Begriff der σωτηρία von vornherein jedes Verdienst der Werke ausschließe (vgl. Clv. und besonders Camero in den Crit. sacr.). Sodann ist ja überhaupt von den guten Werken (Ambr., Lyr., Dion., doch auch Art. u. a.) gar nicht die Rede, freilich auch nicht vom rechten Gebrauch der Gnadenmittel (Pisc., Cal.); sondern von den res ad salutem pertinentes im Allgemeinen (Clv., Bgh., Bll., Vtb.), und welche das seien, darüber kann allein der Context entscheiden. Dieser weist aber nicht auf den Gehorsam der Gerechtfertigten (Myr.: καθὼς ὑπηκούσατε, vgl. schon Schlicht.), der ja nur fälschlich als Gehorsam gegen Gott gefaßt wird, sondern nach der richtigen Auffassung des Zusammenhangs auf die beiden vorangegangenen Ermahnungen zur Standhaftigkeit im Glaubenskampfe und zur Eintracht hin, von denen die letztere aber nach 1, 27 selbst nur wieder Mittel zur Führung jenes Kampfes ist und ihrerseits durch die selbstverleugnende Demuth erhalten wird. Gegen jene zweite Behauptung der Katholiken aber hat schon Croc. mit Recht bemerkt, daß hier ja nur von Wiedergeborenen die Rede sei, die das bereits empfangen haben, was dem natürlichen Menschen fehlt, und daß es sich somit nicht um die Begründung unseres Heils handele, sondern um seine ungehemmte Vollendung ($\varkappa\alpha\tau\varepsilon\varrho\gamma\dot\alpha\zeta\varepsilon\sigma\vartheta\alpha\iota$ = rem inchoatam provehere ut absolvatur). Diese kann aber nur eintreten, wenn die Christen einträchtig festsstehen im Glaubenskampf (Jth.). Vgl. die Erörterungen zu 1, 19 S. 94 und zu 1, 28 S. 125[1]).

Während so das $\varkappa\alpha\tau\varepsilon\varrho\gamma\dot\alpha\zeta\varepsilon\sigma\vartheta\alpha\iota\ \tau\dot\eta\nu\ \sigma\omega\tau\eta\varrho\dot\iota\alpha\nu$ nur die vorigen Ermahnungen recapitulirt, liegt die eigentliche Pointe dieser Schlußermahnung in der mit Nachdruck vorangestellten präpositionellen Bestimmung über die Art und Weise, in welcher die Leser ihr Heil schaffen sollen, nemlich: mit Furcht und Zittern. Dabei dachten die griechischen Väter an die Furcht vor Gott als dem allgegenwärtigen und Alles sehenden Richter (Chr.) und Herrn (Bgh., Bng.), wofür man später die kindliche Ehrfurcht (Croc., Corn., Rhw.) und endlich die pietas et reverentia überhaupt substituirte (Hnr.). Dagegen nahmen es die lateinischen Väter von der Sorgfalt in Betreff des $\varkappa\alpha\tau\varepsilon\varrho\gamma\dot\alpha\zeta\varepsilon\sigma\vartheta\alpha\iota$ (Ambr., Plg., vgl. Vtb., Bll., Art., Est., a. E.), von der Furcht der Sache nicht genug zu thun (Myr.), von der strengsten Gewissenhaftigkeit (de W., Wies.). An sich schließen sich diese beiden Auffassungen nicht aus; denn wie die letztere oft als gottesfürchtige bestimmt wird (Mtth., v. Hng., B.-Cr., Ew.), so gedenken die griechischen Väter ausdrücklich der Schwierigkeiten und Hindernisse beim $\varkappa\alpha\tau\varepsilon\varrho\gamma\dot\alpha\zeta\varepsilon\sigma\vartheta\alpha\iota$ und Hnr. der sanctitas operis. Allein die persönliche Beziehung auf Gott muß wegen V. 13 durchaus festgehalten werden, wie sie denn auch Eph. 6, 5 deutlich vorherrscht (vgl. Schlicht., de W.). Es ist die

---

[1]) Das $\varkappa\alpha\tau\varepsilon\varrho\gamma\dot\alpha\zeta\varepsilon\sigma\vartheta\varepsilon$ nahm Thdt. wunderlicher Weise als Indicativ, eine Verirrung, die Wlf. bei Werenfels sehr ausführlich bekämpft hat. In dem $\varkappa\alpha\tau\varepsilon\varrho\gamma\dot\alpha\zeta\varepsilon\sigma\vartheta\alpha\iota$ suchten Chr., Thph. fälschlich die Emphase: $\mu\varepsilon\tau\dot\alpha\ \pi o\lambda\lambda\tilde\eta\varsigma\ \sigma\pi o\upsilon\delta\tilde\eta\varsigma\ \varkappa\alpha\dot\iota\ \dot\varepsilon\pi\iota\mu\varepsilon\lambda\varepsilon\dot\iota\alpha\varsigma\ \dot\varepsilon\varrho\gamma\dot\alpha\zeta\varepsilon\sigma\vartheta\alpha\iota$ (vgl. Wlf., Hnr.), während andere die Präposition ganz vernachlässigten (a. E.); es ist im classischen Griechisch wie Eph. 6, 13: ad finem perducere (Clv.), conficere (Vz.), peragere (Grt., vgl. Cal., Bng., v. Hng.), zu Stande bringen (de W., Myr., Wies.). — In Betreff der $\sigma\omega\tau\eta\varrho\dot\iota\alpha$ ist bei der 1, 19. 28 entwickelten Bedeutung zu bleiben, und weder an äußeres (a. E.) noch inneres Heil (B.-Cr.) überhaupt zu denken, geschweige denn es auf das gegenseitige ($\dot\varepsilon\alpha\upsilon\tau\tilde\omega\nu$ = $\dot\alpha\lambda\lambda\dot\eta\lambda\omega\nu$, Strr., Fl., Mtth.) oder gemeinsame Beste (Kr.) zu beziehen. — Bei dem $\mu\varepsilon\tau\dot\alpha\ \varphi\dot o\beta o\upsilon\ \varkappa\alpha\dot\iota\ \tau\varrho\dot o\mu o\upsilon$ ist mit einem metu cordis, tremore corporis (Haym., Ans., Lyr., Dion.), das schon Croc. zurückweist, wenig gesagt, ganz willkührlich aber unterscheidet es Grt. wie obedientia und metus offendendi. Schon Chr. hat richtig bemerkt, daß das $\varkappa\alpha\dot\iota\ \tau\varrho\dot o\mu o\upsilon$ nur das $\mu\varepsilon\tau\dot\alpha\ \varphi\dot o\beta o\upsilon$ verstärkt (Clv., Croc., Corn., Rsm., a. E.). Vgl. 1 Cor. 2, 3. 2 Cor. 7, 15. Eph. 6, 5. Die Phrase entstammt wohl dem poetischen Parallelismus des A. T., ohne daß man deshalb Pf. 2, 11 als Parallelstelle betrachten darf, wie viele Ausleger thun.

Furcht vor dem Richter, der einst über σωτηρία und ἀπώλεια entscheiden wird. In der Erwähnung dieser Furcht meinten die katholischen Ausleger einen Beweis zu finden, daß Niemand seines Heiles gewiß sei und daher die certitudo fidei, welche die Protestanten behaupteten, ein Irrthum (Corn.); aber dem haben mit Recht Camero, Croc. und Cal. widersprochen. Der Gläubige ist in jedem Augenblicke seines Heiles gewiß; aber der Blick auf die drohenden Gefahren, wie auf seine eigene Schwachheit wird ihm in Betreff der Zukunft immer noch jene Furcht einflößen, und soll es thun, damit der fleischlichen Sicherheit, dem falschen Selbstvertrauen und der geistlichen Trägheit gewehrt, und er zu beständiger Wachsamkeit und Demuth ermuntert werde. Insofern ist gewiß richtig, was Strb. sagt: qui timet semper, ne cadat, humilis est; aber darum hier geradezu die Demuth zum Hauptbegriffe zu machen, wie nach dem Vorgange Aug.'s (fürchte dich, ne, quod datum est humili, auferatur superbo) Anf., Clv., Bng., Wlf., Bmg. und theilweise auch noch Wies. thun, verrückt den Gesichtspunkt, und gar an die Ehrfurcht und Bescheidenheit gegen Andere zu denken (Rsm., Kr., Strr., Fl.), ist völlig falsch und hängt mit der falschen Anknüpfung an die Ermahnung 2, 3. 4 zusammen.

V. 13.

Die griechischen Väter faßten diesen Vers mit seinem begründenden γάρ als Ermuthigungsgrund: wir dürfen im Blick auf die Schwierigkeiten des Kampfes nicht zagen; denn Gott wird Alles thun. Ihnen folgen im Wesentlichen Art., Grt., Bng., Wlf., Strr., a. E., B.=Cr., Mtth. und noch Myr. Allein der vorige Vers, der sich gerade dem Selbstvertrauen und der falschen Sicherheit entgegenstellt, setzt bei den Lesern den Gedanken an die Schwierigkeit der Aufgabe nicht voraus und kann daher nicht von einem Ermuthigungsgrunde gefolgt sein. Dagegen fanden nach dem Vorgange Aug.'s Clv., Pisc., Croc., Corn., Rsm., Hnr., Rhw., Wies. hierin das Motiv zur Demuth, zu der sie im Vorigen den Apostel ermahnen ließen. Cal. und Fl. suchten beide disparate Auffassungen zu verbinden, und be W. will die begründende Fassung ganz aufgeben und, ähnlich wie Bll., eine Art Selbstverbesserung des Apostels hier finden, der, nachdem er den Lesern selbst das κατεργάζεσθαι beigelegt, sie nun daran erinnert, daß Gott es wirke, und sie also im Gebete seine Hülfe suchen müßten. Allein es bedarf dessen nicht, wenn wir nur festhalten, daß nicht sowohl das κατεργ., als vielmehr die Aufforderung zur Furcht, die dasselbe begleiten soll, begründet wird (Anf., Schlicht., der nur zugleich dadurch, daß Gott jetzt unmittelbar und nicht mehr durch den Apostel wirkt, das πολλῷ μᾶλλον begründen läßt, Sdl., v. Hng., Ew.). Gerade, weil Gott uns das κατεργ. ermöglicht, müssen wir mit Furcht und Zittern sorgen, dasselbe nun auch wirklich zu Stande zu bringen, nicht sowohl ne gratiam suam subtrahat (Est.), oder weil er nicht immer seine Gnade und Kraft zum Kampfe anbietet (Jth.), sondern damit er nicht den Nichtgebrauch seiner Gabe doppelt an uns strafe.

Den wichtigen Ausspruch unsers Verses von der göttlichen Gnadenwirksamkeit im Menschen faßten die griechischen Väter, wo sie ihn nicht etwa bloß für einen Ausdruck der Frömmigkeit und Dankbarkeit erklärten, nach dem Vorgange des Origenes wesentlich von göttlicher Mitwirkung (Th. v. M.), um auch ihm gegenüber das αὐτεξούσιον des Menschen zu wahren: Gott vermehrt die προθυμία, die er vorfindet (Thdt.), oder er hilft zum Vollbringen mit und steigert dadurch das Wollen, das nach dem einmal gekosteten Erfolge immer stärker begehrt (Chr., Oec., Thph.). Ueber eine solche göttliche Hülfsleistung, ein Zusammenwirken Gottes und des Menschen, kommen auch noch a. E., Strr., Fl., Hnr., Rhw. nicht hinaus. Noch weiter gehen die Lateiner in der Auflösung des apostolischen Gedankens. Ambr. sagt geradezu: nostrum velle, dei perficere; Plg läßt Gott das Wollen nur suadendo et praemia promittendo wirken, wobei natürlich der Erfolg dahingestellt bleibt, und Haym. verwahrt ausdrücklich sogar das mercede dignum esse gegen den apostolischen Ausspruch, obwohl er nur obtemperando et obsecundando unsern Willen sich dem göttlichen verbinden läßt. Corn. bekämpft noch eine katholische Auffassung unsers Verses, welche ihn gar von der ursprünglichen Einpflanzung des freien Willens faßt. Die echten Nachfolger des Plg sind Grt., Rsm., Kr, nach denen uns Gott durch seine Verheißungen oder durch die Lehre Christi tugendhafte Gesinnungen einflößt und die Ausübung derselben erleichtert. Gegen diesen groben Pelagianismus kämpft Aug., bei dem sich aber selbst noch Auslegungen finden, die an die griechischen Väter erinnern, z. B. per proprium nostrum arbitrium, nisi adjuvet dei gratia ipsum, nec ipsa bona voluntas esse potest. Erst die Reformatoren haben die ganze Bedeutung des Ausspruchs gegen den Semipelagianismus der Griechen zur Geltung gebracht, wonach Gott allein in uns wirkt, und zwar nicht nur die facultas benevolendi et bene agendi, sondern das velle und agere selbst (vgl. Clv., Bz., Camero, Croc.; aber auch Cal. und selbst die späteren katholischen Ausleger, wie Est, Corn, die trotz ihrer Polemik den Einfluß der protestantischen Exegese nicht verleugnen können). Aber freilich, wenn nun reformirterseits bis zu einer Wirksamkeit, quae prohiberi non potest (Camero), fortgeschritten wird, so machen die Katholiken nicht mit Unrecht auf den Widerspruch aufmerksam, der darin liegt, daß dann doch V. 13 die Philipper selbst zu einem κατεργάζεσθαι aufgefordert werden (vgl. auch Schlicht.). Hieraus folgt freilich keine Mitthätigkeit des Menschen, wohl aber, daß das Wirken Gottes sein Ziel (die σωτηρία des Menschen) nur erreicht, wenn dieser demselben keinen Widerstand entgegensetzt, sondern ihm Folge leistet (vgl. die treffenden Erörterungen von Mtth. S. 70. 71 und Myr. S. 65. 66. Auch hier sehen wir, wie 1, 6 und 29, die Lösung des scheinbaren Widerspruchs zwischen der alleinigen Wirksamkeit der göttlichen Gnade und der Selbstentscheidung des Menschen in Betreff seiner σωτηρία, ohne daß dieselbe irgendwie formulirt wird, doch in dem Gedankenzusammenhange des Apostels unmittelbar gegeben.

Gott wirkt also in den gläubigen Lesern, die ja seinen Geist haben (Clr.), zunächst das Wollen jenes geforderten κατεργάζεσθαι (Myr.). Denn die ὑμεῖς sind nicht die, welche schon ihr Heil mit Furcht und Zittern schaffen (Oec., Thph.), wodurch freilich jene Ermahnung, wie dieses Wirken überflüssig würde. Es ist aber dieses θέλειν auch nicht das Wollen des Heiles selbst, die grundlegende Selbstbestimmung für die Gnade, wie von ihren verschiedenen Standpunkten aus Pisc., Bng., Hnr., v. Hng., Rhw. annahmen, vielmehr ist die Bekehrung und Wiedergeburt bei den christlichen Lesern vorausgesetzt, eine Clausel, die aber natürlich nur exegetische Bedeutung hat, da dogmatisch ja von jenem ersten θέλειν genau dasselbe gilt. Nur auf die bloße velleitas (die Camero auch hier einschließt), auf das ohnmächtige, resultatlose Wollen des Guten darf unser Ausspruch nicht ausgedehnt werden, da dieses Paulus Röm. 7, 15 ff. ausdrücklich auch dem natürlichen Menschen zuschreibt. Das hinzutretende ἐνεργεῖν zeigt aber, daß es sich hier nur um ein wirkungskräftiges Wollen handelt. Dieses ἐνεργεῖν ist noch nicht das κατεργάζεσθαι selbst, womit es die Vlg. und noch Mtth. vertauschen; denn dieses soll ja erst durch das von Gott gewirkte θέλειν καὶ ἐνεργεῖν zu Stande kommen, auch nicht bloß der felix successus (Art.), die potentia effectus (Rsm.), oder die Beständigkeit in der Ausführung des Willens (Grt., Hnr.), sondern, wie das ἐν ὑμῖν zeigt, ein motus animi constans, plenus et immotus (Clv.), das durchgeführte Wollen (B.-Cr., v. Hng.), „das Thatkräftigsein, das nicht allein in der äußeren Ausführung, sondern schon im inneren Entschlusse stattfindet" (de W., Myr., Wief., Jth.)[1]).

---

[1]) Schon im classischen Griechisch steht ἐνεργεῖν besonders von Geistesthätigkeiten und im paulinischen Sprachgebrauch steht es von einem inneren Wirken Gottes (1 Cor. 12, 6. Gal. 3, 5. Eph. 3, 20), des göttlichen (1 Cor. 12, 11) oder dämonischen Geistes (Eph. 2, 2), des Wortes (1 Thess. 2, 13), des Glaubens (Gal. 5, 6) u. s. w. Das hier für eine innere, sittliche Thätigkeit (Myr.) entscheidende ἐν ὑμῖν darf nicht intra coetum vestr. (Hoel.) genommen werden. — In der Auseinanderhaltung der beiden Momente durch καὶ–καὶ liegt offenbar die Absicht, beide um so nachdrücklicher und selbstständiger hervortreten zu lassen (B.-Cr.); auch die Wiederholung des von Gott gebrauchten Wortes könnte bedeutsam hervorheben, daß alles menschliche Wirken eben nur durch göttliches Wirken in uns zu Stande kommt (Myr.). — Man bemerke das mit Nachdruck vorangestellte θεός (v. Hng., de W.: Gott ist's, der da wirkt. Vgl. 1 Cor. 12, 6) und das Particip mit εἶναι, das nicht bloße Umschreibung des Verb. finit. ist, wie Win. §. 45. 5. S. 313 mit Recht bemerkt, da der ganze Nerv des Gedankens in dieser Aussage

Der Zusatz ὑπὲρ τῆς εὐδοκίας weist auch hier nicht auf das göttliche Wohlwollen hin (vgl. 1, 15), wie es nach Chr.'s Andeutung Bz., Croc., Rsm., Strr., Hnr., Rhw. und noch Myr. nehmen; sondern auf das göttliche Wohlgefallen. Darunter verstand schon Thdt. den göttlichen Heilswillen, der alle Menschen selig machen will; von seinem gnädigen Willen im Gegensatz zu unserem eigenen Verdienst nahmen es Ans., Lyr., Dion., BU., von dem göttlichen beneplacitum Bgh., Clv., Pisc. (vgl. auch Corn., Est.), und noch die Neueren sehen darin die Freiheit und Unbedingtheit des göttlichen Wirkens hervorgehoben (v. Hng., de W., Wies., Ew.). Allein es kann eben so gut das göttliche Wohlgefallen an dem von ihm gewirkten θέλειν und ἐνεργεῖν bezeichnen, um deßwillen er eben dasselbe wirkt, damit er ihm Genüge thue; und diese Fassung entspricht mehr dem Zusammenhange, wo der Hinweis auf dieses göttliche Wohlgefallen den Ernst der Aufforderung V. 12 verstärkt und dem nächsten Contexte, der das θέλειν καὶ ἐνεργεῖν als Object des Wohlgefallens darbietet. Ein Widerstreben gegen die göttlichen Gnadenwirkungen wäre also zugleich eine Verletzung des heiligen Wohlgefallens Gottes, welchem zu genügen er im Menschen wirkt, was der Mensch aus eigener Kraft nicht vermöchte. Der Auslegung der griechischen Väter wenigstens in ihrer Fassung bei Thph. (ἵνα οὕτως ζήσωμεν, ὡς αὐτὸς βούλεται), auch in der sprachlich ganz unhaltbaren bei Th. v. M. scheint dieser Gedanke vorzuschweben, der sich im Wesentlichen auch bei Art. und Schlicht. (ut beneplacitum habeat in vobis) findet. Gänzlich verfehlt aber bezogen Plg., Haym., Ers. es auf den guten Willen der Philipper, sofern derselbe das Wirken Gottes bedinge. Noch Grt., a. E. neigen zu dieser Auffassung, die Sdl., Bmg. gar mit der andern verbinden wollen.

V. 14.

Schon Chr. faßt unsern Vers richtig als eine allgemeine Ermahnung über das christliche Verhalten und setzt ihn der V. 12 gegebenen an die Seite, doch, wie es scheint, die letztere mit der ganzen Ermahnung 2, 3 ff. zusammenfassend: Wenn der Teufel

---

einer bleibenden Bestimmtheit des göttlichen Wirkens liegt. — Das ὑπέρ heißt einfach: zum Vortheile jemandes, daher: um — willen (Oec., Thph.: ὑπὲρ τοῦ πληρωθῆναι ιc., Wlf.: propter). Vergl. Röm. 15, 8 und Win. §. 47. 1. S. 343. Sachlich kann es, wenn das damit verbundene Wort ein inneres Motiv bezeichnet, dem man Genüge thun will, so viel sein als: vermöge, pro (Ers., Grt., Bng., Rsm., Rhw., de W., B.-Cr., Wies.); aber hier ist das göttliche Wohlgefallen als objective Norm gedacht, der zu Liebe Gott wirkt. Es für κατά zu nehmen (Camero, Pisc., Hnr. und noch Mtth.) ist ganz verfehlt und die locale Bedeutung: über beizubehalten (Ew.? auf keiner anderen Grundlage) sehr gekünstelt. Unglücklich ist a. E.'s Vorschlag, die Worte zum Folgenden zu ziehen.

sieht, daß er uns vom Gutesthun nicht abbringen kann, sucht er uns zum Hochmuth und zur Tollkühnheit (besser: zu falscher Sicherheit und falschem Selbstvertrauen), oder zum Murren und Zweifeln zu verführen, wodurch, wie auch Ambr. bemerkt, der Erfolg der guten Werke vereitelt wird (vgl. Thph. Strb.: adjungit patientiam humilitati.). Noch schärfer faßt Anſ. unsere Ermahnung als Seitenſtück zu der Ermahnung zur Furcht, wofür schon die asyndetische Anreihung spricht, die nur die Parallelisirung mit dem Hauptgedanken V. 12 erlaubt. Der falschen Fassung des V. 12. 13 von der Demuth entsprechend, sehen dagegen die meisten Späteren hierin nur wieder eine Fortsetzung der Ermahnung 2, 3. 4 ff. So Clv., Art., Piſc., Eſt., Sdl., aber noch Kr., Hnr., Wieſ.; nach Strr. tritt wohl eine Wendung des Gedankens ein, doch so, daß sich der Apostel nach der Rede an die geförderten Christen (2. 4—13) jetzt V. 14. 15 an die schwächeren wendet. Man darf aber auch die Ermahnung nicht mit Berufung auf 1 Cor. 10, 31 ganz abgerissen vom Conterte (de W.) fassen und mit Beziehung auf alle bisherige Ermahnungen (Myr.) nur insofern, als ja diese selbst in V. 12 zusammengefaßt wurden. Sie bezieht sich nemlich deutlich auf das, wodurch wir unsere Seligkeit schaffen sollen, und giebt den Modus an, wie dies geschehen soll. Vgl. Lyr., Myr., der aber außerdem übersieht, daß bereits V. 12 ein solcher Modus angegeben war, und eben dadurch unsere Ermahnung sich deutlich der in V. 12 zur Seite stellt. Da nun die Seligkeit wesentlich geschafft wird (vgl. die Erörterung zu V. 12) durch die Standhaftigkeit im Glaubenskampfe, welche Beziehung Thdt. und Ew. vielleicht etwas zu einseitig hervorheben, so bezieht es Wlf. nicht unpassend auf omnia quae in opere salutis vel facienda vel patienda sunt (vgl. Croc.). Das ποιεῖν schließt die patienda nicht aus, da es ja dabei nicht auf das pati an sich, sondern auf das στῆναι im Leidenskampfe ankommt (vgl. 1, 27—30).

Aus dieser Gesammt-Anschauung des Verses folgt dann auch die Erklärung des Einzelnen von selbst. Die γογγυσμοί fassen die Väter und die neuesten Ausleger mit Recht vom Murren wider Gott; doch so daß Chr. Phot. es mehr als ein Murren über das, was sie für ihr Heil zu thun haben (vgl. B.-Cr., Myr.), oder über die Strenge und Schwierigkeit seiner Gebote (Plg., Haym., v. Hng., de W.) denken; Thdt., Thph. mehr als ein Murren über das, was sie zu leiden haben (vgl. Anſ., Grt., Wlf. und noch Ew.), als Unzufriedenheit mit ihrem Schicksal (Rhw.: μεμψιμοιρία. Vgl. Mtth.: Mißmuth, Widerstreben). Die Beziehung auf Gott ist schon durch V. 13 nothwendig gemacht, der, wie Phot. richtig bemerkt, unsern Vers gewissermaßen vorbereitet, sofern der Gedanke, daß Gott die Kraft zum Wollen und Vollbringen giebt, alles Murren ausschließen sollte und dasselbe als undankbar und unehrerbietig (Chr., Thph., Ambr., Anſ.) erscheinen läßt. Doch kann man dies Murren, wenn man den Zusammenhang berücksichtigt, nur auf Alles beziehen, was es um des Heiles willen zu thun oder zu leiden giebt. Es ist auch nicht an ein aufsätziges Murren zu denken, ut solent servi nequam et contumaces (Schlicht., der es als Gegensatz des φόβος καὶ τρόμος nimmt), sondern an ein unmuthiges, verzagtes, wie die Verbindung mit dem zweiten Stücke lehrt. Die διαλογισμοί nemlich sind ebenfalls nicht speciell Zweifel in Betreff der göttlichen Gebote, ob etwas zu thun oder nicht zu thun sei (Oec., Thph., Anf., de W., Myr., vgl B.=Cr, Rhw.: halbes, getheiltes Thun voll Zweifeln und Schwanken); aber auch nicht Zweifel über den künftigen Lohn (Plg, Thph.), über die göttlichen Verheißungen, Aus=hülfen und Erhörungen (Haym., Lyr., Dion.), sondern die Gedanken, die sich einer macht (Röm. 14, 1), die Bedenklichkeiten (Mtth., vgl. Vlg.: haesitationes) in Betreff der Dinge, die nun einmal zu unserem Heile zu thun oder zu leiden nothwendig sind. Sie erscheinen der V. 13 ausgesagten göttlichen Wirksamkeit gegenüber als eben so thöricht wie das Murren als undankbar. Gegen die fleischliche Sicherheit und das hochmüthige Selbstvertrauen, an deren Stelle Furcht und Zittern treten soll, bildet dies fleischliche Murren und die kleinmüthige Bedenklichkeit einen correcten Gegensatz; an ihre Stelle muß Freudigkeit und Zuver=sicht treten, die mit dem rechten φόβος καὶ τρόμος ebenso Hand in Hand geht wie ihre Gegensätze: der Trotz und die Verzagtheit. Diesen Gegensatz findet auch Jth. hier, doch fälschlich so, daß ersterer sich im Murren, letztere im Zweifel aussprechen soll.

Gänzlich verschieden muß die Auffassung des Einzelnen werden, wenn man hier fälschlich die Ermahnung zur Eintracht und Demuth fortgesetzt findet. Dann bezeichnet γογγυσμοί das Murren wider die Mitchristen (Clv., Bng., Rsm., Wief.), welches der Beginn des Streites ist (Sdl., a. E.), das unfreundliche, mürrische (Kr., Fl.), widerwillige (Hnr.) Benehmen; oder gar speciell das widerspenstige Murren gegen die Höhergestellten (Est., Strr., Hoel). Die διαλογισμοί aber werden von den Meisten der Genannten von Streitigkeiten, Zänkereien ge=nommen (vgl. auch Ers., Vtb., Vz., Pisc., Croc, Grt., Cal., Corn.); doch verlassen manche inconsequenter Weise den eingeschlagenen Weg und nehmen nur das erste respectu aliorum, dieses respectu vestri (Bng, Rsm., a. E., Hnr., Fl.), wodurch sie im Wesentlichen zur rich=tigen Auffassung zurückkehren. Ja, es hat auch an solchen nicht ge=fehlt, die das Murren zugleich wider Gott und wider die Menschen gerichtet sein ließen! (Vgl. Lyr., Dion., Croc.)

b) **Das Ziel der Ermahnung für die Gemeinde und den Apostel.**
(Cap. II, 15—18.)

Auf daß ihr werdet ohne Tadel und lauter, untadlige Gotteskinder mitten unter einem unschlachtigen und verkehrten Geschlechte, unter welchem ihr erscheinet als Lichtträger in der Welt damit daß ihr besitzet das Wort vom Leben, mir zu einem Ruhme auf den Tag Christi hin, dieweil ich nicht vergeblich gelaufen bin, noch vergeblich mich gemüht habe. Aber, ob ich auch geopfert werde bei dem Opfer und der priesterlichen Darbringung Eures Glaubens, so freue ich mich und freue mich mit Euch allen. Desselbigengleichen sollt auch ihr Euch freuen und sollt Euch mit mir freuen.

[V. 15.] Das Ziel, zu dem der Apostel seine Leser durch diese Ermahnungen zu führen beabsichtigt, bezeichnet er nun als die sittliche Tadellosigkeit, welche jeden Fehltritt, und als die innere Lauterkeit, welche jede leise Trübung auch des Herzensgrundes selbst ausschließt. Sollen sie freilich so ohne Tadel und lauter werden vor Gottes Augen, so kann dieses Ziel hier auf Erden immer nur angestrebt, vollkommen erreicht aber erst am Tage Christi werden. Um aber diese sittliche Vollkommenheit in ihrer ganzen Herrlichkeit darzustellen, hebt der Apostel in einem alttestamentlichen Ausdrucke den grellen Contrast hervor zwischen ihr und dem Wesen der sündhaften Welt rings umher. Kinder Gottes sollen sie werden von untadligem Gehorsam gegen ihren Vater im Himmel mitten unter einem verkehrten und verdrehten Geschlecht, das, weil es seine naturgemäße Stellung gegen seinen Gott und Vater verleugnet hat, nur noch eine sittliche Mißgestalt zeigt, neben deren widerlichem Anblick nur um so schöner die Gestalt der echten Gotteskinder erscheint. Zu solchem Glanze können und sollen aber die Christen gelangen; denn ihrem Wesen nach erscheinen sie ja, den Sternen gleich, die in dunkler Nacht am Himmel aufgehen, in der unter der Finsterniß der Sünde begrabenen Welt als die einzigen Lichtträger, [V. 16.] weil sie in dem Worte des Evangeliums, das von dem neuen Leben in Jesu Christo zeugt, die Quelle der Heilserkenntniß besitzen, die allein die Nacht der Sünde und des Todes aufhellen kann.

Was der Apostel von ihnen fordert, ist also schließlich wieder nichts anders, als das, womit er begann, daß sie sich des ihnen verkündigten Evangeliums von dem wahren Leben in Christo würdig zeigen sollen. Dieses Evangelium aber zu verkündigen, ist ja seine Lebensaufgabe gewesen, und je mehr sie jenes Ziel erreichen, um so mehr gereicht ihm dies zu einer triumphirenden Freude im Blicke auf den Tag Christi hin, wo einst der Herr seinem treuen Arbeiter für das bewährte Werk den Lohn geben wird. Denn in diesem von Gott geschenkten Erfolge sieht er ja eben, daß seine Arbeit bewährt erfunden ist, daß er nicht ins Leere hinein und eben darum nicht vergeblich den Lauf seines Amtslebens vollbracht und alle Mühe und Arbeit desselben getragen hat.

Bleibt der Apostel also am Leben, wie er es zuversichtlich hofft, und lassen sich die Philipper durch ihn zu dieser herrlichen Vollendung führen, wie er sie eben so dringend ermahnt hat, dann ist ihm in der Erreichung des Zweckes, zu dem allein er gern auf dieser Erden bleiben wollte, eine stets neue Freude gewiß. Die Philipper dürfen also wahrlich um ihn nicht bekümmert sein; es liegt ja in ihrer Hand, ihm zu einer herrlichen, triumphirenden Freude zu verhelfen!

[V. 17.] Aber freilich, ob es ihm wirklich vergönnt sein wird, noch ferner für das Wachsthum der Gemeinde zu arbeiten und sich ihrer Vollendung zu freuen, — so zuversichtlich er es hofft — es liegt doch noch in Gottes Hand. Und es könnte scheinen, als ob die Todesgefahr, die beständig über ihm schwebt, seine stetige Freude an ihrem Wachsthum stören und trüben müßte. Aber, wenn auch der schlimmste Fall einträte; wie er seinen Märtyrertod ansieht, kann der Gedanke an denselben das nimmer bewirken. Immer hat er ja durch seine nicht vergebliche Lebensarbeit als ein Priester Gottes demselben das ihm wohlgefällige Opfer des Glaubens der Philipper und der Vielen dargebracht, die er zum Glauben geführt hat. Und wenn er nun sein Blut vergießen muß wie ein Trankopfer zu dem Opfer ihres Glaubens, das er Gott dargebracht, und zu dem priesterlichen Dienst, den er dabei verwaltet, so kann ja diese Zugabe jenes Opfer nur noch vollkommener und Gott wohlgefälliger machen; also weit entfernt, seine Freude über den Erfolg seiner Arbeit zu trüben, dieselbe nur erhöhen. In der Freude über dieses Opfer freut er sich ja aber stets des Wachsthums seiner Philipper, in welchem sich dasselbe gleichsam unabläßig fortsetzt, und freut sich mit ihnen allen, denen zunächst der Segen dieses Opfers zu Gute kommt.

[V. 18.] Steht also seine Freude hoch über allem Wechsel seiner äußeren Schicksale, was wollen die Philipper dann noch besorgt oder traurig in seine Zukunft sehen? Vielmehr sollen sie ebenso wie er sich freuen, sich erheben zu der festen, unwandelbaren Freudigkeit des Glaubens, die Allem, was die Zukunft bringen kann, muthig ins Auge schaut. Und wie er sich in seiner Freude über den gottgesegneten Erfolg seiner Arbeit doch eigentlich stets ihres Wachsthums und daher mit ihnen freut, so sollen sie gewissermaßen gleiches mit gleichem vergelten und sich mit ihm freuen, der ihnen in der wahren Christenfreude ein solches Vorbild giebt. So wird das Vergessen aller Besorgniß um ihn und die Erhebung zur sieghaften Freudigkeit seines Glaubens für sie zuletzt zu einer Freundespflicht der Sympathie, auf die zu rechnen er durch seine Sympathie mit ihnen sich einen Anspruch erworben hat.

V. 15.

Das Ziel sittlicher Vollendung erscheint hier als der Zweck (nicht als die Folge, B.=Cr.) der in der Schlußermahnung (V. 12—14) geforderten Handlungsweise, wie 1, 10 als Zweck des den Philippern erflehten Wachsthums. Offenbar unberechtigt ist es, dasselbe ausschließlich mit V. 14 zu verknüpfen, wie schon Chr., Thph., Corn., Croc. und noch Myr., Wies. thun. Die hier als bezweckt hingestellte Reinheit steht zu der Warnung vor Murren und Bedenklichkeiten in keiner näheren Beziehung wie zu der allgemeinen Forderung eines ernsten Strebens nach dem Ziele der Heilsvollendung, geschweige denn daß die Tadellosigkeit der Warnung vor dem Murren, die Lauterkeit der vor den Zweifeln entspräche (Myr.).

Die meisten Ausleger finden in $\mathring{α}μεμπτοι$ die äußerlich sich kundgebende Tadellosigkeit vor Menschen, in $\mathring{α}κέραιοι$ die sittliche Lauterkeit (Anf., Dion., Ers., Clv., Grt., Corn., Croc. und noch Myr., Wies., Jth.). Allein diese Unterscheidung ist ganz willkührlich, es ist beides, wie die ähnlichen Prädicate 1, 10, vom Standpunkt des göttlichen Urtheils aus zu nehmen, wie $\mathring{α}μεμπτος$ auch 1 Thess. 3, 13 (vgl. 2, 10. 5, 23) steht und wie es sich bei $\mathring{α}κέραιος$ von selbst versteht (vgl. Grt., B.=Cr., v. Hng.), obwohl a. E. selbst dieses vom guten Rufe nimmt, und Art. die gewöhnliche Annahme gerade umkehrt ($\mathring{α}κέραιος$: keinen Anstoß gebend). Ein Unterschied liegt zwischen beiden Worten nur insofern, als das erste auf ausdrückliche Fehler hinweist, das zweite steigernd auch die leiseste Trübung der sittlichen Integrität durch unlautere Beimischung (Röm. 16, 19) negirt (vgl. Chr., der es mit $εἰλικρινεῖς$ 1, 10 identificirt, und Thdt., der auf Mtth. 10, 16 verweist). Will man eine speciellere Beziehung der Worte aufs Vorhergehende suchen, so entspräche ἄμεμπτοι dem V. 12, und ἀκέραιοι dem V. 14. Die wenig zutreffende Uebersetzung der Vlg. (simplices) hat Ausleger, wie Anf., Dion., zu falschen Erklärungen veranlaßt, wie Strr. sein stetes Spüren nach den Seitens der judaistischen Irrlehrer drohenden Gefahren.

Das zweite Prädicat, womit Paulus das Ziel ihrer sittlichen Vollendung bezeichnet, ist entlehnt aus Deuteron. 32, 5, wie seit Grt. wohl alle Ausleger bemerkt haben[1]). Dort wird das damalige Geschlecht als τέκνα μωμητά und zugleich als γενεὰ σκολιὰ καὶ διεστραμμένη bezeichnet, hier die Christen im Gegentheile als τέκνα ἀμώμητα inmitten einer solchen γενεά. Diese Entlehnung aus dem A. T. erklärt denn auch, daß der Begriff der Gotteskindschaft hier von einer etwas anderen Seite her gefaßt wird, als sonst bei Paulus. Freilich fanden schon Chr., Thph. hier den gewöhnlichen Begriff der Adoption, das aus Gnaden begründete neue Sohnesverhältniß im Gegensatze zum Knechtsverhältniß, indem sie noch immer speciell an die Antithese wider das Murren denken: der Sohn im Unterschiede vom Knechte murrt nicht, weil er ja für sein eigenes und für seines Vaters Interesse arbeitet. Allgemeiner erklärt Th. v. M., sie sollten untadlig sein, wie es sich für solche ziemt, die Kinder Gottes geworden sind, und so Clv., Pisc., Croc., Schlicht., a. E., u. a.; allein dieser Gedanke kann in der einfachen Adjectivverbindung nicht liegen. Und wenn Myr., Wief. erklären: Gottes Kinder sind sie durch die Adoption, sie sollen aber solche werden, an denen nichts auszusetzen ist, — so wird der Hauptnachdruck auf das Adjectiv gelegt, wozu die Stellung desselben nicht berechtigt. Hier, wo es sich um die Bezeichnung des sittlichen Zieles handelt, könnte unter der Gotteskindschaft nur die sittliche Wesensähnlichkeit mit Gott verstanden werden, wie Mtth 5, 45. So schon Plg., Haym. (obwohl in zu specieller Beziehung auf ἀκέραιοι, weil er der falschen Verbindung der Vlg. folgt), Lyr. und Dion. (welche die imitatio mit der adoptio verbinden), Corn.,

---

[1]) Die Rept. γίνησθε hat Tisch. statt der Lchm.'schen Lesart ἦτε wieder restituirt, ebenso ἀμώμητα für ἄμωμα, wie Paulus sonst hat (Eph. 1, 4. 5, 27. Col. 1, 22). Dagegen ist statt der Rept. ἐν μέσῳ, die offenbares Interpretament ist, mit Tisch. das überwiegend bezeugte μέσον anzunehmen, welches zu den Adverbien gehört, die so häufig mit einem Casus verbunden erscheinen, daß man sie geradezu als Präposition betrachten kann. Vgl. Win. § 54. 6. — Die Vlg. verbindet τέκνα unmittelbar mit dem Vorigen, was natürlich nicht angeht. Vgl. Bz. — An dem bildlichen Ausdruck: σκολιὰ καὶ διεστραμμένη, welcher „die ethische Abnormität versinnlicht" (Myr) in zwei synonymen Ausdrücken (Corn), die nur den Begriff verstärken (Croc.), haben Anf., Dion. u. a. gekünstelt, um willkührliche Unterscheidungen zu machen. (Vgl. auch Ith., der jenes in Bezug auf das äußere Leben, dieses in Bezug auf die Unlauterkeit des Herzens faßt.) — Unter der γενεά speciell Heiden (B=Cr.) oder Juden (Sbl.), wohl gar mit Einschluß judaisirender Christen (Strr., vgl. schon Haym.: infideles, haeretici, falsi Christiani) zu verstehen, ist ganz verkehrt, es sind die mali (Strb.) et infideles (Croc.), unter denen sie lebten, überhaupt.

Est. und de W. Allein noch unmittelbarer im Sinne der alttestamentlichen Redeweise, an die sich Paulus anlehnt, werden wir an Kinder denken, die tadellosen Gehorsam gegen ihren Vater beweisen, wie die τέκνα ὑπακοῆς (1 Petri 1, 14). Mit Recht bemerken Clv., Croc., Cal. gegen die falschen Consequenzen, die hieraus die Pelagianer für das sittliche Vermögen des Menschen zogen, daß dies hohe Ziel auf Erden immer nur angestrebt werden kann und erst im Jenseits vollkommen erreicht wird.

Die Gegenüberstellung des verkehrten Geschlechts hat nicht die Tendenz, an die Gefahren und Versuchungen zu erinnern, die von demselben ausgehen, wie Chr., Oec., Thph., Clv., Pisc., Cal. und noch Rhw. meinten, oder an die von dort drohende Feindschaft und Verfolgung (Schlicht.), sondern sie soll nur durch den Contrast die Hoheit und Herrlichkeit jenes sittlichen Zieles hervorheben. Darin liegt denn natürlich eine Empfehlung dieses Zieles (Myr.) und somit indirect eine Unterstützung der Ermahnung, welche auf Erreichung dieses Zieles abzweckt. Das haben aber viele Ausleger so mißverstanden, als solle damit überhaupt zur Erfüllung des Berufs ermahnt werden, den die Christen in der Gemeinschaft mit andern Menschen haben (vgl. Ans.: quia estis in medio nationis pravae, estote sine reprehensa), wie sich namentlich in der Auffassung des folgenden Relativsatzes zeigt[1]). Schon Chr., Plg. nemlich faßten denselben wesentlich als eine Aufforderung (vgl. Haym., Ans., Dion.) und Thph. erklärt das φαίνεσθε geradezu für einen Imperativ, und so auch Ers., Vtb., Clv., Bll., Bz., Schlicht., Strr., a. E., Rhw., B.=Cr., Jth., wobei wohl auf Matth. 5, 14—16 verwiesen wird. Dagegen behalten Vlg., Lth., Pisc., Grt., Wlf., Hnr. und fast alle Neueren mit Recht den Indicativ bei, während Art., Croc.

---

[1]) Die constructio ad sensum, wonach ἐν οἷς auf das Collectivum γενεά geht, bedarf keiner Erklärung. Vgl. Win. §. 21. 3. — Das ἐν κόσμῳ wird am einfachsten mit φαίνεσθε verbunden (Clv., de W. und schon Haym.: in hac vita) und letzteres bezeichnet dann, im ethischen Sinne genommen, die sündhafte, gottentfremdete Welt (Vng.), wie Röm. 3, 19. 1 Cor. 2, 12. 2 Cor. 5, 19. Daß das ἐν οἷς noch einmal in einer allgemeineren Vorstellung aufgenommen wird (de W.), hat keine Schwierigkeit; auch bezeichnet jenes mehr die Beziehung der Christen zu der γενεά (inter quos), dies ist rein local gedacht. Man kann es allenfalls auch eng mit φωστῆρες verbinden (Croc., Myr., Wief.) oder, um diese artikellose Verbindung zu vermeiden, φαίνονται ergänzen (Schlicht., v. Hng.). Dann ist κόσμος das Universum im physischen Sinne, wie 1 Cor. 7, 31. Eph. 1, 4. Aber man vermißt dann immer den Artikel vor φωστῆρες, und die richtige Fassung des φαίνεσθε spricht gegen die erste Verbindung nicht, wie Myr. meint. Firmament heißt κόσμος nicht, wie Rhw. mit Cleric. annimmt. — Das φαίνεσθαι ist nicht lucere, leuchten (so die meisten), das hieße φαίνειν; sondern es ist: in conspicuo esse (Ers., Corn.), erscheinen, zu Gesichte kommen (Myr.), und hier wahrscheinlich mit Anspielung auf das Aufgehen der Himmelslichter gebraucht, wovon es auch im classischen Griechisch häufig vorkommt. Im Verbum liegt also der Begriff des Erleuchtens keineswegs, aber auch nicht nothwendig in dem φωστῆρες (Myr.: Lichtgeber), da dies auch nur Bezeichnung der Lichtträger, der Himmelslichter sein kann, und dem Context ist diese Seite des Bildes ganz fremd.

u. a. die dignitas und das officium der Christen zugleich ausgedrückt finden. Die hohe Stellung der Christen inmitten der unchristlichen Welt, die ihnen bereits factisch zukommt (Eph. 5, 8), hat natürlich indirect etwas Antreibendes (Myr.: Paulus nimmt ihr christliches Ehrgefühl in Anspruch), oder besser etwas Verpflichtendes, sofern diese ihre Stellung auf den Besitz des Evangeliums begründet wird (V. 16), und der Apostel deutet darauf hin, um sie zur Verfolgung des im Vorigen genannten Zieles zu ermuntern (vgl. Cal., Est., Wies.). Nicht aber darf man diese dignitas erst als Resultat der Erfüllung seiner Ermahnungen ansehen, wie Bng. that und wohl schon Thdt., der denn auch das dann freilich unerläßliche Futurum ohne Weiteres dem Präsens substituirt.

Damit hängt denn auch die specielle Deutung des Bildes zusammen. Zunächst ist mit den meisten Auslegern daran festzuhalten, daß Paulus an die leuchtenden Himmelskörper denkt (vgl. Genesis 1, 14. 16) und nicht an Leuchter (Ers., Ew.), Lampen (Clv.), oder Fackeln auf einem Leuchtthurme (Bz., Corn.). Doch ist dabei wohl weniger an die Sonne, vor der der Sterne Licht verschwindet (Ambr.), oder an Sonne und Mond (a. E.), oder an alle Himmelslichter zugleich zu denken (Haym., Rsm., Hnr., Myr.), sondern an die Sterne vorzugsweise, nicht zwar, weil die Christen von Christo ihr Licht haben, wie diese von der Sonne (Art., Croc., Cal.), sondern wegen des durch den Context dargebotenen Gegensatzes der sie umgebenden Dunkelheit. So schon Chr., Oec.: Wie die Sterne im Dunkel der Nacht, so scheinen die Christen in der Finsterniß der Welt nur um so heller. Umfassender hat Strb. das Bild nach dem Vorgange Aug.'s ausgeführt: Wie die Sterne keine Dunkelheit der Nacht auslöscht, und was auch unter ihnen auf Erden geschieht, sie in ihrem Laufe nicht beirren, noch verzögern kann, so verhalten sich die Christen zu der sie umgebenden Welt. Doch wird bei beiden, namentlich durch Verweisung auf 3, 20, das Bild zu sehr ins Allegorische ausgemalt. Dagegen suchten die meisten, von dem Gedanken an den Christenberuf und der imperativischen Fassung des Verbums irregeführt, das tertium comparationis in der Lichtspendung und fanden die Erleuchtung der ungläubigen Welt (Thph.) durch Lehre und Exempel (Haym., Ans., Lyr., Dion.) angedeutet, selbst viele von denen, die die indicativische Fassung beibehalten (vgl. Mtth., Wies.).

V. 16.

Der Participialsatz bezeichnet entweder mehr die Voraussetzung, den Grund (Myr.), oder die Bedingung jener Würdestellung der Christen (Jth.), je nachdem man das Verbum mehr von dem einfachen Besitze oder von dem fortgehenden Festhalten des Evangeliums faßt. Chr. und seine Nachfolger nemlich nahmen das ἐπέχειν einfach für ἔχειν, oder κατέχειν: innehaben, im Besitz haben, und dabei müssen wir stehen bleiben

(Myr.), da die Bedeutung festhalten (= κρατεῖν, Lth., Art., Est., Bng., Wlf., Sdl., Hnr., a. E., B.-Cr., de W., Ew., Jth. und schon Vlg.: continentes), obwohl schon von den alten Lexikographen angeführt, nicht hinlänglich sicher ist. Dagegen empfahl sich denen, welche das tertium comparationis in der von den Christen ausgehenden Erleuchtung suchten, entweder im unmittelbaren Anschluß an das Bild von den Lichtträgern die von der localen Bedeutung der Präposition ausgehende, übrigens sehr zweifelhafte Fassung: sustinere, portare (Anf., Ers., Bll., Bgh., Clv.), oder in unmittelbarer Beziehung auf die erleuchtende Thätigkeit die allerdings statthafte Bedeutung: praetendere, praebere, hinhalten, darbieten (Bz., Pisc., Croc., Grt., Rsm., Rhw., Mtth., v. Hng., Wies.). Beide fallen aber mit jener contextwidrigen Anwendung des Bildes[1]).

Ganz wunderlich erklärt Chr. den λόγος ζωῆς durch σπέρμα oder ἔνεχυρα ζωῆς, als ob gesagt werden soll, daß sie das Lebensprincip in sich haben (vgl. besonders Thph.), und darauf kommt auch die Erklärung von Strr., Fl. heraus (vitae loco esse, die Stelle des Lebens oder des belebenden Princips einnehmend), die zwar schon die Peschito hat, die aber mindestens gegen allen neutestamentlichen Sprachgebrauch ist. Dagegen versteht es schon Thdt. von dem Leben schaffenden Worte des Evangeliums, und ihm sind die meisten Ausleger gefolgt (vgl. Bll., Bz.: verbum vivificum) bis auf Myr., Ew., Jth. Allein dies ist gegen die Analogie der ähnlichen paulinischen Ausdrücke, in denen der Genitiv bei λόγος den Inhalt des Wortes bezeichnet (Col. 3, 16. 1 Cor. 1, 18. 2 Cor. 5, 19). Es ist also das Wort vom Leben, wie Art. und Schlicht. richtig erkannt haben, nur daß weder mit ersterem unter der ζωή Christus selbst, noch mit letzterem das ewige Leben zunächst zu verstehen ist, sondern contextgemäß die ζωή im sittlichen Sinne, d. h. das wahre Leben, welches der Christ in der Gemeinschaft mit Christo führt (vgl. Röm. 6, 13. 8, 6. 10). Als Inhaber dieses Wortes vom Leben sind die Christen zugleich Lichtträger, weil die Erkenntniß des wahren Lebens, wie sie das Evangelium giebt, eben das einzig wahre Licht ist (vgl. 2 Cor. 4, 4, wo ebenfalls das Evangelium als erleuchtendes Princip erscheint). Es klingt die johanneische Idee von dem Wechselverhältniß der Begriffe Licht und Leben an, nur in mehr begrifflicher und weniger mystischer Fassung, als Joh. 1, 4, da nicht das Leben selbst, sondern das Wort vom Leben das erleuchtende Princip ist. In ähnlicher Weise erscheinen die Begriffe von ζωή

---

[1]) Nur eine andere Fassung der Bedeutung: festhalten ist es, wenn Thbt. ἐπέχειν für προσέχειν nimmt mit Berufung auf 1 Tim. 4, 16, wo es aber den für diese Bedeutung unerläßlichen Dativ bei sich hat. — Das Particip schließt sich natürlich an φαίνεσθε an (vgl. Vlg., Ers., Lth.) und nicht an φωστῆρες, wie es noch Bz., Croc., Est. für möglich hielten. Nicht nur macht die richtige Beziehung des ἐν κόσμῳ dies sprachlich unmöglich, sondern auch sachlich paßt der Inhalt des Participialsatzes durchaus nicht zu dem bildlichen Ausdrucke.

und φῶς auch eng zusammengehörig Eph. 4, 18 und besonders in der Art, wie das Heidenthum nicht nur als Stätte des σκότος (2 Cor. 6, 14. Röm. 2, 19. 1 Thess. 5, 4. 5), sondern auch als Stätte des θάνατος (Col. 2, 13. Eph. 2, 1) dargestellt wird. — Wie die ganze Ermahnung 1, 27 davon ausgegangen war, daß sie des ihnen verkündeten Evangeliums von Christo würdig wandeln sollen, so schließt sie damit, daß das Ziel ihrer Entwickelung sein soll, daß sie immer vollkommener ihre christliche Stellung der Welt gegenüber, die ihnen der Besitz des Evangeliums von dem neuen Leben zuweist, zur Geltung bringen, d. h. aber eben, daß sie dem Evangelium Ehre machen. Und dieses Evangelium ist es, das Paulus ihnen gebracht hat und auf das sein Verhältniß zu ihnen sich gründet (1 Cor. 4, 15).

Damit ist aber der Apostel zu dem Ausgangspunkte seiner Ermahnung überhaupt zurückgekehrt. Die Rücksicht auf ihn (1, 27), auf seine Freude (2, 2), auf den Gehorsam gegen ihn (2, 12) war es, auf die er für die Befolgung seiner Ermahnungen provocirt hatte. So schließt er denn auch jetzt damit, daß die Erreichung des den Philippern V. 15 vorgehaltenen Zieles ihm zum Gegenstande des Ruhmes gereichen werde, worin für die Leser ein nicht unkräftiger Antrieb zum Erstreben jenes Zieles liegt. Nach dem, was zu 1, 26 über den Begriff des καύχημα erörtert ist, bedarf es kaum der Auflösung des scheinbaren Widerspruchs, den Clv. zwischen unserer Stelle und 1 Cor. 1, 31. 2 Cor. 10, 17 findet. Die triumphirende Freude über den Erfolg seines Wirkens[1]) schließt das Bewußtsein, daß dieser ganz und gar ein Gnadengeschenk Gottes sei, nicht aus. Gegenstand dieses Rühmens ist die Verwirklichung des den Lesern V. 15 vorgesteckten Ideals schon jetzt und nicht erst am Tage Christi (2 Cor. 1, 14), wie so viele Ausleger es nehmen, indem sie εἰς ohne Weiteres für ἐν nehmen (so schon die Väter, Vlg., Lth., Bz., Pisc.,

---

[1]) Das ὅτι ist einfach „weil" zu übersetzen (Vlg., Clv., Strr.), wie es wohl auch die griech. Väter nahmen mit Ausnahme von Thph., der, wie Bll., Bz., Croc. und fast alle Neueren, darin den Gegenstand des Rühmens fand. Allein der Gegenstand des Rühmens ist ja eben die V. 15 bezeichnete Vollendung der Philipper, und der Satz mit ὅτι begründet nur, warum dem Apostel dieselbe zur triumphirenden Freude gereicht. — Das mit Nachdruck zweimal wiederholte εἰς κενόν, das schon Chr., Thdt. richtig durch μάτην wiedergaben (Gal. 2, 2. 1 Thess. 3, 5), ist der Sache nach eine Art Litotes oder Meiosis (Grt.: non sine copioso fructu), was Rhw., v. Hng. ohne Grund leugnen. — Das τρέχειν ist nicht das wirkliche Umherlaufen des Apostels von Ort zu Ort, von Land zu Land (Haym., Lyr.), sondern ein ursprünglich gewiß vom Wettlauf im Stadium hergenommenes Bild (vgl. Croc. und alle Neueren), das aber dem Apostel zur Bezeichnung seines apostolischen Amtslebens (Cal.) so geläufig geworden ist (Gal. 2, 2), daß ihm dabei kaum mehr das Bewußtsein dieses Bildes gegenwärtig ist. Das κοπιᾶν dagegen ist nicht blos Erklärung des Bildes (Strr.) oder reines Synonymon (a. E.), sondern eine Steigerung des Begriffs, indem es das Mühevolle seiner Amtswirksamkeit hervorhebt. (Vgl. 1 Cor. 4, 12). So Grt., Cal., Wief. und in eigenthümlichem Sinne schon Anf., der jenes von den leichten, dieses von den schwereren Bekehrungen versteht, während Haym., Dion. in letzterem mehr das Anhaltende finden.

Croc., Corn., Grt., Hnr., a. E. u. a.). Aber des Apostels Freude ist schon jetzt auf den Tag Christi hin (vgl. 1, 10) gerichtet, wo ja die sich als fruchtbar bewährende Arbeit ihren Lohn empfangen wird (1 Cor. 3, 14. Vgl. Th. v. M., Bgh.). Zwar bemerkt Clv. mit Recht, daß die treue Arbeit an sich gekrönt wird (1 Cor. 4, 2), auch wenn sie ohne Erfolg geblieben ist und daß Gott in dem Erfolge eigentlich nur seine eigene Gabe krönt; allein eben diese Gabe des Erfolges ist ja dem Apostel schon jetzt ein Zeichen, daß Gott seine Arbeit wohlgefällig ansieht, und damit eine Bürgschaft, daß sie einst ihren Lohn empfangen wird. Mit Unrecht denken Haym., Lyr., Dion. das augmentum gloriae, das der Apostel hofft, erst durch die merita und das praemium der Schüler vermittelt, und noch Clv. meint, die Erwähnung des Tages Christi solle den Lesern den im Gerichte zu empfangenden Lohn vor Augen stellen; aber diese Reflexion liegt dem Zusammenhange unserer Stelle ganz fern.

V. 17.

Die Gedankenverknüpfung giebt im Wesentlichen Chr. richtig an: ich habe immer mich zu rühmen, aber wenn ich auch sterbe, so freue ich mich doch; nur tritt dabei der durch $ἀλλά$ markirte Gegensatz nicht recht hervor. Dieser beruht nemlich darauf, daß die vorige ganze Ermahnung, die ja durch die Rücksicht auf ihn motivirt war (1, 27. 2, 2. 12), sowie das in V. 16 genannte Ziel ihrer Befolgung ihn als Abwesenden zwar, aber doch als am Leben bleibenden (Myr.), ihrer Fortschritte sich freuenden voraussetzt; womit aber weder nothwendig ein Wiedersehen (Wies.) noch ein Erleben der Parusie (v. Hng.) gegeben ist. Indem nun der Apostel zeigt, wie selbst im entgegengesetzten Falle, daß es mit ihm zum Tode gehe, seine Freude doch ungetrübt bleibt, hebt er das Hinderniß fort, das bei der Ungewißheit über sein Schicksal einer ungestörten Freude an der fortschreitenden Vollendung der Philipper im Wege zu stehen scheint; denn offenbar nimmt das $χαίρω$ in unserem Verse sachlich das $καυχᾶσθαι$ in V. 16 ($καύχημα$) auf (vgl. Myr.). Insofern die Wegräumung eines solchen Hindernisses die Aussage in V. 16 noch bekräftigt, kann man in V. 17 eine Steigerung finden; nur muß man darüber nicht die gegensätzliche Bedeutung des $ἀλλά$ verwischen (Ambr., a. E.: igitur, ideoque; Lth., Rhw.: und; Clv., Bll., Bz.: quin etiam), die durch die eintretende neue Voraussetzung ($εἰ καί$) hinlänglich motivirt ist, oder die Steigerung in dem Fortschritte vom $κοπιᾶν$ zum $σπένδεσθαι$ finden (Hnr., Mtth. und schon Anf.), da jenes ja in V. 16 gar nicht der Hauptbegriff war. Nach Bll., Strr., Fl., Ew. kehrt die Rede zu 1, 26 zurück, und de W. will gar in dem $ἀλλά$ einen Gegensatz mit 1, 25 finden. So unmöglich ein solcher logischer Sprung ist, so unleugbar ist es doch auch, daß der Apostel zu den Reflexionen über sein persönliches Schicksal zurückkehrt, wie sie der Abschnitt 1, 19—26 enthielt, und damit zu diesem ersten Hauptthema seines Briefes, welcher den Besorgnissen der Philipper gegenüber seine freudevolle Stimmung darlegen sollte. Unrichtig ist es nur, darum die dazwischen liegenden Ermahnungen für eine Abschweifung zu halten (de W.), da der Apostel dieselben doch durch die Art, wie er 1, 26. 27 zu ihnen überleitet und wie er sie im Folgenden stetig motivirt, vollständig jenem Gesichtspunkt unterordnet. Er hatte 1, 25. 26 die Hoffnung ausgesprochen, er werde Behufs ihrer Förderung durch ihn am Leben bleiben, hatte diese Förderung aber als abhängig davon dargestellt, daß sie nun auch wirklich fortführen, ihm durch ihren Gehorsam Freude zu machen (1, 27. 2, 2. 12), damit sie ihm auch ferner zu triumphirender Freude gereichen könnten (2, 16). Wenn er nun daran anknüpft, daß diese Freude auch durch seinen Märtyrertod nicht getrübt werden kann, d h. eben durch den möglichen Fall, daß seine Hoffnung 1, 25 sich nicht realisire, so lenkt er allerdings sachlich zu seinem Hauptthema zurück, doch in unmittelbarer Anknüpfung an das zunächst gesagte, das, weil es eben jenem Grundgedanken nicht fremd war, keineswegs in Gedanken übersprungen werden durfte. Wie genau V. 16 die Rückführung zu 1, 27 anbahnt, haben wir zu diesem Verse gezeigt. (Vgl. S. 183) Damit ist zugleich der Zweck, zu dem er den Fall seines Todes noch einmal zur Sprache bringt, hinlänglich angedeutet. Er will die um sein Schicksal besorgten Philipper beruhigen und zur gleichen Freude mit ihm erheben, wie schon die griechischen Väter bemerken (vgl. Pisc.), nicht aber will er, wie sie hinzufügen, sie die Herrlichkeit des Märtyrerthums lehren (Chr., Thdt.) oder ihnen die Pflicht einschärfen, dabei standhaft zu bleiben (Art.). Daß es keineswegs nothwendig ist, hier an den Tod in einer zweiten Gefangenschaft zu denken (vgl. Strr., Fl.), folgt aus der richtigen bedingungsweisen Fassung der in 1, 25 ausgesprochenen Zuversicht[1]).

---

[1]) Das ἀλλά steht, wo eine Gedankenreihe durch einen Einwurf oder eine Correction unterbrochen wird. Vgl. Win. §. 53. 7. a. — Das εἰ καί: gesetzt auch, daß ꝛc., macht den gesetzten Fall wahrscheinlicher als καὶ εἰ: selbst das gesetzt, daß ꝛc. (Myr.) — Die Präposition ἐπί gehört zu σπένδομαι und nicht zu χαίρω, wobei der biblische Ausdruck willführlich zerrissen wird und der präpositionelle Zusatz durch seine Voranstellung ein ungerechtfertigtes Gewicht erhält. Ich kann diese verkehrte Fassung bei Chr., der oft dafür angeführt wird, nicht finden, wohl aber schlägt sie Phot. bei Oec. vor und Haym. hat sie. Auch Hnr führt sie noch an und auf ihr beruht die Fassung der θυσία καὶ λειτουργία von dem an den Apostel gesandten Geschenke. Die Präposition selbst fassen schon Th v. M., Thdt wie ὑπέρ: um willen (Vtb., Cast., Ers., Clv., Bll., Pisc.); die Vlg. übersetzt supra (Lth.: über) und so im localen Sinne nehmen sie noch Hnr., v. Hng.; aber die Trankopfer wurden nicht über die Opfer ausgegossen und zu λειτουργία paßt diese Bedeutung ohnehin nicht. Das einfachste ist, es von dem Hinzutreten zu etwas Vorhandenem (Win. §. 48. c. b), von einem additamentum (Bz) zu nehmen, was schon Chr. that und die meisten Neueren. Nur Myr. will „bei" übersetzen, weil er gegen den sonstigen Sprachgebrauch des Apostels (Röm 12, 1. 1 Cor. 10, 18. Eph. 5, 2. Phil. 4, 18) θυσία vom Opferacte nimmt Die Zusammenstellung mit λειτουργία erfordert dies keineswegs, vielmehr wird letzteres dadurch ziemlich über-

Das Bild, unter welchem der Apostel sein Martyrium darstellt, haben schon die griechischen Väter richtig erkannt. Sich selbst oder vielmehr sein vergossenes Blut (Th. v. M.) denkt er als eine σπονδή, ein Trankopfer, wie es als Zugabe zu den blutigen Opfern ausgegossen ward (Chr., Oec., Thph., vgl. Num. 28, 7. 15, 4 ff.). Nur Thdt. scheint die specielle Beziehung auf das Trankopfer außer Acht zu lassen, ohne daß er darum an die heidnische Sitte der Opferweihe durch Weinlibationen denkt, wie Schlicht. Ebenso übersetzt schon die Vlg. einfach immolor (Lth.), und Clv. denkt dabei an die Bundesopfer, weil der Tod des Apostels für den Glauben der Philipper bekräftigende Bedeutung habe, ein Gedanke, der noch bei Bz., Corn. hindurchklingt, obwohl sie das Bild richtig erklären. Das Opfer selbst aber sind nicht die Philipper (Chr., Dion., Clv., Bll., Art., Wlf., auch nicht die gläubig gewordenen Bz., B.=Cr.), sondern wie schon Oec. verbessert: ihr Glaube (Th. v. M., Schlicht.), wobei ähnlich wie 1, 24 die Philipper nur für alle Christen genannt sind, weil mit ihnen gerade gehandelt wird (vgl. Thdt., Hnr., v. Hng., Myr.). Bei dieser Opferdarbringung des Glaubens der Philipper aber fungirt Paulus als Priester, der den gottesdienstlichen Act der Glaubensdarbringung (λειτουργία) vollzieht. Vgl. Röm. 15, 16, worauf schon Bll., Bz. verweisen.

Für den Gegenstand seiner Freude erklären Chr. und seine Nachfolger den Opfertod des Apostels, für den Gegenstand seiner gemeinsamen Freude mit den Philippern die Opferdarbringung ihres Glaubens, und so Clr., Zgr., Est., Bng., ja im Wesentlichen auch noch Hnr. und Ith. Diese ganz unhaltbare verschiedene Beziehung der beiden Verba hob schon Thdt. auf, indem er Beides von dem Opfertode um ihres Glaubens willen nahm, über dessen Ehre er sich freue

---

flüssig, da ja bei der Opferdarbringung eines fremden Glaubens Paulus nur der Priester sein kann, während doch die Rede von dem Opfer, das mit dem Glauben der Philipper gebracht wird, passend zu dem von dem Apostel dabei verrichteten gottesdienstlichen Acte fortschreitet. (Vgl. Mtth., de W., Wies. und in Betreff des letzteren schon Clv., Bz., Croc., Corn. u. a.) Der Genitiv τῆς πίστεως ὑμῶν, der zu den beiden durch einen Artikel verbundenen Substantiven gehört (weshalb es mindestens ungenau ist, von einem Opfer der Philipper selbst zu reden), ist beidemal gen. obj.; der Glaube ist das Opfer, das geschlachtet und priesterlich von dem Apostel Gott dargebracht wird, ohne daß man darum mit v. Hng. zu λειτουργία noch einmal θυσίας ergänzen dürfte. In umgekehrter Weise wie Myr. verwischte den Unterschied beider Begriffe schon Th. v. M. und die Vlg. mit ihrem obsequium fidei, wobei dann beides als ein von den Philippern dargebrachtes Opfer betrachtet ward (Bgh., Hnr. und noch Ith.). Strr. will gar aus beiden ein Hendiad. machen. — Schon die Vlg. übersetzt das συγχαίρω: congratulor und ihr folgen Bz., Grt., Croc., Schlicht., Strr., Fl., Rhw. und noch Myr. Allein die griechischen Väter, Haym., Lth., Clv., Bll., Corn. und neuerdings Mtth., v. Hng., de W., Wies., Ew., Ith. sind mit Recht bei der nächsten Wortbedeutung stehen geblieben, die jedenfalls den paulinischen Sprachgebrauch allein für sich hat. Vergl. 1 Cor. 12, 26. 13, 6. Das Bedenken, das Myr. dagegen aus V. 18 erhebt, erklärt sich aus der richtigen Fassung dieses Verses.

(vgl. Grt.), und zu dem, als einem ehrenvollen für sie, er ihnen Glück wünscht (Myr.). Dagegen hob schon Ambr. mehr die segensreiche Wirkung seines Todes für die Philipper hervor, und dieser Auffassung sind die meisten Ausleger gefolgt, nur daß einige bei dem $\chi\alpha\iota\rho\omega$ mehr an den Segen denken, der ihm selbst aus dem Märtyrertode erwächst (Lyr., Bz., Pisc., Croc., Strr., Fl., Rhw.), andere bei Beidem an den Vortheil für das Evangelium (Clv., Corn., Schlicht., Rsm., a. E., Mtth., de W.). Allein dieser Gedanke ist dem Contexte durchaus fremd, wie Myr. richtig erkennt, ebenso aber freilich der von ihm supponirte Gedanke an die Ehre des Märtyrertodes für ihn und die Philipper. Ja, der Tod selbst kann überhaupt nicht Gegenstand des $\chi\alpha\iota\rho\omega$ sein, wenn man nicht dafür mit Grt., Rsm. willkührlich das Futurum substituiren will, was auch Schlicht. schon gefühlt hat; vielmehr handelt es sich um seine gegenwärtige Freude, die auch durch den Tod nicht aufgehoben werden kann, und das ist nach B. 16 lediglich die Freude an der fortschreitenden Vollendung der Philipper. So ganz richtig schon Plg. und vorschlagsweise Phot. bei Oec. (vgl. Dion., auch Wies., Ew., die wenigstens die falsche Bestimmung des Objects der Freude aufgeben, wenn sie auch die richtige nicht haben). Will man nicht bis V. 16 zurückgehen, so kann man die Förderung der Philipper ja auch bildlich in der Darbringung ihres Glaubens ausgedrückt finden. Die falschen Auffassungen sind daraus entstanden, daß man die Frage, warum auch der eintretende Fall des Todes seine Freude nicht trüben könne, — auf welche lediglich in der Art, wie Paulus seinen Tod hier als eine Zugabe zu dem Opfer seines Lebens darstellt, indirect die Antwort liegt — mit der ganz andern verwechselt hat, um welche Freude es sich in diesem Zusammenhange allein handelt. Erst bei der richtigen Auffassung hat auch das $\sigma\nu\gamma\chi\alpha\iota\rho\omega\ \pi\tilde{\alpha}\sigma\iota\nu\ \dot{\nu}\mu\tilde{\iota}\nu$ seine passende Stelle; denn eine Freude der Philipper über seinen Tod kann der Apostel in keiner Weise voraussetzen, und für ein Glückwünschen zu demselben liegt weder sprachlich (siehe die Anm.), noch in dem Contexte eine Veranlassung vor. Dagegen ist es natürlich, daß die Philipper ihrer fortschreitenden Vollendung sich freuen und der Apostel also seine Freude daran als eine Mitfreude mit ihnen bezeichnet, wobei denn auch das $\pi\tilde{\alpha}\sigma\iota\nu\ \dot{\nu}\mu\tilde{\iota}\nu$ erst, entsprechend der ähnlichen Hervorhebung dieses $\pi\acute{\alpha}\nu\tau\varepsilon\varsigma$ 1, 25. 4. 7. 8, seine passende Bedeutung erhält.

V. 18.

Der Gegenstand der Freude, zu welcher der Apostel die Leser auffordert, soll nun nach Chr., Plg., Clv., Corn., Croc., Schlicht., Fl., Hnr., Rhw. ebenfalls der Tod des Apostels sein oder doch die segensreichen Folgen desselben (vgl. auch Mtth., de W.). Aber diese Deutung fällt mit der richtigen Fassung des vorigen Verses, wie denn auch Myr. Recht hat, daß die Erklärung des $\sigma\nu\gamma\chi\alpha\iota\rho\omega$ V. 17 durch congaudeo damit unverträglich ist, weil der Apostel sie nicht zu einer Freude auffordern kann, die er bereits mit ihnen theilt. Nur muß man deshalb nicht die einfache Interpretation des συγχαίρω, sondern die falsche Auffassung unseres Verses verlassen. Oec., Thph., Est., Bng. und noch Jth. halten für den Gegenstand der Freude dieselben beiden Gegenstände wie B. 17, nur in umgekehrter Folge, so daß sich das χαίρω auf die Darbringung der Philipper oder ihres Glaubens, das συγχαίρω auf sein Selbstopfer bezieht. Auch hierbei aber kommt man über eine unerträgliche Tautologie nicht hinaus. Ans., Lyr., Dion. denken gar an ein gleiches Martyrium, das die Philipper treffen könnte (vgl. Art.). Soll es zu einem wirklichen Gedankenfortschritte kommen, so muß man die Meinung aufgeben — auf der noch Myr. nach seiner Auffassung des συγχαίρω besteht —, daß von derselben Freude die Rede sei, die Paulus nach B. 17 mit den Philippern theilt. Das τὸ αὐτό nöthigt dazu nicht[1]), und der Uebergang von seiner trotz dem drohenden Tode bleibenden Freude zu der allgemeinen freudigen Stimmung des Apostels, die er die Philipper zu theilen auffordert, liegt so sehr in der trostbringenden, aufmunternden Tendenz dieses ganzen Zusatzes, daß diese Auffassung allein dem Abschnitte einen treffenden Abschluß giebt. Die besorgten Philipper sollen froh sein und damit seine hohe, jede Eventualität seines Schicksals überwindende Glaubensfreudigkeit theilen (vgl. im Wesentlichen Wief. und Ew.). Die Schlußwendung, in welcher Paulus parem συμπάθειαν a Philippis postulat (Bz.), hat etwas unbeschreiblich Feines und Zartes. In ganz anderer Weise natürlich theilt er die Freude ihres Wachsthums, wie sie seine hohe Glaubensfreudigkeit nachahmend theilen sollen; aber der Apostel stellt in herzgewinnender Weise diese Pflicht der Nachahmung als eine Pflicht der Sympathie und als eine Gegengabe für die Sympathie, die er ihnen gezeigt hat, dar.

---

[1]) Obwohl χαίρω bei Paulus sonst nicht mit dem Accusativ construirt wird, so ließe sich doch das Pronomen αὐτό als Bezeichnung des Objects der Freude fassen nach Win. §. 32. 4. a. Anm. S. 203., und so nehmen es die Blg. (id ipsum), Lth., Clv., Bll., Grt., Schlicht., Rsm., a. E., Mtth., v. Hng. und Myr. Allein es fällt auf, daß das τὸ αὐτό sich auf ein direct gar nicht bezeichnetes Object beziehen soll, und bei der richtigen Fassung des συγχαίρω ist es ganz unmöglich, hier dasselbe Object zu denken, wie B. 17. Da nun nach Win. §. 32. 6 der Accusativ auch als freiere Artbestimmung gefaßt werden kann, so ist es das natürlichste, ihn auch hier so zu nehmen, also gleich ὡσαύτως. Vgl. Bz. (der κατά ergänzt), Croc., Strr., Hnr., Fl., Rhw., Hnr., B.-Cr., de W., Wief., Jth. — Gegen die ganz contextwidrige indicativische Fassung des χαίρετε (Ersk.) vgl. schon Clv., Bz.

IV. Die Sendung des Timotheus und die Rückkehr des Epaphroditus.

(Cap. II, 19—30.)

1. Von der Sendung des Timotheus.

(Cap. II, 19—24.)

Ich hoffe aber in dem Herrn Jesu, daß ich Timotheum Euch bald senden werde, damit auch ich erquicket werde, wenn ich erfahre, wie es um euch stehet. Denn ich habe keinen, der so gleiches Sinnes ist, daß er in echter Weise um Euch sorget; denn sie suchen alle das Ihre, nicht das Christi Jesu ist. Ihr aber wisset, daß er bewähret ist; denn wie ein Kind dem Vater hat er mit mir gedienet am Evangelio. Denselbigen also hoffe ich zu senden von Stund an, sobald ich absehe, wie es um mich stehet. Ich vertraue aber im Herrn, daß auch ich selbst bald kommen werde.

[V. 19.] Der Apostel hat die Philipper zur Theilnahme an seiner hohen, Alles überwindenden Freudigkeit aufgefordert, aber er wünscht nun auch seinerseits seine Freude dadurch zu erhöhen, daß er sich mit ihnen ihrer Förderung freut, die er ja als den Zweck seines Bleibens im Leben ansieht. Ihre Förderung aber wie seine Freude daran hängt davon ab, daß sie den Ermahnungen, die er ihnen für die Zeit seiner Abwesenheit gegeben, auch Folge leisten und ihm so die Erquickung in seiner Gefangenschaft zu bereiten suchen, welche derselben den letzten Schein einer traurigen Lage, der sie bisher um ihn bekümmert gemacht hatte, nehmen mußte. Wie stand es nun in dieser Beziehung in Philippi? Was hatten sie erlebt und wie hatten sie sich dabei verhalten seit der Zeit, daß Epaphrodit die letzten Nachrichten von ihnen gebracht hatte? Wie vor Allem, seit er in diesem seinem Briefe auf's Neue sie ermahnt, Gehülfen seiner Freude zu sein? Der Apostel sehnt sich nach Nachricht darüber, und darum will er ihnen den Timotheus senden, damit er durch ihn erfahre, wie es um sie steht und — wie er in vertrauensvoller Zuversicht voraussetzt — in Folge dessen erquickt und fröhlichen Muthes werden könne. Freilich hängt die Ausführung dieser Absicht noch von Umständen ab, die nicht in seiner Gewalt sind, aber in dem Herrn Jesu, in dessen Gemeinschaft wie all sein Leben so auch all sein Hoffen wurzelt, findet er den Grund zu hoffen, daß es bald werde geschehen können.

[V. 20.] Warum aber will er gerade den Timotheus senden, der ihm doch so theuer war und den er so schwer entbehrte? Der Apostel antwortet darauf, indem er, nicht ohne Klage und Anklage, uns mit ihm Umschau halten läßt in dem Kreise der ihn umgebenden Freunde und Gehülfen. Keinen nemlich hat er in diesem ganzen Kreise, der eine gleiche Gesinnung hat wie Timotheus, dessen liebevolle Fürsorge für die philippische Gemeinde in der reinen, selbstlosen Liebe zu der Sache Christi wurzelt. Und doch konnte nur einer, der so in echter Weise um ihr Ergehen besorgt war, einen so mühevollen und doch für den Vollstrecker so wenig dankbaren Auftrag übernehmen, und wirklich an Ort und Stelle mit den Augen des Apostels Alles so sehen, daß er in seinem Sinne über die dortigen Zustände Bericht erstatten konnte.

[V. 21.] Sollte denn aber wirklich keiner außer dem Timotheus diese Bedingung erfüllen? Nein; denn sie alle, die bei dieser Sache in Frage kommen konnten, weil sie zu einer Sendung überhaupt bereit waren und der nothwendigen Bekanntschaft mit der philippischen Gemeinde insbesondere nicht entbehrten, sie alle hatten das Eine nicht, was allein ein solches echtes Interesse für die Gemeinde erzeugen konnte, den ganz selbstlosen Eifer für die Sache Christi. Sie suchten noch das Ihre; bei all ihrem christlichen Eifer für die Sache des Evangeliums konnten sie doch im tiefsten Grunde des Herzens nicht los von dem letzten Gebundensein an das eigene Interesse, das sie in ihren Bemühungen für die Sache Christi hemmen und ihren Eifer trüben mußte. Und wo es, wie hier, eine Aufgabe galt, deren Erfüllung dem eigenen Interesse nichts versprach, sondern nur Opfer zumuthete, da konnten und wollten sie nicht eintreten. Darum muß der Apostel klagen, daß sie nicht suchen das, was Christi Jesu ist, weil ein Hintansetzen dieses höchsten Interesses hinter das eigene doch immer noch zeigt, daß im tiefsten Grunde des inneren Lebens dieses, und nicht jenes die treibende Macht ist.

[V. 22.] Daß dies aber bei Timotheus nicht der Fall sei, dafür kann sich der Apostel auf die eigene Erfahrung der Leser berufen, die sie einst, als Paulus noch mit ihm in Philippi wirkte, selbst von seiner Bewährtheit gemacht hatten. Sie mußten ja wissen, wie er sich damals bewährt hatte; denn so selbstlos, wie ein Kind seinem Vater und so ganz hingegeben an die Sache Christi, hatte er mit dem Apostel seinem Herrn und Meister gedient in dem Wirken für die evangelische Verkündigung.

[V. 23.] Diesen so bewährten Gehülfen also hofft Paulus bald senden zu können, unverzüglich nemlich, sobald er den Gang seiner Angelegenheit und ihre nahe bevorstehende Entscheidung abzusehen vermochte. Denn von dieser mußte es ja abhängen, ob er die Gegenwart seines Timotheus noch würde entbehren können, und darum freilich muß seine Sendung immer noch Gegenstand bloßer Hoffnung bleiben, deren Erfüllung in des Herrn Hand steht.

[V. 24.] Aber damit, daß er den Timotheus zu senden hofft, soll die Aussicht, daß auch er selbst bald zu ihnen kommen werde, keineswegs aufgegeben sein. Sicherer vielmehr als jene seine Hoffnung auf die Sendung des Freundes, die er nur um der eigenen Erquickung willen beabsichtigte, ist ihm dieses in seiner Gemeinschaft mit Christo, dem Herrn, wurzelnde und darum durch diesen selbst entzündete und befestigte Vertrauen auf seine persönliche Wiederkunft zu ihnen, welche dem wahren Wohl der Gemeinde des Herrn dienen sollte.

V. 19.

Die Anknüpfung dieses neuen Abschnittes an das Vorige wird verschieden gefaßt je nach dem, was man als den Zweck der Sendung des Timotheus betrachtet. Wenn Chr. meint, derselbe werde den Philippern zum Trost alles bestätigen, was Paulus über seine Lage in Rom gesagt habe (vgl. auch Mtth.), so bemerkt er selbst, daß sie das ja auch von Epaphrodit hören konnten, und Mittheilungen über den Apostel also nicht der Zweck seiner Sendung sein könnten. In V. 23 ist aber die definitive Entscheidung über sein Schicksal nicht als das von Timotheus zu Ueberbringende (Rsm.), sondern als die Bedingung seiner Sendung bezeichnet, und bildet dieselbe schon darum nicht in dem Maße den Hauptgedanken, daß der Apostel sie bei dem durch δέ markirten Gegensatze gegen seine frühere Ungewißheit über sein Schicksal (Bng., Hnr.) im Blicke gehabt haben sollte. Thdt. sieht die Sendung als einen Liebesbeweis des Apostels an, der sich des Einzigen, der ihn tröstete, entäußerte um ihres Nutzens willen (vgl. Aug., Grt., a. E., Fl., Rhw., Mtth., Wies.). Aber nicht alle Ausleger, die sie als einen solchen Liebesbeweis fassen, haben es sich klar gemacht, daß damit die ganze Sendung als eine um der Philipper willen zu ihrer Förderung unternommene dargestellt ist (vgl. Bll., Hnr., v. Hng., Jth.). Dagegen spricht dies bereits Th. v. M. deutlich aus, und Ansf., Lyr. denken dem gemäß den Uebergang so, daß Paulus nicht nur schriftlich, sondern auch durch Timotheus mündlich sie ermahnen wolle, weshalb er, wie Art. hinzufügt, nicht weitläufiger sein dürfe. Clv., Pisc., Croc. fanden in der Sendung des apostolischen Gehülfen speciell eine Verwahrung wider die Irrlehrer und Lehrstreitigkeiten, während Cal. in dem Timotheus einen förmlichen Visitator sieht, und noch de W. in dem ὑμῖν ausdrücklich den Nutzen angezeigt findet, den die Philipper von seiner Sendung haben sollten[1]). Allein der Context enthält doch von dem allen nichts. Ausdrücklich ist die Erquickung des Apostels durch die Nachrichten, welche er von Timotheus über den Stand der Gemeindeangelegenheiten zu erhalten hofft, als einziger Zweck seiner Sendung hingestellt (Thph., Dion.), und durch das καί ist diese seine Erquickung als eine ähnliche bezeichnet wie die, welche sie durch die Nachrichten seines Schreibens über seine Lage erhalten, was auch die meisten Ausleger von Chr., Thph. bis Myr., Wies. richtig erkannt haben. Nur einzelne wie Est., Bmg. beziehen das καί auf die als selbstverständlich verschwiegene (!) Freude, welche die Philipper an der

---

[1]) Das ὑμῖν nahm schon Croc.: ipsorum bono und so nach Bng., Bmg. noch de W. als dat. commodi. Allein aus 1 Cor. 4, 17. Phil. 4, 16. 2 Thess. 2, 11 erhellt, wie der Dativ nach πέμπειν einfacher Dativ des entfernteren Objects sein kann (Myr.: Dativ der Relation), was denn sachlich allerdings auf das πρὸς ὑμᾶς (v. Hng.) hinauskommt. — Nicht unrichtig bemerkt Bz., daß das εὐψυχῶ von einem confirmari in alacritate animi zu verstehen ist, da es dem Apostel ja an der Herzensfreudigkeit nicht fehlt. — Das τὰ περὶ ὑμῶν bezeichnet Eph. 6, 22. Col. 4, 8 zunächst die äußere Lage, die aber für den Apostel allerdings nur nach dem Verhalten der Philipper darin in Betracht kommt. — Zu dem ἐλπίζω ἐν κυρίῳ bemerken Chr., Plg., Dion., daß der Apostel auch diese Sendung wie alles, was er thut, in des Herrn Hand legt, und von ihm die Ermöglichung derselben hofft. Doch weist das ἐν κυρίῳ nicht sowohl darauf hin, daß Christus ihm zur Ausführung verhelfen wird, wie Grt., Schlicht., Wlf., Rsm., a. E., Hnr., Rhw. es nehmen, als vielmehr darauf, daß sein Hoffen selbst wie jede Lebensthätigkeit des Christen in seiner Gemeinschaft mit Christo wurzelt, in ihm ursächlich beruht (Croc., Mtth., Myr., Wies.), wodurch dann freilich Christus zugleich der Grund seines hoffenden Vertrauens ist (vergl. Th. v. M. zu B. 24, Pisc., Sdl., de W.). Ebenso B. 24 und 29.

Ankunft des Timotheus haben, oder auf die Freude, die Epaphrodit und die geförderten Christen in Philippi an den Fortschritten der Schwächeren empfinden würden (Strr.). Alle aber, welche die Sendung mehr als zum Besten der Philipper geschehen nehmen, müssen bei der vom Apostel gehofften Erquickung an die Resultate der Wirksamkeit des Timotheus in Philippi denken (Th. v. M., Strr., v. Hng., Ith.) — Freilich hatte der Apostel durch Epaphrodit bereits Nachrichten empfangen; allein schon Chr. bemerkt mit Recht, daß dieser ja wohl durch seine Krankheit länger aufgehalten war, und daß es nur ein um so größeres Zeichen seiner Liebe ist, je weniger der Apostel auch nur kurze Zeit in Ungewißheit über ihre Verhältnisse bleiben wollte (vgl. Croc., Bmg.). Dazu kommt, daß ja bis zur Sendung des Timotheus immer noch einige Zeit verstreichen mußte und ebenso bis zu seiner Ankunft in Philippi. Es kann sich nur fragen, ob Paulus mehr an die nach 1, 28—30 sicher nicht ungefährdete äußere Lage der Philipper denkt, worauf jene Parallele mit den Nachrichten über ihn sowie der Ausdruck zunächst führt, oder an ihren inneren Zustand, worauf die meisten Ausleger hindeuten, die sich darüber näher erklären (vgl. Thph., Plg., Haym., Clv., Corn., Croc., v. Hng., Wies.). Es dürfte aber beides nach 1, 27. 28 schwerlich zu trennen sein, und die gute Zuversicht, mit der Paulus den zu erhaltenden Nachrichten entgegensieht, erklärt sich am besten daraus, daß er gemäß der guten Meinung, die er nach dem ganzen Briefe von den Philippern hegt (vgl. Croc.), zumal in Folge der durch Epaphrodit in diesem Schreiben überbrachten Ermahnungen, von ihnen nur Gutes über ihr Verhalten zu hören hofft, was auch immer sie von außen her treffe. Was dies sei, konnte dann nach seinen 1, 19. 20 ausgesprochenen Gesinnungen ihm relativ gleichgültig sein.

Ist so die Erquickung, welche der Apostel durch die Nachrichten über das Wohlverhalten der Christen in Philippi hofft, der Zweck dieser Sendung, so kann die Hoffnung auf dieselbe durch das δέ nicht der V. 17 ausgesprochenen Todesahnung entgegengesetzt sein, wie Sdl., Fl., Mtth., v. Hng., Myr., Ith. annehmen, sondern nur der in V. 18 ausgedrückten Aufforderung zur Theilnahme an seiner Freudigkeit in Allem, was ihn trifft. Der Gedanke kehrt damit zu dem Gegensatze zurück, den dieser Vers bereits in der zweiten Hälfte von V. 17 hatte. Sie sollen nach dem Vorbilde der in seinem Briefe ausgedrückten Freudigkeit sich freuen und mit ihm freuen; aber er hofft auch bald Gelegenheit zu bekommen, die Freude an ihnen, die ja wiederholt (2, 2. 16) von ihrem Fortschreiten auf der betretenen Bahn abhängig gemacht war, auf Grund der durch Timotheus zu empfangenden Nachrichten aufs Neue in reicherem Maße zu genießen und sich so mit ihnen ihrer Glaubensförderung zu freuen. Dieses ist der nächste Anschließungspunkt für das Folgende. Daraus aber erhellt denn auch, wie diese Besprechung der Sendung des Timotheus keineswegs zu den externis gehört, dergleichen in den Briefschlüssen von dem Apostel nachgebracht zu werden pflegen (Hnr., Ew.), sondern daß sie aufs engste mit dem Vorigen und mit dem Hauptthema dieses ersten Theils zusammenhängt. Nicht zwar, als wolle Paulus die liebende Fürsorge für die Gemeinde, die er in seinen Ermahnungen gezeigt, in dieser Sendung fortsetzen (Wief.), deren Resultat ja zunächst ihm und nicht ihnen zu Gute kommen soll, sondern sofern seine Ermahnungen nach 2, 2 nur dazu beitragen sollten, seine Freude zu fördern. Denn nun lag es ja in der Hand der Philipper, ihm in seiner Gefangenschaft die höchste Freude und Erquickung zu bereiten, und wenn sie bisher um seine, wie sie meinten, traurige Lage bekümmert gewesen waren, so hatte er nicht nur alle vermeinten Gründe dieser Bekümmerniß gehoben (Theil II), sondern er giebt auch seinen Ermahnungen für die Zeit seiner Abwesenheit (Theil III) nun die feine und zarte Wendung, daß er ihnen durch die Sendung seines Gefährten Gelegenheit bieten will, selber ihm seine jetzige Lage zu einer freudevollen zu machen durch die Nachrichten, welche Timotheus von ihrem Wohlverhalten bringen werde.

V. 20.

Da schon die griechischen Väter hier richtig den Grund angedeutet finden, **weshalb Paulus von seinen Gefährten allen gerade den Timotheus zu dieser Sendung auswählt**, ist es in der That auffallend, daß sie, sowie die überwiegende Mehrzahl der Ausleger bis auf de W., Myr., Wief., diesen Grund darin suchen, daß dieser Timotheus mit ihm, dem Apostel, gleichgesinnt sei, während doch der Context den Vergleich mit seinen anderen Gefährten, von denen keiner dem Timotheus gleichgesinnt ist (Clv., Bz., Schlicht.), so nahe legt und der exponirende Relativsatz nicht des Apostels Gesinnung gegen sie als Maßstab für dieses Urtheil hinstellt, sondern im Allgemeinen die Gesinnung beschreibt, welche er für diese Mission fordern muß[1].

---

[1] Wird das ἰσόψυχον, wie die Meisten thun, auf Paulus bezogen, so entsteht die Schwierigkeit, daß man οὐδένα übersetzen muß, als ob οὐδένα ἄλλον stände, wie noch v. Hng., de W. geradezu thun. Das τοιοῦτον und ὡς οὗτος, das die Griechen dem ἰσόψυχόν μοι hinzufügen, sowie das lam der Vlg. (vgl. Lth.), zeigt hinlänglich, wie sich auch bei der Beziehung auf Paulus immer wieder die Vergleichung mit Tim. hervordrängt, die sich aus V. 19 und dem Zwecke unseres Verses von selbst ergiebt, daher es unrichtig ist, mit Myr. zu behaupten, man könne nur aus dem Subject von ἔχω den zu vergleichenden ergänzen. — Das exponirende ὅστις (vgl. 1, 28) leitet nun die nähere Beschreibung der geforderten gleichen Gesinnung ein. Es kann darum μεριμνᾶν nicht von einem Besorgen der philippischen Angelegenheiten verstanden werden, wie es allerdings 1 Cor. 7, 32—34. 12, 25 vorkommt und von Ers., Btb. (res vestras curabit), Clv., Croc., Grt., Bng., Rfm., a. E., v. Hng., de W., Myr. auch hier genommen wird, weil man eben an die Ausführung der dem Tim. für Philippi gegebenen Aufträge dachte. Vielmehr ist es nur wie 2 Cor. 11, 28 von der fürsorglichen, theilnehmenden Gesinnung zu verstehen, welcher die Angelegenheiten des Anderen mehr als die eigenen am Herzen liegen, wie es schon Th. v. M. und Thph., sowie die Lateiner nahmen,

Ja es haben sich manche durch jene falsche Beziehung verleiten lassen, überhaupt mehr seine Freundschaft mit dem Apostel als seine Geeignetheit für diese Sendung hervorzuheben, wozu schon das unanimis der Vulg. verleiten kann. Nach Thdt., Plg. hat Paulus keinen sonst, der ihn tröstet, nach Art. keinen, der so ein Herz und eine Seele mit ihm ist (Pisc., B.-Cr.), keinen tam carum mihique fidum (Grt.), was offenbar gegen die Absicht des Begründungssatzes ist. Es gehörte zu dieser Sendung einer, der ein so aufrichtiges Interesse an dem Wohl der Gemeinde nahm, daß er, um dem Apostel Nachricht darüber zu bringen, eine so weite Reise nicht scheute (Chr., Dec.), und in dieser Theilnahme für die Gemeinde machte dem Timotheus, den er ja deshalb auch im Eingangsgruße miteinschloß, keiner den Rang streitig. Die Echtheit dieses Interesses ist aber nicht sowohl in einer väterlichen Gesinnung zu suchen (Chr.), die ja mit dem Apostel keiner theilen konnte nach 1 Cor. 4, 15, aber auch nicht in der Lauterkeit derselben im Gegensatz zu einem falschen oder erheuchelten Interesse (v. Hng.), was sich ja von selbst versteht; sondern vielmehr in der Echtheit seines Ursprungs aus einer ganz selbstlosen, allein die Sache Christi im Auge behaltenden Gesinnung (V. 21). Vgl. Croc., Wies.

V. 21.

An dem allerdings scharfen Urtheil über seine übrigen Gefährten, womit Paulus begründet, daß er keinen dem Timotheus gleichgesinnten habe, hat man oft Anstoß genommen, da der Gegensatz des τὰ ἑαυτῶν und τὰ Χριστοῦ ζητεῖν denselben doch gar zu sehr die specifisch christliche Gesinnung abzusprechen schien. Schon die Väter suchten den Gegensatz zu mildern, indem sie daran dachten, daß keiner die eigene Ruhe und Sicherheit den Beschwerden und Gefahren einer solchen Reise um Christi willen opfern wolle (Chr.) oder gar zum Tode um seinetwillen bereit sei (Plg.). Clv., Pisc., Croc., Est. wollten das erste nur von einer Sorge für die eigenen Angelegenheiten verstanden wissen, welche für die Sache Christi kalt mache, seine Ehre und das Heil der Kirche dem eigenen Ruhm und Nutzen hintansetze, und so kam man immer mehr dazu, die Negation überhaupt nur comparativ zu fassen (Bmg., Strr., Fl., Hnr.: nicht sowohl, als vielmehr, nicht so sehr, als. Vgl. schon Dion.: potius quam), oder gar die ganze Aussage nur im Vergleich mit Timotheus gelten zu lassen (Wlf., Mtth. und schon Haym.), der sich allein in der schlimmsten Zeit bewährt habe (v. Hng.). Vgl. Schlicht.: Comparate quidem apo-

---

die sich an die Vlg. (sincera affectione pro vobis sollicitus) anschließen (vergl. Ambr., Plg., Haym., Dion., Est, Corn. und noch Ew.). — Das mit Nachdruck vorangestellte (Myr.) γνησίως fassen die Meisten, dem sincere der Vlg. folgend, von der Lauterkeit im Gegensatz zu der Unlauterkeit; Myr. (mit einer Sorgfalt wie sie sein soll) lehnt die Beziehung auf V. 21 ab, der ja aber die Aussage des unsrigen ausdrücklich weiter bestätigen will.

stolus videtur locutus, ut ex vers. praec. colligitur, sed qui res suas Christi rebus comparant, adeoque et praeferunt, merito negantur curare res Christi. Von der andern Seite hielten schon Aug., Haym., Anſ., Lyr., Dion. den Gegenſatz in ſeiner ganzen Schärfe feſt (vgl. Art., der auf Mtth. 6, 24 verweiſt, und noch Myr.). Nach ihnen ſind die Gefährten des Apoſtels alle mercenarii, die nicht die Ehre Gottes, noch das Heil des Nächſten, ja nicht einmal ihr eigenes ewiges Wohl ſuchen, ſondern nur um Gewinnes willen predigen und nach zeitlicher Wohlfahrt trachten. Aber wer hält es wohl für möglich, daß die Geſammtheit der römiſchen Chriſten, geſchweige denn die Umgebung des Apoſtels ſo völlig alles chriſtlichen Sinnes baar geweſen ſein ſoll?

Sehen wir dagegen, wie Paulus 1 Cor. 10, 24 in ganz ähnlicher Weiſe wie hier das $\zeta\eta\tau\epsilon\tilde{\iota}\nu\ \tau\grave{\alpha}\ \dot{\epsilon}\alpha\upsilon\tau\upsilon\tilde{\upsilon}$ in einen ausſchließenden Gegenſatz ſtellt zu dem $\zeta\eta\tau\epsilon\tilde{\iota}\nu\ \tau\grave{\alpha}\ \tau\tilde{\omega}\nu\ \dot{\epsilon}\tau\dot{\epsilon}\rho\omega\nu$ und doch nach Phil. 2, 2 neben letzterem für das erſtere Raum läßt; ja, wie er 1 Cor. 7, 34 mit der Ehe das $\mu\epsilon\rho\iota\mu\nu\tilde{\alpha}\nu\ \tau\grave{\alpha}\ \tau\upsilon\tilde{\upsilon}\ \varkappa\acute{\upsilon}\sigma\mu\upsilon\upsilon$ verbindet, wie mit der Eheloſigkeit das $\mu\epsilon\rho\iota\mu\nu\tilde{\alpha}\nu\ \tau\grave{\alpha}\ \tau\upsilon\tilde{\upsilon}\ \varkappa\upsilon\rho\acute{\iota}\upsilon\upsilon$, und doch im ganzen Capitel von einer chriſtlich erlaubten, ja geheiligten und heiligenden Ehe redet, ſo erhellt aus dieſen Beiſpielen zur Genüge, daß ein Gegenſatz wie dieſer doch nicht in ausſchließlichem Sinne zu nehmen iſt. In der tiefſten Wurzel des chriſtlichen Seins und Lebens, auf die der Apoſtel hier zurückgeht, um den Urſprung jenes $\gamma\nu\eta\sigma\acute{\iota}\omega\varsigma\ \mu\epsilon\rho\iota\mu\nu\tilde{\alpha}\nu$ darzulegen, giebt es freilich nur ein Entweder-oder; iſt das $\zeta\eta\tau\epsilon\tilde{\iota}\nu\ \tau\grave{\alpha}\ \dot{\epsilon}\alpha\upsilon\tau\upsilon\tilde{\upsilon}$ das treibende Princip, ſo wird alles Trachten und Thun davon inficirt ſein, ohne daß aber damit alles $\zeta\eta\tau\epsilon\tilde{\iota}\nu\ \tau\grave{\alpha}\ X\rho\iota\sigma\tau\upsilon\tilde{\upsilon}$ ausgeſchloſſen iſt, während, wo alles von dem $\zeta\eta\tau\epsilon\tilde{\iota}\nu\ \tau\grave{\alpha}\ X\rho\iota\sigma\tau\upsilon\tilde{\upsilon}$ ausgeht, auch das oft nothwendige $\zeta\eta\tau\epsilon\tilde{\iota}\nu\ \tau\grave{\alpha}\ \dot{\epsilon}\alpha\upsilon\tau\upsilon\tilde{\upsilon}$ dadurch normirt und verklärt wird. Wo aber beides mit einander in Conflict geräth, da kann nur eines oder das andere ſich geltend machen, und das war hier der Fall. (Vgl. Chr.) Denn hier kam es wirklich auf ein ganz ſelbſtloſes $\mu\epsilon\rho\iota\mu\nu\tilde{\alpha}\nu$ an. Bei einer Miſſion, wie dieſe, die lediglich dem Apoſtel Nachricht über den Zuſtand der Gemeinde bringen ſollte, war weder Ehre, Anhang, noch irgend ein Nutzen zu erwerben, ja es mußten nicht nur alle Opfer, die dieſelbe forderte, willig gebracht, ſondern auch die dortigen Verhältniſſe lediglich im Sinne des chriſtlichen Intereſſes, ſelbſt ohne Einmiſchung der bloß natürlichen Liebe zu den Philippern, betrachtet werden, wenn Paulus wirklich treue Botſchaft empfangen ſollte. In ſolchem Falle mußte es ſich zeigen, welches von beiden die letzte treibende und entſcheidende Macht ſei, und ſo konnten viele $\tau\grave{\alpha}\ \dot{\epsilon}\alpha\upsilon\tau\tilde{\omega}\nu\ \zeta\eta\tau\epsilon\tilde{\iota}\nu,\ \upsilon\dot{\upsilon}\ \tau\grave{\alpha}\ X\rho\iota\sigma\tau\upsilon\tilde{\upsilon}$, ohne daß ſie darum mercenarii wurden oder ihnen gar jede chriſtliche Geſinnung abging. Auch Wieſ. iſt zu einer ähnlichen Milderung des apoſtoliſchen Urtheils geneigt. Dagegen kann ich nicht mit Ith. zu gleichem Zwecke das $\tau\grave{\alpha}\ \dot{\epsilon}\alpha\upsilon\tau\tilde{\omega}\nu\ \zeta\eta\tau\epsilon\tilde{\iota}\nu$ auf das Schaffen der eigenen Seligkeit beziehen, ſo daß nur die Sorge um das eigne Heil der für das Heil anderer entgegenſteht.

Noch mehr Anstoß aber nahm man daran, daß Paulus diese Anklage gegen alle seine Gefährten erhebt, wenn auch natürlich jedenfalls nur gegen alle, die damals um ihn waren (Aug., Anf. und so wohl alle Ausleger). Schon Lyr. hielt daher das πάντες für einen hyperbolischen Ausdruck und verstand darunter nur die Meisten, ihm folgen Dion., Bgh., Clv., Bz., Grt., Corn., Croc., Wlf. und die meisten bis auf Rhw., Mtth.; allein das zu begründende οὐδένα V. 20 zeigt deutlich, daß dies eben so contert- wie wortwidrig ist. Auch hilft es wenig, mit den griechischen Auslegern zu sagen, er wolle die anderen nicht tadeln, sondern nur den Timotheus loben und die Leser zum ζητεῖν τὰ Χριστοῦ ermuntern (Chr., Oec., Thph.), oder man solle den Ausdruck des Schmerzes nicht zu hart nehmen (B.=Cr.). Um die Thatsache näher zu erklären, verweisen viele auf die unlauteren Lehrer 1, 15. 17 (Ambr., Rhw., de W., Myr., welcher die redlichen 1, 16 abwesend sein läßt, Ew., und diese meinen wohl auch Th. v. M. und Hnr. mit ihren judaistischen Irrlehrern); allein diese befanden sich sicher nicht in der Umgebung des Apostels und kommen daher gar nicht in Betracht. Auch Wies.'s Verweisung auf 1, 14, wonach es manchen unter den Gehülfen des Apostels an Muth gebrach, fördert nicht viel. Daß Lucas, der nach Col. 4, 14 in Rom bei dem Apostel war, nicht unter das Urtheil fällt, ist wohl zuzugeben; denn daß 4, 21 von ihm nicht gegrüßt wird, läßt allerdings vermuthen, daß er nicht mehr in Rom war (de W., Myr.); aber von den anderen dort Genannten vermuthet Wies. mit Recht, daß sie sich wohl theilweise nur nicht zu der Mission nach Philippi eigneten. Und dies ist ein Punkt, der entschieden bei der Beurtheilung der ganzen Frage in Betracht gezogen werden muß. Es kann sich dem Zusammenhange nach, auf den vielleicht auch der Artikel vor πάντες hinweist (vgl. das τοῖς πᾶσιν 1 Cor. 9, 22 und Schlicht.: cum articulo restrictivo, qui scilicet nunc a me mitti possent), nur um alle die handeln, welche überhaupt für diese Sendung in Betracht kommen konnten, und dazu gehörte, abgesehen von der sonstigen Disponibilität für einen solchen Auftrag, vor Allem eine nähere Bekanntschaft, wie sie Paulus und Timotheus mit den Philippern hatten. Halten wir mit Art., Rsm., a. E., v. Hng., Wies. an dieser Restriction fest, so war der Kreis, aus dem Paulus überhaupt wählen konnte, wohl nicht so gar groß, wie ja auch das Fehlen specieller Grüße in unserem Briefes beweist. In diesem aber trifft alle ohne Ausnahme das allerdings immer tadelnde Urtheil des Apostels. Clv. weist den Papisten aus unserer Stelle nach, daß Petrus damals nicht in Rom gewesen sein könne, was sich freilich auch sonst aus unserem Briefe von selbst ergiebt.

V. 22.

Schon die griechischen Väter sowie Ambr. bemerken, daß der Apostel sein Zeugniß über Timotheus durch Berufung auf ihre eigene Erfahrung bekräftigen und wider den Verdacht der Partheilichkeit schützen wolle, nur daß sie fälschlich hinzufügen, er wolle sie ermahnen, ihn hochzuhalten und würdig zu empfangen (Thdt., Croc.) um ihres eigenen Nutzens und künftigen Lohnes willen (Chr., Thph.), woran hier gar nicht zu denken ist, da Paulus nur das seine Wahl begründende Urtheil rechtfertigt. Dagegen meint Plg., durch die imperative Fassung des γινώσκετε (Vlg.) verleitet, er fordere sie auf, selbst den Timotheus zu prüfen und seine Bewährtheit zu erkennen. So fassen es auch Ans., Lyr., Dion., Corn.; selbst Clv. neigt dazu und Rhw. übersetzt nach dieser Fassung. Vgl. dagegen schon Bz., Croc. Die Philipper hatten bereits nach Act. 16 Gelegenheit gehabt, den Timotheus selber kennen zu lernen in seinem kindlich treuen Gehülfendienst, den er der evangelischen Verkündigung in der Person des Paulus geleistet[1]). Clv., Art., Pisc. finden in dem lobenden Prädicate, das der Apostel ihm ertheilt, die seltene Verbindung der Treue mit der Bescheidenheit, richtiger Ers. das nihil sui commodi quaerere, das er in der Gemeinschaft des Werkes mit dem Apostel gezeigt hat. Doch muß das in dem ὡς πατρὶ τέκνον liegende Moment in seiner Selbstständigkeit gewahrt werden, wie schon Thph., Haym., Ans., Corn. thun und noch Wies. mit Nachdruck hervorhebt. Denn in dem δουλεύειν εἰς τὸ εὐαγγέλιον liegt ebenso die völlige Hingabe an die Sache Christi, wie in jenem die Selbstlosigkeit dieses Eifers, und damit vollendet sich der Gegensatz zu V. 21. Wunderlich verkehrt dachte Plg. an das Vorbild Christi 2, 8.

V. 23.

Der nach der Begründung seiner Wahl wieder aufgenommene (οὖν. Vgl. Lyr., Dion., Croc.: hunc igitur tamquam idoneum) Aus-

---

[1]) Das δέ setzt die Bewährtheit des Tim. der nicht selbstlosen Gesinnung aller anderen (V. 21) gegenüber. — Im classischen Griechisch heißt δοκιμή nur: Probe, angestellte Prüfung und so auch 2 Cor. 13, 3. 8, 2; allein bei Paulus steht es oft passive (Bz.) von dem Resultate der Prüfung, von der Bewährtheit (Röm. 5, 4. 2 Cor. 2, 9. 9, 13), wie es schon Ambr. richtig faßt: probatum hunc habetis. Vgl. Myr.: indoles spectata. — Ob man ὅτι mit den Aelteren für „weil" (Vtb., Ers., Pisc. und noch v. Hng.) oder mit den Neueren für „daß" nimmt (Mtth., de W., Myr., Wies., Ew.) ist sachlich ganz gleichgültig. — Durch die Verbindung der beiden selbstständigen Aussagen über die Stellung, die Tim. zu ihm und die er zu der Sache Christi einnahm, ist die Unregelmäßigkeit des Satzgefüges entstanden, wonach das zu erwartende μοι in σὺν ἐμοί verwandelt wird. Winer erklärt das für oratio variata (§. 63. II. 1), nur muß man nicht sagen, daß an die Stelle des μοι das schicklichere σὺν ἐμοί tritt, da letzteres für den zweiten Hauptgedanken ganz unentbehrlich war. Das σύν auch zu πατρί zu suppliren, wie schon Ambr., Ers., Vtb. thun, ist grammatisch nicht möglich (vgl. §. 50. 7. S. 375) und zu ὡς πατρὶ τέκνον ein δουλεύειν zu ergänzen (Dion., Strr.), ganz unnöthig. Das εἰς ist weder mit der Vlg. in ἐν zu verwandeln (vgl. noch Rhw.), noch mit Schlicht., Strr. für eine hebräischartige Umschreibung des Dativ zu nehmen, sondern ganz wie 1, 5, wo auch, wie hier, εὐαγγέλιον von der evangelischen Verkündigung steht (vgl. Bz.).

druck seiner Hoffnung auf baldige Absendung des Timotheus wird hier dadurch näher bestimmt, daß sie sofort geschehen soll, sobald Paulus die Entscheidung über sein Schicksal abzusehen vermag, wie schon die patristischen Ausleger richtig erklären[1]). Diese aber stand, nach dem ταχέως V. 19 zu urtheilen, wohl bald zu erwarten. (Vgl. Art.) Bis dahin mochte er sich von dem ihm so nahe verbundenen Freunde nicht trennen, den er nicht entbehren konnte (Dion.), wenn z. B. der Tod sein Loos sein sollte. Daraus und nicht aus einer Vermischung seiner Hoffnung V. 19 mit seinem Versprechen (v. Hng.) erklärt sich auch, weshalb die Sendung für ihn immer nur Gegenstand der Hoffnung ist. Auch darf man dieses Abwarten des Apostels nicht daraus erklären, daß er den Philippern gewisse Nachricht über sein Schicksal senden wollte (Schlicht., Rsm.), da ja etwas anderes V. 19 als Zweck der Sendung angegeben war. Ganz verfehlt denkt Lyr. nur an das Erspähen einer opportunitas mittendi.

V. 24.

Das durch das μέν V. 23 (welches nicht ein verschwiegenes: „aber bestimmt versprechen kann ich es nicht" voraussetzt, wie Schlicht. meint) vorbereitete δέ setzt sich dem möglichen Mißverständniß entgegen, als ob durch die gehoffte Sendung des Timotheus seine erwartete und versprochene eigene (αὐτός) Rückkehr zu ihnen wieder in Frage gestellt werde. Vgl. Chr., Thph. Der Vers enthält also einen Nebengedanken, den Paulus noch nicht V. 19 im Blicke gehabt haben kann, wie Myr. meint. Das ταχέως ist natürlich ein relativ weiter entferntes als das in V. 19. Seine Zuversicht auf diese zum Heile der Philipper nothwendige Rückkehr zu ihnen (1, 25. 26) ist in dem Maße stärker als die bloße Hoffnung auf Ermöglichung der Sendung des Timotheus, die mehr nur ihm selber Erquickung bringen sollte (2, 19), wie das πέποιθα stärker als ἐλπίζω ist. So nehmen es auch Bmg., Rhw., v. Hng., de W., B.-Cr., während Grt., Wlf., Rsm., a. E. beides fälschlich für synonym erklären.

---

[1]) Zu ὡς ἄν: simulatque vgl. Röm. 15, 24. 1 Cor. 11, 34. — Das ἀφορᾶν, das die Aelteren blos mit videro geben, Strr. mit accuratius cognoscere, non eminus (v. Hng.: perspicere), ist ganz unser: absehen, etwas von seinem Standpunkte aus in der Ferne erblicken. So die Neueren. Vgl. Jon. 4, 5. Die Lchm.-Tisch.'sche Lesart ἀφίδω, die v. Hng., de W. für einen Schreibfehler halten, motivirt Win. §. 5. S. 43. 14 durch die Aussprache des ἰδεῖν mit Digamma. — Das ἐξαυτῆς, das natürlich zu πέμψαι gehört, ist zu analysiren ἐξ αὐτῆς sc. τῆς ὥρας (Pisc.) und wird schon von Thph. richtig durch εὐθέως erklärt. — Das τὰ περὶ ἐμέ bezeichnet die äußere Lage des Apostels, wie es um ihn steht (1 Tim. 1, 19. 2 Tim. 3, 8). Vgl. Win. §. 49. i.

2. Von der Rücksendung des Epaphroditus.
(Cap. II, 25—30.)

Für nothwendig aber habe ichs angesehen, den Epaphroditus zu Euch zu senden, der mein Bruder und Gehülfe und Mitstreiter, Euer Abgesandter aber und Diener meiner Nothdurft ist, sintemal er nach Euch allen Verlangen hatte und hoch bekümmert war darum, weil Ihr gehöret hattet, daß er krank gewesen sei. Denn er war auch todtkrank, aber Gott hat sich über ihn erbarmet, nicht allein aber über ihn, sondern auch über mich, auf daß ich nicht eine Traurigkeit über die andre hätte. Darum habe ich ihn desto eilender gesandt, auf daß Ihr ihn sehend wieder fröhlich werdet und ich der Traurigkeit noch weniger habe. So nehmet ihn nun auf in dem Herrn mit aller Freude und haltet Solche in Ehren; denn um des Werkes willen ist er dem Tode nahe gekommen, indem er sein Leben geringe bedachte, auf daß er ersetzte, was von Eurer Seite noch fehlte an dem mir geleisteten Dienste.

[V. 25.] So mußte also der Apostel die Erquickung, die er sich durch die Sendung des Timotheus, eventuell durch seine eigene Wiederkehr nach Philippi bereiten wollte, als Gegenstand der Hoffnung der Zukunft anheimstellen und dem, welcher die Entwicklung seines Schicksals leitete. Aber keinen Aufschub konnte er dulden, wo es sich um die Erquickung und Erfreuung eines geliebten Freundes oder der ihm befohlenen Gemeinde handelte, und so sah er es denn für unmittelbar nothwendig an, den Epaphrodit zu ihnen zurückzusenden. Freilich erwarteten die Philipper denselben noch keineswegs, da sie ihn ja eben abgesandt hatten, um in ihrem Namen dem Apostel in seinen Banden zu dienen, und es konnte scheinen, als ob er das gering achte oder doch vergesse, wenn er sobald wieder denselben entließ. Darum treibt es ihn, der Gemeinde anzudeuten, daß er wohl wisse, was ihr Epaphrodit ihm sein könne und was er ihm habe sein sollen nach ihrer Absicht. Er nennt ihn seinen Bruder, um auf das Band der Liebe hinzudeuten, das ihn mit demselben verbindet, seinen Mitarbeiter im Dienste des Evangeliums, seinen Mitstreiter, der gern bereit ist, alle Gefahren und Leiden mit ihm um Christi willen zu theilen. Er nennt ihn aber auch ihren Abgesandten, der gekommen sei, um im Namen der Gemeinde seiner Nothdurft Diener zu sein nicht nur durch die Ueberbringung der gesammelten Gaben, sondern auch durch allerlei Hülfsleistung, deren er in seinen Banden benöthigt sein könnte.

[V. 26.] Aber wenn er das wußte, warum sendet er ihn denn zurück? Weil er nicht das Seine suchte, sondern auf das der Anderen sah. Es hatte nemlich den Epaphrodit ein mächtiges Heimweh ergriffen in Folge einer schweren Krankheit, die er durchgemacht, und je mehr er sie alle mit gleicher Liebe umfaßte, um so heißer sehnte er sich jetzt nach ihnen allen zurück, wünschte so bald als möglich die geliebten Freunde daheim wiederzusehen, von denen er schon gemeint hatte, im Tode scheiden zu müssen. Dazu hatte sich tiefe Bekümmerniß seiner bemächtigt, weil die Botschaft von seiner Erkrankung nach Philippi gelangt war und er bei der Liebe, die ihn mit der Gemeinde verband, wohl wissen konnte, wie tiefe Betrübniß und bange Sorge sie haben würden, wenn sie hörten, daß er krank sei.

[V. 27] Und nicht mit Unrecht war solche Botschaft dorthin gelangt. Denn er war auch wirklich krank gewesen, und zwar so schwer krank, daß er dem Tode nahe war. Was sie gehört hatten, bestätigt so der Apostel, aber nur, um den Ausdruck der dankbaren Freude daran zu knüpfen, die er über die Errettung des theuren Freundes empfindet. Gott hat sich seiner erbarmt und ihm die Genesung wiedergeschenkt; aber nicht nur seiner, sondern auch des Apostels, der eben den Werth eines solchen Mannes so wohl zu schätzen weiß. Der barmherzige Gott hat damit verhindert, daß nicht über die eine Trauer, die ihm die Krankheit desselben verursachte und der Gedanke an die Betrübniß und bange Sorge der Philipper um ihn, noch die andere viel schwerere Trauer hinzukam, die ihm der Tod des Freundes verursacht haben würde. Echt menschlich und echt christlich sieht der Apostel, der selber dem Tode so muthig und freudvoll in's Angesicht schaut, doch in der Erhaltung des irdischen Lebens ein Geschenk des göttlichen Erbarmens, wie er denn auch die natürliche Trauer über das Abscheiden des Freundes im tiefsten Herzen gefühlt hätte. Um so höher aber zeigt sich die Selbstlosigkeit seiner Liebe darin, daß er des kaum ihm wiedergeschenkten sich entäußert, um die Sehnsucht desselben nach den Philippern zu stillen.

[V. 28.] Darum also sendete er den Epaphrodit eilender zurück, als er es der Absicht der Gemeinde gemäß gethan haben würde, wenn nicht seine Krankheit und die dadurch erregte Bekümmerniß und Sehnsucht des Epaphrodit dazwischen getreten wäre. Aber hat er damit etwa nur den Wunsch des Freundes berücksichtigt und den wohl überlegten Wunsch der Gemeinde, um deßwillen sie ihn sandten, ganz außer Augen gelassen? Keineswegs, vielmehr muß ja auch bei ihnen das Dazwischentreten der Krankheit alles geändert und sie in tiefe Bekümmerniß und bange Sorge um den geliebten Freund versetzt haben. So soll denn seine beschleunigte Rücksendung gerade dazu dienen, daß, wenn sie ihn nun gesund und wohlbehalten sehen, sie wieder zu der Freude zurückkehren, welche die bloße Nachricht von seiner Genesung ihnen so vollständig nicht wiederzugeben vermocht hätte. Sich freilich entzieht er damit die Freude und Erquickung, die ihm die Philipper zu bereiten beabsichtigten, aber wie sollte er, der in seiner Liebe zu der Gemeinde stets all ihr Leid und all ihre Freude mitfühlt, irgend trauern, wenn er sich etwas entzieht, um ihnen eine Trauer zu ersparen? Vielmehr kann er damit ja selber nur noch freier von jeder Traurigkeit werden. Die größte Trauer über die Krankheit des Freundes hatte Gott selber von ihm genommen; aber es blieb noch zurück die Trauer, welche ihm der Gedanke an die bekümmerte und besorgte Gemeinde bereitete, und diese konnte erst ganz weichen, wenn er wußte, daß sie ihn wohlbehalten wiedersähen. Und um das zu erreichen, scheint er ebensowohl in seinem, als in ihrem Interesse ihn zurücksenden zu müssen.

[V. 29.] Mit wahrhaft liebenswürdiger Zartheit hat so der Apostel der Sache unvermerkt eine ganz andere Wendung gegeben. Offenbar war die beschleunigte Rücksendung des Epaphrodit zunächst aus Rücksicht auf diesen selber geschehen, dem die Trennung unter den gegenwärtigen Umständen zu schwer ward, und eben darum konnten die Philipper, die dadurch wenigstens theilweise den Zweck ihrer Sendung vereitelt sahen, mit seiner Rückkehr nicht ganz zufrieden sein. Hatte aber der Apostel dieselbe ausdrücklich darum veranlaßt, um auch ihnen und zuletzt sich selbst eine Freude zu bereiten, so mußten sie nun wohl jeden Verdruß darüber unterdrücken und ihren vor der Zeit zurückkehrenden Abgesandten mit ganzer, ungetheilter Freude aufnehmen. Menschlicher Weise mochten sie immerhin dieses oder jenes an ihm auszusetzen haben, das ihre natürliche Liebe zu ihm stören konnte, aber in Christo, in welchem sie mit ihm durch eine heilige Lebensgemeinschaft verbunden waren, muß jede solche Störung schwinden und ihre Aufnahme eine ganz ungetrübte werden. Und weit entfernt, wegen der mangelhaften Ausführung ihres Auftrags ihm zu zürnen — ein Fall, den Paulus nicht einmal anzudeuten wagt — sollen sie solche Leute, wie er einer ist, in jeder Weise in Ehren halten.

[V. 30.] Und in der That hat ja auch Epaphrodit solche Ehre wohl verdient; denn er hat, um den ihm gewordenen Auftrag zu erfüllen, das Aeußerste gethan, und selbst den Tod nicht gescheut, um ihn auszuführen. Wahrscheinlich hatte er durch die Beschwerden der Reise, auf der er sich keine Ruhe gönnte, um nur bald dem Apostel die Grüße und Gaben der Gemeinde zu bringen und ihm seine Dienste anzubieten in ihrem Namen, sich jene lebensgefährliche Krankheit zugezogen. Und so war er um des ihm übertragenen Werkes willen dem Tode nahe gekommen, indem er auf sein Leben keine Rücksicht nahm, um nur ihrem Wunsche zu genügen und durch seine persönliche Gegenwart und Dienstleistung zu ersetzen, was an dem ihm aufgetragenen Dienste bei dem Apostel von ihrer Seite fehlte, nemlich die persönliche Betheiligung, die sie, die Entfernten, so gern leisten wollten und doch selber nicht alle, sondern nur in diesem ihrem Abgesandten ihm leisten konnten.

V. 25.

Schon Haym. erklärte den Uebergang zu dem Abschnitte, der von Epaphrodit handelt, so, als wolle Paulus sagen, da er den Timotheus noch nicht senden könne, so sende er einstweilen (Anf. und schon Th. v. M.) den Epaphrodit (vgl. noch a. E., Mtth., v. Hng., de W.). Dabei war vorausgesetzt, daß die Sendung des letzteren wesentlich denselben Zweck habe, wie die des ersteren (Bll.), nemlich je nach der verschiedenen Auffassung des Vorigen, dem Apostel (Haym.) oder der Gemeinde (Hnr.) Botschaft und Trost (Est.) zu bringen, oder sie zu stärken (Lyr.), zu leiten (Clv., Art., Croc.) und vor den Irrlehrern zu schützen (Sbl.). Allein das Motiv der beschleunigten Rücksendung des Epaphrodit lag nach V. 26. 28 lediglich in den persönlichen Beziehungen zwischen diesem und den Philippern, und es hat diese Sendung demnach mit der des Timotheus in der That nichts zu thun (Wies.). Dennoch setzt auch die Erklärung Myr.'s (obgleich ich den Timotheus bald zu senden hoffe und auch selbst bald zu kommen vertraue) voraus, es wäre eigentlich durch die Sendung des Timotheus die des Epaphrodit unnöthig gemacht. Von der andern Seite kann man auch nicht annehmen, daß Epaphrodit seine Verrichtung beim Apostel beendet hatte (Bmg.) und nun einfach mit dem

Briefe zurückgeschickt ward (Th. v. M.); denn wozu bedurfte es dann der ausführlichen Motivirung dieser Rücksendung? Vielmehr bemerkt Bng. mit Recht, daß Epaphrodit gekommen war, um beim Apostel zu bleiben, wie aus dem Folgenden deutlich erhellt. Darum mußte seine Rücksendung motivirt werden. Der Gegensatz aber, welchen das δέ ausdrückt, kann wegen der Voranstellung des ἀναγκαῖον nur der Gegensatz zwischen der noch der zukünftigen Entscheidung überlassenen Hoffnung auf die Sendung des Timotheus und der für unmittelbar nothwendig erachteten Rücksendung des Epaphrodit sein, die allerdings ein Beweis seiner Liebe war (Fl.), sofern er sich damit des gerade zu seinem Dienste Gesandten entäußerte.

Die Vermuthung, daß unser Epaphroditus mit dem Colosser Epaphras (Col. 1, 7. 4, 12. Philm. 23) eine Person sei (Haym., Grt.), ist schon von Cal., Bmg., Hnr. bekämpft und von den Neueren mit Recht für mindestens sehr unwahrscheinlich erklärt (Hng., de W., Myr.). Immer bleibt es unnatürlich, daß die Philipper einen Fremdling zu ihrem Abgesandten sollten erwählt haben, obwohl das noch Wies., Ew. für möglich halten, und kaum glaublich, daß Paulus denselben Namen einmal in seiner volleren und einmal in seiner contrahirten Form gebraucht hat. Die Hervorhebung dessen, was dieser Epaphrodit ihm und was er den Philippern war (μου — ὑμῶν δέ) hat offenbar den Zweck, seine Anerkennung und Achtung des Mannes (Croc., Myr.) und sein Bewußtsein von dem, was er nach der Absicht der Philipper ihm sein sollte, auszusprechen, doch nicht behufs seiner Empfehlung (Wies.), sondern zur Abweisung des Gedankens, als ob in seiner beschleunigten Rücksendung eine Geringschätzung dessen liege, was derselbe ihm sein konnte und sollte[1]).

---

[1]) Es läge nahe, das δέ als das blos metabatische zu fassen (Wies.); allein dann müßte das neue Object voranstehn: Epaph. autem etc. — Das ἀναγκαῖον darf nicht in operae pretium (Wtb.) oder e re esse (Grt., Rsm.) willkührlich abgeschwächt werden. — Die Aoriste ἡγησάμην und ἔπεμψα V. 28 erklären sich aus der Eigenthümlichkeit des griechischen Briefstils, wonach der Schreiber sich auf den Standpunkt des Empfängers versetzt (Win. §. 40. 5. 2. S. 249). — Man mag de W. zugeben, daß die Beziehung des ὑμῶν zu λειτουργόν trotz des fehlenden Artikels bei diesem Worte nicht grammatisch nothwendig ist (vgl. 1, 19); allein eben weil letzteres nur den Zweck der in ἀπόστολον angedeuteten Sendung näher exponirt, ist diese Verbindung die natürlichste (vergl. Bng., v. Hng., Myr., Wies.). Das Hinzutreten zweier Genitive von verschiedener (persönlicher und sachlicher) Beziehung zu einem Substantiv ist zwar selten (Win. §. 30. 3. Anm. 3), findet sich aber gerade im Folgenden auch 2, 30. Endlich entspricht auch die Verbindung mit λειτουργόν der Bedeutung des letzteren. Denn λειτουργός steht nicht katachrestisch für einen Privatdienst (Pisc., Fl.), sondern das Wort bedeutet seinem ursprünglichen Sinne gemäß einen öffentlichen, im Namen der Philipper geleisteten Dienst (Croc., Est., Bmg.). Auch in der eigenthümlichen Bedeutung, die Paulus Röm. 15, 27. 2 Cor. 9, 12 dem großen Collectenwerk giebt, ist, wenn auch in etwas anderer Weise, diese Grundbedeutung noch sichtbar und ebenso in dem Gebrauch des Wortes von priesterlicher Dienstleistung (Röm. 15, 16. Phil. 2, 17), die freilich hier gar nicht angedeutet wird, obwohl Sdl., Ew. dies annehmen.

Cap. II. V. 25.

Die drei ersten Prädicate bezeichnen nicht bloß seine Amtsgenossenschaft (Myr.), sondern in zwiefacher Steigerung zuerst die brüderliche Liebe, die ihn mit Epaphrodit verbindet, dann die Theilnahme desselben an dem Werke der evangelischen Verkündigung, und endlich die Bewährung dieser seiner Mitarbeit in der Theilnahme an den Leiden und Gefahren seines Amtslebens. Vgl. Anſ.: frater in fide, cooperator in praedicatione, commilito in adversis. Doch würde man für das in fide oder gar in religione Christiana (Lyr., Dion., v. Hng.) nach paulinischer Weiſe beſſer in Christo ergänzen (Piſc., Sbl., Wieſ.). Den Unterschied des συνεργός und des συστρατιώτης haben schon die griechischen Väter richtig angegeben und so die meisten Ausleger bis auf Mtth, v. Hng., Wieſ. Mit Recht verweist B.-Cr. auf den ἀγών, in dem der Apostel nach 1, 30 steht, und auf 2 Tim. 2, 3. Unrichtig dagegen ist die Verweisung auf die militia Christi der Gläubigen im Allgemeinen (Haym., Clv., Art., Piſc., Sbl., Rhw, de W.), von der es vielleicht Philm. 2 steht, da dies die intendirte Steigerung zerstört, indem es auf die speciellere Berufsgemeinschaft des Mitarbeiters wieder ein Moment folgen läßt, das ihm mit allen Christen gemein ist. Myr. bezieht es nur im Allgemeinen auf das Verhältniß der amtlichen Wirksamkeit zu den feindlichen Potenzen (vgl. Corn.), Ith. auf den Kampf des rechten Bekenntnisses mit der Sünde. Ganz iſolirt bezieht es Plg. auf die gleiche Ehre des Apostolats. Ob sich Epaphrodit gerade in Rom als συνεργός und συστρατιώτης erwiesen hatte (Mtth.), muß dahingestellt bleiben.

Die beiden letzten Prädicate beziehen sich auf das specielle Commissorium der Philipper, das Epaphrodit vollzogen hatte (Myr.) und vollziehen sollte. Schon Chr., Oec., Thph. freilich halten es auch für möglich, ἀπόστολος im amtlichen, wenn auch allgemeineren (Clv., Art) Sinne zu nehmen, und die Vlg. behält wohl eben darum das Wort apostolus bei. (Vgl. Ambr., Plg.: er hatte unter ihnen das beneficium apostolatus.) Thdt. hält ihn für den Bischof (vgl. Bll. u. a.), Anſ., Lyr., Dion. für den doctor der Gemeinde, Cal. gar für den Abgesandten des Apoſtels an die Gemeinde, was auch Haym. für möglich hält. Allein Piſc. bleibt mit Recht entschieden bei der Bedeutung eines legatus ecclesiae stehen, wofür Eſt. auf 2 Cor. 8, 23

Wenn dagegen Chr., Thdt. in dem λειτουργός den Begriff der Pflichtmäßigkeit finden, so entspricht das weder dem Context, noch der Grundbedeutung des Wortes, das gerade auch von freiwilligen Leistungen für das Gemeinwohl gebraucht wird. — Daß χρεία nicht das Bedürfniß (Vlg: necessitas, Ers., Strr., Mtth., de W., Myr, Wieſ, Ew.), sondern das zur Befriedigung desselben nothwendige bedeute, (wonach schon Th. v. M. erklärt), behaupten Bz, Piſc., Croc, Rſm., a. E, Fl., Hnr., Rhw., v. Hng. gegen den paulinischen Sprachgebrauch (Eph. 4, 28 1 Thess. 4, 12. Röm. 12, 13. Tit. 3, 14) und Bmg. übersetzt geradezu: Almosen. Ganz willkührlich ist es, bei diesem Bedürfniß zugleich an das der Armen in Rom (Grt, Sbl) zu denken. — Πέμπειν heißt nicht remittere (Grt, Rſm., a. E., Hnr.), aber die Sendung des Epaph. war factisch eine Zurücksendung (de W., Myr., Wieſ).

verweist. Gegen die Ausdehnung des Apostelnamens auf einen andern als den Gründer der Gemeinde in irgend einem Sinne (vgl. Mtth., der von einer gleichsam apostolischen Stellung zur Gemeinde redet) zeugt nicht nur 1 Cor. 9, 1. 2 (Est.), sondern auch das Vorhergehende, wo seine evangelische Thätigkeit bereits erwähnt ist (de W.), und das Folgende, wo ἀπόστολος durch λειτουργός näher bestimmt wird (Myr.). Denn in dem ἀπόστολος liegt an sich die Sammlung und Ueberbringung der Geldspende (Grt., Rsm., a. E.) noch nicht, wohl aber im λειτουργὸς τῆς χρείας; nur daß die Dienstleistung, von der hier die Rede, nicht auf diese Ueberbringung zu beschränken ist (Thdt., Dion., Schlicht., Myr.), sondern auf die bleibenden Dienstleistungen auszudehnen, die Epaphrodit dem Paulus nach der Intention der Philipper in seiner Gefangenschaft leisten sollte (Clv., Art., Corn., Strr., Fl., Rhw., Mtth., und wohl schon Haym., Ans.). Die Allgemeinheit des Ausdrucks ist entschieden dafür und 4, 16 nicht entgegen, wie v. Hng. behauptet; da dort lediglich der Context die Bedeutung des Wortes auf das Geldbedürfniß einschränkt. Und gerade weil die Philipper eine solche über die Ueberreichung des Geschenks hinausgehende Absicht bei der Sendung des Epaphrodit gehabt hatten, mußte Paulus die beschleunigte Rücksendung desselben so ausführlich motiviren.

V. 26.

Das Motiv des Apostels aber nennt unser Vers, der darum nicht mit den griechischen Vätern (vgl. Plg., v. Hng.) als empfehlende Hervorhebung der Liebe des Epaphrodit zu fassen ist[1]. Das Motiv ist ein doppeltes (Croc.), sowohl seine Sehnsucht nach den Philippern, die um so größer ist, je mehr sie alle umfaßt, als seine Bekümmerniß beim Gedanken an den Schmerz, den ihnen die Nachricht von seiner Krankheit bereiten werde. Wie sie diese empfangen und ob Epaphrodit ihre Trauer darüber nur voraussetzte oder von ihr gehört hatte, muß unentschieden gelassen werden (Myr.).

---

[1] Die Umschreibung des Verb. finit. durch εἶναι cum part. dient nach Win. §. 45. 5 dazu, um das Dauernde des Zustandes gegenüber der Einmaligkeit der Handlung auszudrücken. Das ἦν ist wiederum vom Standpunkte der Empfänger aus gedacht. — Bei dem ἐπιποθεῖν (1, 8) ist nach richtiger Analyse des Wortes (πόθον ἔχειν ἐπί τι, vgl. S. 60. Anm. 1) die Ergänzung eines ἰδεῖν (Ans., Lyr., Dion., Corn., Rsm., v. Hng.), das auch einige Codd. hinzufügen, ganz unnöthig (Hur.). — In dem πάντας mit Strr. eine absichtliche Einschließung der judaisirenden Christen zu finden, ist eben so willkührlich, wie seine Motivirung der Besorgniß des Epaph. dadurch, daß die Gegner sich freuen würden über den schlimmen Ausgang seines Eifers für den Apostel. — Das ἀδημονεῖν giebt die Vlg. durch moestus erat, besser Clv., Pisc., Grt.: anxius erat, v. Hng.: gravissime angebatur, und am stärksten Ers.: paene examinari und deficere prae dolore (Bz., Corn., Croc., Est., Rsm., a. E.); allein die gewöhnliche Fassung: er war in Besorgniß, Bekümmerniß (de W. Vgl. Mtth. 26, 37) genügt und darf nicht durch: er war in Angst (Myr.) oder gar: er war fast verzweifelnd (Ew.) ersetzt werden.

V. 27.

Der Apostel bestätigt, daß die von ihnen über die Krankheit des Epaphrodit vernommene Kunde kein bloßes Gerücht, sondern Wahrheit sei (Anf., Lyr., Art., Croc.); freilich nicht um sich vor dem Vorwurfe leichtsinniger und nachlässiger Verzögerung seiner Abreise zu schützen (Chr., Thdt., Thph.) — denn gerade der umgekehrte Vorwurf war zu befürchten —, sondern um in der dankbaren Anerkennung der in seiner Genesung ihm geschenkten Wohlthat auf's Neue Zeugniß abzulegen, wie sehr er die Person des Epaphrodit zu schätzen wisse. Einen ähnlichen Gedanken hebt auch Croc. hervor[1]. Das Ehrenvolle, das für den Epaphrodit in des Apostels Freude über seine Lebensrettung liegt, erkennen auch Chr., Oec., Thph. an, nur daß sie darin fälschlich eine Empfehlung desselben finden. Zugleich sehen sie darin ein Zeugniß wider die Häretiker, welche den κόσμος und damit das irdische Leben schlechthin für ein πονηρόν halten (vgl. Dion.). Von der andern Seite werfen sie aber selbst die Frage auf, wie diese Freude stimme mit der Erklärung, daß es viel besser sei, abzuscheiden (1, 23). Freilich darf man darauf nicht erwidern, es handle sich nicht um die Lebensrettung an sich, sondern um die Lebensrettung zum Heile der Brüder, deren Viele er noch zu Christo führen werde (vgl. Thdt., Plg., Clv., Croc., Bmg.), weil ja dieselbe als eine Erbarmungsthat gegen ihn selbst und den Apostel, nicht gegen die Brüder dargestellt wird; noch auch darf man behaupten, Paulus accommodire sich nur im Ausdrucke an den Standpunkt der gewöhnlichen Menschen, die den Tod noch fürchten, wie Chr. ausführt. Aber dieser selbst weist auch bereits darauf hin, daß das Leben wirklich ein καλόν sei (und zwar nicht nur als Vorbereitungsmittel auf den Tod, Clv., Bmg.) und früher Tod nach

---

[1] Das καί ist nicht steigernd, wie noch v. Hng. will (vgl. a. E.: immo vero), sondern hebt die Identität des begründenden Factums mit der von ihnen gehörten Nachricht hervor und heißt: auch (Win. §. 53. 8. b. S. 397. Vgl. de W., Myr.: wirklich). — Das neutr. adject. παραπλήσιον steht hier adverbialiter (Win. §. 54. 1); es wird, wie so oft die adv. temp. oder loci, mit einem Casus verbunden (vgl. das μέσον 2, 15 und dazu S. 179. Anm. 1) und zwar nach den überwiegenden Zeugnissen mit dem Dativ, während πλησίον Joh. 4, 5 mit dem Genitiv steht. Unnöthige Schwierigkeiten erhebt v. Hng.; nicht einmal die Ergänzung eines ἀφίκετο (de W.) ist nothwendig, da es einfach heißt: er war krank auf eine dem Tode ganz nahe kommende Weise (Myr.). Eine Breviloquenz, besser Prägnanz kann man nur insofern darin finden, als zur Begründung von V. 26 das bloße ἠσθένησε ausreichte und doch die hinzutretende nähere Bestimmung über den Grad der Krankheit ohne ein „und zwar" oder dgl. gleich in den Begründungssatz hineingezogen wird. Mit Unrecht hält Bng. den Ausdruck für milder als den des V. 30, und sieht darin eine Vorsicht des Apostels, der die Leser nicht gleich zu sehr erschrecken will. Ganz willkührlich ist es, θανάτῳ für periculum mortis zu nehmen (Anf., Lyr.). — Statt der Rept. ἐπὶ λύπῃ hat Tisch. nach überwiegender Bezeugung das seltnere ἐπὶ λύπην (Ezech. 7, 26. LXX) vorgezogen, welchem die Vorstellung zum Grunde liegt, daß eine Trauer über die andere kommt. Vgl. Win. §. 49. l. 1. S. 363. Anm. 2. Die Formel selbst ist gut griechisch.

1 Cor. 11, 30 eine Strafe Gottes; man kann sehr wohl mit Est. in der Befreiung von dem Uebel der Krankheit ein Erbarmen Gottes sehen, ohne die Krankheit für „eine Strafe der erzürnten Gottheit" zu halten, wie Hnr. die jüdische Meinung bezeichnet, die seiner Ansicht nach diesem Ausdrucke zu Grunde liegt. — Wenn Ambr. die Frage aufwirft, warum Paulus den Epaphrodit nicht durch sein Gebet wunderbar geheilt habe, so antwortet er sowie Est. darauf: die Zeichen geschähen nicht um der Gläubigen, sondern um der Ungläubigen willen und die Krankheit habe dem Epaphrodit als heilsame Prüfung keinen Schaden, sondern Segen gebracht. Einfacher erinnern Bll., Pisc. daran, daß ja Paulus nicht nach Belieben, sondern nur, so oft es Gott wollte, Wunder thun konnte, und Bmg., daß Gott ja auch auf das Gebet des Apostels könne den Freund geheilt haben. Nur bemerkt dieser mit Recht, daß das die Anwendung natürlicher Heilmittel nicht ausschließt, während Croc., Sdl. bei dem $\mathring{ε}λεεῖν$ ganz willkührlich an eine unvermittelte göttliche Wunderhülfe denken.

Bei Gelegenheit der Trauer, die Paulus über den Tod des Freundes würde empfunden haben, macht Clv. schöne Bemerkungen über den Unterschied zwischen stoischer Hartherzigkeit und christlicher Ergebung, sowie über die Verschiedenheit sündhaften Affects und natürlichen Schmerzes. Man mag seine Clausel, daß auch der Schmerz eines Apostels nicht schlechthin frei von menschlich sündhafter Beimischung gedacht werden dürfe, in thesi zugeben; aber der vorliegende Fall bietet in der That wenig Veranlassung dazu. Möchte er nun mehr über den Verlust des eifrigen Mitarbeiters (Thdt.) oder zugleich des geliebten Freundes, der ihm ein Trost war (Ambr.), getrauert haben, in keinem Falle hätte er ungläubig den Tod des Epaphrodit als sein Verderben betrauert, wie er es den Thessalonichern wehrt (1 Thess. 4, 13. Vgl. Plg., Bll., Croc.); an ein sündhaftes Uebermaß des Schmerzes, wogegen ihn schon Dion. vertheidigt, läßt nichts denken (Croc.), und die Art, wie er sich des kaum ihm wiedergeschenkten Freundes um seiner und der Philipper willen entäußert, zeigt am besten, wie selbstlos seine Liebe zu demselben war. — Streitig ist unter den Auslegern, welches die andere Trauer war, zu der seine Trauer über den Tod des Freundes hinzugekommen wäre. Th. v. M. und Plg. dachten an die Trauer über die Leiden der Gefangenschaft, und ihnen folgen Clv., Grt., Sdl., Rsm. und die meisten Neueren bis auf Rhw., de W., Myr., Wies. Diese Annahme ist aber mit der Art, wie Paulus 1, 12—24. 2, 16—18 über seine Lage in der Gefangenschaft redet, völlig unverträglich. Man mag Est. zugeben, daß man über dieselbe Sache zugleich trauern und sich freuen könne, und daß der Christ die Leiden immer auch schmerzlich empfinde; aber in einem Briefe, wo Paulus beständig seine freudige Stimmung in seinen Banden hervorgehoben hatte, kann er nicht auf einmal von seiner Trauer darüber als von einer selbstverständlichen Sache reden. Die Beziehung aber auf die falschen Brüder (1, 15. 17.

Vgl. Strr., Fl.) oder auf seine freundeslose Lage 2, 20 (B.=Cr.) liegt ganz fern. Contextgemäß kann nur an die Trauer über die Krankheit des Freundes gedacht werden (Chr., Ambr., Haym., Anf., Lyr., Clr.), wobei man wegen B. 28 noch die über die auch B. 26 vorausgesetzte Betrübniß der Philipper (Dion., v. Hng.) mit hinzudenken muß.

V. 28.

In Folge dieser nun glücklich überstandenen Krankheit also (V. 27) und der dadurch erregten Sehnsucht und Bekümmerniß des Epaphrodit (V. 26), die freilich größtentheils ihren Grund in den Besorgnissen der Philipper hatte (ohne daß diese aber direct erwähnt und daher hier zu suppliren sind mit v. Hng.), sendet nun Paulus denselben schneller zurück, als er es sonst der Absicht der Philipper gemäß gethan haben würde (de W., Myr.), nicht: schneller als den Timotheus (Lyr., Bng.), an den der Context in keiner Weise denken läßt. Der Zweck dieser Sendung, die zunächst freilich nach V. 26 um des Epaphrodit selbst willen geschah, wird nun aber, um die Philipper über die gegen ihren Willen beschleunigte Rücksendung zu beruhigen, und namentlich von Epaphrodit jeden Vorwurf zu entfernen, noch aus einem andern Gesichtspunkte dargestellt, wonach sie zugleich darauf abzielt, die über die Nachricht von der Krankheit betrübten Philipper durch die Rückkehr des geliebten Lehrers wieder zu erfreuen. Dabei beraubte er sich freilich der durch Epaphrodit ihm zugedachten Freude und Erquickung, indem er in selbstloser Weise die Freude der geliebten Gemeinde der seinen vorzog (Clv.), aber damit nicht der Gedanke daran die Philipper in ihrer Freude störe, stellt er, ähnlich wie 2, 17, ihre Freude zugleich als seine Freude dar (Oec.), als ob er neben ihrer Erfreuung zugleich beabsichtige, sich selbst von einer Trauer zu befreien, nemlich von der Trauer über ihre Betrübniß (vgl. Anf.)[1]. Nun bemerken aber schon

---

[1] Man kann das οὖν folgernd fassen, aber zugleich nimmt es die durch V. 27 unterbrochene Motivirung der Rücksendung wieder auf. — Chr., Thph. haben den Compar. in σπουδαιοτέρως ganz vernachlässigt, indem sie nur erklären: ohne Zögern und Aufschub, mit großer Eile (vgl. Croc., Est., Rhw.). Ueber die Auslassung des verglichenen Gegenstandes vgl. Win. §. 35. 4 und die Bemerkungen zu 1, 12. 14. Mit Unrecht übersetzen Ambr., Ers., Clv., Pisc., Schlicht. und noch Ew.: studiosius, sollicitius: eifriger; denn dies ist erst die abgeleitete Bedeutung (Grt.) und die ursprüngliche (Vlg.: festinantius) ist hier ganz passend. — Das Particip ἰδόντες drückt nicht den Gegenstand der Freude aus, sondern die Bedingung, unter der dieselbe stattfindet: wenn ihr ihn sehet. Vgl. Win. §. 45. 4. b. Anm. 4. — Das πάλιν ziehen Vlg., Lyr., Est., Croc., Wlf., Hnr., Mtth., v. Hng., Myr., Wies., Ew. richtig zu χαρῆτε, wobei es gewöhnlich und zwar, wie gewöhnlich, voran steht. Gegen die Verbindung mit ἰδόντες (Vz., Pisc., Grt., Sdl., Rsm., Strr., a. E., Rhw., B.=Cr., de W.) spricht die Trennung von demselben durch αὐτόν. Uebrigens heißt es nicht iterum (Vlg.), als ob sie zuerst über seine Gesundheit und dann über das Wiedersehen sich freuen sollen (Lyr.), sondern: rursus (v. Hng.) und steht im Gegensatz zu ihrer früheren Betrübniß. — Den Compar. in ἀλυπότερος haben nicht nur Art., sondern auch solche, welche die ungenaue Uebersetzung der Vlg. (sine tristitia) verbessern (Ers., Clv., Pisc., Bng.), unerörtert gelassen.

die griechischen Väter, daß Paulus nicht sage, er bezwecke ἄλυπος zu werden, sondern ἀλυπότερος, weil ihm, auch wenn er von dieser Sorge befreit sei, noch immer Betrübniß genug bleibe (vgl. de W.). Diese aber suchen sie in der Sorge für alle Gemeinden 2 Cor. 11, 28 (Chr., Thph., Croc.) oder zugleich im Kampfe für den Glauben (Oec.), wie andere in der Trauer um den inneren Zustand der Philipper (Sdl.), um die Trennung von ihnen (Bmg.), oder gar in Röm. 9, 1 (Est.), was alles keinerlei Halt im Contexte hat. Am verwerflichsten ist hier wie V. 27 der Gedanke an seine traurige Lage in der Gefangenschaft (so Myr., Wies. und die meisten Aelteren). Die ganze Reflexion auf eine ihm noch bleibende Trübsal ist aber überhaupt der Tendenz des Briefes, der die Philipper über seine Lage beruhigen und zu gleicher Glaubensfreudigkeit ermuthigen will, durchaus zuwider und durch den Comparativ keineswegs geboten, der doch eben so gut eine Steigerung des Positiv, wie ein noch unvollkommener Grad im Vergleiche mit dem Superlativ ist. Von einer Trauer hat ihn Gott befreit, indem er den Epaphrodit genesen ließ, und noch mehr befreit er sich selbst von aller Trauer, macht sich noch mehr ἄλυπος dadurch, daß er den Epaphrodit zurücksendet und sich von dem Gedanken an die Besorgniß der geliebten Philipper um ihn befreit durch das Bewußtsein der Freude, die sie an seiner Wiederkehr haben werden.

V. 29.

Auf die Frage, warum Paulus den Epaphrodit freudig aufzunehmen ermahnt, obwohl er doch eben vorausgesetzt hat, daß seine Rückkehr ihnen Freude machen wird, sucht man bei den meisten Auslegern vergebens Antwort. Die griechischen Väter bemerken, Paulus thue es nicht um des Epaphrodit willen, sondern um des größeren Lohns willen, den die Philipper dadurch gewinnen würden (Chr., Oec., Thph.), wozu Croc. nach Bll. hinzufügt, er müsse ihnen noch theurer werden, da er neue Verdienste um sie sich erworben habe. Aber das alles genügt nicht, da der Ausdruck vorauszusetzen scheint, daß sie ohne diese Ermahnung ihn nicht ganz freudig aufgenommen haben würden. Und zwar ist dabei nicht mit Ambr. bloß an Einige zu denken, die ihn nicht so lieb gehabt, wie ja in jeder Menge auch eine diversitas sei, oder gar mit Sdl., Fl. an eine feindselige oder von falschen Lehrern insluirte Parthei in der Gemeinde, sondern die Ermahnung ist eine ganz allgemeine. Ew. hat gar gemeint, wegen der Eigenthümlichkeit dieser Aufforderung, verglichen mit 1 Cor. 16, 15—18, den Epaphrodit nicht für einen aus dem Kreise der Vorsteher oder Helfer der Gemeinde halten zu können. Allein der Zusammenhang erklärt dieselbe hinlänglich. Freilich nicht die Verzögerung der Rückkehr (Plg.) ist der Scrupel, von dem Paulus eine Störung und Trübung ihrer Freude befürchtete, sondern vielmehr die Beschleunigung derselben, wodurch die Absicht ihrer Sendung wenigstens theilweise unerfüllt zu bleiben schien (vgl. Myr.). Der Hauptnachdruck liegt also auf dem μετὰ πάσης χαρᾶς, das darum nicht bloß die aufrichtige (Clv.) oder gebührende (de W.) Freude bezeichnet, sondern wirklich heißt: mit aller Freude, so daß kein Theil derselben gestört und getrübt, vielmehr „jede verdrießliche Stimmung und Aeußerung" (Myr.) ausgeschlossen wird. Dagegen soll der Zusatz ἐν κυρίῳ, der wieder von den Auslegern auf's willkührlichste wiedergegeben wird, nur auf den Grund alles christlichen Thuns in der Lebensgemeinschaft mit Christo hinweisen, da sich von ihm aus am leichtesten die Bedenken hoben, die etwa menschlicher Weise ihre Freude trüben konnten. Ganz ohne Grund im Conterte vermuthet Jth., Epaphrodit habe Aufträge gehabt, durch welche eine Betrübung Einzelner herbeigeführt werden konnte[1]).

Endlich ist zu erwägen, daß der Grund, welcher Paulus zunächst zu der beschleunigten Rücksendung bestimmte, das Heimweh und die Besorgniß des Epaphrodit selbst war (V. 26). So konnte das Mißfallen darüber, daß er nicht länger in ihrem Namen dem Apostel gedient hatte, sich gegen sein persönliches Verhalten wenden, man konnte ihm vorwerfen, daß er durch seine Schwäche und Weichlichkeit ihre Absicht bei seiner Sendung wenigstens theilweise vereitelt habe. Darum bezieht sich die Ermahnung, solche Leute, wie er einer sei, in Ehren zu halten, der Intention nach lediglich auf Epaphrodit (Chr., Ans., Lyr., Dion., Btb. und noch Myr.), und keineswegs beabsichtigt er die Ermahnung auf andre auszudehnen (vgl. Haym., Thph. und die Meisten), als wolle er etwa gelegentlich vor Eifersüchteleien gegen die Gemeindevorsteher warnen (Wies.) oder gar dagegen polemisiren, daß man in Philippi den eigentlichen Kampf als dem Lehrstande ausschließlich angehörig betrachtete und das Wesen des allgemeinen Priesterthums verkannte (Jth.). Denn die folgende Begründung zeigt lediglich, warum Epaphrodit dieser Ehre werth sei (Th. v. M., Thph.).

---

[1]) Unserer Auffassung des Verses entspricht auch das aus V. 28 folgernde οὖν. War es seine Absicht, bei der Sendung zugleich auch ihnen Freude zu machen, so müssen sie nun auch mit voller Freude den Epaph. aufnehmen. — Das ἐν κυρίῳ (vgl. V. 19. 24), das die mittelalterlichen Exegeten, durch die Wortstellung der Vlg. verführt, zu gaudio ziehen, wird schon von den griechischen Vätern sehr verschieden bestimmt. Chr. und seine Nachfolger schwanken zwischen: πνευματικῶς (vgl.: in echtchristlicher Weise Est., Rhw., Mtth., Myr.), κατὰ θεόν (vgl.: nach dem Willen Gottes Bmg. oder: wie Christum selbst Croc.), διὰ θεόν (vgl. Schlicht.: respectu domini, Sbl., Strr., Fl.: aus Liebe zum Herrn und noch de W., V.•Gr.: Christi würdig, eingedenk) und ἀξίως τῶν ἁγίων (vgl. Rsm., a. E., Wies.: wie es Christen geziemt). Es bezeichnet aber einfach den Grund des ἀποδέχεσθαι: in der Gemeinschaft mit Christo (v. Hng.). Die Verbundenheit mit ihm durch die Lebensgemeinschaft mit Christo soll für ihr ἀποδέχεσθαι sie die rechte Weise lehren. Die älteren Ausleger schwanken hier wie 1, 14. 2, 24 noch vielfach zwischen der Beziehung auf Gott und Christum, letzterem aber kommt nach 2, 9—11 und dem stehenden Sprachgebrauche des Apostels (1 Cor. 8, 6) allein der Name des κύριος κατ' ἐξοχήν zu.

Der Grund aber der allgemeineren Fassung ist darin zu suchen, daß es Paulus direct nicht einmal als möglich andeuten wollte, daß man dem Epaphrodit die ihm gebührende Ehre entziehen könne.

V. 30.

Es fragt sich, welches das Werk sei, um deßwillen Epaphrodit der Todesgefahr sich ausgesetzt hat[1]. Die Väter dachten alle daran, daß derselbe sich der von den Feinden in Rom drohenden Gefahr ausgesetzt habe, indem er, ohne das kaiserliche Verbot zu achten, dem Apostel die Gabe der Philipper überbrachte und im Kerker Dienste leistete (vgl. Chr., Thdt., Plg., Ambr., Haym., Clr.). Allein weder war der Zutritt zum Apostel nach Act. 28, 30 so gefährlich (Cal.), noch ist die vom Contexte (V. 27) dargebotene Beziehung auf die lebensgefährliche Krankheit zu umgehen, welche Sdl. in fast komischer Weise aus den Gefahren der Gefangenschaft abzuleiten versucht. Ambr. mischt noch die Lehrthätigkeit des Epaphrodit hinein, und hierin folgen ihm Haym. und besonders Neuere, wie Bmg., Str., Fl., Mtth., v. Hng. und wohl noch Ew. Allein da Paulus von einer λειτουργία πρός με redet, ist daran nicht zu denken, sondern

---

[1] Bei διὰ τὸ ἔργον hat Tisch. den Zusatz der Rcpt. τοῦ Χριστοῦ weggelassen, der sich leicht als nähere Bestimmung des scheinbar undeutlichen bloßen ἔργον erklärt, obwohl dasselbe durch den Artikel auf das den Lesern bekannte, ihm aufgetragene Werk (V. 25) hindeutet, und schon wegen des Schwankens der Codd. über das hinzugefügte Wort verdächtig ist. Steht es, so kann das Werk nur mittelbar ein Werk Christi genannt werden, sofern er in seinem Apostel Christo selber diente. Vgl. Phot. bei Oec., Vz., Corn. (doch mit allgemeinerer Berufung auf Matth. 25, 35 f.), Croc., v. Hng., de W., Myr. Ungenauer denkt man daran, daß Epaph. das Werk um Christi willen übernahm (Chr., Dec., Grt., Str., Fl.) oder damit die Sache Christi förderte, was sich namentlich denen empfahl, die an eine Lehrthätigkeit des Epaph. dachten (vgl. Est., Sdl., Bmg., Rsm., a. E., Hnr., Mtth., Wies.). — Das ἤγγισε μέχρι findet Myr. noch bestimmter als der Dativ sein würde; θάνατος für Todesgefahr zu nehmen (Haym., Ans., Lyr., Dion.), ist natürlich eben so unnöthig und willkührlich wie V. 27. — Die beiden Composita mit παρα, zwischen denen die Lesart schwankt, kommen in der ganzen Gräcität nicht mehr vor. Die griechischen Väter lasen παραβολεύεσθαι (gebildet wie παραλογίζεσθαι Col. 2, 4. παραφρονεῖν 2 Cor. 11, 23), das seit Ers., Lth., Bz. richtig erklärt wird durch male consulere vitae. Diese von Tisch. wieder aufgenommene Rcpt. wird noch von Str., v. Hng. vertheidigt, der aber wohl zu viel Absicht darin sucht, wenn er meint, Paulus wähle ein tadelnd klingendes Wort, um es durch den Absichtssatz in bonam partem auszulegen. Dagegen führen schon die freilich sehr freien Erklärungen einiger griechischer Väter (Chr.: ἐξέδωκεν ἑαυτόν, Thph.: ὑπέρριψεν ἑαυτόν) sowie die Itala (parabolatus est de anima sua) und Vlg. (tradens animam suam) auf die Lesart παραβολεύεσθαι, welche eine starke Bezeugung für sich hat und auf die Autorität von Scaliger und Salmasius zuerst von Grt. vertheidigt wird und dann außer v. Hng. von allen Neueren. Das Wort ist nach Win. §. 16. 1. S. 85 regelmäßig gebildet für παράβολον εἶναι: tollkühn sein und heißt also bei der Construction mit dem Dativ der bestimmteren Beziehung (Win. §. 31. 6): waghalsig seiend in Ansehung des Lebens. Es entspricht also dem classischen παραβάλλεσθαι τὴν ψυχήν, seltener τῇ ψυχῇ. — In der Bedeutung: Leben steht ψυχή auch Röm. 11, 3. 16, 4.

lediglich an den ihm von den Philippern gegebenen Auftrag, die Geldspende zu überbringen, was Anf., Lyr. und noch de W. zu einseitig hervorheben, und dem Apostel in seiner Gefangenschaft zu dienen (V. 25). Da es nun schwer zu begreifen ist, wie Epaphrodit sich durch seine aufopfernde Dienstbeflissenheit selbst (Clv., Art., Pisc., Croc., Cal. und noch Myr., Wies. Vgl. Ew., der aber zugleich unklar die tiefe Bekümmerniß über den in Rom wirksamen Haß vieler Christen einmischt) die Krankheit zugezogen haben soll, so bleibt es wohl das Natürlichste, anzunehmen, daß Epaphrodit, um das ihm aufgetragene Werk auszuführen ($\delta\iota\grave{\alpha}$ $\tau\grave{o}$ $\check{\epsilon}\varrho\gamma o\nu$), sich auf der Reise keine Ruhe gönnte und so schon auf ihr oder bald darauf in Rom in die Krankheit verfiel, die ihn dem Tode nahe brachte. (Vgl. Schlicht., Corn., Rsm., a. E., Hnr., de W.)

Inwiefern Epaphrodit durch seine eifrige Vollstreckung der ihm übertragenen Dienstleistung ersetzen wollte, was Seitens der Philipper an derselben fehlte[1]), haben sachlich schon die griechischen Väter richtig erklärt, wenn auch Chr. die Worte unrichtig verbindet. Es fehlte ihre eigne persönliche Betheiligung an derselben, nicht als ob er dieselbe für ihre Pflicht hielt (Chr., Est. s. d. Anm.), sondern im Sinne der Philipper, die sich in ihrer Liebe zum Apostel mit einer bloßen Unterstützung ohne persönliche Dienstleistung von ihrer Seite nicht genug thun konnten (Bng.). Es liegt daher auch in $\dot{\upsilon}\sigma\tau\acute{\epsilon}\varrho\eta\mu\alpha$ kein Vorwurf, wie Fl. meint, und keine Andeutung einer verspäteten Sendung, was Bz. für möglich hält.

---

[1]) Der Genitiv $\dot{\upsilon}\mu\tilde{\omega}\nu$ gehört nicht zu $\lambda\epsilon\iota\tau o\upsilon\varrho\gamma\acute{\iota}\alpha\varsigma$, wozu ihn mehr oder weniger klar Chr., Plg, Ers, Bz., Grt. und noch Fl, v. Hng., Mtth. ziehen, da letzteres offenbar die schon V. 25 angedeutete $\lambda\epsilon\iota\tau o\upsilon\varrho\gamma\acute{\iota}\alpha$ des Epaph. ist, und auch die Stellung dieser Fassung widerstrebt, sondern zu $\dot{\upsilon}\sigma\tau\acute{\epsilon}\varrho\eta\mu\alpha$, wird aber zu künstlich von Myr. so gefaßt, als ob sie selbst an der $\lambda\epsilon\iota\tau o\upsilon\varrho\gamma\acute{\iota}\alpha$ fehlten, besser als reiner gen. subj.: der euch betreffende Mangel, das, was von eurer Seite fehlte (de W, Wies.). Vgl. 1 Cor. 16, 17. Ueber den doppelten Genitiv vgl. 2, 25 und dazu S. 204. Anm. 1 — Eben daselbst ist über die falsche Bedeutung gehandelt, die die griechischen Ausleger auch hier dem $\lambda\epsilon\iota\tau o\upsilon\varrho\gamma\acute{\iota}\alpha$ beilegen, als bezeichne dasselbe die Pflichtmäßigkeit ihrer Leistung, um jede Selbstüberhebung wegen derselben abzuschneiden. — Das $\dot{\alpha}\nu\alpha\pi\lambda\eta\varrho o\tilde{\upsilon}\nu$ erklärt Myr. nach Ers: accessione implere, quod plenitudini perfectae deerat. Der Absichtssatz schließt sich natürlich unmittelbarer an das die Thätigkeit des Epaph. ausdrückende $\pi\alpha\varrho\alpha\beta o\upsilon\lambda\epsilon\upsilon\sigma\acute{\alpha}\mu\epsilon\nu o\varsigma$ an (v. Hng, Myr., Wies.), als an das sein Schicksal bezeichnende $\check{\eta}\gamma\gamma\iota\sigma\epsilon\nu$, gehört aber sachlich zum ganzen Satze, der nur die weitere Explication des $\delta\iota\grave{\alpha}$ $\tau\grave{o}$ $\check{\epsilon}\varrho\gamma o\nu$ ist.

V. Das Leben in der Gemeinschaft mit Christo[1].
(Cap. III, 1 — Cap. IV, 1.)

1. Der Grund des Christenlebens in der Freude am Herrn.
(Cap. III, 1—11.)

a) Christus der Grund der wahren Freude.
(Cap. III, 1—3.)

Im Uebrigen, meine Brüder, freuet Euch in dem Herrn. Daß ich Euch immer einerlei schreibe, ist mir keine Versäumniß, Euch aber ungefährlich. Sehet an die Hunde, sehet an die schlechten Arbeiter, sehet an die Zerschneidung! Denn wir sind die Beschneidung, die wir durch den Geist Gottes ihm dienen und uns an Christo Jesu rühmen und uns nicht verlassen auf Fleisch.

[V. 1.] Der Hauptgegenstand des Briefes ist erschöpft. Der Apostel hat die um sein Schicksal besorgten Philipper beruhigt, hat ihnen gezeigt, wie sie selbst durch Befolgung seiner Ermahnungen seine

---

[1] Die Ueberschrift kann, namentlich der gangbaren Auffassung des Capitels gegenüber, auffallend erscheinen, obwohl schon Euthalius, dessen Capitelabtheilung überhaupt der hergebrachten weit vorzuziehn (sie stimmt durchweg mit unsern Hauptabschnitten überein) und zum Theil mit sehr treffenden Ueberschriften begleitet ist, den folgenden Abschnitt betitelt: περὶ τοῦ πνευματικοῦ βίου. Sie besagt, was im Einzelnen unten gerechtfertigt werden wird, daß ich in dem Capitel keinerlei Polemik gegen judaistische Irrlehrer oder fleischlich lebende Christen finden kann, sondern den eigentlich lehrhaften Abschnitt unseres Briefes, der aber wegen der durchaus praktischen Natur seines Gegenstandes theils mehr indirect theils direct doch wieder paränetisch ist. Freilich ist nicht an eine logisch disponirte, systematische Auseinandersetzung zu denken, sondern wie der Beginn des Abschnitts unmittelbar an's Vorige anknüpft, so spinnt sich der Gedankenfaden aus sich selbst in freier Weise weiter fort, jedoch so, daß, weil dem Apostel ein Grundgedanke vorschwebt, sachlich der begonnene Gegenstand wirklich möglichst allseitig abgehandelt wird.

Freude fördern können, und sie aufgefordert, seine hohe Freudigkeit gegenüber allem, das ihn treffen könnte, zu theilen. Um durch gute Nachrichten von ihnen seine Freude zu erhöhen, will er so bald als möglich den Timotheus schicken; um von ihrer Freude den letzten Schatten der Besorgniß zu verscheuchen, sendet er ihnen den Epaphrodit schon jetzt. Aber Eines ist noch übrig. Denn was hilft alle Freude, wie wankend und hinfällig ist sie, wenn sie nicht auf den rechten einigen Grund sich gründet? Darum fordert er noch einmal seine Brüder auf, sich zu freuen, aber zu freuen — in dem Herrn; denn in der Gemeinschaft mit Christo als ihrem unwandelbaren Gründer wurzelt allein fest und unverlierbar die wahre Christenfreude. So hat er denn wieder den Grundton seines Briefes angeschlagen. Es könnte scheinen, als sei bereits genug davon geredet und endlich Zeit, zu etwas Anderm überzugehen. Aber in fast heiterem Tone, als müsse er sich wegen dieses unermüdlichen Strebens, sie zur rechten Freude zu erheben, entschuldigen, obschon dasselbe doch nur von seiner väterlichen Liebe und Fürsorge zeugt, versichert er, ihm komme das nicht saumselig vor, wenn er so bei demselben Gegenstande verweile, ihm sei es keine Versäumniß, immer dasselbe zu schreiben; was aber sie selber anlange, so stehe er dafür, daß es auch ihnen sicher und ungefährlich sei, was doch so offenbar nur zu ihrer Stärkung und Befestigung in der wahren Christenfreude und damit in dem tiefsten Grunde alles Christenlebens diente.

[V. 2.] Oder sollte es so unnöthig sein, sie über das wahre Wesen dieser Freude immer auf's Neue zu belehren und zu derselben zu ermuntern? Er braucht sie ja nur daran zu erinnern, wie viele Menschen noch rings um sie her sind, welche ihre Freude und ihren Ruhm auf verkehrten Wegen suchen und darum den Grund der wahren Freude nicht finden. In drei kurzen Worten, die aber eben so viel plastische Darstellungen bestimmter Menschenklassen sind, führt er mit nachdrücklicher Wiederholung der Aufforderung zu aufmerksamer Betrachtung das Gegenbild derer vor, die ihre Freude nicht in Christo suchen. Sehet da die Hunde! Das Bild der unreinen Thiere erinnert an die profanen, unreinen Menschen, die sie rings umgeben, an das unschlachtige und verkehrte Geschlecht, unter dem sie wie die Sterne in der Nacht leuchten, an die Heiden, die, weil sie von Gott nichts wissen, nur ihren bösen Lüsten dienen, die noch im Schlamme der Sünde sich wälzen und ihre Freude und Ehre in dem suchen, was doch in Wahrheit Schande bringt. Aber freilich, auch unter den Christen fehlt es nicht an solchen, die noch in dem ihre Freude suchen, was Gott nicht wohlgefällig ist, wenn auch in feinerer Weise. Der Apostel könnte auf gar manches hinweisen, um aber nur bei eben Besprochenem zu verweilen, das ihnen noch lebhaft vor Augen stehen muß, verweist er auf die ihn in Rom umgebenden Prediger des Evangeliums, von denen er oben klagen mußte, daß sie an Neid und Streit ihre Freude haben und selbst im Dienste Christi nur die Befriedigung ihrer persönlichen Interessen suchen, so daß er sie mit Recht schlechte Arbeiter im Ackerfelde des Herrn nennen kann. Auch bei ihnen ist es ja nicht Christus der Herr, den sie nur aus unlauteren Motiven predigen, sondern ihr eignes Ich mit seinen ehrgeizigen Wünschen, woran sie ihr höchstes Wohlgefallen haben. Aber selbst wo der Mensch nicht am Unreinen oder Eigennützigen seine Freude findet, sondern an einem wirklich gottgeschenkten Gute, kann diese Freude doch eine falsche sein. Da sind die Juden, die von Gott das Bundeszeichen der Beschneidung empfangen haben und darin einst mit Recht ihren Stolz und ihre Freude suchten. Aber weil sie nicht erkennen wollten, daß Christus des Gesetzes Ende sei und darum auch dem, worin sie einst ihre Freude fanden, ein Ende gemacht hat, daß sie ihn im Glauben ergreifen müßten, um den wahren Grund der bleibenden Freude zu finden, darum ist ihre Beschneidung, die nun ihre von Gott gesetzte Bedeutung verloren hat, zu einer nutzlosen Verstümmelung, einer bloßen Zerschneidung geworden.

[V. 3.] Mit Absicht wählt der Apostel das fast räthselhaft klingende Wort voll schneidender Schärfe gegen die leibliche Beschneidung, die sich noch immer dünkt, die wahre Beschneidung zu sein, um eben an die Erklärung jenes Ausdrucks den Beweis ihrer Nichtigkeit und die Darstellung dessen zu knüpfen, was nach dem Rathschlusse Gottes als das höchste Gut und der bleibende Gegenstand der wahren Freude an die Stelle jenes nur temporären getreten ist. Denn die wahre Beschneidung sind ja die Christen. Wie das ganze Gesetz nur der Schatten des Zukünftigen war, so ist auch die Beschneidung in Christo erfüllt, nemlich in der Ablegung des alten sündhaften Wesens, wie sie in der Taufe geschehen ist. Daß sie diese wesenhafte Beschneidung wirklich haben, davon zeugt ja ihr neues Leben, welches die Folge derselben ist. Wie einst das Volk der Beschneidung im alten Bunde den einzig wahren Gottesdienst übte, so sind es jetzt die Christen, die Gott dienen in der Kraft des Geistes Gottes, den sie in der Taufe empfangen haben, und darum gewiß in der rechten, ihm wohlgefälligen Weise. Die Christen also haben eben das, dessen die Juden sich rühmen, alles in ihrer wahren, vollendeten Gestalt, und sie haben eben damit auch den rechten einzigen Grund der wahren Freude. Denn mit triumphirender Freude rühmen sie sich Christi Jesu, der ihnen alle diese Güter gebracht hat und auf den sie darum allein all ihr Vertrauen setzen, also daß sie nicht mehr auf etwas irdisch=menschliches, kurz nicht mehr auf Fleisch vertrauen, wie die ungläubigen Juden immer noch thun mit ihrem Stolze auf die Beschneidung und ihre nationalen Vorzüge.

V. 1.

Die griechischen Väter sahen in unserem Verse eine Recapitulation alles Bisherigen. Nach dem, was Paulus über sein Schicksal und den Fortgang des Evangeliums, über Timotheus und die Krankheit des Epaphrodit gesagt hat, sei nun gar kein Grund mehr, weshalb sie sich nicht freuen sollten (Chr. und seine Nachfolger, die katholischen Ausleger, auch noch a. E., der es aber zu speciell an das von Epaphrodit Gesagte anknüpft). Das ἐν κυρίῳ bezeichnet dann nach allen diesen Auslegern nur den pneumatischen, christlichen Charakter dieser Freude, ohne daß ein besonderer Nachdruck darauf liegt. Einen solchen gab ihm schon Clv., der im Uebrigen unseren Vers auch noch für die conclusio superiorum hält, aber allen Nachdruck darauf legt, daß die Leser alle Bitterkeit des Kreuzes überwinden sollen durch die Freude an der Gnade Gottes. In ähnlicher Weise nun sahen schon Th. v. M., Plg., Haym. und Lyr. in dem ἐν κυρίῳ Christus als den Gegenstand der Freude bezeichnet im Gegensatz zu allen weltlichen Dingen, wie Anf., Dion. im Gegensatz gegen die Gesetzeswerke und alles fleischliche Rühmen überhaupt, wovon im Folgenden die Rede ist. Dieser Gesichtspunkt wurde besonders von der protestantischen Exegese aufgegriffen (Bgh., Bll., Pisc., Croc., Cal. und noch Strr., Fl.), so daß unser Vers ihr nur die Einleitung zum Folgenden bildet, wo im Gegensatz gegen die judaistische Irrlehre davon gehandelt werden solle, daß Christus der alleinige Gegenstand unserer Freude und der einige Grund unserer Gerechtigkeit ist. Hatte die erstgenannte Auffassung über der Anknüpfung an das Vorige zu sehr das durch τὸ λοιπόν eingeführte neue Moment dieser Ermahnung übersehen, so trennte die letztere dieselbe zu sehr vom Vo=

rigen ab; denn der Versuch von Croc., sie an die dogmatische Exposition des zweiten Capitels anzuknüpfen, ist ganz verfehlt¹).

Eine Berechtigung nun, sich der Anknüpfung an das Vorige zu überheben, meinten die Neueren darin zu finden, daß sie jenes als abgeschlossen ansahen und den Apostel hier zum Abschlusse des Briefes übergehen ließen. So schon Grt., welcher hierin die Schlußermahnung sieht, an die Paulus erst später, als er noch etwas Zeit gewann, Weiteres anknüpfte (vgl. Rsm., Kr. und noch Ew., der das Liegenbleiben des Briefes durch eine neue Störung Seitens der feindseligen Christen erklärt); Hnr. läßt gar wirklich den Brief mit diesem Segenswunsch (wie übrigens schon Th. v. M. das χαίρετε zu fassen scheint. Vgl. Kr.) schließen und nachher eine neuen beginnen. Andere lassen den Apostel nur eine Pause machen (Myr.) oder sofort durch die ihm noch einfallende Warnung vor den Irrlehrern von der Vollendung des Schlusses abgelenkt werden (Bmg., Rhw., de W.). Allein wenn auch Paulus mit dem τὸ λοιπόν zu dem letzten Hauptpunkte übergeht, den er noch zu besprechen beabsichtigt, so schließt das doch keineswegs eine von vorn herein beabsichtigte ausführlichere Erörterung dieses Punktes aus (Mtth., v. Hng., Wies.); das χαίρετε aber knüpft in der That an das bisherige Grundthema des Briefes an (Bng., B.-Cr., Wies.), wie die griechischen Ausleger richtig gesehen haben, nur daß in dem Hinzutreten des ἐν κυρίῳ das neue Moment liegt, auf welches es ihm nun schließlich noch ankommt, und wodurch

---

¹) Das τὸ λοιπόν kann nach griechischem Sprachgebrauch eine Folgerung ausdrücken, wie es die griechischen Väter nahmen und wie es 2 Tim. 4, 8 der Fall zu sein scheint; allein dies ist doch selbst nur insofern möglich, als das, was als Hauptpunkt noch zu erwähnen bleibt, in irgend einer Beziehung sich bereits aus dem Vorigen ergiebt. Eine bloße formula progrediendi, welche etwas Neues anreiht (Haym., Strb., Ansf., Dion.: deinceps, Lth.: weiter. Vergl. Bng., v. Hng.), ist es nicht, auch nicht Bezeichnung des Fortschritts vom Besonderen zum Allgemeinen (Mtth.). Als Zusammenfassung des Hauptpunktes, der noch übrig ist, leitet es natürlich oft die Schlußermahnung ein (4, 8. Eph. 6, 10. 2 Cor. 13, 11); allein diese kann auch, wie 1 Thess. 4, 1. 2 Thess. 3, 1 zeigt, noch gründlich und sehr ausführlich ausgeführt sein. Da der ganze Abschnitt 1, 12—26 die um den Apostel und die Sache des Evangeliums besorgten Philipper ermuntern sollte, da 2, 18 die Ermahnung zur Freude positiv aussprach und auch die Sendung des Epaph. ihre Freude nach 2, 28 vermitteln sollte, so ist das χαίρετε in der That nochmalige Zusammenfassung des bisherigen Grundthemas; aber in dem τὸ λοιπόν liegt das an sich nicht, wie B.-Cr. meint. Clv. meint gar, das τὸ λοιπόν bezeichne nur continuum tenorem, ne sanctum gaudium protendere desinant. — Das ἐν κυρίῳ bezeichnet unmittelbar nicht den Gegenstand der Freude, sondern die Freude als eine, die in der Gemeinschaft mit Christo beruht, wie seit v. Hng., Rhw. die neueren Ausleger richtig erklären. Sofern diese Gemeinschaft mit Christo durch den Besitz seines Geistes vermittelt ist, ist die χαρὰ πνεύματος ἁγίου (1 Thess. 1, 6) oder ἐν πνεύματι ἁγίῳ (Röm. 14, 17) dasselbe, wie diese denn auch Gal. 5, 22 unter den Früchten des Geistes erscheint. — Fälschlich suchen Chr., Thdt. in der Anrede ἀδελφοί μου etwas besonders Ehrenvolles (vgl. Sdl., Bmg.), da Paulus selbst die Galater keineswegs, wie sie behaupten, immer nur τέκνα anredet. Vgl. 1, 11. 3, 15.

er sich den Uebergang zu den Erörterungen des dritten Capitels bahnt. Darin liegt die Berechtigung der zweiten Auffassung.

Die Rechtfertigung wegen der **Wiederholung** derselben Ermahnung bezogen wohl schon Chr., Thph., sicher Th. v. M., Plg. und so die Meisten, die sich darüber aussprechen, von Clv., Clr. bis auf B.-Cr., Myr., Ew., auf's Folgende und die darin vermeintlich enthaltene Polemik gegen judaistische Irrlehrer. Allein die dadurch entstehende Abgerissenheit der Rede, welche de W. geradezu durch einen Gedankenstrich andeuten will, ist unerträglich hart, und da weder 1, 27 — 2, 18 (Mtth., Ew.), noch sonst irgendwo im Vorigen das im Folgenden Ausgeführte zur Sprache gekommen ist, die Beziehung aber auf frühere mündliche Aeußerungen (Th. v. M., Plg., Clv. und die Meisten. Vgl. Sdl., der gar an die mündlichen Bestellungen des Epaphrodit denkt), oder auf einen früheren Brief an die Philipper (welche Ansicht schon Thdt. und Th. v. M. ausdrücklich verwerfen, während sie Clv. für möglich hält, Aeg. Hunnius bei Cal., Fl. und noch Myr., Jth. vertreten), oder gar an andere Gemeinden (Lyr., Est.) dem Contexte ganz fremd ist, so läßt sich das τὰ αὐτὰ γράφειν bei der gangbaren Auffassung durchaus nicht rechtfertigen[1]). Unklar bezog es auf die vielen Ermahnungen unseres Briefes schon Thdt., richtig auf die Ermahnungen zur Freude Ans., Dion., obwohl beide fälschlich an frühere mündliche denken, während Bng., Strr. (der aber seiner falschen Fassung des χαίρετε ἐν κυρίῳ gemäß auf 1, 27 — 2, 16 verweist),

---

[1]) Der Plural τὰ αὐτὰ rechtfertigt sich vollkommen dadurch, daß es nicht auf eine verbotenus wiederholte Ermahnung, sondern auf das in verschiedener Weise variirte Grundthema des Vorigen geht. Vgl. auch v. Hng. — Das ὀκνηρόν, das eigentlich piger: träge, saumselig heißt (Röm. 12, 11), wird hier von den Meisten von dem verstanden, was Beschwerde (Dion., de W.), Ermüdung (Art.) oder Bedenklichkeit (Myr., Wlef.) verursacht (vgl. Ers. und die Meisten: me piget, Lth.: es verdrießt mich); ἀσφαλές (Hebr. 6, 19), das die Vlg. wunderlich genug mit necessarium giebt, von Lth., Ers. und den Meisten für das, was sicher macht, sichert, befestigt. Diese Umlegung des Eigenschaftsbegriffs in den activen Begriff dessen, was die Eigenschaft bewirkt, ist aus dem Sprachgebrauch nicht genügend nachgewiesen. Das Bedenkliche derselben scheint Ew. gefühlt zu haben; aber sein „zauderlich" für ὀκνηρόν bezeichnet doch auch nur das, womit er sich oder was ihm kein Bedenken und Zaudern erregt. Für ὀκνηρός wird Theokr. 24, 35 und Soph. Oed. R. 834 angeführt; für ἀσφαλής könnte man auf das Substantiv ἀσφάλεια, das auch von Versicherung, Sicherstellung gebraucht wird und auf ähnliche Bildungen wie ἀβλαβής provociren, die zweifellos activ gebraucht werden. Es fragt sich aber, ob man nicht bei der gewöhnlichen Bedeutung stehen bleiben kann. Immer dasselbe zu sagen, erscheint für gewöhnlich als saumseliges Verweilen bei demselben Gegenstande, als geistige Trägheit, die nicht vom Flecke kommt. Dem Apostel erscheint es nicht so. Der Dativ kann dann als Dativ des Urtheils (Win. 31. 4. a) gefaßt werden, und nicht sowohl die Liebe zu ihnen (Dion.) als die Einsicht in die Wichtigkeit der Sache giebt ihm dies Urtheil ein. Lag schon hierin die Abweisung der Meinung, als ob solche Wiederholung schade, indem sie unnöthigen Zeitverlust, Versäumniß mit sich bringt, so bezeichnet das ἀσφαλές dieselbe noch ausdrücklich als etwas, das ihnen sicher, ungefährlich, unschädlich ist, wobei man mit Ew. hinzudenken kann: um nicht zu sagen: nützlich.

v. Hng., Wies. mit Recht an die durch die vorherigen Abschnitte als Grundton hindurchgehende Ermahnung zur Freude denken. Inwiefern auch bei der gewöhnlichen Fassung des Wortes ἀσφαλές dasselbe gegen diese Beziehung sein soll (de W., Myr.), ist nicht wohl zu begreifen, da doch eine gewisse Freude in dem Herrn bei allen Gläubigen vorausgesetzt werden muß, und also die Ermahnung zu derselben die Leser nur vor dem Verluste dieser Freude sichern und in ihrem Besitze befestigen soll. Zu viel Absicht steht in der ganzen Rechtfertigung Ers., der den Apostel sich gegen den Vorwurf vertheidigen läßt, selbst zu viel Muße zu haben und den Lesern zu viel Vergeßlichkeit zuzutrauen, während sie doch nur eine feine Wendung ist, um die wiederholte Ermahnung in ihrer Bedeutung hervorzuheben. Auch das τὸ λοιπόν, das nach v. Hng., Wies. die Einführung einer neuen Sache erwarten ließ, hat wohl nicht, wie sie meinen, diese Rechtfertigung hervorgerufen, da es an dem wirklich zu erwartenden Neuen ja durchaus nicht fehlt.

V. 2.

Schon die griechischen Ausleger fassen den Vers ausdrücklich als Warnung vor den hier geschilderten Menschen, obwohl sie dem βλέπετε insofern sein Recht lassen, als sie auf die Schwierigkeit, sie zu erkennen, hinweisen (Chr., Oec., Thph.); die meisten aber nehmen es ohne Weiteres für cavete (Ambr., Haym., Dion., Ers., Bz. und die folgenden), höchstens daß Bng. (videte et cavebitis) dies mittelst einer metonymia antecedentis zu erklären versucht (vgl. Schlicht.: diligenter observate et consequenter cavete). Mit unrichtiger Ergänzung erklärt Hnr.: seht einmal, was das für Hunde sind, und ähnlich schon Ans. (cognoscite illos esse canes). Mit Recht aber halten die neueren Ausleger seit Mtth. an der Grundbedeutung des Wortes fest (vgl. 1 Cor. 1, 26. 10, 18), legen aber der Aufforderung zum Betrachten die Absicht unter, vor den zu betrachtenden zu warnen (de W., Myr.). Es ließe sich das mit der richtigen Anknüpfung an die erste Hälfte von V. 1 wohl vereinigen, wenn wir bedenken, daß ja die Verführung zu der hier meist gesuchten judaistischen Irrlehre die Leser davon abziehen würde, ihre Freude allein in der Gemeinschaft mit Christo zu suchen (vgl. v. Hng., Wies.). Aber sofern eine Warnung immer die Gefahr als drohend voraussetzt und davon nicht nur in dem übrigen Briefe, sondern auch in diesem ganzen Abschnitte keine Spur sich findet, ist das Hinzudenken dieser Absicht ganz willkührlich. Wie nachher positiv aus seinem Beispiele, so sollen hier e contrario die Leser lernen, worauf die rechte Christenfreude ruht und worauf nicht. Auch Jth. giebt die Annahme einer warnenden Tendenz auf, substituirt aber dafür ganz contertwidrig, die Leser sollen sich das Wesen der Irrlehrer und ihr Verderben ansehen, um daran den Gegensatz des Evangeliums in seiner Vollendung beurtheilen zu lernen. Den

Nachdruck des dreimal wiederholten βλέπετε bemerken schon Croc., Cal., Bng. (vehemens anaphora!).

Welche Eigenschaft der Apostel durch das Prädicat: Hunde bezeichnen wolle, darüber erschöpfen sich schon die griechischen Ausleger in mannigfachen Vermuthungen, und auch die späteren verbinden meist mehrere Beziehungen mit einander. Am häufigsten findet man darin von Chr. bis Mth., B.-Cr., Ew. die freche Unverschämtheit, mit der sie, so oft widerlegt, doch immer wieder ihre falsche Lehre aufdringen (Th. v. M., Thdt.), und bei den Griechen kommt es in diesem Sinne wohl als Tadelwort vor, nicht aber in der biblischen Symbolsprache. Damit verbindet denn schon Chr. den Begriff der wilden Feindseligkeit, womit sie die reine evangelische Lehre oder ihre Lehrer und die Frommen überhaupt mit ihrem Gebell anfallen und mit ihren Bissen zerfleischen. Diesen Zug heben besonders hervor Ambr., Plg. und Aug. (non ratione, sed consuetudine contra insolitam veritatem latrantes, vgl. die mittelalterlichen Exegeten und noch Art., Pisc., Schlicht., Est., Cal u. a.); und hiefür ließe sich Matth. 7, 6 anführen. Auch Oec.'s Hinweisung auf 2 Ptr. 2, 22 wird in mannigfacher Anwendung von Vielen vertreten und noch von v. Hng. Ganz ins Willkührliche hinaus gehen die Beziehungen auf die Gottlosigkeit überhaupt (Chr., Oec.), die unersättliche Habgier (Clv., Art.), den Geiz (Pisc., Grt., Rhw.), den Neid (Bll., Croc., Hnr.), die gemeine Gewinnsucht (Strr., Fl., Ew.); denn mit solchem Hin- und Herrathen verläßt man den sicheren Boden der biblischen Grundanschauung. Nach dieser sind die Hunde unreine Thiere und somit Bezeichnung alles Profanen, Unreinen (Apok. 22, 15), das darum des Heiligen nicht werth ist (Matth. 7, 6) und den Schmutz der Sünde liebt (2 Ptr. 2, 22). Mit Recht haben de W., Myr., Wies diesen Gesichtspunkt, der schon von Früheren vielfach erwähnt wird (Chr., Clv., Strr.), ausschließlich geltend gemacht. Da nun die Juden die Heiden wegen ihrer Unreinheit Hunde nannten (Matth. 15, 26. 27), so meinten die griechischen Väter (vgl. Est., Bng., Bmg., Hnr. und, wie es scheint, noch Myr.), Paulus kehre dieses Schimpfwort hier um, obwohl doch dazu gar kein Grund vorliegt und es sicher der Mühe werth ist, zu fragen, ob nicht auch hier das unreine heidnische Wesen gemeint sei.

Bei den κακοὶ ἐργάται denken die patristischen Ausleger an Arbeiter, die mehr zerstören als aufbauen (Chr., Thdt., Lyr., Clv), die guten Pflanzen ausraufen und Unkraut säen (Strb., Ans.), wobei natürlich an ihre falsche Lehre gedacht wird (Th. v. M., Art., Pisc., Cal., Hnr., Mtth., v. Hng.). Andere dagegen denken nicht sowohl an dieses ihr schlechtes Wirken (Myr.), sondern vielmehr an die Gesinnung (Fl.), aus der es hervorgeht, an ihren Eigennutz (Bgh., Zgr., Est., Croc., Bng., Strr., a. E.), der es zu keiner rechten Mühe und Aufopferung kommen läßt (Ew.), oder ihre Unredlichkeit (Grt., Rsm., B.-Cr.). Man vergleicht gewöhnlich 2 Cor. 11, 13, wo Paulus die judaistischen

Irrlehrer ἐργάται δόλιοι nennt und dies sofort näher erklärt; aber an unserer Stelle ist der Ausdruck entschieden allgemeiner und bezeichnet nur die schlechte Beschaffenheit der Arbeiter, die er den Lesern vorführt. Das Bild von den ἐργάται (1 Tim. 5, 18. 2 Tim. 2, 15) schließt sich an das vom γεώργιον θεοῦ (1 Cor. 3, 9) an. Vgl. 2 Tim. 2, 6.

Der Ausdruck κατατομή kann nach der Analogie des bekannten Gebrauchs von περιτομή für die Beschnittenen (abstractum pro concreto), der denn auch verbietet, in der ganzen Ausdrucksweise hier mit Chr., Thph., Anf. eine besondere Absicht zu suchen, nur die Personen bezeichnen, welche nicht be-, sondern zerschnitten sind. Ganz richtig erklären schon die Griechen, die περιτομή dieser Leute sei jetzt, wo die gesetzliche Beschneidung durch Gott selbst aufgehoben sei und damit ihre Bedeutung verloren habe, nur eine willkührliche, ja schädliche (Lyr.) Verstümmelung des Körpers (Bng., vgl. v. Hng.), wobei aber Bmg., Strr., Fl. ganz verkehrt an götzendienerische Verstümmelungen denken (vgl. 1 Reg. 18, 28). Damit thut Paulus weder der ursprünglichen Bedeutung der Beschneidung Eintrag, die er wohl zu schätzen weiß (Röm. 3, 1. 4, 11) und nicht für per se inutilis (Hnr.) hält, noch hat er, wenn er durch die Verwandlung der περιτομή in κατατομή die Vorstellung einer falschen Beschneidung weckt (de W.), schon hier den Mangel der geistlichen Beschneidung im Blicke (Zgr., Clr. und noch Myr.) oder nur das falsche Vertrauen auf die fleischliche (Wies.); vielmehr ist die Beschneidung selbst durch den Wegfall ihrer Bedeutung zur κατατομή geworden. Es liegt etwas den Hochmuth auf die περιτομή scharf Geißelndes (Lyr.: derisorie, Bz.: sarcasmus, Hnr.: Ironie) in dieser Paronomasie (Zgr., Croc.), aus der schon Clv., Pisc. beweisen, daß der heilige Geist in seinen Organen die lepores et facetias nicht verschmähe. Vgl. Gal. 5, 11. 12. — Neben dieser einzig möglichen Fassung schlagen aber die genannten Griechen selber schon die andere vor, wonach es auf die Zerschneidung der Gemeinde, die Spaltung, welche die gedachten Menschen in der Kirche anrichten, gehen soll, und diese Deutung haben ausschließlich Thdt., Clv., Bz., Grt., Schlicht., Kr. u. a. Daneben haben denn Strb., Anf., Dion. noch die Beziehung auf ihre eigne oder die Trennung Anderer von Christo oder dem Leibe Christi (Lth., Bll., Art., Pisc., Sdl.) und endlich Bgh., Cal., Rsm., Mtth. noch die auf die Zerschneidung der evangelischen Lehre. Alles dies entspricht weder dem analogen Gebrauche von περιτομή noch dem in V. 3 folgenden Gegensatze.

Die patristischen Exegeten denken bei all diesen drei Bezeichnungen an die bekannten judaistischen Irrlehrer, welche das Evangelium durch Einmischung des Judenthums verdarben (Chr., Oec., Thph.), an die Pseudapostel des Galaterbriefes (Plg., Ambr., Strb., Anf.), und sie konnten dies trotz ihrer Annahme von der Unbeflecktheit der Gemeinde, weil ihnen überhaupt eine geschichtliche Interpretation fern lag. Allein schon Clv., Art. bemerken, daß die Polemik des Apostels doch eine ganz andere sei, wie im Galaterbriefe, weil die Philipper ihnen noch kein Ohr geliehen hätten, er weise sie nur mit wenig Worten zurück und warne für die Zukunft vor ihnen. Je mehr nun die Neueren dies erkannten (vgl. die Einleitung), um so zweifelhafter mußte man werden, ob wirklich dergleichen Irrlehrer, als in Philippi bereits ausgetreten, zu denken seien. Sollte dann der Apostel wirklich mit einer solchen bloßen Hinweisung auf sie sich begnügt und nicht eingehend vor den Umtrieben solcher Eindringlinge gewarnt haben? An judaistische Gegner, die ihn in Rom umgaben, zu denken (Hnr. und wohl auch Ew.) verbietet der Artikel, der allerdings auf Persönlichkeiten, die den Lesern bekannt waren, hinweist (Ers., Croc., de W., Myr.), und daß, wie wir sahen, 1, 15 ff. von Judaisten nicht die Rede ist. Sie müßten also mindestens in der Nähe von Philippi ihr Wesen getrieben haben oder den Lesern aus früheren Warnungen bekannt sein (vgl. de W., Myr., Wies.). Warum aber der Apostel gegen Leute, die noch gar nicht gefährlich geworden, vielleicht gar nicht anwesend waren, auf einmal und nach der gangbaren Auffassung so abrupt die heftigste Polemik eröffnet haben soll, ist in der That schwer abzusehen.

So muß es denn in der That immer zweifelhafter werden, ob Paulus hier wirklich an judenchristliche Irrlehrer denkt. Die Bezeichnung $\varkappa\acute{\upsilon}\nu\varepsilon\varsigma$, richtig gefaßt, ist doch in der That stärker als irgend etwas, was Paulus je im heftigsten Kampfe gegen diese seine Gegner gesagt hat, und dieses heftige Tadelwort tritt so ganz unvermittelt ein, und entspricht dem weiteren Laufe der Rede gar nicht, die sich ohne jede Spur von Heftigkeit ruhig entwickelt. Wenn aber, wie schon Chr., Oec., Thph., Bng. vermutheten, die Schilderung in B. 18. 19 sich auf diese unreinen, profanen Menschen bezieht, so kann man dabei unmöglich an irrgläubige Christen, sondern, wie unten gezeigt werden wird, nur an die sittenlosen Feinde des Evangeliums denken, deren Freude, wie dort näher ausgeführt, in der Befriedigung ihrer irdischen, fleischlichen und schandbaren Lüste beruht. Damit stimmt denn, daß überhaupt bei den Juden, wenn auch in etwas anderem Sinne, die Heiden ihrer Unreinheit wegen mit den Hunden verglichen werden. Aber auch bei dem dritten Prädicate, das Paulus hier gebraucht, muß man an der gangbaren Deutung desselben irre werden. So wenig Paulus je die judenchristlichen Irrlehrer als die $\pi\varepsilon\rho\iota\tau o\mu\acute{\eta}$ schlechthin bezeichnet, so wenig kann hier $\varkappa\alpha\tau\alpha\tau o\mu\acute{\eta}$ auf dieselben gehen. Vielmehr können es nur wirklich noch ungläubige Juden sein, die zwar nicht im Schmutze der Sünde, aber in den fleischlichen Vorzügen ihres Volkes ihre Freude und ihren Ruhm suchen. Am ehesten könnte die Bezeichnung $\varkappa\alpha\varkappa o\grave{\iota}$ $\grave{\varepsilon}\rho\gamma\acute{\alpha}\tau\alpha\iota$ auf schlechte Christen gehen, die nicht in rechter Weise für die Sache des Evangeliums arbeiten. Aber auch hier nöthigt uns 2 Cor. 11, 13, wo der Zusammenhang allein die nähere Bestimmung ergiebt, nicht, an solche zu denken, deren Schlechtigkeit in ihrer falschen

Lehre besteht, sondern, da Paulus auf bekannte oder besprochene Persönlichkeiten hinweist, dürfte man eher an 1, 15—17 denken, wo von solchen Arbeitern die Rede war, die nicht an der Sache des Evangeliums, für die sie zu wirken vorgaben, sondern an ihrem eigensüchtigen Treiben und dem Verfechten ihrer persönlichen Interessen ihre Freude finden; vielleicht auch an manche der 2, 21 genannten. So viel ich weiß, hat nur Sdl. nach dem Vorgange von van Till und später v. Hng. nach dem Vorgange von Croc. versucht, hier drei verschiedene Klassen von Menschen bezeichnet zu finden. Unter den $\varkappa\acute{\upsilon}\nu\varepsilon\varsigma$ versteht jener libertinistische Heidenchristen, dieser Rückfällige in's Judenthum, die $\varkappa\alpha\varkappa o\grave{\iota}\ \grave{\varepsilon}\varrho\gamma\acute{\alpha}\tau\alpha\iota$ vermischen das Christenthum nach jenem mit heidnischer Weisheit, nach diesem mit jüdischem Aberglauben; bei der $\varkappa\alpha\tau\alpha\tau o\mu\acute{\eta}$ denken beide an ungläubige Juden. Auf die letzteren geht Paulus zuerst ein (V. 3—11), auf die ersteren kommt er V. 18. 19 zu sprechen; ob er aber V. 12—16 auf die mittlere Klasse Rücksicht nimmt (Sdl.), läßt sich mit Recht bezweifeln, obwohl die sittliche Trägheit, die des Vorwärtsstrebens nicht zu bedürfen meint, an sich wohl qualificirte, ein $\varkappa\alpha\varkappa\grave{o}\varsigma\ \grave{\varepsilon}\varrho\gamma\acute{\alpha}\tau\eta\varsigma$ genannt zu werden. Doch scheint mir der Artikel davor auf solche zu weisen, von denen schon die Rede war, und die ganze Annahme einer so strenge festgehaltenen Disposition der paulinischen Weise zuwider. Die ursprüngliche Absicht des Apostels war wohl, auf alle drei Klassen näher einzugehen, aber der freie Gedankenfluß führt ihn auf andere Bahnen und nur gelegentlich kommt er auf die $\varkappa\acute{\upsilon}\nu\varepsilon\varsigma$ zurück. Was mich zu dieser von der gewöhnlichen so ganz abweichenden Auffassung veranlaßt, ist außer den bereits erwähnten Umständen, daß ich im Folgenden keinerlei Polemik gegen judaistische Irrlehrer finden kann, was von V. 12 an auch von den neueren Auslegern zugestanden wird.

V. 3.

Schon Anf. erläutert den Zusammenhang ganz richtig: Ich nenne sie $\varkappa\alpha\tau\alpha\tau o\mu\acute{\eta}$, und nicht $\pi\varepsilon\varrho\iota\tau o\mu\acute{\eta}$; denn die wahre $\pi\varepsilon\varrho\iota\tau o\mu\acute{\eta}$ sind wir (vgl. Schlicht., Bng., Sdl., Strr., de W., Myr., Wies.). Unter den $\mathring{\eta}\mu\varepsilon\tilde{\iota}\varsigma$ müssen natürlich alle, welche in V. 2 die judaisirenden Irrlehrer bezeichnet finden, nur die recte credentes (Haym.), die Pauliner (de W., Myr.) verstehen oder den Apostel und die Leser (Wies.). Es sind aber, da eine derartige Beschränkung durch nichts indicirt ist, die Christen überhaupt zu denken, wie schon Anf., Lyr. richtig gefühlt haben. Mit dieser einfachen Bestimmung des Subjects, wie mit der richtigen Fassung des Zusammenhangs fallen alle polemischen Tendenzen, die man diesem Verse zur Abwehr der Pseudapostel aufgebürdet hat. Zur Erläuterung des Ausdrucks, welcher die Christen als die wahre Beschneidung bezeichnet, weisen seit Chr., Thdt. fast alle Ausleger auf Röm. 2, 28. 29, wo aber Paulus von dem wahren Judenthum spricht, das sich nicht mit der äußerlichen Beschneidung begnügt, sondern die Herzensbeschneidung sucht, auf die schon das Gesetz und die Propheten als auf ihr nothwendiges Correlat hinweisen (Deuteron. 10, 16. Jerem. 4, 4). Damit aber war die leibliche Beschneidung noch nicht aufgehoben und noch nicht zur $κατατομή$ herabgesunken. Dies ist erst geschehen, nachdem der Schatten des Ceremonialgesetzes in Christo zur Realität gekommen (Col. 2, 17), und die Beschneidung im höheren Sinne durch Christus in der Taufe vollzogen war als $ἀπέκδυσις\ τοῦ\ σώματος\ τῆς\ σαρκός$ (Col. 2, 11), womit dann das neue Leben in Christo beginnt (Col. 2, 12), in welchem die ceremonielle Beschneidung ihre Bedeutung verliert (Gal. 5, 6). Das Wesen dieser den alttestamentlichen Typus erfüllenden Beschneidung besteht also nicht in dem Abschneiden der nebula erroris (Ambr.), oder der jüdischen Ceremonien (Corn.), auch nicht in der Aufhebung der Sündenschuld (Lyr.), sondern in dem Abthun des alten sündhaften Wesens (Plg., Haym., Dion.). Die positive Tugend, die Erfüllung der göttlichen Gebote (Th. v. M., Chr., Thph.), die justitia (Aug.), oder der ethische Zustand der wahren Gottesverehrung (Myr.) ist die nothwendige Folge der wahren Beschneidung, ist sie aber nicht selbst. An diesem neuen Leben mit seinem wahren Gottesdienste erkennt man eben die Christen als Inhaber derselben. Der Gedanke an den wahren Saamen Abrahams, welcher Erbe der Verheißung ist (Clv., Croc., a. E. und noch Jth.), oder an das echte Gottesvolk (Bll., Bng., Sdl., Fl.), was freilich die Gläubigen auch in Folge jener wahren Beschneidung geworden sind, liegt unserem Zusammenhange ganz fern.

Wie die wahre $λατρεία$, welche Paulus Röm. 9, 4 unter den Vorzügen des Judenthums aufzählt (B.=Cr.), damals nur der Beschneidung möglich war, so setzt sie jetzt die wahre Beschneidung voraus, und ist also den Christen allein möglich (Röm. 12, 1). Entsprechend dem Gegensatze, welchen man in $περιτομή$ fand zwischen der leiblichen Beschneidung und der Herzensbeschneidung und welchen schon Chr., Thph. als einen bloß graduellen bestimmen (soviel die Seele mehr ist als der Leib, soviel ist die Herzensbeschneidung besser als die leibliche), soll auch hier nach den griechischen Vätern und den meisten Auslegern nur an den Gegensatz zwischen einem äußerlichen und einem wahrhaft geistlichen Gottesdienste gedacht werden, wofür man seit Th. v. M. auf Joh. 4, 23. 24 verweist¹). Sachlich wollen noch de W., Myr. trotz der richtigen Lesart, die den Gedanken an den menschlichen Geist ganz ausschließt, bei dieser Auffassung stehen bleiben, während

---

¹) Zu dieser falschen Fassung verleitete die Lesart der griechischen Väter $πνεύματι\ θεῷ$, welche gegen die überwiegende Autorität der Codd. auch die Rcpt. darbietet, obwohl selbst sie nicht in diesem Sinne erklärt werden dürfte. Schon Ambr. und Aug. aber kennen die Lesart $θεοῦ$ und benutzen sie, um daraus zu beweisen, daß dem heiligen Geiste göttliche Verehrung zukommt. Allein das $λατρεύειν$ steht absolut von der Gottesverehrung und $πνεύματι$ ist nicht Dativ der Norm (v. Hng.), sondern dat. instrum., wie auch schon Aug. vorschlägt und Dion., Bgh.,

doch die wahre λατρεία nur als eine durch den Geist Gottes, das Agens des neuen Christenlebens (Röm. 8, 14), gewirkte bezeichnet wird. Dieser Geist aber ist ihnen eben in der Taufe mitgetheilt (Tit. 3, 5), in welcher die wahre Beschneidung von Christus selbst an ihnen vollzogen ward (Col. 2, 11), indem derselbe durch die Mittheilung seines Geistes in die Lebensgemeinschaft mit ihnen getreten (Röm. 6, 3—5).

So gewiß aber jene wahre Beschneidung durch Christum vollzogen und dieser wahre Gottesdienst durch den in der Gemeinschaft mit Christo empfangenen Geist Gottes vollbracht wird, müssen die Christen zugleich als diejenigen bezeichnet werden, welche in Christo den höchsten Gegenstand ihres Ruhmes oder ihrer triumphirenden Freude (Vgl. 1, 26) haben, und damit tritt der eigentliche Zweck, Behufs dessen dieser ganze Gegensatz eingeführt war, klar hervor, sofern der Gedanke zu dem rechten Grunde und Gegenstande der Freude (V. 1) zurückkehrt. Denn hier bezeichnet ἐν Χριστῷ nicht mehr die Gemeinschaft mit Christo (v. Hng.), sondern, wie so oft bei καυχᾶσθαι (1 Cor. 1, 31. 2 Cor. 10, 17), den Gegenstand desselben. Schon Th. v. M. hob nicht mit Unrecht hervor, daß die Gläubigen sich Christi rühmen, weil er sie zu diesem wahren Gottesdienste fähig macht, ähnlich Thph., es geschehe, weil er ihre Herzen beschneidet (beides vereinigt Strr.); und jedenfalls ist dabei der Contert mehr berücksichtigt, als wenn die Späteren sagen, es geschehe um des Heiles überhaupt willen, das er gebracht (Pisc., Est., Sdl.), um seiner Lehre (Grt., Rhw., a. Ew.) oder um unserer Rechtfertigung und Erlösung willen (de W., Myr.). Allein wenn auch die triumphirende Freude an Christo in dem zuvor genannten begründet ist, so ist doch damit noch nicht ihr eigentlicher Inhalt bezeichnet. Als solcher erscheint vielmehr im Folgenden das völlige und alleinige Vertrauen auf ihn. Denn der Apostel fügt hinzu, daß dieses Rühmen alles Vertrauen auf die σάρξ ausschließt. Wie Israel sich seiner Beschneidung und der damit zusammenhängenden äußeren Vorzüge eben darum rühmte, weil sie hierauf meinten ihr Vertrauen setzen zu können, so rühmen die Gläubigen sich Christi, als dessen, auf den sie auf Grund jener Gnadenerfahrungen nun ganz allein vertrauen; es schließt die Freude an Christo das Vertrauen auf ihn ein und alles andere Vertrauen aus. Das übersehen die Ausleger, die καυχᾶσθαι und πεποιθέναι hier im Wesentlichen als identische Begriffe nehmen (Chr., Thph., Clv., Croc., Corn., Hnr., de W.). Nicht einmal eine Prägnanz (Myr.) kann ich in diesem Gegensatze finden, der ja gar kein reiner Gegensatz sein, sondern das καυχᾶσθαι weiter bestimmen soll nach seinem eigentlichen Gehalte. Schon Ans., Lyr., Dion. unterscheiden

---

Art., sowie die meisten Neueren seit Mtth. ihn fassen. — Das οὐ, das allerdings bei Participiis selten vorkommt, negirt factisch und geradehin. Paulus weiß also, daß bei ihm und seinen Lesern ein solches falsches Vertrauen, das den rechten Grund der Christenfreude verrückt, nicht vorkommt. Vgl. Win. §. 55. 5. S. 430.

richtig die gloria und die spes salutis. Es versteht sich von selbst, daß unter σάρξ nicht bloß die Beschneidung zu denken ist, die Chr., Thph, Plg., Haym., Lyr., Grt., Sbl. u. a. zu einseitig hervorheben; schon Ans. fügt hinzu: vel genere, und mit Recht bezieht es Clv. auf quidquid est externum in homine oder extra Christum, Ew. auf irdisch=menschliches überhaupt. Es ist nicht einmal nöthig, um des Gegensatzes gegen das Judenthum willen vorzugsweise an seine gesetzlichen Uebungen (Dion., Corn.) oder nur an seine nationalen Vorzüge (de W., Myr., Wies.) zu denken, da es sich hier um die Bestimmung des christlichen Wesens überhaupt handelt. Vielmehr fällt das Vertrauen der Juden, das allerdings als Gegensatz dem Apostel vorschwebt, nur mit unter die allgemeinere Kategorie des ἐν σαρκὶ πεποιθέναι.

b) Bewährung an des Apostels Bruch mit seiner Vergangenheit.
(Cap. III, 4—7.)

Wiewohl ich habe, worauf ich vertrauen könnte auch im Fleische. So irgend ein andrer sich (berechtigt) dünkt, auf Fleisch zu vertrauen, ich vielmehr, der ich am achten Tage beschnitten bin, einer aus dem Geschlechte Israels, aus dem Stamme Benjamin, ein Hebräer aus den Hebräern, nach dem Gesetze ein Pharisäer, nach dem Eifer ein Verfolger der Gemeinde, nach der Gerechtigkeit im Gesetze gewesen untadlig. Aber was mir irgend Gewinn war, das habe ich um Christi willen für Schaden geachtet.

[V. 4.] Daß nun dieser wahren Freude an dem Herrn gegenüber von jener unreinen Freude an dem Sündhaften, oder von der jener schlechten Arbeiter an ihren egoistischen Zielen nicht die Rede sein könne, bedurfte wohl weiterer Ausführung nicht. Allein den Gegensatz der Freude an dem Herrn zu der Freude an den zwar gottgeschenkten, aber dennoch im Vergleiche mit Christo völlig werthlos gewordenen Gütern und Gaben des natürlichen Menschen, wie der Apostel ihn eben an dem Gegensatze der ungläubigen Juden und der gläubigen Christen dargestellt, den hatte Paulus zu tief in seiner eignen Entwicklung durchlebt, als daß er ihn nicht ergreifen sollte, um an ihm aus seiner eigensten Lebenserfahrung es zu bewähren, wie in Christo allein das höchste Gut zu finden sei. Wenn er nemlich auch von sich selbst es gesagt haben will, daß er sich Christi allein rühme und auf nichts irdisch-menschliches mehr, also auch nicht auf die natürlichen Gaben und Vorzüge, deren sich das Judenthum rühmt, sein Vertrauen setze, so ist das von der höchsten Bedeutung. Denn er thut das nicht aus Unkenntniß oder Geringschätzung dieser Vorzüge, sondern er thut es, wiewohl er Veranlassung und Aufforderung genug hat, nicht allein auf das zu vertrauen, dessen er sich mit allen Christen freut, sondern auch, wenn er will, auf Fleisch, auf die dem natürlich-menschlichen Leben, abgesehen von der Gnade in Christo, eignenden Gaben und Vorzüge, deren sich die Juden rühmen, und die Er alle in höchstem Maße besitzt. Er für sein Theil kann zwar in ihnen keinen wirklichen Grund des Vertrauens sehen; aber soviel ist gewiß: wenn irgend einer sich berechtigt glaubt, auf Fleisch sein Vertrauen zu setzen — und das ist doch factisch bei den ungläubigen Juden der Fall — so meint er vielmehr dazu berechtigt zu sein. Wenn er nun aber trotzdem bei seiner Bekehrung alle diese Güter und Vorzüge hintangesetzt hat, so muß er wohl guten Grund gehabt haben, in Christo das höchste Gut zu sehen, und kann jetzt mit Recht die Leser auffordern, sich desselben allein zu rühmen und in der Gemeinschaft mit ihm die höchste Freude zu finden.

[V. 5.] Der Apostel will aber auch den Beweis führen, daß er wirklich alles hat, dessen die Juden sich rühmen, und mehr als jeder einzelne von ihnen für sich aufweisen kann. Der charakteristische Hauptvorzug des Judenthums war, — wie schon aus dem Namen erhellt, den er ihm eben gegeben hat, wenn auch denselben zur Bezeichnung des Zerrbildes umwandelnd, welches das ungläubige Judenthum daraus gemacht hat, — die Beschneidung. In dieser Hinsicht aber stand er keinem nach, er war gesetzmäßig am achten Tage nach der Geburt beschnitten, und nicht etwa, wie die Proselyten, erst in reiferem Alter durch die Beschneidung in die jüdische Religionsgemeinschaft aufgenommen. Er war ein geborener Jude und theilte also schon seiner fleischlichen Abstammung nach alle Prärogative eines echten Mitgliedes des theokratischen Volkes. Denn er stammte aus dem Geschlechte Jakobs, des ausschließlichen Stammvaters des Zwölfstämmevolkes, von dem dasselbe auch seinen Ehrennamen Israel empfing. Unter den zwölf Stämmen aber gehörte er dem Stamme Benjamin an, der immer zu dem theokratischen Königs- und Priesterthume gehalten und, unvermischt aus dem Exile zurückkehrend, die Grundlage zu der neuen Entwicklungsphase des jüdischen Volksthumes gelegt hatte. Und so war er endlich auch ein Nationaljude im vollsten Sinne des Wortes, weil er als ein **Hebräer von hebräischen Eltern** stammte und nicht etwa aus der Ehe eines Juden mit einer Proselytin erzeugt war.

Doch in allen diesen Punkten mochte es noch gar viele unter seinem Volke geben, die ihm wenigstens gleichstanden. Aber außer der Beschneidung, die auf die Abstammung von den Vätern hinwies, war ja der andere Vorzug des jüdischen Volkes das Gesetz, das ihnen Gott gegeben hatte, und in diesem Punkte konnte sich Paulus nicht nur des Besitzes rühmen, den alle mit ihm theilten, sondern auch eines persönlichen Verhaltens zu demselben, wie sich dessen kein andrer rühmen konnte. Er war in Ansehung des Gesetzes ein **Pharisäer** gewesen, Mitglied der Secte, die es mit der Ueberlieferung und Auslegung des Gesetzes, wie mit der Pflege des Gesetzesstudiums am allerstrengsten nahm, [V. 6.] und er hatte seinen Eifer um das Gesetz, wie kein andrer, dadurch bewährt, daß er ein Verfolger der Gemeinde geworden war, die in den Augen des ungläubigen Judenthums als die Gemeinschaft der Gesetzesfeinde galt; er hatte es endlich auch am strengsten genommen mit der eigenen Erfüllung dieses Gesetzes. In Hinsicht auf die Gerechtigkeit, die im Gesetze vorgeschrieben und in seiner Erfüllung begründet ist, war er untadlig gewesen, freilich nicht vor Gottes Augen — sonst wäre er ja gerechtfertigt worden aus dem Gesetze und hätte der Rechtfertigung aus dem Glauben nicht bedurft —, wohl aber in den Augen aller derer, unter denen er gelebt hatte und mit denen er sich hier vergleicht. Im Sinne seiner Secte hatte er wie kein andrer das Ideal der Gesetzesgerechtigkeit erfüllt.

[V. 7.] Paulus besaß also in der That Alles, worauf irgend das Judenthum stolz sein konnte, in vollstem Umfange, ja in reicherem Maße, als irgend ein andrer, und er achtet das nicht gering, sondern er bezeugt, daß ihm die genannten Vorzüge und was er irgend dem Aehnliches besaß, in mannigfacher Weise Gewinn gewesen sei. Denn es war nach Gottes Ordnung in der vorchristlichen Heilsökonomie allerdings ein Vorzug und Vortheil, die Beschneidung zu haben, dem auserwählten Volke anzugehören und nach dem Verständniß, der Vertheidigung und Erfüllung des Gesetzes zu streben. Es waren also wirkliche Güter, die er besaß, ja es waren wirklich die höchsten Güter, welche die vorchristliche Zeit kannte und hatte; denn auf sie gründete ja der Jude all sein Vertrauen und seine Heilshoffnung für Zeit und Ewigkeit, sie waren mit Recht sein Stolz und seine Freude. Aber was ihm auch irgend Gewinn war, er hat es bei seiner Bekehrung dahingegeben. Ja nicht nur gering geachtet hat er es gegen die Güter, die in Christo verborgen sind, sondern, wohl erkennend, daß man den Werth dieser Güter nicht versteht, so lange man noch auf jene sein Vertrauen setzt und darin seine Freude findet, so lange man noch, durch sie geblendet, die Tiefe seiner Armuth und seines Heilsbedürfnisses zu erkennen nicht vermag, hat er dieselben um Christi willen für Schaden geachtet, weil sie daran hindern, in ihm allein das höchste Gut und damit den einigen wahren Grund der rechten Christenfreude zu erkennen und zu erlangen.

V. 4.

Die Wendung, mit welcher der Apostel auf seine Person zu sprechen kommt, erläutern schon Chr., Thdt., Aug. ganz treffend: Wenn er der Vorzüge, welche die κατατομή ἐν σαρκί hat, entbehrte, so könnte er scheinen, gegen ihren Werth zu sprechen, weil er sie nicht kenne oder gar jene darum beneide (Clv.); nun er sie aber kennt und hat, muß er sie aus guten Gründen verwerfen (Art., Croc., Corn. und noch Mtth., Wies.).[1] Gewöhnlich findet man nun in dieser Vorführung

---

[1] Sprachlich reiht sich das ἔχων an ἐσμεν an, in welchem ja das εἰμί darinliegt, und aus welchem es durch das ἐγώ abgesondert wird. So erläutert schon Bng. die Construction, die weder einer Verwandlung des Participium in's verb. finit. (Pisc., Schlicht., Rhw.) noch einer Ergänzung von εἰμί (Grt., Wlf., a. E., Hnr.) bedarf (vgl. de W., Wies.). Sie ist auch weder für eine Nachlässigkeit zu halten, die aus dem bewegten Gemüthe des Schreibers floß (v. Hng.), noch aus der gangbaren Verknüpfung des καίπερ mit dem Part. zu erklären (Myr.), da ohne die Anschließung an ἡμεῖς ein Nachsatz fehlt. Denn daß die hier abgebrochene Rede erst in V. 7 wieder aufgenommen wird (Jth.), ist eine ganz willkührliche Annahme. — Die scheinbare Schwierigkeit, daß Paulus ein ἔχων πεποίθησιν von sich aussagt (im geraden Gegensatze zu V. 3), umgingen Ambr., Oec., die mittelalterlichen Exegeten, Vgh., Vtb., Zgr., Corn., Rhw., Mtth., Ew. so, daß sie das ἐγώ willkührlich nahmen, als stände: ich könnte haben, und darauf kommen auch Myr., Wies. hinaus, die nur an ein Haben de jure denken. Als part. imperf. das ἔχων von der Vergangenheit des Paulus zu verstehen (v. Hng.), ist ganz ungrammatisch wegen des gleich folgenden Präsens, obwohl Jth. es dadurch möglich machen will, daß er ἥγημαι V. 7. als verb. finit. dazu faßt. Am einfachsten ist es, und kommt sachlich auf obige Erklärung hinaus, nach einer sehr gewöhnlichen Metonymie πεποίθησις für das argumentum fiduciae zu nehmen. So thun schon Th. v. M., Chr., Thph. (obwohl πεποίθησις mit καύχημα identificirend), später Clv., Bz., Pisc., Grt., Sbl., Croc., Est., Bmg., Rsm., a. E., Fl., de W., Jth. Streng genommen freilich sind alle jene Vorzüge kein wirklicher Grund des Ver-

seiner eignen Vergangenheit die Widerlegung der Pseudapostel, vor denen der Apostel warne. (Vgl. Croc., de W., Wies.) Allein ohne jede polemische Beziehung zeigt der Apostel, daß er Alles gehabt habe, worauf das Judenthum stolz sein könne, und es doch um Christi willen Alles hingegeben, woraus eben nur folgt, daß dieser Christus das höchste Gut sein muß, und daß er also die Leser mit Recht auffordern kann, in ihm allein ihre höchste Freude zu suchen. Gerade diese Bezugnahme auf seine Bekehrung vom Judenthume zum Christenthume zeigt ja deutlich, daß er diesen Grundgegensatz selbst und nicht die Verfälschung des letztern durch judaistische Irrlehre im Blicke hat. Noch weniger ist es möglich, dem Abschnitte eine apologetische Beziehung zu entlocken (vgl. noch Ew.), wie sie die Stelle 2 Cor. 11, 21 ff. hat, die darum keine ganz passende Parallele bildet. Denn abgesehen davon, daß die Verhältnisse, die unser Brief voraussetzt, richtig gefaßt, zu einer solchen auch nicht die mindeste Veranlassung bieten, so ist auch der unsrigen der ironische Anstrich jener Corintherbriefstelle ganz fremd. Wenn Art., Pisc., Est. aus unsrer Stelle ableiten, daß es dem Christen erlaubt sei, um der Schmähungen oder des eitlen Rühmens der Gegner willen sich zu rühmen, so ist zu bemerken, daß Paulus dort sich allerdings gewissermaßen rühmt, hier aber hat die Aufzählung seiner Vorzüge, durch die nur seine Berechtigung zu einem begründeten, vorurtheilsfreien Urtheil über ihren Unwerth gesichert werden soll, diesen Zweck dem Zusammenhange nach durchaus nicht. Vielmehr wird erst durch die schon zu V. 3 besprochene willkührliche Identificirung des πεποιθέναι mit καυχᾶσθαι (Th. v. M., Chr., Thph., Lth., Bll., Corn., Est., Fl.) der Begriff des Rühmens in unsere Stelle hineingetragen. Meint man aber darin, daß Paulus seine These von Christo als dem höchsten Gute und dem alleinigen Grunde der wahren Freude im Gegensatze zu andern nur relativ werthvollen und darum in ihrer Bedeutung vergänglichen Gütern gerade an dem Gegensatze der christlichen und jüdischen Gesinnung bewährt, eine Berechtigung für die Unterschiebung einer solchen polemischen oder apologetischen Tendenz zu finden, so vergißt man ganz, daß dem Apostel, wenn er, was ihm doch zunächst lag, auf sein eigenes Beispiel und seine Erfahrung recurriren wollte, sich dieser Gegensatz mit Nothwendigkeit darbot und daß es überhaupt der einzige war, in dem, so zu sagen, jene Wahrheit für ihn ihre concrete, geschichtliche Erscheinung gewonnen hatte. Heutzutage würden wir freilich noch an manchen anderen Erscheinungen dieselbe Wahrheit erläutern können. Aber das Heidenthum, wie es Paulus kannte, war nicht der Träger wahrer, wenn auch relativer Güter, die um Christi willen erst daran gegeben werden mußten.

---

trauens; allein das Folgende zeigt, daß der Apostel sich ausdrücklich auf den Standpunkt der Juden und damit zugleich seines eigenen vorchristlichen Lebens stellt und von ihm aus die Sache darstellt. — Das καὶ fügt zu dem aus V. 3 sich ergebenden Vertrauen auf Christum noch das auf die σάρξ hinzu (Oec.).

Darüber sind die Ausleger einig, daß Paulus kein wirkliches Vertrauen auf jene jüdischen Vorzüge von sich aussagen will, obwohl sie dies in verschiedener Weise aus den Worten ableiten (siehe die Anm.); er behauptet eben nur, Stoff dafür zu haben, und fügt hinzu, daß er dessen mehr hat, als irgend ein Jude zu haben sich rühmen kann. Es ist nicht richtig, wenn Chr., Oec., Thph., Croc. aus dem Satze εἴ τις δοκεῖ[1]) folgern, daß er nur gezwungen um deretwillen so rede, die darauf ein Gewicht legen, und eine besondere Weisheit darin finden, daß er dabei keinen namentlich nennt, überhaupt die Sache nur hypothetisch faßt, damit sie sich noch dem Vorwurfe entziehen können, indem sie sich ändern. Denn das setzt alles hier eine directe Polemik voraus, die der Stelle durchaus fremd ist. Daß die κατατομή auf die σάρξ vertraut, gehört ebenso zu ihrem Wesen, wie daß die wahre περιτομή nicht darauf vertraut (V. 3), und wenn er den Fall nur hypothetisch einführt, so geschieht das nicht, um ihn ungewiß zu machen, sondern weil er den Fall, daß er sich mit einem solchen vergleicht, überhaupt nur setzt, um an dem Resultate dieser Vergleichung darzuthun, wie er sich um Christi willen des Vollbesitzes aller der Güter entäußert habe, auf welche irgend ein Glied der κατατομή stolz sein kann. Auch will der Apostel nicht durch das δοκεῖ den Besitz der Vorzüge auf Seiten der Andern als zweifelhaft oder die Vorzüge selbst als nur scheinbar darstellen (Chr., Thph., Croc.), als hätten sie sich dieselben nur angemaßt (Thdt., Rhw., wohl auch Mtth.); denn auch von sich selbst sagt ja Paulus dies δοκῶ im Nachsatz aus. Vielmehr setzt er, da die Anknüpfung an das Vorige ihn dazu geführt

---

[1]) Das δοκεῖ ist keineswegs pleonastisch (Hnr.) und doch müßten es eigentlich alle so nehmen, die zu ἐγώ ohne weiteres ergänzen: fiduciam habeo (Clv., Bz., Bng., Fl.) statt δοκῶ. Vgl. dagegen Win. §. 65. 7. c. Die Vlg. übersetzt videtur (was δοκεῖ 1 Cor. 12, 22. 2 Cor. 10, 9. Gal. 2, 2. 6. 9 heißt) und so Clv., Pisc. und noch Myr., wobei aber der Hauptgedanke (weil er nemlich besondere derartige Vorzüge besitzt) willkührlich ergänzt werden muß. Chr., Thdt., Oec. nahmen es von dem unrechtmäßigen Meinen, von Wahn und Einbildung (Lth., Mtth.), wie es allerdings sehr häufig steht (1 Cor. 3, 18. 8, 2. 10, 12. 14, 37. 2 Cor. 11, 16. 12, 19. Gal. 6, 3). Allein ihr πεποιθέναι ist ja keine Einbildung, sondern eine Thatsache, und auf Paulus läßt es sich doch erst recht nicht übertragen. Da nun die bei πεποίθησις statthafte Metonymie auf πεποιθέναι nicht anwendbar ist, obwohl Bz., Schlicht., Est. u. a. dies meinen, indem sie es in habeo argumentum fiduciae umsetzen; und hier so wenig wie im ersten Hemistich πεποιθ. confidere posse heißen kann, obwohl es hier selbst Pisc., Croc., Fl., de W. u. a. so nehmen, die dort diese Bedeutung abwiesen, so bleibt nichts übrig als δοκεῖν zu nehmen: sich berechtigt halten, meinen (vgl. Rhw. in der Uebersetzung: wenn irgend einem dünkt, er habe ein Recht ꝛc.), wie es 1 Cor. 11, 16 steht, was denn sachlich auf: wenn einer meint vertrauen zu können, besser: zu dürfen (Win. a. a. O. Ostiander zu 1 Cor. 11, 16) hinauskommt, was aber nicht in einer veränderten Bedeutung des πεποιθ., sondern in einer nach δοκεῖν nicht seltenen Ellipse seinen Grund hat. — Warum Bz. das μᾶλλον in μάλιστα verwandelt, ist gar nicht abzusehen. — An das ἐγώ schließen sich richtig die adject., substant. und particip. Appositionen der zwei folgenden Verse an. (Pisc., de W., Myr.)

hatte, nicht von den sarkischen Vorzügen an sich, sondern von dem Vertrauen auf dieselben zu reden, den Fall, der überall auf jüdischer Seite stattfindet, daß man dies für berechtigt hält, und spricht seine Situation für diesen Fall aus (vgl. Th. v. M.: si de his bonum erat magna sapere, nulli eorum infirmior sum secundum hanc rationem), sein Urtheil über diese Meinung, das sich übrigens aus V. 3 von selbst ergiebt, für jetzt dahingestellt sein lassend.

V 5.

Paulus beginnt mit dem, was den Juden am meisten galt (Röm. 3, 1), mit der **Beschneidung**, die dem Gesetze gemäß (Lev. 12, 3) am achten Tage vollzogen war[1]). Nur wenige Ausleger (Wlf., Sdl., a E.) bleiben bei der Legitimität des Actes stehen, die meisten von den Vätern an sehen darin den Gegensatz gegen die Proselyten, die doch erst in höherem Alter beschnitten wurden. Paulus ist also ein **geborener Jude**, woraus nicht des μᾶλλον wegen folgt, daß die anderen, mit denen er sich vergleicht, alle (Grt.) oder theilweise (Plg., Myr.) Proselyten waren, da er natürlich viele von den genannten Vorzügen mit ihnen theilen kann, und doch einzelnes noch vor ihnen voraus haben. Strr. findet gar eine Hindeutung darauf, daß die Philipper auch durch die jetzige Annahme der περιτομή nie zu dieser Ehre kommen könnten!

Die drei folgenden Ausdrücke beziehen sich auf den Vorzug der echt nationalen Abstammung. Der erste bezeichnet die **Abstammung aus dem Geschlechte des Erzvater Jakob**, dessen von Gott ihm ertheilter Ehrenname **Israel** (Gen. 32, 28) gewählt ist, weil derselbe theokratischer Ehrenname des von ihm stammenden Volkes geworden (Röm. 9, 4., vgl. 11, 1. 2 Cor. 11, 22). Hier ist es aber sicher der Name des Stammvaters (Myr., Ew.) und nicht des Volkes (Wies.), da γένος neben φυλή gewiß nicht die Nation (de W.), sondern die gens, das Geschlecht bedeutet. Die Abstammung von Jakob aber soll nicht die Abstammung von Proselyten ausschließen, wie die Väter annehmen und noch Clv.; Est., Croc., Sdl., Rsm., Rhw., ja selbst de W., was eigentlich τῷ γένει Ἰσραηλίτης erfordern würde (vergl. Ers. und gegen ihn schon Drusius), sondern nur das echte

---

[1]) Die Beibehaltung des Nominativ περιτομή ist ganz unhaltbar, da die Ergänzung eines mihi adest (Schlicht.) das Satzgefüge zerreißt und circumcisio nicht für circumcisus stehen kann, wie es die Vlg., Ers., Lth., Clv, Vз, Bng., Bmg., Strr., Croc, Hnr. nehmen. Das Abstractum kann der Natur der Sache nach nur ein concretes Collectivum vertreten. Schon Pisc. nennt es eine duriuscula enallage und zieht den Dativ vor, der hier als Dativ der Rücksicht zu fassen ist, welcher anzeigt, auf welche Sphäre das allgemeine Prädicat: ein achttägiger zu beschränken ist (Win. §. 31. 6. a). So Fl, Rhw. und alle Neueren. Es bedarf der gewagten Annahme Jth.'s nicht, daß περιτομῇ heißt: am Tage der Beschneidung. Schon Ambr. übersetzt circumcisione. Im Deutschen läßt sich der Ausdruck natürlich nicht wiedergeben.

Israelitenthum gewährleisten, da ja von Abraham und Isaak auch die Ismaeliten und Idumaeer abstammen, die nicht zum auserwählten Volke gehören. Darum aber will Paulus nicht gerade die Abstammung aus einem dieser Völker oder aus beiden ausschließen, welche Absicht ihm mehr oder weniger direct Grt., Bmg., a. E., Fl., Hnr., Myr. unterlegen.

An die Erwähnung des Geschlechts schließt sich passend die des Stammes (Wies.), an die des allgemeinen Stammvaters, die des speciellen, und bestimmt klimaktisch näher den Adel seiner Abstammung (Myr.). Daß dem Apostel die φυλή Βενιαμίν das δοκιμώτερον μέρος war, haben schon die Griechen erkannt und durch den Gegensatz der zehn Stämme erläutert. Vgl. Plg., Schlicht., Sdl., Fl., v. Hng.; besonders aber Est., Croc., Cal., die die Vorzüge dieses Stammes sehr ausführlich aufzählen. Es war der einzige, der nach der Trennung der Reiche an dem legitimen, theokratischen Königshause, am Tempel, der ja in seinem Bezirk lag, und an dem Priesterthum, das in ihm sein Besitzthum hatte, festhielt und nach der Gefangenschaft unvermischt zurückkehrend, den Grundstock der neuen Colonie bildete. Ferner liegt die Hinweisung auf die Vorzüge, die Benjamin vor seinen Brüdern voraus hatte, da es hier ja nicht sowohl auf seine Person, als vielmehr auf seinen Stamm ankommt. So denkt schon Thdt. an seine Abstammung von der Freien, um die der Erzvater aus Liebe so lange gedient, und nicht von der Sklavin (Bng., Mtth.); Ambr., Ans. an die Abkunft von der echten Gemahlin und nicht von der Concubine; Grt., a. E. an die besondere Liebe, Mtth., B.-Cr. an den Segen des Vaters; Hnr. an seine Geburt in Canaan. Ungenügend aber ist es, mit Clv. in dem Zurückgehen auf die φυλή nur die Beglaubigung seiner Abstammung zu sehen, wozu auch Hnr., Rhw. neigen.

Dem klimaktischen Fortschritt entspricht am besten das Herabsteigen von den mittelbaren Stammvätern, den so hochgeehrten πατέρες (Röm. 9, 5), zu den unmittelbaren Eltern, wobei denn natürlich hauptsächlich die Mutter in Betracht kam, da die Echtheit der Abstammung von Vaters Seite zur Genüge beglaubigt war. So nehmen das dritte Glied Ans., Bng., Wlf., Myr., Wies., Jth. Die griechischen Väter wollen es von der unvermischten Abkunft und zwar ἄνωθεν verstehen, aber diese war von Vaters Seite mit der Abstammung von Jakob gegeben, und von Mutters Seite schwerlich nachzuweisen. Dennoch sind ihnen Grt., Schlicht., Bmg., Rsm., Strr., Fl., a. E., Rhw. Mtth., B.-Cr. gefolgt. In keinem Fall aber soll hiedurch das Proselytenthum ausgeschlossen werden (Chr., Plg., Dion., Art.), das nach dem Vorigen bereits ganz undenkbar ist, noch weniger, was auch schon Chr., Oec., Thph. vermuthen, die hebräische Sprache (Est., Sdl.) oder Orthodoxie (B.-Cr.) betont werden, sondern lediglich die Reinheit seiner Nationalität (de W., Wies.), aber vermittelt durch die Abstammung.

Eigenthümlich meint Th. v. M., Paulus wolle durch den alterthümlichen Namen das Alter seines Ursprungs bestätigen (vgl. Chr.), und Aug., Ambr. lassen gar den Namen selbst durch eine falsche Deutung auf Abraham zurückweisen. (Vgl. Corn. und v. Hng., die statt von dem Erzvater Jakob zu den Eltern hinab, den Apostel von den israelitischen Eltern bis zu Abraham hinaufsteigen lassen.) Mit Recht verweist Croc. dagegen auf 2 Cor. 11, 22, wo der Apostel sich auch Ἑβραῖος und daneben noch σπέρμα Ἀβραάμ nennt. Dies Prädicat, das auch Röm. 11, 1 steht, fehlt hier, weil es sich nicht sowohl auf die Abstammung, als auf das Anrecht an die dem Abraham gegebenen Verheißungen bezieht, von denen hier nicht die Rede ist.

Schon die griechischen Väter bemerken mit Recht, daß Paulus nun von den natürlichen Vorzügen (ἀπροαίρετα) zu den selbsterworbenen (τὰ τῆς προαιρέσεως, τὰ τῆς γνώμης) übergeht (Clv., Est., Corn., Rhw. und Hng. Vgl. Myr.: zu seiner theokratischen Individualität), und daß gerade auf dieser Seite jenes μᾶλλον liegt, da er die bisher genannten Vorzüge mit Vielen theilt (Chr., Ambr.). Von Bedeutung ist, daß auch diese Vorzüge mit unter die σάρξ V. 4 befaßt werden (vgl. Röm. 4, 1), woraus deutlich folgt, daß darunter nicht leibliches oder fleischliches im engern Sinne, sondern alles natürlich-menschliche überhaupt zu verstehen ist. Auch hier macht der Apostel einen dreigliedrigen Klimar. **Alle drei Stücke beziehen sich auf sein Verhalten zum Gesetz**, das neben der Beschneidung und der damit zusammenhängenden Abstammung von den Vätern den Hauptvorzug des Juden bildet, wie besonders Röm. 2, 17. 25. 4, 10. 13 zeigt.

Schon Thdt., Oec., Thph. weisen darauf hin, daß die Pharisäer die αἴρεσις εὐδοκιμοτάτη waren (Grt., Wlf.) oder die religiosissima (Hnr., Rhw., B.-Cr. Vgl. ἀκριβεστάτη Act. 26, 5, worauf schon Bz. verweist), während Aug. darunter gemäß seiner Ableitung des Namens die separati, egregii, die nobilitas im Gegensatz zur Masse versteht (Dion.). Aber der Zusatz zeigt ja ausdrücklich, daß das hier in Betracht kommende Eigenthümliche dieser Secte in ihrem Verhältnisse zum Gesetz bestand, und dieses wird bald (Th. v. M.) als sorgfältige Auslegung (v. Hng.) und Gesetzeslehre (Thph., Est.), bald als eifriges Studium (Plg., Clr.) oder Halten des Gesetzes (Dion., Mtth., Wief.) bestimmt. Es läßt sich natürlich dies alles nicht scheiden (Clv., Fl., de W., Myr.), da ja die Pharisäer in allem diesem excelliren wollten, aber hier, wo die Befolgung des Gesetzes und ebenso die Vertretung des Gesetzes seinen Feinden gegenüber ausdrücklich noch V. 6 hervorgehoben wird, bleibt doch hauptsächlich an die eigne Beschäftigung mit demselben in Studium und Auslegung zu denken[1].

---

[1] Deshalb heißt aber νόμος weder die Gesetzesauslegung (Vtb., Wlf., Vmg., Sbl.), noch die doctrina religionis (Drus., Cal., Rsm.), geschweige denn die Special-

V. 6.

Die patristischen Ausleger haben das Moment der Steigerung richtig erkannt. Es konnten ja Viele Pharisäer sein, ohne sich durch ihren Eifer so auszuzeichnen, wie Paulus (Chr., Oec., Aug., Clv., Est., Croc., v. Hng.) und denselben sogar durch die Verfolgung der Christengemeinde zu bewähren (Th. v. M., Thph., Bng., Rhw., Mtth.). Natürlich ist dabei an den Gesetzeseifer zu denken (Anf., Lyr.), an den Eifer um die Verfechtung des Gesetzes seinen vermeinten Feinden gegenüber, nicht an den ζῆλος θεοῦ in Röm. 10, 2 (v. Hng.); doch darf man nicht sagen, daß Paulus hier, wie 1 Cor. 15, 8. 9, desselben als seiner schwersten Sünde gedenkt (Dion., Hnr.), noch daß er ihn, wie 1 Tim. 1, 13, durch Unwissenheit (Plg.) oder durch sein bonum propositum (Art.) entschuldigen will. Die Beurtheilung dieses Eifers liegt ganz außerhalb des Zwecks dieser Stelle, in der derselbe nur als Zeugniß von der vollständigsten Aneignung des Gesetzesbesitzes in Betracht kommt; daher auch von schmerzlicher Bitterkeit (Myr.) oder Selbstironie (Wies.) keine Spur wahrzunehmen ist[1]). Nach Ew. soll sich Paulus geradezu als ein Zelote von der folgerichtigsten und strengsten Schule der Pharisäer darstellen.

Nach den griechischen Vätern will das dritte Moment nur hervorheben, daß dieser Eifer nicht aus Ehrgeiz, Ruhmsucht, Neid, Tollkühnheit oder irgend welchen unlauteren Gründen entsprang, sondern aus wirklichem reinem Eifer um das Gesetz (vgl. v. Hng.), allein einfacher schreitet die Rede von der Beschäftigung mit dem Gesetz und dem Eifer für die Verfechtung desselben zu seiner Befolgung im eigenen Leben fort, ne vitam sectae et zelo dissentaneam putes (Corn., Croc.). Schon Th. v. M. und Thdt. behaupten, Paulus rede von einer δικαιοσύνη ἐν νόμῳ im Gegensatze zu der vollkommenen Gerechtigkeit, die kein Mensch erlangen könne (Est.), und Aug. erklärt das näher dahin, daß das Gesetz nur zu einer Erfüllung aus Furcht, nicht aus Liebe führe, und nur die äußeren Werke regele, nicht die Neigungen und Begierden (Anf.: manus comprimit, non animos), wobei man immer noch nach Eph. 2 ein Kind des Zornes sein könne. Plg., Haym. beziehen die δικαιοσύνη nur auf die Erfüllung des Ceremonialgesetzes und Spätere gar nur auf die civilis justitia im strengeren Sinne, wonach

---

institution der Secte (Bz., Grt., Croc.) oder gar die αἵρεσις selbst (Wlf., Hnr., a. E., Rhw.), was weder der Wortsinn noch der Context erlaubt, der ausdrücklich die Beziehung auf das Gesetz als den Hauptvorzug der Juden fordert, wie auch die Neueren alle erkannt haben.

[1]) Das Participium διώκων fassen Grt., Rsm., a. E., Hnr. als Hebraismus für διώξας, Mtth., v. Hng. als Vergegenwärtigung der Vergangenheit, aber es ist wohl einfach zeitloses, substantivisches Particip: ein Verfolger (Win. §. 45. 7). Vgl. de W., Myr., Wies.

sich Paulus keine Verurtheilung und Bestrafung vor menschlichem Gerichte zugezogen habe (Art., Grt., Sdl., Rsm., a. E.). Allein schon Clv. erkennt, wie willkürlich solche Beschränkungen seien, — denn in der That ist ja das Gesetz ein Ganzes (Gal. 3, 10), und verbietet ebenso die Begierde (Röm. 7, 7), wie es das Hauptgebot der Liebe (Röm. 13, 9) enthält —; nur daß auch er noch nach der Art der Befolgung eine justitia litteralis und spiritualis unterscheidet (vgl. Schlicht), wie denn auch Mtth., v. Hng. noch an eine äußere, scheinheilige, am Buchstaben haftende Erfüllung denken. Allein eine solche Erfüllung, weil sie eben der Bedeutung des Gesetzes nicht entspricht, würde Paulus nie δικαιοσύνη nennen. Allerdings ist es willkürlich die δικαιοσύνη ἡ ἐν νόμῳ geradezu für justitia ex lege zu nehmen, wie schon Camero bemerkt. Letztere verwirft Paulus auf christlichem Standpunkte (V. 9), wo es eine andere Quelle giebt, aus der die Gerechtigkeit erlangt werden kann; allein auf dem vorchristlichen versteht es sich von selbst, daß die Gerechtigkeit nur aus der vollen Erfüllung des Gesetzes erlangt wird (Röm. 2, 13. 10, 5), und nur von diesem ist hier die Rede, so daß die Reflexion auf den Irrthum der Selbstgerechtigkeit (Ew.) dem Context ganz fern liegt. Es heißt aber darum auch nicht: die im Gesetzeszustande geltende Gerechtigkeit (de W.); denn Röm. 2, 12. 3, 19 Gal. 3, 11 handeln nur von den in diesem Zustande befindlichen Personen (Wies.), und es würde damit immer der gar nicht hergehörige Gegensatz einer auf ganz anderem Wege zu erlangenden Gerechtigkeit hervorgerufen, sondern es bezeichnet die justitia in lege praescripta a deo (Camero) oder die im Gesetz und seiner Erfüllung begründete (B.-Cr., Myr., Wies.). Diese wäre an sich vollkommen, wenn sie nur irgend jemand vollständig zu leisten im Stande wäre, und nur, weil keiner das ganze Gesetz erfüllt, kann aus des Gesetzes Werken keiner für gerecht erklärt werden (Gal. 3, 10. 11. Röm. 3, 20). Daraus folgt denn freilich, daß, wenn der Apostel sich Tadellosigkeit in Hinsicht dieser Gerechtigkeit zuspricht, dies nur nach menschlichem Urtheil und nicht nach göttlichem zu verstehen ist, wie auch Clv. bereits richtig andeutet (vgl. Ans., Lyr., Corn., Croc., Cal., Strr., Fl., Rhw., de W., Myr., Wies.). Der Zusammenhang selbst weist darauf hin, daß es vom Standpunkt seiner aequales, seiner Sectengenossen zu verstehen ist (Wlf.); das pharisäische Ideal der Gesetzesgerechtigkeit hat er vollkommen erreicht, und wenn dasselbe auch keineswegs genügte in Gottes Augen (Matth. 5, 20), so war es doch auch kein bloßes Heuchelwesen, sondern wirklich hohen Lobes werth (Clv.).

V. 7.

Die griechischen Väter verfehlten den Sinn, in welchem Paulus von einem früheren κέρδος redet, indem sie an das Gesetz dachten, das wirklich ein Gewinn sei, sofern es zu Christo und zur Gnade hinführe. Allein es war ja im Vorigen nicht vom Gesetz an sich die Rede, ja nicht einmal von der Gesetzesgerechtigkeit, sofern dieselbe als Eigengerechtigkeit verwerflich und hinderlich ist, wie nach dem Vorgange Aug.'s es Clv., Est., Croc., Cal. und noch Ew. faßten, sondern das ἅτινα bezieht sich auf die eben erwähnten Vorzüge alle, die er theils mit seinen Volksgenossen theilte, theils vor ihnen voraus hatte, und zwar alles ähnliche, nicht direct genannte, mit eingeschlossen (v. Hng., de W., Wies.). Darin aber haben die griechischen Väter allerdings Recht, daß es sich um einen wirklichen Gewinn (Chr.: nicht ἡγουμένως sondern φύσει) handelt (vgl. Dion.), während die Lateiner (Ambr., Haym., Lyr.), die Reformatoren (Clv., Bll., Bz., Art., Cal., Croc.) und die meisten Neueren (Bmg., Rhw., Mtth., v. Hng., de W., Ith.) gegen den Wortsinn nur an einen vermeintlichen Gewinn secundum sensum humanum denken. Aber freilich muß man diesen Gewinn nicht auf äußere, sinnliche Vortheile, guten Ruf, Einfluß, Rang, vornehme Heirath u. dgl., beschränken, die er damit hätte gewinnen können, wie Grt., Schlicht., Sdl., Rsm., Strr., a. E., Hnr. und noch Ew. thun; ja man kann nicht einmal sagen, es sei ihm nur κατὰ σάρκα Gewinn gewesen (Myr., Wies.), da ja Paulus den Werth der Beschneidung und der Abstammung von den Vätern Röm. 3, 2. 9, 4. 5 vollkommen anerkennt, und die Erfüllung des Gesetzes, wie unvollkommen sie immer, von seinem jetzigen Standpunkte aus bemessen, war, nicht gering schätzen konnte[1]).

Die Beziehung unserer Stelle auf das Gesetz brachte die patristischen Ausleger bei der Erklärung des zweiten Hemistichs in keine günstige Situation gegenüber den häretischen Gesetzesfeinden, welche dasselbe zu ihren Gunsten ausbeuteten. So pomphaft Chr. triumphirt, der heilige Geist habe ihnen diese Stelle als Lockspeise hingeworfen, damit sie wegen des scheinbaren Anhalts, den sie darin finden, dieselbe schonen und anerkennen sollten, um dann desto sicherer durch sie vernichtet zu

---

[1]) Das ἅτινα, quaecunque bezeichnet, wie Myr. bemerkt, die Kategorie der V. 5. 6 bezeichneten Stücke und kann darum auch alles ähnliche mit einschließen. — Das μοι ist nach der im Text gegebenen Erklärung nicht Dativ des Urtheils (de W., Ith.), sondern einfacher dativ. commodi, geschweige denn, daß in κέρδος der Begriff des lucrum opinatum (v. Hng.) hineingelegt werden kann. — Den Plural κέρδη nennt Bng. einen plur. grandis, v. Hng. läßt ihn propter rerum varietatem gesetzt sein (de W., Myr.), und in der That ist der bezeichnete Gewinn ein mannigfacher (Röm. 3, 2), während ja der in Betreff der Gelangung zu Christo angerichtete Schade nur einer sein kann. — Das Perfectum ἥγημαι, das Ew. geradezu für Präs. nimmt, ist treffend gewählt von einer Handlung, die als abgeschlossen und doch in ihren Wirkungen fortdauernd gedacht werden soll (Win. §. 40. 4). Vgl. Ith.: „Es bezeichnet den aus dem Acte der Bekehrung hervorgegangenen Zustand der Bekehrung." — Das διά c. acc. bezeichnet das Motiv des ἡγεῖσθαι (Eph. 2, 4. Vgl. Win. 49. c) und ist weder in prae Chr. (Strr.) noch in respectu Chr. (Hnr.) umzusetzen.

werden, und so sicher sie auf das ἦν im ersten und ἥγημαι im zweiten Gliede pochen, so bleibt es doch dabei, daß Paulus nach ihrer Auslegung das Gesetz einen Schaden nennt. All ihre Beispiele vom Lichte, das nicht mehr nöthig ist, wenn die Sonne kommt, von der Leiter, die man nicht mehr braucht, wenn sie ihren Zweck erfüllt hat, von dem Silber, das man gern für Gold hergiebt, wie den Diamant für Blei, ergeben nur, daß das Gesetz, im Vergleich mit Christo, geringer, aber nicht daß es als schädlich zu verwerfen sei, weshalb sie noch den besonderen Fall setzen müssen, daß das höhere Gut mit dem geringeren unvereinbar oder falsch gebraucht sei (vgl. Corn.). Dachte man dagegen mit den reformirten Auslegern an die Gesetzesgerechtigkeit, so ist freilich klar, daß die Rechtfertigung nichts mehr hindert als die opinio sui ipsius justitiae (Bz., Bll. und die obengenannten, vgl. noch Rhw.). Allein dieser Gesichtspunkt des impedimentum, ut accedamus ad gratiam (Strb., Lyr.) ist ja auch bei der richtigen Fassung durchaus anwendbar. Denn alle jene Vorzüge sind ja nur wahrhafte Güter zu nennen, sofern sie nach V. 3. 4 Gegenstände des Vertrauens und der daraus sich erzeugenden höchsten Freude sind. Als solche aber eben hindern sie natürlich, den einigen Grund alles wahren Vertrauens und aller Freude in Christo zu suchen und zu finden, sofern man nur dann nach Höherem verlangt, wenn man das Unvollkommene und Unzureichende des Niederen erkannt hat. In verschiedenartigen Ausführungen haben die Neueren (Mtth., de W., Myr., Wies.) wesentlich das Richtige. Ort., Rsm., Strr. endlich verflachen den Begriff des ζημίαν ἡγεῖσθαι in: contemnere, für nichts achten; a. E., v. Hng. substituiren den Begriff des Wegwerfens, den auch de W. hinzunimmt, Schlicht. nimmt beides für verschiedene Arten der gedachten Güter in Anspruch. Sdl. und Hnr. denken gar an die zukünftige Strafe für den Verfolger der Gemeinde.

Der persönliche Christus selber aber, nicht das Evangelium, das alle anderen göttlichen Schriften an Würde und Wahrheit übertrifft (Haym.), nicht die Liebe zu Christo (Dion.) oder die christliche Religion (a. E.); er, in welchem alle unsere Freude wurzelt (V. 1), welcher unser einiger Ruhm sein soll (V. 3), ist es, um deßwillen Paulus alle jene Vorzüge für Schaden geachtet hat. Nach dem Vorgange von Chr., Est., Bng. u. a. weisen die Neueren (de W., Myr., Wies.) mit Recht darauf hin, daß in V. 8 (ἵνα Χριστὸν κερδήσω) die nähere Exposition dieses διὰ Χριστόν folgt; doch ist darum nicht schon hier die Gemeinschaft mit Christo (Bmg., v. Hng.) zu finden.

c) *Bewährung an des Apostels gegenwärtiger Gesinnung.*
(Cap. III, 8—11.)

Allein fürwahr, ich achte es auch alles für Schaden um des überschwänglichen Werthes willen der Erkenntniß Christi Jesu, meines Herren, um welches willen ich an dem Allen Schaden gelitten habe, und ich achte es für Auskehricht, auf daß ich Christum gewinne und in ihm erfunden werde, daß ich nicht habe meine Gerechtigkeit, die aus dem Gesetze, sondern die durch den Glauben an Christum, nämlich die Gerechtigkeit, die aus Gott kommt, um meines Glaubens willen, auf daß ich erkenne ihn und die Kraft seiner Auferstehung und die Gemeinschaft seiner Leiden, indem ich seinem Tode gleichgestaltet werde, ob ich etwa gelangen möchte zur Auferstehung von den Todten.

[V. 8.] Allein nicht nur damals bei seiner Bekehrung, etwa in Folge eines übermächtigen und doch vielleicht vorübergehenden Eindrucks, den jene Erscheinung Christi auf ihn machte, hat der Apostel also geurtheilt, sondern fürwahr auch jetzt noch achtet er alles für Schaden, was ihm von seinen früheren Gütern und Vorzügen daran hinderlich sein kann, zu erkennen, daß in Christo allein das höchste Gut sei und darum der Grund aller wahren Freude. Denn ihn, den erhöhten Herren, der ihm damals erschien auf dem Wege nach Damaskus und um deßwillen er Schaden gelitten hat an allem, was ihm früher Gewinn war, ihn immer vollkommner zu erkennen, das ist doch unendlich mehr werth, als alle diese Güter, und es ist darum billig, daß er sie alle für Schaden achtet um des überschwänglichen Werthes willen, den die Erkenntniß Christi Jesu, seines Herren hat. Aber warum soll er das eigentlich noch einen Schaden nennen, wenn er diese ihm schädlichen Güter dahingegeben hat? Er hat ja erkannt, daß alles, was ihm einst Gewinn war, ganz verächtlich und verwerflich sei, weil es den Menschen, indem es ihm einen falschen Schein von Befriedigung vorspiegelt, so leicht von dem Ergreifen des höchsten Gutes abhält, und er kann es nicht stark genug ausdrücken, wie er das alles jetzt für Unrath und Auskehricht achtet, damit er nur Christum mit allem, was er uns ist und bringt, als den wahren Gewinn sich aneigne und so das höchste Gut gewinne [V. 9] oder vielmehr zugleich von ihm angeeignet, in ihn eingepflanzt werde zu unauflöslicher Lebensgemeinschaft. Denn erst, wenn er so in ihm lebt und webt, hat er durch seinen Geist unmittelbar Theil an ihm und an allem, was von Freude und Seligkeit in seiner Gemeinschaft zu finden ist. Daß er darum auch wirklich und augenfällig in ihm erfunden werde, ist der andere Zweck, um deßwillen er alle jene früheren Güter für so ganz verächtlich hält.

Denn zu einer vollen Aneignung Christi kann es ja nur kommen, wenn er sich aller jener Güter und Vorzüge entäußert, die nicht mit Christo stimmen wollen, wie sich das leicht an dem höchsten und werthvollsten derselben erweisen läßt. So lange einer noch seine Gerechtigkeit hat, die aus dem Gesetze kommt, weil sie durch die Erfüllung desselben erworben wird und die darum immer unvollständig bleibt, weil niemand das Gesetz vollkommen erfüllen kann, so lange kann er die wahre Gerechtigkeit nicht erlangen, die nicht durch die vom Gesetze befohlenen Werke, sondern durch das gerade Gegentheil davon, durch den Glauben an Christum vermittelt ist, die nicht durch irgend ein eignes Thun des Menschen erworben, sondern von Gott aus Gnaden dem Glauben zugerechnet wird und darum aus ihm allein kommt; denn diese beiden schließen sich völlig aus. Darum kann er nur Christum gewinnen und in ihm erfunden werden, wenn er zugleich erfunden wird als einer, der nicht mehr jene falsche Gerechtigkeit hat, sondern diese wahre auf Grund seines Glaubens an Christum und so, alles eigne Thun und Verdienen aufgebend, auf ihn allein all sein Vertrauen setzt, wie es geschehen muß, wenn er in Christo seinen höchsten Ruhm und seine Freude finden will.

[V. 10.] Indem so der Apostel alle eigene Gerechtigkeit verwirft, und die von Gott geschenkte erwählt auf Grund seines Glaubens an Christum, hat er dabei keine andere Absicht als diesen Christus und alles was er uns sein will, immer mehr und mehr zu erkennen und zwar, wie dieses allein erkannt werden kann, durch die lebendige Glaubenserfahrung. Um es aber seinen Philippern recht eindrücklich zu machen, wie dieser Christus wirklich unser höchstes Gut ist, entfaltet er noch einmal den ganzen Reichthum dessen, was es im Besitz und in der Gemeinschaft desselben zu erfahren giebt. Das ist aber zunächst die Kraft seiner Auferstehung, die erst das Siegel auf das ganze Erlösungswerk Christi drückt, und, indem sie seinen Tod als stellvertretenden Opfertod für unsere Sünden beglaubigt, den an Christum Glaubenden und alle eigene Gerechtigkeit Verwerfenden der in ihm begründeten Rechtfertigung unzweifelhaft gewiß macht. Das andere aber ist die Gemeinschaft der Leiden Christi, in der sich die Lebensgemeinschaft mit Christo, welche der in Folge der Rechtfertigung gegebene heilige Geist wirkt, aufs Herrlichste bewährt. Denn der Gläubige erkennt kraft desselben in allem, was er um Christi willen leidet, eine Theilnahme an seinem Leiden, wodurch er je mehr und mehr seinem Tode gleichgestaltet wird, weil ja ein leidenvolles Leben nichts anderes als ein stetes Sterben ist. So gewiß aber die Theilnahme an seinem Leiden und Sterben zugleich die Gewißheit der Theilnahme an der Herrlichkeit, in die er durch dasselbe eingegangen ist, in sich schließt, so gewiß muß der Christ dieselbe für ein hohes Gut halten, dessen Herrlichkeit er freilich nur erfährt, wenn er an Christum glaubt, und so ist es wohl zu verstehen, wie der Apostel um dieser beiden seligen Erfahrungen willen, mit allem früheren Werkdienst gebrochen hat, um im Glauben allein die triumphirende Gewißheit seiner Rechtfertigung und die verheißungsvolle Vollendung seiner Gemeinschaft mit Christo zu finden.

[V. 11.] Sofern aber endlich die durch die Auferstehung Christi versiegelte Rechtfertigung ihn der endlichen Errettung gewiß macht, und die Theilnahme an den Leiden Christi ihm die Hoffnung auf die zukünftige Herrlichkeit gewährleistet, ist alles Trachten nach diesen Heilserfahrungen zuletzt doch nur ein Trachten danach, ob er etwa hingelangen möchte zur Auferstehung von den Todten. Nicht als ob dieses höchste Ziel der Christenhoffnung irgend zweifelhaft sein könnte; aber ob er, der einzelne, dahin gelangen wird, das hängt ja davon ab, ob sein Glaube sich bewähren wird bis ans Ende und das bescheidet sich auch der große Apostel nicht zu wissen, weil niemand seiner selbst sicher sein darf, so lange ihm noch auf Erden die Gefahr der Versuchung und des Abfalls droht. Und darum kann er nicht aufhören, unaufhörlich nach dem zu trachten, was zu diesem Ziele verhilft. Damit ist denn aber auch erwiesen, daß es in der That kein höheres Gut giebt, als den Besitz Christi und seine Aneignung im Glauben, welche zur wahren Rechtfertigung, zur vollen Lebensgemeinschaft mit ihm und endlich zur seligen Auferstehung führt. Und so können und sollen die Philipper an seinem Beispiele lernen, im Besitze Christi und in seiner Gemeinschaft den Grund aller wahren Freude zu suchen, den seine ungläubigen Volksgenossen nicht gefunden haben und nicht finden können, so lange sie nicht, wie er, alle ihre relativen Güter hingeben, um zu Christo als dem einzigen höchsten Gute zu gelangen. Denn erst in dieser Freude an dem Herrn können sie gewiß sein, das tiefste Wesen und den rechten Grund des Christenlebens gefunden zu haben.

V. 8.

Schon Thph. findet den Gedankenfortschritt dieses Verses richtig darin, daß Paulus von der Vergangenheit zur Gegenwart fortgeht (vgl. Clv., Bng. und de W., Myr.). Das Motiv dieser keineswegs bloß rhetorischen (Est.) Wendung liegt freilich nicht in der Hoffnung der Feinde, daß ihn sein Entschluß noch gereuen werde (Sdl., Bmg.), noch in der Warnung der Philipper, die, so wenig wie er, von ihren Leiden durch erneutes Judaisiren sich befreien (Strr.) oder ihr bereits begonnenes Christenleben durchs Judenthum ergänzen sollen (Wies.), sondern in der Absicht, das V. 7 ausgesprochene Urtheil als nicht bloß auf einem vorübergehenden Eindruck beruhend, sondern als feste, unabänderliche Ansicht darzustellen (Bll., Schlicht., Croc., Mtth.). Wenn aber schon die griechischen Väter, zum Theil durch die schwierige Vereinbarung der folgenden starken Ausdrücke mit ihrer Beziehung aufs Gesetz bewogen, geneigt waren, das πάντα allgemeiner zu fassen von den κοσμικά πράγματα überhaupt (vgl. Chr. und seine Nachfolger, aber auch Ambr., Dion., Bng., Bmg.), so fanden Art., Grt., Corn., Rsm., a. E., Hnr., Ew., Jth. hierin gerade die Steigerung des Gedankens, daß Paulus nicht nur das bisher genannte, sondern alle Güter dieses Lebens und das Leben selbst für nichts achte, wogegen einfach spricht, daß das steigernde καί bei ἡγοῦμαι und nicht bei πάντα steht. Eine gewisse Verbindung beider Beziehungen auf das zeitliche und sachliche Moment liegt in der dogmatisirenden Erklärung, wonach Paulus sagen wolle, daß er nicht nur die guten Werke vor sondern auch nach der Bekehrung verwerfe (Bz., Croc., Cal., Wlf. und gewissermaßen auch Rhw.)[1].

---

[1] Indem das ἀλλά das Präsens dem Präteritum entgegenstellt, behält es seine adversative Bedeutung (Win. §.53. 7. a) und ist nicht durch ein bloß steigerndes quin (Ambr., Clv., Bz., Hnr.), imo vero (Art., Strr., a. E.), quin imo (Corn.), ja (Fl., Rhw.) zu verwischen. Das μὲν οὖν, das Tisch. statt der Rcpt. μενοῦνγε nach überwiegenden Autoritäten hergestellt hat, ist certe (Art., Bz., Croc.), sane (Bng., v. Hng.), gewiß, fürwahr (Bmg., de W.), indem das οὖν bestätigend an's Vorige sich anschließt und das μέν solitarium das neue Moment hervorhebt (1 Cor. 6, 4. 7). Mit Unrecht ist es in dem verumtamen der Vlg. und bei vielen Auslegern ganz vernachlässigt. Das eigentlich steigernde Moment liegt in dem καί, welches das Hinzutreten des Jetzt zum Damals nachdrücklich hervorhebt (Bng.: intendit vim temporis praes.). Strr. verweist mit Recht auf 1, 18: ἀλλὰ καί

Die griechischen Väter, auch hier zur Apologie des Gesetzes genöthigt, heben hervor, wie die Erkenntniß Christi zwar höher sei als die Erkenntniß, die das Gesetz giebt (vgl. auch Haym., Lyr.), aber wie doch eben um dieses Vergleichs willen das Gesetz etwas verwandtes sein müsse, und also auch eine γνῶσις geben, wenn auch eine geringere. Allein durch die Reducirung auf diesen quantitativen Unterschied geschieht dem ζημίαν ἡγοῦμαι kein Genüge, wie schon zu V. 7 ausgeführt. Es ist eben derselbe Gedanke wie dort, nur daß das Motiv des ζημίαν ἡγοῦμαι hier noch näher bestimmt wird durch das ὑπερέχον, die eminente Beschaffenheit (Myr.) des Gutes, um deswillen er alles (der Erlangung desselben hinderliche) für Schaden geachtet hat. Wenn nun dieses Gut nicht mehr wie V. 7 als Christus allein, sondern als die Erkenntniß Christi bezeichnet wird, so darf man hierin nicht den eigentlichen Fortschritt der Rede sehen (Strb.: non solum propter Christum habendum sed etiam propter scientiam ejus), als wolle Paulus hervorheben, daß er jetzt erst den vollen Werth dieser Erkenntniß verstehe im Gegensatz zu früher, wo er um Christi willen alles für Schaden hielt (v. Hng.). Aber man darf auch nicht sagen, das Uebertreffende liege eigentlich in dem erkannten Gegenstande und nicht in dem Erkennen selbst (de W., Wies.), wodurch freilich dieser Zusatz sehr überflüssig würde; sondern es wird wirklich das διὰ τὸν Χριστόν V. 7 hier näher bestimmt (Croc.), indem die Aneignung Christi, ohne welche er für den einzelnen kein wirkliches Gut wird, mit ausgedrückt ist. Freilich ist die Erkenntniß nur eine Seite dieser Aneignung, und es ist willkürlich in den Begriff der γνῶσις, der ja auch sonst dem Apostel in seiner einfachen Urgestalt geläufig ist (Röm. 2, 20. 1 Cor. 1, 5. 8, 1. 2 Cor. 4, 6), hier, wo die Bestimmung des Objects nicht dazu zwingt, den des Genusses, der Erfahrung und sonstigen Aneignung

---

χαρήσομαι. — Der Apostel konnte mit Bezug auf ἅτινα ἦν μοι κέρδος V. 7 τὰ πάντα schreiben, mußte es aber nicht, da es sich von selbst versteht, daß er alles meint, wovon im Zusammenhange die Rede war. — Das διὰ τὸ ὑπερέχον τῆς γνώσεως übersetzt die Vlg. ungenau propter eminentem scientiam (vergl. noch Bll., Rsm., Hnr., Rhw., Mtth.) und Grt., Strr., Fl., a. E. nehmen gar das διὰ comparativ (prae multo excelliore scientia), wodurch vollends auch sachlich der Gedanke alterirt wird. Schon Ambr. übersetzt eminentia und Ers. erklärt das neutr. adject. richtig als für's Substantivum stehend. Es ist eine bei Paulus sehr häufig vorkommende Bildung (Röm. 2, 4. 8, 3. 1 Cor. 1, 25) zur nachdrücklichen Hervorhebung des Adjectivbegriffs (vgl. Win. §. 34. 2), die hier um so weniger vernachlässigt werden darf, als sie offenbar in ihn den Schwerpunkt des Gedankens legen soll. Richtig schon Clv., Art., Piśc., Vng., Est., Corn., Bmg., v. Hng., de W., Wies., Ew. — Die γνῶσις Ἰησοῦ Χριστοῦ ist natürlich die Erkenntniß von Christo als Object, weder, wie Strb. vorschlägt, die Erkenntniß Christi selber, noch die durch ihn uns geschenkte (Dion.). Die Vertauschung des Begriffs mit doctrina evangelii (Lyr., Corn.) oder mit der christlichen Religion (Rsm., a. E.) schlechthin ist eben so willkürlich, wie der Gedanke an eine durch Christum vermittelte höhere Erleuchtung des gesammten Wesens (Mtth.) oder gar an eine Specialerkenntniß der Eingeweihten (Hnr.).

Christi und seiner Wohlthaten einzuschließen (Est., a. E., Fl., v. Hng., vgl. schon Bll.: cujus cognitio, vera inquam fides, justificat). Allein daß diese Seite hier besonders hervorgehoben wird, liegt in dem Grundgedanken des Contextes, da gerade für das Erkennen dessen, was Christus ist und uns sein will, das Festhalten an den natürlich-menschlichen Vorzügen hinderlich ist. Und ohne daß der Apostel es in diesem Zusammenhange hervorheben will, wie wir es oben bei Strb., v. Hng. fanden, liegt es in der Natur der Sache, daß er erst als Motiv seines jetzigen ἡγεῖσθαι wirklich das Erkennen Christi bezeichnen konnte, da sein erstmaliges ἡγεῖσθαι V. 7, wenn auch immerhin ohne einen gewissen Grad der Erkenntniß nicht denkbar (de W.), doch mehr auf einem übermächtigen Eindruck von dem ihm erschienenen Christus beruhte, weshalb auch im Folgenden, wo der Apostel mit ἐζημιώθην noch einmal an jene Thatsache seiner Bekehrung erinnert, an die Stelle der Erkenntniß wider die Person Christi selber tritt.

Gegenstand der Erkenntniß ist Christus, natürlich nicht nur seine Person, sondern alles, was er für uns ist (Croc.: complectitur personam, officium et beneficium, quae separari non possunt (vgl. Est., de W.). Bemerkenswerth ist, daß dies Paulus alles in den Zusatz zusammenfaßt: meines Herrn. Ich kann darin nicht blos, wie die Ausleger seit Th. v. M. thun, einen Ausdruck der Liebe und Dankbarkeit finden (vgl. Clv., Croc.; Est., Corn., Rhw., Mtth., v. Hng., Myr.), vielmehr mußte sich ihm, welchem der erhöhte Christus in seiner göttlichen Herrlichkeit zuerst erschienen war, aus der Vorstellung von seiner κυριότης, deren Eindruck der Grund seiner Bekehrung geworden war, alles heraus entwickeln, was er nachmals als die Bedeutung Christi erkannte. Durch das μου eignet er sich ihn als seinen Herrn persönlich an (Bng.: fidelis appropriatio). Auf ihn, diesen erhöhten κύριος, geht auch das δι' ὅν und nicht auf die Liebe zu ihm (Strb.) oder auf seine Verehrung (Anf.) oder auf beides (Croc.). Die Bedeutung des Relativsatzes beruht eben darauf, daß dieser Christus, um deswillen er ein solches Opfer gebracht hat, der Gegenstand der Erkenntniß ist, welcher dadurch von selbst in seiner Erhabenheit erscheint. Paulus weist auf das Factum seiner Bekehrung hin, indem er aber nicht etwa wiederum sein ἡγεῖσθαι bei derselben, sondern die Consequenz, die dieses für ihn hatte, hervorhebt, wonach er wirklich aller seiner früheren Güter verlustig ward[1]. Inwiefern Christus dafür das

---

[1] Wenn ζημιοῦν τινά τι (einen woran strafen, ihm einen Schaden woran zufügen) in's Passivum verwandelt wird, behält es den Accusativ der Sache bei nach gut griechischer Construction (Win. §. 32 5). Man darf die passive Bedeutung nicht so urgiren, als solle ausdrücklich darauf hingewiesen werden, daß der heilige Geist das alles in ihm gewirkt habe (Art.); aber freilich auch weder es mit dem ζημίαν ἡγεῖσθαι identificiren (Ambr., Lyr., Ers., Lth.), noch es activisch für: wegwerfen (Thph., vgl. Clv., Croc.: wie Schiffbrüchige alles über Bord werfen, um sich zu retten), oder reflexiv für: me ipsum mulctavi (Bz., Pisc., Cal., Corn.,

Motiv sein konnte, ist schon zu V. 7 erörtert und bedarf nicht erst der Erklärung durch den Satz mit ἵνα, wie de W. und Myr. meinen.

Von dem ζημίαν ἡγοῦμαι schreitet die Rede nun zu dem stärkeren ἡγοῦμαι σκύβαλα εἶναι fort, wie schon Aug. richtig gesehen hat (vgl. Strb., Anf., Bng.). Hier war es, wo die griechischen Ausleger selbst an ihrer Beziehung aufs Gesetz irre wurden, und wenigstens den Ausweg offen ließen, es auf die weltlichen Dinge überhaupt zu beziehen. Doch helfen sie sich damit, daß sie unter σκύβαλα speciell die Spreu verstehen, die einst als Hülse für das reifende Getreide nothwendig war, aber wenn der Weizen selber gewonnen ist, weggeworfen wird. Vgl. Chr., Thdt., Phot., Thph. und besonders Severianus, der das Bild, das recht sinnvolle Parallelen zu dem Verhältniß des Gesetzes und Christi bietet, zur vollständigen Allegorie ausgemalt hat. In anderer Weise denkt Oec. an Viehfutter, weil das Gesetz für die ἀλογώτεροι ἄνθρωποι da war. Allein willkürlich, wie diese Deutung ist, nimmt jene dem Begriffe gerade das Moment des Verächtlichen, um deswillen eben dieses Wort gewählt ist; denn darin liegt die Steigerung. Man kann etwas für schädlich halten und darum von sich werfen um sich zu retten, aber man denkt doch noch mit einem gewissen Schmerz an den Verlust (Clv.); den Wegwurf dagegen sieht und rührt man nicht mehr an (Bng.). Nach Croc. sieht Paulus sogar jene Vorzüge als etwas an, das man non cum retinendi desiderio, sed cum aversatione foederis fortwirft. Letzteres ist wohl etwas zu viel gesagt, aber offenbar will Paulus mit starkem Ausdruck hervorheben, wie verächtlich ihm die früheren Vorzüge geworden seien, wobei denn die, welche an die bona opera denken, besonders bevorworten müssen, das gelte nur von ihnen, sofern man sie für verdienstlich und zum Heile nothwendig halte (Clv., Croc., Cal.). Und allerdings, obwohl diese specielle Beziehung unrichtig ist, so folgt doch aus dem folgenden Zwecksatze, daß jene Vorzüge ihm eben nur insofern verächtlich geworden sind, als sie an dem Gewinnen Christi hindern (Croc.: non possunt simul teneri), sonst könnte dies

---

Hnr., v. Hug., vgl. Fl.: ich habe darauf Verzicht gethan) nehmen; sondern es ist die leidentliche Folge des ζημίαν ἥγημαι V. 7 (de W.): ich bin verlustig geworden (Myr.). Vergl. Vlg.: detrimentum feci und Btb., Ort., Strr.: jacturam feci. Ganz wunderlich denken Strb., Dion. und noch Croc. an eine öffentliche Bezeugung des ζημίαν ἡγεῖσθαι durch Wort und That. Offenbar beabsichtigt der Apostel ein Wortspiel mit diesem Ausdruck, das V.-Cr. wiederzugeben sucht durch: ich habe mich um das gebracht, was mir Schaden brachte. Unnöthige Schwierigkeiten aber erhebt Phot. bei Oec. aus dem Grunde, daß man das Wegwerfen eines Schadens doch keinen Verlust nennen könne. Er selber bietet neben der Vermuthung, daß Paulus die Worte ungenau gebraucht haben könne, bereits die ganz richtige Auskunft, er nenne jene Vorzüge ζημία im Vergleich mit dem besseren (besser: wegen ihres Verhältnisses zu demselben), er betrachte aber ihr Wegwerfen als einen Verlust, sofern er sie an sich betrachtet, wobei mit Recht vorausgesetzt ist, daß sie an sich ein Gut seien, was auch hier Croc., Eſt. u. a. leugnen (vgl. zu V. 7). — Der Aorist steht von dem Verluste bei dem einmaligen Acte der Bekehrung (vgl. dagegen das ἥγημαι V. 7). — Der Artikel bei τὰ πάντα weist auf πάντα zurück (de W.).

ja nicht als Zweck gedacht sein[1]). Mit Unrecht hebt Jth. gerade als das neue Moment hervor, daß sie ihm jetzt, selbst an und für sich betrachtet, als Kehricht erscheinen.

Dem gesteigerten ἡγεῖσθαι entspricht das höhere Motiv, dem Fortschritt von ζημίαν zu σκύβαλα der von der Erkenntniß Christi zur vollen Aneignung desselben, die nicht die Voraussetzung der Erkenntniß ist (Wief.), sondern sie vielmehr ihrerseits voraussetzt. Um das höchste Gut zu gewinnen, muß der Mensch sich aller anderen Güter entäußern, muß sie nicht nur in ihrer relativen Werthlosigkeit erkennen, sondern ganz und gar wegwerfen, und gleichsam ein leeres Gefäß werden. Schon Chr., Bng. finden hier die Erläuterung des διὰ Χριστόν V. 7, aber da schon das διὰ τὸ ὑπερέχον τῆς γνώσεως eine solche war, so ergeben erst beide Bestimmungen zusammen den vollen Umfang des διὰ Χριστόν. Dem Ausdruck liegt das V. 7 eingeführte Bild von κέρδος und ζημία zu Grunde. An Stelle der früheren κέρδη (Myr.) und zum Ersatz für den daran nach V. 8 erlittenen Verlust (Wief.) tritt Christus selbst als der einige κέρδος (Cal., Strr.), der alle wahren Güter (Croc.) oder κέρδη (de W.) in sich schließt (vgl. Vz., Bng., Bmg.). Vorgreifend nahmen Plg., Fl., v. Hng. es von der Gemeinschaft mit Christo; gerade den Sinn umkehrend V.=Cr. von der Angehörigkeit an Christum, während es doch heißt: ut Christum meum habeam (Art.) und, da hier wie bei der Erkenntniß Christus nicht zu denken ist ohne das, was er für uns ist (Corn.): ut bonorum ejus particeps efficiar (Est.). Diese Aneignung ist ihrer

---

[1]) Daß der Satz καὶ ἡγοῦμαι σκύβαλα εἶναι nicht mehr von δι' ὅν abhängt (Strr., Myr., Wief.), sondern ein neuer, dem ἡγοῦμαι πάντα ζημίαν paralleler Hauptsatz ist (de W., V.=Cr.), scheint mir aus der offenbar absichtlich gleichen Formirung beider Sätze (denn mit Recht hat Tisch. das zweite εἶναι hergestellt. Vgl. Myr.), sowie daraus zu folgen, daß der Relativsatz sonst in δι' ὅν und dem Satze mit ἵνα eine doppelte Zweckangabe hätte. Auch wäre der Apostel schwerlich mit einem einfachen καί von der Vergangenheit (zumal des Aor.) zur Gegenwart übergegangen. Nach der Darstellung des Gedankenganges bei Wief. ist der erste Theil des Relativsatzes eine Wiederholung des V. 7, der zweite eine Wiederholung des ersten Theils von V. 8, und das alles nur, um auf diesen Umwegen kaum V. 10 zu der Erkenntniß Christi zurück zu gelangen. Aber solche müßige Wiederholungen finden hier durchaus nicht statt. Vgl. Bl., der den Apostel gar dreimal dasselbe wiederholen läßt. Als Parenthese (v. Hng.) braucht man darum den Relativsatz nicht zu fassen. — Gewöhnlich leitet man σκύβαλα von κυσὶ βαλεῖν ab und nimmt es von dem, was den Hunden vorgeworfen wird (Ers., Vtb.), wie denn Vz., Corn. es in Beziehung zu den κύνες V. 2 setzen. Es ist aber wohl allgemeiner zu nehmen von allem, was als Kehricht, Unrath (de W., Myr.) weggeworfen wird (Clar., Zgr., Bng.: rejectamenta, V.=Cr., Wief., Jth.). Dagegen scheint es mir über die Absicht des Apostels hinauszugehen, an Koth (Vlg.: stercora, Lth., Grt., Est., Strr., v. Hng.) oder gar an excrementa (Vz. und Art., der diese Bedeutung in widerlicher Allegorie durchführt), überhaupt an Befleckendes (Strb., Lyr.) oder Ekelerregendes (Croc., Cal.) zu denken. Umgekehrt wird dem significanten Worte seine Bedeutung verwischt durch Erklärungen, wie pro nihilo deputo (Haym., Dion.), res vilissimae, quisquiliae (Asm., a. E., Fl., Hnr., Rhw.).

Natur nach eine allmählich fortschreitende (v. Hng., Myr.), was Wief. mit Unrecht für unpaulinisch hält. Paulus kann Christum schon haben und doch eine immer vollkommenere Aneignung desselben, sowie seiner Gnadengaben (Jth.) beabsichtigen. Ganz willkürlich dachte Strb. an die zukünftige Belohnung in Christo und Grt., Rsm., a. E., Hnr. an die favor Christi. Wie sehr der immer wiederkehrende einfache Grundgedanke, daß Christus das höchste Gut sei (V. 1. 3), der willkürlichen Behauptung einer polemischen Tendenz der Stelle widerstrebt, zeigt am besten der ganz unglückliche Versuch Strr.'s, eine solche hineinzutragen: Wie der Apostel Christi nicht theilhaftig sein könnte, wenn er sein früheres Verhältniß zu den Feinden Christi (V. 6) aufrecht erhalten wollte, so sollen sich auch die Philipper hüten, daß sie nicht, den Judaisten willfahrend, Christi Gunst verlieren.

V. 9.

Die andre Seite des $Χριστὸν κερδαίνειν$ ist das $εἶναι ἐν Χριστῷ$, der bekannte paulinische terminus technicus für die Lebensgemeinschaft mit Christo. Von dieser gliedlichen Gemeinschaft mit Christo als dem Haupte nahm es schon Plg. (vgl. Ans., der sie aber nur durch die Liebe; Lyr., der sie per fidem caritate formatam vermittelt sein läßt, und Dion.); so Est., Croc., die das Bild von der Rebe am Weinstock und dem Zweig am Oelbaum zur Erklärung herbeiziehen, so selbst Grt., Hnr. und die meisten Neueren, von denen aber Wies. den ganz schiefen Ausdruck Glaubensgemeinschaft dafür wählt. Nur Rsm., a. E., B.-Cr. nahmen es von der Angehörigkeit an Christum, wodurch es bei letzterem mit dem $Χριστὸν κερδαίνειν$ ganz identisch wird, und so schon Bng.: Christum lucrifacit et in Christo lucrifit, Christus est illius et ille Christi. Auch Schlicht. nimmt es im Sinne von tanquam ejus discipulus als Erklärung des $Χριστὸν κερδήσω$. Allein das genügt dem paulinischen Ausdrucke nicht. Denn allerdings gehört Christo an, wer ihm eingepflanzt ist; aber der Ausdruck bezeichnet, daß man die in Christo beschlossenen Güter nicht nur von außen her empfängt, sondern, in ihm selbst lebend und webend, unmittelbar an seinem Geistesleben theilhat. Einseitig beziehen es Art., Cal. auf das requiescere in Christi justitia, wie denn auch Bz., Croc. und Strr. an die Mittheilung der (imputirten) justitia Christi denken; allein das subjective $ἐν Χριστῷ εἶναι$ ist bei Paulus stets Ausdruck für das neue Leben und nicht für die Rechtfertigung. Dann bezöge sich das $εὑρεθῶ$ auf den Befund im göttlichen Gerichte (Bz.), oder doch in Gottes Augen (Croc., Fl.), aber mit Recht denkt schon Ans. an jedes vernünftige Urtheil. Es soll dadurch das Sein in Christo als wirklicher Befund (de W., Wies.), als ein sich erweisendes, offenkundiges dargestellt werden, ohne daß deshalb in dieser objectiven Erscheinung der Unterschied von dem subjectiven $κερδαίνειν Χριστόν$ liegt (Myr.). Ganz wunderlich will Wies. das $εὑρεθῶ ἐν αὐτῷ$ auf ἡγοῦμαι σκύβαλα beziehen, wie κερδήσω auf ἐζημιώθην. Auch hier versucht ohne jede Veranlassung Croc. einen polemischen Seitenblick auf die Judaisten hineinzutragen, die nicht in Christo sind[1]).

Die Gegenüberstellung der wahren und falschen Gerechtigkeit wird von Bz., Croc., B.-Cr. als die weitere Ausführung über das Wesen des εὑρεθῶ ἐν Χριστῷ oder als seine unmittelbare Folge (Bng., Strr., vielleicht auch de W.) betrachtet, wobei die schon oben erwähnte Beziehung des εἶναι ἐν Χριστῷ auf die Rechtfertigung zum Grunde liegt. Richtig dagegen schon Anf.: hoc modo potest in illo inveniri. Es ist die specifische Modalbestimmung (Myr., Wies.) oder, wenn man will, die nothwendige Bedingung (Rhw., Mtth., Jth.) des ἐν Χριστῷ εἶναι, an deren Vorhandensein man eben das Sein in Christo erkennt. Denn es liegt ja in dieser Antithese nur wieder der Gegensatz des Stehenbleibens in den fleischlichen Vorzügen von ehemals und des völligen Verzichtleistens auf dieselben, anschaulich gemacht an dem einen Hauptpunkte derselben, an der Frage nach der Gerechtigkeit. Das μὴ ἔχειν derselben ist ja thatsächlich nichts anders als das ζημίαν ἡγεῖσθαι und ζημιωθῆναι (V. 8), das überall als Vorbedingung des Gewinnens Christi bezeichnet war.

Durch diese Gegenüberstellung aber der wahren und falschen Gerechtigkeit wird die Stelle zu einem wichtigen locus classicus für die Rechtfertigungslehre. Die falsche Gerechtigkeit wird als seine eigene (Röm. 10, 3) bezeichnet und zugleich als aus dem Gesetze kommend, weil sie durch die Erfüllung des Gesetzes verdient wird (Röm. 10, 5). So schon richtig die griechischen Ausleger, die sich auch darüber klar sind, daß der Mensch nicht vollkommen diese Gerechtigkeit leisten kann, weil keiner alles thut, was im Gesetze geschrieben ist (Gal. 3, 10). Ebenso bestimmen sie richtig die wahre Gerechtigkeit als göttliches Gnadengeschenk, das nur den Gläubigen gegeben werde (Röm. 1, 17. 3, 22); allein den wahren Unterschied haben sie doch nicht erkannt, indem sie denselben nur auf einen quantitativen reduciren: Die göttliche Gerech-

---

[1]) Die von Grt, Est. bis auf Hnr. oft wiederholte Behauptung, daß εὑρεθῶ hebraistisch für εἶναι stehe, bedarf keiner Widerlegung. Vgl. Win. § 65 8. Gegen die mediale Fassung Clv's (ut recuperarem in Chr.) vgl. schon Bz, Croc. — Schon Est, Bmg. halten die Verbindung des ἐν αὐτῷ mit dem Folgenden, nach welcher Lchm., Tsch. interpungiren, für möglich und v. Hng. entscheidet sich dafür. Es müßte dann ἐν αὐτῷ freilich nicht von der Gemeinschaft mit Christo, sondern von dem Begründetsein der Rechtfertigung in ihm (Gal. 2, 17. 2 Cor. 5, 21. 1 Cor. 6, 11) genommen werden; aber daß in demselben Satz Christus zuerst durch das Pronomen und dann namentlich bezeichnet wird, geht nicht an, und da zuerst von der eigenen Gerechtigkeit die Rede ist, die mit Christo nichts zu thun hat, ist diese Verbindung überhaupt unhaltbar. — Die subjective Negation (μή) fließt nicht aus der Absichtsvorstellung (Myr.: ἵνα), sondern aus der Vorstellung des εὑρεθῶ (als einer, der ꝛc.), welche das folgende nicht als objectiven Thatbestand, sondern als subjective Wahrnehmung aufführt. Das ἔχων nehmen Rhw., B.-Cr. für κατέχων (selbstgenügsam pochen darauf, usurpare), was schon darum nicht angeht, weil es ja auch zum zweiten Gliede gehört.

tigkeit übertrifft πολλῷ τῷ μέτρῳ τὴν εὐτέλειαν τῶν ἀνϑρωπίνῃ σπουδῇ τελειουμένων κατορϑωμάτων (Chr., Thph.). Noch klarer tritt dies bei Aug. heraus. Die falsche Gerechtigkeit ist ungenügend, weil sie per timorem und nicht per amorem vollbracht wird, und weil man sie meint aus eigenen Kräften erfüllen zu können. Da heißt's denn: tolle te a te, impedis te; si tu te aedificas, ruinam aedificas. Gott hat dich zum Menschen gemacht, er muß dich auch zum Gerechten machen; aber facit te nescientem, justificat te volentem, und er thut es, indem er tollit timorem et dat amorem, und so durch den heiligen Geist in uns die justificatio wirkt, worunter Aug. bekanntlich die Herstellung einer inhaerens justitia versteht. Ihm ist wesentlich die katholische Kirche gefolgt, nur daß schon Haym., Dion. die falsche Gerechtigkeit auf eine Erfüllung des Ceremonialgesetzes beschränken (wogegen vgl. Croc.) und Spätere, wie Est., Corn., an die Stelle der alleinigen Wirksamkeit Gottes den Beginn durch Mittheilung des Glaubens, welcher die Wurzel aller Tugenden ist (Dion.), oder die Hülfe des göttlichen Geistes setzen. Erst die Reformatoren haben schlagend dargethan, daß auch diese infusa justitia oder die opera ex fide facta immer eine ἐμὴ δικαιοσύνη wären, wie ja auch die Gesetzesgerechtigkeit, so weit sie vorhanden, eine eigene war trotzdem, daß sie erst durch Mittheilung des Gesetzes zu Stande kam, ein Gedanke, den schon Aug. viel ventilirt, ohne jene einfache Consequenz aus ihm zu ziehen. Es kann also jene wahre Gerechtigkeit nur eine imputirte oder besser eine zugerechnete (Röm. 4, 5. 6) sein. So erst tritt der qualitative Unterschied zwischen der falschen und wahren Gerechtigkeit klar hervor und darum der Grund, weshalb die Bewirkung der letzteren ausschließlich von Gott zu erwarten ist. So hat ihn klar und treffend Clv. gegen die Papisten, so besonders Croc. gegen Bellarmin wie gegen Osiander, der wieder die wahre Gerechtigkeit durch die essentialis inhabitatio dei hergestellt werden ließ, so Cal. gegen Grt. entwickelt, dem er nicht mit Unrecht den Vorwurf des Katholisirens macht, weil er die Gerechtigkeit wieder als eine von Gott gewirkte Beschaffenheit ansieht. Selbst Schlicht. erkennt die vera justitia, obwohl er sie der manca et quae potissimum in ritibus consistebat, gegenüberstellt, als eine ex gratia imputata. Dagegen erscheint sie bei Rsm., a. E. wieder als höhere virtus im Gegensatze zu der, welche in der Befolgung der Gesetzesriten besteht, und noch bei Rhw., Mtth., v. Hng. ist keine Klarheit über das Wesen der Glaubensgerechtigkeit zu finden. Aber schon Hnr. muß zugestehen, daß die Rechtfertigungslehre in ihrer dogmatischen Fassung sich wirklich bei Paulus finde. Vgl. de W., Jth. In umgekehrter Ordnung der antithetischen Glieder entspricht die Vermittlung durch den Glauben an Christus als den Heilsmittler, der freilich nicht als bewirkendes, sondern als empfangendes Medium zu denken ist (Croc.), nicht als causa efficiens, sondern als causa apprehendens (Myr.), der durch das Gesetz (vgl. den Gegensatz von νόμος und πίστις Röm. 3, 21. 22. 4, 13. 14. 16); der Ursprung aus dem eignen Wirken aber (den ἔργα) der Herleitung von Gott, der sie aus Gnaden mittheilt (vgl. den Gegensatz von ἔργα und χάρις Röm. 4, 4. Eph. 2, 8. 9). Auch hier sieht Croc. einen Seitenblick auf die Pseudapostel, die die wahre Gerechtigkeit nicht haben, und Strr., der unter δικαιοσύνη die Frucht der wahren und falschen Gerechtigkeit versteht (vgl. Rsm., Fl.: Straffreiheit, Seligkeit), läßt ihn die Philipper ermahnen, wie er den Ruf und das Glück eines eifrigen Juden aufgegeben, um die Frucht der wahren Gerechtigkeit zu suchen, so auch ihrerseits Christi allein sich zu rühmen und zu freuen, womit er selbst auf 3, 1. 3 zurückweist[1]).

V. 10.

Wie auch immer Chr., Oec., Thph. sich das Verhältniß des τοῦ γνῶναι zum Vorigen gedacht haben, sachlich sehen sie darin die Wirkung und Frucht des Glaubens, der uns z. B. in Betreff der Auferstehung und Geburt Christi erkennen lasse, was keine Vernunftschlüsse uns vordemonstriren können. (Vgl. Haym., Ans.: in fide valente ad cognitionem, Dion. und unter den Neuern noch eben so unklar Fl.). Genauer lassen Clv., Grt., Cal., Bng. den Infinitiv eine Explication über das Wesen des Glaubens selbst geben, der in dem Erkennen Christi bestehe. Thdt. sieht zwar auch die hier gemeinte Erkenntniß als durch den Glauben vermittelt an, findet aber doch, wie Th. v. M., in unserem Verse eine nähere Erklärung über die Frage, was die Glaubensgerechtigkeit sei. (Vgl. Rsm.: felicitas cognoscendi eum, Hnr.: quae cognoscit). Diese Verbindung, sprachlich genauer be=

---

[1]) Das ἐπὶ τῇ πίστει bezeichnet nach einfacher Uebertragung der localen Grundbedeutung des ἐπί (Win. §. 48. c. d) den Grund, worauf hin die Gerechtigkeit ertheilt wird. Richtig schon Thph., obwohl er es mit ἐν verwechselt: εἰς ταύτην ἐπερείδεται καὶ αὐτὴν ἔχει θεμέλιον und ähnlich bei dem in fide der Vlg. Strb., Clv. Ganz richtig Est., Sdl., B.=Cr., Myr., Wies. Sachlich auf dasselbe hinaus kommen die Uebersetzungen: um willen (Wlf., Rsm., de W.) oder: unter der Bedingung des Glaubens (Strr., Fl., Rhw., Mtth.). Falsch aber ist die unmittelbare Identificirung mit διὰ πίστεως (Vtb., Pisc., Grt., a. E.) und ganz gegen den Sinn der paulinischen Rechtfertigungslehre die Erklärung von Hnr.: praemii loco superaddita fidei. Mit Recht zieht Myr. den Zusatz zu ἔχων, das ja auch ohne wiederholt zu werden (Wies.) nothwendig zum zweiten Gliede hinzugedacht werden muß. Denn die wahre Gerechtigkeit als solche ist durch die zwei antithetischen Zusätze τὴν διὰ πίστεως und τὴν ἐκ θεοῦ genügend bestimmt und wäre daher dieser Zusatz, der keineswegs wegen des vollen Gegensatzes zu τὴν ἐμήν nothwendig ist (Wies.), eine bloße Wiederholung, abgesehen davon, daß die mangelnde Artikelbindung sehr hart ist. Aber der Apostel will darauf hinweisen, daß er diese zunächst objectiv bestimmte Gerechtigkeit subjectiv sich angeeignet hat auf Grund eben jenes Glaubens an Christum, der als causa apprehendens zum Wesen der wahren Gerechtigkeit gehört und den er nun gewonnen hat. Der Artikel weist auf die πίστις Χριστοῦ zurück, wo Χριστοῦ, wie 1, 27 bei τοῦ εὐαγγελίου, gen. object. ist (Grt., Schlicht., Croc.). Ich habe diese Beziehung in der Uebersetzung durch das pron. poss. wiederzugeben gesucht.

stimmt, führt darauf, in dem τοῦ γνῶναι die Absicht, den Zweck der Glaubensgerechtigkeit oder besser des Vorzugs, der ihr vor der Gesetzesgerechtigkeit gegeben wird, zu finden, und so schlägt schon Strb. nach dem Vorgange Aug.'s vor, es zu nehmen: Paulus wolle ex fide justificari ut agnoscat Christum. Vgl. Art., Mtth. (bei dem nur seine incorrecte Fassung der Glaubensgerechtigkeit den Gedanken unklar macht) und Myr.[1]) Das Negiren der eigenen Gerechtigkeit und das Annehmen der gottgeschenkten, die durch den Glauben vermittelt ist, hat den Zweck, den Christus, welcher Object dieses Glaubens ist, recht zu erkennen. Allerdings setzt also die hier gemeinte Erkenntniß den Glauben voraus, der ja das subjective Medium für die Aneignung der wahren Glaubensgerechtigkeit ist und darum das Moment, in dem eigentlich das Beabsichtigende liegt, aber ohne daß der Satz unmittelbar an die Erwähnung desselben anknüpft, wie die erste Klasse der Ausleger wollte. Daß der Apostel auf diese Erkenntniß noch einmal zu sprechen kommt, hat nicht den Zweck, die Genesis derselben aus der Glaubensgerechtigkeit (Myr.) oder aus der Lebensgemeinschaft mit Christo (Wief.) darzuthun, sondern wohl nur den, die beiden Momente der Erkenntniß (διὰ τὸ ὑπερέχον τῆς γνώσεως V. 8) und der Aneignung Christi (ἵνα Χριστὸν κερδήσω καὶ εὑρεθῶ ἐν αὐτῷ V. 8. 9), um deretwillen er die früheren Vorzüge für schädlich und verwerflich erachtet, noch einmal in den Begriff der aneignenden Erkenntniß zusammenzufassen und aus der Herrlichkeit ihrer Gegenstände und ihres Ziels darzuthun, wie berechtigt es sei, um dieser Erkenntniß willen auf alle eigne Gerechtig-

---

[1]) Bei der Erklärung der griechischen Väter ist außer der engen Verbindung, in die sie ἐπὶ τῇ πίστει mit V. 10 setzen, gar nichts specielleres über die Art abzusehen, in der sie sprachlich das τοῦ γνῶναι fassen. Nach der Clv.'schen Erklärung müßte es als gen. appositionis von πίστις, nach der Hnr.'schen ebenso von δικαιοσύνη abhängen, was beides ohne Beispiel ist und im ersten Fall die gangbare Verbindung von πίστις mit dem gen. obj. (1, 27. 3, 9), im zweiten die Trennung von δικαιοσύνη durch das zu ἔχων gehörige ἐπὶ τῇ πίστει gegen sich hat. Vor allem ist festzuhalten, daß der Genitiv des Infinitiv wie Röm. 6, 6. 1 Cor. 10, 13. Gal. 3, 10 die Absicht (Bll.: ut cognoscam) ausdrückt (Win. §. 44. 4. b. S. 291), was kaum einer mehr verkannt hat als V.-Cr., der hier die Einsicht findet, auf welcher der Glaube beruht, den Infinitiv also gerade umgekehrt vom Grunde nimmt. Als Infinitiv der Absicht aber schließt er sich weniger passend an das ohnehin weiter zurückstehende passive εὑρεθῶ an, wie außer Wief. schon de W. vorschlug, als an das zunächst liegende ἔχων, geschweige denn an das noch ferner stehende ἡγοῦμαι. Als Parallelsatz zu ἵνα κερδήσω wäre es immer noch keine Anakoluthie, sondern nur eine variatio structurae nach Win. §. 63. II. 1, die aber allerdings bei der mangelnden Bindepartikel doppelt hart wäre. Nur muß man nicht mit Myr. dagegen einwenden, daß in dem ersten Parallelsatze schon mehr liege als in ihm; denn unter den Objecten des γνῶναι kommt ja die höchste Realisirung der Lebensgemeinschaft mit Christo vor. Und sofern dies Erkennen nach den genannten Objecten sich von selbst als ein nicht theoretisches, discursives, sondern als ein praktisches, erfahrungsmäßiges bestimmt (Bz., Corn., Croc., Bng., Rhw., v. Hng., de W., Myr., Wief.), setzt es ja das Aneignen Christi als höchsten κέρδος voraus; ist übrigens, wie dieses, als ein fortschreitendes (Croc.) zu denken.

keit zu verzichten (was ja der Centralpunkt jenes ζημίαν und σκύβαλα πάντα ἡγεῖσθαι ist, wie S. 249 gezeigt) und die Glaubensgerechtigkeit anzunehmen. Es ist daher kaum genau gesagt, es solle das ὑπερέχον τῆς γνώσεως Χριστοῦ V 8 hier näher entwickelt werden (Bng., a. E., Myr., Wief.), da nach Maßgabe der genannten Erkenntnißobjecte unser γνῶναι offenbar ein umfassenderer Begriff wird, als der ist, welchen jene γνῶσις Χρ. Ἰησ. ausdrückt. Von der andern Seite hat die richtige Wahrnehmung, daß der Apostel wieder auf den Zweck der Hingabe alles Eignen zu sprechen kommt, dazu verleitet, unsern Satz als einen Parallelsatz zu ἵνα κερδήσω zu fassen, was sprachlich hart ist und die Gedankenverknüpfung mit dem unmittelbar vorhergehenden unnöthig zerreißt. Doch nahmen es so Est., Croc., Schlicht., Strr., a. E., Rhw., v. Hng. und auch Rsm., Hnr., Fl., de W. halten das für möglich.

Zuerst wird unter den Objecten der Erkenntniß Christus selbst genannt, wobei natürlich nicht, auch nicht zugleich an ein zukünftiges, vollendetes Erkennen seiner Person im Jenseits (Strb., Anf., Lyr), aber auch nicht an die Erkenntniß seiner Lehre (Grt.) zu denken ist, sondern nach dem Zusammenhange an ihn, sofern er nach V. 9 Object des Glaubens ist, welcher die Rechtfertigung aneignet, und das ist er als unser Heiland und Erlöser, in dem unsere Rechtfertigung und alles weitere Heil beruht (Croc., vgl. Plg.:—sein beneficium). Doch braucht dies hier nicht nur dazu gedacht zu werden, sondern der Apostel explicirt es selbst im Folgenden (B.-Cr., Jth.) durch Nennung der wichtigsten Hauptstücke dieses Heiles überhaupt, nicht bloß derer, die ihm für seine damaligen Verhältnisse die wichtigsten waren (Myr.).

Das erste ist die Kraft seiner Auferstehung. Dabei dachten Chr., Oec., Thph. zunächst an die in der Auferstehung Christi selbst sich bewährende Gotteskraft (Wtb.), was noch Grt., Mtth., B.-Cr. wenigstens mit aufnehmen, so wenig es irgend mit dem Contexte verträglich ist. Dagegen dachten Th. v M, Thdt. und vorschlagsweise auch Thph. an den σκόπος τῆς ἀναστάσεως, die Verbürgung unserer eignen Auferstehung, was schon durch V. 11 unmöglich gemacht wird, wo diese erst als letztes Hoffnungsziel erscheint. Doch haben diese Auffassung auch die Lateiner alle von Aug. bis Dion. und noch Art., Grt. (vgl. auch Rhw., Mtth.) Est., Corn., Schlicht., Strr., Kr. und, wenn auch in etwas verallgemeinerter Fassung von der Hoffnung der ewigen Glückseligkeit, Rsm., a E., Hnr. Allein schon bei Th. v. M. und Plg. erscheint es zweifelhaft, ob sie diese Auferstehung nicht ganz oder nicht wenigstens zugleich in geistlichem Sinne verstehen wollen, Aug., Strb., Anf. nehmen wenigstens die justificatio (in effectivem Sinne) dazu, und Haym., Bz, Pisc., Croc., ja wohl auch wenigstens mit anderm Jl., Rhw, v. Hng., B.-Cr. fassen es geradezu von dem Mitauferstehen mit Christo Röm. 6, 5. 8. Col. 2, 12. 13. So sehr sich dies durch den Context empfiehlt, indem damit der Gedanke zu der Lebensgemeinschaft mit Christo zurückkehrt, als deren Voraussetzung die Glaubensgerechtigkeit erschien und deren Erfahrung daher auch als Zweck derselben genannt werden kann, so wird doch das neue Leben bei Paulus nicht eigentlich als Wirkung der Auferstehung Christi gedacht, sondern als Wirkung der in der Geistesmittheilung begründeten Lebensgemeinschaft mit Christo, wobei die Auferstehung desselben nur als Analogon der auf unserer Seite gewirkten Wiedergeburt erscheint. Eine gewisse schwankende Mitte zwischen diesen beiden halten die Erklärungen von de W., Wief., Ew., von denen der erste an „das Leben in der Unsterblichkeit und für dieselbe (Col. 3, 1), besonders die Ueberwindung des Todes (2 Cor. 4, 10 f. 17)" denkt; aber mit Recht meint Myr., daß dann sicher die κοινωνία τῶν παθημάτων vorangehen würde. Clv. endlich findet hier die gesammte Heilswirkung Christi, mit Einschluß der Rechtfertigung, indem er unter der Auferstehung den Tod mit begreift (vgl. Cal., Sdl., Bmg.). Letzteres aber ist weder möglich noch nöthig; denn sofern die Auferstehung die Besiegelung unseres Glaubens an den Erlösungstod Christi ist (1 Cor. 15, 17), wird dieselbe ausdrücklich als Vermittelung für die auf Grund dieses Glaubens erfolgende Rechtfertigung genannt (Röm. 4, 25. 8, 33. 34). Die Auferstehung Christi hat also die Kraft, uns die Rechtfertigung zu gewährleisten (Myr. und neben anderm schon Fl., Rhw., Mtth.), aber diese Kraft erfährt man an sich erst dann, wenn man im Glauben die Rechtfertigung sich aneignet; ihre Erkenntniß kann also mit der gläubigen Annahme der Rechtfertigung bezweckt werden. Sofern nun mit der Rechtfertigung allerdings die Hoffnung der endgültigen Errettung gegeben ist (Röm. 5, 10. 11), kann auch auf dieses Moment nachher (V. 11) die Hoffnung der Auferstehung gegründet werden, ohne daß aber dieselbe in unserm Ausdruck selbst liegt, wie Thdt. und seine Nachfolger wollten. Ganz isolirt steht Bng. mit seiner Beziehung der ἀνάστασις auf das historische Auftreten Christi, wozu ihn die Meinung bewog, es müsse etwas den παθήματα Vorgängiges sein.

Das zweite specielle Object jener Erfahrungserkenntniß ist nun die Gemeinschaft der Leiden Christi. Die griechischen Ausleger dachten dabei richtig an die Verfolgungen und Leiden des Christen, in welchen derselbe an den Leiden Christi selbst theilnimmt, nicht nur weil sein Leiden dem Christi ähnlich ist (Hnr.) oder dem Genus nach dasselbe (Myr.), sondern weil sich in ihm die Lebensgemeinschaft mit Christo in dem schwierigsten und entscheidendsten Punkte bewährt (vgl. 2 Cor. 1, 5. 4, 10. 11. Col. 1, 24). Während also die beiden ersten Stücke noch einen mehr innerlichen Gegenstand der Glaubenserkenntniß enthielten, weist dieses auf die Bewährung des Glaubens im äußeren Leben hin (vgl. Ans., Clv.). Es ist aber weder die Nothwendigkeit (Dion.), noch die Süßigkeit (Corn.) oder das Ehrenvolle des Leidens (Rsm. a. E., vgl. Myr.), was eigentlich den Gegenstand der Erkenntniß ausmacht, auch nicht die durch die vom Geiste mitgetheilte Liebe vermittelte (Aug., Ans.) Freudigkeit (Grt., Mtth.) und Standhaftigkeit (Pisc.,

Fl.), zu der etwa der Apostel ermuntern will (Strr.); vielmehr ist der christlichen Glaubenserkenntniß das wesentlich, daß sie das Leiden als eine Theilnahme am Leiden Christi faßt, der naturgemäß dann auch die Theilnahme an seiner Herrlichkeit (Röm 8, 17. 2 Tim. 2, 11. Vgl. Chr., Oec., Thph., Plg, Strb., Clv., Est., Corn., Croc.) folgen muß, — nicht aber bloß die Erfahrung der in den Leiden sich erweisenden Auferstehungs= und Siegeskraft (de W., Wies.), was mit ihrer falschen Auffassung des Vorigen zusammenhängt, wonach dieses die Bedingung desselben wäre. (Vgl. Hnr.) Nur wer dies glaubt, wird, wie die griechischen Väter bemerken, mit Christo leiden und so die Gemeinschaft seiner Leiden an sich erfahren. Unrichtig dagegen denken Bgh., Cal., Bmg, Rhw. an die Theilnahme an den Früchten seines Leidens, und Haym, Pisc., Bng., Croc., Sdl., wenn auch theilweise neben der gangbaren Fassung, an das Mitsterben mit Christo in der Buße. Eben so wenig sind diese beiden Auffassungen auf den Participialsatz anwendbar, obwohl jene sich bei Cal., diese bei Aug., Haym., Dion., Grt., Bng., v. Hng. findet[1]). Allein mit Recht fassen das $\sigma\nu\mu\mu\rho\rho$-$\varphi\iota\zeta\acute{o}\mu\epsilon\nu\rho\varsigma$ $\tau\tilde{\omega}$ $\vartheta\alpha\nu\acute{\alpha}\tau\omega$ $\alpha\dot{\nu}\tau\rho\tilde{\nu}$ schon die griechischen Ausleger lediglich als weitere Entfaltung des Begriffs der Leidensgemeinschaft mit Christo (Clv, Est., Strr., Fl., Rhw., Wies.), wobei, wie 1 Cor. 15, 31. 2 Cor. 4, 10 zeigt, der Gedanke an den nahen Märtyrertod (Th. v. M., Strb., Anf, Btb, Art, Schlicht., Rsm., Hnr., de W., Myr., Ew.) nicht nothwendig zur Erklärung ist. In der Situation des Apostels, die noch immer eine hoffnungsvolle war (1, 25. 2, 24), erscheint derselbe kaum passend, weshalb auch keine Steigerung (Mtth.) durch diesen Zusatz beabsichtigt werden kann, der seine Anfügung wohl hauptsächlich dem Bedürfnisse einer Ueberleitung zu der Aussicht des V. 11 verdankt.

V. 11.

Schon Chr. warf sich die Frage auf, warum der Apostel trotz seiner Leidensgemeinschaft mit Christo dennoch seiner Auferstehung

---

[1]) Statt der Rcpt. $\sigma\nu\mu\mu\rho\rho\varphi\rho\nu\mu\epsilon\nu\rho\varsigma$ liest Tisch. die seltenere Form $\sigma\nu\mu$-$\mu\rho\rho\varphi\iota\zeta\acute{o}\mu\epsilon\nu\rho\varsigma$. Der Annahme einer medialen Bedeutung bedarf es nicht, da die Hervorhebung der Willigkeit (Mtth.) und Selbstthätigkeit im Conterte nicht liegt, der nur eine weitere Ausführung über die Lage Pauli fordert, in welcher es bei ihm zur Erfahrung der Leidensgemeinschaft mit Christo kommt. Die Form, in welcher dies geschieht, ist aber wohl bedingt durch die Gegenüberstellung der $\dot{\alpha}\nu\dot{\alpha}\sigma\tau\alpha\sigma\iota\varsigma$. Der Nominativ nach dem Infinitiv ist allerdings eine Art Anakoluthie (Est) und nicht ganz correct, wie Mtth meint, wenn auch der von Hnr. geforderte Genitiv erst durch seine willkührliche Ergänzung nothwendig wird; aber eine solche Beziehung auf das logische Subject (Myr) ist im Griechischen überhaupt und auch bei Paulus (Col 1, 10. Eph. 4, 2) sehr häufig und läßt den durch's Particpium ausgedrückten Begriff selbstständiger hervortreten. Vgl. Win. § 63. I. 2. a. Ganz verwerflich dagegen ist die Anknüpfung an $\epsilon\dot{\nu}\rho\epsilon\vartheta\tilde{\omega}$ (Dion, Anf, Grt, a. E.) oder per hyperb. an $\varkappa\alpha\tau\alpha\nu\tau\dot{\eta}\sigma\omega$ (Strr., Fl., B.=Cr.), welche schon Bng. für möglich hielt.

nicht gewiß ist und verweist auf 1 Cor. 10, 12. 9, 27, wo die Stehenden vor dem Falle gewarnt werden, und er für sich selbst die Möglichkeit setzt, nicht probehaltig erfunden zu werden (vgl. Thph., der die darin liegende Demuth hervorhebt). Gegen die katholische Exegese, welche mit wenigen Ausnahmen (vgl. Salmero bei Croc.) hier den Ausdruck einer wirklichen dubitatio sah (vgl. Grt., Hnr.) und daraus gegen die von den Reformatoren behauptete certitudo salutis ex sola fide argumentirte (Est., Corn.), behaupteten diese, es liege im Ausdruck nur die Schwierigkeit (Clv., Art.) oder das Verlangen (Bz., Croc., Bng., Sdl., Mtth.) angedeutet Behufs der Warnung vor falscher Sicherheit (Cal., Myr., Wies., Jth.). So gewiß aber Croc. mit Recht jene certitudo salutis des Gläubigen in jedem Augenblicke aus Stellen wie Röm. 8, 38. 39 erweist, so ist es doch richtig, daß die Heilsvollendung in der Zukunft von der Glaubensbewährung abhängig bleibt (vergl. 1, 19. 20) und daher die Erlangung des Ziels, wenn auch nicht als zweifelhaft, so doch — wo, wie hier, das eigene Verhalten des Menschen in Frage steht — immer noch in demüthiger Selbstschätzung als bedingt hingestellt werden kann und muß, während, wo der Blick auf die göttliche Gnadenwirksamkeit gerichtet ist, dieselbe freilich als gewiß erscheint[1] (vgl. 1, 6).

Schwieriger scheint die Frage, wie der Apostel von der Todtenauferstehung überhaupt reden könne; wenn doch auch die Gottlosen zum Gerichte auferstehen. Chr. begnügt sich damit, hinzuzufügen, Paulus denke an die Auferstehung, die zu Christo führt, während Thph. speciell im Gegensatz gegen die Gottlosen, die auf der Erde das Gericht erwarte, an die Entrückung der Gläubigen zu Christo denkt (1 Thess. 4, 17). Ihm sind viele gefolgt (Haym., Strb., Ans., Dion., Croc. und noch Ew.), während die meisten bei der allgemeinen Fassung einer

---

[1] Das εἴπως ist si forte (Röm. 1, 10) und kann nicht ohne weiteres mit ἵνα vertauscht werden (Rsm., a. E., Kr., Rhw.), obwohl dies schon Thdt. thut. — Καταντᾶν εἰς bezeichnet das Hingelangen zu einem Ziele (Eph. 4, 13), das durchaus kein Zeitpunkt sein darf, wie es v. Hng. von dem der Parusie nimmt. — In dem Gebrauch des Comp. ἐξανάστασις haben Grt., Corn. u. a. eine Emphase gesucht, wonach dadurch die Auferstehung zur Herrlichkeit bezeichnet werde, während Bng. darin die Auferstehung der Christen im Unterschied von Christi ἀνάστασις findet, beides gleich willkührlich, wie schon Wlf. erkannte (vgl. Rhw., de W.). Es ist kaum einmal darin eine lebhaftere Anschauung des Hervorgehens aus dem Todtenreich zu sehen, wie sie Mlth., Myr., Wies. annehmen. Noch wunderlicher ist es, mit Strb., Ans. in dem ex mortuis statt inter mortuos das Auszeichnende dieser Auferstehung zu suchen; doch ist nicht zu leugnen, daß die Lesart τὴν ἐκ νεκρῶν, die Tisch. der Rcpt. τῶν νεκρῶν (Röm. 1, 4) vorgezogen hat, genau genommen ebenfalls die Anschauung ausdrückt, daß die andern νεκροί bleiben. Denn τῶν νεκρῶν als Genitiv von τὰ νεκρά: die todten Glieder, das Todte zu nehmen (Jth.), ist gegen alle Analogie. Daß Paulus 1 Cor. 15, 12. 13. 21. 42, wo die Frage nach der Möglichkeit und Denkbarkeit der Todtenauferstehung als solchen verhandelt wird, stets ἀνάστασις τῶν νεκρῶν sagt, spricht weder gegen diese Lesart (Myr.), noch gegen unsere Auffassung derselben.

Auferstehung zum ewigen Leben (Lyr.) und zur Herrlichkeit (Pisc.), einer seligen Auferstehung (Strr.) der Gläubigen (Myr.) stehen bleiben, hie und da die Begründung dieser Fassung im Ausdrucke suchend (vgl. die Anm.). Auch der Gedanke an eine geistlich-sittliche Auferstehung taucht wieder auf (Clr., Bmg., B.-Cr.), und während v. Hng. es auf das Erleben der Parusie bezieht, läßt Hnr. die Wahl zwischen der Hoffnung der Ueberlebenden (1 Thess. 4, 17) und einer wundersamen, der Auferstehung Christi analogen Erweckung. Hat Paulus wirklich eine doppelte Auferstehung gelehrt, so ist es immer nur eine schwache Aushülfe, zu sagen, dem Leser konnte nicht zweifelhaft sein, welche er meine (Myr.). Aber jene Lehre vermag ich weder in 1 Cor. 15, 23 noch in 1 Thess. 4, 16 zu finden, und da keine Stelle in den paulinischen Schriften eine Auferstehung der Gottlosen positiv aussagt, kann ich aus unserer Stelle, wenn ich nichts hineintragen will, nur schließen, daß Paulus in der That eine Auferstehung nur für die Gläubigen hofft. Die ganze Art, wie 1 Cor. 15 die Auferstehung begründet und ihr Wesen beschrieben wird, läßt auch in der That für eine Auferstehung der Ungläubigen schwerlich Raum. Die Gottlosen bleiben im Hades ($\kappa\alpha\tau\alpha\chi\vartheta\acute{o}\nu\iota o\iota$ 2, 10), wo ihr Gericht und ihre dadurch herbeigeführte endgültige $\dot{\alpha}\pi\dot{\omega}\lambda\varepsilon\iota\alpha$ sich in einer uns nicht näher bezeichneten Weise vollzieht.

---

2. Das Vorwärtsstreben des Christen nach immer vollkommnerer Aneignung des Herrn.

(Cap. III, 12—16.)

Nicht daß ich's schon ergriffen habe, oder schon vollkommen sei, ich jage ihm aber nach, ob ich's auch ergreifen möchte, wozu ich auch von Christo ergriffen bin. (Meine) Brüder, ich schätze mich selbst nicht, daß ich's ergriffen habe; eines aber — vergessend was dahinten ist, und mich ausstreckend zu dem das da vorne ist, jage ich auf das (vorgesteckte) Ziel los, dem Kleinod nach, welches vorhält die himmlische Berufung Gottes, in Christo Jesu. Wie viele nun vollkommen sind, die lasset uns also gesinnet sein, und solltet Ihr irgend worin anders gesinnet sein, so wird Euch Gott auch dieses offenbaren. Außerdem nur — wandeln in dem, wozu wir gelangt sind!

[V. 12.] Aber damit, daß man Christum als das höchste Gut erkannt hat, und in ihm all seinen Ruhm und seine Freude sucht, darf der Christ seine Lebensaufgabe nicht als gelöst ansehen. Wenigstens der Apostel denkt so nicht. Er hat alles daran gegeben, um Christum zu gewinnen und in ihm erfunden zu werden, ja er giebt es fortwährend daran, er hat also bereits Christum als das höchste Gut erkannt, und in gewissem Maße auch schon als solches sich angeeignet. Aber damit will er nicht sagen, daß er dasselbe nun schon vollständig ergriffen habe, oder in der Gemeinschaft mit ihm schon vollendet sei. Denn das, was wir an Christo haben, ist einer immer steigenden Aneignung fähig, durch die wir immer mehr wachsen in seiner Gemeinschaft bis zum vollkommenen Mannesalter in Jesu Christo. Vielmehr jagt er ihm immer noch nach, ist in rastlosem Streben begriffen nach immer vollkommnerer Aneignung Christi, ob er ihn sammt all den Gütern, die wir in ihm haben können, auch vollständig ergreifen möchte. Denn dazu ist er ja auch von Christo ergriffen worden damals, als ihm derselbe erschien auf dem Wege nach Damaskus, und durch seine übermächtige Gnadenwirkung den Apostel zwang, alles für Schaden zu achten, um ihn zu gewinnen und in ihm das höchste Gut. Diese zuvoreilende Gnade Christi, die ihn zuerst zu sich gezogen hat, ohne die er nie zu ihm gekommen wäre auf seinen eigenen Wegen, sie verpflichtet ihn nun zu jenem rastlosen Streben nach immer höherer Aneignung dessen, der ihn zuerst sich angeeignet hat.

[V. 13.] Aber das hat er ja nicht allein erfahren, es ist im Wesentlichen die Erfahrung aller Gläubigen und mahnt sie alle zu gleicher Pflicht. So wendet sich denn der Apostel mit erneuter persönlicher Ansprache an seine christlichen Brüder in Philippi und stellt ihnen nachdrücklich noch einmal zu eigener Nachahmung vor, wie er es macht, damit auch sie nicht träge werden, und das Höchste erlangt zu haben meinen, nachdem sie einmal im Glauben Christum ergriffen haben. Es mögen wohl andere von ihm, dem Apostel und Lehrer der Gemeinden meinen, daß er schon vollendet sei, aber so beurtheilt er sich selber nicht. Er schätzt sich selbst nicht, daß er es schon ergriffen habe, was es von Gütern und Gaben in Christo anzueignen giebt. [V. 14.] Eines aber darf er mit Recht meinen ergriffen zu haben und das kann er darum seinen Philippern zum Exempel vorstellen, das ist das stete, eifrige, unermüdliche Streben nach jenem höchsten Ziel eines wahrhaft vollkommenen Ergreifens und Aneignens Christi.

Um dieses zu schildern, vergleicht er sein Christenleben mit einem Wettlauf auf der Rennbahn, wo der Läufer zum Ziele hineilt, um den daselbst ausgesetzten Siegespreis zu erlangen. Wie nun dieser sich nicht aufhält durch Zurückblicken auf die vollendete Strecke seiner Laufbahn, sondern mit vorgebeugtem Oberkörper, als wolle er das Ziel noch rascher ergreifen als seine eilenden Füße es erreichen können, dem noch zu durchlaufenden Stücke zustrebt, so vergißt er, was dahinten liegt, läßt seinen Eifer nimmer lähmen durch wohlgefälliges Verweilen bei dem Bewußtsein des schon Erreichten, und streckt sich aus nach dem, das da vorne ist, das ihm noch zu erringen übrig bleibt. Und also jagt er nicht ins Ungewisse, sondern auf das festbestimmte Ziel der vollen Aneignung Christi los, dem Siegespreise nach, der droben den siegenden Kämpfer erwartet. Denn es gilt nicht einen Preis, wie man ihn wohl auf Erden dem Sieger aufsteckt, sondern den Preis, welchen eine höhere Berufung uns vorhält, und welcher, da diese Berufung von dem Gott, der droben im Himmel thront, ausgeht, nur ein ewiger und unvergänglicher sein kann. Wie aber das Christenleben davon ausgeht, daß man alles Eigene dahin giebt, und in Christo allein seinen Ruhm und seine Freude sucht, so wird es auch nur dadurch vollendet, daß man stets in Jesu Christo dem Ziele der Vollendung zustrebt, weil nur in der Kraft seiner Gemeinschaft jene immer höhere Aneignung Christi sich vollzieht, welcher endlich droben in der Theilnahme an seiner Herrlichkeit die unvergängliche Siegespalme winkt.

[V. 15.] In dieser demüthigen Selbstschätzung also und diesem rastlosen Vorwärtsstreben, das der Apostel an seinem Beispiele gezeigt hat, nicht aber in der hochmüthigen Trägheit, die sich schon vollkommen wähnt und daher nicht mehr strebt, beruht die einzige Vollkommenheit der christlichen Gesinnung, wie sie hier auf Erden überhaupt erreicht werden kann. Wie viele also vollkommen sind — und das sollen doch alle sein oder werden wollen —, die laßt uns also gesinnt sein, spricht der Apostel, indem er nicht ansteht, sich selber mit zum Festhalten an diesem rechten christlichen Streben aufzufordern. Und wohl kann er mit Grund voraussetzen, daß seine Gemeinde im Allgemeinen in dieser Gesinnung mit ihm übereinstimmen wird; aber wenn sie auch noch in irgend einem einzelnen Punkte anders gesinnt sein sollten, weil sie in ihm wenigstens schon fertig zu sein und des Vorwärtsstrebens nicht mehr zu bedürfen wähnen, so hofft er doch mit fröhlicher Zuversicht, daß Gott ihnen auch dieses noch offenbaren; ihnen auch über diesen Punkt das rechte Licht anzünden wird, wie er ihnen schon so viel offenbart hat. Indem er sie durch seinen heiligen Geist immer tiefer die Wahrheit verstehen lehrt, in die der Apostel sie durch das Wort der evangelischen Verkündigung hineingeführt hat, und immer noch weiter hineinführt, wird ihnen auch dieser Punkt klar werden und sie werden erkennen, daß sie auch in ihm noch nicht vollkommen sind, sondern immer noch dem Ziele der Vollendung zustreben müssen.

[V. 16.] Aber außer dem, was Gott so an ihren Herzen thun wird, müssen auch sie inzwischen ihrerseits etwas thun, um immer mehr zu jener Gesinnung eines vollkommenen Christen zu gelangen, nemlich die eine, allgemeine Christenregel befolgen, die er sich so gut, wie ihnen vorschreibt: **wozu wir gelangt sind, darin wandeln!** Es gilt auf jeder Stufe der sich entwickelnden christlichen Gesinnung, dieselbe auch im praktischen Leben allseitig zu verwirklichen. Und so sollen auch sie, soweit sie irgend zu der Gesinnung gelangt sind, die in demüthiger Selbstschätzung und rastlosem Vorwärtsstreben die christliche Vollkommenheit sucht, diese Gesinnung nun auch überall im Leben bethätigen, indem sie nach der Norm derselben wandeln auf allen ihren Wegen. Wer es so treu meint mit der Bethätigung des bereits gewonnenen Standpunktes christlicher Lebensentwickelung, den wird Gott schon weiter führen, bis er zu der Gesinnung der Vollkommenen allseitig gelangt ist.

V. 12.

Die griechischen Ausleger suchen die Absicht dessen, was Paulus hier weiter über sein eigenes Leben sagt, meist darin, daß er die Philipper, die er so viel gelobt hatte, vor Stolz bewahren wolle (Thdt., Oec., Thph., Est. zu V. 13). Spätere bezogen diese Polemik gegen den geistlichen Hochmuth auf die judaistischen Gegner in Philippi, die sich vollkommen zu sein rühmten (Croc., Cal.), Sdl. gar auf die ehemaligen Stoiker, die von einer diesseitigen Vollkommenheit träumten (vergl. zu V. 2), und die Neueren auf die hochmüthige heidenchristliche Partei in der Gemeinde (Rhw.) oder auf den die Einigkeit der Gemeinde überhaupt störenden Eigendünkel, den man in 2, 2—4 gefunden zu haben meinte, und dem gegenüber er sie demüthige Selbstschätzung lehren wolle (Myr., Wies.), so daß der Apostel von der Ablehnung alles jüdischen Stolzes zu der Ablehnung des christlichen überginge (de W.). Allein schon Chr. hebt neben dem Stolze die sittliche Trägheit hervor, die im Blicke auf das bereits vollbrachte ausruhen zu können meint; diesen

Punkt haben allein oder mit dem ersten verbunden besonders die Lateiner ins Auge gefaßt, nach denen es die Hauptabsicht des Apostels ist, zu einem rüstigen Fortstreben zur Vollkommenheit zu ermahnen (vgl. Ambr., Plg., Aug., Strb., Dion., Bll., Corn., vgl. Strr.) und soviel ist gewiß, daß der positive Gesichtspunkt eines stetigen Weiterstrebens im Folgenden viel stärker hervortritt als jener negative einer Polemik wider übertriebene Selbstschätzung. Sicher aber darf man nicht mit Mth., v. Hng., die paränetische Tendenz dieses Abschnittes ganz vernachlässigend, ihn blos für ein offenes Bekenntniß oder einen Ausdruck des sehnsüchtigen Gemüthes halten. Schon Clv. bemerkt mit Recht, daß diese Ermahnung zum semper ulterius tendere et eniti mit dem Hauptthema dieses Abschnittes, daß man in Christo den höchsten Gegenstand alles seines Denkens und Trachtens zu suchen habe, eng zusammenhängt; denn gewiß wird man dieselbe nicht für ein bloßes Einschiebsel (Bng.) oder eine Digression (Rhw.) halten dürfen. Welches aber der Zusammenhang mit dem Hauptthema sei, das deutet Paulus selber an durch die Art seiner Ueberleitung. Unmöglich nemlich kann dieselbe so gefaßt werden, als wolle er die in dem εἴπως ausgedrückte Ungewißheit näher erklären und begründen (Chr., Thph., Anf., Schlicht., Fl., Hnr.), da ihre Form ja ausdrücklich auf eine Art Verwahrung oder Selbstverbesserung hinführt. Schon Lyr. sah darin die Ablehnung einer scheinbaren Consequenz aus dem vorhin gesagten, gleichsam eine Entschuldigung über die Art, wie er gesprochen, Art., Pisc. eine wirkliche Verwahrung vor Mißverständnissen (Ew.) oder Vorwürfen, wie sie ihm etwa die Judaisten machen könnten, als strebe er nicht nach der Tugend (Wlf.) oder als halte er sich für vollkommen (Rhw.). Eine solche apologetische Tendenz ist nun freilich dem Charakter des ganzen Abschnittes durchaus fremd, aber der Apostel will wirklich eine Folgerung ablehnen, die man aus dem Bisherigen ziehen könnte. Soll man in Christo und seiner Gemeinschaft sein höchstes Gut und den Grund aller seiner Freude suchen, so könnte es scheinen, als sei damit, daß man im Glauben Christum ergriffen hat und in Gemeinschaft mit ihm getreten ist, das Ziel der Vollendung erreicht. Daß dies aber nicht der Fall sei, sondern daß gerade die Erkenntniß Christi, als des höchsten Gutes, ein stetes Vorwärtsstreben bedinge, stellt er nun wiederum zuerst an seinem eigenen Beispiele dar.

Was der Apostel noch nicht erreicht hat, ist nach Chr., Oec., Thph. das βραβεῖον (Bng., Wlf., a. E., Hnr., Myr., B.-Cr.), nach Th. v. M., Plg., Anf. die jenseitige Herrlichkeit (vgl. Art., Pisc.: das ewige Leben, Rsm., Rhw.: die V. 11 genannte ἀνάστασις, die auch Chr. bereits in der weiteren Erklärung nennt). Die Vorausnahme der erst V. 14 auftretenden Vorstellung des βραβεῖον sucht Myr. vergebens dadurch zu rechtfertigen, daß dieselbe durch das Bild vom Wettlauf unmittelbar dargeboten werde; denn weder nöthigen die Worte, dies Bild schon hier zu finden, noch wäre das ganz unvermittelte Eintreten desselben irgend zu begreifen. Entscheidend gegen beide Fassungen ist aber, daß Paulus ja selbstverständlich den jenseitigen Lohn noch nicht erreicht haben kann (Chr., Croc.), und daß die Worte des V. 11, weit entfernt die hier abgelehnte Behauptung nahe zu legen, vielmehr das Gelangen zu diesem Ziele als noch hypothetisch dargestellt haben. Ein Gefühl hiervon, das Schlicht. geradezu ausspricht, hat wohl die meisten Anhänger dieser Fassungen (doch vgl. Th. v. M., Rsm., a. E., die sie bis V. 13 durchführen) zu Modificationen derselben veranlaßt. Schon Chr. hält die seine in der weiteren Erklärung zu V. 13 nicht fest, sondern substituirt für den Lohn selber die vollkommene Tugend, welche des Lohnes werth sei (so und ähnlich Wlf., Fl., B.=Cr., Ew.). Andere wieder denken an die durch die sittliche Vollendung bedingte Gewißheit des Lohnes (Strr., Hnr.), an das unverlierbare Anrecht darauf (Grt., Schlicht.), an das καταντᾶν des V. 11 (Mtth.) oder an die ideelle Erfassung jenes βραβεῖον als eines gewissen (Myr.). So leitet denn diese Auffassung von selber zu der anderen über, die nicht an den Lohn sondern an die eigene Vollendung denkt. Schon Ambr. dachte an die sittliche Vollendung (Lyr., Bz.: das Ziel, das in der perfectio cursus besteht, Bll., Corn., Croc.: die justitia, v. Hng., Jth.: die Sündlosigkeit), andere mit engerem Anschluß an das Vorige an die Vollendung der Erkenntniß (Vth.), oder der Erkenntniß und des Lebens (Haym., Bgh., Clv., Est.), oder der praktischen Erkenntniß, die eben die sittliche Vollendung in sich schließe (de W., Wies.). Bei Aug. kann man an verschiedenen Stellen es bald auf die Vollendung der Erkenntniß, bald auf die der justitia bezogen finden. Allein schwerlich will der Ausdruck (λαμβάνειν) hiezu recht passen und daß dann das folgende τετελείωμαι hiemit wesentlich zusammenfällt, ist dieser Fassung nicht günstig. Wohl nicht ohne Absicht bezeichnet der Apostel nicht direct das Object des Ergreifens; denn er meint eben alles, was im vorigen Abschnitte als das höchste Gut hingestellt war, und das ist sachlich nichts anderes als Christus mit allem, was er uns ist und bringt. Hat Paulus gesagt, daß er alles geopfert habe, um dieses höchste Gut zu gewinnen, so könnte es scheinen, als meine er dasselbe schon vollständig ergriffen zu haben; aber da dasselbe einer immer höheren Aneignung fähig ist, muß er das verneinen, und damit andeuten, wie das Bewußtsein, dies höchste Gut bereits zu haben, nie uns in dem Streben hemmen soll, dasselbe immer vollständiger anzueignen[1]).

---

[1]) In dem οὐχ ὅτι (2 Cor. 1, 24. 3, 5) liegt, wie schon Pisc. bemerkt, correctio quaedam; zu analysiren ist es nicht durch ἔστι (Jth.), sondern durch ein zu ergänzendes λέγω (v. Hng.), das aber in der gangbaren Formel, deren elliptischer Charakter nicht mehr gefühlt wird, kaum noch vermißt wird. Vergl. Win. §. 64. 6. — Die kritisch unhaltbare, wohl aus 1 Cor. 4, 4 geflossene Glosse ἢ ἤδη δεδικαίωμαι ist sachlich nur erträglich, wenn das δικαιοῦσθαι im sittlichen Sinne und nicht im forensischen genommen wird. — Das διώκω ist hier nicht absolut zu

Diejenigen, welche schon hier das Bild des Wettlaufs durchführen, denken bei dem τετελείωμαι daran, daß der am Ziel angelangte als Sieger proclamirt wurde (vgl. Wlf., Bng., Rsm., Strr., Fl., Hnr.). Allein selbst Myr. verwirft mit Recht diese Fassung, welcher schon das hierauf bezügliche τέλειοι (V. 15) widerspricht, und welche in der That beide durch ἤ verbundenen Begriffe tautologisch machen würde. Dasselbe geschieht freilich auch, wenn man es richtig mit Oec., der Vlg., Lth. und den meisten Auslegern für τέλειον εἶναι (1 Cor. 2, 6. Eph. 4, 13) nimmt, bei denen, die schon im Vorigen die sittliche Vollendung fanden (vgl de W.: oder um mich anders auszudrücken). In der That ist aber diese τελειότης die Folge jenes Ergriffenhabens (Wies.), nicht die Voraussetzung, worauf Myr.'s Erklärung hinauskommt. Wie jenes dem Χριστὸν κερδαίνειν (V. 8), so entspricht dies dem ἐν Χριστῷ εὑρεθῆναι (V. 9), sofern durch die Aneignung Christi der Gläubige zu der Vollkommenheit in Christo (Col. 1, 28. Eph. 4, 13. vgl. Pisc.) gelangt. Die Frage, ob es von der Vollendung der Erkenntniß (Anf) oder der sittlichen Vollendung (Dion.) genommen werden soll, darf natürlich gar nicht aufgeworfen werden, da beides nicht zu trennen ist. Den scheinbaren Widerspruch mit 2 Tim. 4, 7 lösen Chr., Bz., Croc. durch Verweisung auf die viel spätere Zeit, wo letzteres geschrieben.

---

nehmen, wie nach dem Vorgange des Chr. Rhw, de W. wollen. Denn da es dem οὐκ ἔλαβον entspricht, muß zu ihm wie zu καταλάβω dasselbe allgemeine Object wie dort ergänzt werden, das der Apostel mit Absicht ausläßt, um den Begriff des Strebens, worauf hier der ganze Nachdruck ruht, selbstständiger hervortreten zu lassen. Ueber das zu ergänzende Object differiren die Ausleger hier natürlich wie bei ἔλαβον, indem sie bald an die Auferstehung und das ewige Leben (Thdt., Art) oder den am Ziel winkenden Kampfpreis (Grt, Est, Rsm., Rhw., Myr.), bald an die Vollendung der Gerechtigkeit (Aug.), der Erkenntniß (Anf.) oder an beides (Corn.) denken. Wohl durch das sequor der Vlg. verleitet, denken Haym., Lyr. an die imitatio Christi. Daß aber Christus mit allem, was er für uns ist als das höchste Gut, dem Apostel als Object vorschwebt, zeigt schon das Folgende, da nur zu dem Ergreifen Christi das Ergriffenwerden von Christo das genaue Correlat bildet. Mit Recht bezweifelt de W., daß die Wahl des Wortes διώκω durch das Bild vom Wettlauf veranlaßt sei, wie die meisten Ausleger von Chr. bis Wies. annehmen. Das κατελήφθην paßt dazu nicht, und das Wort, das auch außer jenem Bilde oft genug bei Paulus gebraucht wird (Röm. 9, 30. 31. 12, 13. 14, 19. 1 Cor. 14, 1. 1 Thess. 5, 15), möchte eher seinerseits in V. 14 den Apostel auf jenes Bild gebracht haben. Jenem häufigen Gebrauche entspricht es auch nicht, nach dem Vorgange des Chr. (τρέχειν μετὰ τόνον πολλοῦ) in διώκειν die besondere Emphase eines verlangenden (Ers., Est.), hoffenden (Art.), unermüdlichen (Pisc.) oder eines Strebens mit Furcht und Zittern (Rhw.) zu finden. — Das εἰ ist ganz wie das εἴπως V. 11 zu nehmen. Die beiden καὶ aber können wohl nur die Analogie des καταλαμβάνειν und καταλαμβάνεσθαι noch stärker hervorheben (de W, Wies.) und nicht den Fortschritt vom λαμβ. zum καταλαμβάνω (Myr.). Denn dies verhält sich nicht steigernd zu dem Simpler, wie comprehendere zu prehendere (Bng.) oder ergreifen zu greifen (Myr., Wies.), wie 1 Cor. 9, 24 augenfällig beweist, wo beide ohne Sinnunterschied mit einander wechseln, wie denn auch hier V. 13 καταλαμβάνω steht, wo V 12 λαμβάνω.

In dem Relativsatz hebt Paulus noch hervor, wie das Streben nach dem Ergreifen Christi ihm zur Pflicht (Croc.: zur Pflicht der Dankbarkeit) gemacht sei durch seine vorlaufende Gnadenwirkung. So schon die griechischen Ausleger und die meisten bis auf Myr., Ew. Der Apostel weist offenbar auf den Act seiner Bekehrung (Act. 9) hin (vgl. Th. v. M., Ambr. und die Meisten bis auf Myr., Wies.), was de W. mit Unrecht leugnet. Nicht ohne Absicht hebt er durch die Wahl des gleichen Wortes, wie Gal. 4, 9. 1 Cor. 13, 12, hervor, daß all unser actives Ergreifen Christi durch das passive Ergriffenwerden von ihm bedingt ist. Willkührlich haben die griechischen Ausleger dies dahin ausgemalt, daß der Apostel sich als einen Fliehenden denke, den Christus verfolgte und mitten im Laufe ihn ergreifend gefangen nahm, wofür er nun Christum verfolgen müsse, bis er ihn ergreife. (Vgl. Chr., Thdt., Thph., Ambr., Clv. und noch Est., Croc., v. Hng., Wies.). Aber auch die Art, wie man den bem Bilde vom Wettlaufe ganz heterogenen Ausdruck ihm anzupassen gesucht hat, indem man darin das deducere in stadium, wohl gar die Unterstützung des Schülers durch den Lehrmeister in der Laufübung fand, ist ganz willkührlich. (Vgl. Grt., a. E., Rsm. und noch Ew.) Ganz unpassend vergleicht Rsm. das capi von der Wahl der Vestalinnen, als handle es sich um seinen speciellen apostolischen Beruf (an den übrigens schon Oec., Plg., Ers., Vtb., Clr., Bll. denken), und nicht um den allgemeinen Christenberuf; Rhw., Mtth. dagegen den griechischen Ausdruck für das Hingenommenwerden von einer göttlichen Begeisterung. Es ist seine durch die Erscheinung Christi bewirkte Bekehrung einfach so gedacht, daß Christus sich seiner bemächtigte (Myr.), um ihn dadurch zu veranlassen, daß er, der Apostel, sich vice versa seiner und des Heils in ihm im Glauben bemächtige[1]).

---

[1]) Das ἐφ' ᾧ erklären schon die Griechen durch διότι (Thph.), es ist dann so viel wie ἐπὶ τούτῳ ὅτι, propterea quod (2 Cor. 5, 4), und so noch Schlicht., Myr. Daneben schlägt schon Oec. vor, den Relativsatz zu nehmen als Bezeichnung des Ziels, dem er nachjagt, und zu dem er bestimmt sei (also gleich: τοῦτο, ἐφ' ᾧ). Vgl. Ers., Vtb., Clr. und noch de W., Wies., gegen welche aber spricht, daß καταλάβω nothwendig das gleiche Object mit ἔλαβον haben muß. Die Meisten beziehen das Relativum einfach auf das καταλάβω und übersetzen: weshalb (Bz., Croc.: cujus rei causa), wozu (Lyr.: propter quod, Grt., Strr., Jth.: quo consilio, vgl. Fl., Rhw., Mtth.: unter welcher Bedingung); und dies dürfte der Gegenüberstellung des activen und passiven καταλαμβ. am besten entsprechen. Wenigstens sehe ich nicht, warum dies reflexionsmäßiger und das διότι gefühlvoller klingen soll (Myr.). Ueber ἐπί c. dat. von der Voraussetzung und Bedingung, welche Bedeutung hier zum Grunde liegt, vgl. Win. §. 48. c. S. 351. d. Grammatisch nicht zu rechtfertigen ist sowohl die temporale Fassung (Lth., Rsm.: postquam), als die comparative (Clv.: quemadmodum. Vgl. Hnr., v. Hng., Ew.: sofern). Die incorrecte Uebersetzung der Vlg. (in quo) hat bei Ans., Dion. zu der wunderlichen Fassung geführt: er suche Christum in der Herrlichkeit zu erfassen, in der er war, als er ihm auf dem Wege erschien. (Vgl. übrigens schon Th. v. M., nach welchem ebenfalls Paulus zu dieser Herrlichkeit zu gelangen sucht.) — Die in dem κατε-

V. 13.

Die Wiederholung des ersten Hemistichs von V. 12, verbunden mit der die Aufmerksamkeit der Leser auf's Neue in Anspruch nehmenden Anrede (de W.), in welcher man wohl bei der Gangbarkeit derselben keine besondere familiaritas (Bng., Myr.) suchen darf, hat die Absicht, mit verstärktem Nachdruck (Art., Pisc.) den Philippern sein Verhalten in dieser Sache als Muster vorzuführen, weshalb seit den griechischen Vätern die Ausleger sich vielfach mit Recht hier über den paränetischen Zweck dieses Abschnittes auslassen (vgl. die Einl. zu V. 12). Als neues Moment tritt nur die Betonung des ἐγὼ ἐμαυτόν hervor. Das bloße ἐγὼ könnte allerdings den Gegensatz hervorheben gegen Andere, die über sich selbst nicht so denken (Thdt., Croc., Wies.) und doch viel mehr Ursache haben, so zu denken (Chr., Oec., Thph., Strr.), aber das ἐμαυτόν weist deutlich auf das Urtheil Anderer über ihn hin (1 Cor. 4, 3. 4) und kann nicht bloß das Selbstische markiren (Myr.). So richtig schon Ans.: quidquid alii putent de me (vgl. Bng., v. Hng., de W.); doch muß man den Nerv dieser Entgegenstellung nicht darin suchen, daß er sich selbst am besten kennt (Strb., Bmg.), sondern daß man ein solches demüthigendes Urtheil über sich selbst am wenigsten ohne Grund fällt. Croc. findet in dem λογίζομαι die justa sui exploratio.

V. 14.

Der Gedanke des zweiten Hemistichs von V. 12 wird hier weiter ausgeführt, indem sowohl die Art seines διώκειν, als der Gegenstand, der ihm noch zu ergreifen übrig bleibt, näher bestimmt wird (Strb.)[1]).

λήφθην liegende Antanaklasis (Pisc.) oder πλοκή (Grt., a. E.) darf nicht als bloßes Wortspiel betrachtet werden, so daß man ohne weiteres ἐκλήθην substituiren könnte (Strr., Fl., Hnr.); und die bem Aor. pass. beigelegte Hophalbedeutung: er befähigte mich, den Lohn zu erlangen (Rsm.), ist eine reine Fiction. — Die Lesart οὔπω für οὐ in V. 13 ist schwach beglaubigt und unpassend, da das οὐ seiner Stellung nach nicht zu κατειληφέναι, sondern zu λογίζομαι gehört.

[1]) Zu dem ἓν δέ ergänzen seit Chr. die meisten Ausleger bis auf de W., Wies. ποιῶ, und jedenfalls ist man, wenn die Breviloquenz vorliegt, wonach mit Uebergehung eines zu dem allgemeinen Prädicat passenden Verbi gleich ein specielles angeschlossen wird (Win. §. 66. 1. b), nur berechtigt, diesen allgemeinen Verbalbegriff zu ergänzen, nicht aber φροντίζω (Phot.), scio (Plg.), λέγω (Haym., Lyr., Lth. Rsm., a. E.), λογίζομαι (Hnr.) oder vergl. Unpassend denkt Myr. das Part. ποιῶν ausgelassen, wodurch die folgende Participialbestimmung zu überwiegend hervorgehoben wird. Zu einer völligen Aposiopese, die ja aber zu ihrer Analyse doch eine Ergänzung erfordern würde, machen es, den Redefluß zerreißend, Grt., Rhw., Mtth. und im Wesentlichen auch Bz. (il y a un point!), dem B.-Cr. folgt. Allein es fehlt auch von Alters her nicht an solchen, die gar keine Ellipse annehmen. Th. v. M. und Thph. scheinen es mit dem folgenden zu verbinden (ἕνα σκοπὸν ἔχω), Aug., Anf. verbinden es mit διώκω (vgl. Sbl., Strr., v. Hng.), was aber nicht angeht, da dies bereits hinlänglich bestimmt ist, und zwar in einer dem ἓν nicht parallel gestalteten Weise. Dagegen wird schon bei Oec. vorgeschlagen, einfach aus dem Vorigen

Für diese Ausführung ist das Bild vom Wettlauf maßgebend, das nun erst deutlich eintritt (de W.). Dann aber sind τὰ ὀπίσω und τὰ ἔμπροσθεν die beiden Theile der Rennbahn, der bereits durchmessene und der noch vor dem Läufer liegende, als bildlicher Ausdruck für das bereits Erreichte und das noch zu Erstrebende. So schon Chr., Thdt., Oec., Thph., Ambr. und so die meisten Ausleger bis auf de W., Myr., Wies., nur daß die Griechen zu einseitig die schon erreichten κατορθώματα oder gar die πόνοι τοῦ κηρύγματος (Thdt.) hervorheben, wie andere die Forschritte in der sittlichen Vollkommenheit (Myr., Wies.), während es sich doch um das in der Aneignung Christi Erreichte handelt (vgl. de W.). Dagegen liegt das Weltliche und Sündliche (Aug., Haym., Ans., Art., Cal., B.=Cr.), als dem vorchristlichen Leben angehörig, jenseits der Schranken, die das Christenleben bedeuten (de W.), obwohl es auch Clv. noch hineinmischt; und ebenso das alte gesetzliche Wesen (Th. v. M., Plg., Lyr., Vtb., Zgr., Wlf., Sdl., Rsm., Kr., a. E., Hnr. und noch Ew.), wovon ja außerdem seit V. 12 gar nicht mehr die Rede ist. Mit diesen falschen Auffassungen geht dann Hand in Hand, daß man unter τὰ ἔμπροσθεν die christlichen Heilsgüter (Wlf., a. E., Hnr.) oder die zukünftigen Belohnungen (Th. v. M., Rsm., Ew.) versteht.

Ebenso ist nur aus dem Bilde heraus das ἐπιλανθάνεσθαι und ἐπεκτείνεσθαι zu erklären. In jenem sieht Chr. eine besondere Emphase, als bedeute es ein völliges Vergessen (vgl. Wlf.), was a. E. mit Recht bezweifelt, wenn auch das bloße non acquiescere his solis (Schlicht.), non curam gerere (Rsm.) nicht genügt. Wie der Läufer, um sich nicht durch Umschauen nach der durchlaufenen Strecke aufzuhalten, dieselbe völlig sich aus dem Sinn schlägt und alle seine Gedanken nur vorwärts richtet (vgl. Myr.), so vergißt der Christ das bereits Erreichte, um nicht durch wohlgefälliges Beschauen desselben den Eifer des Vorwärtsstrebens zu lähmen. Es giebt aber auch im Christenleben, wie Clv., Croc. fein bemerken, ein dankbares Rückschauen, das den Blick auf's Ziel nur schärft, und dieses darf durch das ἐπιλανθάνεσθαι nicht ausgeschlossen werden, wie denn auch

---

zu ergänzen λογίζομαι κατειληφέναι, und ich kann dies nicht logisch falsch (Myr.) finden; bin vielmehr in der That geneigt, es der gangbaren Annahme vorzuziehen. (Vgl. zu V. 15.) Die Ergänzungen von λογίζομαι allein, das dann hier in anderem Sinne genommen werden soll (Fl.), oder gar von διώκω aus V. 12, wie Rhw. vorschlägt, sind natürlich unmöglich, ebenso wie die Verbindung des ἓν mit V. 13, die Aug. gelegentlich hat, wonach Paulus gerade sagen will: Eins meine ich noch nicht zu haben (Strb.), wobei dann das ἓν sehr willkührlich bald aus Ps. 27, 4, bald aus Joh. 14, 8 bestimmt wird. Als absoluten Accusativ nimmt es Jth. — Das διώκω ohne Objectsaccusativ für laufen, eilen ist gut griechisch, und erklärt sich nach Passow durch ein ursprünglich zugedachtes πόδας (vgl. Luc. 17, 23), weshalb v. Hug. daran nicht hätte Anstoß nehmen sollen; ohnehin läßt der Context, der das Bild vom Wettlauf bietet, kein Mißverständniß aufkommen. Ganz willkührlich legt Chr. die Emphase des ἁρπάζειν hinein.

das Wesen des bereits Erreichten es unmöglich macht, dasselbe „gering zu achten" (de W.). — Die in dem ἐπεκτείνεσθαι liegende Emphase erläutern schon die griechischen Ausleger richtig durch das Bild des Wettläufers, der den Körper vorbeugt und die Hände ausstreckt, um früher als mit den laufenden Füßen das Ziel zu erreichen. So strebt der Christ toto desiderio, tota animi intentione (Anf.); Myr. will sogar das zunehmende Sichausdehnen in dem ἐπί finden.

Das Bild vom Wettlauf bestimmt endlich noch die Ausdrücke κατὰ σκοπόν und εἰς τὸ βραβεῖον. Der σκοπός ist nicht, wie die griechischen Ausleger thun (vgl. Anf, Bll., Rsm. u. a), mit dem βραβεῖον zu identificiren, sondern dem Ziel der Rennbahn entsprechend, ist er das Ziel der Vollendung (Est, v. Hng. u. a.) oder besser der vollen Aneignung Christi, womit die Vollendung des Christenlebens, welches der Rennbahn selbst entspricht, gegeben ist. Es soll aber nicht bezeichnet werden, daß der Lauf dem Ziele entsprechend, angemessen (Ers., Clv., Mtth., Jth.), also nicht hin und her schweifend, sondern recta via (Bng., Wlf., Sbl., Bmg., Strr., Fl. ,vgl. Cyprian bei Corn.: ad regulam) geht, geschweige denn, daß an den einmal gefaßten Vorsatz zu denken wäre (Aug.: secundum intentionem Vgl. Wtb., Hnr.). Vielmehr soll im Gegensatz zu dem ἀδήλως 1 Cor. 9, 26 (Croc.) die Richtung des Laufes auf das klar (Ew.) geschaute Ziel hervorgehoben werden (vgl. Thph.: οὐκ ἀσκόπως, ἀλλὰ πρὸς σκοπὸν ἀφορῶν). Dagegen ist βραβεῖον wie 1 Cor. 9, 24 der Siegespreis, der dem Läufer am Ziele winkt, was sonst wohl στέφανος heißt (2 Tim. 4, 8), also die Belohnung, welche dem, der den Lauf wohl vollendet hat, im Himmel zu Theil wird. Sachlich ist dies nichts anderes als die Theilnahme an der vollen Herrlichkeit (δόξα) des erhöhten Christus, welche ja nur das Correlat für die volle Aneignung Christi und Gemeinschaft mit ihm ist (vgl. Röm. 8, 17. 2 Tim. 2, 12 und die Bemerkung zu V. 10). Diese wird auch sonst als Ziel der göttlichen Berufung genannt (1 Cor. 1, 9. 1 Thess. 2, 12. 1 Tim. 6, 12)[1].

Mit der Bezeichnung des Kampfpreises als dessen, der zur Berufung Gottes gehört, verläßt die Darstellung das Bild des Wett-

---

[1] Die Identificirung der Präpositionen κατά und εἰς (wie Tisch. statt der Rcpt. ἐπί liest) hat schon die Vlg. (ad-ad) Vergl. Fl., Rhw. κατά bezeichnet aber einfach nach Wn. §. 49. d. b. S. 357 die Richtung, worauf hin der Lauf geht: scopum versus (Bz., Pisc.), zielwärts (de W., Myr.); εἰς aber die Intention des Laufenden auf das βραβεῖον. Beide müssen aber zu διώκω gehören, da ἐπεκτ. schon den Dativ der Richtung bei sich hat. — Der Genitiv τῆς κλήσεως ist ein einfacher Genitiv der Angehörigkeit (Eph. 1, 18 4, 4) Vgl Myr.: auf welches sich die Berufung Gottes bezieht. Sachlich aber bestimmt sich dieses Verhältniß näher dahin, daß Gott uns zu diesem βραβεῖον beruft (Strb.). Vgl. Lth., Strr.: quod proposuit. Falsch nimmt de W. den Genitiv als gen. appos. und die κλῆσις als das, wozu berufen wird, eine Erklärung, wodurch ja doch keine Näherbestimmung über den Inhalt des βραβεῖον erzielt wird. Aber schon Thph. substituirt für die κλῆσις den στέφανος selbst.

laufes (Myr.). Die Allegorie wird nicht nur gesucht, sondern auch inconcinn, wenn man Gott als den Kampfrichter (βραβευτής) denkt, der auf einem höheren Orte thront und den Sieger zu sich heraufruft, um ihn dort zu krönen (Chr., Thph.), weil damit der Begriff der κλῆσις eine falsche Fassung bekommt. Eher könnte man ihn denken als die Läufer zum Wettkampf aufrufend oder im Wettlauf durch Zuruf aufmunternd (Grt., Wlf., Sdl., Rsm., a. E., Hnr. und schon Aug.). Allein durch diese Parallele wird leicht ebenfalls der technische Sinn der κλῆσις alterirt. Offenbar soll die Bezeichnung dieser κλῆσις als ἡ ἄνω κλῆσις sie gerade unterscheiden als die himmlische (Col. 3, 1. 2. Gal. 4, 26, also ganz wie κλῆσις ἐπουράνιος Hebr. 3, 1. Vgl. Thph.: τῆς ἐν οὐρανοῖς) von der, die hier unten erfolgt (v. Hng., Wies.). Wie diese von jener, wird natürlich auch der Preis, den diese stellt, sich von jenem unterscheiden, dieser wird ein βραβεῖον φθαρτόν, jener ein ἄφθαρτον sein (vgl. Croc., v. Hng., Wies., die mit Recht auf 1 Cor. 9, 25 verweisen). Aber dieser Gedanke ist nicht ausgedrückt, sondern nur indirect angedeutet. Mit Unrecht sieht Myr. in der ἄνω κλῆσις die Bezeichnung der speciellen, unmittelbaren Berufung, die dem Apostel zu Theil ward, wozu auch Ew. geneigt scheint, ohne sie aber zu der allgemeinen in einen Gegensatz zu stellen. Denn weder paßt der Ausdruck zur Bezeichnung dieser, die ja durch die Erscheinung Christi erfolgte, noch kann ἄνω ohne weiteres für ἄνωθεν genommen werden (Croc., Fl., a. E., Hnr., Rhw.), was bei dieser Auffassung geschehen müßte, obwohl es Myr. vermeidet. Noch weniger aber kann das ἄνω auf die himmlischen Güter gehen, zu denen uns Gott beruft (vgl. Ans., Corn., Bmg., Rhw., B.-Cr.: nach oben). Vielmehr heißt sie nur die höhere, himmlische Berufung, weil sie von Gott ausgeht, der im Himmel thront (Plg., Btb., 3gr.).

Der Zusatz ἐν Χριστῷ Ἰησοῦ soll nach Chr., Oec., Thph. die Hülfe Christi bezeichnen, ohne die wir das βραβεῖον nicht erlangen können (vgl. Clv., Cal., Strr.: um Christi willen, im Gegensatz zu unseren opera et merita, wobei es unklar bleibt, ob das ἐν zu διώκω oder zu βραβεῖον gezogen wird). Die Späteren sahen darin meist die nähere Bestimmung der Berufung (Ans., Lyr., Btb., 3gr., Grt., Croc., Sdl., Rsm., Rhw., Ith.), die durch Christum vermittelt ist, in ihm und seiner Gemeinschaft sich realisirt (Mtth., v. Hng.) oder in ihm begründet ist (de W., Wies.). Nur das letztere ist sprachlich und sachlich möglich, da in nicht gleich per und die Gemeinschaft mit Christo die Folge, nicht die Voraussetzung der Berufung ist. Aber auch die letztere Fassung, wenn auch durch das καλεῖν ἐν (1 Cor. 7, 22) vielleicht zu rechtfertigen, ist schon wegen des dazwischen tretenden θεοῦ sprachlich hart und ergiebt einen an sich überflüssigen, der nachdrücklichen Stellung des ἐν Χριστῷ am Schlusse des ganzen Satzes nicht entsprechenden Gedanken. Noch weniger ist sprachlich die Verbindung mit βραβεῖον zu rechtfertigen (Lyr. und vielleicht Clv., Cal., Strr. s. o.), obwohl der Gedanke Lyr.'s, daß in Christo beatitudo consistit, eher in diesem Zusammenhange von Bedeutung wäre. Man muß darum mit Myr. zu der Verbindung der Griechen mit διώκω zurückkehren und nur das ἐν nicht gleich διά nehmen (Thph.), sondern, wie meist, von der Lebensgemeinschaft mit Christo. Nach V. 8. 9 hat ja Paulus alles Eigene dahingegeben, um in Christo erfunden zu werden; all sein Streben nach immer höherer Aneignung Christi ist daher ein in seiner Gemeinschaft wurzelndes, wie ja auch der am Ziele winkende Kampfpreis nichts anderes ist, als die Erhebung der vollendeten Lebens- und Leidensgemeinschaft zur Gemeinschaft seiner Herrlichkeit (vgl. V. 21). Wie also unsere Christenfreude in Christo beruhen muß, so kann auch dies Christenstreben nach der immer vollkommneren Aneignung Christi und dem himmlischen Siegespreise nur in Christo, d. h. in der Kraft seiner Gemeinschaft vollbracht werden. Dies ἐν Χριστῷ ist also gerade der gemeinsame Gedanke und darum das Band zwischen dem ersten (V. 1. 3.) und dem zweiten Theile des Capitels, und so erst erklärt sich der Nachdruck, mit dem es am Schlusse dieser ganzen Exposition steht.

V. 15.

Schon Chr., Oec., Thph. gaben als den Sinn unseres Satzes an: τέλειόν ἐστι τὸ μὴ νομίζειν ἑαυτὸν τέλειον. Daraus erhellt sowohl, daß der Apostel nicht ohne Absicht die eben negirte τελειότης jetzt sich und den ihm Gleichgesinnten zuspricht, mit dem scheinbaren Widerspruche spielend, als auch in welchem Sinne allein diese Vollkommenheit zu nehmen ist. Denn von einer wirklichen Vollkommenheit, etwa der Erkenntniß im Gegensatze zur perfectio praemii (Plg.) oder der Heilserkenntniß im Gegensatze zur sittlichen Vollendung (Bll., Zgr., Art., Grt., Kr.) kann natürlich nicht die Rede sein, nicht einmal von der relativen, wie sie überhaupt auf Erden möglich ist (Dion.) und wie sie Aug. nicht ungeschickt als die perfectio cursoris oder viatoris im Gegensatze zur perfectio patriae bezeichnet; denn eben diese ist ja V. 12 vom Apostel negirt und nur als steter Gegenstand seines Strebens hingestellt. Der Apostel will eben andeuten, daß es auf Erden gar keine andere Vollkommenheit gebe, als die, welche in diesem steten Streben nach der Vollkommenheit (Th. v. M., Bz., Corn., Bng., Rsm.) besteht. Das feine Gedankenspiel, wonach er trotz der eben negirten Möglichkeit der Vollkommenheit nun doch eine solche in dem einen Punkte jener christlichen Grundanschauung von der Unvollkommenheit des eigenen Christenlebens auf jedem Stadium seiner Entwickelung zugiebt, ist im Grunde kein anderes, als das, wonach er V. 13 das Ergriffenhaben schlechthin von sich negirt hat und dann V. 14 doch von dem Ergriffenhaben des einen Punktes redet, der aber selbst nur wieder das stete Streben nach immer höherem Ergreifen Christi ist. — Auf eine relative τελειότης kommen natürlich die meisten

Ausleger hinaus, aber ohne Veranlassung im Conterte denken sie dabei an einen Vergleich mit anderen, qui res divinas negligentius curant (Ambr., Haym., Anf., vgl. Lyr., der an den status perfectionis der Apostel und Lehrer denkt) und zwar meist speciell an den Vergleich der τέλειοι mit den sonst vom Apostel als νήπιοι bezeichneten (1 Cor. 2, 6. 3, 1. 14, 20. Eph. 4, 13. 14). So schon Aug. und so von Clv. bis auf Wief., Ith. die Mehrzahl der Ausleger, von denen manche noch mit ganz ungehöriger Einmischung des Bildes vom Wettlauf speciell an die ausgewachsenen, kampfgeübten und siegesgewohnten Athleten denken (Bmg., a. E. u. a.). Damit wurde denn meist in Philippi selbst ein Gegensatz von schwächeren und stärkeren Christen angenommen, die entweder den Judaisten gegenüber an der reinen Lehre festgehalten (Wlf., Strr., Hnr.) oder sonst in Bezug auf die Adiaphora und andere praktische Fragen sich als die aufgeklärteren bewiesen hätten (Hnr., Rhw., de W.). Allein der Ausdruck unterscheidet durchaus nicht zwei bestimmte Klassen von Christen (vgl. Mtth., Myr., die aber doch die relative sittliche Vollkommenheit im Gegensatz gegen die νήπιοι denken), sondern überläßt jedem, nach Maßgabe dessen, was Paulus als das Eigenthümliche der τελειότης anführt, zu beurtheilen, ob er zu ihnen gehöre oder nicht; von jenen speciellen Unterscheidungsmerkmalen derselben aber enthält der Contert vollends gar nichts. Von bloß vermeintlichen τέλειοι, die Paulus ironisch so nenne (Sdl., vgl. Ew. der in gutem Sinne an solche denkt, die sich selber für echte Christen halten) kann einfach darum nicht die Rede sein, weil Paulus sich ja mit unter dieselben einschließt und der Gedanke an eine principielle τελειότης, in welche die Gemeinschaft mit Christo versetzt, und auf Grund welcher man dann vorwärts streben kann und soll (Wief.), kann aus dem nicht näher bestimmten Worte nicht entnommen werden.

Nicht nur alle griechischen Ausleger, sondern auch alle Lateiner bis auf Dion. beziehen nun die folgende Aufforderung (τοῦτο φρονῶμεν) richtig auf den an dem eigenen Beispiele des Apostels entwickelten Grundsatz, sich nicht für vollkommen zu halten, sondern unermüdlich vorwärts zu streben (V. 13. 14), aus welchem das οὖν diese Ermahnung folgert (Vz., Est., Corn., Bng., Rsm. und noch Myr., Schz. a. a. O. S. 66). Dagegen bezogen es schon Vtb., Ers., Clv., Art., Schlicht., Croc., Wlf., Strr., Fl., Hnr., Mtth., B.-Cr. ganz oder zugleich mit auf die justitia ex fide und den Gegensatz gegen den Judaismus, wovon im ersten Theil des Capitels die Rede war, und Grt., Bmg., a. E. lassen die Ermahnung ausdrücklich auf V. 3, Rhw. auf V. 10, de W., Wief. wenigstens zugleich auf V. 8—11 zurückgehen, bei welchen Auffassungen allen die entscheidende Gedankenwendung, die mit V. 12 eingetreten ist, übersehen wird. Man braucht bei jener richtigen Beziehung keineswegs das φρονεῖν im Sinne des Trachtens (Mtth., v. Hng., vgl. Wief.) zu nehmen, wogegen allerdings, wie de W. bemerkt, das folgende ἀποκαλύψει spricht; denn V. 12—14 ist eine ganz allgemeine Maxime ausgesprochen, die sehr wohl Gegenstand der praktischen Erkenntniß sein kann. Es handelt sich aber hier überhaupt nicht um ein bestimmtes Object der Erkenntniß oder des Strebens, sondern um die rechte Art desselben, um die V. 12—14 dargelegte Gesinnung (Myr.), wie deutlich der Gegensatz des ἑτέρως φρονεῖν zeigt.

Dieser Gegensatz muß nun natürlich je nach den verschiedenen Auffassungen des τοῦτο φρονῶμεν wesentlich modificirt werden. Nach Chr., Oec., Thph. setzt Paulus den Fall, daß die Leser doch nicht jene demüthige, strebsame Gesinnung haben (Est., Corn.), nach Th. v. M., Thdt., daß sie den zukünftigen Siegspreis noch nicht vollkommen kennen, nach Wtb., Ers., Grt. denkt er an die judaistisch Gesinnten oder die von ihnen Verführten. Damit verband sich denn gern die Auffassung, welche hier im Gegensatz zu den τέλειοι, welchen der erste Theil des Verses galt, die νήπιοι angeredet glaubte (Clv., Art., Cal., Wlf., Strr., Fl., a E., Rhw., Jth.). Allein gegen diese ganz willkührliche Aenderung des angeredeten Subjectes haben sich mit Recht Mtth. und die Neueren erklärt. Das milde, hoffnungsvolle Gewährenlassen des Apostels kann auch nicht bloß Duldung gegen die schwachen Brüder lehren (Clv., Schlicht.), sondern es schließt überhaupt jeden Gedanken an eine principielle Verschiedenheit der Lehranschauung oder der Gesinnung aus; doch ist es nicht sowohl darin begründet, daß es sich hier nur um eine andere Art des Erkennens (Plg., Bng.), des Strebens (v. Hng., Wies.) oder der formellen Anschauung gewisser Dinge (de W.) handelt, sondern vielmehr darin, daß jenes ἑτέρως φρονεῖν, das freilich nicht ohne weiteres für ἕτερόν τι φρον. genommen werden darf (Lth., Pisc., Croc.), durch das τί auf einen einzelnen Punkt beschränkt wird, was schon die Griechen vernachlässigen. Aber auch dieser einzelne Punkt kann nicht auf dem Gebiete der Antithese gegen den Judaismus gesucht werden (Hnr.), weil dort für den Apostel alles von grundlegender Wichtigkeit war, auch nicht so unbestimmt gelassen werden, wie es bei Mtth., B.-Cr., Ew. geschieht, weil dann doch immer die Möglichkeit bliebe, daß das ἑτέρως φρονεῖν sich auf einen Punkt bezöge, der nicht so milde beurtheilt werden könnte, sondern es muß dies ἑτέρ. φρον. contextgemäß als der Gegensatz des τοῦτο φρονεῖν gefaßt werden (Myr.), so daß der Apostel den Fall setzt, daß die Leser noch in irgend einer Beziehung sich bereits für vollkommen und weiteren Strebens nicht mehr bedürftig halten[1]). Ganz verfehlt dachte Ambr. an den Fall, daß sie in einem Punkte wirklich eine

---

[1]) Das τί erklärt Hnr. durch κατά τι, es ist aber der so häufige Pronominalaccusativ der näheren Bestimmung. Vgl. Win. §. 32. 4. S. 203. — Der Wechsel der Person in dem φρονεῖτε erklärt sich daraus, daß Paulus sich in das ἑτέρως φρονεῖν nicht einschließen konnte (Myr.), und deutet nicht darauf hin, daß hier von anderen Personen die Rede ist. Vgl. Bng. und die im Texte genannten Ausleger, welche hier im Gegensatz zum ersten Hemistich an die νήπιοι denken.

höhere Erkenntniß erlangt hätten. (Vgl. Strb., Lyr. und ähnlich noch v. Hng.: si quid boni per aliam viam expetitis). Aber mit Recht bemerkt Myr., daß dem Conterte nach im ἑτέρως nur der Begriff des Unrichtigen liegen könne, also auch nicht ein bloßes Nichtwissen (B.=Cr.).

Der Apostel spricht nun die Hoffnung, nicht blos den Wunsch (Strr., Fl., a. E., Hnr., vgl. Lth.: das lasset Euch Gott offenbaren!) aus, daß auch dieses noch ihnen Gott offenbaren werde. Alle die, welche das τι im Vordersatze vernachlässigen, gerathen hier mit dem καὶ τοῦτο in Verlegenheit, und erklären willkührlich: daß ihr im Irrthum seid und ich Recht habe (Oec., Dion., Clv., Corn., Croc., Grt.), oder gar: ob ihr Recht habt oder ich (Ew.), während Th. v. M., Thdt. es gar auf die Beschaffenheit des βραβεῖον beziehen müssen und Bng., Fl. es mit dem τοῦτο φρονῶμεν identisch nehmen. Aber auch die Fassung, welche im Vorigen nur eine unrichtige Art des Strebens fand, scheitert an diesem καὶ τοῦτο (vgl. Wief.: auch in diesem Punkte wird euch die rechte Offenbarung werden). Es kann sich natürlich nur auf das τι (vgl. Ambr. nach seiner falschen Auffassung desselben und richtig de W., Myr.) d. h. auf den Punkt beziehen, in dem sie noch anders gesinnt sind. Giebt ihnen Gott diesen recht zu erkennen, so müssen sie sehen, daß sie auch in ihm noch nicht das Vollkommene erreicht haben, sondern noch steten Strebens bedürfen. Dies hoffnungsvolle Gehenlassen setzt allerdings voraus, daß der Grund des ἑτέρως φρονεῖν nicht pertinacia, sondern ignorantia war (Croc.), und stimmt somit sehr wohl überein mit der auf Vermehrung ihrer praktischen Einsicht gerichteten Fürbitte (1, 9), worauf sich Wief. irrig zu Gunsten seiner Auffassung beruft. Es setzt aber außerdem allerdings voraus, daß in der Grundrichtung der Gesinnung die Leser mit ihm eins waren, und daß dieselbe nur noch möglicher Weise nicht nach allen Richtungen hin durchgebildet war. Wie aber reimt sich dies mit der gangbaren Annahme, daß geistlicher Hochmuth der charakteristische Grundfehler der Gemeinde war, und daß Paulus 2, 3f. eine ausdrückliche Polemik gegen dieselben eröffnet, da ja dann die Gemeinde principiell dem ἑτέρως φρονεῖν ergeben gewesen wäre und er keineswegs so „ohne alle Polemik der Enthüllung Gottes vertraut" (Myr.) hätte? Auf diese Schwierigkeit ist auch Wief. aufmerksam geworden, aber statt die unrichtige Prämisse aufzugeben, durch die sie entstanden, läßt er sich dadurch hier zu seiner falschen Erklärung verleiten.

Die göttliche Offenbarung setzt schon Chr. in ausdrücklichen Gegensatz gegen den Unterricht des Apostels (vgl. Bng., Hnr., Myr., Wief.). Man denkt dann an eine unmittelbare Erleuchtung oder an die Erfahrungen der göttlichen Strafe (Dion.). Dagegen wollen Andere die Belehrung durch das apostolische Wort und Beispiel (Bz., Corn., Croc.), sowie durch das Wort Gottes (Wlf.), ja durch alle Einwirkungen des christlichen Lebens (B.=Cr.) nicht ausschließen. Und das mit Recht. Denn das καί setzt das in diesem Punkte zu offenbarende dem sonst ihnen offenbarten (Myr.), nicht dem sonst noch zu offenbarenden (Oec.) entgegen, und das war doch alles wesentlich vermittelt durch die apostolische Lehrthätigkeit. Aber diese Lehre an sich thut's freilich nicht, sondern die Wirkung des göttlichen Geistes, welche das auf diesem Wege ihnen entgegengebrachte subjectiv aneignet und dadurch erst wahrhaft dem Einzelnen enthüllt (vgl. de W.). Insofern soll ja auch die jetzige Belehrung zwar nicht ein solches ἀποκαλύπτειν sein, wohl aber zu demselben verhelfen.

V. 16.

Das abbrechende πλήν weist nun noch auf das hin, was, abgesehen von dieser zu erwartenden göttlichen Offenbarungsthätigkeit (Myr.), die Leser ihrerseits zu thun haben, um zu dem völligen τοῦτο φρονεῖν in allen Punkten zu gelangen. Als Bedingung des ἀποκαλύψει (Ans., Est., Fl., Wies.) ist es wenigstens nicht eingeführt, obwohl bei dem Zusammenwirken der göttlichen Offenbarungsthätigkeit und der treuen Verwirklichung des bereits Erreichten allerdings diese zur Bedingung für jene wird. Völlig unrichtig aber läßt Corn. den Apostel mit dem πλήν zu seinem vermeintlichen Hauptthema (der Warnung vor den Judaisten) zurücklenken, was sachlich schon Th. v. M., Thdt. und noch Ew. thun („Nur keine Rückschritte in's Judäerthum!")[1].

---

[1] Chr., Oec., Thph. geben das πλήν durch τέως, inzwischen (Grt., a. E., de W., Wies.), was sachlich auf den richtigen Gedanken führt, da ja dem, was Gott zukünftig thun wird, das entgegensteht, was ihnen inzwischen zu thun bleibt, nur daß das Wort seiner Grundbedeutung nach nicht temporell ist, sondern angiebt, was, abgesehen von dem bereits genannten (Myr.), noch außerdem, überdies (Clv.: ceterum) zu thun ist. Vergl. v. Hng., Mtth., die aber darüber das zuvor genannte Moment zu sehr in den Hintergrund stellen („quidquid vero futurum est, sei nun, wie ihm wolle"). Nach dem Vorgange der Vlg. (verumtamen) blieben die meisten Ausleger bei dem bloßen Ausdrucke des Gegensatzes (vgl. Lth., Art., Pisc., Strr., B.-Cr.) oder der Restriction (modo, dummodo Bng., Rsm.; μόνον Hnr., Fl., Rhw.) stehen, die beide nicht sowohl im Worte als im Sachverhältniß liegen. Uebrigens vgl. 1, 18 und dazu S. 89. Anm. — Zu φθάνειν εἴς τι vgl. Röm. 9, 31; zu στοιχεῖν τινι (Dativ der Norm Win. §. 31. 6. b) Röm. 4, 12. Gal. 5, 25. 6, 16. In das Wort legte Aug. willkührlich die Bedeutung eines steten Fortschreitens, Croc., Corn., Cal., Bmg. die Emphase eines geregelten Einherschreitens im Heereszuge. Der Infinitiv steht für den Imperativ auch im classischen Griechisch zum Ausdruck des unabänderlichen Gesetzes (Win. §. 43. 5. d) und es bedarf der Ergänzung von δεῖ (Phot., Ans., Lyr., Pisc.) oder hortor (Corn., a. E.) nicht. Vgl. Ers., Grt., Bng., der aber fälschlich den Infinitiv für milder hält. Die versuchten Parenthetisirungen in V. 15. 16 sind bereits von Wlf. ausreichend widerlegt, und gegen die Verbindung von V. 16 mit dem Folgenden vgl. Myr. — Die Lesart der Rept. κανόνι ist eine unschädliche Glosse aus Gal. 6, 16, das τὸ αὐτὸ φρονεῖν aber, das wohl aus Phil. 2, 2 herübergekommen, paßt gar nicht und hat die Ausleger vielfach verwirrt. Alle neueren Kritiker verwerfen beide Zusätze mit vollem Rechte.

Den Punkt, zu welchem die Philipper mit Paulus bereits gelangt sind, halten Chr., Oec., Thph. für eine sittliche Errungenschaft ($ὃ\ κατωρθώσαμεν$) und zwar für die Eintracht (weil sie nemlich im Folgenden $τὸ\ αὐτὸ\ φρονεῖν$ lesen. Vgl. Vtb., Clr.), welche sich ihnen aber durch den nachher genannten $κανών$ als die Glaubenseinheit bestimmt. Von dieser verstehen es im Wesentlichen auch Th. v. M., Thdt., Plg., Haym., Strb., Anſ., Clv., Corn., während Bll. und wohl auch Lth. bei der Regel der Eintracht stehen bleiben und Grt., Cal. an die praecepta evangelica überhaupt denken. Dagegen nahm es schon Dion. von dem gradus perfectionis, den sie erreicht haben, und so Schz. S. 68, v. Hng., Myr., der darin ein rühmliches Zeugniß für den Stand ihrer ethischen Verfassung sieht, daß sich Paulus in das $ἐφθάσαμεν$ mit einschließt. Die Meisten aber denken an einen Standpunkt der Erkenntniß, und zwar entweder an den, worin alle bereits übereinkommen, also an die Hauptsubstanz des Glaubens, wodurch zu der Erklärung der Griechen im Wesentlichen zurückgelenkt wird (vgl. Bmg., Kr., Hnr., de W., Wies., Ew., Ith.), oder an den, welchen jeder Einzelne nach Maßgabe seiner Einsicht erreicht hat (vgl. Est., Bng., Rsm., a. E., Strr., Fl., Rhw., Mtth.). Das Bild von dem erreichten Punkte und dem Weiterwandeln nach der Richtung, die durch denselben indicirt ist, paßt für beide Auffassungen, obwohl de W. daraus gegen diese, Myr. gegen jene argumentirt.

Mir will es aber scheinen, als ob alle diese verschiedenen Auffassungen den Gedanken zu sehr verallgemeinern und eben darum einer solchen Mannigfaltigkeit Raum geben. Der Punkt, zu dem die Leser bereits mit dem Apostel gelangt sind, steht offenbar entgegen dem, in welchem sie noch $ἑτέρως\ φρονοῦσι$, es ist also der Punkt, bis zu welchem sich jenes $τοῦτο\ φρονεῖν$ (V. 15) bereits realisirt hat, und Paulus ermahnt, daß sie dieser Gesinnung gemäß nun auch wandeln sollen. Dies bleibt für ihn selbst, der jene rechte Gesinnung bereits vollständig ergriffen hat, ebenso Aufgabe, wie für sie; daher er sich mit Recht mit einschließen kann. Weder also eine bestimmte Erkenntniß, noch eine sittliche Errungenschaft, sondern das bereits erlangte Maß der richtigen Gesinnung (V. 12—15) soll in allen Punkten, wo sie dieselbe bereits haben, die Norm ihres weiteren Wandels sein.

3. Das Ziel des Christenwandels in der Hoffnung auf den Herrn.

(Cap. III, 17—21.)

Werdet mit meine Nachahmer, (lieben) Brüder, und sehet auf die, die also wandeln, da Ihr ja uns zum Vorbilde habt; denn Viele wandeln, von welchen ich Euch oft gesagt habe, nun aber sage ich auch mit Weinen, — die Feinde des Kreuzes Christi, welcher Ende die Verdammniß ist, welchen der Bauch ihr Gott und die Ehre in ihrer Schande ist, die da irdisch gesinnet sind. Denn unser Bürgerthum ist im Himmel, von dannen wir auch als Erretter erwarten den Herren Jesum Christum, welcher den Leib unsrer Niedrigkeit verwandeln wird, daß er ähnlich werde dem Leibe seiner Herrlichkeit nach der Wirkungskraft, womit er kann auch alle Dinge sich unterthänig machen.

[V. 17.] Mit der zuletzt aufgestellten Regel ist der Apostel nun auf den christlichen Wandel selbst gekommen. Hatte er dargethan, wie das christliche Leben darin sich gründet, daß man Alles für nichts achtet und wegwirft, um Christus als sein höchstes Gut zu gewinnen; hatte er gezeigt, wie selbst, wo dieses geschehen, der rechte Christensinn doch in demüthiger Selbstschätzung verharrt und in rastlosem Eifer in der Gemeinschaft mit Christo vorwärts strebt, so faßt er nun den rechten Christenwandel selbst in's Auge. Er braucht sich über das Wesen desselben nicht ausführlicher zu verbreiten, er braucht ja auch hier nur auf sich selbst und sein Beispiel hinzuweisen. Ja, da sie nicht die ersten sind, die als gehorsame Kinder ihrem geistlichen Vater folgen, so braucht er sie nur aufzufordern, seine Mitnachahmer zu werden mit den anderen Christengemeinden allen und auf sie, die ebenso wandeln, wie er es thut, Behufs sorgfältiger Nachfolge den Blick zu richten. Denn also ziemt sich's für sie, da sie ja an ihnen nicht weniger als an ihm ein Vorbild haben und ein Vorbild eben Nachahmung verlangt.

Es kommt aber dem Apostel hier überhaupt nicht sowohl darauf an, die Art des rechten Christenwandels darzustellen, als vielmehr zu zeigen, daß auch er dadurch bedingt ist, daß man in Christo sein höchstes Gut und in der Vollendung, zu der er uns führt, sein letztes Ziel findet. Das aber läßt sich nicht klarer darstellen, als indem er den christlichen Wandel dem heidnischen gegenüberstellt, der auf so ganz andere Ziele gerichtet ist. Und so kommt der Apostel hier noch einmal auf jene profanen, unreinen „Hunde" zu reden, die er schon im Eingange des Capitels den Lesern als lebendiges Exempel davon vorgeführt hatte, wie es da aussieht, wo man in Christo nicht seine Freude und sein höchstes Gut findet. Sie sind es, als deren Gegenbild er ihnen jetzt die Christen, die ihm ähnlich wandeln, vor Augen stellt.

[V. 18.] Noch immer nemlich wandeln ja Viele so ganz in alter Weise. Das sind die, von denen er schon früher so oft zu ihnen geredet hat, um ihnen zu zeigen, wie furchtbar das Ende sei, das sie erwartet, wenn sie sich nicht zu Christo bekehren. Nun aber kann er nur noch mit Weinen davon zu ihnen reden. Und warum das? Ja einst, als der Apostel auf seinen Missionsreisen die Heidenländer durchzog und täglich neue Bekenner des Evangeliums gewann, da mochte er wohl dem Fluge seiner Hoffnung kein Ziel setzen, und je näher die Wiederkunft des Herrn erwartet wurde, um so mehr durfte er ja hoffen, daß bald die Fülle der Heiden eingegangen sein werde. Nun aber lenkte das göttliche Werk der Ausbreitung des Evangeliums immer mehr in die langsamen Bahnen menschlicher Entwicklung ein. Wohl blühten die Gemeinden in allen Landen, aber rings um sie im festgeschlossenen Kreise stand auch die Masse derer, die nun einmal das Evangelium nicht wollten, immer starrer und abgeschlossener und damit immer unrettbarer dem Verstockungsgericht anheimfallend. Sie fühlten, daß mit der Predigt vom Kreuze Christi die Forderung an sie gestellt wurde, sich selbst zu kreuzigen mit ihren Lüsten und Begierden und das Kreuz des Herrn auf sich zu nehmen, und da sie das nicht wollten, wurden sie immer erbittertere Feinde des Kreuzes Christi. Darum kann der Apostel, der in mitfühlender Liebe das Heil aller Menschen auf seinem Herzen trug, ihrer jetzt nur noch mit Weinen gedenken; [V. 19] denn ihr Ende kann ja kein anderes mehr sein als die Verdammniß, da nur in dem Kreuze Christi, gegen das sie sich immer feindseliger verstocken, die Errettung von der Verdammniß ist. Diese ist aber das Ziel, zu dem sie zweifellos kommen werden; denn ihm entsprechen ja die Ziele, denen sie in ihrem Wandel nachjagen. Als ob der Bauch ihr Gott ist, so haben sie nur das eine Streben, alles zu thun und zu erlangen, was die niedrigen Gelüste ihres Bauches befriedigt, ja sie suchen ihre Ehre und Herrlichkeit in dem groben Sündendienste, der ihnen doch nur

Schande bringt, er ist nicht nur ihre Freude und Lust, sie setzen auch ihren Ruhm darein. Kurz, man kann ihr Wesen in ein Wort zusammenfassen: sie trachten nach dem Irdischen, die Güter dieser Welt sind ihr höchstes Ziel, und das Trachten nach ihnen regiert all ihren Wandel.

[V. 20.] Darin aber liegt eben der eigentliche Gegensatz des heidnischen Wesens gegen die Christen und ihren Wandel, um deßwillen sie sicher dem Verderben anheimfallen müssen, wie er es mit Weinen ausspricht. Oder woran anders liegt es, wenn die Christen von dem ewigen Verderben, das die sündhafte Welt und Alle, deren Trachten sich nicht über sie erhebt, einst sicher ereilen muß, errettet werden, als weil sie den zu ihrem Herrn haben, all ihren Wandel von dem regieren lassen, all ihr Hoffen und Harren auf den richten, der einst als Richter der Welt vom Himmel wiederkommen wird? Denn das Bürgerthum der Christen ist im Himmel, sie sind ja errettet von der Obrigkeit der Finsterniß und gehören dem himmlischen Reiche an, wo Christus herrscht zur Rechten Gottes sitzend, von dort aus werden sie regiert und lassen sich regieren, und darum erwarten sie auch von dort ihren Herren Jesum Christum als ihren Erretter von der Verdammniß, die er als der Richter über die ungläubige Welt bringen wird, und nicht nur als den Erretter, sondern auch als den, der sie einst zur vollen Gemeinschaft seiner Herrlichkeit führt.

[V. 21.] Denn die Christen erreichen auf ihrem Wege auch eine Vollendung und Herrlichkeit ihres leiblichen Lebens, zu welcher die Nichtchristen trotz des schnöden Götzendienstes, den sie mit ihrem Leibe treiben, nie gelangen können, weil alle Herrlichkeit, die derselbe ihnen bringt, in Wahrheit doch nur die tiefste Erniedrigung und Schande ist. Christus aber, wenn er einst in Herrlichkeit vom Himmel wiederkommt, wie wir Christen es glauben und ersehnen, wird den Leib, welcher der Niedrigkeit unseres irdischen Lebens angehört, umwandeln, so daß er, obschon er unser uns eigenthümlich gehöriger Leib bleibt, doch gleichgestaltet wird dem verklärten Leibe, welchen er in seiner himmlischen Herrlichkeit hat, und wir also, das Ebenbild des himmlischen Menschen an uns tragend, ähnlich werden dem Bilde des Sohnes Gottes, damit er der Erstgeborene sei unter vielen Brüdern. Er kann dies aber thun, so wahr er im Besitze der göttlichen, von Gott ihm verliehenen Wirkungskraft ist, wonach er ja im Stande ist, auch Alles andre, geschweige denn den Tod, der ja nur der letzte seiner Feinde ist, sich zu unterwerfen, bis sein Siegeslauf das höchste Ziel erreicht hat, wo seine vollendete Mittlerherrschaft in die Allherrschaft Gottes zurückgeht. Haben wir so in Christo wie den Grund aller wahren Freude und das Object unsres steten Trachtens, so endlich auch die Hoffnung der vollkommenen Herrlichkeit, so ist damit das Leben in der Gemeinschaft mit Christo in der That nach allen Richtungen hin als das freudvolle, vollkommene und selige dargestellt.

V. 17.

Die Ermahnung, des Apostels Nachahmer zu sein, knüpft sich unmittelbar an die V. 16 gegebene Regel in Betreff des christlichen Wandels (das στοιχεῖν) überhaupt (Wies.), und bringt so das dritte Moment zur vollen Darstellung des rechten Lebens in Christo. Dieser Fortschritt wird übersehen, wenn man mit Fl. willkührlich das Beispiel Pauli auf die V. 8 ff. beschriebene Gesinnung einschränkt (vgl. Croc.). Nachdem V. 1—11 der rechte Grund des christlichen Lebens dargelegt war, V. 12—16 die Gesinnung, welche in diesem Leben zu immer weiterem Streben treibt, so wird nun zum rechten Wandel selbst ermahnt, und auch hier wie 3, 4 ff., 3, 12 ff. geht Paulus zunächst von seinem Beispiele aus. Obwohl nicht logisch disponirend, sondern in freiem Redefluß von einem zum anderen geführt, bleibt also der Apostel doch bei dem einen Hauptthema, während diejenigen, welche ihn von der Polemik gegen die Judaisten ausgehen lassen, sich vergebens bemühen, den Uebergang zu dieser Ermahnung zu rechtfertigen (vgl. de W., Wies.), zumal bei der eigenthümlichen Gestalt, die sie sofort gewinnt.

Der Apostel ermahnt nemlich nicht schlechthin, ihm nachzuahmen, wie 1 Cor. 4, 16, geschweige denn mit ihm Nachahmer Christi zu werden, was Bng., Sdl., Bmg. und noch Jth. aus 1 Cor. 11, 1. 1 Thess. 1, 6 hineintragen, sondern **mit den anderen, die es thun,** seine Nachahmer zu werden. So erklären schon Ers., Vtb., Est., Corn., Strr. und noch Myr., Wies., Ew., und die zweite Vershälfte lehrt, daß dies allein richtig ist. Allein abgesehen von den patristischen Auslegern, die das Compositum gänzlich ignoriren (vgl. Vlg., Lth., Hnr.), schlägt schon Ers. selbst eine andere Fassung vor, wonach Paulus auffordert, daß sie alle gemeinsam ihm nachahmen möchten (vgl. Clv., Bll., Grt., Croc., Rsm., a. E., Rhw., Mtth., v. Hng., de W.: omnes uno consensu et una mente). Dies ist aber offenbar unrichtig; denn die zweite Vershälfte richtet den Blick der Leser ausdrücklich auf die, welche in seiner Nachfolge wandeln und begründet die Aufforderung der ersten dadurch, daß sie nicht etwa an ihm allein (so schon Thdt. und noch de W.), sondern an ihm und allen, die mit ihm gleich wandeln (so schon Th. v. M. und noch Myr.) ein Vorbild haben, und zwar natürlich ein Vorbild des Wandels, nicht der Lehre (Haym.), die auch noch Croc., Strr. u. a. hineinmischen. Dabei darf man aber nicht etwa nur an einzelne Gefährten des Apostels denken (Sdl., Bmg., a. E., Hnr., v. Hng., B.-Cr., Jth.), ja nicht einmal an eine bestimmte Klasse von Christen, etwa die τέλειοι (Strr.), sondern, da die Ermahnung ohne Unterschied an die ganze Gemeinde gerichtet ist, nur an die anderen Christen alle, an die übrigen Gemeinden Gottes, auf die Paulus auch die Thessalonicher I, 2, 14 verweist (vgl. 1 Cor. 14, 33)[1]). Diese Verweisung hat aber nicht den Zweck, jedem Verdachte der Selbstüberhebung vorzubeugen (Clv., Croc.) — davon kann nicht die Rede sein bei dem väterlichen Verhältniß des Apostels zu den von ihm gestifteten Gemeinden (1 Cor. 4, 14—16) —, sondern nur den, den folgenden Gegensatz der in V. 18. 19 geschilderten Menschen vorzubereiten.

Wie sehr der Apostel diesen Gegensatz schon hier im Blicke hat, das haben bereits Chr., Oec., Thph. gefühlt. Sie sehen in dem σκοπεῖτε hier das Gegenstück zu dem βλέπετε V. 2 und stimmen darin mit uns überein, daß der Apostel auf die dort genannten κύνες hier zurückkommt, weshalb sie auch im Folgenden unsittliche Menschen beschrieben finden. Hiegegen aber erklärt sich ausdrücklich schon Th. v. M. und zwar im Interesse des Gedankenzusammenhangs, da Paulus von Cap. 3 ab die judaistischen Irrlehrer im Blicke habe. Von diesen nahmen die Schilderung V. 18. 19 auch Thdt., die Lateiner alle, und mit Ausnahme Sdl.'s, der an libertinistische Heidenchristen von der epikuräischen Secte denkt, sämmtliche Ausleger bis auf Rhw., Mtth., ja auch B.-Cr., Schz. a. a. O. S. 70. 71. und Ew. Dieser Auffassung zu Liebe mußte man entweder der folgenden Schilderung eine Beziehung auf die judaistische Irrlehre aufzwingen, was ganz consequent nur wenige wagten, oder sich dabei beruhigen, daß Paulus nicht sowohl die Lehre als das Leben dieser Gegner in den Blick fasse (vgl. Clv., Cal. u. a.). Erst v. Hng., de W., Myr., Wiesl. haben diese ganz unhaltbare Beziehung, für die nichts im Contexte spricht, aufgegeben, und wiederum wie Chr. hier unsittliche, epikuräisch-gesinnte Christen bezeichnet gefunden. Es erneuern sich aber dann dieselben Schwierigkeiten, wie bei den vermeintlich V. 2 bezeichneten Judaisten. Erstens ist die ganze Schilderung

---

[1]) Ueber σκοπεῖν, dessen verschiedene Bedeutungen schon Plg., Haym. gut erörtern, vgl. 2, 4 und dazu S. 140. Anm. 1. Es steht hier von dem IndenBlickfassen eines die Nachahmung fordernden Vorbildes. — Die richtige Auffassung des Verses beruht wesentlich darauf, daß man das καθώς nicht als die Exposition des οὕτως faßt, wie noch Jth. thut, sondern argumentirend wie 1, 7. 2, 12. Dies ist sowohl wegen des ἔχετε, als wegen des ἡμᾶς nothwendig (vgl. Myr.). Außerdem hat das οὕτως seine nähere Beziehung im Vorhergehenden. Der Singular τύπον, den de W. wider unsere Fassung einwendet, erklärt sich einfach daraus, daß doch viele gleich wandelnde immer nur ein Muster abgeben können und hat 1 Thess. 1, 7 (nach Tisch.) eine zweifellose Parallele.

der Art, daß man nicht begreift, was an Leuten von dieser Art überhaupt noch vom Christenthum übrig geblieben sein soll, wie sie denn Jth. geradezu Apostaten nennt. Wir werden das unten im Einzelnen genauer nachweisen. Man vergesse aber bei der Erwägung desselben Eines nicht. Wir sind freilich leider daran gewöhnt, selbst solche Leute, wie sie hier geschildert sind, inmitten der Christenheit zu finden. Aber man darf sich wahrlich von den apostolischen Gemeinden keine idealistischen Vorstellungen machen, um mit Sicherheit zu behaupten, daß, noch von der Kirchenzucht abgesehen, schon wegen des Unterschiedes ihrer Entstehung von der der unsrigen ein solches bares Heidenthum in sie nicht einbringen konnte. Fürs zweite aber weiß man nicht, wo diese Leute eigentlich zu denken sind. Daß sie in der Gemeinde zu Philippi, der Paulus wiederholt in ihrer Gesammtheit so hohes Lob gespendet hat, nicht gesucht werden können, haben die Neueren richtig erkannt; wie aber das Verhalten einzelner entarteter auswärtiger Christen den Apostel auf eine specielle Ermahnung an die Philipper gebracht haben soll, läßt sich doch nicht wohl absehen. Dabei erneuert sich die Frage, wie der seit Cap. 3 besprochene Gegenstand den Apostel auf diese Menschen geführt hat, und es ist nicht zu leugnen, daß bei der gangbaren Auffassung desselben immer noch die Auslegung des Th. v. M. den Context mehr für sich hat.

Mußten wir dagegen schon bei den τινές B. 2 an die die Philipper umgebenden Heiden denken, so heben sich alle Schwierigkeiten, wenn wir annehmen, daß der Apostel zu der dort bereits intendirten Antithese hier zurückkehrt. Die neueren Ausleger haben zwar gegen Rilliet die Beziehung auf Heiden sehr entschieden zurückgewiesen; aber daß diese den Lesern nicht hätten gefährlich sein können (v. Hng., de W.), ist doch wohl ein unhaltbarer Gegengrund; denn warum sollte nicht der Antinomismus der Heiden einer heidenchristlichen Gemeinde gerade so gefährlich gewesen sein wie den Judenchristen der Nomismus der Juden? Ist nicht die korinthische Gemeinde Beleg genug für diese Gefahr? Doch ist zuzugeben, daß hier so wenig wie B. 2 die Tendenz einer directen Warnung vorliegt, sondern vielmehr nur das Bedürfniß, das Wesen des christlichen Wandels durch die Gegenüberstellung seines Gegensatzes anschaulich zu machen. — Daß aber wirklich der Apostel den principiellen Gegensatz des christlichen Wandels zum heidnischen im Blicke hat, zeigt nicht nur die ganze Schilderung B. 18 u. 19, sondern auch die Antithese B. 20 u. 21, welche nur das allgemein christliche derselben gegenüberstellt, und daß der Apostel wirklich auf den Gesichtspunkt zurückkommt, aus dem er schon B. 2 auf die unreinen Heiden hingewiesen, zeigt die Art, wie er B. 19 eben das als Charakteristikum derselben hervorhebt, daß sie das Irdische, Schandbare und Sündhafte zum Ziele ihres Trachtens machen, darin ihre Ehre und ihr höchstes Gut suchen. Allein da es sich jetzt nicht mehr um die Begründung des christlichen Lebens, sondern um den unermüdlichen

Wandel in demselben handelt, so erscheint im Gegensatze nicht mehr das, was wir in Christo bereits haben, sondern, was wir einst durch ihn haben werden, als das Maßgebende. Dadurch erhält denn die Ermahnung zum christlichen Wandel die bestimmte Beziehung auf das letzte Ziel alles christlichen Strebens und Hoffens, wie es V. 14 bereits angedeutet war, im Gegensatze zu dem heidnischen Leben, das ganz anderen Zielen nachjagt. Auch Jth. bemerkt, daß es dem Apostel hier vorzugsweise darauf ankommt, die zukünftigen Güter der Gläubigen im Gegensatz zu der ewigen Verdammniß der Weltkinder hervortreten zu lassen.

V. 18.

Der Apostel erläutert nun den Gegensatz, den er bei V. 17 im Sinne hatte (Fl.), wie schon Anf. nach seiner Darstellung des Zusammenhangs richtig erkannt hat. Der Apostel weist seine Leser, ohne die gemeinten Personen namhaft zu machen — nicht weil er sie dadurch nicht provociren wollte (Thph), sondern weil sich aus dem Gegensatze von selbst versteht, wen er meint — auf die Feinde des Christenthums hin, von denen er so oft zu ihnen geredet hat, als er noch bei ihnen war. So nehmen das πολλάκις mit Recht schon Haym., Anf., Lyr., Dion., Croc., Strr., de W., Myr., Wies.; denn die Erwähnung 3, 2 (Mtth.) ist keine mehrmalige und 1, 15. 2, 21 (Höl.) hat mit den hier genannten gar nichts zu thun. Aber auch die Hinweisung auf frühere Briefe (Fl., Rhw. und besonders Ew.) ist eine ganz willkührliche und entbehrliche Hypothese. Daß er jetzt nur noch weinend ihrer gedenken kann, erklären Chr, Plg. mit Recht daraus, daß ihre Bosheit immer größer, ihr Verderben immer sicherer geworden, und sehen darin die hochsinnige συμπάθεια des Apostels mit den Feinden Christi (vgl. Oec., Thph., Haym., Lyr., Art., Cal., Bmg., Myr.). Doch dachten schon Anf., Dion. zugleich an das Unheil, das sie durch ihre Verführung in der Kirche anstiften, und diesen Gesichtspunkt machen Clv, Est., Croc., Sdl., Strr., Mtth., v. Hng., de W. mehr oder weniger ausschließlich geltend. Allein da im folgenden zunächst ihre ἀπώλεια hervorgehoben wird, ist — ganz abgesehen von der falschen Deutung der Feinde, auf der diese Auffassung beruht — allein die erstere contextgemäß. Ew. denkt, wie übrigens schon Schlicht., an die herben Erfahrungen, die Paulus nach 1, 15—17 in Rom gemacht hatte[1]).

---

[1]) Das γάρ ist nicht eigentlich eine Begründung von V. 17 (Myr. Vergl. de W.: warum sie der guten Beispiele bedürfen, Wies.: warum er sie auf sein Beispiel verweist), sondern eine Erläuterung und wird daher besser mit „nemlich" übersetzt (Win. §. 53. b. a S. 395). Dem nachdrücklich an den Schluß gestellten ἡμᾶς tritt dadurch das πολλοί γάρ treffend gegenüber. — Schon Oec, Haym, Anf, Lyr. meinten um dieses Gegensatzes willen zu περιπατοῦσιν irgend etwas ergänzen zu müssen, wie κακῶς, aliter, non recte oder dgl. (vergl. Corn, Grt.,

Diejenigen, welche hier an die Judaisten denken, verstehen unter den **Feinden des Kreuzes Christi** entweder solche, deren Gesetzeslehre mit der Predigt vom Kreuze im Widerspruche steht (Th. v. M., Thdt., Ambr., Plg., Haym., Strb., Ers., Bll., Art., Est., Corn. — der zugleich an Simon Magus, Cerinth und Basilides denkt — Wlf., Croc., Strr., Fl., Mtth., B.-Cr.) oder auf Grund von Gal. 6, 12. 5, 11 solche, die sich vor der Verfolgung, welche die Kreuzespredigt zuzieht, scheuen (Grt., Schlicht., Bng., Bmg., a. E., Kr., Ew.) oder an beides (Pisc., Cal., Rsm., Hnr., Rhw.). Clv. nimmt es, dem Richtigen am nächsten kommend, von der Feindschaft wider das ganze Evangelium, sofern dessen Mittelpunkt das Kreuz Christi ist. — Die dagegen an unsittlich lebende Christen denken, nehmen es von der Scheu vor der Kreuzigung des eigenen Ich und der Welt auf Grund von Gal. 6, 14 (Chr., Clr., Sdl., Wies.) oder vor der Leidensgemeinschaft mit Christo (Myr.), an welche Fassung auch die zweite Klasse der Erstgenannten oft anstreift, oder allgemeiner von der Verleugnung des Kreuzes Christi durch ihr ganzes üppiges und leidensscheues Leben (Oec., Thph., v. Hng.,

---

Rsm. u. a.); Art. nahm, um dasselbe zu erreichen, das περιπατεῖν im Gegensatze zu στοιχεῖν (V. 16) sensu malo (vgl. Strr., Fl., Hnr. mit Verweisung auf 1 Ptr. 5, 8: circulantur), wogegen schon das περιπατεῖν V. 17 spricht. Clv., Wlf., a. E. suchten die Vervollständigung des Gegensatzes in τὰ ἐπίγεια φρονοῦντες, indem sie alles dazwischen liegende parenthetisiren, was schon der Artikel vor φρονοῦντες verbietet; Est. in dem Relativsatz ὧν τὸ τέλος κ., der doch über ihren Wandel gar nichts aussagt; Mtth. endlich in dem (attrahirten) τοὺς ἐχθρούς, das aber ebenfalls mehr die Personen, als ihren Wandel charakterisirt. Myr. nimmt an dem Mangel einer näheren Bestimmung keinen Anstoß, indem er meint, der Apostel habe von vornherein nicht ihren Wandel, sondern ihre Personen charakterisiren wollen; allein das indifferente περιπατοῦσι (viele gehen einher) entspräche dann nicht dem οὕτως περιπ. V. 17, worauf doch der Gegensatz zurückweist. Man muß daher mit Ers., Rhw., v. Hng., de W., B.-Cr., Wies. annehmen, daß Paulus die begonnene Construction fallen gelassen habe, nachdem ihn der eingeschobene Relativsatz von derselben abgebracht. Es hat aber diese Anakoluthie auch hier mehr einen sachlichen als sprachlichen Grund. Allerdings forderte die Art der Anknüpfung an's Vorige zunächst eine Exposition über ihren Wandel, allein nach dem in der Erläuterung zu V. 17 gesagten war doch der Hauptpunkt, auf den es dem Apostel in diesem Zusammenhange ankam, nicht sowohl die Art dieses Wandels, als das, was diesen Personen das höchste Ziel ihres Strebens ist, und um das bequemer anzuschließen, ging er von der Charakteristik des Wandels auf die der Personen selbst über. In der Paraphrase mag man immerhin zu einer Ergänzung seine Zuflucht nehmen. — In dem Relativsatz meinten Lyr., Bz., Corn., Fl., v. Hng. und noch Ew. ein esse ergänzen zu müssen, Grt., Rsm., Hnr. nahmen das ἔλεγον geradezu für appellavi (vgl. Myr.: welche ich euch oft bezeichnet habe); aber dabei stört immer der Artikel vor ἐχθρούς und es läßt sich nicht absehen, warum ein solches bloßes Bezeichnen gerade mit Weinen geschieht. Endlich macht diese Fassung das ἐχθροὺς τοῦ σταυροῦ zu sehr zum Hauptmoment der Rede, während dasselbe contextgemäß erst in V. 19 folgt. Nun heißt aber auch im classischen Griechisch λέγειν τινί τινα: einem von einem erzählen und τοὺς ἐχθρούς, das eigentlich Apposition zu πολλοί ist, ist nur von dem Relativsatze attrahirt (Win. §. 66. 5. 2. b). Vgl. Strr., a. E., de W., B.-Cr., Wies. Der Artikel weist auf die ihnen bekannten (de W.) Feinde des Kreuzes Christi hin, in deren Mitte sie ja leben (1, 28. 2, 15. vgl. 3, 2).

de W., Jth.). Allein es ist doch klar, daß das Kreuz weder die Kreuzespredigt, noch die Leidensgemeinschaft mit Christo und daß die Scheu vor dem Kreuze oder die Verleugnung desselben noch nicht Feindschaft wider das Kreuz ist. Vollkommen entspricht den Worten nur, an wirkliche Gegner des Christenthums zu denken, denen das Kreuz Christi als Mittelpunkt desselben Hauptgegenstand ihrer Feindschaft ist. Die Stelle 1 Cor. 1, 18. 23 ist insofern nicht ganz parallel, als dort nur die Verachtung des Kreuzes durch den hellenischen Weisheitsdünkel ausgedrückt wird; hier aber die entschiedene Feindschaft gegen dasselbe, zu der die natürliche Antipathie eines genußsüchtigen, weltfrohen Lebens wider das Kreuz Christi führt, die freilich nicht ausbleiben kann, da dasselbe in mannichfacher Beziehung sich zu einem solchen Leben in Opposition setzt. In dieser Beziehung weisen die obengenannten Auslegungen von der interna mortificatio und der Leidensgemeinschaft mit Christo auf das Motiv hin, weshalb die Feinde des Christenthums speciell als Feinde des Kreuzes Christi bezeichnet werden können; aber nur wenn man an die aus diesem Gegensatze entstehende Feindschaft der Ungläubigen denkt, kann man dem Ausdrucke gerecht werden. Wenigstens wie einer, der gegen das Kreuz Christi nicht nur gleichgültig gesinnt ist, weil er die Bedeutung desselben für das Heilswerk unterschätzt, oder es in Schwachheit verleugnet, sondern sich in entschiedene Feindschaft zu demselben setzt, in paulinischem Sinne, in welchem das Kreuz Mittelpunkt der Heilsverkündigung ist (1 Cor. 1, 17. 18), noch auf den Namen eines Gläubigen Anspruch machen soll, vermag ich nicht einzusehen. Auch 2 Thess. 5, 15 stehen die ἐχϑροί den ἀδελφοί gegenüber, ebenso bezeichnet es Col. 1, 21. Röm. 5, 10 den vorchristlichen Standpunkt (vgl. 1 Cor. 15, 25).

V. 19.

In der Schilderung dieser Menschen ist vorangestellt das letzte Ziel, zu dem ihr Wandel führt, nicht sowohl um dadurch abzuschrecken (Clv., Croc., Myr., Wies.), als vielmehr um auf den Gesichtspunkt hinzuführen, der dem Apostel hier überhaupt der wichtigste ist. (Vgl. die Erläuterung zu V. 17.) Aller Wandel ist bedingt durch das Ziel, wohin er geht, dies Ziel ist bei den Christen die Errettung durch ihren erhöhten Herrn Christus (V. 20), bei den Nichtchristen das Gegentheil davon (1, 28), die ἀπώλεια. Nicht als sei diese von ihnen intendirt[1]); aber dennoch entspricht auch hier der Wandel dieser Menschen

---

[1]) Obwohl τέλος auch 1 Tim. 1, 5 das intendirte Endziel bezeichnet, und mit einer gewissen Ironie auch hier die ἀπώλεια als solches genannt sein könnte, so entspricht dem doch nicht der parallele Gebrauch von τέλος Röm. 6, 21. 22. 2 Cor. 11, 15. Auch die Bezeichnung von Lohn, Strafe, Vergeltung (Bz., Rsm., B.-Cr.) liegt nicht im Worte, sondern nur in dem Sachverhalt, wonach das letzte Schicksal des Menschen (Myr.) eben die Vergeltung für ihn ist. Wider den stehenden Sinn des Wortes ἀπώλεια ist die Erklärung von Hnr.: deren Zweck die Zerstörung

diesem ihrem Ziele, wie sofort in dem parallelen Relativsatze dadurch dargelegt wird, daß die Ziele, wonach sie streben, diesem Ziele, das sie wirklich erreichen, angereiht werden. Der Clausel, daß dies nur geschieht, so lange sie sich nicht bekehren (Oec., Fl.), bedarf es nicht, da sie ja dann nicht mehr ἐχϑροί τοῦ σταυροῦ sind.

Chr. findet schon ganz richtig im Folgenden die Abgötterei bezeichnet, welche diese Menschen mit ihrer κοιλία, dem Organ für den gemeinsten Sinnengenuß, für Essen und Trinken (1 Cor. 6, 13) treiben, indem sie Alles an die Befriedigung desselben setzen (vgl. Dec., Thph., Ans., Lyr., Corn.). Diese Leute finden also ihr höchstes Gut in Essen und Trinken (Drus., de W.) nach den Grundsätzen epikuräischer Lebensphilosophie (Myr. Vgl. Sdl.). Und dabei soll man wirklich an Christen denken? Die Ausleger verweisen auf 1 Cor. 15, 32; übersehen aber, daß Paulus dort keineswegs den Grundsatz seiner Gegner, sondern die absurde Consequenz, zu der die Auferstehungsleugnung führen würde, hinstellt, was nur unter der Voraussetzung möglich ist, daß eine solche Sinnesart unter Christen eo ipso undenkbar ist. Man kann damit vergleichen die Art, wie Col. 3, 5. Eph. 5, 5 die Reducirung einer Sünde auf die εἰδωλολατρεία als das Specificum des heidnischen Unwesens (vgl. auch 1 Cor. 5, 10. 11) das stärkste Motiv der Warnung vor derselben ist. — Diejenigen, welche an das Treiben der judaistischen Irrlehrer denken, müssen natürlich die Bedeutung des Ausdrucks abschwächen. Th. v. M., Ambr., Strb. denken an die gesetzlichen Speise-Unterschiede, auf die sie den höchsten Werth legen, Thdt. an die sabbathlichen Schlemmereien der Juden. Clv., Art. verstehen darunter auch hier nur die Leidensscheu der Irrlehrer (vgl. Gal. 6, 12. 5, 11), Haym., Croc., Strr. und die meisten ihren Eigennutz, wofür sie sich auf Röm. 16, 18 berufen (Bll. und noch Ew.). In der That aber ist es doch sehr etwas Anderes, wenn an dieser Stelle gesagt wird, das Treiben der Sectirer diene nicht Christo, sondern ihrem Bauche, und wenn hier die Vergötterung der der κοιλία als Charakteristicum der Feinde des Kreuzes Christi angeführt wird.

---

des Christenthums. — Das οἱ τὰ ἐπίγεια φρονοῦντες erklären de W., Wies. für eine Art Ausruf (Win. §. 29. 2), eine Ansicht, die schon Wlf. anführt. Vgl. Rhw., Mtth., die auf die lebhafte Erregung des Apostels verweisen. Einfacher faßt man es wohl, wie 1, 30, nach der Analogie der so häufigen abnormen Casussetzung in Participialconstructionen (Win. §. 63. 2. a), wodurch die im casus rectus ausgedrückte Vorstellung nachdrücklicher und selbstständiger hervortritt (Myr.). Hier wird überdem dadurch der sachlich nicht passenden Verbindung mit dem unmittelbar vorhergehenden gesteuert und es werden die Worte auf die zu charakterisirenden Personen bezogen, die ja dem Apostel immer noch als Subject des Satzes vorschweben. Es ist also eine Art Apposition zu dem τοὺς ἐχϑροὺς τοῦ σταυροῦ, das ja nur wegen der Attraction seinen Casus verändert hat, aber als Nominativ gedacht ist. Daher erscheint es auch, wie dieses, mit dem Artikel versehen. Ueber die versuchte Abhülfe durch Parenthesen bei Clv. vgl. die vorige Anmerkung.

Auch das zweite Moment erklären Chr., Thdt., Oec., Thph. richtig davon, daß sie auf das stolz sind, dessen sie sich schämen müßten, so daß von der *δόξα* in ihrem (subjectiven) Sinne, von der *αἰσχύνη* (2 Cor. 4, 2) im objectiven die Rede ist (Myr.). Nicht unpassend verweisen sie auf Röm. 6, 21, wo auch als Frucht des Sündendienstes die Schande und als deren *τέλος* der Tod erscheint. Doch ist auch da von dem vorchristlichen Zustande die Rede. Ja, wenn es Röm. 1, 32 als der Gipfelpunkt der heidnischen Sünde bezeichnet wird, daß man an der Sünde selbst Wohlgefallen hat, sie billigt und lobt, so ist hier nichts Geringeres ausgesagt. Unmöglich also können sie, wie Wies. meint, nur die christliche Freiheit zu weit ausgedehnt, und also eine christliche Wahrheit zur Beschönigung ihrer sittlichen Larheit gemißbraucht haben, was am besten die Vergleichung der ganz ungleichen Stellen, die Wies. anführt (Gal. 5, 13. 1 Cor. 6, 12 ff.), zeigt. Speciell an unnatürliche Wollustsünden zu denken (Rsm., Kr., a. E.), läge nicht fern, da diese ja *κατ᾽ ἐξοχήν* die *πάθη ἀτιμίας* heißen (Röm. 1, 26) und gleichsam die höhere Potenz der um den Dienst der *κοιλία* sich drehenden Sünden bilden. Doch wäre dieser Gesichtspunkt immer nur ein untergeordneter, die eigentliche Steigerung liegt darin, daß sie der Sünde nicht nur zur Befriedigung ihrer Lust dienen, sondern in ihrer schandbaren Vollziehung ihre Ehre finden. — Um auch hier judaistisches Unwesen zu finden, denken Ambr., Plg., Haym., Ans., Schlicht., Bng., Strr. an die Ehre, die sie in der Beschneidung (in pudendis circumcisis) oder überhaupt in den institutiunculis infinitis Judaicis, wie sich Bll. ausdrückt, suchen, Th. v. M. an die Werthlegung auf das, was doch *κόπρος γίνεται*. Ganz wider den Wortsinn erklären Sirb., Lyr., Dion., Lth., Clv., Vz., Cal., Wlf. die Worte davon, daß ihre Ehre in Schande verwandelt wird.

Zum Schlusse faßt der Apostel noch einmal zusammen (Myr., Ew.), was zu ihrer Charakteristik zu sagen ist, und zwar so, daß nun der Gesichtspunkt des Ziels, das sie bei all ihrem Wandel im Blicke haben, ganz klar hervortritt. Während die Christen *τὰ ἄνω φρονοῦσι* (Col. 3, 2. Vgl. die Bezeichnung des *βραβεῖον τῆς ἄνω κλήσεως* V. 14), ist der Gegenstand ihres Trachtens das Irdische, was man natürlich nicht auf die legitimae observationes der Judaisten (Th. v. M., Ambr.), aber auch nicht zu eng auf die carnales affectus (Dion., Clv.) oder opes et honores (Schlicht.) beziehen darf, da es das Irdische im Gegensatz zum Himmlischen überhaupt bezeichnet (Thph). Um dieses Gegensatzes willen, an welchen die Darstellung des Christenwandels mit seinem himmlischen Ziele unmittelbar anknüpft, ist offenbar das Wesen des heidnischen Wandels in diesen Begriff zusammengefaßt, der sonst leicht im Vergleich mit dem vorigen, das Sündhafte desselben viel greller charakterisirenden, wie eine Abschwächung der Rede erscheinen könnte.

V. 20.

Der hier dargestellte Gegensatz des christlichen Wesens kann unmöglich die in V. 17 enthaltene Ermahnung begründen (Bng., Bmg., Strr., Fl. und noch mittelbar Wief.), aber auch nicht den Abscheu (de W. und ähnlich schon Schlicht.) oder die Warnung vor den V. 18. 19 geschilderten Menschen (Win., Wief.), da im Vorigen beides nicht ausgedrückt war. Es könnte der in V. 18. 19 indirect liegende Gegensatz der heidnischen Lebensweise gegen die christliche (Mtth., v. Hng.) durch die Gegenüberstellung der letzteren begründet werden, worauf dann das mit Nachdruck vorangestellte ἡμῶν hinwiese, und dahin müßte man auch die Myr.'sche Erklärung verstehen, wonach das in οἱ τὰ ἐπίγεια φρονοῦντες liegende Charakteristicum e contrario begründet werden soll. Aber ungleich treffender wird dies argumentum e contrario, wenn man erwägt, daß nicht nur die Art des heidnischen Strebens, sondern auch sein nothwendiger Ausgang (die ἀπώλεια) im Vorigen ausgesagt war, woran sich auch nach Jth. der Gedankenfaden unseres Verses anknüpft. Das Ende derer nemlich, die nach dem Irdischen trachten, erhellt allerdings daraus, daß die Christen lediglich als die, deren πολίτευμα im Himmel ist, von dort ihren Herrn und in ihm ihren Retter von jener ἀπώλεια erwarten können. Gerade auf den traurigen Ausgang der Ungläubigen bezog sich aber auch der schmerzvolle Ausruf über sie V. 18, so daß derselbe immer als der Hauptgedanke erscheint, an den darum naturgemäß auch V. 20 anknüpft[1]).

Bei den Griechen herrscht eine gewisse Unklarheit über die Art, wie sie das πολίτευμα fassen; doch scheinen Chr., Oec., Thph. den

---

[1]) Die älteren Ausleger lesen entweder geradezu δέ für γάρ, oder übersetzen als ob es stände, a. E., Rhw. behaupten, daß γάρ für δέ stehen könne, und Hnr. nimmt es als bloße Uebergangspartikel. Strr. und Fl. lassen es parallel dem ersten γάρ in V. 18 stehen und berufen sich dafür auf Röm. 2, 13. 14. Allein diese Construction, schon an sich sehr fraglich, wird nach einem so ausgedehnten Begründungssatze zur sprachlichen Unmöglichkeit. Ohne dieselbe aber ist es natürlich unmöglich, in V. 20 über V. 18. 19 hinweg die Begründung von V. 17 zu finden. — Das ἐξ οὗ bezog man entweder auf οὐρανοῦ mit Annahme einer constr. ad sens. (Bz., Corn., Grt., Strr., Fl., Rhw., Mtth., v. Hng., Ew.) oder auf πολίτευμα (Bng., Wlf., Sdl., Rsm., Hnr., B.-Cr. und, wie es scheint, schon Th. v. M.); oder man ergänzte τόπον (Ers., Pisc., Croc., Est.). Doch hält Ers. es auch für möglich, es zeitlich zu fassen: seitdem und Strb., wie es scheint, gar: propter quod. Allein es ist im Sprachgebrauche ganz adverbial geworden und heißt unde (Vlg.). Vgl. de W., Myr., Wief. und dazu Win. §. 21. 3. — Das ἀπεκδέχεσθαι wird auch Röm. 8, 19. 1 Cor. 1, 7. Gal. 5, 5 von der Erwartung der letzten Dinge gebraucht. Die Emphase, die man sonst in dem Doppelcompositum oft gefunden hat, indem man es entweder auf eine besonders sehnsüchtige oder ausharrende Erwartung bezog, wird außer bei Myr., Wief. (perseveranter exspectare) hier von den Auslegern nicht erwähnt, und wohl mit Recht; denn in unserer Stelle liegt sie sicher nicht, und ist auch in den anderen schwerlich nothwendig.

Himmel als den Ort, die πατρίς zu denken, wo wir als Bürger leben (ἔνθα πολιτευόμεθα, στρατευόμεθα). Damit stimmt denn Lth.'s frühere Uebersetzung (vor 1545): unsere Bürgerschaft ist im Himmel (vgl. Bz., Fl., Wief.). Nur muß man dabei nicht an ein Bürgerrecht — was ohnehin eigentlich πολιτεία (Act. 22, 28) wäre — denken (Bmg.), wonach wir erst Bürger werden sollen (vgl. die Stelle aus Lth.'s Postille bei Myr.) oder an die ratio vivendi (v. Hng.), die wir befolgen sollen (vgl. schon Thph.: πολιτεύεσθαι ἐτάχθημεν). Denn es soll ja dem Conterte nach das Wesen der Christen, wie sie sind, nicht wie sie einst oder schon jetzt werden sollen, dargestellt werden, worauf mit Recht Wies., freilich aus falschen Motiven bringt. Dann ist auch kein sachlicher Unterschied zwischen dieser Fassung und der, die es nach 2 Makk. 12, 7 geradezu für civitas nostra (Art., Schlicht., Bng., Strr., Hnr., B.-Cr., Myr.) nimmt, wenn man nur letztere nicht in das bloße: patria abschwächt (Kr., Ew.). Denn dem Conterte, welcher von dem Gegensatze des heidnischen und christlichen Wandels ausgeht, ist allein eine solche Fassung des Bildes entsprechend, wonach der Hauptaccent darauf fällt, daß der, welcher sein Bürgerthum im Himmel hat, von dort aus regiert wird, alle seine Impulse von dort her empfängt, wie der, welcher nach dem Irdischen trachtet (V. 19), von der Erde her. Das liegt aber ebensowohl darin, wenn ich sage: das Staatswesen, dem ich angehöre, ist im Himmel, als wenn ich sage: Unser Bürgersein findet im Himmel statt oder: der Ort, wo wir Bürger sind, ist der Himmel. Sofern die Christen aus der Botmäßigkeit der Finsterniß befreit, und in das Reich Christi versetzt sind (Col. 1, 13), gehören sie als Bürger dem Staatswesen an, dessen Herr und König Christus ist und das naturgemäß seinen eigentlichen Ort da hat, wo dieser sein κύριος ist, wenn auch seine Unterthanen noch auf Erden wandeln. Ganz dem Conterte wie dem Ausdrucke zuwider ist es aber, an das noch nicht erschienene Messiasreich (Myr.), das himmlische Jerusalem (Jth.) als Gegenstand der Hoffnung zu denken, so daß das als Gegensatz der letzten Worte von V. 19 dem Apostel vorschwebende τὰ ἄνω φρονεῖν erst durch Matth. 6, 21 vermittelt gedacht werden muß. Uebrigens verwies hierauf schon Aug., der sonst von der gleich zu besprechenden falschen Fassung der Lateiner ausgeht: corpore ambulamus in terra, corde habitamus in coelo; anima verius est, ubi amat, quam ubi animat (vgl. Haym., Lyr.).

So gewiß nemlich jenes τὰ ἄνω φρονεῖν (Col. 3, 1. 2) indirect damit gegeben ist, daß ἡμῶν τὸ πολίτευμα ἐν οὐρανοῖς ὑπάρχει, und nicht erst als unsere Pflicht gefolgert werden soll (Thph.), so gewiß ist es unrichtig, dasselbe unmittelbar in den Worten zu finden, als ob dieselben unseren Wandel (Vlg.: conversatio) als einen himmlischen bezeichneten, der in dem steten coelestia cogitare, curare, desiderare, agere besteht. So nehmen es alle Lateiner, Lth. nach 1545, Clv., Bll., Grt., de W. und mit Anspielung auf den der himmlischen πολιτεία entsprechenden Wandel Pisc., Cal., Wlf., Est., Sdl., a. E., Mth. Die sprachliche Berechtigung zu dieser subjectiven Fassung des πολίτευμα ist mindestens sehr zweifelhaft, die dabei nothwendige Umschreibung des ἐν οὐρανοῖς ist ganz willkührlich, und die Vorstellung eines Wandels im Himmel dem Folgenden widersprechend, wonach Christus vom Himmel zu uns herabkommt. Manche Ausleger, wie Corn., Croc., Rhw. suchten diese Fassung mit den anderen zu verbinden.

Das zweite Hemistich zeigt nicht an, warum unser πολίτευμα im Himmel ist (Clv., Grt., Croc., v. Hng.: inde enim), sondern umgekehrt, wie dem entsprechend (Myr.) auch (καί) der Christ die σωτηρία zu erwarten hat (vgl. Schlicht.: tamquam prioris effectum et consequens, nur daß derselbe den Hauptaccent darauf legt, daß der Herr vom Himmel kommen wird, uns in jene civitas nostra heimzuholen). Der Idee unseres πολίτευμα entspricht nemlich die Benennung Christi als des κύριος (Wies.), wofür Plg., Clv. ungenau die des caput und der membra substituiren. Der vom Himmel her erwartete Christus kommt zum Gericht (Haym., Lyr., Dion.); er bringt daher den Ungläubigen die ἀπώλεια (V. 19), denen aber, die zu dem πολίτευμα gehören, in welchem er herrscht, kann er nur als der Erretter erscheinen und zwar contextgemäß als der Erretter von dieser ἀπώλεια, nicht von dem Elende dieses irdischen Lebens (de W.) oder von dem Leben im Fleische (Wies.). Daß er als σωτήρ kommt, ist aber in diesem Zusammenhange das Hauptmoment, daher das Wort auch mit großem Nachdrucke voransteht; denn darauf eben beruht ja zuletzt der furchtbare Gegensatz zwischen Christen und Nichtchristen, daß diese, weil sie keinen Retter haben, wie jene, verloren sind. — Eine Ermahnung zur Furcht, die Chr., Thph. doppelt begründet finden durch den Ort und durch die Person, kann also für die Christen dem Zusammenhange nach nicht darin liegen, noch weniger eine Beziehung auf die Irrlehrer, auf ihre ἔργα σωστικά (Art.) oder ihre gerechte Furcht vor Christo als dem Richter (Croc.). Vgl. auch Clv., der die Stelle paränetisch ausbeutet. Dogmatisch wird sie von Pisc. benutzt, der auf Grund derselben die Ubiquität des Leibes Christi bestreitet, wogegen Cal. dieselbe vertheidigt. Clv. sucht in der Frage eine vermittelnde Stellung einzunehmen: Qui inde probant, ubique esse Christi corpus, neque nihil dicunt neque totum. Nam sicuti temerarium ac stultum foret, ultra coelos conscendere et stationem — Christo assignare, ita etiam carnali ulla cogitatione ipsum e coelo detrahere, stultum ac perniciosum est deliramentum.

V. 21.

Schon Anf. faßt unseren Vers so auf, als ob Paulus von der Errettung der Seele zur Errettung des Leibes fortgehe, Myr. hält ebenfalls die hier besprochene Verklärung des Leibes für eine besondere rettende Thätigkeit und B.-Cr., Wies. gar für die nähere Bestimmung der B. 20 angedeuteten σωτηρία. Allein offenbar ist der Hauptbegriff in unserem Verse die Theilnahme an der δόξα Christi, welche als positive Bezeichnung des Hoffnungsobjects der mit der Erwähnung der σωτηρία gegebenen negativen gegenübertritt (vergl. 1 Thess. 5, 8: ἐλπὶς τῆς σωτηρίας mit Röm. 5, 2: ἐλπὶς τῆς δόξης), und Christum, welcher diese Theilnahme vermittelt, als die Hoffnung der Herrlichkeit (Col. 1, 27) erscheinen läßt in ähnlicher Weise, wie derselbe im Abschnitt 1 als der Grund der wahren Christenfreude, im Abschnitt 2 als Object des steten Christenstrebens dargestellt war. Daß das hier genannte der Sache nach zum συνδοξάζεσθαι (Röm. 8, 17) gehört, erkennt auch Myr. an (vgl. Röm. 8, 29 mit 30); und da nach der erstgenannten Stelle die Theilnahme an der Herrlichkeit Christi durch die Theilnahme an seinen Leiden bedingt ist (Thph.), so erhellt, wie eng die Hinweisung auf dieses herrliche Ziel des Christenlebens mit dem rechten Wandel in Christo zusammenhängt, welcher ja die Leidensgemeinschaft mit Christo einschließt (B. 10). Diese Theilnahme an der Herrlichkeit Christi als das in Christo begründete Hoffnungsziel der Gläubigen zu bezeichnen, hat aber der Apostel von vornherein im Sinne gehabt und eben darum auch B. 20 von der vermeintlichen δόξα der Nichtchristen gesprochen, der jetzt die wahre göttliche δόξα der Christen gegenübertritt. Ganz eigenthümlich fassen die Gedankenverbindung Bll., Schlicht., die hier die Art ausgedrückt finden, wie Christus uns zum Eintritt in das himmlische Reich befähigt.

Daß aber der Apostel die Erhebung zur δόξα hier von ihrer leiblichen Seite auffaßt, ist wohl dadurch veranlaßt, daß Paulus erst von den Nichtchristen ein auf Befriedigung und Erhöhung des leiblichen Lebens gerichtetes Genußsuchen ausgesagt hat; was sie auf falschem Wege suchen, erlangen die Christen durch ihren Herrn Christus in der Verklärung ihrer Leiblichkeit im höchsten Sinne (vgl. Croc.). Unrichtig aber denkt Myr. daran, daß nur die Umkehrung hervorgehoben werden soll, welche den jetzt durch Drangsal und Verfolgung niedergedrückten einst zu Theil werden soll. Dies hängt damit zusammen, daß er unter den ἡμεῖς wegen des Zusammenhanges mit B. 17 bestimmte Subjecte denkt, während es in der That hier wie dort alle Christen sind, sowie damit, daß er den Begriff der Leidensgemeinschaft mit Christo nach seiner Deutung der ἐχθροὶ τοῦ σταυροῦ hier zur Charakterisirung der ihren Gegensatz bildenden ἡμεῖς beansprucht. Endlich darf man auch kein paränetisches Moment in dieser Erwähnung der leiblichen Verklärung finden (Wies.), geschweige denn eine Polemik gegen die Werthschätzung der Beschneidung (Rhw.).

Chr. schwankt noch, ob der μετασχηματισμός eine Veränderung des σχῆμα bedeute oder katachrestisch für μεταβολή stehe. Allein Thdt. leugnet bereits das erste ganz entschieden und meint, es sei dabei nur die Befreiung von der φθορά und die Erhebung zur ἀθανασία gemeint (Art., Wlf.), wobei noch Thph. ausdrücklich bemerkt: τὸ σῶμα, τὸ αὐτὸ μένον, ἐνδύσεται ἀφθαρσίαν. Est., Corn. bekämpfen die häretische Ansicht, wonach die figura der Verklärungsleiber eine andere werde, und Bll., Cal. halten an einer mutatio accidentalis fest (ratione qualitatis) im Gegensatz zu einer mutatio substantialis ratione quidditatis (vgl. Jth., der die Identität von Fleisch, Blut und Knochen sammt der Vollständigkeit der Leibesglieder und der sexuellen Differenz wahrt). Richtig ist daran, daß der Ausdruck selbst auf die Identität des verklärten Leibes mit dem jetzigen hinweist (Wies.), aber eben so bestimmt weist er auf die Veränderung des σχῆμα hin, das ja auch naturgemäß nicht weniger, wie das der ganzen Welt (1 Cor. 7, 31) vergeht, und einem anderen σχῆμα Platz macht (Hnr., v. Hng., vgl. 1 Cor. 4, 6. 2 Cor. 11, 13—15). Dabei denkt Paulus nun freilich nicht an die äußere figura, sondern an die ganze Erscheinungsform, wie sie einmal dem Zustande der ταπείνωσις, das andere Mal dem der δόξα entspricht (vgl. 2, 7). Mit Unrecht denkt übrigens Myr. nur an die Ueberkleidung der die Parusie Erlebenden (1 Cor. 15, 52. 2 Cor. 5, 4), da auch bei den Auferstehenden ebenso einerseits die Identität des irdischen und des Auferstehungsleibes (1 Cor. 15, 36—38) festgehalten, wie andererseits das σχῆμα des verweslichen, ehrlosen, schwachen, psychischen Leibes in das eines unverweslichen, herrlichen, mächtigen, pneumatischen verwandelt wird (1 Cor. 15, 42—44), der nach V. 49 das Bild des himmlischen Menschen, Christus, an sich trägt. Auch liegt die Reflexion auf das Erleben der Parusie hier, wo Paulus von den Christen im Allgemeinen redet, ganz fern. Zur Sache vergl. noch Röm. 8, 29 und dazu 2 Cor. 4, 4. 6, wonach der erhöhete Christus eben kraft seiner Theilnahme an der göttlichen δόξα das Ebenbild seines Vaters ist und wir also auch nur durch die Mittheilnahme daran seinem Bilde gleichgestaltet werden können.

Das Resultat der Verwandlung ist, daß der Leib unserer Niedrigkeit in einen dem Leibe der Herrlichkeit Christi ähnlichen verwandelt wird. Unter der ταπείνωσις verstehen Chr., Thph. das Unterworfensein unter das Leiden und die Vergänglichkeit (φθορά) und letzterer entspricht auch Röm. 8, 21 der Gegensatz der δόξα (vgl. Haym., Lyr., Schlicht., Rsm., Mtth.: unsere mit Schwachheit, Beschränktheit, Hinfälligkeit behaftete Leiblichkeit), Oec. fügt noch die πάθη hinzu (vgl. Bll. und noch Wies: der Leib, sofern er der σάρξ angehört), die aber nicht dem irdischen Körper an sich eignen, wie er hier sowie 1 Cor. 15, 44 rein als solcher dem himmlischen entgegengestellt wird, sondern nur Folge der Sünde sind. Aber man muß sich hüten, die ταπείνωσις zu eng auf das σῶμα zu beziehen, da dieselbe ja der δόξα Christi gegenüber unseren gesammten Zustand bezeichnet, der nur im Gegensatze zu der künftigen Herrlichkeit ein niedriger genannt wird, ohne daß irgend ein besonderer Mangel daran hervorgehoben werden soll. Vergl. die ταπείνωσις Christi 2, 8. Durch den Sprachgebrauch nicht gefordert und dem Gegensatz der δόξα nicht entsprechend ist die active Fassung: Erniedrigung, mag man bei derselben nun an den Verlust eines früheren, besseren Zustandes denken nach Röm. 8, 20 (vgl. Methodius bei Oec. und de W.), oder daran, daß unser Körper uns bemüthigt (Dion.) und niederdrückt (Strr.), oder endlich an die Erniedrigung in den leidentlichen Zustand, in dem wir uns hier befinden (Myr.). — Den Zustand der δόξα, welchem der Leib Christi angehört, preisen mit hohen Worten Chr., Thph., da er in ihm zur Rechten Gottes sitzt und von den Engeln angebetet wird; und offenbar muß man an die verklärte Leiblichkeit des erhöhten Christus denken, für welche unsere Stelle der wichtigste locus classicus ist, nicht aber an die Verklärung Christi auf dem Berge (Plg., Haym., Anf.). Auch hebt Thdt. mit Recht hervor, daß die Gleichheit unseres Leibes mit dem Christi nur κατὰ τὴν ποιότητα, οὐ κατὰ τὴν ποσότητα zu verstehen ist. Vgl. auch Art., Croc., die das discrimen membri a capite wahren[1]).

Schon die patristischen Ausleger haben die Bedeutung der Schlußworte ganz richtig erläutert. Sie sollen jeden Zweifel an der Möglichkeit des eben gesagten niederschlagen, indem sie von dem Umfassenderen, das seine Kraft vermag, auf das viel geringere schließen lassen, das eigentlich selbst nur ein Theil von jenem ist. Denn in der Verklärung der Leiblichkeit erfüllt sich ja nach 1 Cor. 15, 54. 55 das Wort von der Besiegung des θάνατος, der θάνατος aber ist nach 15, 26 der letzte Feind, der Christo unterworfen wird (vgl. Schlicht., Strr., Hnr.). Willkührlich verändert Th. v. M. diese Machterweisung Christi in seine Gnadenerweisung, wonach er, alle erneuernd, sie mit sich als dem Urheber ihres Heils verbindet; und Lyr. denkt gar an die Schöpfung und Erhaltung, Dion. an die Weltregierung durch die göttliche Allmacht. Es handelt sich aber wirklich um die Universalität der vollendeten Herrschaft Christi, die eben durch die endgültige Ueberwindung

---

[1]) Die zu milde von Rhw. beurtheilte Erklärung Hammond's, wonach das σῶμα von der Kirche zu verstehen wäre, ist eben so willkührlich wie die von B.-Cr., wonach es die Persönlichkeit überhaupt bedeutet und also nicht blos auf die Verklärung der leiblichen Natur geht. — Die Genitive ταπεινώσεως und δόξης stehen hier so wenig wie irgendwo more hebraico für das Adjectiv, wie von Ers. (humile et abjectum), Lth., Clv. bis auf Fl., Rhw. die meisten Ausleger annahmen. Es geht das hier um so weniger an, als sie jeder noch je einen Genitiv bei sich haben; vielmehr sind es einfache Genitive der Angehörigkeit (Win. §. 30. 2. β), wie z. B. σῶμα τῆς ἁμαρτίας Röm. 6, 6. τῆς σαρκός Col. 1, 22. Das Wort ταπείνωσις kommt bei Paulus sonst nicht vor, heißt aber Luc. 1, 48 und besonders Jac. 1, 10 zweifellos: Niedrigkeit, humilis, vilis conditio (Grt., Wlf.), humilitas (Vlg.). Hnr. vermuthet, Paulus müsse wohl ein corpus minus formosum gehabt oder sich durch diesen Gedanken unter den vielen Mißhandlungen, die er erlitt, getröstet haben! — Das εἰς τὸ γενέσθαι αὐτό ist aus dem Context zu streichen, es ist offenbar Glossem zur Erläuterung des proleptisch gebrauchten Adjectivs σύμμορφον, welchen Gebrauch Win. §. 66. 3 als eine Art von Breviloquenz ansieht.

aller widerstrebenden Elemente hergestellt wird (1 Cor. 15, 24), weshalb auch Chr., Thph. außer den Engeln und Erzengeln ausdrücklich der Dämonen gedenken. In der That leidet jene Universalität nach 1 Cor. 15, 25—27 auch keinerlei Einschränkung, als die selbstverständliche, wonach Gott selber ausgenommen ist, der dort und ebenso Eph. 1, 20—22 als der ὑποτάξας erscheint. Darum wohl wollte Oec. auch hier die göttliche Allmacht als Subject denken, wogegen schon Thph. es ausdrücklich auf die Allmacht der göttlichen Natur Christi bezog, indem er sich dabei gegen eine Zertrennung der Person Christi durch die Unterscheidung der Naturen verwahrte. Umgekehrt fand Cal. hier eine communicatio der göttlichen Allmacht an die menschliche Natur, während Croc. gegen Aeg. Hunnius diese Benutzung der Stelle bestreitet; und Est. argumentirt daraus, daß dasselbe einmal dem Vater und einmal dem Sohne zugeschrieben wird, für das trinitarische Dogma. Die beiden Vorstellungen schließen sich übrigens in der That nicht aus, sobald man nur die ἐνέργεια τοῦ δύνασθαι Christo von Gott verliehen denkt (Schlicht.). Erst wenn dieses Endziel der vollendeten Herrschaft Christi erreicht ist, ist ja der Zweck seines Mittlerregiments erfüllt und wie er dasselbe vom Vater empfangen hat, so giebt er es dann in die Hände des Vaters zurück, damit Gott sei Alles in Allem (1 Cor. 15, 28). Daß der Ausdruck auf alttestamentliche Stellen zurückweist (Psf. 110, 1. 8, 7), deren Erfüllung wir in dieser Machtübung anschauen sollen (Wies.), ist um so unwahrscheinlicher, da alles Charakteristische im Ausdrucke jener beiden Stellen der unsrigen fehlt[1]).

---

[1]) Zu ἐνέργεια bemerkt schon Clv. mit Recht, es sei nicht potentia, sondern efficacia i. e. potentia in actu se exserens (vgl. Dion.: virtus operativa, de W.: wirksame Kraft). Vgl. Col. 1, 29. 2, 12. 2 Theff. 2, 9. Der Genitiv des substantivirten Infinitivs (Win. §. 44. 4. a) ist dann mehr der gen. appos., „der die Ausdehnung der Wirksamkeit bezeichnet (de W., Ew.); nimmt man dagegen ἐνέργεια von der Wirksamkeit selbst, so ist er ein gen. autoris, der das Können bezeichnet, wovon die Wirksamkeit ausgeht (Myr., Wies.), also gleich ἐνέργεια τῆς δυνάμεως Eph. 3, 7. Vgl. 1, 19. Das erste ist offenbar passender, da es hier darauf ankam, die Wirkungskraft zu nennen, der gemäß (κατά) so Großes geschehen kann. Sachlich ziemlich richtig übersetzt also die Vlg.: secundum operationem, qua possit etc., und so die meisten. — Das καί markirt das Moment, das außer dem fraglichen μετασχηματίζειν noch hinzutritt, um den ganzen Umfang seines Könnens ermessen zu lassen und die Möglichkeit jenes ersten zu erhärten. Man muß es: auch oder: sogar übersetzen (Vlg.: etiam). Ganz verfehlt Rhw., Mtth.: nach der Macht, wodurch er zu allem befräftigt ist und sich alles unterordnen kann. — Für das Reflexivum der Rcpt. ἑαυτῷ liest Tisch. nach überwiegenden Autoritäten αὐτῷ, wobei, wie so häufig, die eigentlich stattfindende Reflexion vernachlässigt ist. Vgl. Win. §. 22. 5. Anm.

4. Das Schlußwort.
(Cap. IV, 1.)

Also, meine lieben und gewünschten Brüder, meine Freude und meine Krone, bestehet also in dem Herrn, Ihr Lieben!

[V. 1.] Der Apostel steht am Schlusse seiner, wenn auch nicht immer der Form, so doch überall der Tendenz nach durchaus paränetischen Auseinandersetzung über das wahre Leben in Christo. In ihm alle seine Freude und seinen Ruhm finden, immer vorwärts streben zu immer höherer Vereinigung mit ihm, wandeln so, daß das letzte Ziel unseres Christenlebens die Theilnahme an der Herrlichkeit des wiederkommenden Christus ist — das war der Inhalt derselben. Darum nun wendet er sich noch einmal an sie, die er so herzlich liebt und die er so herrlich lobt, um sie zu bitten, daß sie auch ferner sich seiner Liebe und seines Lobes würdig zeigen. Er nennt sie seine Brüder, weil er ja in Christo mit ihnen zu einem Bruderbunde vereinigt ist; aber er nennt sie zugleich mit besonderem Nachdruck seine geliebten und, weil sie noch fern von ihm sind und er doch so sehr nach einer Wiedervereinigung mit ihnen verlangt, seine ersehnten Brüder. Er kann sie seine Freude nennen, weil er allezeit ihrer aller nur mit Freuden in seinem Gebete gedenkt, wie er im Eingange sagte, aber auch seinen Kranz, weil der blühende Zustand der Gemeinde ihm, ihrem Stifter, überall der schönste Schmuck ist und die höchste Ehre bringt. Indem er darum noch einmal Alles zusammenfaßt, ermahnt er sie also, wie er es eben dargestellt, zu bestehen in der Gemeinschaft mit dem Herrn, in der allein sie ihn als festen Grund ihrer Freude, als stetes Object ihres Strebens und als herrliches Ziel ihrer Hoffnung haben können; und schließt mit einer nochmaligen Versicherung seiner Liebe an sie, seine Geliebten.

V. 1.

Daß dieser Vers die conclusio des vorigen doctrinellen Abschnitts bildet, hat wohl zuerst Clv. erkannt (vgl. Schlicht.), während ihn Lyr., Dion. der consolatio, Bll., Croc. der Paränese des vierten Capitels einreihen. Seit Strr. ist die Beziehung zum Vorigen, wonach man das neue Capitel erst mit V. 2 beginnt, ganz allgemein geworden, nur etwa Fl. und Mtth. nehmen ihn wieder als Einleitung der folgenden Paränese. Allein noch Myr. behauptet gegen de W., daß V. 1 nur den Abschluß der letzten Ermahnung V. 17—21 bildet; doch mit sehr schwachen Gründen; denn die Anrede ἀδελφοί, die hier wiederkehrt, beginnt ja alle Theile des Cap. 3 (V. 1. 13. 17) und ebenso der Hinweis auf sein Beispiel (V. 4. 12. 17), an den aber die Ermahnung unseres Verses gar nicht einmal anknüpft; das ὥστε und οὕτως aber erklärt sich auch ohne directe Beziehung auf V. 17.

Freilich ließen schon Chr., Plg., Anſ., Dion., Bll. das ὥστε nur aus dem über die Christenhoffnung gesagten folgern und so Grt., Croc., Bng., Fl., aber auch Hnr., Rhw., v. Hng. und selbst Wief., trotzdem daß dieser unseren Vers als Abschluß des ganzen Capitels faßt. Allein dies ist nur möglich, wenn man gegen den Wortlaut das στήκετε ἐν κυρίῳ als Ermahnung zum Verharren in der Hoffnung (Chr., Thph.) oder im Glauben und Bekenntniß Christi (Ambr., Dec., Bll., Pisc., Croc., Sdl., Rsm., Rhw., Mtth.) oder im Glauben und Christogemäßen Leben (Grt.) faßt (vgl. Haym., Schlicht., Corn., Cal., a. E., Fl.). Es kann aber wortgemäß nur heißen: bestehet (1, 27) in der Gemeinschaft mit Christo (1 Thess. 3, 8), wie schon Bng., Strr., v. Hng., B.-Cr., Wief. es richtig nehmen, und im Wesentlichen auch Myr. Diese Ermahnung aber kann nicht aus dem zuletzt gesagten, auch nicht aus der ganzen Aufforderung V. 17 ff. (Myr.) gefolgert werden, da der Christenwandel gerade in diesem letzten Abschnitte nicht direct als Wandel in der Gemeinschaft mit Christo dargestellt war. Dagegen war dieser Gedanke von 3, 1 an durchweg der leitende (vgl. V. 3. 9. 14) und lag insofern auch dem letzten Abschnitte zum Grunde, als der Wandel, der durch das letzte Ziel der Herrlichkeitsgemeinschaft mit Christo bedingt ist, natürlich nur ein Wandel in Christo und seiner Gemeinschaft sein kann (vgl. S. 289). Das ὥστε folgert also aus V. 21 nur insofern, als derselbe im Lichte der ganzen vorigen Ausführung erscheint, weshalb mit Recht Strr., de W., B.-Cr., Wief., Ew. ihn als Abschluß derselben ansehen. — Auf alles in dieser Ausführung gesagte bezieht sich denn auch das οὕτως, das ja auch nach dieser Auffassung dem οὕτως V. 17 correlat ist (Myr.), da Paulus durch den ganzen Abschnitt sich als Muster des Lebens in Christo hingestellt hat und also die Leser, wenn sie so, wie er es gelehrt hat, in der Gemeinschaft mit Christo bestehen bleiben, damit wirklich so wie er wandeln (vgl. Anſ.: sicut ego et mihi similes). Ganz willkührlich aber ergänzten die griechischen Ausleger: wie ihr stehet (vgl. Clv., Bll., Bng., Wlf., Bmg., a. E.), während schon Bz. (ut dixi), Corn., Est., Strr., Hnr., Rhw., Wief. das Richtige haben. Nur muß man weder mit Art., Schlicht., Fl. über das dritte Capitel hinausgehen, dem ja keine Paränese unmittelbar vorhergeht, noch mit v. Hng., de W. es speciell auf den Wandel im Himmel beziehen, (vgl.

Mtth.: wie es dem chriſtlichen Princip und Ziel gemäß iſt), was mit der richtigen Beziehung des ὥστε unverträglich iſt¹). Auch in dieſe Ermahnung tragen die Ausleger natürlich ihre Polemik gegen den Judaismus hinein (Bll., Corn., Strr., Rhw.). Aber daß in dieſem Abſchluſſe auch kein Wort darauf hindeutet, zeigt aufs Neue, wie will= kührlich man die ganze Auseinanderſetzung des dritten Capitels von dieſer Polemik ausgehen läßt.

Schon die griechiſchen Ausleger machen auf die hohen Liebes= und Lobesbezeugungen aufmerkſam, in welche Paulus ſeine Er= mahnung gleichſam einfaßt (Art., Croc.), damit ſie ſich auch ferner bereitwillig finden laſſen, ihm Freude zu machen und ſich ſeines Lobes werth zu zeigen, und ſchön bemerkt Clv.: blandis appellationibus in eorum affectus se insinuat, quae tamen non sunt adulationis, sed sin- ceri amoris. Schon Oec., Thph. machen auf den doppelten Klimar auf= merkſam, der in ἀδελφοί — ἀγαπητοί — ἐπιπόθητοι liegt. Das erſte bezeichnet die in der Gemeinſchaft mit Chriſto, nicht gerade im Glauben (Haym., Croc., vgl. zu 2, 25) begründete Brudergemeinſchaft, das zweite die ſpezielle Liebesgemeinſchaft (2, 12), das dritte die Sehnſucht nach ihnen und dem Wiederſehen mit ihnen (1, 8. 2, 26. Vgl. Thph., Anſ., Croc., Bmg., Rſm., B.=Cr.: exoptati). Unglücklich verſucht Dion. in ἀγαπ. und ἐπιπ. ein höheres und niederes Verlangen zu unterſcheiden. — Bei χαρὰ καὶ στέφανός μου dachte Plg. an ſeine jetzige Freude und ſeine künftige Belohnung, und ihm folgten Strb., Anſ., Lyr., Dion., Clv., Corn., Eſt., wodurch aber eine unpaſſende Reflexion in den Ausdruck des Affects hineingetragen wird (Myr.). Schon Thph. fand in dem zweiten eine Steigerung; der Zuſtand der Gemeinde gereicht ihm nicht nur zur Freude (1, 4), ſondern auch zum Schmucke, der ihm Ehre und Ruhm (vgl. 1 Theſſ. 2, 19: στέφανος καυχήσεως) bringt (Thdt., Piſc., Grt., Rſm., a. E., Hnr., B.=Cr.), wobei man aber wieder nicht an den Ruhm am Tage Chriſti (2, 16) denken darf, wie Schlicht. thut. Speciell an den Prieſterſchmuck beim Opfer (Wlf., Bmg.) oder an den Siegerkranz in den olympiſchen Spielen (Sdl., Bmg., vergl. Croc., Myr.) zu denken, iſt ungehörig. Jedenfalls zeugen dieſe lobenden Prädicate, die der ganzen Gemeinde beigelegt werden, auf's Schlagendſte gegen alle Lehrdifferenzen und ſittlichen Verirrungen, die man derſelben angedichtet hat.

---

¹) Das ὥστε iſt alſo hier eben ſo abſchließend wie 2, 12. — Das οὕτως meinte Druſius gar ohne Ergänzung für recte nehmen zu können. — Die Prädicate ἀγαπητοί und ἐπιπόθητοι in amabiles et desiderabiles umzuſetzen (Art., Eſt.) iſt ſo willkührlich, wie beides für ſynonym zu erklären (Hnr.). Richtig ſchon Vlg.: carissimi et desideratissimi. Die Metonymie, wonach χαρά für den Gegenſtand der Freude ſteht, hat nichts auffallendes. — Die effectvolle Wiederholung des ἀγαπ. nennt Grt. eine περιπαθὴς ἀναφορά. Vgl. Schlicht.: iterum hoc repetit, quia satis amorem suum exprimere non potuit.

VI. Schlußermahnungen.
(Cap. IV, 2—9.)

1. Eine Privatangelegenheit.
(Cap. IV, 2. 3.)

Die Euodia ermahne ich und die Syntyche ermahne ich, daß sie Eines Sinnes seien in dem Herren. Ja, ich bitte auch Dich, du echter Genosse, stehe ihnen (darin) bei, die ja sammt mir über dem Evangelio gekämpft haben mit Clemens sowohl als mit meinen andern Gehülfen, welcher Namen sind in dem Buche des Lebens.

[V. 2.] Unter dem, was der Apostel noch zum Schlusse ermahnend der Gemeinde an das Herz legen will, gedenkt er zuerst einer privaten Angelegenheit, die aber um des Ansehens willen, das die betheiligten Personen in Philippi genossen, nicht zu unwichtig erschien, um dem Briefe selbst einverleibt zu werden. Zwei wohlverdiente christliche Frauen in der Gemeinde scheinen mit einander in Uneinigkeit gelebt zu haben, die zum Aergerniß und bösen Beispiel gereichen konnte. Paulus ermahnt daher die Euodia sowohl als die Syntyche, daß sie einträchtig seien und zwar so, daß ihre Eintracht wieder den Einen rechten Grund suche in der Gemeinschaft mit dem Herrn, in der sie ja beide stehen. [V. 3.] Ja, er bestätigt die Nothwendigkeit dieser Ermahnung damit, daß er noch einen dritten bittet, durch seine hier wohl, wie überall bei gegenseitiger Entzweiung, so wirksame liebevolle Vermittelung ihnen beizustehen im Streben nach solcher Eintracht. Er bezeichnet denselben als einen, der im wahren Sinne ihr echter Jochgenosse sei, ohne daß wir genau erfahren, welch ein Band ihn mit diesen beiden Frauen verknüpfte, das er so treu festhielt, und auf das hin Paulus diese Bitte an ihn richtet.

Der Apostel kann aber nicht unterlassen, bemerkbar zu machen, wie werth diese Frauen es seien, daß man sich ihrer annehme und jetzt, wo sie fehlen, sie auf den rechten Weg zurückzuführen suche. Denn sie haben ja einst, wie den Philippern eben so bekannt sein muß, als es uns leider völlig unbekannt ist, in der Fürsorge für die evangelische Verkündigung einen guten Kampf gekämpft in Gemeinschaft mit dem Apostel, sich dieselbe unter Gefahren und Leiden angelegen sein lassen sammt den anderen Mitarbeitern des Apostels in Philippi, unter denen er einen gewissen Clemens namentlich hervorhebt, weil er sich besonders ausgezeichnet hatte oder bei den in Rede stehenden Ereignissen besonders den beiden Frauen nahestand. Die übrigen will er nicht alle nennen; nur Eines will er sagen, was mehr werth ist als ihre namentliche Aufführung in diesem Briefe: ihre Namen stehen in dem Buche des Lebens, sie gehören, wie er mit fröhlichem Vertrauen auf Grund ihres treuen Glaubenskampfes sagen kann, zu denen, welche zum ewigen Leben von Gott in Gnaden verordnet und berufen sind.

V. 2.

Es ist die Art des Apostels, gegen das Ende seiner Briefe noch einzelne Ermahnungen verbindungslos an einander zu reihen (vgl. de W.). Hier schließen sich dieselben ganz lose an den Abschluß des didaktischen Hauptabschnittes an. Man darf daher auch nicht nach einem logischen Zusammenhange mit der Ermahnung V. 1 suchen (v. Hng., Myr.), welcher irgendwie indicirt sein müßte. Voran steht naturgemäß die an einzelne Personen gerichtete Ermahnung. Dieselbe rechtfertigt sich vollkommen, wenn diese ein so großes Ansehen in der Gemeinde hatten, daß ihr Beispiel in gutem und schlimmem Sinne von großem Einfluß sein mußte (Clv., Art., Croc.). Uebrigens war schon zur Zeit des Th. v. M. und Chr. diese namentliche Erwähnung einzelner Frauen mit Lob und Tadel etwas, was ihrer Sitte fremd erschien, was sie aber als einen schönen Zug der apostolischen Zeit hervorheben. Hnr. dagegen verstand denselben so wenig, daß er auch diese Ermahnung nur auf einem besonderen Zettel, an die selectiores gerichtet, stehen ließ, und die Tübinger Schule machte deshalb aus den Frauen zwei Parteien (vgl. die Einl. S. 26)[1]).

---

[1]) Die Wiederholung des παρακαλῶ soll offenbar hervorheben, daß beiden in gleicher Weise die Ermahnung gilt (Vng., Rhw., v. Hng, Wies.) und dient nicht

Schon Th. v. M. kennt eine Ansicht, wonach die beiden Namen ein Ehepaar bezeichnen und Syntyches der Kerkermeister war, den Paulus nach Act. 16 bekehrte. Grt. machte gar beide zu Männern und bezog das αὐταῖς (V. 3) auf die im Folgenden näher charakterisirten. Aber die griechischen Väter bleiben mit Recht dabei stehen, daß es sehr angesehene Frauen in Philippi waren (vgl. Art., Est., Croc.), die Chr., Thph., vielleicht übertreibend, τὸ κεφάλαιον τῆς ἐκκλησίας nennen. Dagegen dachten schon Plg., Haym. an häusliche Lehrerinnen ihres Geschlechts und der Kinder (vgl. Cal., Sdl.), Grt. bei den αὐταῖς an die πρεσβυτίδες, viduae seniores der alten Kirche, die meisten an Diakonissen (Rsm., v. Hng., B.-Cr., Ew.), was de W., Myr. als unnachweislich dahingestellt sein lassen und Wies. mit Recht bezweifelt, da das zu ihrem Lobe im Folgenden gesagte nicht gerade auf Diakonissendienste hinweist. Wunderlicher Weise denkt v. Hng. an Römerinnen, die nach Philippi reisten.

Daß diese Frauen in Uneinigkeit lebten, sprachen unter den Griechen nur Th. v. M. und Thdt. deutlich aus (vgl. Bll. und die meisten Ausleger), Oec. entfernt sogar jeden Gedanken daran, indem er zu τὸ αὐτό ergänzt: ὅπερ νῦν φρονοῦσιν, und auch Clv. hält jene Voraussetzung für unberechtigt und die Ermahnung nur für eine vorbeugende Maßregel (vgl. auch v. Hng.). In anderer Weise verlassen die Lateiner den einfachen Wortsinn, indem sie hier nur eine Ermahnung zum Fortschreiten in der scientia sehen (Ambr.) und das τὸ αὐτό auf das beziehen, quod nos sapimus, ego et fideles (Haym., Ans.). Auch spätere dogmatisirende Ausleger, wie Wlf., Bmg., Sdl. und Zanchius bei Croc. denken an eine Ermahnung zur Glaubens- und Lehreinheit, etwa im Gegensatze zu Streitigkeiten über gesetzliche Riten (Schlicht.); während Salmero, Aeg. Hunnius bei Croc. diesen Gesichtspunkt ganz ausschließen und letzterer selbst erklärt, daß wir nicht wissen können, welches der Gegenstand ihrer Uneinigkeit war. Hieran ist denn auch festzuhalten, nur daß aus der abgesonderten Besprechung der Sache zu erhellen scheint, daß es Privatangelegenheiten waren, welche die beiden Frauen entzweiten. Nicht einmal das ist auszumachen (Myr.), daß sie περὶ πρωτείων stritten, wie Th. v. M. meint und noch Schz. S. 73, de W., Wies., die hierin ein Beispiel

---

blos ad vehementiam affectus significandam (Ers., Myr.). — Das ἐν κυρίῳ, das noch Strr. nach dem Vorschlage Bz.'s der Wortstellung entgegen zu παρακαλῶ zieht, heißt nicht secundum dominum (Ans.) oder um Christi willen (Fl.) und bezeichnet die Eintracht (2, 2) nicht als eine, die nur in den Angelegenheiten des Christenthums festgehalten werden soll (a. E., Hnr.), sondern als eine in Christo (Rhw., Myr. Vergl. Bz.: ea concordia, cujus vinculum sit dominus), in der Lebensgemeinschaft mit ihm (v. Hng., Wies.) wurzelnde und darum echt-christliche (Mtth., Myr.). Nichts verpflichtet so sehr zur Eintracht und erleichtert dieselbe so, als das Bewußtsein der Gemeinschaft in den höchsten Dingen; darum weist der Apostel auf die ihnen gemeinsame Verbindung mit Christo hin.

jenes Stolzes und Wetteifers fanden, wogegen Paulus 2, 3 kämpfen soll (vgl. darüber S. 141).

V. 3.

Wer der um seine Mithülfe angegangene sei, darüber ist von Anfang an Streit gewesen. Clemens v. Aler. (vgl. Strom. 3. pag. 448 B. ed. Paris. 1641) rieth auf die Gattin des Apostels; aber dagegen erklären sich schon die griechischen Ausleger theils mit Hinweisung auf 1 Cor. 7, 8, wonach Paulus wohl ehelos geblieben sei, theils wegen des Masculinum $γνήσιε$. Ers., Vgh., Bll., Art. haben diese Fassung wieder geltend gemacht, und unter den Protestanten scheint sie nach Cal. zum Theil aus polemischem Interesse sehr verbreitet gewesen zu sein (vgl. auch Schlicht.), während sie neuerdings allgemein aufgegeben ist. Chr., Oec., Thph. denken an den Gatten oder Bruder der einen oder beider Frauen und auch Bz. ist dem nicht abgeneigt. Doch kennt schon Chr. die Ansicht, wonach Syzygos ein nomen proprium sein soll und diese ist von Strr. modificirt (Uebersetzung des Namens $Κολληγᾶς$), von Myr. wieder erneuert worden. Das $γνήσιε$ soll in seiner Weise dem Appellativsinn des Namens entsprechen: der du in der That und dem Wesen nach bist, was dein Name besagt, ein Jochgenosse d. h. mein Mitarbeiter. Allerdings haben wir Philm. 11 ein nicht ganz unähnliches Wortspiel mit der Appellativbedeutung des Namens Onesimus; allein dieses wäre doch ungleich gesuchter und ist um so mißlicher, da sich nicht einmal der Name Syzygos nachweisen läßt, was denn auch gegen die Ansicht der Lateiner gilt, die umgekehrt Gnesios zum nomen proprium machten (Germane compar! Vgl. Plg., Haym., Ans., Lyr., Dion.). Mit Recht wird diese Ansicht schon von Bz. gänzlich verworfen. Endlich erklären Th. v. M., Thdt. $σύζυγε$ einfach als nomen appellativum von einem christlichen Genossen, der an demselben Joche zieht (vgl. 2 Cor. 6, 14), also von einem ausgezeichneten, den Lesern ohne weiteres bekannten Mitarbeiter des Apostels in Philippi, und diese Ansicht ist überwiegend herrschend geworden. Vgl. Croc., Corn., a. E., Hnr., Rhw., Mtth., de W. Specieller denkt man an einen Vorsteher der philippischen Gemeinde (Rsm., Fl., Wies., Jth.) oder gar an den Obervorsteher (Lth. bei Myr., Ew.); ganz verkehrt an den beim Apostel befindlichen Epaphrodit (Vtb., Grt., Cal., Wlf., Sdl., Kr., v. Hng., B.=Cr.) oder Timotheus (Est.), ganz willkührlich an Silas (Bng.). Allein zu dieser Fassung paßt weder das $γνήσιε$ recht, das diesen Unbekannten in zu einziger Weise vor allen anderen Mitarbeitern in Philippi, deren Paulus doch sofort rühmend gedenkt, hervorheben würde, noch der sonst nie von dem Apostel für dieses Verhältniß gebrauchte Ausdruck ($σύζυγος$) und die Annahme, daß trotz der allgemeinen Bezeichnung die Philipper gewußt haben sollen, wen er meine, ist sehr mißlich. Endlich fehlt auch ein $μου$

oder ἡμῶν, was Paulus doch nur höchst selten und nur da ausläßt, wo, wie Col. 4, 7. 11, der Zusammenhang es zweifellos macht, wessen Mitarbeiter gemeint ist. Es bleibt daher mindestens eben so wahrscheinlich, daß Paulus den σύζυγος beider Frauen meint und ihn, wie 1 Tim. 1, 2. Tit. 1, 4, als einen γνήσιος bezeichnet, weil er in echter Weise (2, 20. 2 Cor. 8, 8) an der durch σύζυγος angedeuteten Gemeinschaft mit ihnen festhielt und sie pflegte. Der Einwand Myr.'s, daß er gerade dann der Aufforderung nicht bedurft hätte, würde voraussetzen, daß man keinen zu etwas ermahnen darf, dessen Erfüllung man von ihm hoffen darf. Vielmehr gerade, weil es von ihm zu hoffen war, daß er es thun werde, fordert ihn der Apostel auf, zu dem Friedenswerke mitzuhelfen[1].

Je nach der verschiedenen Auffassung der Ermahnung an die Frauen bestimmt sich auch die Fassung der an ihren Genossen gerichteten Aufforderung. Chr., Thph. nehmen dieselbe als bloße Empfehlung der Frauen an ihn; Oec. als Aufforderung zur Unterstützung in ihrem Wirken (vgl. Haym., Clv., Est.), Ans., Lyr., Dion. als Aufforderung zu ihrer Stärkung im Allgemeinen. Grt. und Cal. dachten gar an die übliche Wittwen-Unterstützung, worauf auch schon Haym. vorschlagsweise hindeutet. Nur Th. v. M., Thdt. erkennen richtig, daß es sich um eine Mithülfe zur Herstellung ihrer gestörten Einigkeit handelt, und ihnen sind die meisten Ausleger gefolgt. — Die in dem Relativsatze ausgesprochene Anerkennung ihrer Verdienste ist nicht dadurch motivirt, daß das Geltendmachen derselben ihre Un-

---

[1] Das ναί, das Tisch. statt der Rcpt. καί auf überwiegende Zeugnisse aufgenommen hat, gebraucht Paulus bestätigend Röm. 3, 29. Philm. 20, und 2 Cor. 1, 17—20 geradezu im Gegensatz zu οὐ als synonym mit ἀμήν. Es heißt also: ja, fürwahr und bestätigt die Ermahnung V. 2 durch die Bitte um Mitwirkung bei der Erfüllung derselben in ihrer Nothwendigkeit und Dringlichkeit. Richtig schon Vall., Ers., Est., vgl. de W., Myr., Wief. Unrichtig nahmen es Grt., Rsm., Strr., Hnr., a. E. als Betheuerungspartikel und verglichen das hebräische נא. — Das αἵτινες ist auch hier motivirend wie 1, 28: utpote quae; das ἐν τῷ εὐαγγελίῳ bezeichnet das Evangelium als den Bereich, in welchem sich ihr συναθλεῖν vollzog (Röm. 1, 9. 1 Thess. 3, 2) und ist keineswegs ohne weiteres gleich: pro evangelio (Strr., a. E.). — Die Beziehung des μετά zu συνήθλησαν haben schon Th. v. M., Ans. deutlich ausgesprochen, und Art. entscheidet ausdrücklich gegen die mit συλλαμβάνου (Bll.), welche noch Sdl., Bmg., Strr., Fl. vorziehen. Aber gegen sie spricht die Wortstellung und der Sinn, da Paulus nicht alle seine Mitarbeiter zur Betheiligung an dem Friedenswerk auffordern kann, sowie auch der Context, wonach der Relativsatz ὧν τὰ ὀνόματα ιc. das Correlat zu dem in συνήθλησαν von ihnen ausgesagten bildet. — Das erste der beiden correlativen καί mußte hier zwischen Präposition und Nomen stehen, wo sonst nur Conjunctionen, die für sich nie die erste Stelle einnehmen, zu stehen pflegen (Win. §. 47. 5. S. 325), weil die durch καί-καί, sowohl-als auch (Myr.) verbundenen Subjecte beide von der Präposition abhängen. Nicht ganz richtig vergleicht de W. das καί mit dem nach ὡς, καθώς stehenden: auch. Zu ergänzen ist im letzten Relativsatz natürlich nur ἐστί und kein Optativ (Bng.).

einigkeit herbeigeführt hatte (Wief.) — was ohne näheres Eingehen darauf sehr unpädagogisch gewesen wäre —, sondern sie soll ihrerseits motiviren, warum diese Frauen solcher Hülfsleistung werth seien (Th. v. M., Croc., Myr.). Man mag Myr. immerhin zugeben, daß ein γνήσιος σύζυγος der beiden Frauen dieser Empfehlung (de W.) an sich nicht gerade bedurfte; aber das schließt nicht aus, daß sich Paulus gedrungen fühlt, seine Aufforderung an ihn durch die Erinnerung an das, was diese Frauen geleistet, zu motiviren. Aus der Bezeichnung dessen, was sie gethan, erhellt zunächst, daß sie der evangelischen Verkündigung Vorschub geleistet haben und selber Mitarbeiter des Apostels geworden sind, daher er sie ja im Folgenden dem Clemens und seinen übrigen Mitarbeitern gleichstellt. Uebrigens wird nicht nur von der Prisca (Röm. 16, 3), sondern auch von den Röm. 16, 12 genannten Frauen Aehnliches gerühmt. Diesen Gesichtspunkt heben Chr., Thph. (vgl. Grt., v. Hng.), mit besonderer Beziehung auf das Predigen unter ihrem Geschlechte Plg., Haym. hervor. Doch weist der Ausdruck, wozu 1, 27. 2, 25 zu vergleichen ist, auf eine Thätigkeit hin, die unter Anfechtung und Kampf mit den Feinden des Evangeliums, also nicht ohne Gefahren und Leiden geübt ist, wie schon Thdt., Oec., Bll., Art., Est., Bng., Wlf., Myr., Ew. bemerkten. Gegen den Ausdruck aber (ἐν τῷ εὐαγγελίῳ) ist die Beziehung auf persönliche Dienste, die sie dem Apostel (Th. v. M., Ans. und noch Schlicht.) und seinen Gefährten geleistet haben sollen (Lyr., Dion., als ob stünde: μοι καὶ τῷ Κλημ.).

Zur näheren Hinweisung darauf, welche bestimmte Thatsachen er meine, diente für die Leser die Bemerkung, daß sie, was sie gethan, in Gemeinschaft mit Clemens und seinen übrigen Mitarbeitern gethan. Uns freilich sind die zum Grunde liegenden Verhältnisse völlig unbekannt. Wir können wohl auf Act. 16, 19 (Bng.) oder 1 Thess. 2, 2 (Ew.) verweisen, aber damit ist nicht ausgeschlossen, daß die hier erwähnten Kämpfe auch einer andern Zeit angehören könnten. Unnöthig ist es, mit Myr. anzunehmen, daß es verschiedene Dienste waren, die sie mit Clemens und die sie mit den Uebrigen dem Evangelium geleistet hatten, da die namentliche Hervorhebung des ersteren leicht auch andre Gründe gehabt haben kann, über die uns freilich nur noch Vermuthungen bleiben. Entschieden aber ist gegen v. Hng. festzuhalten, daß an Ereignisse zu denken ist, welche sich in Philippi zugetragen, da nur auf solche der Apostel in dem Brief an die Gemeinde als auf allgemein bekannte anspielen konnte. Damit aber fällt jede Wahrscheinlichkeit, daß bei diesem Clemens mit Plg. und der katholischen Tradition (vgl. Eusebius, hist. eccl. III, 4. Haym., Corn., Est. und dagegen Cal., Wlf.) an den römischen Clemens zu denken ist, wenn es auch dahingestellt bleiben muß, ob er, sowie die übrigen συνεργοί, gerade Vorsteher in Philippi war, wie seit Grt. die Meisten annehmen bis auf Myr., Ew. Nicht einmal die römische Abkunft des in Philippi sich aufhaltenden Clemens zu behaupten, liegt irgend ein Grund vor. Uebrigens vgl. die Einleitung S. 24.

Den Zweck des Schlußsatzes giebt schon Plg. treffend an. Paulus will gleichsam entschuldigen, daß er die Uebrigen alle nicht namentlich anführt, und verweist darauf, daß, wenn auch nicht in diesem Briefe ihre Namen stehen, dieselben doch im Buche des Lebens niedergeschrieben sind. So die Meisten. Daraus folgt dann auch, daß sich die Bemerkung contertgemäß nur auf die λοιποί bezieht (Myr.). Irrthümlich auf Grund seiner falschen Voraussetzungen meint v. Hng., wenn auch ihre Namen den Philippern unbekannt seien, so seien sie doch Gott bekannt. Der bildliche Ausdruck, den wir schon im Munde Christi finden (Luc. 10, 20) und den Strr. wunderlicher Weise als aus der Apokalypse entlehnt ansieht, darf nicht erst aus der Militärsprache (Pisc.) oder aus den Bürgerrollen (Grt., v. Hng., Jth.) erklärt werden (vgl. Croc., Corn.), geschweige denn aus der Aufzeichnung der Sieger in den Kampfspielen (Bng.), da er offenbar dem alten Testament entlehnt ist (Exod. 32, 32. 33. Psalm 69, 29. Dan. 12, 1). Er bezeichnet, wie schon Strb., Anf. erkennen, die Prädestination zum ewigen Leben. Lyr. schwankt, ob man dabei an eine göttliche Offenbarung dieser Prädestination denken solle (Dion.) oder sie für erschlossen ansehen aus den guten Werken dieser Personen (Est.). Clv., Croc. entscheiden richtig dafür, daß Paulus aus den signis electionis auf diese selbst schließt, und diese liegen offenbar in ihrem eben erwähnten treuen Glaubenskampfe vor (vgl. 1, 28. 2, 12). Daraus folgt denn auch, daß dieser Ausdruck weder für das decretum absolutum ac immutabile beweist (Pisc.), noch das ex praevisa fide hineinzutragen nöthigt (Cal., Sdl.). Auch braucht man nicht mit Croc. die selbstverständliche Widerrufbarkeit dieses Anspruchs ausdrücklich zu verclausuliren (vgl. Corn., der ein hypothetisches und ein definitives Eingeschriebensein unterscheidet). Man muß aber andrerseits den Ausdruck auch nicht dahin abschwächen, daß man an das Verzeichniß der Frommen denkt, welche nach 3, 20 schon echte Unterthanen Christi sind und, wenn sie in ihrem Sinne beharren, die Aussicht haben, einst das ewige Leben zu erlangen (vgl. Rsm., Kr., Fl.). Nach Bng. hat wieder Ew. in gänzlicher Verkennung des gangbaren bildlichen Ausdrucks behauptet, daß die im Buche des Lebens Stehenden bereits verstorben seien. (Vgl. übrigens auch die Einleitung S. 26.)

2. Abschluß des Hauptthemas.
(Cap. IV, 4—7.)

Freuet Euch in dem Herrn allewege, (und) abermals sage ich: freuet Euch! Eure Lindigkeit lasset kund werden allen Menschen. Der Herr ist nahe. Sorget nichts, sondern in allen Dingen lasset Eure Wünsche im Gebet und Flehen mit Danksagung vor Gott kund werden und der Friede Gottes, welcher höher ist denn alle Vernunft, wird Eure Herzen und Sinne bewahren in Christo Jesu.

[V. 4.] Nach der Erledigung jener speciellen Angelegenheit kommt nun der Apostel zum Schlusse noch einmal auf das Hauptthema seines Briefes zurück, der ja fast in allen Theilen den Zweck gehabt hatte, die echte Christenfreude in seinen Lesern anzufachen. So sollen sie sich denn freuen in dem Herrn und zwar — das ist das Neue, was er nun noch insbesondere betont — allezeit, auch da, wo Leiden und Trübsal aller Freude ein Ende zu machen scheinen. Indem er diese Ermahnung ihnen recht einschärfen will, entschließt er sich, sie noch einmal zu wiederholen, und thut es gleichsam laut vor ihren Ohren, um seinen Lesern es fühlbar zu machen, mit wie ausdrücklicher Absicht er sie wiederhole: **ich will es noch einmal sagen: freuet euch!**

[V. 5.] Aber diese stetige friedvolle Grundstimmung des Christen soll sich auch nach außen hin erweisen in dem friedfertigen Verhalten gegen seine Umgebung. Wer in sich selbst befriedigt ist, weil er seine Freude in Christo als dem höchsten Gute gefunden hat und ihren einigen Grund und Gegenstand in ihm unverlierbar besitzt, der bedarf nicht viel von anderen und macht daher keine großen Ansprüche, ja selbst wo er ein Recht hat zu fordern, giebt er es gern um des Friedens willen daran, und giebt willig mehr als er zu geben verpflichtet ist. Was ihm von außen her angethan wird, vermag den tiefsten Grund seines Seelenfriedens nicht zu stören; daher fühlt er es kaum, erträgt und vergiebt es leicht. So läßt er seine Lindigkeit, d. i. seine Billigkeit und Milde, **kund werden allen Menschen;** aber was dem, der den rechten Grund der Freude gefunden hat, sich wie von selbst ergiebt, das ist zugleich Christenpflicht, ja im Grunde die Eine Christenpflicht, die alle anderen einschließt, weil die darin sich äußernde Liebe des Gesetzes Erfüllung ist, und der Herr, dessen Wiederkunft nahe ist, wird es von ihm fordern an seinem Gerichtstage. Ein Grund mehr zu streben nach der rechten Christenstimmung, aus der die Erfüllung dieser Pflicht von selbst hervorgeht!

[V. 6.] Nichts aber stört so leicht jene wahre Christenfreude, als die Besorgniß um unser irdisches Ergehen, die im Blick auf die drohenden Gefahren und Trübsale ängstlich nach Hülfe umherschaut. Darum soll der Christ in keinem Stücke sorgen, vielmehr soll er in allen Stücken sich damit begnügen, seine Wünsche vor Gottes Angesicht kund werden zu lassen, und damit zeigen, daß er weiß, wo sicher Hülfe zu finden ist. Er soll es thun in dem Gebete, das, ohne rathlos umherzublicken, sich gläubig und getrost direct an den rechten Helfer, an Gott selbst, wendet, und in dem Flehen, das auf alle Selbsthülfe verzichtend, demüthig alles allein von Gott erbittet. Dieses Gebet aber muß stets begleitet sein mit Danksagung für alle empfangenen Wohlthaten, auch für das, was auf den ersten Blick nicht wie Wohlthat erscheint; denn so allein zeigt man zugleich die wahre Ergebung in den göttlichen Willen, welche jedes Gebet erhörlich macht und alle Sorge überwindet.

[V. 7.] Die Folge aber dieser siegreichen Ueberwindung aller Sorge durch das gläubige und ergebungsvolle Gebet wird sein, daß Gott uns jene innere Seelenruhe giebt, welche über den Wechsel der irdischen Schicksale erhaben ist und die stete Freude in dem Herrn uns sichert. Diesen Frieden Gottes kann freilich der natürlich-menschliche Sinn, der sich immer mannichfach leidentlich afficirt fühlt durch die Trübsale dieses Lebens, nicht fassen, weil derselbe allein von Gott kommt und darum höheren Wesens ist; er übersteigt alle blos menschliche Vernunft. Aber der Wiedergeborene, der ihn einmal geschmeckt und erfahren hat kraft der Erneuerung seines Geisteslebens durch den heiligen Geist in der Lebensgemeinschaft mit Christo, dessen Herz wird dieser Frieden mit all seinen Sinnen und Gedanken bewahren in der Gemeinschaft mit Christo Jesu, die ja der alleinige Grund aller wahren Christenfreude ist, weil der diese Gemeinschaft nicht mehr wird lassen wollen, der einmal in ihr den Frieden Gottes und die Seligkeit eines Christenmenschen gekostet hat.

V. 4.

Die aus 3, 1 zum Schlusse noch einmal aufgenommene Ermahnung erhält ihr neues Moment durch das hinzugefügte πάντοτε, das schon die griechischen Väter richtig aus der Beziehung auf die Leiden erklären, welche die Christenfreude nicht trüben sollen, wie sie denn auch in der nachdrücklichen Verdoppelung der Ermahnung eine Aufforderung sehen, sich selbst unter den ungünstigsten Verhältnissen allezeit zu freuen[1]). Wie also 3, 1 auf dem rechten Grunde der Freude, so liegt hier aller Nachdruck auf der Beständigkeit derselben, daher auch bei der Wiederholung das ἐν κυρίῳ wegfällt. Die griechischen Ausleger erörtern den scheinbaren Widerspruch dieser Ermahnung mit Luc. 6, 21. 25. Matth. 5, 5, indem sie mit Recht darauf aufmerksam machen, daß die wahre Freude die christliche Trauer über die Sünde nicht ausschließe, vielmehr ihre Frucht sei. Diese Betrachtungen sind hier nicht so ungehörig. Sie erklären, warum Paulus im Folgenden nur der irdischen Sorge als der Freude- und Friedestörerin gedenkt. Der Blick auf die eigene Sünde nemlich, so sehr er stets das Schamgefühl der Buße hervorruft, kann doch nie eigentlich die wahre Christenfreude aufheben. Denn sofern dieselbe eben Freude in dem Herrn ist, trägt sie das Bewußtsein davon in sich, daß in Christo alle unsere Sünde vergeben und die Kraft uns geschenkt ist, dieselbe zu überwinden, und in dieser gläubigen Gewißheit erhebt sie sich stets triumphirend über alles Leid, womit uns die Sünde anfechten will. Insofern also alles darauf ankommt, die Freude, von welcher der Apostel redet, recht als eine Freude im Herrn zu fassen, sind auch die Erörterungen Aug.'s und der Lateiner nicht unpassend über den Gegensatz der weltlichen Freude und derer, die sich an dem Herrn freut. Croc. und Strr. dagegen können selbst hier den Seitenblick auf die judaistischen Irrlehrer und ihre Verführungskünste nicht missen. Die von v. Hng. gesuchte Anknüpfung an das Vorige ist um so willkührlicher als dort gar nicht von der Eintracht im Herrn im Allgemeinen, sondern von einem speciellen Falle die Rede war. Die allgemeine Schlußermahnung schließt sich ohne Bindeglied an die V. 2. 3 erörterte specielle Angelegenheit an (vgl. de W., Myr.), wie denn die Schlußermahnungen bei dem Apostel sich meist asyndetisch aneinanderreihen.

---

[1]) Ueber die richtige Fassung des χαίρειν ἐν κυρίῳ vgl. 3, 1. Am verkehrtesten fassen es auch hier Ers., Grt., Hnr. als bloße valedictio; und schon Th. v. M. findet darin den Wunsch, daß sie immer Grund zur Freude haben möchten. — Irrig zieht Bng. das πάντοτε, worin das Hauptmoment der wiederholten Ermahnung liegt, zum zweiten χαίρετε. — Bei ἐρῶ übersehen die Ausleger außer de W., Myr. alle das Futurum. Die Art, wie der Apostel damit die Leser in seine schriftstellerische Intention hineinschauen läßt, hat etwas ungemein plastisches und die Wirkung der Aufforderung verstärkendes.

V. 5.

Die griechischen Ausleger, sowie Plg., dachten bei der ἐπιείκεια vorzugsweise an das Verhalten gegen die Feinde des Kreuzes Christi (Chr.) oder des Christenthums überhaupt (Plg.), aber nur Thdt. charakterisirt dasselbe genauer als geduldiges, gleichmüthiges Ertragen des Unrechts, das an keine Vergeltung denkt (vgl. Clv., Corn.) und hierauf führt im Wesentlichen auch die Uebersetzung: Sanftmuth, die so viele haben. Allein diese Fassung ist schon der viel allgemeineren Bedeutung des Wortes gegenüber zu einseitig. Gar zu allgemein nahm es freilich Ambr. von dem schicklichen, vernünftigen Benehmen überhaupt (vgl. Ans., Dion. und noch Mtth.), worauf allerdings das Wort seiner Ableitung nach zunächst führt, wodurch es aber doch zu bedeutungslos in diesem Zusammenhange wird. Es bezeichnet ebenso die Milde und Nachgiebigkeit, die ihr Recht nicht strenge verfolgt, sondern um des Friedens willen gern darauf verzichtet (Pisc., Croc., Myr.), wie auch die positive Billigkeit, welche sich in ihren Forderungen bescheidet, um allem Streite vorzubeugen (Vlg.: modestia, Bz.: moderatio, tranquillus animus, aequi bonique consulens, vgl. Schlicht.), und selber gern mehr thut als gerade die Pflicht erheischt, ohne daß darum gerade das Bestreben wohlzuthun (Grt.) und die Liebe (Rhw.) an sich im Worte lägen (vgl. Hnr., der es auf die von der Gemeinde in ihrem Geschenke bewiesene Güte bezieht). So allein bekommt es seine Beziehung auf alle Menschen, und nicht bloß auf die Feinde, wie bei den Griechen (vgl. noch Ew.), und diese schließt auch die Möglichkeit aus, nur an das Benehmen gegen die judaistischen Verführer (Strr., Rhw.) oder gegen die Schwachen in der Gemeinde (Fl.) zu denken[1].

Diese ihre Gesinnung soll allen bekannt werden, wofür schon Aug. auf Matth. 5, 16 verweist, nach Haym., Strb., Lyr. um die Gläubigen zur Nachahmung anzuregen, den Ungläubigen jeden Anlaß zum Tadel zu nehmen, und sie fürs Christenthum zu gewinnen. Gewiß ist an das erfahrungsmäßige Erkennen dieses Wesens zu denken (Bng., a. E., Myr., B.-Cr.), so daß die thatsächliche Bewährung desselben

---

[1] Der Ableitung nach heißt ἐπιείκεια (wofür ἐπιεικές steht. Vgl. 3, 8 und Win. §. 34. 2) zunächst aequitas und bezeichnet das Festhalten an der Billigkeit und Schicklichkeit, an dem εἰκός. Allein schon im classischen Griechisch geht der Begriff in den der Bescheidenheit, Mäßigkeit, Nachgiebigkeit, Menschenfreundlichkeit über (Ers.: aequitas, humanitas) und es liegt in der Natur der Sache, daß die wahre Billigkeit nicht immer den Maßstab des strengen Rechts anlegt weder im eigenen Verhalten gegen andere noch gegenüber den Verletzungen durch andere. Bei Paulus steht es 1 Tim. 3, 3. Tit. 3, 2 mit ἄμαχος verbunden, und 2 Cor. 10, 1. Tit. 3, 2 mit πραΰτης. Den Streit vermeidet man aber eben so dadurch, daß man keinen Anlaß dazu giebt, wie dadurch, daß man sich durch den von andern gegebenen nicht provociren läßt, und auch die πραΰτης bezeichnet ja eben so die Sanftmuth bei der Unbill Anderer, wie die eigene Anspruchslosigkeit.

eingeschärft werden soll (Croc.), und nicht blos an den guten Ruf (v. Hng., de W.), wozu das πᾶσιν ἀνϑρώποις nicht nöthigt, da die Universalität des Ausdrucks natürlich als populäre Hyperbel zu nehmen ist für: kein Mensch lerne euch anders kennen (Myr.). — Schon Bng. bemerkt schön: gaudium in domino parit veram aequitatem erga proximum, tristitiam comitatur morositas (vgl. Myr., Wief., der aber trotz dieser augenscheinlichen Ideenassociation die Ermahnung durch die 2, 3 gerügte ἐριϑεία hervorgerufen denkt); wer im Höchsten befriedigt ist, ist in seinen Ansprüchen maßvoll und gegen die Verletzung derselben durch Andere nicht empfindlich; wer selber Freude hat, macht gern Freude, er giebt so leicht und gern, wie er vergiebt. Gerade umgekehrt will v. Hng. in der ἐπιείκεια ein Mittel zur Herstellung der Freude finden.

Das Nahesein des Herrn verstanden die Griechen von seiner nahen Wiederkunft zum Gerichte, bei welchem die Feinde ihre Strafe, die Christen ihre Hülfe und ihren Lohn finden würden, und suchten darin einen Trostgrund gegen die Leiden, welche die ἐπιεικεῖς hier auf Erden oft zu erdulden haben. So auch Pisc., Grt., Bng., Strr., v. Hng., de W., B.-Cr. und manche von denen, die das Kommen des Herrn in dem speciale judicium beim Tode des Einzelnen (Est.), in einzelnen Strafgerichten Gottes (Sdl.) oder in der Zerstörung Jerusalems (Wief.) erfüllt sahen. Wie aber schon Ambr. die Worte auf das Folgende bezog (die Weltsorge hört auf, wenn der Herr nahe ist, da Niemand sorgen wird über etwas, das so schnell vergeht), so nimmt sie auch Myr. als motivirende Vorbereitung zur folgenden Aufmunterung, weil der wiederkommende Christus uns von allem, was Sorge macht, erretten werde (vgl. Hnr.). Machte man aber einmal diese Beziehung auf's Folgende geltend, so war allerdings die Erinnerung an die Wiederkunft Christi ganz ungehörig, mit der ja alles Sorgen selbstverständlich aufhört, und es lag nahe, an das immerwährende Nahesein Christi zu denken, das er Matth. 28, 20 verheißt (Aug.), worauf schon Chr. hinweist, oder an das hülfreiche Nahesein der göttlichen Vorsehung überhaupt, wie es Psalm 34, 19. 119, 151. 145, 18 verheißen ist. So schon Plg., Haym., Strb., Bgh., Cal., Bmg., Kr., a. E. und noch Rhw., Mtth. Auch diese Fassung kann so gewandt werden, daß man an die Hülfe wider die Feinde (Clv., Jth.) oder an die Vergeltung, die dieses Nahesein verbürgt (Wlf., Rsm.), denkt, ja daß beide Fassungen mit einander verbunden werden (Bll., Croc.). Allein die Fassung von der göttlichen Vorsehung ist unstreitig gegen den paulinischen Sprachgebrauch, wo κύριος außer in ausdrücklichen alttestamentlichen Citaten stets der erhöhte Christus ist, und selbst wenn man an ein stetes Nahesein Christi denkt, wegen des ἐγγύς, das Röm. 13, 11 auf die Zeitnähe der Parusie hindeutet. Auch bemerkt Wief. nicht mit Unrecht, daß die Vorstellung des räumlichen Naheseins Christi mit der 3, 20 dem Apostel vorschwebenden nicht zusammenstimmt. Allerdings kann nun die Erinnerung an die Parusie nicht wohl den Zweck haben, den die Griechen voraussetzen; denn von Feinden und feindseligen Bedrängnissen ist im Vorigen direct nicht die Rede. Aber man darf auch nicht mit Myr. die Beziehung auf's Vorige aufgeben, wodurch die Rede gar zu abgerissen wird, abgesehen davon, daß, wenn diese Erinnerung eine Vorbereitung auf's Folgende enthalten sollte, dies durchaus durch eine engere Verknüpfung mit demselben angedeutet sein müßte. Auch hat ja das Folgende seine Motivirung in B. 7. Man kann darum die Worte nur als Warnung fassen, wie das μαραναθά 1 Cor. 16, 22, worauf schon Art. und Ew. verweisen. Man braucht dann nicht gerade mit Wies. zu sagen, es werde Milde üben, wer von dem nahenden Richter Milde zu erfahren wünscht; vielmehr treibt die Erinnerung an das Gericht von selbst, die christliche Pflicht der ἐπιείκεια wie jede andere zu üben. Wir müssen dabei erwägen, daß ja diese ἐπιείκεια, richtig gefaßt, nichts geringeres ist, als eine stete Uebung wahrer Bruderliebe, wie sie nach Röm. 13, 8 des Gesetzes Erfüllung ist, und darum die gesammte Bewährung des rechten Christensinnes nach außen hin einschließt, wie sie von dem wiederkommenden Richter gefordert wird (2 Cor. 5, 10). Daß die Liebe hier in ihrer Aeußerung als ἐπιείκεια erscheint, geschieht eben nur, weil sie gerade nach dieser Seite sich als der natürliche, selbstverständliche Ausfluß der Freude in dem Herrn darstellt. Und sofern diese also es uns leicht macht, die Christenpflicht zu üben, nach der einst der kommende Richter fragen wird, muß darin ein starker Antrieb dazu liegen, diese wahre Christenfreude zu suchen und zu bewahren.

B. 6.

Nicht nur alle die, welche mit Plg. das Vorige vom göttlichen Nahesein erklären, nicht nur Ambr., Hnr., Myr. (vgl. die Erörterung zu B. 5), sondern selbst die griechischen Väter knüpfen die Ermahnung zur Sorglosigkeit eng an die Erwähnung der Parusie an, als ob diese das Motiv dafür sein sollte. Allein die Gedankenverbindung zwischen beiden kann doch nur künstlich hergestellt werden und ist contertwidrig, weil im Folgenden offenbar als Heilmittel wider die irdische Sorge einfach das Gebet empfohlen wird und nicht die Hoffnung auf die Zukunft Christi. Man muß vielmehr hierin die Fortsetzung der Ermahnung zur rechten Christenfreude sehen; denn nicht so ist das Verhältniß zu denken, als ob die Christenfreude die legitima securitas erzeugt (Bng., Myr.) — dann wäre ja wiederum etwas anderes als das hier genannte das Schutzmittel wider die Sorge und B. 5 könnte die Bewahrung des mit der Christenfreude identischen Friedens nicht als Folge genannt sein —, sondern umgekehrt: weil nichts so leicht die beständige Christenfreude stört, als das ängstliche Sorgen (Chr., Croc., Schlicht. — der es aber zugleich als Gegensatz zur aequitas faßt — und Wief.), so muß dies weggeräumt werden, um der V. 4 geforderten Freude Bahn zu machen, die ja Paulus daher auch V. 7 wieder als Frucht des die Sorge bezwingenden Gebetes nennt.

Die Warnung vor der Sorge, für welche die Ausleger seit Plg. mit Recht auf das Gebot Christi Matth. 6, 25 ff. verweisen, verbietet natürlich nicht die thätige Fürsorge (vgl. 2, 20), sondern vielmehr die leidentliche Besorgniß, die ihrem Wesen nach eine ängstliche ist; daher es nicht mit Myr. eine willkührliche Beschränkung genannt werden kann, wenn Clv., Grt., Croc. u. a. sagen, sollicitudo stehe für anxietas. Wohl aber ist es eine, wenn Haym., Lyr., Dion es nur von der superflua cura verstehen wollen; denn es ist eben jede Sorge in diesem Sinne überflüssig, und was die genannten Ausleger als Gegensatz im Sinne haben, ist eben nichts anderes als jenes erstere μεριμνᾶν τὰ τοῦ κυρίου (1 Cor. 7, 32—34), woran natürlich bei dem Verbote nicht zu denken ist. — Jenem falschen Sorgen aber, das nicht weiß, wo es Hülfe finden soll, steht entgegen das gläubige Gebet, das sich damit begnügt, seine Wünsche vor Gott kund werden zu lassen, weil es der Erhörung allezeit gewiß ist[1]). So erhält jedes Wort seine

---

[1]) Das μηδέν, welches mit Nachdruck voransteht, ist Objectsaccusativ zu μεριμνᾶν (2, 20), ihm steht gegenüber das ἐν παντί, das schon wegen dieses Gegensatzes, aber auch nach dem Sprachgebrauche des Apostels (1 Cor. 1, 5. 2 Cor. 6, 4 7, 5 11. 8, 7. 9, 8 1Thess 5, 18) nur durch πράγματι ergänzt werden kann, wie es nach dem Vorgange des Chr. die meisten Ausleger nehmen Unrichtig ergänzten Grt, Rsm, Strr., Rhw. und zugleich mit dem Richtigen Fl., Mtth.: καιρῷ und wenigstens Ambr. hat das in omni oratione der Vlg. sprachwidrig so verstanden, als gehöre παντί zu τῇ προσευχῇ. Fein bemerkt Wief.: es drücke den Gegensatz aus gegen die Gesinnung, die nur in der Noth bei Gott Hülfe sucht; doch ist dieser Gedanke im Contexte nicht gerade begründet. — Die Verbindung von προσευχή und δέησις, die sich auch Eph 6, 18. 1 Tim. 5, 5 findet (vgl. 1 Tim. 2, 1. Col. 1, 9), darf nicht blos als verstärkter Ausdruck für brünstiges Gebet genommen werden (Kr., a. E., Strr, Fl., Hnr), da schon der wiederholte Artikel beide Begriffe mit Nachdruck auseinanderhält (Win §. 19. 5). Aber freilich haben die Ausleger oft sehr willführliche Unterschiede gesucht. So versteht Haym. das erste vom Buß-, das zweite vom Bittgebet; Anf., Lyr., Dion., durch das obsecratio der Vlg. verleitet, nehmen das zweite für ein Gebet unter-Anrufung Christi oder der Heiligen; Dion. unterscheidet sie außerdem wie leichtere und schwerere Bitten; Grt., Bmg., Croc. wie Bitte um ein Gut und Bitte um Abwendung eines Uebels, was alles nicht den mindesten Grund hat. Προσευχή ist der allgemeinere, aber specifisch religiöse Ausdruck und bezeichnet die Hinwendung zu Gott (Lyr.), welches auch der Inhalt des Gebets sei, das nicht immer Bittgebet zu sein braucht (Philm. 4); δέησις dagegen, das nicht an diese religiöse Beziehung gebunden ist (2 Cor. 5, 20. 8, 4. Gal 4, 12), bezeichnet speciell eine Bitte, hier natürlich das Bittgebet. So unterscheiden mit Recht Mtth., v. Hng, de W., Myr., Wief. Hier ist die Theilung gewählt, weil es dem Apostel eben so sehr auf Hervorhebung der Hinwendung zu Gott, die dem rathlosen Hin- und Hersuchen entgegensteht, wie auf die Betonung der Bitte, die alles Selbsthelfenwollen ausschließt, ankam. Der Artikel scheint mir nicht sowohl auf das in der bestimmten Angelegenheit zu thuende (Myr.), sondern vielmehr auf das den Lesern wohlbekannte und unter ihnen in Uebung stehende Gebet hinzuweisen. — Αἰτήματα übersetzt die Vlg.: petitiones und so noch Myr.: eure Forderungen, Bitten. Allein dadurch trägt man allerdings in

Bedeutung und wir haben in dem γνωριζέσθω πρὸς τὸν θεόν nicht eine bloße ubertas orationis, mit welcher der Apostel seine Leser länger bei dieser Pflicht festhalten will (v. Hng.). Freilich künstelten hieran schon die griechischen Ausleger, indem sie an das göttliche ἐπιγινώσκειν dachten, das die Billigung und Erhörung in sich schließt (Chr., Oec., Thph. Vgl. Strb., Est., Cal.). Aug. verwahrt sich unnöthiger Weise dagegen, daß Gott irgend etwas nicht wisse, und denkt an das Ueberbringen der Gebete durch Engel, das zwar an sich nicht nothwendig sei, aber ihnen als den göttlichen Boten zukomme (Haym.), während Schlicht. sich über die Frage dadurch hinweghilft, daß er sagt, Gott bedürfe unseres Gebetes nicht, aber er fordere es seines Ruhmes wegen. (Est., Croc., Bng., Strr. finden gar ein Wort- oder Gedankenspiel zwischen dem γνωσθήτω V. 5 und dem γνωριζέσθω hier, die aber mit einander gar nichts zu thun haben; denn daß man den Menschen seine Wünsche nicht kund thut, ist noch gerade keine ἐπιείκεια. Und nicht weil das Aussprechen das Herz entlastet oder reinigende Kraft hat (Wies.), wird es gefordert, sondern weil es zeigt, daß man weiß, wo Hülfe zu finden ist, und also die nach Hülfe ängstlich umherschauende Sorge ausschließt.

Jedes Gebet soll mit Danksagung verbunden sein, natürlich nicht für die göttlichen Verheißungen (Ambr.), sondern für die empfangenen Wohlthaten. So fassen es richtig schon die griechischen Ausleger und Plg., die mit Recht daraus erschließen, daß man für alles danken müsse (vgl. 1 Thess. 5, 18), auch für das scheinbar Böse und dies zur Bedingung des erhörlichen, Gott wohlgefälligen Gebetes machen. Nur darf man dies nicht so verstehen, als ob wir durch den Dank für das Empfangene des zu Empfangenden würdig werden (Haym., Ans., Lyr.) oder umgekehrt, als ob wir uns dadurch unserer Unwürdigkeit bewußt bleiben (Jth.), sondern in dem steten Danke für das Empfangene spricht sich die Zufriedenheit und Ergebung aus, für welche dei voluntas votorum nostrorum summa est (Clv.), und diese ist neben der gläubigen Zuversicht das zweite Charakteristikum des rechten Gebetes, das über alles Sorgen hinaushilft.

V. 7.

Die griechischen Väter, Vlg., Lth., Cal., Corn., Rsm., Strr. und theilweise noch Hnr., Fl. fassen unseren Vers als Votum auf; aber dagegen spricht der augenfällige Parallelismus des V. 9 und der Gedankenzusammenhang, wonach Paulus als Folge von dem Behufs Erhaltung der Christenfreude geforderten nur die Bewahrung in dieser Freude verheißen kann. Mit Recht fassen daher schon Ambr.,

---

den Vers eine gewisse Tautologie hinein. Es sind freilich auch nicht res petitae (Schlicht.: per metonymiam effecti, Bng., Bmg., Fl., Mtth., B.-Cr.), sondern einfach desideria, vota (Cal., Croc., Wies.). — Das πρὸς τὸν θεόν bezeichnet die Richtung zu Gott hin (Win. §. 49. h).

Strb. trotz der falschen Uebersetzung der Vlg. den Vers als Erfolg des fleißigen Gebetes auf; Vtb., Ers., Bll., Clv., Vgh. und alle Neueren außer Mtth., der beide Fassungen verbinden zu können meint, nehmen das φρουρήσει als Futurum vom Erfolge des V. 7 empfohlenen Verhaltens. Nicht ganz contertgemäß ist es, wenn Croc. sagt, diese Verheißung könne gaudium excitare, aequitatem persuadere, sollicitudinem depellere, precandi ardorem fovere, da es in diesem Zusammenhange doch nur auf das letzte ankommt, und die Ermahnung zur ἐπιείκεια schon in der Erwähnung der nahen Parusie ihr ausreichendes Motiv hat. Sehr schön sagt Schlicht.: Docet quis futurus sit precationum nostrarum haud dubius effectus. Non pollicetur quidem apostolus, omnino fore ut nos deus ex calamitatibus et angustiis in hac vita liberet, cum causas habere possit justissimas nos in hoc fidei et patientiae certamine relinquendi ad majorem et suam et nostram in Christi adventu gloriam, sed pollicetur nobis id quod omnibus hujus vitae bonis majus et optabilius est, pacem dei etc.

Unter dem Frieden Gottes verstanden Chr., Oec., Thph. sowie auch Aug., Haym., Strb. den objectiven Frieden mit Gott, wie ihn die Versöhnung bewirkt hat (Röm. 5, 1) oder geradezu Gott selbst, der uns errettet und versöhnt (Th. v. M., Lyr., Dion. und noch v. Hng.). In rationalistischer Verflachung erscheint diese Fassung bei Grt., Bmg., Kr., wonach ἡ εἰρήνη τοῦ θεοῦ die favor dei bedeutet. Nur subjectiv gewendet wird dieselbe, wenn man an den Frieden des Gewissens denkt, den die Versöhnung giebt (Vgh., Bz., Art., Croc., Cal., Strr. und noch Mtth., Jth.), und auch so kann Gott, der Urheber dieses Friedens, als eigentliches Subject gedacht werden (Est., Corn.). Daneben gaben schon Chr., Thph. mit freilich sehr unpassender Berufung auf Joh. 14, 27 eine andere Auffassung, wonach an den Frieden unter einander, selbst mit den Feinden zu denken wäre und diese haben Thdt., Vlg. und noch Myr. Sdl. denkt gar an die Ruhe vor den Feinden. Allein diese beiden Fassungen sind dem Conterte durchaus fremd; denn weder der Friede der Versöhnung mit Gott noch die Friedfertigkeit kann als Frucht des die Sorgen verscheuchenden Gebetes gedacht werden, so künstlich auch Myr. diesen Zusammenhang anschaulich zu machen versucht. Das einzig Richtige haben schon Lth. (in der Stelle bei de W.), Bll., Clv., Schlicht. Es ist die innere Seelenruhe gemeint, welche, unabhängig von dem Anblick der irdischen Wechselfälle, sich auf Gottes Wort und Verheißung gründet. So im Wesentlichen, wenn auch hie und da etwas verflacht Rsm., Hnr., a. E., Rhw., B.-Cr. Sie ist die nothwendige Frucht des gläubigen Gebetes und die Begleiterin der Christenfreude (Bng.), als welche die εἰρήνη auch Röm. 14, 17. 15, 13 erscheint, wenn auch hier mehr in jenem dogmatischen Sinne. Doch muß ja anerkannt werden, daß es für den Christen diesen Seelenfrieden nur geben kann unter der Voraussetzung jenes Friedens der Versöhnung mit Gott (de W., Wies.).

Schon die griechischen Ausleger lassen durch ὑπερέχουσα πάντα νοῦν den Frieden Gottes in ihrem Sinne als etwas so hohes bezeichnet sein, daß kein Verstand es sich vorstellen könne; ja Aug., Thph., Haym., Croc. fügen ausdrücklich hinzu, daß auch die Engel dasselbe nicht zu fassen im Stande seien. Niemand konnte die große Gottesthat der Versöhnung erwarten und niemand kann sie begreifen (Est.), niemand den dadurch gewirkten Frieden sich vorstellen, der ihn nicht fühlt (Camero) und so im Wesentlichen fast alle Ausleger: Er überragt alle menschliche Fassungs- und Vorstellungskraft, wofür man auf Eph. 3, 19. 20 verweist (vgl. noch Mtth., v. Hng., B.-Cr., Wies.). Nur Mhr. muß seiner falschen Auffassung des Gottesfriedens gemäß nicht an die Natur, sondern an die wohlthätige Wirksamkeit desselben denken, wodurch allein schon jene Fassung verurtheilt wird. Allein auch die gewöhnliche Fassung ist ungenau. Es liegt nicht an dem quantitativen Mißverhältniß des zu erkennenden zu unserem jeweiligen Erkenntnißorgan, sondern an der qualitativen Verschiedenheit des von Gott gewirkten Seelenfriedens und des natürlich-menschlichen Geisteslebens, wenn der νοῦς denselben nicht fassen kann. Denn der νοῦς (oder ἔσω ἄνθρωπος Röm. 7, 22) ist bei Paulus das Geistesleben des natürlichen Menschen, das Organ für das natürliche Gottes- und Sittenbewußtsein (Röm. 1, 20. 28. 7, 23. Tit. 1, 15). Obwohl der relativ gottverwandte und gottgeneigte Theil des Menschen (Röm. 7, 25), gehört er doch dem Gebiete der σάρξ, des natürlich-menschlichen Wesens an (Col. 2, 18), das ja überhaupt das göttliche πνεῦμα nicht zu fassen im Stande ist (1 Cor. 2, 14) und muß, durch die Sünde kraftlos (Röm. 7, 23) und nichtig (Eph. 4, 17) geworden, erneuert werden (Röm. 12, 2) durch das πνεῦμα, das in ihm seinen Anknüpfungspunkt findet (Eph. 3, 16. 4, 23). Dieser natürliche νοῦς, der, wie ja die σάρξ überhaupt, auch im Wiedergeborenen noch bleibt (Röm. 14, 5. 1 Cor. 1, 10. 14, 14. 15. 19. 2 Thess. 2, 2) als die Sphäre seines niederen, vom göttlichen Geiste nicht durchdrungenen und daher mehr in den menschlichen Verhältnissen und Ansichten weilenden Geisteslebens, an welche daher auch die Versuchung wieder anknüpft (Col. 2, 18. 1 Tim. 6, 5. 2 Tim. 3, 8. Vgl. 2 Cor. 11, 3), ist es, welchen jener Gottesfrieden überragt, er kann es nicht verstehen, wie man allen Schicksalen gegenüber ruhig und freudig sein könne; denn er ist der eigentliche Sitz der Zweifel und Bedenklichkeiten (2, 14 und dazu Röm. 14, 1 vgl. mit 14, 5), aus welchen eben das Sorgen hervorgeht. Sachlich richtig erklären Lth., Clv., auch de W., Ew., Jth. weisen auf das Richtige hin, wenn auch ohne die genügende Schärfe der Begriffsbestimmung[1]).

---

[1]) Der Genitiv θεοῦ ist einfacher gen. autoris (Schlicht.). Vgl. Win. §. 30. 1. S. 168. — Die im Texte entwickelte Bedeutung von νοῦς wird von Paulus eben so streng festgehalten, wie im Unterschiede davon die von πνεῦμα (vgl. S. 122. Anm. 1); selbst 1 Cor. 2, 16 bildet keine Ausnahme, da hier der Gebrauch von

Cap. IV. B. 7.

Der Friede Gottes soll uns nach Chr., Oec., Thph. bewahren vor Irrthum und Sünde. Diese Erklärung, die sich im Wesentlichen auf die in der Anm. besprochene willkührliche Unterscheidung von καρδία und νοήματα stützt, findet sich auch bei Clv., Bz., Art., Grt., Est, Croc., Cal. u. a. Daneben aber hat schon Chr. die Erklärung ὥστε μὴ ἐκπεσεῖν αὐτοῦ τῆς πίστεως (vgl. Rsm., Kr., Hnr.) und besser Thph.: ὥστε μὴ ἐκπεσεῖν αὐτοῦ ἀλλὰ μᾶλλον μένειν ἐν αὐτῷ (vgl. Schlicht., Fl, B.-Cr., Ith., die es von der Bewahrung in dem Festhalten an Christo nehmen) und diese Erklärung verbinden mit der vorigen Ans., Dion., Corn., während die meisten Anderen (Grt, Croc.) nach dem Vorschlage des Oec. das ἐν Χριστῷ für per Christum nehmen, und so noch Myr., der nur wortgenauer darin eine Modalbestimmung des φρονεῖν als eines christlichen findet und die nachtheiligen Einflüsse, vor denen uns die Einigkeit bewahren soll, unbestimmt läßt. Erst die Neueren haben zur Geltung gebracht, was allein den Worten entspricht, daß es sich um ein Bewahren in der Gemeinschaft mit Christo handelt. Vgl. Bmg., Strr., Rhw., Mtth., v. Hng., de W., Wies. Nichts bewahrt so sicher in der Gemeinschaft mit Christo als die lebendige Erfahrung des seligen Friedens, den dieselbe giebt, wie umgekehrt die irdische Sorge, indem sie den Glauben wankend macht, uns dieser Gemeinschaft entrückt und dadurch die beständige Christenfreude, welche nur in dieser Gemeinschaft mit Christo wurzeln kann (3, 1. 4, 4), stört. Ganz verfehlt

---

νοῦς nur durch das alttestamentliche Citat aus Jes. 40, 13 bedingt ist. — Das φρουρεῖν erklärte schon Bz. als ein aus der Militärsprache entlehntes Bild, es ist: bewachen, beschützen. — Die Unterscheidung von καρδίας und νοήματα, wonach jenes auf die Affecte und den Willen, dieses auf die Intelligenz gehen soll (Ans., Lyr., Clv., Croc. und noch v. Hng), ist durchaus unpaulinisch. Die καρδία als Sitz des ursprünglichen Sittenbewußtseins (Röm. 2, 15) und der höchsten Erkenntniß (1 Cor. 2, 9) kann kein rein praktisches Vermögen sein, und die νοήματα (2 Cor. 11, 3) sind keine bloßen Erkenntnisse. Aber freilich darf man auch beides nicht als synonym erklären (Rsm, a. E. und schon Haym.) oder nur für eine populäre Umschreibung des gesammten Geisteslebens halten (Rhw., Mtth, de W.). Die καρδία ist überhaupt gar keine besondere Geistesthätigkeit, sondern, als körperliches Organ gedacht (2 Cor. 3, 3), der Centralsitz aller Geistesthätigkeit, der natürlich menschlichen sowohl (Röm. 2, 15), wie der des Wiedergeborenen (Röm. 10, 9. 10. 2 Cor. 4, 6); denn in die καρδία wird der Geist ausgegossen (Röm. 5, 5. 2 Cor. 1, 22. Gal. 4, 6), in ihr wohnt Christus (Eph. 3, 17. Vgl. 2 Cor. 3, 3). Ebenso befinden sich auch die νοήματα, die nur die verschiedenen Lebensäußerungen des natürlichen νοῦς sind (vgl. 2 Cor. 4, 4. 10, 5), in der καρδία, wie deutlich aus 2 Cor. 3, 14. 15 erhellt (Bng.: cor, sedes cogitationum. Vgl. Sbl., Myr., Wies, Ith, der nur die νοήματα fälschlich als bloße Aeußerungen des Willensvermögens faßt). Vgl. das Verhältniß von σπλάγχνα und οἰκτιρμοί 2, 1 und dazu S. 134. Anm. 1. In Christo bewahrt werden können aber nur die νοήματα, nicht das πνεῦμα; denn dieses ist anders als ἐν Χριστῷ gar nicht zu denken, weil wir nur kraft der Gemeinschaft mit Christo an seinem πνεῦμα Antheil erlangen. — Dem φρουρεῖν ἐν Χριστῷ nach seiner richtigen Fassung ist sprachlich ganz analog das ὑπὸ νόμον φρουρ. Gal. 3, 23. Ganz willkührlich faßt Plg. das ἐν Χρ.: exemplo Christi (vgl. a. E.: ut Christianos decet).

denkt Ambr. an die Bewahrung vor äußeren Gefahren, und ähnlich noch Bng., v. Hng. an äußere und innere Drangsale.

3. Die Summa der sittlichen Ermahnung.
(Cap. IV, 8. 9.)

Im Uebrigen, (meine) Brüder, was irgend wahr ist, was irgend ehrwürdig, was irgend gerecht, was irgend rein, was irgend lieblich, was irgend wohl lautet, ist's etwa eine Tugend, ist's etwa ein Lob, dem denket nach. Was ihr auch gelernt und empfangen und gehört und gesehen habt an mir, das thut und der Gott des Friedens wird mit Euch sein.

[V. 8.] Hat der Apostel so mit wenig Worten die Grundzüge des rechten religiösen Verhaltens geschildert, welches den Bestand der wahren Christenfreude sichert, so erübrigt nur noch, daß er auch die Grundzüge des sittlichen Verhaltens summarisch zusammenfasse. So wendet er sich noch einmal an seine Brüder in Christo, um ihnen zu sagen, daß ihnen, wenn sie die erste Schlußermahnung beherzigen, nur noch übrig bleibt, ihre Gedanken und Sinne auf das zu richten, was irgend zur christlichen Sittlichkeit und damit zur Vollendung der Heiligung im engeren Sinne gehört. In rednerischer Fülle beschreibt er dasselbe durch eine lange Reihe hoher Prädicate, die, jedes für sich in gleicher Weise eingeführt, mit verstärktem Nachdrucke hervortreten und immer neue Seiten derselben Sache ins Licht setzen. Denn das christlich Sittliche ist zugleich das Wahre, das dem wahren Wesen Gottes entsprechende, und erscheint darum als ehrwürdig; es ist aber auch zugleich das Gerechte, das dem heiligen Willen Gottes entsprechende, und erscheint darum als rein von sündhafter Befleckung. Es erscheint aber zugleich im Urtheile aller derer, die hier zu urtheilen verstehen, als das, was liebenswürdig ist und einen guten Klang hat unter den Menschen, und ist darum nicht nur eine Tugend, sondern auch ein Lob.

[V. 9.] Im Einzelnen aber braucht der Apostel seinen Lesern nicht noch einmal zu sagen, was dieses christlich Sittliche sei; denn was er hier meint, ist ja dasselbe, was sie auch früher schon durch ihn in Lehre und Beispiel kennen gelernt haben. Sie haben es gelernt, wenn er ihnen lehrhaft die Pflichten eines Christenmenschen entwickelte, sie haben es empfangen, wenn er ihnen als treuer Bote Christi die Gebote des Herrn überlieferte, sie haben es an ihm selbst und seinem Beispiele gehört und gesehen, als er noch unter ihnen wandelte und ihnen ein Vorbild gab in Wort und That. Dieses also sollen sie nicht nur in Gedanken erwägen, sondern auch thun, damit die richtige sittliche Erkenntniß allezeit bei ihnen auch zur That werde, und dann, aber auch nur dann wird der Gott des Friedens, welcher allein den wahren innern Seelenfrieden geben kann, mit ihnen sein, und sie werden in ihm und seiner Gemeinschaft diesen Frieden finden. Denn ebenso wie die Sorge, hebt auch die sorglose Sünde die stetige Lebensgemeinschaft mit dem Herrn auf, und nur in dieser wurzelt ja der wahre Frieden und die unzerstörbare Christenfreude.

V. 8.

Zum Ende eilend (Chr., Oec., Thph.) und daher in der Kürze zusammenfassend (Thdt., Plg.), was noch übrig bleibt (Oec.), erinnert der Apostel an die Summa der christlichen Denk- und Handlungsweise (Bng., Mhr.), für das Einzelne auf seine Lehre und sein Beispiel verweisend (V. 9). Ganz irrig meinten schon Ers., Grt., Paulus kehre von einer Digression, bei der er sich zu lange aufgehalten, zu 3, 1 zurück (vgl. Strr. Rhw. Mtth., Ew.). Denn, wenn auch Cal.'s Gegengrund nicht gilt, daß das eines inspirirten Schriftstellers unwürdig sei, so ist doch sachlich an eine Wiederaufnahme von 3, 1 so wenig zu denken, wie daran, daß Paulus überhaupt von seinem Gegenstande abgekommen sei. Entschieden dagegen spricht schon die Verschiedenartigkeit der inzwischen behandelten Gegenstände (vgl. besonders 4, 2. 3). Verfehlt ist aber auch die unmittelbare Verknüpfung mit V. 7, als stelle Paulus dem, was Gott thut, gegenüber, was dem Menschen zu thun übrigbleibt (de W.), oder worin es sich manifestirt (Wies.). Wie schon die parallele Verheißung V. 9 zeigt, tritt diese Ermahnung der V. 4—6 gegebenen ebenso parallel zur Seite; wie diese mehr die religiöse Grundlage des Christenlebens, so faßt jene mehr die Summe der sittlichen Verpflichtung — wie Wies. selbst bemerkt —, die noch zu erwähnen übrig ist, zusammen. Vgl. Jth.: Um jedes Mißverständniß abzuschneiden, als ob mit dem Gebete alles gethan sei, um den Frieden zu bewahren, so wird hier als zweite Bedingung hingestellt, daß wir nach der rechten Heiligung zu ringen haben[1]).

---

[1]) In dem τὸ λοιπόν an sich freilich liegt weder das Abschließende (Bng., Hnr.), noch das Zusammenfassende (B.-Cr.). Auch leitet es nicht vom Speciellen

Nur wenige Ausleger haben sich die Verschiedenheit klar gemacht, die in der Grundauffassung besonders der vier ersten Prädicate, durch welche Paulus die empfohlene Denkweise charakterisirt, herrschen kann, ob man nemlich in ihnen einzelne Tugenden oder das Sittliche überhaupt, nur von verschiedenen Seiten her bezeichnet findet, und daher haben nicht alle eine dieser Auffassungen klar durchgeführt. Doch halten im Wesentlichen zu ersterer die älteren Ausleger: Lyr., Lth., Bll., Clv., Bz., Grt., Schlicht., Cal., Corn., Est., Bng., Sdl., v. Hng. B.-Cr. will ἀληθῆ in umfassendem Sinne nehmen und die drei folgenden nach dem Schema von Tit. 2, 12 (Pflichten gegen Gott, den Nächsten und sich selbst) disponiren, was der Gleichstellung aller vier Ausdrücke nicht entspricht und eben so willführlich ist, wie die von Bng. versuchte Disposition: in sermone, in actione; erga alios, respectu vestri. Wären wirklich einzelne Tugenden aufgezählt, so gälte hier, wie überall in solchen Aufzählungen bei Paulus der Kanon: virtutes non ad scholae diligentiam recenset, sed populariter eas enumerat, prouti aliae sibi post alias succurrunt (v. Hng.). Im Einzelnen nimmt man dann meistens ἀληθῆ von der subjectiven Wahrhaftigkeit (vgl. schon Thdt., der sie sogar, wie Bng., bloß auf die Rede beschränkt), σεμνά von der Ehrbarkeit, δίκαια von der Gerechtigkeit im engeren Sinne, ἁγνά von der Keuschheit. Allein es entspricht dem Sprachgebrauche des Apostels, der zweifellosen Allgemeinheit der zwei letzten Prädicate und dem Zwecke dieser zusammenfassenden Ermahnung ungleich mehr, die Ausdrücke in ihrer allgemeinen Bedeutung zu belassen. Vgl. Mtth., de W. und besonders Myr., Wies.

Daß der Apostel mit ἀληθῆ das Sittliche im Allgemeinen bezeichne, haben bereits Chr., Oec., Thph. erkannt, welche ihm gegenüber die Sünde als die Lüge denken. Die ἀλήθεια ist dem Apostel oft die Wahrheit, wie sie, als dem wahren Wesen Gottes entsprechend (Röm. 1, 25), normgebend für das sittliche Leben ist (Röm. 2, 8. 20); daher Synonymbegriff der δικαιοσύνη (Eph. 4, 24) und wie diese der ἀδικία entgegengesetzt (1 Cor. 13, 6). Das δίκαιον aber ist bei Paulus mit Ausnahme von 1, 7. Col. 4, 1 (vgl. S. 55. Anm. 1) nie das den menschlichen Verhältnissen entsprechende, also das Gerechte im engeren Sinne, sondern stets das der absoluten Norm des göttlichen Willens, also dem Gesetze (Eph. 6, 1. 2) entsprechende, das δίκαιον παρὰ θεῷ

---

zum Allgemeinen über (Croc.), da auch die vorige Ermahnung eine sehr umfassende war, geschweige denn daß es reine Fortschrittspartikel wäre (Lth., v. Hng.). Uebrigens vgl. S. 218. Anm. 1. — Die sechsmalige asyndetische Wiederholung des ὅσα hat großen Nachdruck: was irgend, nichts ausgenommen. — Bei ἁγνός ist im einzelnen Falle oft schwer zu entscheiden, ob es im Allgemeinen von dem Sittlichreinen oder von der Sittenreinheit in geschlechtlicher Beziehung steht, wie wohl 2 Cor. 11, 2. 1 Tim. 5, 2. 22. Tit. 2, 5. Aber daß es nur hievon steht, behauptet v. Hng. jedenfalls mit Unrecht. Vgl. 2 Cor. 6, 6. 7, 11. Phil. 1, 17. 1 Tim. 4, 12. Die Vlg. giebt σεμνά mit pudica, ἁγνά mit sancta.

(Röm. 2, 13. 2 Theſſ. 1, 6). Beide alſo bezeichnen das Weſen des Sittlichen an ſich und unterſcheiden ſich nur ſo, daß jenes mehr ſeine Uebereinſtimmung mit dem wahren Weſen Gottes, dieſes ſeine Uebereinſtimmung mit dem Willen Gottes ausdrückt. An die theoretiſche Wahrheit im Gegenſatze zum Irrthum (Cal., Fl., v. Hng.) iſt natürlich in dieſem Zuſammenhange gar nicht zu denken. — Die mit jedem derſelben verbundenen Prädicate bezeichnen nun das Sittliche in ſeiner Erſcheinung nach außen hin. Das ſittlich Wahre erſcheint in ſeinen verſchiedenen Aeußerungen (vgl. Dec.: ἐν σχήματι, λόγοις, βαδίσμασι, πράξεσιν) als das Würdevolle, Ehrwürdige (ein Lieblingsausdruck der Paſtoralbriefe), weil das Weſen Gottes, dem es entſpricht, an ſich ſelbſt die höchſte Würde trägt; das der Norm des göttlichen Willens entſprechende als das Reine, Unbefleckte, das von der Unreinheit der Welt Unberührte, weil das göttliche Geſetz eben die Scheidewand aufrichtet zwiſchen Rein und Unrein. Willkührlich aber findet Chr. in dieſen beiden Prädicaten den Gegenſatz zum Weſen der 3, 19 beſchriebenen Menſchen.

Die beiden letzten Prädicate bezeichnen das Sittliche nach dem Eindrucke, den es auf andere macht, als das Liebenswürdige und das, was einen guten (de W), glückbedeutenden (Myr.) Klang hat. Ausdruck und Zuſammenſtellung zeigt, daß dabei nicht allein oder zugleich an das Gott Wohlgefällige zu denken iſt (Chr., Thdt., Thph., Lyr.). Auch dieſe beiden Ausdrücke hat man mit Unrecht zu ſpecialiſiren verſucht, indem man den erſten vom Wohlwollen (Grt., Mtth.), den zweiten vom Ausdrucke desſelben (Strr., Fl.) nahm. Auch das liegt nicht gerade darin, daß man ſich die Liebe und Freundſchaft der Menſchen, wenn auch nicht gerade aller (Bll.), verdienen ſoll durch alles, wodurch quasi esca capiuntur homines, wie ſehr charakteriſtiſch der Jeſuit Corn. ſich ausdrückt; oder ſich einen guten Ruf bei ihnen zu erwerben trachten (ſo von Ers., Clv. bis auf Rhw. die meiſten Ausleger), was nach Aug. zum Heile des Nächſten, nach Croc. zur Verherrlichung des Namens Chriſti nothwendig iſt. Vielmehr iſt zur Empfehlung des Sittlichguten nur ganz im Allgemeinen geſagt, daß es liebenswürdig ſei und einen guten Klang habe (vgl. Lth.).

Die beiden mit εἴ τις eingeführten Ausdrücke endlich bringen keine Reſtriction, als müſſe das Streben nach dem guten Rufe bei den Menſchen dadurch verclauſulirt werden (Thph., Strb.), wollen aber auch nicht alles Einzelne erſchöpfen (Cal., v. Hng., de W.: wenn es noch eine andere giebt) oder den verſchiedenen Species das Genus hinzufügen (Art.), da ja einzelne Tugenden im Vorigen gar nicht genannt waren, ſondern ſie recapituliren (Myr., Wieſ.). Das hat ſchon Aug. richtig erkannt, nur daß er ἔπαινος auf das letzte allein beſchränkt und ἀρετή auf die fünf erſten ausdehnt (Anſ), während B.-Cr. umgekehrt es auf die drei erſten beſchränkt. Es kann ſich aber nur auf die vier erſten beziehen, während ἀρετή auf die zwei letzten geht¹). Hnr. schließt aus dieser Darlegung des christlich Sittlichen, daß es dasselbe sei, was die gesunde Vernunft lehre, und darüber kann an sich natürlich kein Zweifel sein. Aber weil die natürliche Vernunft eben nicht mehr gesund ist, so sieht sich der Apostel sofort genöthigt, zur näheren Bestimmung auf seine Lehre und sein Beispiel zu verweisen.

V. 9.

Statt sich nemlich auf das Einzelne näher einzulassen, verweist der Apostel auf seine Lehre und sein Beispiel, wie schon Chr., Thdt. erkannt haben, ohne noch die einzelnen Ausdrücke näher zu unterscheiden. Während Plg. fälschlich bereits das παρελάβετε auf das Beispiel bezog, nahmen Oec., Thph., Clv., Hnr., Rhw. alle drei ersten als synonym und erst das vierte vom Beispiele (vgl. Lyr., Dion., die das ἠκούσατε von dem durch andere Lehrer verkündigten fassen). Im Wesentlichen herrschend ist die richtige Fassung geworden, welche die beiden ersten auf die Lehre, die beiden letzten auf das Beispiel bezog, wofür 1, 30 entscheidet (vgl. schon Ans.). Doch differiren die Ausleger in der Bestimmung der einzelnen Ausdrücke. Das ἐμάθετε und παρελάβετε unterschied Thph. so, daß er jenes auf mündliche, dieses auf schriftliche Belehrung bezog, ebenso willkührlich nahmen Grt., Sdl., a. E. jenes von der prima institutio, dieses von der exactior doctrina; dagegen unterschieden schon Ans., Lyr., Croc., Bmg., Strr., Fl., v. Hng., Myr., Wies., Ew. beides wie Lehre und Annahme der Lehre. Allein diese Unterscheidung rechtfertigt sich im

---

¹) Der richtigen Beziehung entspricht es vielleicht besser, ἀρετή im Sinne von 1 Petri 2, 9 von den wesentlichen Vollkommenheiten Gottes (Sdl.), als im philosophischen Sinne von der moralischen Tüchtigkeit in Gesinnung und Handlung (Myr.) zu verstehen. Doch erlaubt der gänzliche Mangel paulinischen Sprachgebrauchs keine Entscheidung. — Ἔπαινος nach einer gewöhnlichen Metonymie für res laudabilis zu nehmen, wie es von Clv. bis de W. die meisten Ausleger thun, hat nichts gegen sich. Die Fassung Myr.'s von dem Loburtheil selbst paßt doch nicht recht in die Reihe aller übrigen Prädicate, und ist auch sachlich bedenklich, da wir ja nicht sowohl das Lob der Menschen (selbst derer, die das Rechte loben) suchen sollen, sondern nur das Lobenswürdige, wie schon Oec. bemerkt und Clv. fein ausgeführt hat. Die Lateiner hatten nach ἔπαινος noch den Zusatz: disciplinae, dem das ἐπιστήμης in einigen Zeugnissen entspricht. — Das λογίζεσθαι verstehen schon Chr., Oec., Thph. von den Gedanken, aus denen die Thaten hervorgehen (Vlg.: cogitate, Lth.: nachdenken), und so die meisten bis auf Myr., Wies. (nehmt es in Ueberlegung), Ew., wofür man sich auf Psalm 35, 4. 52, 4: Nah. 1, 9 berufen kann; erst Neuere wie Strr., Fl., Mtth., de W. wollen es im Sinne von φρονεῖν: trachten nehmen, der aber ganz unerweislich ist. Freilich ist auch jene Bedeutung dem classischen wie dem neutestamentlichen Sprachgebrauche fremd; denn 1 Cor. 13, 5 heißt λογίζεσθαι, wie auch sonst: anrechnen (Röm. 2, 26. 4, 3—11. 22—24) und sonst nur wie 3, 13: auf Grund eines Calculs wofür halten, urtheilen (Röm. 2, 3. 3, 28. 6, 11). Scheut man sich, bei einem von Paulus so viel gebrauchten Worte von der stehenden Bedeutung abzugehen, so müßte man es von dem sittlichen Urtheil fassen, das selbstverständlich bei diesen Dingen als ein billigendes zu denken wäre: das urtheilt, scil. als das zu erstrebende, das erkennet an. Vgl. Bng.: horum rationem habite, wobei er an Billigung, Unterstützung, Nachahmung desselben denkt.

paulinischen Sprachgebrauche nicht (vgl. Lth., Schlicht., Rhw., de W.), da nach Gal. 1, 12. 2 Thess. 3, 6. 1 Cor. 11, 23. 15, 1. 3 παραλαμβάνειν nicht das Annehmen im Unterschiede vom bloßen Empfangen bezeichnen kann, sondern höchstens das Empfangen eines überlieferten Factums oder Gebots im Unterschiede von der selbstständigen Belehrung. Das ἠκούσατε und εἴδετε unterschied schon Ans. so, daß er jenes auf den abwesenden, dies auf den anwesenden Apostel bezog (Schlicht., Strr., Fl.); allein die Präterita erinnern alle gleichmäßig an die Zeit seiner Anwesenheit und auch das Beispiel wird ja durch Wort und That gegeben. Was sie so durch Lehre und Beispiel von ihm überkommen haben, ist dasselbe, wie das, was er ihnen V. 8 zu erwägen gegeben[1]), so daß für eben dasselbe jetzt das Thun gefordert wird nicht im Unterschiede vom Reden (Chr., Thph.), sondern vom cogitare (Plg., Ans., Schlicht.). Corn. argumentirt daraus, daß Paulus den Philippern viel befohlen habe, was er nicht niederschrieb, gegen die alleinige normative Autorität der Schrift. Strr. verbindet auch mit dieser Ermahnung einen Seitenblick auf die Irrlehrer.

Die Verheißung, die sich an diese Ermahnung knüpft, ist offenbar der in V. 7 parallel und nach derselben aufzufassen. Der Gott des Friedens ist demnach nicht der, welcher zum Frieden ermahnt (Ambr.) oder den Frieden liebt (Dion., Corn., Grt., Rsm., Fl.), geschweige denn blos der deus benignissimus (Kr., a. E.), sondern der, welcher den Frieden giebt oder wirkt (Th. v. M., Lyr., Clv., Schlicht., Croc., Strr. und alle Neueren), vgl. 2 Cor. 13, 11. Sodann aber bezieht sich die Verheißung nicht blos auf den göttlichen Beistand im Allgemeinen (Thdt., Ans., Lyr., Clv., Grt., Croc., Cal., Rhw., Mtth., v. Hng.), sondern, sofern er eben als der Spender des Friedens mit uns ist, auf die Mittheilung dieses Friedens (Chr., Th. v. M., Corn., Est., de W., Myr., B.-Cr.). Endlich darf auch hier nicht an den Frieden untereinander oder mit den Heiden und allen Gegnern gedacht werden (vgl. Schlicht., Corn. und noch Myr.), so wenig wie an alles Heil überhaupt (Strr.), sondern an den V. 7 gedachten inneren Seelenfrieden. Dieser erscheint freilich auch hier nicht als Ergebniß des sittlichen Verhaltens (de W.) oder gar als eigenes Verdienst (B.-Cr.), sondern er ist auch hier als göttliche Gnadengabe bezeichnet und es

---

[1]) Zu ἅ bemerkt Myr. fein, daß ὅσα nicht wiederkehrt, weil er so ausnahmslos sich nicht als Muster aufstellen könne. — Das erste καί muß durchaus für „auch" genommen werden (Lth., Bng., v. Hng., de W., Wies.), da die Gedankenverknüpfung darauf beruht, daß das, was der Apostel eben so herrlich geschildert, dasselbe sei, was er auch sonst durch Lehre und Beispiel ihnen überliefert hat. Falsch dagegen faßt man alle vier καί coordinirt (Vlg., Clv., Bz., Strr.) oder als je zwei: sowohl — als auch (Ew.), wofür schon der Sinnunterschied in den beiden Gliederpaaren nicht bedeutend genug ist. — Das ἐν ἐμοί gehört rein sprachlich zunächst nur zu εἴδετε, nicht nothwendig zugleich zu ἠκούσατε (Myr., B.-Cr.); obwohl es der Sache nach natürlich mutatis mutandis zu allen drei Stücken hinzuzudenken ist (vgl. Est., v. Hng.).

erscheint nur in dem Maße das Denken und Handeln nach der Norm der christlichen Sittlichkeit als seine Bedingung, in welchem umgekehrt die Sünde, sofern sie nicht in Buße und Glaube überwunden wird (vgl. die Erörterung zu V. 4), ebenso wie die Sorge, den Glaubens- und Lebenszusammenhang mit Gott aufhebt und dadurch den Frieden stört, der nach V. 7 nur in der Gemeinschaft mit Christo empfunden wird. So geht auch der Schluß dieser sittlichen Ermahnung in den Grundton des ganzen Briefes aus, der mit V. 4. 7 so kräftig angeschlagen ist.

VII. Danksagung für die Sendung der Philipper.
(Cap. IV, 10—20.)

1. Des Apostels persönliche Stellung zu der Gabe.
(Cap. IV, 10—13.)

Ich bin aber höchlich erfreut in dem Herrn, daß Ihr schon wieder einmal wacker geworden seid, für mich zu sorgen, wofür Ihr ja auch Sorge truget, aber die Zeit hat's nicht wollen leiden. Nicht, daß ich das des Mangels halber sage; denn ich habe gelernt, in welcher Lage ich bin, mir genügen lassen. Ich kann auch niedrig sein, ich kann auch übrig haben, ich bin in jedem Stücke und überall geschickt, beides, satt zu sein und zu hungern, beides, übrig zu haben und Mangel zu leiden. Alles vermag ich in dem, der mich mächtig macht.

[V. 10.] Der Apostel kommt schließlich auf Dasjenige zu sprechen, was wohl die nächste äußere Veranlassung des ganzen Briefes gewesen war, auf die ihm Seitens der Philipper übersandte Unterstützung. In ebenso liebenswürdiger als bewunderungswerther Weise weiß er auch hier das rechte Wort zu treffen. Seine edle Uneigennützigkeit und Unabhängigkeit von den äußeren Gütern des Lebens sichert ihm eine würdevolle Freiheit denen gegenüber, die sie ihm spenden, und verbindet sich doch mit einer so zarten, die Liebesbeweise seiner Gemeinde verstehenden, ihr Andenken bewahrenden und ihren hohen Werth für die Gemeinde selbst würdigenden Freude und Dankbarkeit. Gegenüber der Hoffnung, die er zuletzt für die Zukunft der Gemeinde ausgesprochen, beginnt er mit einem Ausdrucke der großen Freude, die ihm ihre gegenwärtige Liebesäußerung bereitet hatte. Es ist aber auch diese Freude eine solche, welche in der Gemeinschaft mit Christo wurzelt, weil sie, wie sich zeigen wird, nicht von irgend einem weltlichen Interesse, sondern von der höheren religiösen Bedeutung ausgeht, die er ihrer Gabe beilegt. Zunächst freilich ist allerdings der Gegenstand seiner Freude ihre Fürsorge für ihn. Er ist es wohl gewohnt, dieselbe ab und zu in dergleichen Sendungen sich erweisen zu sehen, aber daß sie schon wieder einmal dieses Sorgen für ihn neue Sprossen und Blüthen haben treiben lassen in der thätigen Erweisung desselben durch das übersandte Geschenk, das kommt ihm vor wie ein neuer Frühling, der vor der Zeit aus den winterlichen Bäumen aufgrünt. Seine Freude ist aber um so größer, weil sie nicht darauf gewartet haben, bis irgend eine zufällige Veranlassung die Gelegenheit zu solcher Liebesspende bot, sondern weil sie selber auch dafür Sorge getragen haben, darauf bedacht gewesen sind, ihrer Fürsorge für ihn einen solchen Ausdruck zu geben. Ja, sie hätten es ihren Wünschen nach wohl schon früher gethan, doch die ungünstigen Zeitumstände, die sie drückten, wahrscheinlich die unzureichenden Mittel der Gemeinde haben es bisher verhindert.

[V. 11.] Aber nicht darin hatte diese Freude über ihre Sendung ihren Grund, daß sie seinem Mangel abhalf; denn dann wäre es ja eine recht weltliche Freude gewesen, die nicht aus der Gemeinschaft mit dem Herrn, sondern aus der Befriedigung irdischer Bedürfnisse entsprang. Er will also nicht so verstanden sein, als ob er im Gefühle des drückenden Mangels, den er litt, ehe ihre Unterstützung kam, von seiner hohen Freude darüber redet. Er hatte allerdings Mangel, aber daran konnte er nicht denken; denn er hat denselben ja niemals gefühlt. Er für seine Person hat in seinem mühsalvollen Amtsleben und in den Entbehrungen, die dasselbe täglich mit sich brachte, gelernt, genügsam zu sein und zufrieden mit den Verhältnissen, in denen er eben ist.

[V. 12.] Und die Frucht dieses Lernens in der schweren Leidensschule ist gewesen, daß er jetzt versteht, in alle Lebenslagen sich in der rechten Weise zu finden. Hat er gelernt genügsam zu sein, so weiß er auch in niedriger, gedrückter Lage zu sein, ohne dadurch niedergedrückt, ungeduldig oder muthlos zu werden. Aber freilich versteht er auch Ueberfluß zu haben, ohne dadurch sich übermüthig, üppig oder undankbar machen zu lassen. Ja er ist durch diese seine praktische Erkenntniß eingedrungen in die tiefsten Geheimnisse christlicher Lebenskunst, die nicht jeder lernt, weil sie schwer zu ergrünben sind. Er ist in jedem Stücke und unter allen Verhältnissen, wie sie auch wechseln, eingeweiht in die Kunst die nothwendigsten Lebensbedürfnisse ebenso zu haben, wie zu entbehren, er kann sowohl satt sein wie hungern, ja er versteht Ueberfluß zu haben sowohl wie auch Mangel zu leiden

[V. 13.] Das aber weiß der demüthige Apostel gar wohl, daß er solche Fertigkeit nicht aus eigener Kraft erlangt hat und es treibt ihn, es dankbar auszusprechen, wie er alles, was er zu verstehen behauptet hat, nur vermag in der Gemeinschaft mit Christo als dem, der ihm fortdauernd dazu die Kraft verleiht. Denn das ist ja eben das Wesen der Lebensgemeinschaft mit Christo, daß man durch dieselbe an der Kraft seines göttlichen Geistes Antheil empfängt, die uns zu allem mächtig macht.

V. 10.

Schon die patristischen Ausleger haben vielfach in diesem Abschnitte die Feinheit und den hohen Sinn des Apostels bewundert, und nicht mit Unrecht manchen pädagogischen Wink in dem Ausdrucke seiner Dankbarkeit gefunden, wenn sie auch oft zu viel dergleichen absichtlich hineingelegt glauben. Ew. weiß, daß Paulus dabei „unverkennbar" auf die Worte ihres Begleitschreibens Rücksicht nimmt.

Es entspricht dem Grundcharakter des ganzen Briefes, daß der Apostel mit dem Ausdruck der Freude, welche ihm die Sendung der Gemeinde verursacht hat, anhebt, und er charakterisirt dieselbe durch den Zusatz $\dot{\varepsilon}\nu\ \varkappa\nu\varrho\acute{\iota}\omega$. Schon die griechischen Ausleger bemerken richtig, daß damit die Freude als eine nicht weltliche oder fleischliche bezeichnet und dadurch eben ihre Größe motivirt sei. Wenn sie aber bereits hierin finden, daß er nicht über seine Erquickung, sondern über ihre Gesinnung (Th v. M., Thdt., vgl. Fl.) und ihren für sie segensreichen Fortschritt in derselben (Chr., Thph., Oec., vgl. Pisc., Wlf, Bmg) sich freue, so liegt das so wenig in den Worten, wie die Freude über den Herrn, dessen Sache (Anſ., vgl. Strr.) oder dessen Evangelium dadurch gefördert sei (Grt., Croc., Sbl., Hnr.). Von Dankbarkeit gegen den Herrn (Rhw) vollends ist hier gar nicht die Rede. Auch die Neueren finden darin den christlichen (Mtth.), nicht egoistischen Charakter der Freude, deren Größe ($\mu\varepsilon\gamma\acute{a}\lambda\omega\varsigma$) durch diesen Zusatz gemildert und veredelt werden solle (B.=Cr.). Allein eine solche Absicht oder Antithese liegt nicht vor; wie alle Freude (3, 1. 4, 4), so wurzelt auch diese dem Apostel in seiner Gemeinschaft mit Christo und sie kann es, weil er allerdings, wie das Folgende zeigt, die Gabe selbst unter einen religiösen Gesichtspunkt stellt (vgl. bes. V. 18), und nicht unter den des persönlichen Vortheils, den er daraus zieht. Daß er aber damit diese seine Freude im Gegensatz zu der eigennützigen der Pseudapostel hervorheben wolle (Croc.), beruht auf derselben falschen Voraussetzung, wie die Vermuthung Strr.'s und Fl.'s, daß ihm die Sendung ein Zeichen von der Umkehr der zum Judaismus neigenden Partei war[1]).

Erst der Satz mit ὅτι also drückt den **Gegenstand der Freude** aus. Nach den patristischen Auslegern freut sich nun der Apostel darüber, daß ihre fürsorgende Gesinnung, wie Bäume nach langem Verdorrtsein wieder aufgrünen, endlich einmal aufs neue lebendig geworden sei und Früchte getragen habe. In der That läge dann ein **harter** Tadel darin und nicht nur ein leiser, wie Chr. meint, obwohl man ihm zugeben kann, daß er auf einen einzelnen Punkt (τὸ φρονεῖν) beschränkt und mit der lobenden Erwähnung des Wiederaufgrünens gemischt wird. Man kann den Tadel noch weiter damit mildern, daß man die Hindeutung auf eine **lange Zeit** des Verdorrtseins leugnet (Est., de W., Wies.), aber der Tadel bleibt. Wie aber reimt sich ein solcher damit, daß im Folgenden ausdrücklich alle Schuld auf die Zeitumstände geschoben wird? Das mildert nicht blos den Tadel (Clv., Bz. und die Meisten); das hebt ihn auf, und wenn man nicht mit Wies. annehmen will, daß der Apostel sich absichtlich mißverständlich ausgedrückt habe, so muß man zugeben, daß auch in der ersten Vershälfte kein Tadel liegen kann, wie er ohnehin der Zartheit des Apostels wenig entspräche. Trotzdem kommen die meisten Ausleger über diesen

---

[1]) Das metabatische δέ (de W., Myr.) läßt auch hier einen gewissen Gegensatz zwischen der Hoffnung für die Zukunft und der Freude der Gegenwart noch durchblicken (vgl. schon Anf.). Aber ein Abbrechen von den vorigen Ermahnungen (v. Hng.) ist dadurch nicht indicirt. — Das μεγάλως steht mit Nachdruck am Ende. — Daß ἤδη ποτέ: schon einmal, und also in der Verbindung mit dem ἀνα im Verbum „schon wieder einmal" heißen kann, giebt auch Myr. zu, und es versteht sich von selbst, da ja tandem aliquando (Röm. 1, 10) erst die abgeleitete Bedeutung ist. Aber pridem (Grt. Vgl. Sdl.) heißt es nicht. — Ob man das ἀναθάλλειν (neue Sprossen, θαλλούς treiben) transitiv oder intransitiv nimmt, macht bei der richtigen Fassung des Wortes für den Sinn nichts aus; denn obschon die Bethätigung ihrer Liebe nach dem Folgenden nicht von dem Willen der Philipper abhing (Wies.), kann dieselbe doch sehr wohl, nun es die Zeitverhältnisse erlaubten, als ihr Werk dargestellt sein. Die transitive Bedeutung, die schon Pisc., Grt. und noch Hoel., de W., Ew. haben, ist aus den LXX und den Apokryphen, für das Simpler selbst aus den Classikern erwiesen (Myr.), aber der Artikel vor φρονεῖν macht sie nothwendig, da er den Infinitiv zum Objectaccusativ erhebt. Die Ergänzung von εἰς (Chr., Thph.) oder κατά (Ers., Wlf., Rsm., Hnr.) ist willkührlich, die Fassung des τὸ ὑπὲρ ἐμοῦ als Objectaccusativ zu φρονεῖν (Bng., Myr., Jth.) sehr gezwungen und durch das folgende ἐφ' ᾧ in keiner Weise veranlaßt. Die Annahme eines infinitivus epexegeticus aber (Wies.) ist bei der Myr.'schen Fassung höchst gewagt, da er eigentlich aufgelöst werden müßte: ihr seid in den blühenden Zustand gekommen, daß ihr mein Bestes in Bedacht nehmen konntet (vgl. Jth.: φρονεῖν bezeichnet die Frucht dieses Aufblühens). Zu der der griechischen Prosa fremden und überhaupt seltenen Form vgl. Win. §. 15. S. 80. — Ueber φρονεῖν ὑπέρ τινος vgl. 1, 7.

Widerspruch nicht hinaus. Denn wenn Schlicht. dies dadurch versucht, daß er sagt, das erst jetzt geschehene reviruisse schließe den vorhandenen succus in animis eorum, qui nunc revirescat, nicht aus sondern ein, und darunter denn eben die unausgesetzte Geneigtheit versteht, der nur die opportunitas mittendi gefehlt habe, so ist das bei der gangbaren Fassung ein gekünsteltes Allegorisiren, das dem schlichten bildlichen Ausdruck ganz fern liegt, und leitet eben zu der neueren Fassung über. Diese nemlich (Rhw., Mtth., v. Hng., B.-Cr., Myr., Jth.) will das Wiederausgrünen von dem Wiederaufblühen des Wohlstandes der Gemeinde verstehen, durch das die Sendung ermöglicht sei; allein es ist mit Recht dagegen eingewandt, daß sich das wenig zum Gegenstande einer Freude im Herrn passe, für die ja die Gesinnung der Philipper, auch abgesehen von der zufälligen Möglichkeit ihrer Bethätigung, werthvoll sein muß. Vielmehr kann das Wiederausgrünen nur von dem neuen, thatsächlichen Liebeserweise, welcher keine vorhergegangene Aenderung der Gesinnung voraussetzt, verstanden werden. Das Bild ist nemlich nicht von dem Wiederausschlagen verdorrter Bäume, sondern von dem Wiederausschlagen derselben im Frühlinge hergenommen (vgl. schon Lyr., Clv., Est., Croc., die aber sachlich bei der alten Auffassung bleiben), und nicht über den Eintritt desselben nach langer Zeit des Verdorrtseins freut sich der Apostel, sondern darüber, daß schon wieder einmal es eingetreten sei (Bmg.), obwohl gleichsam die Jahreszeit es noch nicht erwarten ließ. Dabei bedarf es der sinnigen Vermuthung Bng.'s nicht, daß gerade der Frühling draußen dem Apostel dies liebliche Bild in die Feder geführt habe.

Die ältere Fassung, welche in der zweiten Vershälfte eine Correctur oder Entschuldigung findet, theilt mit der neueren, die überdem dieselbe ziemlich überflüssig macht, die Schwierigkeit, daß bei ihr der ganze Nachdruck darauf ruht, daß die Gemeinde auch früher für den Apostel gesorgt habe, daher man sich genöthigt sah, ein olim (Anf.), „allewege" (Lth.), jam ante (v. Hng.) oder „auch wirklich" (de W.) willkührlich einzuschalten; denn das bloße Imperfectum kann in der That diesen Nerv des Gedankens nicht genügend ausdrücken. Auch würde die erstere eine restrictive, die zweite eine concessive Partikel verlangen, die man vergeblich in dem ἐφ' ᾧ (Strr.) oder καί (Bz.) gesucht hat. Einfach besagen die Worte nur, daß die Freude des Apostels über den erneuten Liebesbeweis um so größer gewesen sei, weil die Gemeinde nicht durch dies oder jenes dazu veranlaßt, sondern selbst darauf bedacht gewesen und nur durch die Ungunst der Zeitumstände bisher daran verhindert war. Welcherlei Ungunst damit gemeint sei, ist zwar nicht ausgedrückt, aber darum kaum mit Mtth., de W., Wies. in suspenso zu lassen. Wenn die griechischen Ausleger uns auf den Sprachgebrauch des gemeinen Lebens verweisen, der damals wie heute von schlechten Zeiten redete, so werden wir mit ihnen daran denken, daß es der Gemeinde selbst bisher an den nöthigen Mitteln gefehlt hatte (v. Hng., Myr.,

Ew.), und nicht an Verfolgungen (Strb., Lyr.) oder an mangelnde Gelegenheit (Oec., vgl. Grt., Est., Rsm.). Bng. denkt an die böse Jahreszeit, Bmg. daran, daß sie von dem Bedürfniß des Apostels nichts wußten oder seinen Aufenthalt nicht kannten, Strr. und Fl. an die Opposition der judaistischen Partei, auf welche die erste Vershälfte gehen soll, während diese zweite den treugebliebenen gilt, eine bequeme Art, sich des Widerspruchs, der in der gangbaren Auslegung liegt, zu entledigen[1]).

Schon Chr., Thph. werfen die Frage auf, wie diese freudige Annahme der Geldspende mit 1 Cor. 9, 15 stimme, wo Paulus lieber sterben will, als den Ruhm seiner unentgeldlichen Verkündigung des Evangeliums sich zu nichte machen lassen. Man kann mit Myr. darauf verweisen, daß die Annahme von Liebesgaben noch kein Sold für seine Predigt ist — worunter Paulus ja die Verpflegung durch die Gemeinden versteht, in welchen er arbeitet —; allein ganz richtig bemerken schon die Alten, daß, was er in den Grenzen Achaja's (2 Cor. 11, 10) um der Pseudapostel willen (2 Cor. 11, 12) unterließ, er der geliebten Gemeinde nicht abschlagen konnte, ohne ihr wehe zu thun und auch nach 2 Cor. 11, 8 ihr nicht abschlug. Freilich ein neuer Beweis, daß es in Philippi solche Pseudapostel nicht gab! Unrichtig dagegen meint Ith., er habe von den Philippern nur genommen, weil bei der Armuth dieser Gemeinde ihm niemand ein Haschen nach irdischem Gewinne nachsagen konnte.

V. 11.

Daß der Apostel hier ein **Mißverständniß abwehren will**, haben wohl alle Ausleger richtig erkannt, nur daß Chr., Oec., Thph., ihrer falschen Fassung des V. 10 gemäß, es auf den ausgesprochenen Tadel beziehen, während es doch auf die dort ausgedrückte Freude

---

[1]) Das ἐφ' ᾧ kann eben so wenig ὥπερ, sicut heißen, wie Oec. erklärt und die Vlg. übersetzt (vgl. Cal., Est., Rsm. und noch v. Hng.), noch quamquam (Lth., Strr.), quin imo (a. E.) oder post id (Grt.). Sprachlich möglich wäre hier wie Röm. 5, 12. 2 Cor. 5, 4 die Bedeutung: weil (Bmg., B.-Cr.), die aber zum Contexte nicht paßt. Das Richtige hat schon im Wesentlichen Ambr. (id quod et sentiebatis), es drückt den Gegenstand aus, worauf das φρονεῖν gerichtet ist: qua de re (Bz., Pisc., Wlf. und noch Mhw.), worauf (de W.), wofür (Myr.). Ungenauer Corn.: qua in re. Nur muß man das ᾧ weder mit den Meisten bis auf Wies. auf τὸ ὑπὲρ ἐμοῦ φρονεῖν beziehen, was zwar nicht logisch absurd (Myr.), aber immerhin ungeschickt ist, noch weniger aber auf Paulus (Clv.) oder auf τὸ ὑπὲρ ἐμοῦ (Bng., Myr. Vgl. S. 324. Anm. 1), sondern einfach auf das ἀναθάλλειν. Den Unterschied des φρονεῖν ὑπέρ τινος (für einen sorgen) und φρονεῖν ἐπί τινι (worauf bedacht sein), den schon de W. angiebt, hätte Myr. nicht leugnen sollen, es liegt in dem durch die Präpositionen angedeuteten Wechsel der Bedeutungen eine Art Wortspiel. — Das καί drückt einfach ein hinzutretendes Moment aus und kann nimmer gleich μέντοι sein (Bz., Croc.: tamen). — Das ἠκαιρεῖσθε giebt die Vlg. sehr ungeschickt durch occupati eratis, und vergeblich suchte dies Corn. zu vertheidigen. — Das gegensätzliche δέ tritt unvorbereitet (durch ein μέν) nur um so lebendiger hervor.

geht (Ambr., Plg., Phot., vgl. Mtth., v. Hng., Myr.). Auch irren jene Ausleger, wenn sie den Apostel seinen thatsächlichen Mangel ableugnen lassen (vgl. Pisc., Grt.), wogegen sich schon Schlicht., Croc., Cal., Est. mit Recht erklären. Denn er leugnet ja im Folgenden nur, daß ihm der Mangel je drückend gewesen (Th. v. M., Clv.), und will also den Gedanken ablehnen, als ob er darum sich der Unterstützung gefreut habe (Plg., vgl. v. Hng., Myr., Wies.). Ganz fern aber liegt die Absicht, den Vorwurf des Eigennutzes abzulehnen, als wolle er sie zu neuer Wohlthätigkeit anspornen (Dion., Pisc., Sbl., Strr. und wohl noch v. Hng. — welche Ablehnung Chr., Oec. zu V. 14 darin finden, daß er erst jetzt, wo sie wieder Unterstützung gesandt, die Verzögerung tadelt —), oder gar sie wegen ihrer Saumseligkeit zu entschuldigen, womit Art. ὑστέρησις übersetzt[1]).

Nach den griechischen Auslegern hat Paulus seine Genügsamkeit schwer und mühevoll erlernt aus der Erfahrung, die er gesammelt in den mancherlei Widerwärtigkeiten, durch welche ihn die göttliche Gnade in seinem Amtsleben hindurchgehen ließ, nach Plg. hat er sie von Christo gelernt (vgl. Schlicht.: ex praeceptis ac disciplina Christi). Nach Clv. beruhte sie auf der Ueberzeugung, daß all unsere Schicksale von Gottes Vorsehung gelenkt werden, nach Art. war sie vom heiligen Geiste gewirkt im Gegensatz zu der selbsterworbenen philosophischen αὐτάρκια. Auch Croc., Est., Bng. heben den göttlichen Ursprung solches Lernens hervor. Doch weist der Ausdruck

---

[1]) In dem οὐχ ὅτι-λέγω sieht Win. §. 64. 6. S. 526 eine gesteigerte Anwendung des einfachen οὐχ ὅτι mit ergänztem λέγω (3, 12), das man schließlich gebraucht habe, ohne an seinen Ursprung weiter zu denken; aber einfacher ergänzt man wohl ein: meine ich, sollt ihr meinen oder dgl. (vgl. Myr.). — Das κατά steht hier von der Veranlassung, dem Motive (Win. §. 49. d. b), so daß die Umschreibung mit διά (Thdt.), propter (Vlg., Wlf., a. E., Hnr, Myr.) nicht getadelt werden darf (vergl. Bz.: respectu, Schlicht.: ob, Bng.: pro). Die Bedeutung secundum (Clv., vgl. Mtth., v. Hug.) paßt nicht recht, da nicht der Mangel selbst, sondern nur das verneint wird, daß der gefühlte Mangel Motiv seiner Rede war. — Das mit Nachdruck vorangestellte ἐγώ hebt nur seine persönliche Stellung zu dem erwähnten Mangel hervor (ich für meine Person, was mich betrifft, de W.), und ist weder mit Selbstgefühl gesagt (Myr.) im Gegensatz zu der Mehrzahl der Menschen (Jth.), noch mit specieller Beziehung auf seine Schicksale (Bng.: in tot adversis. Vgl. v. Hng.). — Das ἐν οἷς εἰμι, das Lth. fälschlich auf Personen bezog, durch χρήμασι oder dgl. zu ergänzen (Wlf., Rsm., a E, Hnr.), ist für das griechische Sprachgefühl so unnöthig, daß keiner der griechischen Ausleger die Worte umschreibt (vgl. v. Hng.). Umschreibungen aber, wie: qualiscunque sit mea conditio (Clv., Croc.) sind grammatisch ungenau. Es heißt: in welcher Lage ich jetzt oder in jedem bestimmten Falle mich befinde. — Schon Grt. bemerkt richtig, daß αὐτάρκης ebensowohl von Sachen sufficiens (2 Cor. 9, 8), wie von Personen contentus (1 Tim. 6, 6) sein könne. Ungeschickt übersetzt es die Vlg. durch ersteres, und auch Myr. nimmt es: mir selbst genügend, ohne der Unterstützung anderer zu bedürfen. Corn. und Croc. verwahren den Ausdruck dagegen, daß nicht die göttliche αὐτάρκεια gemeint sei.

hier entschieden auf die natürliche Vermittelung desselben hin, wozu die mannigfachen Entbehrungen seines Amtslebens (1 Cor. 4, 11) reichliche Gelegenheit boten, und mit Recht sind v. Hng., B.=Cr., Myr. zu der Erklärung der Griechen zurückgekehrt. Das schließt freilich nicht aus, daß es, um wirklich zu lernen in der Leidensschule, einer höheren Kraft bedarf, aber hierauf kommt Paulus erst V. 13 zu sprechen.

V. 12.

Das Resultat nun, welches Paulus durch jenes Lernen gewonnen (de W., Myr.), ist die Fertigkeit, mit der er in den verschiedensten Lebenslagen sich richtig zu verhalten versteht (Est., v. Hng.) und eben darum sich stets in jener Genügsamkeit und Zufriedenheit erhält (Myr.). Er weiß den Mangel zu tragen (Th. v. M.), ohne sich dadurch betrüben (Ambr.) und niederdrücken zu lassen (Clv.) oder gar zum Murren verleitet zu werden (Pisc.). Dasselbe gilt aber vom Glück und Ueberfluß, den so viele nicht zu tragen wissen (Chr.) und der nach Clv. sogar noch schwerer zu tragen ist. Denn er macht träge und stolz (Chr., Oec.), verführt zu Schwelgerei und Unmäßigkeit (Th. v. M., Pisc.) oder doch zu irdischem Sinn und Gleichgültigkeit gegen den Himmel (Fl.). Paulus aber verstand, dabei mäßig, demüthig und dankbar zu bleiben, den Ueberfluß nach Gottes Willen zur Unterstützung Anderer zu verwenden und stets bereit zu sein, alles um des Herrn willen daran zu geben (vgl. Chr., Clv., Est.). Myr., der fälschlich in unserem Verse nur eine Specification der $αὐτάρκεια$ findet (Wieß.), obwohl derselbe doch offenbar darüber hinausgeht, verschiebt den Gedanken, indem er das Genüge, das man in sich selbst und nicht im Ueberfluß findet, für die Hauptsache hält. „Haben als hätte man nicht", so hat der Apostel selbst 2 Cor. 6, 10 diese Unabhängigkeit von dem irdischen Gute charakterisirt. Etwas einseitig, aber schlagend Plg.: ut nec abundantia extollar, nec inopia frangar (vgl. Ans., Lyr.).

Freilich hat Paulus dem Begriff des Ueberflusses nicht ausdrücklich den des Mangels gegenübergestellt und die Versuche der Ausleger, den Gegensatz concinner zu machen, sind willführlich und wortwidrig. Wohl nicht zufällig nennt er statt der Armuth die gewöhnliche Folge davon (Bz., Croc.), die Verachtung, die sie mit sich bringt, oder substituirt dem specielleren Begriff den allgemeineren (Myr., Wieß.) der Erniedrigung, des Herunterkommens (de W.). Denn dem edleren Gemüthe ist an dem Mangel nicht er selbst das schwere, sondern eben der niedrige, gedrückte Zustand, in den er bringt. Darum bezeichnet Paulus 2 Cor. 11, 7 den gedrückten Zustand, in den er durch seine unentgeldliche Verkündigung des Evangeliums und den daraus entstehenden Mangel (V. 8) kam, eben so als ein $ταπεινοῦν\ ἑαυτόν$, und v. Hng. brauchte also die verneinte antithesis obliqua et imperfecta nicht durch die populäre Sprache der biblischen Schriftsteller zu entschuldigen[1]).

Die patristischen Ausleger finden in dem μεμύημαι nur den Begriff des Erprobt-, Eingeübt-, Unterwiesen- oder Eingewöhntseins (Vlg.: institutus, Lth.: geschickt) und so noch Clv., Wlf., Hnr., Rhw. und Mtth. Allein schon Ers. und Grt. bemerken, daß der Ausdruck von der Einweihung in die Mysterien hergenommen sei, Bz. findet darin, daß Ueberfluß und Mangel Gott geweiht werden, unser ganzes Leben ein beständiges Opfer sein müsse (vgl. Corn., Croc.), Art. und Est., daß die hier bezeichnete Lebensweise das eigentliche von Gott gelehrte christliche Mysterium, die rechte Geheimdisciplin (Bng.) sei und Bmg. hat diesen Vergleich nach allen Richtungen hin ausgesponnen. Geht dies nun zweifellos zu weit, so ist doch offenbar im Verhältniß zu dem bloßen Erkennen im Ausdruck eine Steigerung beabsichtigt (v. Hng., B.=Cr.), dergemäß es nicht nur die vertraute Bekanntschaft (Myr.), sondern das Eingeweihtsein (de W.) in eine Kunst bezeichnet, die nicht jeder lernt, weil sie nicht so leicht ist (Wies.). Diese Kunst selbst besteht aber nach Dion. darin: χορτάζεσθαι sine immoderantia, πεινᾶν sine impatientia; περισσεύειν non tamen cor rebus caducis supponere, ὑστερεῖν sine tristitia[2]). Dem Haben und Entbehren des

---

[1] Zu οἶδα im Sinne des praktischen Wissens, des Sichverstehens worauf vgl. 1 Tim. 3, 5. — Für δέ ist nach überwiegenden Autoritäten καί zu lesen, das zu der mit ἐν οἷς εἰμι doch zunächst gemeinten gegenwärtigen Lage nicht etwas absonderliches (Myr.), sondern nur das Gegentheil hinzufügt. Die nachdrucksvolle Wiederholung des οἶδα (v. Hng.) wie des καί soll die Gleichheit beider Situationen noch schärfer markiren, ähnlich wie das doppelte παρακαλῶ V. 2. Die Bedeutung „sowohl — als auch" (de W.) ist hier nicht zulässig. — Um den Gegensatz des ταπεινοῦσθαι und περισσεύειν concinner zu machen, nahmen schon Oec., Thph. ersteres für ὀλίγοις κεχρῆσθαι, λιμώττειν (vgl. Corn., Wlf., Strr., Fl.: inopem esse nach vermeintlich hebräischem Sprachgebrauche; Grt., Mtth., B.=Cr.: dürftig leben), umgekehrt legten Ers., Vtb., Clv., a. E. letzterem die Bedeutung excellere bei (vgl. Lth., Sdl.: niedrig und hoch sein). Ganz unnöthig nehmen Grt., Rsm., a. E. in beiden Worten eine Metonymie an, wonach in denselben zugleich das rechte Verhalten in den dadurch bezeichneten Lagen ausgedrückt sein soll.

[2] Die griechischen Ausleger verbinden freilich das ἐν dergestalt mit μεμύημαι, als ob es den Gegenstand bezeichnen könne, worin einer eingeweiht ist, und so noch v. Hng., de W., Wies., welche dann die folgenden Infinitive als Epexegese davon fassen. Allein das ist gegen den griechischen Sprachgebrauch, der μυεῖσθαι nie mit ἐν, sondern mit dem Accusativ, Dativ und, wiewohl selten, mit dem Infinitiv verbindet. Gegen die Vlg. die gar die Infinitive von οἶδα abhängig macht und ἐν παντί bis μεμύημαι parenthesirt, vgl. schon Est. Sie hängen von μεμ. ab (Bng.) und bezeichnen, worin er eingeweiht ist (Myr.). — Das ἐν παντὶ καὶ ἐν πᾶσιν erklärt Thph.: ἐν παντὶ χρόνῳ καὶ ἐν παντὶ πράγματι καὶ ἐν πᾶσι τοῖς παρεμπίπτουσιν (vgl. Art., Grt.: in quovis tempore et in quavis re, Croc. und B.=Cr.), Oec. hat nur die beiden letzten Bestimmungen (vgl. Schlicht.: in omni re et in omnibus ad rem illam pertinentibus, die Vlg. hat ubique et in omnibus (Ansf.: in omni loco et in omni genere rerum. Vgl. Ers., Clv., Est.); Vz., Wlf., Sdl., Bmg., Fl., Hnr. und noch Mtth. verbinden im ersten die Beziehung auf Zeit und Ort und ergänzen letzteres durch πράγμασι, χρήμασι: in allen Um-

Nothwendigsten stellt Paulus nicht erklärend (Bz.), sondern steigernd den Gegensatz von Fülle und Mangel überhaupt zur Seite und zwar so, daß, umgekehrt wie bei dem ersten Paare, die schwere Kunst des rechten Ueberflußhabens an die Spitze tritt.

B. 13.

Chr., Oec., Thph. bemerken, der Apostel füge dies hinzu, weil er fühlte, wie großes er von sich ausgesagt, und nach seiner Demuth und Dankbarkeit dies nur Christo zuschreiben konnte. Dies ist unzweifelhaft richtiger, als wenn ihn Th. v. M. nur den Schein des Hochmuths vermeiden (vgl. Pisc., Est., Croc. und noch Rhw.) oder Clv. Anderen den Vorwand zur Prahlerei abschneiden läßt, wobei immer der Ausdruck des unmittelbaren religiösen Bewußtseins erst durch Nützlichkeitsrücksichten vermittelt gedacht wird. Ebenso fremd ist ihm auch die lehrhafte Erklärung darüber, warum nicht alle in der Leidensschule dasselbe lernen (v. Hng.), wie die Antithese gegen die Vermittelung der B. 12 beschriebenen Gesinnung durch die Lehren der Philosophie (Art.) oder durch egoistisches Wesen (Mtth.).

Auch darin haben die Griechen richtig gesehen, daß Paulus nur über die Art, wie er zu jenem *praktischen Verstehen* (B. 12) gekommen sei, sich ausspricht, wonach also das πάντα aus dem Vorigen von selbst seine Begränzung empfängt (vgl. Haym., Dion.: omnia haec, Oec., Bmg., Rsm., v. Hng.: omnia memorata, Ew.). Willkührlich ist freilich die Beschränkung Clv.'s, welcher den Apostel nur von der Kraft zu seinem berufsmäßigen Thun reden läßt (vgl. Fl.), auf Grund welcher Fassung Croc. gegen eine katholische Auffassung unseres Verses polemisirt, die daraus bald erschloß, daß alle Kleriker die Gabe der Enthaltsamkeit haben und bald, daß die Gläubigen alle das Gesetz vollkommen erfüllen können. Aber ebenso gegen den Context

---

ständen, Stücken ꝛc. Lth., Bng. nehmen gar das letztere masculinisch von Personen. Aber beides ist wohl nach der Analogie von ἐν οἷς εἰμι B. 11 (Myr.) neutral zu fassen (de W.) und bedarf so wenig wie jenes irgend einer Ergänzung (Myr.). Will man sich nicht damit begnügen, daß beides den Begriff amplificirt oder erschöpft (de W.), so kann man in dem ersten mehr die einzelnen Verhältnisse, in denen sich die αὐτάρκεια erprobt, im zweiten mehr die wechselnden Umstände, unter denen dies geschieht, angedeutet finden (vgl. Ew.: in Allem und in Allerlei; noch besser Ith.: in jedem Stücke und unter allen Umständen). Ganz verfehlt aber war es, um die scheinbare Tautologie zu heben, das ἐν παντὶ nach der Griesb.'schen Interpunction zum Vorigen zu ziehen (Rsm., Strr.), was nur den Parallelismus der Satztheile stört und mit Recht schon von Hnr. zurückgewiesen ist. — Den Begriff des χορτάζεσθαι erweitern Rsm., a. E. ungebührlich (ex magna rerum copia sumere quod satis est), während Bug. willkührlich χορτάζεσθαι καὶ πεινᾶν auf den einzelnen Tag beschränkt im Gegensatz zu dem περισσεύειν καὶ ὑστερεῖσθαι longiori tempore. Ers. legt auch hier in die Worte bereits den Begriff des rechten Verhaltens hinein: pati, ut supersit, p. ut desit, p. ut nimium, p. ut minus sit. Bz. hätte sich bei der Erläuterung des χορτάζεσθαι die ungehörigen Sarkasmen gegen das Fasten der Mönche sparen können.

und auch sachlich nicht zu rechtfertigen ist die Verallgemeinerung des πάντα, welche dasselbe ganz universell nimmt und hierin gegen das Vorige ein Moment der Steigerung findet (de W., Myr., B.-Cr., Wies.). Ebensowenig kann in dem Wechsel der Begriffe des Verstehens und Vermögens ein Gedankenfortschritt liegen (de W., Wies. und ähnlich schon Anf.), da, wie Myr. richtig bemerkt, bereits das οἶδα und μεμύημαι dynamisch gemeint waren vom Verstehen der ethischen Praxis[1]).

Daß Christus es sei, der dem Apostel zu dem Vermögen die Kraft giebt, haben die Ausleger seit Chr. richtig verstanden. Nur Plg. rationalisirt, indem er den Gedanken darauf beschränkt, daß Christus dat intelligentiam vel sua doctrina confirmat, Rsm. schreibt die Kräftigung dem Gebrauch seiner Lehre und Verheißung zu oder nimmt höchstens, wie auch a. E., Fl., Mtth., einen Beistand Christi an. Hnr. verdreht die Worte dahin, daß Paulus alles vermag, wo es sich um die Förderung des Evangeliums handelt und auch B.-Cr. versteht unter Christo alles, wodurch das Evangelium und das christliche Leben fördernd einwirkt. Uebrigens sagt der Apostel nicht, daß die ihm mitgetheilte objective Kraft in Christo ruht (Myr.), sondern daß sein Vermögen in der subjectiven Gemeinschaft mit Christo wurzelt (v. Hng., de W., Wies.); denn dieser ist es, der ihn kräftigt (Eph. 6, 10. 1 Tim. 1, 12. 2 Tim. 4, 17) durch seinen Geist (Schlicht.), an dem wir in seiner Gemeinschaft Antheil haben.

---

2. Anerkennung der ihm erwiesenen Wohlthat.
(Cap. IV, 14—16.)

Uebrigens habt ihr wohlgethan, daß Ihr Euch meiner Trübsal angenommen habt. Ihr aber von Philippi wisset auch selbst, daß im Anfange des Evangeliums, da ich auszog aus Macedonien, keine Gemeinde mit mir getheilet hat auf Rechnung der Ausgabe und Einnahme, denn Ihr allein; daß auch in Thessalonich Ihr zu meiner Nothburft sandtet einmal und abereinmal.

[V. 14.] So hat der Apostel den Philippern die Gewißheit gegeben, daß es nicht der Druck der früheren Noth war, welcher ihm

---

[1]) Der Artikel vor πάντα kann trotz der Beziehung auf's Vorige fehlen, wo dieselbe sich aus dem Contexte unmittelbar ergiebt (vgl. 2, 14. 3, 8). Höchstens kann derselbe ausgelassen sein, um anzudeuten, daß auch andere Erscheinungsformen derselben Tugend als die ebengenannten nicht ausgeschlossen sein sollen. — Zu ἰσχύειν τι vgl. Gal. 5, 6. 6, 15. — Die an sich richtige Glosse Χριστῷ ist kritisch unhaltbar. Wunderlich will Mtth. θεῷ mit eingeschlossen denken.

jetzt die Freudenäußerung über die ihm gesandte Gabe abpreßte. Im Uebrigen aber will er dadurch, daß ihm die Abhülfe seiner Bedrängniß nicht gerade ein dringend gefühltes Bedürfniß war, keineswegs die Bedeutung und den Werth ihrer Gabe an sich und für ihn insbesondere geringschätzen oder verkennen. Darum bezeugt er ihnen, sie haben wohl daran gethan, daß sie mit ihm Theil genommen an seiner Drangsal; denn, indem sie ihn in der bedrängten Lage, in der er sich während seiner Gefangenschaft befand, unterstützten, halfen sie ihm ja die Last derselben tragen und machten sie so gewissermaßen zu ihrer eigenen. Das aber ist ein Werk der wahren Liebe, die jedes Lobes würdig ist.

[B. 15.] Insbesondere aber haben sie wohl daran gethan, ihm jetzt diesen Liebesdienst zu erweisen, da er ja gerade von ihnen Hülfe in seiner Bedrängniß zu erwarten ganz besonders veranlaßt war. Soll er, in ihrem Lobe fortfahrend, noch ausführlich ihnen zeigen, warum? Aber sie wissen es ja auch selbst, wie sie die ersten gewesen sind, die nicht unterlassen haben, auch in der Ferne noch ihren Lehrer zu unterstützen, sie, die Philipper, wie er sie, erfüllt von liebevoller Erinnerung, nachdrücklich und namentlich anredet. Er braucht sie ja nur zu erinnern an den Anfang seiner evangelischen Verkündigung, an jene Zeit, da er auf seiner zweiten Missionsreise zum ersten Male die Heidenländer in weiterem Umkreise durchzog und seine Hauptwirksamkeit auf europäischem Boden einleitete. Damals, als er aus Macedonien fortgezogen war, wo er sich meist noch seiner Gewohnheit gemäß von den Gemeinden hatte verpflegen lassen, und nun in Corinth sich aufhielt, gerieth er zum ersten Male in bedrängte Lage, weil er dort aus bekannten Gründen auf die Verpflegung durch die Gemeinde verzichtete, und sah sich vergebens in seinem näheren Wirkungskreise nach Hülfe um. Aber damals war keine Gemeinde durch Uebersendung von Unterstützungen oder Darreichung der täglichen Nothdurft mit ihm in Gemeinschaft getreten in Beziehung auf die Berechnung von Geben und Empfangen als sie allein. Es war doch eine so billige und natürliche Rechnung gleichsam, daß sie dem, von dem sie die geistlichen Güter empfingen, ihrerseits die leiblichen gaben; allein in dem Rechnungsbuche der andern Gemeinden schien es nur ein Conto für die Einnahme von ihm zu geben und nicht für die Ausgabe an ihn. Sie aber hatten damals zum ersten Male und vor allen andern Gemeinden

den Schritt gethan, ihm auch über die Gränzen ihres Vaterlandes hinaus Unterstützung zu senden und ihm so seine geistlichen Gaben zu vergelten. Wie sollte er nun nicht in Rom, wo er ihnen freilich sehr fern war, dennoch zuerst in seiner Bedrängniß an die philippische Gemeinde gedacht haben?

[V. 16.] Ja, er kann noch weiter in seiner Erinnerung zurückgehen, und immer wieder sind sie es, die ihm hülfreiche Hand zu bieten pflegten. Sie müssen es ja wissen, daß auch, wie er in Thessalonich war, wo er ebenfalls aus andern Gründen keinen Sold nahm, sie sowohl einmal, als auch, da er es noch einmal bedurfte, zweimal ihm schickten, was er zu seiner Nothdurft brauchte. Freilich war er damals noch in ihrem Vaterlande und der Faden der liebenden Fürsorge für seinen täglichen Unterhalt, den sie in ihrer eignen Stadt angesponnen hatten, war gleichsam noch nicht abgerissen, freilich konnten sie sich damals noch nicht vor andern auszeichnen, da damals noch keine andere Gemeinde in Macedonien bestand, die ihn hätte unterstützen können; aber immerhin muß auch die Erinnerung hieran es motiviren, wie er nun, wo er wieder einmal in einer bedrängten Lage war, zunächst an sie dachte, die ihm zuerst und zumeist in solchen Fällen Hülfe geleistet hatten. Und darum ist es doppelt wohlgethan von ihnen, daß sie jetzt seiner Erwartung durch ihre Sendung entsprochen haben.

V. 14.

Die griechischen Ausleger bemerken bereits ganz richtig, daß Paulus nun auch die andre Seite hervorhebt, damit er sie nicht betrübe, wenn er die Gabe zu verachten scheine, als ob sie etwas überflüssiges gethan hätten (vgl. Clv., Bll., Art., Croc , Bmg., Hnr., Myr.). Aber einen nicht richtigen Gesichtspunkt tragen Chr., Oec., Thph. hinein, wenn sie meinen, wie er durch das Vorige das Aufkommen des Stolzes hindern wolle, so wolle er jetzt ihre Bereitwilligkeit zum Geben anspornen, die leicht durch solche scheinbare Verachtung der Gabe lässig werden könne. Denn weder erlaubt V. 17. 18. hier eine indirecte Bitte um fernere derartige Dienstleistung zu finden, noch ist die Fürsorge für ihre Wohlthätigkeit gegen Andere (Clv.) irgend durch den Context nahe gelegt. Man kann mit Wief. sagen, es enthalte unser Vers den eigentlichen Grund seiner Freude (V. 10), da ja V. 11—13 gezeigt hatten, worin dieser Grund nicht liegen könne, und doch wird dieser in V. 17 noch etwas anders bestimmt und tritt erst durch diese Näherbestimmung in sein rechtes Licht.

Th. v. M. fand in dem καλῶς ἐποιήσατε mit Recht ein sittliches Urtheil über ihre That, die Paulus als jedes Lobes würdig bezeichne, und ähnlich Aug., Anſ., Bll., Croc., Bmg., v. Hng., B.-Cr., Myr. Allein schon Chr. hebt hervor, daß er wirklich der Sendung bedurft habe, und auch Ambr., Lyr., Dion. scheinen darin ausdrücklich die Bezeichnung der That als einer Liebes- und Wohlthat zu finden, was im Worte an sich nicht liegt, und allerdings das von Lyr. zugesetzte mihi fordern würde. Vollends aber eine Danksagungsformel (Grt., Rsm., a. E.) ist es ganz und gar nicht. Es ist eben charakteristisch, daß der Apostel seinen Dank nur dadurch ausdrückt, daß er den sittlichen Werth ihrer Handlung anerkennt und seine Freude im Herrn darüber ausspricht. — Indem er aber den sittlichen Werth der Handlung näher charakterisirt (Myr.), erkennt er zugleich die ihm durch die Sendung geschehene Wohlthat vollkommen an und zeigt ihnen, daß er sie als solche zu würdigen versteht[1]) Dieser Gesichtspunkt wurde freilich schon von den griechischen Auslegern verrückt, die, obwohl sie ganz richtig den Apostel in ihrer Unterstützung eine Betheiligung an seinem Leiden sehen lassen, doch seine Demuth und seinen Edelsinn besonders darin bewundern, daß er ihnen damit zugleich eine Anwartschaft auf die einstige Theilnahme an seinem Kampfpreise giebt, welcher Gedanke noch bei Corn., Croc. auftritt und von Sdl. wunderlich genug dadurch motivirt wird, daß sie durch die Sendung sich in Gefahr gebracht hätten, als Mitschuldige des Apostels zur Verantwortung gezogen zu werden. Von der andern Seite hebt schon Aug. vor Allem die bewiesene Liebesgemeinschaft hervor, und so finden Pisc., Grt., Rsm., Hnr., v. Hng. und selbst de W. zunächst nur die Sympathie, die ihm bewiesene Theilnahme hier ausgedrückt, obwohl doch ihr Thun charakterisirt und nicht die causa procreans desselben (Pisc.) gelobt werden soll. Ja selbst die Art, wie Haym., Bmg., Strr., Fl.

---

[1]) Das πλήν wird auch hier von den Meisten nur als starke Adversativpartikel genommen von der Vlg. (verumtamen, vgl. Lth.: doch) bis auf de W., Myr., Wies. (doch, gleichwohl). Es zeigt aber an, daß außer dem bisher berührten noch ein anderer Gesichtspunkt zur Geltung gebracht werden kann und heißt also auch hier: außerdem, übrigens (Clv.), was höchstens negativ gewandt werden kann: abgesehen davon (Mtth.). Vgl. 1, 18. 3, 16. — Das συν in συγκοινωνήσαντες kann in keinem Falle auf andere gehen, die ebenfalls Theil genommen haben (Bng.), da von solchen der Context nichts weiß; wahrscheinlich geht es wie 1, 7 auf Paulus selbst (Myr., Wies.), wo nicht, ähnlich wie Eph. 5, 11, die Trübsal selbst geradezu als das bezeichnet wird, womit sie Gemeinschaft gemacht haben. Das Participium steht hier das verb. finit. ergänzend oder prädicativ, wo im Lateinischen und Deutschen der Infinitiv stehen würde. Vgl. 2 Thess. 3, 13 und Win. §. 45. 4. a. — Durch θλῖψις bezeichnet der Apostel seine bedrängte Lage in der Gefangenschaft, nicht seinen Mangel, den das Wort auch 2 Cor. 8, 13 nicht bezeichnet, wie der Gegensatz von ἄνεσις zeigt.

a. E., Mtth. diese innere Theinahme mit der thatsächlichen Erweisung verbinden, ist in den Worten nicht ausgedrückt, obwohl es natürlich sachlich keinem Zweifel unterliegt, daß ihre Handlung durch die Sympathie der Liebe, aus der sie hervorging, erst ihren Werth erhielt. Freilich reden die Worte auch nicht direct von einem Mittheilen der irdischen Güter an ihn, den Leidenden (Anf., Lyr., Dion., Schlicht., Est., Bng., B.=Cr.), sondern um die Bedeutung dieser Mittheilung zu würdigen, bezeichnet Paulus sie eben als ein Theilnehmen an seiner Drangsal, die sie damit gleichsam mit auf ihre Schultern nehmen (Corn.), um sie gemeinschaftlich mit ihm zu tragen (vgl. Myr., Wies.).

V. 15.

In der Erwähnung ihrer früheren Wohlthaten sehen Chr., Thph., Oec. eine Entschuldigung seines offenen Tadels (V. 10), wozu sie ja selbst Veranlassung gegeben, da sie durch ihre bisherige Gewohnheit ihm das Zutrauen eingeflößt, auch jetzt von ihnen Hülfe zu erwarten; Phot. aber, von dem Gedanken ausgehend, den ja auch die anderen Griechen bei V. 14 entwickeln, daß ihnen selbst durch diese Theilnahme an seinen Leiden und dem Lohn derselben die größte Wohlthat geschieht, läßt den Apostel darauf verweisen, daß er ihnen nicht nur jetzt, wo er in seiner nächsten Umgebung keine willigen Geber hatte, diese Wohlthat erwiesen, sondern daß er sie auch früher allen anderen vorgezogen, die ihm Hülfe leisten wollten, indem er ihre Gaben allein angenommen.

Beide Auffassungen beruhen auf falschen exegetischen Prämissen und haben auch das wider sich, daß zunächst nicht ihr früheres Geben hervorgehoben wird, sondern daß sie allein ihm früher gegeben haben, die anderen nicht, was richtig schon Anf. als das Hauptmoment betont. Eher könnte man meinen, in dieser lobenden Erinnerung an ihre früheren Spenden mit Ambr. eine Anerkennung derselben finden zu müssen (vgl. de W., Myr., Wies.) oder eine Steigerung des Lobes wegen ihrer jetzigen Gabe (Pisc., Art., Grt., Rhw., Mtth., v. Hng., B.=Cr.) durch Vergleich mit den früheren. Aber ein Ausdruck des Lobes findet sich doch eigentlich nicht und da der Apostel die Tendenz, sie zu weiterem Geben zu ermuntern (Ambr., Anf., Dion., vgl. Croc.) ausdrücklich ablehnt (V. 17) und ein Tadel gegen die anderen Gemeinden (Haym.), den, obwohl leise, auch Est. angedeutet findet, dem Context ganz fern liegt, so würde damit immer noch nicht das eigentliche Motiv dieser Erwähnung gefunden sein. Ein solches bietet Clv., wenn er sagt, daß Paulus das häufige Annehmen ihrer Unterstützung damit entschuldige, daß er von anderen nichts empfangen habe, was denn Est., Corn., Croc. weiter so ausführen, daß er den Vorwurf abweise, als wolle er Schätze sammeln und sich bereichern. Aber wie sollten die Philipper auf einen solchen Argwohn kommen? — Ich kann im Zusammenhang nur eine Bestätigung davon finden, daß sie wohlgethan, ihn zu unter=

stützen (V. 14), weil er nemlich von ihnen, die ihn zuerst und zumeist unterstützt hatten, am ehesten in seiner jetzigen bedrängten Lage Hülfe erwarten konnte. Aehnlich schon Strr., und auch den Griechen, die nur durch ihre falsche Auslegung des V. 10 irregeführt worden, hat diese seine Erwartung als der vermittelnde Zwischengedanke vorgeschwebt. Nur muß man deshalb nicht mit Fl. annehmen, daß sie jährlich ihm einen regelmäßigen Beitrag gesandt, der jetzt eine Zeitlang ausgeblieben war, obwohl noch Baur im Folgenden eine solche von Anfang an getroffene Einrichtung als eine mißverstandene Consequenz aus 2 Cor. 11, 9 findet.

Der Apostel überhebt sich aber einer weiteren Erörterung dieses, namentlich im Blick auf das Verhalten der anderen Gemeinden immer etwas delicaten und vielleicht nicht ganz ohne schmerzliche Erinnerung zu berührenden Punktes, indem er sie darauf verweist, daß sie so gut wie er (v. Hng., de W., Myr., Wies.), nicht wie andere Zeugen, die er citiren könnte (Ans., Clv., Est., Croc., Bmg.), wissen, wie er in dieser Beziehung mit seinen Gemeinden gestanden habe. Indem er sie aber bei dieser Gelegenheit ausdrücklich noch einmal bei Namen nennt, was er doch so selten thut (vergl. 2 Cor. 6, 11 und im entgegengesetzten Sinne Gal. 3, 1), will er gewiß in diese Anrede den Nachdruck inniger Liebe gegen sie hineinlegen, die solche Erinnerungen in ihm wach rufen mußten (vgl. Strr., Mtth., v. Hng., Wies.). Wenigstens sehe ich nicht, warum de W. einen Nachdruck ohne Affect und Zärtlichkeit verlangt. Ja, auch Schlicht., Bng. dürften so unrichtig nicht gefühlt haben, daß eben im Gegensatz zu den anderen Gemeinden er seine Philipper mit Namen nennt; nur muß man nicht von der Behutsamkeit reden, womit er ja nicht anderen die Wohlthat zuschreiben will (Bmg.).[1]

Keine Gemeinde also war mit dem Apostel in Gemeinschaft getreten auf Rechnung von Geben und Empfangen. Dabei dachten Chr., Oec., Thph., sowie Plg. und Aug. auf Grund von 1 Cor. 9, 11 an das Geben der leiblichen Gaben Seitens der Philipper

---

[1] Das δέ ist auch hier nicht rein metabatisch (Myr., de W.: auf etwas anderes zurücklenkend), sondern es markirt den Gegensatz des οἴδατε gegen das bisher von ihm als sein Urtheil in der Sache gesagte. — Auch hier wie 1, 5. 12 ist εὐαγγέλιον die evangelische Verkündigung (Strr., Hnr., Wies.). — Das ἐξῆλθον kann sprachlich als Plusquamperfect genommen werden (Win. §. 40. 5. a) wie Gal. 2, 12 (v. Hng., de W.), und hat gerade nur in dieser Fassung seine contextmäßige Bedeutung. — Die Ergänzung eines καί, imo vor ὅτε (Strr., Fl.), um in ἐν ἀρχῇ τοῦ εὐαγγελίου die Sendung nach Thessalonich zu finden und so die vermeintliche chronologische Umkehrung fortzuschaffen, ist natürlich reine Willkühr. — Die Fassung des εἰς λόγον: in Rücksicht auf (Bng. u. a.) ist sprachlich richtig, aber schon durch die aus dem Rechnungswesen entlehnten Ausdrücke δόσις καὶ λῆψις wird die bildliche Fassung nahe gelegt (Myr.) und die Wiederkehr von εἰς λόγον V. 17 (de W.) entscheidet. Das εἰς, ähnlich wie 1, 5, bezeichnet die Rücksicht, in welcher die Gemeinschaft stattfand.

und an das Empfangen der geistlichen von Paulus, worin Anf., Lyr., Dion. eine rationabilis compensatio finden. Clv., Bz. erinnern daran, daß der Ausdruck von Rechnungslisten hergenommen sei, in denen man die Ausgabe und Einnahme vermerke, und Corn., Croc. haben dies Bild weiter ausgeführt (vgl. auch Bll., Art., Clr., Zgr., Est., Wlf., Bmg.). Vtb. wollte allein an das geistliche Geben des Apostels und das Empfangen dieser Gabe Seitens der Philipper denken, und Schtt., Schlicht., Rsm. bezogen das Empfangen der Philipper auf die göttliche Vergeltung. Allein schon Th. v. M bezog beides lediglich auf die leiblichen Gaben, die die Gemeinde gegeben und Paulus empfangen habe, und ihm sind Ers., Camero, Cast., Grt., B.-Cr. gefolgt, sowie die Neueren, welche das Bild von der Rechnung ganz fallen lassen (Bng , Hnr., Strr., Fl., Mtth., v. Hng.) Aber letzteres festzuhalten nöthigt die Fortsetzung desselben in V. 17 und da die Gemeinde Subject ist, muß an ein Geben und Empfangen von ihrer Seite gedacht werden, weshalb auch die Fassung von Sdl. ganz verfehlt ist, wonach Paulus allein über die gesandte Unterstützung Rechnung zu führen gehabt habe. Da nun der Gedanke an eine Unterstützung der philippischen Gemeinde aus anderweitigen Collectengeldern (Rhw.) in jeder Beziehung unnachweisbar und absurd ist, und der Ausdruck, wonach sie mit Paulus auf eine solche Berechnung hin in Gemeinschaft getreten sind, den Gedanken an die göttliche Vergeltung ausschließt, so kann nur die bei den Vätern verbreitetste Auslegung die richtige sein (vgl. Wief., Jth.). Vergebens sträuben sich de W. und Myr. dagegen; denn wenn das Gesagte auch verhüllende Bezeichnung des Geldpunktes ist, der den Apostel offenbar auf das Bild gebracht hat, so hat man darum doch kein Recht, von einer strengen Geltendmachung der beiden genannten Stücke abzusehen, und wenn man vollends mit Myr. ausdrücklich an ein beiderseitiges Rechnungsführen denkt (was nicht einmal nöthig ist), so ist es wunderlich genug, daß „bei jedem eine Rubrik der Rechnung leer bleiben" soll. Wie aber der so naheliegende Gedanke an das geistliche Empfangen willführlich eingetragen sein soll, begreife ich nicht. Daß übrigens das Geben voran steht, worin eben das Unterscheidende der philippischen Gemeinde liegt, rechtfertigt sich von selber.

Die hier erwähnte Thatsache ist die Unterstützung, welche die Philipper dem Apostel nach Corinth sandten (2 Cor. 11, 9), wie die meisten Ausleger annehmen, nicht eine noch frühere (Myr.), was der Ausdruck nicht erfordert und sachlich unnachweisbar ist, noch weniger die V. 16 erwähnte (Grt., vgl. Strr. in der Anm.), die ja deutlich als eine andere angereiht wird. Wenn der Apostel den Zeitpunkt dieser Sendung so bezeichnet, daß sie im Beginn der evangelischen Verkündigung in Gemeinschaft mit ihm traten, so haben Chr., Thph., Croc. ganz richtig gesehen, daß damit hervorgehoben werden soll, wie sie zuerst ohne den Vorgang Anderer ihm derartige Unterstützungen sandten, nur daß sein Zweck dabei nicht ist, ihr Lob zu erhöhen, sondern zu zeigen, warum er auch jetzt zuerst von ihnen Hülfe erwartete und sie also wohl daran gethan haben, ihn nicht im Stiche zu lassen. Aber gerade diese Hauptsache, daß sie zuerst von allen Gemeinden es gethan, verliert ihre Bedeutung, wenn man mit Th. v. M., Lyr., Bz., Grt. und den meisten Neueren bis auf de W., Myr., Wies. Jth. nur an den Anfang der Heilsverkündigung in den macedonischen Gemeinden denkt, wobei man die Zeitbestimmung dann wohl überhaupt nur im Vergleich mit seinem zweiten Aufenthalt daselbst faßt (Est., Strr.). Allein vom Zeitpunkt seiner römischen Gefangenschaft aus konnte dem Apostel sehr wohl die Zeit seiner zweiten Missionsreise, wo er zum ersten Male sein wichtigstes Missionsgebiet sich gleichsam eroberte, als der Anfang seiner evangelischen Verkündigung überhaupt erscheinen. Dagegen liegt der Gedanke, daß sie damals selbst noch Anfänger in der Gnade waren (Oec.), hier, wo er zu ihrem Lobe ihnen die anderen Gemeinden entgegenstellt, fern.

Die Bemerkung aber, daß er damals aus Macedonien bereits weggegangen war, soll nicht gerade ihr Lob erhöhen, wie die patristischen Ausleger es nehmen (vgl. Croc.), sondern sie soll den Zeitpunkt markiren, wo es ihm zum ersten Male an Unterstützung in seinem unmittelbaren Wirkungskreise gebrach und er auf solche Sendungen aus der Ferne angewiesen war. Denn in Macedonien hatte er wohl auch sonst seiner Gewohnheit gemäß (2 Cor. 11, 8) sich durch die Gemeinden verpflegen lassen (z. B. in Beroea), in Corinth aber hatte er um der Pseudapostel willen darauf verzichtet (2 Cor. 11, 7—12 vgl. Chr.) und war dadurch in Bedrängniß gerathen. Gerade in diesem Augenblicke aber hatte Philippi allein ihn unterstützt. Hierin, nicht in der Größe der Sendung (v. Hng., de W.) liegt denn auch wohl einfach der Grund, weshalb er der korinthischen zuerst gedenkt und man mag immerhin mit Wies. sagen, daß sich erst mit dieser das Verhältniß zwischen ihm und der Gemeinde anknüpfte, als dessen Frucht er auch die jetzige Sendung ansieht. Allerdings war er bereits in Thessalonich in der Lage gewesen, sich von Philippi aus unterstützen zu lassen (V. 16), aber so lange er noch in den Grenzen Macedoniens sich aufhielt, worin Philippi die erste von ihm gestiftete Gemeinde war, konnte er die ihm geschickten Geschenke noch als eine Fortsetzung des dort empfangenen Soldes ansehen. Auch war ja damals noch keine andere Gemeinde in Macedonien gegründet, von der er hätte Unterstützung empfangen können, so daß sie sich damals noch nicht vor anderen auszeichnen konnten, worauf hier aller Nachdruck liegt. Vielleicht endlich hatte sich damals die Fortsetzung der Unterstützung durch die Nachbargemeinde so von selbst gemacht, daß ihm nicht der Eindruck einer in der Noth gesandten Hülfe davon zurückgeblieben wär. Wie es kam, daß in Corinth keine andere Gemeinde ihn unterstützte, wissen wir nicht; daß er aber nur von anderen nichts angenommen (Plg., Phot., Schlicht.,

Ew., Jth. und theilweise auch Bmg., Fl.), steht nicht da. Jedenfalls war die Folge gewesen, daß damals, als er zum ersten Male in pecuniärer Bedrängniß war, die Philipper sich ihm zuerst und wiederholt als treue Nothhelfer bewiesen hatten, und daß er auch jetzt ihrer zunächst gedenken mußte, als er in seiner Gefangenschaft sich wieder in bedrängter Lage sah.

V. 16.

Nachdem der Apostel aber einmal der nach Korinth gesandten als der ersten, der jetzigen ganz analogen Unterstützung gedacht hat, kann er nicht umhin, um noch stärker hervorzuheben, wie sehr er von ihnen an solche Sendungen gewöhnt sei, daran zu erinnern, daß auch bereits in Thessalonich[1]), wo er ja nach 2 Thess. 3, 8. 9 ebenfalls aus anderen Gründen keinen Sold nahm und daher der Unterstützung bedurfte, sie ihm Geschenke geschickt hätten. Nicht also wollte er ein besonderes Gewicht darauf legen, daß die kleine philippische Gemeinde ihn in der großen und reichen Metropole Macedoniens unterstützte (Chr., Thph., Croc.), nicht jetzt erst zur Vervollständigung nachbringen, was er V. 15 übergangen (Mtth., de W.), sondern seinem nächsten Zwecke entsprach lediglich die Erwähnung der korinthischen Sendung;

---

[1]) Das ὅτι wird schon von der Vlg., Lth., Clv., Bz. und noch de W., Myr., Wiesf. argumentativ gefaßt. Allein die Thatsache, daß er nach seinem Abzuge aus Macedonien von den Philippern allein unterstützt sei, kann nimmer, und gerade am wenigsten der Zeitbestimmung nach (Myr.) durch eine andere Thatsache erwiesen werden, die noch in die Zeit seiner macedonischen Wirksamkeit fiel. Man muß es also als Fortführung des Objectsatzes zu οἴδατε fassen (Rhw., Mtth., v. Hng., Ew.). Daß sich Paulus auf ihr eigenes Wissen von dem, was sie gethan, beruft, ist nicht unlogisch, wie Myr. meint, sondern eine überall gängbare rhetorische Wendung. — Ἐν ist nicht mit εἰς zu verwechseln (Vlg., Lth., vgl. Grt., Rsm., Strr., Hnr.), sondern durch eine einfache Brachylogie zu erklären: mir, als ich in Thessalonich war (Win. §. 50. 4. a. S. 368), wobei es aber der Ergänzung eines ὅτι (Ers., Bz., Corn., Mtth.) nicht bedarf (de W.). Myr. bezieht es zu ἐπέμψατε, indem er neben dem Momente des Hingelangtseins das des Dortseins ausgedrückt findet; allein dem Gegensatze zu ὅτε ἐξῆλθον entspricht jene Fassung mehr (Wiesf.). — Καὶ ἅπαξ καὶ δίς (1 Thess. 2, 18) ist nicht dreimal, wie es noch Dion. für möglich hielt, aber auch nicht bloß semel iterumque (Ers., Lth., Bz., Schlcht., Bng., Wlf., Rhw.), einmal oder zweimal (Pisc.), noch willkührliche Umschreibung für saepius (Grt., Sbl., Rsm., Strr., Fl., a. E., Hnr., Mtth.), sondern es hebt nachdrücklich hervor, daß es nicht nur einmal, sondern auch zweimal geschah (v. Hng., de W., Myr.). Da dies sich im Deutschen nicht recht nachbilden läßt, habe ich Lth.'s Uebersetzung, die ja sachlich richtig ist, beibehalten. — Bei εἰς τὴν χρείαν findet Chr. ein besonderes σεμνόν darin, daß Paulus nicht von seinem Bedürfnisse redet, und Grt. denkt ausdrücklich an die Bedürfnisse der Armen in anderen Städten. Aber das μοι lehrt deutlich genug, daß er an sein Bedürfniß denkt und der Artikel markirt das eben vorhandene (Myr.). Aber die höchst gesuchte Bemerkung Thph.'s, daß es nur zum Nothbedarf, nicht zur Ueppigkeit gewesen sei, hätte Croc. nicht wieder aufnehmen sollen. — Ueber die Bedeutung von χρεία siehe 2, 25. Zu dem absoluten ἐπέμψατε vgl. 1 Thess. 3, 5; die Weglassung des εἰς in einigen Zeugnissen sollte wohl nur diesen ungewöhnlichen Gebrauch entfernen.

nur damals hatten sie allein in die Ferne ihm Hülfe geschickt; — aber auch an jene erinnert er, weil sie, wenn auch in andrer Weise, sich dazu eignete, zu zeigen, wie sehr er mit ihnen gerade auf der Rechnung von Geben und Nehmen stand.

3. Der Segen der Gabe für die Philipper.
(Cap. IV, 17—20.)

Nicht daß ich das Geschenk suche, sondern ich suche die Frucht, die da überfließend wird auf Eure Rechnung. Ich habe alles dahin und habe überflüssig; ich bin erfüllet, da ich empfing durch Epaphroditum das von Euch kam, Gott ein süßer Geruch, ein angenehmes, wohlgefälliges Opfer. Mein Gott aber wird alle Eure Nothdurft erfüllen nach seinem Reichthume in Herrlichkeit in Christo Jesu. Gott aber und unserem Vater sei die Herrlichkeit von Ewigkeit zu Ewigkeit, Amen.

[V. 17.] Der Apostel hat anerkannt, daß die Philipper mit der Sendung einer Unterstützung ihm eine große Wohlthat erwiesen haben, ja er hat nicht undeutlich zu verstehen gegeben, daß er von ihnen gerade, mit denen er zuerst in diese Art von Liebesverkehr getreten sei, dieselbe erwartet habe. Das könnte so aufgefaßt werden, als habe er doch wohl danach getrachtet, irdischen Vortheil von der Gemeinde zu ziehen und trachte auch noch darnach, sie zu fernerem Geben zu ermuntern. Diese Auffassung aber muß der Apostel abwehren. Sie sollen nicht meinen, daß er, der ja für seine Person über den Wechsel von Armuth und Reichthum erhaben ist, die Gabe suche, weil sie seinem irdischen Bedürfniß abhilft und ihn bereichert. Er sucht in der Gabe nur die Frucht seiner Arbeit an ihnen, die in solchem Liebesdienste zu Tage tritt, und diese Frucht kommt ja zuletzt nicht ihm zu gute, sondern ihnen; denn, obwohl er darin gewissermaßen den Entgelt sehen kann für die geistlichen Güter, die er ihnen mitgetheilt, so vermehrt sich die Frucht selbst doch auf ihre Rechnung, sofern sie es sind, die von dem Wachsthum dieser Frucht den größten Segen haben, und sie darum gleichsam unter ihre Einnahme schreiben können.

[V. 18.] Er hat aber auch in der That jetzt am wenigsten Grund, irgend nach weiterer Gabe zu verlangen. Denn er hat alles dahin, was er irgend erwartete, und er hat mehr als das, er hat sogar Ueberfluß. Freilich hat er oben gesagt, daß er, wenn auch nicht die Gabe, so doch die Frucht suche, welche den Gebern zu gute kommt Aber auch in dieser Beziehung ist er ja gleichsam erfüllt, ist all sein Verlangen vollkommen befriedigt, da er durch Epaphrodit empfangen hat, was von ihnen kam, wie er mit zarter Unbestimmtheit das Geschenk nennt, indem er es doch klar genug bezeichnet durch Nennung des von der Gemeinde beauftragten Ueberbringers. Denn in diesem Geschenke sieht er nicht sowohl eine Gabe, die ihm gegeben ist, als vielmehr ein Opfer, das sie in seinem Knechte Gott selber dargebracht haben und das ihnen Segen bringen muß, weil es, wie jede Liebeserweisung, die aus dem Glauben kommt, Gott wohlgefällig ist. Darum bezeichnet er es mit dem Ausdrucke, mit dem im Alten Testamente das Wohlgefallen Gottes an den freiwilligen Opfern ausgedrückt zu werden pflegte, als einen Duft voll Wohlgeruch und erklärt das sofort näher, indem er es ein Opfer nennt, das, eben weil es den göttlichen Anforderungen an ein Opfer entspricht, von Gott angenommen werden kann und ihm in Folge dessen wohlgefällig ist. Die levitische Makellosigkeit der Opfer des alten Bundes ersetzt hier der Ursprung der Liebeserweisung aus einem im Glauben durch das Blut Christi gereinigten Herzen.

[V. 19.] Darin aber, daß ihre Sendung ein Gott wohlgefälliges Opfer gewesen ist, liegt schon angedeutet, daß es eine Frucht ist, die ihnen zu gute kommt. Haben sie Gott ein Opfer gebracht, so wird er es ihnen auch vergelten. Und wie sie den Apostel, seinen Knecht, erfüllt haben mit der vollkommensten Befriedigung über dieses ihr Opfer, darnach ihn, wenn auch nicht um seinet=, so doch um ihretwillen auf's Tiefste verlangte, so wird sein Gott, der ihn so reich gesegnet hat durch diese Frucht, die er seiner Arbeit geschenkt und womit er alle seine Nothdurft erfüllt hat, nun auch alle ihre Nothdurft erfüllen, die geistliche wie die leibliche. Er kann es thun gemäß seinem Reichthum, in welchem die Fülle aller Güter beschlossen ist und er wird es thun in Herrlichkeit, sofern er, dem die höchste Herrlichkeit eignet, nicht nach knappem menschlichen Maßstabe geben wird, sondern in der überströmenden Fülle, die dieser seiner Herrlichkeit entspricht. Er wird endlich diese Fülle ihnen darreichen in dem, in welchem er den Menschen alles Heil bereitet und zugeführt hat, in Jesu Christo, als dem einigen Heilsmittler.

[V. 20.] Im Blick auf diese herrliche Verheißung erhebt sich nun der Apostel, gleichsam schon die Erfüllung derselben schauend, zu dem Lobpreise der Herrlichkeit Gottes, von dem doch zuletzt jede gute Gabe herkommt, wenn er sie auch in Christo uns darreicht. Gott aber, der zugleich unser Vater ist, weil er in Christo uns zu seinen Kindern gemacht hat, und eben darum auch in ihm die Fülle alles Segens ausschütten wird über die, welche sich als in diesem Gnadenstande stehend erweisen, ihm sei die Herrlichkeit in alle Ewigkeit! Er hat wohl jene Herrlichkeit in sich selbst von Ewigkeit her; allein je mehr sie von aller Welt anerkannt und gepriesen wird, um so herrlicher wird sie. Und diese Herrlichkeit soll ihm sein und bleiben bis in alle Weltzeiten hinein, die einst, wenn diese engbegrenzte Weltzeit abschließt, in unendlicher Fülle sich ablösen werden bis in Ewigkeit. Mit dem bekräftigenden Amen versiegelt der Apostel, wie auch sonst, seinen auf die Verherrlichung Gottes gerichteten Wunsch.

V. 17.

Den Unterschied der Verwahrung in unserm Verse von der ähnlichen in V. 11, die nicht etwa bloß wiederaufgenommen wird (B.-Cr.), giebt treffend schon Chr. an. Dort lehnte der Apostel jedes Gefühl des Mangel ab, hier will er nur sagen, daß er nicht nach der Gabe verlange, weil er factisch keiner solchen bedürfe. Darauf nemlich könnte die Belobung V. 14 (Aug., Anf.) schließen lassen, da ja sonst wohl die Menschen einander durch Lobeserhebungen zum Mehrgeben anzutreiben pflegen (Croc.). Ja, wenn er auch im Vorigen sie nicht indirect zur Unterstützung aufgefordert hatte (Corn.), so hatte er doch nicht undeutlich zu verstehen gegeben, daß er von ihnen gerade die Hülfe erwartet habe. Aber eben bei dieser Erwartung war es nicht der Eigennutz (de W., Myr.), der ihn trieb, sondern die Rücksicht auf den Segen, den sie selbst von solchem Geben haben, und zwar wirklich diese allein, nicht bloß vorzüglich (Haym., Lyr.), da er für seine Person ja über das irdische Bedürfniß erhaben ist (V. 11—13). Daß er nach der Gabe nicht begehre, spricht der Apostel ganz allgemein als seine stetige Maxime aus (Myr.); doch liegt es in der Natur der Sache, daß dieselbe ihn nicht nur bisher bestimmt hat, sondern auch für die Zukunft bestimmen wird, so daß er auch nach weiteren Gaben von ihnen oder andern (Bll.) nicht begehrt (Phot., Clv., Art., Pisc., Est., Rsm., a. E., Fl., Mtth.). Nur muß man dies, was aus dem Zusammenhange sich ergiebt, nicht den Worten abpressen wollen (wie Sbl., Bmg., v. Hng. thun), in denen es direct nicht enthalten ift¹). Ganz fern aber liegt auch diefer Verwahrung die Tendenz, die Philipper vor Uebermuth zu bewahren (Oec., Thph.).

Schon Th. v. M., Chr., Thdt., Dec. nahmen die Frucht von dem Gewinne, den der Geber hat, indem er einen unvergänglichen Lohn empfängt für die vergängliche Gabe, die der Empfänger bald verzehrt. So auch Anf., Lyr., Dion., Erö., BU., Grt., Eft., de W., Myr., Wief. Allein offenbar mit Unrecht; denn für den Lohn, welcher ja felbftverftändlich auf die Rechnung des Gebers kommt, wäre der folgende Zufaz ganz überflüffig. Auch entfpricht diefe Faffung der fonftigen Anwendung des Bildes von der Frucht nicht (vgl. 1, 11). Beffer erklärt Thph., er rede fo um ihres Nuzens willen, damit fie Frucht bringen, und ähnlich fagt Aug., daß er fich ihrer Fruchtbarkeit freue, und unterfcheidet das aus der guten Gefinnung hervorgehende gute Werk von der bloßen Gabe an fich, dergleichen auch ein Rabe dem Elias bringen könne (vgl. Haym., Btb., Art., Pisc., Corn. und noch Rhw., Mtth., die an die Frucht der chriftlichen Gefinnung denken. Strr., Fl. wollen beides in unklarer Weife verbinden). In der That könnte man nach Röm. 6, 21. 22 an die Frucht des neuen Lebens denken. Doch liegt im Contexte wohl näher der Gedanke an die Frucht feiner Arbeit an ihnen (Röm. 1, 13), die ja nach V. 15 ihr Einnahme=Conto ausmacht (vgl. Cal. und, obwohl etwas unklar, Ew.), und die natürlich nicht in der Gabe an fich, fondern in der thätigen Liebesgefinnung befteht, welche diefelbe giebt.

In dem Zufaze fanden die Griechen nur angedeutet, daß die Frucht den Gebern Nuzen bringe (Thph., vgl. Haym.). Allein fchon Clv., Bz. machen mit Recht darauf aufmerkfam, daß hier noch einmal das Bild vom Rechnungswefen aufgenommen fei; was fie ausgeben bei der Unterftüzung, komme auf ihre Rechnung, werde ihnen zugute gefchrieben. Vgl. Grt., Croc. und befonders Corn., der das Bild von einem bei Gott befindlichen Rechnungsbuche, in das die guten Werke und befonders die Almofen aufgezeichnet werden, mit dem naiven Wohl=

---

¹) Das Compofitum ἐπιζητεῖν heißt nemlich nicht „auf's neue (Sbl., Bmg.), obenein begehren" (v. Hng.), auch ift die Präpofition fo wenig verftärkend (Ew.: fehr fuchen) wie bei ἐπιποθεῖν (1, 8). Vgl. Röm. 11, 7. — Ganz willführlich nehmen Rfm., a. E., Hnr. τὸ δόμα für δόσις, es ift die beftimmte Gabe, um die es fich vorliegenden Falls handeln kann. — Es ift willführlich und gefchmacklos, um das Bild noch weiter auszufpinnen, καρπός im Sinne von Profit (Sbl.) oder Zinfen (Hnr., vgl. fchon Schlicht.) zu nehmen, den es nicht hat. — Obwohl die Verbindung des πλεονάζειν (Röm. 5, 20. 6, 1) mit εἰς bei Paulus fonft nicht vorkommt, fo darf man darum das εἰς doch nicht gegen die einfache Wortfolge hier mit ἐπιζητῶ verbinden (v. Hng., de W.), da ja der Begriff des Sich=vermehrens fehr wohl durch die nähere Beftimmung darüber, wem daffelbe zu Gute kommt, für wen es gefchieht, ergänzt werden kann (vgl. Myr., Wief.). Auch hier nehmen Strr., Fl., Mtth., v. Hng. das εἰς λόγον ὑμῶν als Umfchreibung für εἰς ὑμᾶς: zu eurem Beften, mit Rückficht auf euch.

gefallen der echten Werkheiligkeit durchführt. Doch darf man das Bild nicht zu sehr pressen. Paulus will nur sagen, daß die Frucht seiner Arbeit, die er allein in der Gabe verlangt, sich nicht auf seine Rechnung (seinen λόγος λήψεως) hin, sondern auf die ihrige hin vermehre, sofern alles Geben ja dem Geber selbst ein Segen ist, auch abgesehen vom himmlischen Lohne.

V. 18.

Chr., Oec., Thph. nehmen das ἀπέχω πάντα als besondere Anerkennung, daß sie das früher unterlassene gut gemacht, was Paulus hervorhebe, um sie durch V. 17 nicht träge zu machen; sehen darin aber zugleich die Bezeichnung der Gabe als einer pflichtmäßigen Leistung, die er hinzufüge, um sie nicht stolz zu machen (Clr., Ers., Est., Corn., Croc.). Doch schon Th. v. M. nimmt es als bloße Empfangsbescheinigung (vgl. Art., Visc.), woraus Spätere eine Bescheinigung der treuen Ablieferung Seitens des Epaphrodit machen (Grt., Bng., Croc., Rsm., a. E., Hnr. und schon Bll.), was des Letzteren unwürdig ist, dem Präsens nicht entspricht und das folgende δεξάμενος überflüssig macht. Die Meisten finden darin, daß er genug habe (Clv., Wlf., Bmg., Strr., Fl., Rhw. in der Uebers.), und sofern der Begriff durch das Ueberflußhaben nachher gesteigert wird, ist das sachlich richtig; aber in dem Worte liegt es zunächst nicht. Das πάντα fordert seine Erklärung aus dem Zusammenhange und bezieht sich also auf das, was er nach V. 15. 16 von den Philippern erwartete, nicht was er nöthig habe (Mtth., de W., B.-Cr.), oder was er begehre (v. Hng.) — denn nach V. 17 begehrt er ja die Gabe nicht —, sondern höchstens auf das, was er begehren konnte (Myr., Wies.: so daß mir nichts mehr zu wünschen übrig bleibt). Insofern eben bildet es einen Gegensatz zu V. 17. Im Allgemeinen schon ist es sein Grundsatz, die Gabe als solche nicht zu begehren; jetzt aber, wo er eben ihre Unterstützung empfangen hat, hat er alles hinweg, was er irgend erwarten konnte, und begehrt daher gewiß nichts mehr.

In dem περισσεύω fanden Chr., Oec., Thph., Clr., Croc., daß die Philipper mehr gegeben hätten, als ihre Pflicht erheischte; Grt., Rsm., a. E.: mehr, als er erwartete, und Letzteres ist besser, da es dem Vorigen correspondirt. Es ist jedenfalls eine Steigerung des Vorigen, ohne daß man die Reflexion auf die Bedürfnisse Anderer (Haym., Lyr., Dion., Croc.) oder auf die zukünftigen Bedürfnisse, für welche dieser Ueberfluß ausreiche (Strr.), hineinlegen dürfte. Clv., Est., Croc., Bng., Fl. und vielleicht schon Th. v. M. meinten freilich, es sei wohl die Gabe nur gering gewesen und nur dem genügsamen Sinne des Apostels reichlich erschienen; allein mit Recht hält Sdl. dafür, die Gabe sei wirklich reichlich ausgefallen. Noch eine dritte

Steigerung aber (Rhw., Mtth., de W., Myr., Wief.) enthält das πε-πλήρωμαι schwerlich, es schließt sich auch nicht explicativ an (Corn.), sondern nimmt die beiden vorigen Ausdrücke auf, um sie in einer Weise zu motiviren, die nicht mehr dem ersten, sondern dem zweiten Theile von V. 17 entspricht[1]).

Wie hoch er die Gabe anschlägt, zeigt Paulus nach Chr., Oec., Thph. damit, daß er sie als ein Opfer bezeichnet, welches sie aber fälschlich als ein durch den Apostel Gott dargebrachtes ansehen (vgl. Thdt.). Uebrigens könnten die Leser daraus ersehen, daß man an einer Gabe sein Wohlgefallen haben könne, ohne gerade derselben zu bedürfen, da ja auch Gott der Opfer nicht bedürfe, und doch um der Gesinnung des Gebers willen sein Wohlgefallen daran habe (vgl. Plg., Haym., Est., Mtth., v. Hng.). Für den ersten Ausdruck (ὀσμὴν εὐωδίας) verweisen sie sowie Plg., Haym. u. a. speciell auf das Opfer des Noah, von dem es Gen. 8, 21 heißt, daß Gott seinen lieblichen Geruch gerochen habe, Dion., Lyr., Croc. u. a. finden darin nur überhaupt den bildlichen Ausdruck des göttlichen Wohlgefallens. Bz. versteht darunter speciell ein Rauchopfer (vgl. schon Strb.) und Corn. findet im Ausdrucke die Steigerung, daß vom Rauchopfer zum Brandopfer, das mit Weihrauch verbunden war, fortgegangen wird. Aber die ältere Auffassung ist die richtigere. Der solenne Ausdruck, der in der Opfersprache am häufigsten von den freiwilligen Opfern gebraucht wird (Lev 1, 9. 13. Eph. 5, 2) und daher hier sehr passend ist, bezeichnet nicht das Opfer selbst, sondern in bildlicher Form die Wirkung desselben (de W., Myr., Wief.), das göttliche Wohlgefallen. Sodann schließt sich erklärend an (Strr., Fl., Mtth.) die directe Bezeichnung als Gott wohlgefälliges Opfer. Der doppelte Ausdruck für diese Beschaffenheit des Opfers ist nicht synonym (Fl., Hnr., Rhw.), aber auch nicht klimaktisch (B.-Cr., Myr.) zu nehmen; die Ausdrücke bezeichnen zwei Seiten derselben Sache,

---

[1]) Das δέ bildet den Gegensatz zu οὐκ ἐπιζητῶ τὸ δόμα (vgl. Myr.), lenkt also nicht ein (de W., Wief.). — Ἀπέχω heißt wie auch Philm. 15: ich habe hinweg, und bezieht sich immer auf etwas, das einem zukommt, das man erwarten kann (vgl. Matth. 6, 2). — Ganz willkührlich ist es, das πεπλήρωμαι mit περισσεύω zu einem Hendiad. zusammenzufassen (Strr., Fl., Hnr.: περισσοτέρως πεπλ.). Ebenso willkührlich ergänzen Haym, Dion., Corn., Grt. χαράν oder dgl., da der Begriff an sich hinlänglich bestimmt ist. — Bei τὰ παρ' ὑμῶν ist nicht zu streiten, ob man ἐνεχθέντα (Pisc., a. E.) oder πεμφθέντα (v. Hng.) oder profecta (Strr., vgl. de W.) zu ergänzen habe, da es eben im Charakter dieser präpositionellen Umschreibungen liegt, daß nichts bestimmtes hinzugedacht wird. B.-Cr. findet darin eine zarte Unbestimmtheit. — Der Genitiv in ὀσμὴ εὐωδίας ist nicht Umschreibung eines Adjectivs (Est., Strr., Rhw.), sondern gen. qualitatis. Vgl. Win. §. 34. 3. b Anm. — Das θεῷ ziehen v. Hng., de W., Myr., Wief. nicht zu εὐάρεστον, sondern zur ganzen Bezeichnung des Opfers von ὀσμὴν an, und dem Nachdrucke, womit die Gabe als nicht sowohl ihm selbst, sondern Gott gegeben bezeichnet wird, dürfte dies in der That besser entsprechen.

nemlich erstens das $δεκτή$, daß das Opfer, als allen Anforderungen, die Gott an ein solches macht, entsprechend, von ihm angenommen wird (Lev. 22, 20) und sodann das $εὐάρεστος$, daß Gott eben darum sein Wohlgefallen daran hat (Röm. 12, 1).

Auch aus dieser Stelle sucht Est. zu beweisen, daß nicht alle Werke der Gerechtfertigten sündhaft seien; Cal. aber erklärt, daß nur um Christi und seines Opfers willen die Opfer der Gläubigen, die aus dem Glauben an dies Opfer hervorgehen, Gott wohlgefällig seien (vgl. Croc.). Schön sagt Clv.: arae, quibus imponi debent ex facultatibus nostris sacrificia, pauperes sunt et servi Christi, und an letztere denkt wohl Paulus zunächst (vgl. Hnr.). Indem er somit die Gabe als Gegenstand des göttlichen Wohlgefallens darstellt, explicirt er die zweite Hälfte von V. 7 (vgl. Fl.); denn daraus eben erhellt ja, wie die Frucht, auf der das göttliche Wohlgefallen ruht, zu ihrem Besten ihnen gereichen muß. Zu dem metaphorischen Opferbegriffe vgl. Phil. 2, 17. Röm. 12, 1.

V. 19.

Die Väter haben unseren Vers auf Grund falscher Lesart als Wunsch gefaßt, noch Lth., Corn., Schlicht. u. a. folgen der Vlg., und selbst Neuere, wie Rsm., a. E., Kr., Strr., Fl. haben daran festgehalten; doch fassen ihn als Verheißung schon Vtb., Bgh., Clv., Bll., Grt., Bng., Hnr. und alle Neueren. Croc. behauptet, ob Wunsch ob Verheißung, sei kein großer Unterschied, da des Apostels Wunsch nicht ohne Erfüllung bleibe, und da, was er im Namen Gottes verheißt, von ihm auch den Lesern gewünscht werde. Aber nur die Verheißung ist ausgedrückt und entspricht dem Zusammenhange, in welchem noch hervortreten mußte, wie die als Opfer betrachtete Sendung wirklich eine Frucht ist, die auf ihre Rechnung hin sich mehrt, die ihnen selbst einen Segen einträgt. Daß das Verheißene, um die Aequivalenz der Vergeltung auszudrücken, mit demselben Worte bezeichnet wird ($πληρώσει$), wie das von ihnen an dem Apostel gethane ($πεπλήρωμαι$), deuten schon Ans., Lyr. an (vgl. Myr., Wies.). Der Gedanke, daß Gott an seiner Statt (a. E.) vergelten werde, weil er zu arm sei (Est., Sbl., Fl.), ist modern und dem Geiste des Apostels wenig entsprechend. Abgesehen davon, daß Gott allein der Geber alles guten, und darum auch jeder einer Verheißung werthen Gabe ist, war ja die Sendung der Philipper eben als ein Gott dargebrachtes Opfer dargestellt, das also natürlich auch Gott vergelten muß.

Zu einem ähnlichen Gedanken, wie die genannten, gelangen aber auch viele andere Ausleger dadurch, daß sie die Bezeichnung Gottes als seines Gottes so auffassen, als wolle der Apostel sagen: Gott wird, was seinem Diener erwiesen ist, ansehen, als sei es ihm gethan (vgl. Clv.,

Grt., Bng., Strr.). Allein dieser Gedanke lag ja schon in dem Bilde vom Opfer (V. 18) und wir sahen zu 1, 3, daß der Ausdruck ὁ θεός μου gar nicht das Dienstverhältniß (Hnr.) bezeichnet, in dem der Apostel zu Gott steht, sondern das specielle Liebes- und Gemeinschaftsverhältniß, in das Gott zu dem Apostel getreten ist (vgl. Pisc., Croc., Fl., Mtth., v. Hng., wo wenigstens Andeutungen des richtigen vorkommen, wenn auch mit falschem vermischt). Allerdings ist dieser Ausdruck nicht bedeutungslos, und schon Ambr. erläutert ihn dahin, daß die verheißene Hülfe dem entsprechen werde, was Gott seinen Verdiensten gewähre. Entkleiden wir diese Erklärung der ganz ungehörigen Beziehung auf die Verdienste des Apostels, so kann sie wohl zum richtigen führen. Der Gott, der sich ihm gnädig erwiesen hat, und auch jetzt ihn hat die Fülle empfangen lassen durch das von den Philippern dargebrachte Opfer, wird nun auch ihnen die Fülle geben nach seiner vergeltenden Gnade. Daß die Verheißung nicht den Zweck hat, sie zu weiterem Wohlthun zu ermuntern (Croc), bedarf wohl keiner Worte[1]).

Als den Inhalt der Verheißung bezeichnen die griechischen Väter die Befriedigung ihrer leiblichen Nothdurft, indem sie auf Matth. 6, 11 verweisen, wo Christus um dieselbe, wenn auch eben nur um sie, zu bitten erlaube, ja befehle, sowie darauf, daß mit dem göttlichen Wohlgefallen (V. 18) sie den himmlischen Reichthum bereits empfangen haben und also nur noch des leiblichen Segens bedürfen (Thdt). Bedurft aber hätten es ja die Leser nach der Andeutung in V. 10 und jedenfalls, damit sie auch Andern zu geben hätten (2 Cor 9, 10), ihre Gabe sei um so höher zu schätzen, wenn sie dieselbe aus ihrer Armuth gegeben (2 Cor. 8, 2). Trotz alledem, was sie selbst somit zur Erklärung der Bitte um die leibliche Nothdurft anführen, finden Chr., Thph. doch in derselben noch eine Herablassung zu dem am Irdischen noch hängenden Sinne der Leser. Im Wesentlichen sind bei der Auslegung der Griechen geblieben Ers., Clv., Bll.,

---

[1]) Das δέ ist nicht abschließend (Bng.), aber auch nicht fortschreitend von der Idee des Wohlgefallens zu der der Vergeltung (de W., Wiesf.), sondern es stellt dem Opfer, das sie Gott gebracht, die Verheißung dessen entgegen, womit Gott es ihnen vergelten wird. Vgl. Myr. — Unhaltbar ist die Lesart πληρῶσαι, noch unhaltbarer die optativische Fassung des Futurums bei der richtigen Lesart (Rsm, a. E. u. a.) Vgl. Win. §. 40. 6. — Der Ausdruck χρεία, der offenbar um der Beziehung auf V. 16 willen gewählt ist (Myr.), kann nicht für die Fassung von leiblicher Nothdurft entscheiden, zumal er auch Eph. 4, 29 im weiteren Sinne vorkommt. — Die Verbindung des ἐν δόξῃ mit πλοῦτος als Umschreibung des Adjectivs (Grt., Bng., Strr., Fl., Hnr., Rhw.) ist sprachwidrig, höchstens könnte es dann den Reichthum an Herrlichkeit ausdrücken (B.-Cr. und wohl schon Dion), welchen aber Paulus stets πλοῦτος τῆς δόξης nennt (Eph. 1, 18. 3, 16). Für die adverbiale Fassung entscheidet der fehlende Artikel — An sich kann das ἐν Χριστῷ natürlich weder per Christum noch propter Chr. sein, es kann nur der Sache nach den ersteren Gedanken ausdrücken; ganz unmöglich aber bedeutet es Christi causa (Strr., Hnr.).

Grt., Est., Bng. und noch de W., v. Hng.,-Wief., welche auf 2 Cor. 9, 8—11 verweisen. Dagegen meint schon Plg., die Vollkommenen könnten nur geistliche Güter begehren, auf diese allein beziehen es Strb., Anf., Lyr., und viele Neuere wollen wenigstens, wie wohl schon Dion., geistliche und leibliche Güter ununterschieden denken (Bmg., Sdl., Strr., Fl., Hnr., Rhw., Mtth., B.=Cr.). Allerdings entscheidet hiefür, daß Paulus mit dem πᾶσαν χρείαν keine Art der Nothdurst ausschließen läßt, und die folgenden näheren Bestimmungen, der Reichthum Gottes und die Vermittelung durch Christum, weisen in der That mehr auf geistliche Güter hin. Auch scheint es wirklich der Gemeinde zunächst an leiblichen Gütern nicht gefehlt zu haben; doch mag man dieselben immerhin nicht ganz ausschließen. Im Widerspruche mit seiner Erklärung der Nothdurst nahm endlich Thdt. das ἐν δόξῃ von der zukünftigen Herrlichkeit, die er ihnen erbitte (vgl. Haym., Btb., Est.); eher konnten Strb., Anf., Lyr. es in diesem Sinne mit der ihrigen verbinden, und Myr. (vielleicht auch Ew.) macht dies ausschließlich geltend, indem er an die vollendete Befriedigung im Messiasreiche denkt. Allein dieser Auffassung entspricht schwerlich die Erwähnung einer Nothdurst, die doch offenbar in Analogie mit der des Apostels (V. 16) zu denken ist (vgl. schon Bll.), und garnicht das artikellose ἐν δόξῃ.

Die Erwähnung des göttlichen Reichthums verweist darauf, daß Gott leicht und reichlich geben kann, was sie bedürfen (Chr., Oec., Thph., vgl. Myr.); nur muß man dabei nicht an die Größe seiner Güte (Ambr.), an seine Gnadenfülle (Rhw., Mtth.) denken, sondern an den Reichthum von Gütern, den er besitzt (Bll., v. Hng.) und aus dem er jedem spenden kann, was ihm Noth thut (Röm. 10, 12). Dieses sind natürlich zunächst geistliche Güter, doch dürfen die leiblichen nicht völlig ausgeschlossen werden. Der Zusatz ἐν δόξῃ, den die meisten Väter in verschiedener Fassung, doch ohne jede Möglichkeit sprachlicher Rechtfertigung darauf bezogen, daß alles zur Ehre Christi geschehen solle, bezeichnet nur die reiche Fülle, in welcher Gott ihre Nothdurst erfüllen wird (Clv., Bz., Corn., Croc., Cal., Bmg., Rsm., a. E., Kr., Mtth., v. Hng., de W., Wief.). Mit Recht sagt Ith.: Seine Vergeltung wird in der Weise eintreten, daß dabei seine ganze Herrlichkeit offenbar wird. Der Zusatz ἐν Χριστῷ aber kann nicht die subjective Gemeinschaft mit Christo (v. Hng.), sondern nur das objective Begründetsein der verheißenen Gottesthat in Christo (de W., Myr., Wief.) bezeichnen, in welchem Gott ihnen die Fülle darreicht. Daß in Christo diese Güter beschlossen sind, hebt besonders Corn. hervor, und allerdings führt auch dies überwiegend auf geistliche Güter. Sachlich also haben schon die alten Ausleger Recht, welche hier angedeutet sehen, daß es der Vater durch Vermittelung des Sohnes thue (Thph., Anf., Lyr., Schlicht.), und nur wenn man für die Ver=

mittelung Christi seine Verdienste substituirt (Dion., Croc., Bmg., Sdl.), wird der Gedanke verschoben.

V. 20.

Clv. zweifelt noch, ob die Dorologie einen durchaus allgemeinen Charakter habe; Croc., Bng., Rhw. nehmen sie entschieden als Abschluß des ganzes Briefes. Allein nur der Römerbrief schließt mit einer solchen (16, 25—27) und dort steht sie dann natürlich hinter allen Grüßen; dagegen sind Dorologieen zum Abschlusse einzelner Abschnitte nicht selten (vgl. Röm. 1, 25. 11, 36. Eph. 3, 21. 1 Tim. 1, 17. Gal. 1, 5) und selbst kurz vor dem Schlusse des Briefes finden sie sich 1 Tim. 6, 16. 2 Tim. 4, 18. Auch schließt sie im Gedanken eng an das Vorige an. Zwar nicht, wie Chr., Thph. nach ihrer falschen Auffassung des $\dot{\epsilon}\nu$ $\delta\acute{o}\xi\eta$ meinten, so, daß gezeigt werden soll, wie in der V. 19 geforderten Ehre des Sohnes zugleich der Vater geehrt wird, auch nicht so, daß Paulus in dem Geschenk der Philipper die Barmherzigkeit Gottes preist, die es ihm gegeben (Clv., Bmg.), sondern, weil die Vorstellung dessen, was er eben als von Gott zu erwarten den Philippern verheißen hat, in ihm den Lobpreis des Urhebers dieser Güter hervorruft (Anf., Lyr., Est., Cal., Myr., Wief.), ohne daß er damit erst die Möglichkeit der Erfüllung jener Verheißung beglaubigen will (Fl.). Allerdings wird durch die Art der Einführung ($\delta\acute{\epsilon}$) Gott als der Urheber aller Gabe Christo als dem Heilsmittler (V. 19) entgegengesetzt, was aber die ganz verfehlte Erklärung der Griechen nicht rechtfertigt.

Der allgemeine Gottesbegriff wird durch den Zusatz des Vaternamens näher zum specifisch-christlichen erhoben, weil es hier darauf ankam, ihn als den Urheber des in Christo verheißenen (V. 19) darzustellen, das nur von ihm, dem Urgrund aller Gnade (Jth.), kommen kann. Man darf denselben weder auf die Schöpfung (Ambr.) noch auf die Weltregierung Gottes (Dion.) beziehen, sondern nur auf die paulinische Idee der Adoption (Est., Fl., Myr.), in welcher allerdings die Summa seiner Heilslehre befaßt ist (Sdl.)[1]. — Die Erwähnung der göttlichen $\delta\acute{o}\xi\alpha$ aber kann ich nicht mit den meisten von dem Lobe und Ruhme Gottes verstehen (vgl. Lth., Grt., Croc., Rhw., Myr., Jth.), sondern nur von der ihm seinem Wesen nach eignenden Herrlichkeit (a. E., Mtth., V.-Cr., Wief.), worauf auch der Artikel hinweist. Allerdings ist die Dorologie nicht im Sinne einer bloßen Aussage zu fassen,

---

[1] Das $\kappa\alpha\acute{\iota}$ in der dorologischen Formel $\vartheta\epsilon\grave{o}\varsigma$ $\kappa\alpha\grave{\iota}$ $\pi\alpha\tau\acute{\eta}\rho$ (Röm. 15, 6. 2 Cor. 1, 3. 11, 31. Eph. 1, 3. Col. 1, 3) erklärt schon Visc. ganz richtig (vgl. Grt.: qui idem pater est); es ist epexegetische Näherbestimmung (a. E., v. Hng.). — Zu der hebräischartigen Umschreibung des Begriffs der Ewigkeit (Wz.) in $\epsilon\grave{\iota}\varsigma$ $\tau o \grave{\upsilon} \varsigma$ $\alpha\grave{\iota}\tilde{\omega}\nu\alpha\varsigma$ $\tau\tilde{\omega}\nu$ $\alpha\grave{\iota}\acute{\omega}\nu\omega\nu$ vgl. Gal. 1, 5. 1 Tim. 1, 17. 2 Tim. 4. 18. Es sind alle Theile der zukünftigen Zeitepochen oder Aeonen gedacht, bis in welche hinein die Verherrlichung stattfinden soll.

als wäre ein einfaches ἐστι zu ergänzen (v. Hng.); dennoch aber kann die Gott an sich eignende Herrlichkeit als Gegenstand des Wunsches (εἴη und ἔστω) erscheinen, sofern dieselbe durch die ihr Seitens der Creatur gezollte Anerkennung und Verehrung immer herrlicher realisirt wird. Vgl. Wies. — Das Amen, das bei den Schlußsegenswünschen außer Gal. 6, 18. Röm. 16, 24 wohl überall unecht ist, fehlt bei solchen Dorologieen nie. Man sieht, daß es dem Apostel mehr Bedürfniß war, im Dankgebet als im Bittgebet die Bekräftigung und Verstärkung seines auf die Verherrlichung Gottes abzielenden Verlangens (vgl. Croc., Est., Bmg.) mit Nachdruck hinzuzufügen.

Brieflicher Schluß.
(Cap. IV, 21—23.)

Grüßet alle Heiligen in Christo Jesu. Es grüßen Euch die Brüder, die bei mir sind. Es grüßen Euch alle Heiligen, sonderlich aber die von des Kaisers Hause. Die Gnade des Herrn Jesu Christi sei mit Eurem Geiste!

[V. 21.] Es folgen die Grüße. Wie der Apostel den Brief an alle Heiligen zu Philippi, die in der Gemeinschaft mit Christo stehen, abbressirt hat und zugleich an die Vorsteher der Gemeinde, so beauftragt er nun die Letzteren, in deren Hände der Brief zunächst übergeben wird, jedes Einzelne der Gemeindeglieder zu grüßen; denn sie stehen ihm ja alle um ihrer gleichen Treue willen gleich nahe, sind ihm alle gleich lieb und werth. Außerdem aber grüßen sie auch die Brüder, die in seiner näheren Umgebung mit ihm sind, und, weil sie seinen täglichen Umgang bilden, wohl dem Apostel während des Schreibens ihre Grüße aufgetragen haben.

[V. 22.] Endlich aber grüßt der Apostel auch von allen Heiligen, d. h. von allen Christen in Rom, die er der fernen Schwestergemeinde so in Liebe verbunden weiß, daß er auch ohne ausdrücklichen Auftrag von ihnen einen Gruß der Liebe bestellen kann. Anders stand es wohl mit denen aus des Kaisers Hause, die, wie er sagt, am meisten grüßen, sie müssen es dem Apostel ausdrücklich und besonders bringlich ans Herz gelegt haben Es scheinen das Christen vom kaiserlichen Hofe gewesen zu sein, die zu der höheren oder niederen Dienerschaft gehörten, und — wir wissen freilich nicht, wie — mit den Philippern bekannt und befreundet geworden waren.

[V. 23.] Der Apostel schließt diesen, wie alle seine Briefe, mit dem solennen Segenswunsche. Er wünscht, daß die gnadenreiche Liebe des Herrn Jesu Christi, wie er sie uns im Werke der Erlösung bewiesen hat, sie segnend begleite, und allezeit mit ihrem Geiste sei.

V. 21. 22.

Chr., Thph. finden darin ein besonderes Zeichen von Wohlwollen, daß Paulus sie schriftlich grüßt, Art., Croc., Bng., Myr., Wief. heben besonders hervor, daß es quasi nominatim et viritim geschieht, und in der That ist der Singular ausdrucksvoller, als das πάντας ἀδελφούς 1 Theff. 5, 26. Mit dieser Stelle theilt die unsrige die Eigenthümlichkeit, daß alle mit einem Gruß an alle beauftragt zu sein scheinen, ohne daß von einem gegenseitigen Grüßen die Rede ist, wie Röm. 16, 16. 1 Cor. 16, 20. 2 Cor. 13, 12, womit es Croc. identificirt. Man hat zwar mit an die macedonischen Nachbargemeinden gedacht (Cal., Mtth.) oder an diese allein (Strr., Rhw.), als welche die Philipper grüßen sollen; allein da wäre doch eine nähere Bezeichnung ganz unerläßlich. Man wird darum am besten, wie in der Thessalonicherstelle, daran denken, daß der Auftrag zunächst an die Vorsteher geht, denen der Brief eingehändigt wurde und die ja auch 1, 1 besonders erwähnt werden. — Ambr., Pisc., Est., Sdl., Hnr., Myr., Wief. finden in dem Zusatze ἐν Χριστῷ den christlichen Charakter des Grußes ausgedrückt (Röm. 16, 22. 1 Cor. 16, 19), und Letzterer identificirt es deshalb mit dem doch wesentlich anderen ἐν φιλήματι ἁγίῳ in den obigen Stellen. Allein wenn Personen, die vielleicht den Lesern persönlich fern standen, bei den von ihnen bestellten Grüßen die Gemeinschaft mit Christo, auf Grund deren sie grüßen, hervorheben zu müssen meinen, so ist das doch etwas ganz Anderes. Bei Paulus scheint es mir keine rechte Bedeutung zu haben, und für die Verbindung ἅγιον ἐν Χριστῷ scheint mir 1, 1 zu entscheiden (vgl. BlI., Schlicht.). Ueber diesen Ausdruck ist dort ausführlicher gehandelt, und es erhellt aus dem dort Gesagten, wie wunderlich es ist, wenn Plg. aus dem Ausdrucke schließt, es müsse für Menschen möglich sein, heilig, d. h. sündlos zu werden.

Schon Chr. machte sich Scrupel darüber, wie der Gruß von den bei ihm befindlichen Brüdern mit 2, 20 zu vereinigen sei, und meint, daß dort entweder nicht von solchen die Rede sei, welche in Rom waren oder hier eine besondere Nachsicht des Apostels obwalte, wonach er auch sie Brüder nenne. Vgl. Dec., Thph.; noch v. Hng. aber meint, um dieser Schwierigkeit willen von den sonstigen Sendlingen des Apostels seine Gastfreunde und Helfer in Rom unterscheiden zu müssen. Allein wir haben oben gesehen, daß die Auffassung der Stelle 2, 20, welche solchen Scrupeln zu Grunde liegt, eine falsche ist; auch ist ja ἀδελφοί gar kein besonderer Ehrentitel (Art., der dabei an seine Mitgefangenen denkt), da Paulus alle Christen so bezeichnet (4, 8). Eben so wenig sind mit unserem Ausdrucke gerade Mitarbeiter des Apostels bezeichnet (Lyr., Dion., Croc., Str., Hnr. und noch Wies., der an die 1, 14 Genannten denkt), oder gar seine Volksgenossen (Bng., Fl.); sondern nur seine engere Umgebung in Rom, wie Gal. 1, 2 (Clv., Est., Matth., de W., Myr., Jth.), von der er doch wohl grüßen konnte, auch wenn sie der Tadel 2, 20 traf. Jedenfalls steht ihr die weitere Umgebung des Apostels entgegen, welche alle römische Christen bilden. Solche Grüße von ganzen Gemeinden (vgl. 1 Cor. 16, 20. 2 Cor. 13, 12) sind wohl weniger auf besonderen Auftrag, als aus dem Geiste derselben heraus bestellt, wie namentlich aus dem Röm. 16, 16 von allen Christengemeinden bestellten Grüße geschlossen werden muß.

Besonders bringlich macht Paulus die Grüße von denen aus des Kaisers Hause. Die griechischen Ausleger finden darin eine Ermunterung und einen Trost für die Philipper, die doch, wenn selbst einige aus des Kaisers Hause alles verachtet und das Evangelium angenommen haben, dies um so mehr thun müssen (vgl. Haym., Clr., Est., Croc., Sdl., Bmg., v. Hng.), und ähnlich Clv., Art. ein besonderes Zeichen der Barmherzigkeit Gottes, die selbst in jenen Abgrund aller Laster einen Strahl des Evangeliums bringen ließ. Hnr. endlich will gar darin eine gewisse Prahlerei des Apostels sehen, daß er selbst einige aus dem kaiserlichen Hause bekehrt habe. Allein alle diese Auffassungen setzen voraus, daß die Thatsache der Bekehrung dieser Leute den Philippern noch nicht bekannt sei, während Paulus doch als von Bekannten grüßt, wobei er voraussetzt, daß dieselben Christen seien, ohne irgend einen Nachdruck darauf zu legen, als wären sie erst jetzt durch ihn bekehrt (vgl. übrigens die Einleitung S. 24). Unerklärt aber bleibt überdies, warum dieselben am meisten grüßen; denn wie das μάλιστα nicht ihren Gruß, sondern ihre Personen herausheben soll (B.-Cr.), ist doch in der That bei der einfachen Erwägung des Wortlauts nicht abzusehen. Gewiß ist, daß der bringliche Gruß ihrerseits eine besondere Liebe zu den Philippern beweist (Ans., Lyr., Dion.); ob aber diese nur durch die Mittheilungen des Apostels über sie erregt war, wie die griechischen Ausleger es vermuthen, um auch in diesem Punkte einen besonderen Liebesbeweis gegen die Philipper nachzuweisen (vgl. Croc., Mtth., v. Hng.), oder ob zwischen ihnen und den Philippern eine persönliche Berührung stattgefunden und eine nähere Bekanntschaft begründet hatte, worauf allerdings die fast nur unter solcher Voraussetzung genügend erklärte allgemeine Bezeichnung derselben hinführt, das kann wohl kaum mit voller Sicherheit entschieden werden. Wenn Ew. meint, daß sie wohl eher als die andern römischen Christen sich Zutritt zum Apostel verschaffen konnten, so setzt das eine Abgeschlossenheit des Apostels in der römischen Gefangenschaft voraus, die weder mit Act. 28, 30, noch mit den Voraussetzungen unsers Briefes stimmt.

Wer aber waren diese aus des Kaisers Hause? Die griechischen Ausleger, obwohl sie das Wort οἰκία nur vom Kaiserpalast nehmen, scheinen an vornehme Leute, wohl gar an kaiserliche Verwandte gedacht zu haben, wie namentlich Chr., der bei Gelegenheit dieses Grußes über die enge Verbundenheit von Arm und Reich, Vornehm und Gering in der alten Kirche sich expectorirt. Doch dachten schon Haym., Dion., Clv., Bz. ausdrücklich an kaiserliche Haus- oder Hofbediente, und die Meisten weisen den Gedanken an kaiserliche Verwandte zurück, weil nach geschichtlichen Zeugnissen die Verwandtschaft des Nero sehr zusammengeschmolzen war und keine Spuren mehr von einem so wichtigen Factum uns aufbehalten sind (vgl. de W., Myr.). Nur Wenige, wie Strr., Fl., Kr. und besonders v. Hng. lassen es zweifelhaft oder neigen sich zu letzterer Annahme. Grt., Rhw. dachten speciell an Freigelassene, Sdl., Hnr. ganz wortwidrig an Prätorianer[1]). Nur bei Art. finde ich noch die Neigung, an Seneca zu denken (vgl. Bll., der wenigstens nicht zu entscheiden wagt), der nach Hieronymus und dem dieser Annahme zu Liebe erdichteten Briefwechsel von Paulus bekehrt sein soll. Aber diese Ansicht wird schon von Bz., Est., Croc., Wlf. gebührend zurückgewiesen. Nicht mehr aber haben die Namen für sich, welche man aus den römischen Martyrologieen hervorgesucht hat.

V. 23.

Der gewohnte (Chr.) Schlußsegen (vgl. Röm. 16, 20. 24. 1 Cor. 16, 23 u. a.) wünscht den Lesern den Beistand der Gnade Christi. Man darf aber darunter nicht die durch Christum vermittelte göttliche Gnade als den Quell alles Heils verstehen, wie sie in dem Eingangsgruße (1, 2) genannt zu werden pflegt (Est., Croc., Rhw.), wobei Mtth. Gott als begründendes Princip mit einschließen will, geschweige denn die Summe aller Güter selbst, die Gott uns ohne unser Verdienst verleiht, besonders die Vergebung der Sünde (Jth.). Auch ist nicht an die Gnadenerweisung Christi zu denken, die uns Gott angenehm macht, sondern, wie aus 2 Cor. 13, 13, wo sie der Liebe Gottes parallel steht, erhellt, ist im Unterschiede von den Stellen, wo von der Gnade Gottes in dem eigentlich technischen Sinne des paulinischen Lehrbegriffs die Rede ist (vgl. S. 37), an die gnadenreiche Liebe Christi zu denken, welche uns nicht nur zu Theil werden

---

[1]) Bei der οἰκία Καίσαρος, eigentlich genommen, kann man nur an den kaiserlichen Palast denken und nicht an das Prätorium (1, 13). An sich könnte es aber auch von der Hausbewohnerschaft oder der Familie (1 Cor. 16, 15) stehen.

(v. Hng.), sondern uns stetig begleiten soll (vgl. schon Haym.). Zu diesem Gebrauche von χάρις vgl. Gal. 1, 6. Röm. 5, 15. 2 Cor. 8, 9¹).

Thph. trägt auch hier in den Ausdruck liebevollen Wunsches die lehrhafte Ermahnung zur Demuth hinein, die alles der Gnade verdanken und sich nicht erheben soll, wenn sie ihren Beistand behalten will, und Croc. knüpft gar an die stehende Bezeichnung Christi als des Herrn eine Polemik gegen die Jungfrau und alle Heiligen.

---

¹) Statt des einfachen μεθ' ὑμῶν liest Tisch. μετὰ τοῦ πνεύματος ὑμῶν, wie ausnahmsweise der Schlußsegenswunsch sich Gal. 6, 18. Phlm. 25. 2 Tim. 4, 22 gestaltet. Die neueren Ausleger (Strr, Rhw., Mtth., v Hng, Myr) aber beharren bei dem Verdacht, daß dies Aenderung nach dem Schlusse des Galaterbriefes sei. Jedenfalls ist es eine Variation ohne besonderen Zweck und Bedeutung und soll nicht gerade ausdrücken: ut ratio semper sana sit et in spiritualibus abundet (Dion.) oder gar „das unbestimmte μεθ' ὑμῶν in seinem gemeinsamen, übersinnlichen Geistesgrunde bezeichnen" (Mtth). Auch Jth. findet darin die Andeutung der durch die Gnade gewirkten Tilgung des Schuldbewußtseins. Nicht einmal significanter und inniger (de W., Myr. zu Gal. 6, 18) kann ich den Ausdruck finden, er ist nur volltönender.

Erklärung der Abkürzungen.

Ambr.	bedeutet Ambrosiaster,	vergl. S. 3.	Anm.
Ans.	— Anselm von Laon,	— 5.	—
Art.	— Benedict Aretius,	— 6.	—
Aug.	— Augustinus,	— 3.	—
B.-Cr.	— Baumgarten-Crusius,	— 11.	—
Bgh.	— Johann Bugenhagen,	— 6.	—
Bll. Bull.	— Heinrich Bullinger,	— 6.	—
Bmg.	— S. J. Baumgarten,	— 7.	—
Bng.	— J. Albr. Bengel,	— 7.	—
Bz.	— Theodor Beza,	— 6.	—
Cal	— Abraham Calov,	— 7.	—
Cast.	— Sebastian Castalio,	— 6.	—
Chr.	— Chrysostomus,	— 3.	—
Clr.	— Isidorus Clarius,	— 6.	—
Clv. Calv.	— Johann Calvin,	— 6.	—
Cocc.	— Johann Cocceius,	— 7.	—
Corn.	— Cornelius a Lapide,	— 7.	—
Croc.	— Johann Crocius,	— 7.	—
Dion.	— Dionysius Carthusianus,	— 5	—
a. E.	— am Ende,	— 9.	—
Ers.	— Erasmus von Rotterdam,	— 6.	—
Est.	— Wilhelm Este,	— 7.	—
Euth.	— Euthalius,	— 3.	—
Ew.	— Ewald,	— 11.	—

Erklärung der Abkürzungen.

Fl.	bedeutet	J. F. von Flatt,	vergl. S.	9. Anm.
Guer.	—	Guericke,	—	11. —
Grt. Grot.	—	Hugo Grotius,	—	7. —
Haym.	—	Haymo von Halberstadt,	—	5. —
Hän.	—	Alex. Hänlein,	—	7. —
Heid.	—	Heidegger,	—	7. —
v. Hng. Heng.	—	van Hengel,	—	10. —
Hnr. Heinr.	—	Heinrichs,	—	9. —
Hoel. Höl.	—	Hoelemann,	—	11. —
Jth.	—	G. F. Jatho,	—	65. —
Kr.	—	F. A. W. Krause,	—	9. —
Lth.	—	Luther,	—	6. —
Lyr.	—	Nikolaus von Lyra,	—	5. —
Mich.	—	J. D. Michaelis,	—	7. —
Mtth.	—	Matthies,	—	10. —
Myr.	—	Meyer,	—	11. —
Oec.	—	Oecumenius,	—	3. —
Phot.	—	Photius,	—	3. —
Pisc.	—	Johann Piscator,	—	6. —
Plg. Pelg.	—	Pelagius,	—	3. —
Rhw.	—	Rheinwald,	—	9. —
Rsm. Rsm.	—	Rosenmüller,	—	9. —
Schlicht.	—	Johann Schlichting,	—	7. —
Schtt.	—	Schöttgen,	—	7. —
Schz.	—	W. H. Schinz,	—	11. —
Sdl.	—	Chr. Tim. Seidel,	—	7. —
Strb.	—	Walafried Strabo,	—	5. —
Strr.	—	G. Chr. Storr,	—	9. —
Thdt.	—	Theodoret von Cyros,	—	3. —
Thph.	—	Theophylact,	—	3. —
Th. v. M.	—	Theodorus von Mopsveste,	—	3. —
Tisch.	—	Tischendorf (editio Lipsiensis secunda. 1849)		
Vlg.	—	Vulgata,	—	5. —
Vll.	—	Laurentius Valla,	—	6. —
Vtb.	—	Franciscus Vatablus,	—	6. —
de W.	—	de Wette,	—	11. —
Wies.	—	Wiesinger,	—	11. —
Wlf.	—	Chr. Wolf,	—	7. —
Wín.	—	Winer,	—	42. —
Zgr.	—	Nikolaus Zeger,	—	6. —

Berlin, Druck von Gustav Schade, Marienstr. 10.